留置権の研究

留置権の研究

関　武志著

〔学術選書〕

信　山　社

はしがき

本書は、民法上の留置権が成立する範囲を明確化するという目的の下で、契約上の債務を負担していない者など債務者でない者を相手に、占有者はいかなる場合に、どのような法的根拠に基づいて留置権を主張することができようかという、これまでほとんど着目されてこなかった視角から、著者が二〇年来に亘って留置権制度の適用を追究してきた研究成果の集大成である。もとより、右の留置権は債権者に事実上の優先弁済権を認めるにすぎない点において、他の担保物権におけるとは大いに異なっており、むしろ同時履行の抗弁権に近似した機能を営んでいるばかりか、等しく法定の担保物権でありながら、その被担保債権は先取特権によるそれとは比較にならないほどに概括的な表現に止まっているため、序論において詳述するように、民法上、留置権が成立する範囲は頗る曖昧である。従って、この範囲を劃せんとする解釈は自由に展開されることが可能となり、これまで実に様々な解釈が唱えられてきた。留置権制度が礎とする公平の原則を実現するに適した判断基準が不明瞭である限り、こうした多様な解釈が唱えられたところで止むを得ないと考えられる反面、これを少しでも克服するための解釈またはその方向性が求められて然るべきであることも否定できない。本書はこうした解釈状況を前に、前述した債務者でない者との間で留置権の成否が問題となったこれまでの公刊裁判例に対する分析を通して、また民法典の起草委員による見解を検討するとともに、比較法としてドイツおよびフランス（一部にはスイス）の留置権制度をも参照することで、留置権制度がどのような範囲で適用されるべきかを説いたものである。

本書には既刊の論稿も少なからず含まれているが（旧稿との関係については後掲の「初出一覧」を参照）、こうした旧稿を収録するに当たってはこれらを大幅に書き換えることとなった。その中には、旧稿において展開した主張内容が多少とも不明瞭であったり、十分なまでに考究が尽くされていないところを随所に感じていたため、これを質すことで自らの考えを明確にせんとした箇所が数多く存在する。また、自説として論じたところは基本的に旧稿におけると異なるものではないが、その一方で、旧稿と本書との間には微妙にニュアンスを異にしている箇所も散在している。それは、全体に亘る解釈の統一を図ったことのほか、旧稿の公表後における研究に照らして最も適切な表現に改めたことによる。このほか、旧稿における主張を後に既刊した他の収録論稿において改説したところが存するため、こうした解釈上の食い違いを解消すべく本書では至る所で調整も施してある。また、収録に際しては、このような加筆や訂正のほか、可能な限りで文章表現や記号等を整えたり誤植や引用上の間違い等を正すなど形式的に変更したところも多い。その上、旧稿の発表後に現れた公刊裁判例を追加して分析の対象としただけでなく、既刊後に現れた文献を若干ではあるが加えたところも存する。さらには、便宜を図る趣旨から、注で引用した文献の表記を統一したり、しばしば引用する一部の文献や版を異にする種々の文献については、後述するような略語で表示された引用の方法も採った。なお、かつて『私法』に掲載された小稿の記述には、本書における主張と齟齬する箇所が幾つか認められるため、この小稿を巻末に〈付録一〉として収録することとし、当該箇所の記述は不適切であることが分かるようにしてある。また、等しく巻末には〈付録二〉として別の小稿も収められている。これは、ある出版社から執筆依頼を受けて著したものであり、著者の見解を補ううえで意義を有するところが少なくない。

ただ、その刊行は未確定のままとなっているため、了解を得てここに収録することとした。

ところで、本書の刊行を思い立ってから既に四年が経過することとなった。こうした書物をいつかは上梓したいと以前から漠然とながら考えていたのであるが、それを今のこの時期に出版することとなった経緯についていささか触れておきたい。その主たるところは、何といっても、著者の研究関心が前述した留置権制度に関するものから、他の領域における事柄へと移り変わってきたという点を挙げることができ、その研究による成果は蓄積して多少とも公表できるまでに至っている。そうであれば、何も本書の刊行を待つまでもなく、こうした研究の成果を直ちに公にしてよさそうに思われるのであるが、一つの区切りを付けてから新たに出発したいという自らのこだわりが、結局のところ本書の出版を手掛けさせることとなった。昨今、著者と同年代にある多くの研究者によって論文集が盛んに出版されている状況も、少なからず刺激となった。とはいえ、出版の準備に取り掛かってからのこの四年間は苦悩の連続であり、新たに書き下ろした箇所の執筆はもとより、旧稿に対する不満を一つ一つ解消する作業についても遅々として進まないなど、何度も断念しそうになったのは著者自身の非才を物語っている。

こうして公刊に辿り着いた本書は、多くの恩師、先輩等から賜った学恩に支えられていること今さら言うまでもない。その数々を挙げれば切りがないのであるが、あえて一人に限定するならば、やはり品川孝次先生（現専修大学教授）のほかには考えられない。先生は上智大学法学部に在職中、同大学の学部生であった著者を大学院進学へ導くとともに研究者として歩む途を開いてくださった。先生から賜った学恩は本書の内容を遙かに上回るものであり、その片鱗でさえここに反映できていようか甚だ心許ない限りである。また、本書の刊行を快諾してくださった信山社の袖山貴氏にも心から謝意を表したい。論文集の刊行を薦める同氏からの電話が出版を決断するうえで弾みとなったことは否定できない。こうして多くの学恩等に支えられた本書が留置権制度に内在する解釈問題の解明に多少とも寄与できるならば、望外の喜びである。新たな世紀を迎えた今、本書を世に送ることで今後の研究に対する新たな門出にしたいと考えている。

最後に、本書の刊行に際しては、日本学術振興会より平成一二年度科学研究費補助金(研究成果公開促進費)の交付を受けたことを付記しておく。

二〇〇一年一月

新潟の冬を窓外に眺めつつ

著　者

目次

目次

引用文献略語表

本書で引用する左の文献についてはゴシックの箇所をもって表記する。末尾に＊印が付された文献については、他の巻を引用する場合にも同じ引用方法を用いてある（但し、執筆者が異なる邦文文献については、最初に引用する場合にのみ執筆者の氏名をフル表示した）。

一　教科書・体系書

石田文次郎『**擔保物權法論下巻**』（有斐閣、昭一一）
内田貴『**民法Ⅲ**債権総論・担保物権』（東京大学出版会、一九九六）
勝本正晃『**擔保物權法上巻**』（改訂新版）』（有斐閣、昭二六）
川井健『**担保物権法**』（青林書院新社、一九七五）
小池隆一『**擔保物權法論**』（清水書店、昭一二）
鈴木禄弥『物権法**講義二訂版**』（創文社、昭五四）
同『物権法**講義三訂版**』（創文社、昭六〇）
高木多喜男『**担保物権法**〔新版〕』（有斐閣、一九九三）
高木多喜男ほか『**民法講義3**担保物権〔改訂版〕』〔**曽田厚**〕（有斐閣、昭五五）
田島順『**擔保物權法**』（弘文堂書房、昭九）
道垣内弘人『**担保物権法**』（三省堂、一九九〇）

富井政章『民法原論第二巻物権』(有斐閣、大一二合冊)
沼義雄『綜合日本民法論(1)』(巖松堂、昭九)
星野英一『民法概論II(物権・担保物権)』(良書普及会、合本新訂、昭五一)＊
槇悌次『担保物権法』(有斐閣、昭五六)
松坂佐一『民法提要物権法〔第四版〕』(有斐閣、昭五五)
三潴信三『増訂擔保物権法全』(有斐閣、大七)
同『全訂擔保物権法全』(有斐閣、大一四)
同『物権法提要下巻』(有斐閣、昭三)
山下博章『擔保物権法論』(巖松堂書店、訂正再版、昭七)
遊佐慶夫『全訂民法概論(物権篇)』(有斐閣、大一四)
柚木馨＝高木多喜男『担保物権法〔第三版〕』(有斐閣、昭五七)
横田秀雄『物権法全』(清水書店、明三八)
我妻栄『新訂擔保物権法(民法講義III)』(岩波書店、昭四三)＊
同(川井健補訂)『全訂第一版民法案内4―1担保物権法上』(一粒社、一九八一)＊

二　注釈書

梅謙次郎『訂正増補民法要義巻之二物権編(復刻版)』(有斐閣、昭五九)＊
岡松參太郎『訂正三版註釋民法理由中巻』(有斐閣書房、明三〇)
谷口知平＝五十嵐清編『新版注釈民法⒀債権⑷』(沢井裕、清水元補訂)(有斐閣、平八(旧版は沢井・注釈民法⒀と

引用〕）＊

中島玉吉『民法釋義巻之二物権篇下』（金刺芳流堂、大五）

林良平編『注釈民法(8)物権(3)』〔田中整爾〕（有斐閣、昭四〇）＊

我妻栄編著『担保物権法判例コンメンタール③』〔三藤邦彦〕（日本評論社、昭四三）＊

三　総合判例研究・モノグラフィー（図書に限る）

薬師寺志光『留置権論』（三省堂、昭一〇）

同『総合判例研究叢書民法(19)』（有斐閣、昭三八）＊

清水元『叢書民法総合判例研究留置権』〔民法総合判例研究刊行会編〕（一粒社、平七）

同『留置権概念の再構成』（一粒社、一九九八）

四　立法関係資料

G. Boissonade, Projet de code civil pour l'empire du japon accompagné d'un *commentaire*, *t. 1*, nouvelle éd., 1890.

G. Boissonade, Projet de code civil pour l'empire du japon accompagné d'un *commentaire*, *t. 4*, nouvelle éd., 1891.

ボアソナード氏起稿『再閲修正民法草案註釋第四編完』（発行所、発行年ともに不明）

ボアソナード氏起稿『再閲修正民法草案註釋第三編特定名義獲得ノ部上巻』（発行所、発行年ともに不明）

廣中俊雄編著『第九回帝國議會の民法審議』（有斐閣、昭六一）

同編著『民法修正案（前三編）の理由書』（有斐閣、昭六二）

『法典調査会民法議事速記録第一二巻（六五巻ノ内）』（日本學術振興會、昭一〇写了）

法務大臣官房司法法制調査部監修『法典調査會民法議事速記録一〜五』（日本近代立法資料叢書1〜5、商事法務研究会、昭五八、五九）

同『法律取調委員會民法草案財産編人権ノ部議事筆記一』（日本近代立法資料叢書8、商事法務研究会、昭六二）

同『法律取調委員會民法草案財産編取得編議事筆記』（日本近代立法資料叢書9、商事法務研究会、昭六二）

同『法律取調委員會民法草案債権擔保編議事筆記』（日本近代立法資料叢書10、商事法務研究会、昭六三）

同『法律取調委員會民法草案財産編再調査案議事筆記』『法律取調委員會民法草案財産取得編再調査案議事筆記』『法律取調委員會民法草案擔保編再調査案議事筆記』（日本近代立法資料叢書11、商事法務研究会、昭六三）

同『民法第一議案』（日本近代立法資料叢書13、商事法務研究会、昭六三）

同『法典調査會民法整理會議事速記録』『法典調査會民法整理案』『法典調査會民法施行法整理會議事速記録』（日本近代立法資料叢書14、商事法務研究会、昭六三）

同『民法修正案』（日本近代立法資料叢書15、商事法務研究会、昭六三）

五　外国のテキスト・注釈書・立法資料

・フランス

Aubry (C.) et Rau (C.), *Cours de droit civil français*, t. III, 4e éd., Paris, Imprimerie et Librairie Générale de Jurisprudence 1869.

Aubry (C.) et Rau (C.), *Cours de droit civil français*, t. IV, 4e éd., Paris, Imprimerie et Librairie Générale de

Jurisprudance 1871.

AUBRY (C.) et RAU (C.), *Cours de droit civil français*, t. II, 6e éd., par E.BARTIN, Paris, Librairies Techniques 1935.

AUBRY (C.) et RAU (C.), *Cours de droit civil français*, t. III, 7e éd., par P. ESMEIN, Paris, Librairies Techniques 1968.

DEMOLOMBE (C.), *Cours de Code Napoléon IX*, 1881.

DEMOLOMBE (C.), *Cours de Code Napoléon IX*, 3e éd., 1886.

DEMOLOMBE (C.), *Cours de Code Napoléon XXXI*, 1882.

DERRIDA (F.), *Encyclopédie Juridique*, *Répertoire de droit civil*, t. VII, 2e éd., v° *Rétention*, Paris, Dalloz 1979.

H., L. et J. MAZEAUD, *Leçons de droit civil*, t. II, 1er vol. 6e éd. par F. CHABAS, Paris, Éditions Montchrestien 1978.

H., L. et J. MAZEAUD, *Leçons de droit civil*, t. II, 1er vol. 7e éd. par F. CHABAS, Paris, Éditions Montchrestien 1985.

H., L. et J. MAZEAUD, *Leçons de droit civil*, t. II, 2e vol. 5e éd. par M. JUGLART, Paris, Éditions Montchrestien 1976.

H., L. et J. MAZEAUD, *Leçons de droit civil*, t. III, 1er vol. 5e éd. par F. CHABAS, Paris, Éditions Montchrestien 1977.

MARTY (G.) et RAYNAUD (P.), *Droit Civil*, t. III, 1er vol., Paris, Sirey 1971.

MARTY (G.) et RAYNAUD (P.), *Droit Civil*, *Les biens*, 2e éd., Paris, Sirey 1980.

PLANIOL (M.), *Traité élémentaire de droit civil*, t. II, 5e éd., Paris, L. G. D. J., 1909.

PLANIOL (M.), *Traité élémentaire de droit civil*, t. II, 9e éd., Paris, L. G. D. J., 1923.

PLANIOL (M.) et RIPERT (G.), *Traité pratique de droit civil français*, t. III, 2e éd., par M. PICART, Paris, L. G. D. J. 1952.

PLANIOL (M.) et RIPERT (G.), *Traité pratique de droit civil français*, t. VI, par P. ESMEIN,

RODIÉRE (R.), *Encyclopédie Juridique*, *Répertoire de droit civil*, t. III, 2e éd., v° *Dépôt*, Paris, Dalloz 1978.

WEILL (A.), *Droit Civil*, Les sûretés, *La publicité fonciére*, Paris, Dalloz 1979.

WEILL (A.), *Droit Civil*, *Les obligations*, Paris, Dalloz 1971.

・ドイツ

Die Vorlegen der Redaktoren für die erste Kommission zur Ausarbeitung des entwurfs eines Bürgerlichen Gesetzbuches, Recht der Schuldverhältnisse, Teil 1, Allgemeiner Teil, New York, 1980. (Die Vorlegen der Redaktoren für die erste Kommission zur Ausarbeitung des entwurfs eines BGB)

Motive zu dem Entwulfe eines Bürgerlichen Gesetzbuches für das Deutsche Reich, Bd. II, Berlin u. Leipzig, 1888.

Enneccerus-Lehmann, Lehrbuch des Bürgerlichen Rechts. Recht der Schuldverhältnisse, Bd. II, 15. Aufl., Tübingen 1958.

Enneccerus-Reiser, Lehrbuch des Bürgerlichen Rechts. Sachenrecht, Bd. III, 10. Bearb., Tübingen 1957.

Larenz, Lehrbuch des Schultrechts, Bd. I, 13. Aufl., München 1982.

ders, Lehrbuch des Schultrechts, Bd. II, Besonderer Teil, 12. Aufl., München 1981.

Alff, Das Bürgerlichen Gesetzbuch mit besonderer Berücksichtigung der Rechtsprechung des Reichsgerichtshofs und des Bundesgerichtshofes, Kommentar, 12. Aufl., Walter de Gruyter•Berlin•New York (BGB-RGRK) 1976.

Gelhaar, BGB-RGRK 1978.

Johannsen, BGB-RGRK 1954.

Pikart, BGB-RGRK 1979.

Schliewen, BGB-RGRK 1934.

Emmerich, Münchener Kommentar zum Bürgerlichen Gesetzbuch (MünchKomm.), Bd. 2, 2. Aufl., C. H. Beck'sche Verlagsbuchhandlung•München 1985.

Keller, MünchKomm., Bd. 2, 3. Aufl., München 1994.

Lieb, MünchKomm., Bd. 5, 3. Aufl., München 1997.

Medicus, MünchKomm., Bd. 4, 2. Aufl., 1986.

ders, MünchKomm., Bd. 6, 3. Aufl., 1997.

Soergel-Huber, Bürgerliches Gesetzbuch mit Einführungsgesetz und Nebengesetzen (B.G.B.), Bd. II/2, Schuldrecht I/2, 11. Aufl., Verlag W. Kohlhammer•Stuttgart Berlin Köln Mainz 1986.

Soergel-Lange, B.G.B., Bd. VI, Familienrecht, 11. Aufl., 1981.

Soergel-Dieckmann, B.G.B., Bd. VI, Erbrecht, 10. Aufl., 1974.

Soergel-Mühl, B.G.B., Bd. IV, Sachenrecht, 10. Aufl., 1968.

Soergel-Schmidt, B.G.B., Bd. II, Schuldrecht II, 10. Aufl., 1967.

Soergel-Wiedemann, B.G.B., Bd. II/1, Schuldrecht I/1, 11. Aufl., 1986.

Berg, J. von Staudingers Kommentar zum Burgerlichen Gesetzbuch mit Einführungsgesetz und Nebengesetzen

(**Staudingers Komm.**), Bd. III, Sachenrecht, Teil 1, 11. Aufl., J. Schweitzer Verlag•Berlin 1956.

Gursky, **Staudingers Komm.**, Recht der Schuldverhältnisse, 12. Aufl., J. Schweitzer Verlag•Berlin 1980.

ders, **Staudingers Komm.**, Recht der Schuldverhältnisse, **13. Bearb.**, Sellir-de Gruyter•Berlin 1993.

Kiefersauer, **Staudingers Komm.**, Recht der Schuldverhältnisse, Bd. II, 2. Teil, 11.Aufl., J. Schweitzer Verlag•Berlin 1955.

Lorenz, **Staudingers Komm.**, Recht der Schuldverhältnisse, 13. Bearb., Sellir-de Gruyter•Berlin 1994.

Otto, **Staudingers Komm.**, Recht der Schuldverhältnisse, 12. Aufl., J. Schweitzer Verlag•Berlin 1979.

Reuter, **Staudingers Komm.**, Recht der Schuldverhältnisse, 12. Aufl., J. Schweitzer Verlag•Berlin 1980.

Riedel, **Staudingers Komm.**, Bd. II, Recht der Schuldverhältnisse, 3. Teil, 11. Aufl., J. Schweitzer Verlag•Berlin 1958.

Selb, **Staudingers Komm.**, Recht der Schuldverhältnisse, 12. Aufl., J. Schweitzer Verlag•Berlin 1979.

ders, **Staudingers Komm.**, Recht der Schuldverhältnisse, **13. Bearb.**, Sellir-de Gruyter•Berlin 1995.

Titel, **Staudingers Komm.**, Bd. II, Recht der Schuldverhältnisse, 11. Aufl., J. Schweitzer Verlag•Berlin 1958.

Werner, **Staudingers Komm.**, Bd. II, Recht der Schuldverhältnisse, 10. u. 11. Aufl., J. Schweitzer Verlag•Berlin 1967.

・スイス

Oftinger-Bär, Kommentar zum Schweizerischen Zivilgesetzbuch, Bd. IV, Sachenrecht, Abteilung 2/c, **Das Fahrnispfand**, 3. neubearb. Aufl., Schulthess Polygraphischer Verlag•Zürich 1981

Leemann, **Berner Kommentar**, Kommentar zum schweizerischen Privatrecht, hrsg. H. Hausheer, Bd. IV,

Sachenrecht, Verlag Stämpfli + Cie AG•Bern 1996

初出一覧

序　論　（書き下ろし）
第一編　「留置権の対抗力に関する一考察――留置権の法的構成も含めて――」上法二七巻三号（昭五九）
第二編　「動産修理の請負人と留置権(上)～(下)」判評三六五号～三六七号（平元）
第三編　「『物から受けた損害の賠償請求権』と留置権の主張」半田還暦記念『民法と著作権法の諸問題』所収（平五）
第四編　「不動産競売における買受人の債務と留置権の主張(上)～(下)」判評四六六号～四六八号（平九、平一〇）
第五編　（書き下ろし）
第六編　「物の引渡拒絶に関する一考察(1)(2)完――留置権と同時履行の抗弁との峻別を巡って――」新潟二七巻二号（平六）
結　論　（書き下ろし）
〈付録一〉「留置権を対抗しうる第三者の範囲」私法五二号（平二）
〈付録二〉（未公刊）

序論　問題の所在と本書の構成

一　民法上の留置権制度に見られる特色

他人の物の占有者がこの物に関して生じた債権を有する場合、占有者は当該債権の弁済を受けるまでこの物を留置できる。こうした留置権制度は、民法二九五条から三〇二条までの八ヶ条において定められているのであるが、右の占有者の保護を目的とした類似の制度は、他の諸外国における民法典の中にも等しく見受けられるところであり、かかる制度は公平性の原則に支えられていることにおいて、これらの諸国の間に基本的な相違はない。(1) もっとも、わが国の民法典が定める留置権制度は、この権利が法律上当然に成立する担保物権として構成されている点において、他国における留置権制度との間で無視し得ない特色となっているのみならず、このことが、等しく民法典に掲げられた他の担保物権との間でも、かなり特異な様相を示す重大な原因になっている。すなわち、右の留置権は占有の継続を本体とする権利であるため、物の引渡拒絶を正当化する権原として機能するとはいえ、この権利は占有の喪失によって消滅することになる（三〇二条）。その結果、留置権には追及力が認められず、またこの権利に基づく物権的請求権も認められないため、占有者は占有回収の訴えによって保護を受け得るにすぎない、と一般に解されている。しかも、留置権は動産・不動産を問わず成立し得るのであるが、不動産留置権は登記を対抗要件とせず、従って物の占有自体が公示方法となるなど留置権の物権性は希薄である。その上、留置権は、一方では、その留置的効力によってかなり強力な担保的作用を発揮し、また附従性も極めて厳格に貫かれるとともに、[2]占有者は債権全額の弁済を受けるまで当該物の全部を留置できるのであるが（二九六条）、しかしその反面、物の交換価値を支配する権利ではないため、留置権には競売権が認められているとはいえ（民執一九五条）、[3]被担保債権について優先弁済権が認められるものではない。このほか、留置権には物上代位性も存せず、この権利は破産によって効力を失うとされているほか（破九三条二項）、占有者を相手とする引渡訴訟において占有者に留置権行使が許された場合の効果としては、原告敗訴の判決ではなくて引換給付判決をなすべしとも一般に解されているなど、[4]留置権は担保権として甚だ不完全な側面を持っていることを否定し得ないのである。

二　留置権制度の問題状況と本書の目的

(1)　ところで、民法上、留置権が法定の担保物権とされている前述の特色は、何よりも公平性の原則を満たすべく留置権制度を運用するうえで、頗る困難な問題状況を引き起こす原因となっている。すなわち、留置権は法定の担保物権であるため、その成立要件が具備すると、直ちに、物の引渡しを求める債務者は当該目的物の占有を取得（または回復）できないという不便を強いられることとなる。だから、具体的な事案において留置権が成立するかどうかを論ずる場合には、占有者に対して物の引渡拒絶の主張を認めることで、占有者の債権はどこまで保護されるのが公平であろうか（これを債務者との関係で言えば、占有者に留置権の行使を認めることで、公平性の観点から、債務者が強いられる不便はどこまで正当化されようか）、という問題の解決が求められていることを意味している。要するに、右の問題は公平性の実現と裏腹の関係にあるため、具体的な事案において留置権の成立要件が具備していようか、という問題に関する判断はそこでの結論の公平性いかんを左右すべく（直接に）作用することとなる。

右に述べたことを具体的な成立要件に照らして見たならばどうか。例えば、民法二九五条一項によれば、留置権が成立するためには物と債権との間に牽連関係が存在しなければならない。同項にいう「物ニ関シテ生シタル債権」という文言より導かれる、この成立要件（＝牽連性）の判断は頗る厄介な性質のものであり、早くからこの判断は「留置権の難問」[5]とか、「留置権制度の眼目であり、骨子である」[6]などと称されてきた。そこで、牽連性という要件に着目し、この要件の判断に関する学説の状況を一まず概観したうえで（後述(2)）、続いて右の要件に関する判断が具体的な事案において公平性の実現に果たしている、前述した裏腹な関係の存在を確認してみよう（後述(3)）。

(2)　わが国の現行民法典が制定されて以来、学説は、「物ニ関シテ生シタル債権」に当たると解される債権をいささかなりとも例示し、かつ、これらを包括的（帰納的）に定式化することで右の「債権」を画そうと苦慮してきた。その結果、学説の多くは前述した「債権」の発生原因や性質などに少なからず注目し、結局のところ、唱えられることとなった定式は実に様々な表現で示されることとなったのである。[7]このような学説の状況に対する整理の仕方として、諸説によって示された定式の間に存する実質的な違いにはあまり触れないで、むしろかかる定式が一元的な表現の下で形成されているか、それとも右の「債権」が二元的な説明によって定式化されているか、といった表現形態に着目して類型化を試みているものが見受けられる（諸学説の特色は分類された中で多少とも言及されているにすぎない[8]）。従来の学説についてこうした表現形式の観点から分類を試みる立場に対しては、より実質的な観点からの類型化がなされるべきではないか、といった批判が考えられなくもないが[9]、かかる観点からの分類を試みることはなかなか容易でない状況にある。なるほど、従来の学説が「物ニ関シテ生シタル債権」に当たるとして例示する債権の中には、例えば費用償還債権などほぼ共通して掲げられているものも存在するにせよ、諸学説の唱える定式は依然として相当程度に抽象度を高くしているため、これ以外の債権については、一体、どこまでが右の「債権」に含められることになるのか、その判別が必ずしも容易である事情にはなく、従って学説間の相互に存する違いを汲み取ろうとしてもそれは頗る困難だからである[10]。もっとも、後に本書の中で繰り返し引用するように、「物ニ関シテ生シタル債権」を、(イ) 物自体から生じた債権（物に加えた費用の償還債権、物から受けた損害の賠償債権）と、それから(ロ) 物の返還請求権と同一の法律関係または同一の生活関係から生じた債権（「同一の法律関係」から生じた債権としては売買契約・修理委託契約から生じた代金債権・修繕料債権など、また「同一の生活関係」にある債権としては取り違えられた物に対する相互の返還請求権など）、という二つの債権に纏め上げた学説が登場して以来[11]、前述した「物ニ関シテ生シタル債権」を言い換えた定式として支配的に引用されるようになり、この定式（＝支配的な定式）との関連で右の「債権」を（時には演繹的に）論じようとする学説が多く見受けられるようになった。

かかる定式に対しては、一部の学説から、物と債権との間に求められる牽連関係の有無を判断するための基準として、右の定式が必ずしも十分に機能するものではないと指摘され、従って厳しい批判に晒されてもきたのであるが[12]、しかし前述した支配的な定式を唱える代表的な論者は、既に、牽連性に関する「具体的な場合の判断は、留置権という制度の存在理由たる公平の原則と、これを引渡拒絶を内容とする物権としたわが民法の態度とを標準として行うべきである」[13]とも説いて、自ら唱えた定式には具体的な事案の解決指針としての脆さが内在している事情を示唆していたのであった。このように支配的な定式が具体的な事案の解決としては空しいところが少なくなかったにも拘わらず、大方の学説は、当該事案における占有者の債権と占有物との牽連関係に関し、有益な判断指標となるような解釈を提示できないまま、前述した定式を繰り返すことで久しく甘受してきた、というのがこれまでの学説状況であったように思われる。そしてまた、具体的な事案における占有者に留置権を付与することが公平であろうかにつき、結論の具体的妥当性という観点から、留置権によって担保されるに相応しい債権と言えようか、という点について個別に考察することで対処してきた、というのが今日までの学説に見られる状況でもあったと言うことができる。

この点、従来の裁判実務における状況にも目を向けると、その趨勢は、具体的な事案における占有者の債権が「物ニ関シテ生シタル債権」に当たるか否か、という結論のみを示すことで終始しているものが少なくなく、さらに踏み込んだ形で牽連性の判断に関して一般的な解釈上の指針を示すことには消極的であった、と言ってよい。例えば、最高裁判決の中には、甲所有の土地建物を買い受けた乙が売買代金を支払わないままこれを丙に譲渡し、丙が甲に対して当該土地建物の引渡しを請求したので、甲は未払残代金債権を被担保債権とする留置権の存在を主張したという事案において、「この残代金債権は本件土地建物の明渡請求権と同一の売買契約によって生じた債権である」、と判示して留置権の存在を認めたものがある。(14) ここでは、「同一の売買契約」から残代金債権と明渡請求権とが発生していることから、この残代金債権は「物ニ関シテ生シタル債権」に該当する旨の判断が示されているのであるが、翻って考えると、対立した債権の間に「同一の売買契約」から発生している関係が見られるところでは、何故に土地建物と残代金債権との間に牽連関係が認められることになるのか、という点を判決文から汲み取ることはできない。また、不動産の売渡担保権者が契約に反して担保不動産を譲渡したことにより、担保権を設定していた甲が、担保権者乙に対して取得した、担保物返還義務の不履行による損害賠償債権をもって、譲受人からの転得者丙を相手に留置権を主張したという事案においては、「所論損害賠償請求権は、訴外乙に対して存するは格別、丙にはこれを対抗し得ないのであるから、原判決が、右乙の債務不履行と本件不動産との間には、所論留置権発生の要件たる一定の牽連がないと認めた一審判決を支持し、甲のこの点に関する主張を是認しなかったのは正当であって違法はない。」、と判示した最高裁判決が存する。(15) ここに言う、「丙にはこれを対抗し得ない」という文言の意味するところは必ずしも明らかでないが、とにもかくにも、甲が有する、「丙にはこれを対抗し得ない」債権であれば、何故、「物ニ関シテ生シタル債権」に当たらないものとして扱われることになるのか、という点に関して右の判決は何ら言及していないのである。さらには、単に当該「債権は前記土地に関して生じたものというべきである(16)」と言うに止まっていたり、「上告人ら主張の債権はいずれもその物自体を目的とする債権がその態様を変じたものであり、このような債権はその物に関し生じた債権とはいえない旨の原審の認定判断は、原判決挙示の証拠関係に照らして首肯できる。(17)」、と述べるだけで留置権の存否を結論づけているものも少なからず見受けられる。裁判による紛争の解決には、何よりも具体的事案における結論の妥当性が重要視されるであろう性質を慮ったならば、右のような根拠づけに乏しく、従って不明確さを含んだ態度に終始している裁判実務を一概に非難することは酷であるかもしれない。ただ、前述したように、裁判実務も「物ニ関シテ生シタル債権」の統一的な判断基準を明示してきていない背景には、この判断が頗る困難である点に加えて、学説に委ねられている、「物ニ関シテ生シタル債権」に関する解釈が、裁判実務にとって具体的な指標として十分に機能し得てないことを顕著に表している、と解されるのである。

(3)　ところで、牽連性という成立要件の具体的な判断がこれほどまでに困難を極めてきたのは、「物ニ関シ

かような疑問を提示したとき、その主たる事情は、実のところ、留置権の成立いかんという問題が、公平性の実現という要請と裏腹な（あるいは一体的な）関係にある、という留置権制度そのものに内在する前述した特殊事情を、これまでの学説は、ことさら物と債権との牽連関係を問題にする際に看過してきたか、少なくとも軽視してきたという点にあるように思われる。公平の原則に基づく留置権制度がわが国では法定の担保物権として構成されたため、前述したように、留置権の成立要件が具備するかどうかの判断は、同時に公平性の実現いかんを左右するという関係を看取し得たのであるが、こうした関係は、とりわけ牽連性という成立要件の具備いかんが論じられる際に最も顕著となろうからである。つまり、「物ニ関シテ生シタル債権」の解釈は、単に物と債権との間を捉えた関係のみに着目されているだけでなく、進んで、諸々の事情を勘案しつつ妥当な結論を導くための解釈的な拠り所としても機能してきたため[18]、右の解釈を行ううえで果たされてきた役割は無意識なままに肥大化されてしまっている、と言い得るのではないか。だからこそ、この要件に関する判断をして「留置権の難問」と称せしめるまでに、その判断は苦慮を強いられてきたと考えられるのである。こうした姿勢の下で「物ニ関シテ生シタル債権」に関する解釈が試みられてきた、という事情をここで真摯に受け止めるならば、これまでの学説は、牽連性という成立要件に関する判断内容を無意識に肥大化させてしまったことが、かかる判断に過ぎたる使命を盛り込む、という望ましくない事態を出来させてしまっていると言えないだろうか。つまり、牽連性に関するこれまでの解釈論には過度に右の使命が課されてきたため、かえって牽連性という成立要件の判断は曖昧さを来すこととなった、と考えるのである。以上のことを具体例をもって敷衍してみたい。

例えば、不動産の売買契約が売主甲の債務不履行を理由に解除され、買主乙は支払った代金が返還されるまで当該不動産につき留置権の存在を主張した、とする（＝【事例1】）。この事例における乙の主張が一般に許されてよいことは多くの学説によって支持され得る結論であろう。[19] もっとも、乙が不動産の引渡しを拒絶できる権原は同時履行の抗弁権のみに限られると解する法律構成も考えられ、かかる構成は大いに尊重されなければならないと考えるところではあるが、右の多数説的見解を前提に、ここでは一まず、乙の引渡拒絶権原から留置権は排除されないものとして扱っておく。一方、右の事例に対し、例えば甲がその所有不動産を乙に譲渡し、乙は代金の一部を支払ってこの不動産につき占有を開始したが、甲は丙にも右の不動産を二重に譲渡したため、登記名義を取得した丙が乙に対してその明渡しを請求したところ、乙は甲に対して支払った一部代金が返還されるまで当該不動産につき留置権を行使した、という場合はどうか（＝【事例2】）。学説の中にはこの場合に留置権の存在を肯定するものも見受けられたが、[20] 多くの学説は、乙の損害賠償債権が「物ニ関シテ生シタル債権」に当たらないと解したり、間接的に債権の履行を強制する留置権制度の趣旨を重視するなどにより、留置権は認められないとの立場を採ってきている。[21] このように、【事例1】と【事例2】とでは留置権の成立につき結論を異にする立場が大方の学説であると言ってよい。ところで、ここで注目すべきことは、右の各事例において当該不動産との牽連関係が問われた「物ニ関シテ生シタル債権」は、何れの事例であれ、（不当利得を原因とする）支払代金の返還債権であることに変わりはない、という点である。このように発生原因（または発生の法的根拠）を共通にしている債権でありながら、一方では当該物との間で牽連関係ありとされ、他方では牽連関係なしとされることは何とも不可解であると言えないだろうか。ある不動産売買の事案において、売買が解除されたことにより発生した債権と当該不動産との間で牽連関係の有無が問われ、当該債権が「物ニ関シテ生シタル債権」に当たると一たび判断された以上は、他の不動産売買に関する事案においても、等しく売買の解除により発生した同種の債権が、同様に当該不動産との間で牽連関係が問題となっている限りにおいては、この債権についても右の不動産との間で牽連関係ありと判断されるのが理に適っている、と考えられるからである。ところが、【事例1】におけるとは異なり、【事例2】では留置権の成立を認めることが妥当でないと解すべきであるならば、かかる結論を導いている牽連性という成立要件の判断には、【事例1】における場合とは異なった事情が考慮されているのではないか、との憶測が許されよう。実際、下級審裁判例には、[22] 右の牽連性という成立要件につき、単に物と債権との間の関連に止まらない要素を考慮して判断しているものがある。すなわち、競売不動産の買受人Xが不動産の占有者Yを相手方とする不動産引渡命令を得たので、Yは、差押前に債務者Zから右不動産を買い受けて支払った手付金の返還請求権を理由に、前記不動産につき留置権の存在等を主張して執行抗告した、という事案に関する裁判例である。この事案も不動産所有権が差押前の譲受人と競売後の買受人とに二重に移転した場合に関するものであるから、これを前述した【事例2】に含めて論ずることが可能であると考えられるところ、右の裁判例では、Y主張の手付金返還請求権は「物ニ関シテ生シタル債権」に当たらないとされ、そこでの理由として、「もしY主張の手付金返還請求権につき本件不動産に対する留置権が有効に成立するとすれば、Xは、既に対抗要件を具備し、Yに敗れる関係にないにもかかわらず、本件不動産の引渡を受けて名実ともにこれを確保するためには、YがZに支払ったという手付金の三六〇万円を実際に出捐しなければならず、Xとしては、本件不動産を競売手続において入手しても、実質的にYとの競争に一部破れたのと同様の結果となり、対抗要件主義の原則にもとる不合理なことになるばかりか、Xに不測の損害を与え、裁判所による不動産競売手続の信頼を損ねる結果となるといわざるをえないからである。」、と判示されている。ここでは、不動産物権変動における対抗要件主義の原則と、それから不動産競売手続の信頼に関する配慮が、実質上、物と債権との牽連関係を否定するための判断要素となっていると考えられるのであるが、本来、こうした考慮は物と債権との関連とは無関係な事柄であると言わねばなるまい[(23)]。

(4)　右に述べてきたように、牽連性という成立要件の判断には公平性の実現に向けて過度の負担が課されてきた、ということがこの要件の取扱いをルーズなものにしてしまったと言い得るのではないか。そうだとすれば、かようにルーズな事態を克服して少しでも右の負担を軽減するためには、牽連性の判断について可能な限りスリム化を図ること、つまり前述した肥大化の現象を解消させることが追究されなければなるまい。その解決策を我々は何に求めるべきであろうか。

ここで前述した【事例1】と【事例2】に改めて着目すると、【事例2】では、占有者と、(この者の留置権行使が認められることで履行が促される) 債務を右の占有者に対して負担してはいない物の引渡請求権者 (＝第三者) との間で留置権の存否が争われている、という点において【事例1】には見られない事情を看取することができる。かかる事情を重視したならば、(イ)占有者が第三者を相手に留置権を対抗し得るかという問題(＝対抗問題) と、それから占有者が主張する留置権は成立していようかという問題 (＝成立問題) とが、これまで渾然一体なものとして論じられてきてはいないだろうか (つまり、占有者が第三者を相手に主張したこの権利の存否という問題が、牽連性という成立要件の判断の中で一緒くたに論じられており、このことが右の判断の曖昧さを引き起こした重大な要因となっていると言えないだろうか)、という疑問が涌出してくるように思われる。また、(ロ)公刊された裁判例の中には、例えば占有者が費用償還債権を有する場合に、占有者と契約関係にない者との関係でも、かかる債権を被担保債権とする留置権の行使をこの占有者に認めたものが少なくないため[24]、かような裁判実務の状況にも目を配り、従って留置権の存在が認められている右の費用償還債権に関する場合と、それから留置権は不存在であると解されている【事例2】の場合とを比較したならば、何れの場合も、契約関係にない者を相手に占有者が留置権を行使している点において共通していると言い得るものの、しかし右の各々の場合において占有者が有している、費用償還債権という債権と売買代金返還債権という債権とは、果たして同列的な扱いの下で論じられて構わないものか（すなわち、留置権の行使を認めるうえで、これらの債権間には区別されるべき性質上の違いがあり、この違いが留置権の成立または存在に影響を与えていると考えられはしまいか）、といった疑問も生じてこよう。その上、占有者が留置権を対抗できる第三者の具体例として、従来、民事執行法上の不動産買受人（旧法下での不動産競落人）を挙げる学説が少なくなかった[25]。だから、(ハ)もしも前述した費用償還債権と売買代金返還債権の間に性質上の違いが存するならば、この違いは、不動産執行という特殊な事態が介在している右の買受人を、全く無留保なままに留置権の対抗を受ける第三者として結論づけて構わないものか、といった疑問をも引き起こしかねない。さらには、(ニ)【事例2】において牽連性という成立要件に関して考慮されている事情が、厳密に言えば、当該物と債権との関連に必ずしも止まってはいないという前述した解釈状況に鑑みると、これまで右の成立要件に関して論じられてきた事柄の中には、むしろ他の成立要件との関連で考慮されるべきものが存するのではないか、といった疑問も払拭し得ないように思われる。かような一連の疑問（すなわち(イ)〜(ニ)として掲げた疑問）に正当性を認め得るとすれば、その発端は、何よりも【事例2】において見られた前述の事情、すなわち占有者が第三者を相手に留置権を行使する、という事情の存在にあると言わざるを得ない。しかも、【事例1】におけるような、占有者と債務者との間で留置権の成立（または存在）いかんが争われる場合よりも、【事例2】におけるような、占有者と第三者との間で留置権の存否が問題になっている場合の方が、当事者間に存する利害状況（または考慮されるべき事情）は複雑かつ深刻であると考えられるため、【事例2】のような場合において留置権を認めることが公平であろうかを決するための価値判断は、一そう厄介となることが予想される。けだし、【事例2】のような場合では、債務を負担していない第三者に対してまで占有者に留置権の行使を認めることが、公平性の観点から、果たして妥当であると言えようかという価値判断が新たに加わることになるからである。

するど、留置権の成立（または存在）いかんを論ずるためには、占有者と第三者との間で留置権の存否が争われるケースこそが、最も重視されるべき考察対象であると解されてよいにも拘わらず、残念ながら、こうしたケースを正面から取り上げて留置権の成立（または存在）を論じた考察は、これまでほとんど試みられてこなかったと言うことができる。そうであれば、右のケースを常に念頭に置きつつ前述した一連の疑問を具体的に摘示し、そのうえでかかる疑問を克服すべく解釈上の考察に努めることが肝要となってこよう。かかる考察の結果として、牽連性という成立要件の判断が担ってきた負担を少しでも軽減してあげることが、バランスの取れた留置権制度の解釈論を築くことに貢献するのみならず、この制度の的確な運用を実現できるようになると期待できるからである。加えて、右に述べた考察方法を採ることで解明すべき留置権の成立（または存在）に関する問題は、単に留置権制度の枠組みの中でのみ解釈作業が施されれば十分であるとは言い得ず、進んで同時履行の抗弁権制度との関係で、この抗弁権の主張をもって解決されるべき場合との調整が常に迫られている、という特殊事情の存在も強調されるべきであろう。けだし、この抗弁権も等しく物の引渡拒絶権原として現出するため、留置権の成立範囲（または存在領域）を画するための解釈には、この留置権制度の外部に存在する類似した制度からの制約として、終始、右の抗弁権を主張し得る場合との対比が要請されてくるからである。すると、前述したケースを対象に導かれた留置権の存否に関する解釈が、同時履行の抗弁権制度によって解決される場合に影響を与えることになるものか、すなわち留置権の成立（または存在）する場合との関係をどう捉えることになるのか、という点についてまで考察することが求められてくるはずである。さもないと、この権利の成立（または存在）に関する解釈は不十分であるとの批判を免れず、ひいては牽連性なる成立要件の判断についてスリム化を十分に図ることは難しくなる、と予想されるからである（留置権と同時履行の抗弁権との関係が不明瞭なままに放置されるのであれば、当該事案において物の引渡拒絶権を占有者に認めるのが妥当である場合に、この拒絶権を右のどちらか一方に特定して法律構成せんとする解釈意識は希薄化するであろう）。

以上に述べてきたことより、右にいう成立要件の判断についてスリム化が求められているとの問題意識の下で、占有者と第三者との間で留置権の存否が問われるケースを主たる対象に、留置権の成立範囲または存在領域について考察を試みよう、というのが本書の全体を貫く目的である。

三　本書の具体的な考察内容と構成

占有者と第三者との間で留置権の存否を巡るケースを対象に、前述した(イ)〜(ニ)の疑問を解消するため、そして同時履行の抗弁権を主張し得る場合との対比という要請に応えるため、本書が試みる考察の内容を、別な視角からもう少し具体的に明らかにしておく。併せて、その叙述に関連した本書における構成にも触れておきたい。

(1)　まず、前記(イ)の疑問に関してである。もとより、民法二九五条一項は、他人の物の占有者が「其物ニ関シテ生シタル債権」を有するときは、この「債権」が弁済されるまで、占有物を「留置スルコトヲ得」と規定している。これを文字どおりに受け止め、例えば占有者は、「物ニ関シテ生シタル債権」さえ有するならば、自己を相手に誰が物の引渡請求をしてこようと、つまり引渡請求権者が占有者に対して債務を負担しているか否かに関係なく、占有している物を留置できることになりそうである。そうであれば、占有者に属する当該債権は「物ニ関シテ生シタル債権」に当たるかどうかの判断こそが、留置権の成立いかんを左右する決定的な決め手となってこよう。しかし、翻って考えると、占有者が一たび右の「債権」を取得したならば、文字どおり、誰に対しても留置権の効力を認めるという解釈は、具体的な事案の解決として常に公平性に適った妥当な結論を導くことになるのだろうか。このような疑問の提起が許されるならば、留置権の効力が及ぶ第三者は誰であろうと構わない、という前述の解釈が妥当であるとして受け入れられるためには、より踏み込んだ検証が必要となるように思われる。その際、もしも右の第三者には制約があってよいと解するときは、前述した占有者と第三者の間で留置権の存在いかんが争われたところで、この第三者がもとより留置権の対抗を受ける範囲外の者である限り、もはや占有者の債権について牽連関係の有無を判断する必要性は失われるはずである。こうした範囲外の者を相手に牽連性の要件を云々したところで、結局は留置権の不存在という結論が導かれる限り、そこでの牽連性に関する判断は意味がなくなると考えられるからである。こうして右の要件は、占有者と第三者との間では、留置権の対抗が許される範囲内でのみ判断されることで足りることになるならば、翻って、留置権が対抗され得る第三者の範囲を論ずることは、この判断に関連して前述してきたスリム化の要請に少なからず貢献すると期待できそうである。そこで、第一編では、前記(イ)に対応した右の疑問に答えるべく、これまでの公刊裁判例に現れた具体的な事案を素材として据えたうえで、等しく公平性に基づくフランスおよびドイツの留置権制度をも参考に、占有者が留置権を対抗し得る第三者の範囲について考察したい。かかる考察を行った結果、この範囲が物の譲受人など特定の者に限定して解釈されてよい、との見解を明らかにするつもりである。

(2) もっとも、占有者が留置権を主張できる第三者の範囲を限定的に解釈しようとする立場は、実のところ、「物ニ関シテ生シタル債権」を二種類に区別した前提に立っている。すなわち、この限定解釈は、留置権が担保する債権は決して一様に把握できるものではなく、特定の債権を担保すべく成立した留置権が、いわゆる第三者に対しても効力を発揮する場合として現出するかどうかを確定するうえでは、こうした債権の種類に応じた違いを考慮すべきではないかという解釈を条件としているのであるが、同編は、前記(1)で述べてきたように、第三者の範囲または留置権を第三者に主張できる場合を画すること自体に力点が置かれているため、留置権が担保する二種類の債権の間にどのような性質上の違いが存するのか、ひいては第三者に対する留置権の主張という場合が債権の性質とどう関連し合っているものか、という観点からの考察がそこでは十分なまでに試みられることにはならない。もちろん、かかる考察を最少限度で試みるつもりではあるが、しかし右の考察は、第一編において展開した主張を裏付けるため、より本質的に解明すべく任務を担わされた課題として残されてくるはずである。加えて、右に言うところの、債権の性質と第三者に対する留置権の行使いかんといった課題のほかにも、実は新たな視点から種々の考慮または考察上の制約が働くことの故に、さらに踏み込んだ形で検討を要する別な課題も少なからず予測され得るのであるが、こうした課題に対しても深入りして論ずることは第一編の目的外となってくるため、若干の考察を試みる必要性は認められるにせよ、それは単に新たな問題の所在を指摘した域に止まらざるを得ない場合も考えられる。こうした意味合いがあるため、第一編における論述はあくまで序的考察にすぎないと言うことになり、この残された種々の課題に対処すべく展開されるのが第二編から第四編である。第四編についての本書における位置づけは次の(3)に譲り、ここでは二編と三編の位置づけについてもう少し立ち入って言及しておこう。

ところで、公刊された裁判例の事案には、占有者が自己と契約関係にない者を相手に留置権の存在を主張したことにより、その存否が争われたものが数多く散見される。例えば、費用償還債権を有する占有者が、契約関係にない者を相手に、この債権が弁済されるまで占有物につき留置権を行使した、という場合における留置権の存否がこれまで裁判上しばしば争われてきており、この行使を認めた裁判例はかなりの数に及んでいるのであるが、このうち留置権の効力が及ぶとされた者、すなわち占有者とは契約関係にないにも拘わらず留置権の行使を受けることとなった者の中には、限定解釈される（物の譲受人といった）第三者の範囲に必ずしも属しているとは考え難いものが見受けられる。例えば、転借人は、転借物に対して支出した費用が償還されるまで、賃貸人を相手に転借物につき留置権の存在を主張するといった場合である。この場合にも公平性の観点から留置権の存在を認める結論が妥当であるならば、転借人が有している債権の債務者と賃貸人との関係はどうなっているのであろうか。すなわち、転借人が有する費用償還債権の性質上、賃貸人は何ら転借人との間で償還債務を負担していないものか。もしも負担する可能性があるならば、賃貸人はその限りでは第三者として扱われることにはならないから、右の債務関係いかんが重要な問題として追究されねばなるまい。もっとも、同様の問題は、報酬債権を有する下請負人と注文者との間においても起こり得ると思われる。すなわち、下請負人が報酬の支払いを受けるまで注文者に対して修理物につき留置権を主張した、という場合に裁判実務はこの主張を認めてきているのであるが、かような場合における下請負人と注文者の債務関係いかんである。また、この他にも、例えば受寄者が、受寄物より被った損害について賠償されるまで、契約関係にない受寄物の所有者に対しても留置権を主張して受寄物の返還を拒むことができると解するならば、受寄者と所有者の間において同様に債務関係の有無が問題視されてよいと考えられる。その際、右の賃貸人（注文者、所有者）は転借人（下請負人、受寄者）と直接の契約関係にないとはいえ、物の譲受人といった立場にないことが明らかであるため、第一編で主張される私見によれば、これらの者は留置権を対抗できる第三者の範囲から排除される扱いとなりそうである。すると、かような賃貸人等もこの権利を主張される第三者として扱われるべきなのか（これを肯定に解するならば、第一編で唱える私見は修正を強いられることとなる）、それとも契約関係にない右の者は第三者として扱われなくても構わないと解するべきなのか（そうであれば、その理由いかんが問われよう）である。こうした一連の疑問は前記(ロ)に関係している事柄であり、これを解消すべく考察を試みようとするのが第二編と第三編である。なお、第二編では下請負人と注文者の間における債務関係を、また第三編では受寄者と所有者の間におけるそれを取り上げる。すると、転借人と賃貸人の間における費用償還関係いかんの問題が残されることとなるが、第二編において下請負人・注文者の間における債務関係を考察する際には、占有者—回復者間の費用償還関係を定めた規定の適用いかんについて詳細に論ずる予定であり、その結果として導かれた解釈に照らしたならば、転借人—賃貸人間における前述の問題は自ずと解消することになると考えられるため、これらの者の間における右の償還関係を殊さら考察対象として取り上げないこととする。

(3)　一方、留置権を対抗できる第三者の範囲は限定して解釈されるべしとする私見に対しては、前記(2)におけるとは正反対の視点からも吟味が必要となってこよう。けだし、第二編と第三編では、右の範囲に属さないと考えられる場合における留置権の存否を対象としているため、これとは反対に、前述した第三者に匹敵すると一応考えられる物の引渡請求権者であるにも拘わらず、この引渡請求権者を、本当に留置権を対抗できる第三者として扱うことで構わないものかについて、第四編で(一部には第五編に関連する限りで同編の中で)検証すべき必要性が認められるからである。具体的に言えば、不動産執行における買受人が右の範囲に属するものと解して構わないものか、という視点からの考察である。もとより、留置権を対抗できる第三者としては、前記二(4)で述べたように(物の譲受人とともに)右の買受人も例示されてきたところである。この買受人も、旧所有者から物の所有権を承継取得したという限りでは、物の譲受人と全く同様の立場にあると言えようから、物の譲受人が右にいう第三者の範囲に含まれると解するときは、前述した買受人についても同様の扱いがなされてよさそうに思えるのであるが、この買受人による所有権の取得にあっては、不動産の執行手続が関与しているという特殊事情の存在を看取できるため、右の買受人に対する留置権の効力が、物の譲受人に対するそれと同レベルで論じられてよいものか、といった疑問を抱いたところで由なしとしないはずである。実際、公刊された裁判例には、例えば不動産の占有者がこれに費用を支出し、その後に当該不動産が差押えられて競売に処せられたという場合に、買受人に対する留置権の行使を占有者に認めたものもあれば、反対に認めなかったものもあるなど[26]、実務上、必ずしも統一的な取扱いがなされてきていないとも受け取れるため、右の疑問に答え、かつ、こうした裁判例の状況をどう捉えるべきか、といった問題にまで立ち入って考察しなければならないと考えるのである。かかる考察の必要性は前記(ハ)の疑問を解消する意味にあり、第四編においては、買受人に対する留置権の効力について、前記(2)で触れた二種類の債権に見られる特色を反映しつつ、新たな解釈論を唱える予定である。

(4) ところで、民法典に設けられた留置権に関する八ヶ条のうち、二九六条と二九七条は、何れも、既に成立している留置権の効力に関する規定であること明白であり、また二九八条と二九九条は、ともに留置権を有する占有者の権利義務に関して定めた規定にほかならない。次に続く三〇〇条から三〇二条までの諸規定は、留置権の消滅に関するものであることも明瞭である。以上に反し、留置権の成立自体に関して定めた規定としては一ヶ条が存するにすぎない。それは民法二九五条であり、同条は留置権の成立を一般的に規定していることも疑う術を持たないであろう。その一項本文には、留置権が成立するための積極的な要件として、「他人ノ物」の占有者が「其物ニ関シテ生シタル債権」を有していなければならない旨が明記されている。その一方で、留置権の成立が否定される場合、すなわち右の本文が適用される限りでは留置権の成立が認められるものの、しかしこの成立が他の理由から打ち消される例外的な要件として次の二つが定められている。一つは、右の「債権」は弁済期が到来していなければ留置権は成立しないという一項但書が定めている要件であり、もう一つは、同条二項において規定された、占有が「不法行為ニ因リテ始マリタル場合」も同様に留置権は認められない、という要件である。このように民法二九五条には、一項但書と二項において、留置権の成立を例外的に認めない消極的要件が二つ明記されている。かかる法文上の仕組みを前提としたならば、当該事案において留置権の成立を認めるべきではないとの結論が妥当である場合に、その法的根拠を右の積極的要件の欠落に求める解釈が適切であろうか、それとも消極的要件に関する問題として扱うべきであろうか。この点について一般的に言えば、後者の扱いを基軸とした解釈姿勢こそが妥当である、と解すべきであろう。けだし、留置権の不存在という価値判断を法的に根拠づけるときは、右の消極的要件との関連性が大いに意識されてよく、また解釈技術の面でもバランスの取れた法文の適用解釈が展開され得ると期待できようからである。もっとも、こうした解釈姿勢にできる限り服したところで、具体的な事案において導かれた留置権の不成立（または不存在）という結論は、殊さら前述した二番目の消極的要件、すなわち民法二九五条二項が定める消極的要件に関する適用解釈との関係で正当化できようか、ということが改めて検討されるべき課題となってこよう。けだし、公平性の観点から同条一項本文が留置権の成立を認めながら、その一方で、かかる観点に等しく支えられてその二項が留置権の成立を否定しているからである。[27]こうした課題に対処することは前記㈡の疑問に答えることを意味しており、これを第五編において詳細に論ずる予定である。

(5)　最後に、以上の考察から導かれた留置権の存在領域は、同時履行の抗弁権が主張され得る場合との関係でどのような制約を受けることになろうか、という問題を扱うのが第六編である。すなわち、留置権の成立に関して曖昧となる要因を回避せんとするためには、占有者が第三者に対して留置権を行使するという場合にこそ着眼する必要がある、と前記二(3)および(4)において説いてきたのであるが、それは、一つに、この権利と右の抗弁権との混乱が生じ得る可能性をできる限り排除しなければならない、という要請が存するからであった。こうした着眼の下で、まず留置権を第三者に主張できる場合の確定が試みられ（第一編）、この確定を裏付ける形で、「物ニ関シテ生シタル債権」を被担保債権とする留置権は一律に前述した対抗問題をもたらすわけではない旨が検証され（第二編および第三編）、その一方で、右の場合が確定されることにより留置権の効力が及ぶ第三者の範囲も自ずと定まると予測できながらも、これには特殊な事情が存在するため再吟味されなければならない第三者が存することを考察し（第四編）、さらには占有者が留置権を第三者に主張できない場合を法的にどう根拠づけるべきか、という点に関してまで論ずることになるならば（第五編）、こうした一連の考察にもはや終始することなく、進んで、留置権を主張された相手方が第三者である場合はもとより、そうでない場合も一応意識して、占有者が留置権を行使できる場合と同時履行の抗弁権によって物の引渡しを拒絶できる場合とは、一体、どのような関係として捉えられるべきなのかという問題に逢着することになろう。第六編での考察目的はかような問題意識に基づいて論じられるものなのである。

なお、右の(1)〜(5)までの考察を行うことが本書における目的の具体化であるが、各々の考察が求められるべき必要性とその際における問題状況については、これまでの学説や裁判実務の状況も含めて、各編の冒頭で詳しく纏めるつもりである。各編の終わりでは右の考察より導かれた著者の見解が繰り広げられるが、本書の最後では、「結び」として、右の見解が、牽連性という成立要件の判断をスリム化させる必要がある、との問題意識の下でどのような貢献をすることになるのか、加えて留置権制度が孕んでいる他の解釈上の問題に対しても、与える影響が少なからず認めることができるとすればそれは何であろうか、という点に関して言及することで本書を締めくくることとしたい。

（1） わが国の留置権制度との比較で言えば、とりわけドイツ、フランスおよびスイスの留置権制度が重要である。これらの概略については、石田・擔保下巻六三〇頁以下、田中・注釈民法(8)一三頁以下、我妻・民法講義Ⅲ二一頁以下、柚木＝高木・担保〔第三版〕一八頁以下などが参考になるほか、椿寿夫『民法研究Ⅱ』一頁以下（第一法規、一九八三）にはより詳細な紹介があり、有益である。

（2） 通説は、被担保債権が譲渡されるに伴って目的物の占有も移転することで留置権の随伴性も肯定する。

（3） 但し、留置権者に競売権能が認められるかを巡っては、かっての学説には多くの議論があったこと周知のとおりである（その詳細につき田中・注釈民法(8)四四頁以下を参照）。民事執行法の制定に当たり、留置権による競売が形式的競売の一種として位置づけられたため、これにより右の議論は終結することとなったが、同法の制定は却って留置権の性格を巡る論議に影響を与える結果となっている。

（4）　条件付き勝訴判決説や原告勝訴判決説もないわけではない。このような学説の状況については以下における本書の中で折に触れて紹介する。

（5）　原田慶吉『日本民法典の史的素描』一一八頁（創文社、昭二九）。

（6）　薬師寺・留置権論二一一頁。

（7）　「物ニ関シテ生シタル債権」の意味、または、物と債権との間に要求される牽連関係について、後述する、今日の支配的な定式に至るまでの学説に見られた主な主張を以下に掲げると次のものがある。

（a）　「物ニ関シテ生シタル債権」を「物ニ付テ直接ニ生シタル債権」と解する説（岡松・民法理由中巻三一九頁。この「債権」として、「物ニ費用ヲ加ヘ又ハ其物ノ爲メニ損害ヲ被ムリタルカ爲メニ生シタル債権」が挙げられている）。

（b）　物と債権との「關聯」を「物カ其ノ債權發生ノ客觀的基礎ヲ成ス場合」とし、占有物と債権の発生との間に「原因結果ノ關係」があれば右の「關聯」あり、と解する説（中島・釋義物權篇下六一〇頁。物の瑕疵により被った損害の賠償債権、費用償還債権、売買代金債権が例示されている）。

（c）　いわゆる「關聯」とは「物カ事實上債權發生ノ原因」となっているか（「他人ノ物ノ爲メニ損害ヲ被リタル」場合など）、「債權ト同一ノ原因ヨリ生シタル債務ノ目的物」である場合（「賣買其他ノ雙務契約ニ於ケル」場合など）、と捉える説（富井・原論第二巻三一六頁）。

（d）　物と債権との牽連とは、「債權ト引渡スヘキ目的物ノ占有トカ賣買交換ノ如キ同一ノ取引關係又ハ目的ニ由リテ生シタルトキ」（運送取扱人の運賃支払債権など）、または、「物夫レ自身カ債權發生ノ直接原因ヲ爲シタル場合」（物より損害を被った場合の賠償債權など）を指称する、と解する説（三瀦・増訂擔保四二、四三頁）。

（e）「物自體が債權の發生原因となりたる場合」（寄託物、賃貸物に瑕疵があり占有者が損害を被った場合の賠償債權と寄託物等の場合など）、「物の返還義務と債權とが同一の法律關係より發生したる場合」（売買代金債権と売買物、請負人の報酬債權と目的物の場合など）、および、「物の返還義務と債權とが同一の生活關係より發生したる場合」（賃借人の有益費償還債權と賃借物の場合、物の取り違いをした者の当該物の返還債權とこの物の返還義務の場合など）、という三つの場合に債權と物との間に「關聯」を認める説（山下・擔保二六頁以下）。

（f）債權が「物ニ関シテ生シタル」場合を、「債權が其物と何等かの經濟的關係に於て發生し而して債權者が自ら其債務の辨濟《べんさい》を爲さずして物だけを返して貰はうとすることが社會觀念上如何にも不穩當なりと思はれる場合」（例えば、買主の売買代金債權、受寄者の預料支払債權や受寄物が包装不完全により被った損害の賠償債權、賃借人が支出した必要費の償還債權と売買物、受寄物、賃借物との間に牽連関係を認める）、と解する説（末弘嚴太郎「債權總論」『現代法學全集第六巻』三八頁〔日本評論社、昭三〕）。

（g）「占有者が物を目的として事實上の處分を與ふるか」、または、「物に瑕疵あることが理由となって成立する」債權（保管料、修繕料、物の瑕疵に基づく損害賠償債權）と、「債權が債權者の物の返還義務と同一の法律關係を原因として發生する」債權（売買代金債權など）をもって「物ニ関シテ生シタル債權」と解している説（田島・擔保三三頁）。

（h）物と債權とが牽連する場合を「物自身が債權發生の直接原因を爲したる場合」と捉えている説（沼・民法論(1)二八七頁）。

（i）債権が「物ニ関シテ生シタル」場合を、「債権と物とに何等かの連絡を與へる事實關係あるが爲め、債務者が自己の債務を履行せずして物の返還を請求することが公平に反する場合」であるとし、これには、「債權が直接に物自體を原因として發生した場合」と、「債權が間接に物に關係を持って發生した場合」とがあり、後者の場合とは「留置權の目的觀に照らし、『債權』と『物の引渡請求權』との關聯ある場合」である、と解する説（薬師寺・留置權論七六、七七頁）。

（j）債権が「物ニ関シテ生シタル」場合とは、「其物が債權發生の要件を構成する法律事實となってゐる場合」であるとし、契約から発生した債権、契約の無効により発生した債権、物の取替えを発生原因とする債権、物の瑕疵による損害賠償債権、所有者による質物の毀損・賃貸人による賃借物の使用妨害による質権者・賃借人の損害賠償債権、費用償還債権につき物と債権との「關聯」を認める説（石田・擔保下巻六四九頁以下）。

（k）占有者の有する債権が「物自身ヨリ生シタル場合」（例えば占有者が占有物の瑕疵より被った損害について賠償債権を有したり、物に加えた修繕費・運送費等について債権を有する場合など）はもとより、「占有者ノ有スル債權ト其ノ物ノ返還義務トカ同一ノ生活關係ヨリ生シタル場合」（例えば売主の有する代金債権、甲と乙とが物を取り違えて両者が返還請求権を有する場合など）に、当該物と債権との間に「連關」を認める説（鳩山秀夫述『擔保物權法』一一、一二頁（発行所、発行年ともに不明））。

（l）ある債権が物に関して生ずるとは、「債權が其物の存在と相當な因果關係に於て成立すること」である、と解する説（勝本・擔保上巻一〇九頁）。

（8）石田・擔保下巻六四八頁では一元論（富井政章、三潴信三、薬師寺志光）と二元論（中島玉吉、末弘厳太郎）とに分類しつつ各学説の特色に触れており、田中・注釈民法⑻二二頁も、一元説と二元説という名称の下で諸説を分類しており（但し、一元説に石田文次郎を、また二元説の学説に田島順を加えている）、その基本的な立場は共通している。

(9) この点、勝本・擔保上巻一〇八頁は、債権の発生原因と物との関係から諸学説を直接原因説(中島玉吉、石田文次郎)、間接原因説(富井政章、田島順、柚木馨、三潴信三、薬師寺志光)、この何れにも属しない社会的標準説(末弘厳太郎)という三つの分類を行っている。

(10) 勝本・擔保上巻一〇九頁は、「諸説(前注の諸学説を指す。著者注)は論理的に見れば、又、表現の上では相異なっているが、各諸説が其適用として擧げている事例を見れば、大して差異があるわけではない。」と言う。

(11) この定式の最も代表的な提唱者としては、我妻・民法講義Ⅲ二八頁、柚木=高木・担保(第三版)二〇頁を挙げることができる。我妻は民法講義Ⅲの初版(昭一一)からこの(イ)および(ロ)の定式を唱えてきており(同書三四、三五頁)、柚木も、その著書の初版(昭三三)こそ右の民法講義Ⅲの初版に遅れた刊行であったものの(同書一七、一八頁)、しかし同『判例物権法各論』一三七頁(巖松堂書店、昭一一)において、既に前述した定式をもって「物ニ関シテ生シタル債権」を説いていた(もっとも、柚木は、この当初から、本文に掲げた定式のうち、(ロ)にいう「生活関係」という語を一貫して「事実関係」という言葉で表現してきている、といった違いは存する)。

(12) 椿寿夫「留置権と牽連関係」柚木馨ほか編『判例演習物権法』一七一頁(有斐閣、増補版、昭四八)は、「牽連性についていえば、学者は、公平をはかろうとする制度の趣旨や、沿革上・比較法上すでに行われてきた法的解決の実状、を挙げている(中略)。しかし、公平といった判断標準は、その中味を或る程度まで具体的に枠づけることができても(中略)、極めて抽象的な基礎原理であるだけに、具体的問題の解決に適用しようとすれば、結局は別の媒介項(たとえば買取請求権制度の趣旨)を併用するか、社会通念といったふうな云い換えをやることになる(そのうえ、公平・社会通念は、法律的な知識や考え方に精通した人の、やや名人芸的なカンに頼る面がないではない)。他方、沿革や比較法をただちに具体的問題を解くのに利用することも(中略)、初学者には必ずしも期待できず、各国・各時代における個々の(留置権だけでなく、それに接触する他の)制度の無視できぬ差異を捨象してしまうことがあればirreführendでさえある。」、と述べて支配的な学説の主張を批判した。また、曽田・民法講義3二〇頁も右の主張が不明瞭であることに言及しているほか、幾代通『民法研究ノート』一二七頁以下(有斐閣、昭六一)は、裁判例に現われた幾つかの事案を対象に、支配的な定式が実質的には有効に機能していないことを明らかにしているだけでなく、「一般的な定式を言葉で示すことは、おそらく誰が試みても将来も不可能な課題なのではあるまいか」(一四一頁)、とさえ述べている。なお、かような批判は本書の中で折に触れて紹介されることがある。

(13)　我妻・民法講義Ⅲ二八、二九頁。また、山下・擔保二六頁も、「關聯ありや否やは結局公平なりや否やを最後の標準として決することとなり、然して公平なりや否やは個々の事案につき決するの外なきが故に、抽象的に確定されたる所謂關聯の意義に茫漠たるものあるは、蓋し免れ難いところである。」、と述べている。

(14)　最判昭和四七年一一月一六日民集二六巻九号一六一九頁。

(15)　最判昭和三四年九月三日民集一三巻一一号一三五七頁。

(16)　最判昭和三八年二月一九日裁判集民六四号四七三頁。

(17)　最判昭和四三年一一月二一日民集二二巻一二号二七六五頁。

(18)　田島・擔保三二頁が、「公平の要求は只目的物に關聯して發生した債權にのみ、留置權を結び付けてゐる」と述べているが、これは本文で述べた「物ニ関シテ生シタル債権」に関する解釈の機能を端的に示唆している。

(19)　例えば、三宅正男『契約法(総論)』二七六頁(青林書院、一九七八)、大坪稔「留置権と同時履行の抗弁権」内山尚三=黒木三郎=石川利夫先生還暦記念『現代民法学の基本問題上』四〇六頁(第一法規、一九八八三)、道垣内・担保一九頁などを参照。

なお、これまで大方の学説は留置権と同時履行の抗弁権との競合関係を認める立場（＝競合論）にある、と一般に解されてきた（競合論の詳細は第六編で取り上げる）。かかる競合論によれば、甲・乙間の原状回復義務について民法五三三条が準用されるにせよ(五四六条参照)、甲には不動産留置権が認められる結論になると考えられる。

(20) 柚木馨「判批」民商四二巻三号三六四頁以下（昭三五）参照。

(21) 学説としては、我妻・民法講義Ⅲ三三頁、曽田・民法講義3二一頁、高木・二〇頁、内田・民法Ⅲ四五五頁など参照。また、対債務者との間における留置権の成立と、対所有者に対する留置権の主張とを分離して考え、留置権の成立時に甲は乙に対して引渡債権を有しないから乙の留置権は不成立となり、従って乙は丙の引渡請求を拒絶できない、と理論構成する道垣内・担保二六頁も参照。留置権を認めるべきでない実質的な理由として、不動産物権変動に関する対抗要件主義の「蹂躙」を挙げる学説もある（鈴木禄彌「最近担保法判例雑考(5)」判タ四九六号二二頁（一九八三)、幾代・前出注(12)一三四頁参照)。

なお、最判昭和四三年一一月二一日民集二二巻一二号二七六五頁は、甲の損害賠償債権が「物ニ関シテ生シタル債権」に当たらない旨を述べて、同様に留置権を否定している。

(22) 大阪高決平成七年一〇月九日判時一五六〇号九八頁。

(23) 牽連性という成立要件の判断に見られる肥大化の現象は、他の事例に関する裁判例を通しても看取できる。例えば、甲からその所有地を賃借した乙が、甲よりこの土地を譲り受けた丙に対して賃借権を対抗できない場合に、この賃借権を根拠に右土地につき留置権の存在を主張したという事案に関し、大判大正一一年八月二一日民集一巻一〇号四九八頁は、乙の賃借権が「賃借物ヲ目的トシテ成立スルモノニシテ其ノ物ニ關シテ生シタル債權ニ非ス」、と判示して乙の主張を認めなかった。ここで注目すべきことは、同判決が右の引用文に続いて示している理由づけ、すなわち賃借権のような「物自體ヲ目的トスル債權」は「其ノ權利ノ實行ニ依リテ辨濟ヲ受クルコトヲ得ヘク毫モ留置權ヲ認ムル必要ケレハナリ」、と述べている点についてである。もとより、ある物につき留置権が成立するということは、この物につき占有継続が許されることを意味しているのであるが、賃借権のような「物自體ヲ目的トスル債權」は、「其ノ權利ノ實行ニ依リテ辨濟ヲ受クル」という性質の権利である。だから、右の乙に留置権の行使が許されることになるならば、その結果として、乙には賃借物の占有継続が可能になるところ、乙の賃借権は対抗力を欠き、従って乙は丙を相手に賃借権を主張して占有継続することが許されなかったものである。それにも拘わらず、右の乙に留置権が認められて占有継続が実現することは、恰も乙が丙に対して賃借権を対抗できる、とする結論を認めたと同様の結果を招き不都合である、というのが右に引用した理由づけの主旨であろう。

ところで、かような理由づけから賃借権と賃借物との牽連関係を否定した前記判決に対しては、当該事案において留置権の不存在という結論が妥当であったにせよ、そこでの解釈姿勢につき疑問を払拭し得ないように思われる。けだし、前述したように、乙は賃借権を丙に対しては対抗できない、という事情が留置権の不成立という結論を導くうえで決定的な要因となっており、本来、論じられるべき物と債権との関係がそこでは直接に論じられてはいない、と言えようからである。ここにも、当該事案における具体的な結論の妥当性という要請を満たすべく、牽連性という成立要件の判断が機能していると言い得るのであって、そうであれば、かかる判断は総合的かつ目的論的な視点からの取扱いがなされてきた、という肥大化の現象を看取し得るのである。

(24)　例えば、建物借主が、賃貸借関係を承継しなかった建物譲受人からの明渡請求に対し、賃借中に支出した必要費等の償還があるまで留置権の存在を主張した、という事案においてこの主張を認めた大判昭和九年一〇月二三日裁判例(8)民二四九頁、大判昭和一二年四月二八日裁判例(11)民一一二頁、大判昭和一三年二月一四日全集五輯五号三一頁など参照。

(25) 学説状況の詳細は第四編で纏めるが、買受人を掲げる学説のみに関して、差し当たり槇・担保四七頁、高木・担保三二頁、清水・留置権六頁を挙げておく。

(26) 肯定例として大判大正七年一〇月二九日新聞一四九八号二一頁(但し、旧法下における事件)など。反対に、否定例としては東京高決昭和五六年四月二八日判時一〇〇四号六二頁など参照。なお、裁判実務の状況は第四編で詳述する。

(27) 留置権制度が公平の原則に基づいている限り、民法二九五条を支える原理もこの原則に基づくものであること当然であるが、同条の二項を単に公平性の観点のみから説明するに止まらない学説も存する。かかる学説の検討も含む同項の適用については第五編の対象とするところである。

第一編　序的考察

序　章

一　民法二九五条一項の「物ニ関シテ生シタル債権」とは一般に、(イ)債権が目的物自体から生じたもの、または、(ロ)債権が物の返還請求権と同一の法律関係または同一の生活関係から生じたもの、と定式化されているが、(1)実際上、ここにいう(イ)または(ロ)に該当するか否かが疑問視される事例は少なくない。殊に、有力な学説の言うように、その具体的判断は、「留置権という制度の存在理由たる公平の原則と、これを引渡拒絶を内容とする物権としたわが民法の態度とを標準として行なうべきである」(2)とするならば、右の如き定義はさほど意味のあるものとは思われない。これらのことは、例えば造作買取請求権のために建物全体を留置し得るかという問題について、学説が、主としてこの造作買取請求権が右に定式化された債権に当たるかどうかとは無関係に留置権の存否を論じている、(3)という点からも明白であろう。また、留置権の成立要件として物と債権との間に牽連関係が存することを要するとされているが、かかる要件の具備いかんが具体的な事案において判断される中には、そこでの留置権の存否に関する結論を正当化せしめるための諸要素が介入しているため、いわゆる牽連性という要件の取扱いはいわば「伝家の宝力」としての性質を帯びることになる。(4)例えば、先の造作買取請求権に基づく建物留置の場合につき、造作買取請求権の趣旨とか公平の原則を持ち出して、占有者に留置権を認めようとしている従来の学説の態度は右に述べたことを端的に物語っていると思われる。(5)

このように留置権の成立については、これまで提唱されてきた定式の現実的な機能という視点からいっても、また牽連性という要件の取扱いからいっても、必ずしも明快な解決がなされているとは言えない状況にある。これに加えて、民法典は、等しく公平性に依拠する物の引渡拒絶権原として、同時履行の抗弁権という制度を設けており、これと留置権との交錯または競合の状況がしばしば生じ、両者の関係をいかに解すべきかとも関連して、留置権の成立要件または活動領域の解明は一そう複雑になる。けだし、両者の競合が肯定されるならば、物の拒絶権の有無が問題となる場合には、何れか一方を認めれば足りるということになりかねないからであり、(6)このことは、一方では、留置権の要件の判断をますます困難にさせ、他方では、両制度の峻別を曖昧にする原因となるからである。(7)こうした問題を孕んでいる現状の下で、留置権の成立要件としての牽連性を論ずるためには、本来、同時履行の抗弁権の成立によって影響を受ける恐れのない、留置権独自の活動領域を明確にしていくことこそが問題解決の早道である。

ところで、留置権独自の活動領域が問題となる一場面として、この権利を第三者に対抗するという場合を挙げることができる。けだし、周知のとおり、同時履行の抗弁権は、契約関係の存する当事者間でのみ行使が許されるにすぎないのに対して、留置権にあっては必ずしもこれに限られないと解されてきたからである。ところが、契約関係にない者に対して留置権を主張し得る場合をこの権利の対抗領域と称すると、この領域をいかに解すべきかということが従来の解釈学の下では不明瞭であったと言わざるを得ない。以下にその理由を述べよう。すなわち、従来の学説は、一方では、留置権は物権であることの故に債務者以外のすべての者に対してこれを対抗し得る、と説明するのが圧倒的であった(8)。こうした学説の理解によると、対抗し得る第三者の範囲は無制限となりかねない(9)。しかも、かかる理解を敷衍したならば、留置権は成立すると同時にすべての者に対しても効力（＝対抗力）の発生が承認されるという、いわば成立の問題と対抗の問題とを渾然一体とする構成に落ち着き易い(10)（このような考え方を以下では無制限的アプローチと呼ぶことにする）。しかし他方で、従来から留置権の対抗を受ける第三者としては、専ら物の譲受人または競落人（いわゆる民事執行法上の買受人を指すが、本編では旧法下の競落人も含めて、単に競落人と総称する）が挙げられており(11)、このような状況から推察すると、占有者とその債務者との間で一たん留置権が成立し、その後に占有者はこの留置権を右の第三者に対して主張することができる、という考え方が採られている解釈を汲み取ることができる(12)。こうした解釈によると、対抗問題となる場合または対抗力を受ける第三者の範囲は限定されることになり、この権利の成立いかんという問題と対抗いかんという問題との区別が可能となりそうである(13)（このような考え方を以下では制限的アプローチと呼ぶことにする）。

かかる学説の状況からすると、そもそも留置権の物権性という性質と対抗力という概念とはいかなる関係にあるのか、すなわち物権であるということから対抗し得る第三者の範囲は必然的に影響を受けるものか、という疑問が生じてこよう。しかし、もともと右の権利を物権と捉えることについては、その所以自体、立法当時から種々の理解がなされてきたために(14)、物権性と対抗力との関係も当然ながら一律に把握し得ない(15)。そこで、もしも両者の間に一定の関係が存するならば（すなわち、対抗力概念が物権性概念によって影響を受けるものであるならば）、留置権の対抗領域は、どのように確定づけられなければならないものか、またもし対抗力概念に影響をもたらすような一定の関係がそこに見出し得ないならば、翻ってこの対抗領域はどのように確定づけられるべきであろうか、ということが問題になる。しかし他方で、これらをどう解するにせよ、対抗領域の確定は、具体的な事案における結論が妥当性を有するように、すなわち結論が公平性に反しないように解決が図られなければならないことも当然である。

このように錯綜した問題状況は、具体的に裁判例に現われた事案の解決を見ると一そう明らかになる。まず、Aの所有下にあった不動産を占有している第一譲受人Xを相手に、第二譲受人Yが対抗要件を具備して当該不動産の引渡しを請求したという場合、Xは、Aの履行不能によって取得した損害賠償請求権のために右不動産の留置を主張し得るであろうか。これを実質的に見ると、Xの右主張を認めることは、いわゆる不動産物権変動における対抗要件主義を逸脱することになろうから、その主張は否定されて然るべきである。(16)そこで、裁判実務(17)および多数説(18)は、Xの債権を「物ニ関シテ生シタル債権」に該当しないとし、または、牽連性の要件を論ずるに当たりその一環としてXの留置権を認めていない。(19)牽連性なる要件に対する裁判実務および学説の、こうした判断の背景には、目的論的見地からの考慮が働いているという現象を認識することができるのであるが、それはこの要件自体の曖昧さを示すものにほかならない。(20)また、右の事例における留置権の成否につき、等しく牽連性という要件の具備を問題としながら、しかし留置権の成立には、物の占有者がその返還を拒絶することによって自己の債権を間接に促す関係（以下ではこれを間接強制関係と称し、この関係にない非間接強制関係と区別する）(21)が必要である、と解すべきか否かによっても学説は分かれる。すなわち、この関係を必要とする立場によると、右の場合には、「留置権そのものが成立しないのだから、第三者に対する効力は問題にならない」[22]ことになり、前述した制限的アプローチに通ずる結論となることが予想される。[23]これに対し、右のような間接強制関係を留置権の成立にそもそも必要としない立場によると、牽連性の要件が一たび具備したならば、占有者はこの権利をすべての者に対抗し得ることになり、結局、この立場は無制限的アプローチに落ち着くことになると言えよう。[24]

また、例えばAがYからY所有の自動車を買い受けて使用中にXに修理を請負わせたが、A・Y間の売買契約が無効であったためにYは占有中のXに対して引渡しを求めたという場合に、XはAとの請負契約から生じた報酬債権のために自動車の引渡しを拒絶し得るであろうか。この場合、Xに対して報酬の支払義務を負っているのはAであってYではない。そこで、いわゆる無制限的アプローチによるならば、Aに対する報酬債権と、それからXに対するYの自動車引渡請求権との間を捉えて牽連関係が判断されることで十分なはずである。これに対し、留置権が成立するための前提として占有者と債務者の間に間接強制関係の存在を要求する制限的アプローチによると、この場合の報酬債権とYの引渡請求権との間には右の関係が存しないから、留置権が否定されることになりかねない。ところが、学説上は、この場合を、「他人ノ物」とは債務者の所有物であることを要するかという問題の中で論じており、何れのアプローチとも無関係にXの留置権を肯定するのが多数である。[25]しかし、多数説に従ったところで、右の場合に物の他人性という要件の充足が承認されたにすぎないのであって、無制限的アプローチによるならば格別、そうではなくて制限的アプローチに従う限りにおいては、前述した場合における第三者Yに対して留置権の主張を認めるためには、さらに何らかの説明が必要となってくるはずである（けだし、このアプローチによると、Yに対するXの留置権を肯定するという結論の根拠を留置権の対抗力に求めることは困難だからである）。それにも拘わらず、こうした説明は何ら試みられてきていない。そこで、右の報酬債権に関する場合は対抗領域に該当しない事例と解すべきなのか（すなわち、この領域いかんに関する理論的な説明の欠如）、また右の場合におけるYは、留置権の対抗を受ける第三者に当たらないものか（すなわち、対抗し得る第三者の範囲の不明瞭）、という問題を提起することが許されよう。その際、この権利の物権性概念が対抗領域を確定するに当たりどれ程の関係を有するものか、という点についても疑問が残るところである。一方、制限的アプローチを採りながら、しかし前述した場合におけるXに留置権を認める学説は、そこでの具体的な価値判断を重視しているが故に問題点を孕んでいるにも拘わらず、右の点に関する説明をいささか軽視してきたように思われる。(26)そうだとすると、留置権の主張が第三者に対して認められるかどうかを具体的な事案において判断するためには、そこでの占有者に留置権を許与することが果して妥当であろうか、という具体的な価値判断について改めて検討する必要があると考えられる。

二　以上に述べた問題意識から、本編では、留置権とその物権性とを考察したうえで、第三者に対して留置権を主張し得るのはいかなる場合かという問題（この権利における対抗領域の確定）、この問題との関連において、もしも第三者の範囲に制限があるならばその範囲いかん、という問題（第三者の範囲の確定）の解明を考察の主たる目的とするが、こうした考察を踏まえたうえで、さらに本編では、留置権の成立と対抗との関係、ひいてはこの権利の法的構成についてまで触れることを目的としたい。(27)こうして一連の問題が明らかにされるならば、このことは、さらに留置権に関する他の諸問題（例えば牽連性の判断における曖昧さ、同時履行の抗弁権との峻別、両者の競合関係など）の解明への架け橋ともなるであろう。

ところで、既に指摘してきたように、これら一連の問題を解決するに当たっては、具体的な事案における占有者の保護いかんについて一定の価値判断が必要であった。とりわけ、本編の目的が、右に述べたように留置権の対抗領域および第三者の範囲を確定することにあるならば、一定の価値判断を前提として論を進めるのが得策である。従って、留置権が第三者に対して問題となり得る諸場合について、前提とすべき価値判断が必要となってくると考えられるため、このような価値判断を提示するものとして、差し当たり、わが国の公刊裁判例に現われた諸場合のうち、留置権の主張が第三者に対してなされている場合をまず最初に分類する。そして、留置権による占有者の保護について裁判実務が示してきた価値判断を、その当否も検討したうえで整理する。進んで、この整理を前提に右に提示した諸問題の解明に入ることとするが、こうして裁判例を対象に導くことができた価値判断を前提としようにも、実のところ、果して第三者に対して留置権が主張されている事案として捉えてよいものかどうかの判断が、判例集に掲げられた事案によるも、または、総合的に判例理論を勘案したところで困難な場合が少なくない。すなわち、留置権の発生には、「物ニ関シテ生シタル債権」という制限が存するにせよ、その債権の種類については法文からも学説からも何ら限定がないため、例えばこの債権の典型例として挙げられてきた費用償還債権についても、留置権の対抗問題が生じ得ることに変わりはないのであるが、[28] しかし他方で、次章第一節で詳述するように、この債権に基づく留置権の主張が、占有者とその契約の相手方ではない(物の)引渡請求権者との間で争われている場合では、この引渡請求権者が概して費用償還の債務者であったり、時には、そもそも費用償還債務者であるか否かの判断を当該裁判例から窺知することが困難であったりする(従って、費用償還債権に基づく留置権の主張が、果して債務者以外の第三者に対してなされた事案であるかどうかを明確に判断することができない)。そこで、本編では、特に費用償還債権に基づく留置権の主張が、契約の相手方ではなく、また費用償還債務の承継人[29]でもない者に対してなされている場合を別個に分類することとし、費用償還債権のような債権に基づく留置権と、この権利の対抗問題との関係（すなわち、留置権の対抗によって保護され得る債権の種類には何ら限定がないものか）の考察も本編の目的に加えることにする。[30]

三　ところで、わが国における民法上の留置権制度の淵源を辿ると、それは、いわゆる相殺の抗弁などと同様に、ローマ法時代の悪意の抗弁（*exceptio doli*）にまで遡るのであるが、この抗弁が後に独立の権利として発達し、フランス留置権制度とドイツ留置権制度とに分岐して各国の民法典に継受された。[31]わが国の旧民法下における留置権制度は主として前者を模範とし、現行法はこれを基本的に受け継いだものと言うことができるのであって、[32]このことは、具体的には、右の権利が物権とされていること、[33]対抗力を有すること、物を留置する権利として構成されていることなどに顕著に現われていると思われる。そこで、本編における考察対象との関係で言えば、この権利の物権性の所以、物権性と対抗力との関係、対抗領域の範囲、対抗し得る第三者の範囲、留置権の成立と対抗との関係、対抗力によって保護される債権の種類、これらの諸点との関連における留置権の法的構成などについて、フランスではどのように理解されているかを探ることの必要性は多言を要しないであろう。とりわけ、そこでは、留置権の対抗領域の範囲がこの権利の物権性から直ちに導かれるものとは理解されていないことは、わが国の解釈学に有益な示唆を与えてくれるものと思われる。[34]

一方、ドイツ民法典（BGB）は留置権に関する一般規定を設けており、その影響を受けて、民法典が施行されて間もなく、わが国の留置権制度はドイツ留置権制度の影響を大きく受けるに至ったと言ってよい。[35][36]すなわち、後に詳述するように、ドイツにおける留置権は間接強制関係の存するところにおいてのみ成立する履行拒絶権として構成され、従って物の留置に限定されるわけではないため、そこでは二つの対立した債権の間に一定の牽連関係の存在が要求されているのであるが(37)、かような構成はわが国の解釈論に多大な影響を与えたほか、担保権的構成(38)、訴訟における引換給付判決(39)、民事執行法上の形式的競売権の許与(40)(同法一九五条参照)などを取り上げてみても、ドイツ留置権制度からの影響を垣間見ることができる。その結果として、わが国における民法上の留置権制度に対する理解は今日に至るまで債権的(抗弁的)構成に傾斜している状況にあるため(41)、ドイツ留置権制度の検討が必要となってくると考えられる。けだし、ドイツ留置権の法的性質・構造・成立範囲についての考察は、留置権の対抗力に関して既に掲げてきた疑問点の解明、とりわけその対人的・債権的構成の可否を論ずるために不可欠であると考えるからである。のみならず、そもそも対抗力概念を有しないドイツ留置権制度の下では、例えば債務者が物を売却してしまったなどの場合における占有者の保護は、どのようにして図られているのかを探らなければなるまい。もっとも、この観点からの検討に際してドイツ留置権が具体的に成立し得るすべての場合を探索することは頗る困難であると言い得るのであるが(42)、しかしこの探索を行う必要性は必ずしも存しないと言えよう。けだし、次章で裁判例を対象に分類された諸類型を対象にドイツにおける留置権の成否を考察するならば、もはや、それで十分であると考えるからである。その際には、とりわけ費用償還請求における債権債務関係にも留意することとしたい。

(1)　既に序論注(11)でも触れてきたように、留置権が成立する債権を本文に示した(イ)と(ロ)とに分かつ定式は、我妻栄と柚木馨をもって嚆矢とする主張であり、長い間、多くの学説はこの定式をもって物と債権の牽連関係を説明してきた。例えば、田中・注釈民法(8)、三藤・判例コンメンタール③一一頁以下、我妻・民法講義Ⅲ二

八頁以下、同・案内4―1八四頁以下、柚木=高木・担保（第三版）二〇頁以下、川井・担保二八五頁以下、松坂・民法提要二三二頁以下、曽田・民法講義3一九頁以下、槇・担保三五頁以下などを参照。

もっとも、星野・概論Ⅱ一九〇頁以下および鈴木・講義二訂版二六四、二六五頁はこの基準にあまりこだわっておらず、また鈴木録弥「最近担保法判例雑考(5)」判タ四九六号二三頁（一九八三）は、そもそも(ロ)の債権に基づく留置権について批判的である。なお、通説以前の学説状況については、序論注（7）を参照。

(2)　我妻・民法講義Ⅲ二八、二九頁。

(3)　例えば、多数説は、造作買取請求権を認めた趣旨とか、有益費償還債権に基づく留置との比較を指摘するなどによりこの問題を論じている。なお、造作買取請求権に基づく建物留置の可否という問題に関する学説状況の詳細は、本書巻末に収録した〈付録二〉を参照。

(4)　米倉明「賃金債権と民法」ジュリ六〇八号二六頁注(4)（一九七六）は、「『物と債権との牽連性』といっても必ずしもはっきりせず、この点についての判断にさいしては、問題の債権について留置権を認めるのが公平であると考えるならば、牽連性ありと解するという目的論的な見地がはいりこむことを全く排除することはできないであろう」と言い（さらに、鈴木・講義二訂版二六四頁も同趣旨）、また、序論注(12)に原文を引用してきた椿寿夫「留置権と牽連性」柚木馨ほか編『判例演習物権法』一七一頁（有斐閣、増補版、昭四八）の主張は、牽連性概念の取扱いに対する今日の状況を端的に表わしていると言えよう。

(5)　例えば、我妻・民法講義Ⅲ三〇頁参照。

(6)　競合説が従来の通説的見解とされてきた。この競合説とそれから反対説に関する学説状況の詳細は第六編序章に譲るが、ここでは簡単に右の状況を纏めておこう。まず、競合説に属する学説としては、例えば村上恭一「同時履行ノ抗辯」新報三〇巻一〇号四六、四七頁（大九）、富井政章「雙務契約ニ於ケル同時履行ノ抗辯権ト留置權トノ關係」法曹記事一六巻一一号二二頁（明三九）、同・原論第二巻三〇九頁以下、薬師寺・留置權論

一七三、一七四頁、石田・擔保下巻六四三頁、柚木馨・叢書民法(2)一一六、一一七頁、勝本・擔保上巻九二頁、薬師寺志光「留置権」『民法演習II（物権）』一四二、一四三頁（有斐閣、昭三三）、田中・注釈民法(8)一〇、一一頁、沢井・注釈民法(13)二八一、二八二頁、柚木＝高木・担保（第三版）一四頁、川井・担保二八四頁などど（さらに、建物買取および造作買取の場合においては、我妻・民法講義V_2四九一頁および五二二頁が、また売買の無効・取消の場合においては、大坪稔「留置権と同時履行の抗弁権」内山尚三＝黒木三郎＝石川利夫先生還暦記念『現代民法学の基本問題上』四〇六頁（第一法規、一九八三）が、目的物の引渡しと代金支払いとの間の競合関係を承認している）。一方、否定説も古くから存在し（神戸寅次郎「同時履行論」法協三九巻九号一五二八頁以下〔大一〇〕）、今日でも有力である。まず、薄根正男『増補借地・借家法（借家篇）』三三三、三三四頁（青林書院、昭三五）は、「代金債権のために売買の目的物について留置権の成立を認めるのは、買主に対し代金債務の先履行を強要する結果となり、代金の支払と物の引渡とを交換的に行わしめるために、同時履行の抗弁権を認めている民法の趣旨に反する結果となる」として、売買代金・造作代金のために売買の目的物・造作についての留置権を否定する。また、三藤・判例コンメンタール③六、七頁は、「両者は、いわば一般法と特別法との関係にある」、と解して対価的牽連のある場合にまず同時履行の抗弁権を適用し、その限りで留置権の適用を排除する（但し、物の取違いという場合には同時履行の抗弁権を類推し、さらに厳密な意味で双務契約から生じた対価関係にある両債務の対立とは言えない場合を、対価的牽連を要件とする狭義の同時履行の抗弁権とは区別された履行拒絶権を認める）。さらに、鈴木・講義二訂版二七〇、二七一頁は、当事者間に契約関係がある場合を、契約法の領域に属する同時履行の抗弁権（またはこれに準ずるもの）とし、当事者間に契約関係がない場合または後に契約関係がない者との間の問題に移行した場合を留置権とする。また、川村泰啓『商品交換法の体系上』二二六頁（勁草書房、一九六七）は、「留置権は、同時履行の抗弁権や履行拒絶権のように双務関係を構成している対価的債務の履行を牽連させるものではなくて、『契約』関係に限って言えば、もっぱら契約関係の清算上の附随義務の履行を他方の対価的債務の履行に牽連させる制度である」として両者を峻別し、白羽裕三「留置権・同時履行の抗弁権と不当利得」谷口知平教授還暦記念『不当利得・事務管理の研究⑴』一〇一頁（有斐閣、昭四五）はこの不競合説に賛同している（もっとも、建物買取請求権、造作買取請求権、有償寄託および請負における報酬請求権、敷金返還請求権に関しては両者の競合を肯定する）。

（7）　この点については前注に掲げた文献のほか、特に椿寿夫『民法研究Ⅱ』一頁以下（第一法規、一九八三）参照。

（8）　この点については、岡松・民法理由中巻三一四頁、三潴・提要下巻四、三三頁、石田・擔保下巻六四三、六四四頁、田中・注釈民法⑻一四、三七頁、我妻・民法講義Ⅲ四〇頁、柚木＝高木・担保〔第三版〕一三、一五、三一頁、川井・担保二八三、二八四、二九二頁、松坂・民法提要二三〇、二三七頁、曽田・民法講義３一六、二六頁など参照。

（9）　すなわち、「すべての者に対して」「何人に対しても」「対世的権利（効力）」などの表現から、このことを窺うことができる（学説については前注の文献を参照）。

（10）　このような結論は、「他人ノ物」とは債務者の所有物であることを要しないという点を、留置権の物権性に求める立場（例えば富井・原論第二巻三一四、三一五頁、三潴・提要下巻四頁参照）からも推察し得るが、特に柚木馨「判批」民商四二巻三号三六二頁（昭三五）が、「債権と物との間にけん連性があれば、留置権が発生するのであり、留置権が発生すればその物権性の結果として第三者たる物の所有者に対抗しうるのである」、と述べているところに象徴されている。

（11）　この点については異論を見ない。

（12）　例えば、我妻・民法講義Ⅲ四〇頁が、「一度成立した後には、その物の譲受人に対しても留置権を主張しうることは、留置権が物権であることから当然である」、と述べていることからもこのことを窺うことができるが、とりわけ三藤・判例コンメンタール③二五頁以下、特に二七頁以下は、「同一の法律関係又は同一の生活関係から生じたとき」という場合には、少なくとも留置権の成立に当たっては、被担保債権についての債務者が物の引渡請求権者であることを要すると解したうえで、目的物の所有者（＝物の譲受人）が債務者以外の者である場合にも、潜在的であれ、留置権者と債務者との間において、すなわち被担保債権とその債務者の目的物引渡請求権との間において牽連関係が認められ得たならば、留置権を所有者にも対抗し得る旨を述べているため、留置権者と物の所有者との間の対抗問題については、留置権者と債務者の間における対立した債権の牽連関係（留置権の存在いかん）を前提とした捉え方を採っていると思われる。

(13)　前注における三藤・判例コンメンタール③二五頁以下、特に二七頁以下参照。

(14)　立法当時の文献を探ると、「本案ハ留置権ヲ以テ債権擔保ノ方法ト爲スニ拘ラス亦之ヲ純然タル一種ノ物権ト認メタルニ因リ物権編中ニ規定スルモノナリ」（廣中・理由書三一一頁）とか、留置権を「吾々ハ矢張擔保権ノ一ツデアル即チ物ノ上ニ存スル一ツノ擔保ノ権利デアルト云フ方ノ主義ヲ採リマシタルガ故ニ之ヲ物権編ノ中ニ置キマシタル譯デアリマス」（議事速記録一二巻八二頁丁）という記述が存するにすぎず、この物権性の所以とするところは明らかでない。起草委員の一人であった富井博士は、一方では、「物権ノ一種ナルコトハ民法中ニ於ケル其規定ノ位置ニ徴シテ毫モ疑ヲ存セス」（富井・原論第二巻三二三頁）と述べつつも、他方で、その実質的判断としては、「此権利ハ何人ニ對シテ之ヲ主張スルコトヲ得ルヤハ留置権ノ効力ニ關スル問題ニシテ之ヲ物権ト爲スト否トニ依リ其結果ヲ異ニスルモノトス我民法ハ苟モ此権利ヲ認ムル以上ハ成ルヘク其實効アルモノト爲ス趣旨ヨリシテ之ヲ以テ物権ト爲シ留置物ノ第三取得者ニ對抗シ得ルモノト爲シタルコト」（同・原論第二巻三〇二頁、さらに三一八頁も同旨）として、この権利の対抗力の存在という観点に着眼している箇所（さらに、同・原論第二巻三一〇頁では、この点のほかに、留置権が物を目的とする権利であることが重視されている）と、「他人ノ物」とは債務者の所有物であることを要しないことの根拠として、「留置権ヲ以テ物權ト爲シ所有者ノ何人タルヲ問ワス間接ニ辨濟ヲ促ス手段タラシメントスル趣旨ヲ貫徹センカ爲メニ外ナラス」（同・原論第二巻三一四、三一五頁）と述べていることから、物権性の故に対抗力を有するという観点に立つ箇所が見受けられる。また、梅・要義物權編三〇七、三〇八頁は、留置権は物権であるから優先権と追及権を有すると述べたうえで、留置権には事実上の優先権および対抗力による追及権が存することを説明している。その後の学説には、そもそもこの権利の物権性すら否定する見解も存在する（中島玉吉「留置權ノ性質ニ就テ」『民法論文集』四九七頁以下〔金刺芳流堂、大四〕、同・釋義物權篇下五八八、五九二以下、五九六、六〇三、六一三頁）が、今日では、物の直接支配という観点からこの権利の物権性を基礎づけるもの（田中・注釈民法(8)一四頁、我妻・民法講義Ⅲ二〇、二一頁、川井・担保二八二頁、槇・担保二五頁のほか、特に柚木＝高木・担保〔第三版〕一三、一五頁参照）と、この観点のほかに、さらに対抗力の存在の故に物権性を説くもの（薬師寺・留置權論一七頁、三藤・判例コンメンタール③四頁）、とがある。

(15)　前注に述べたことから推察し得るように、留置権の物権性を物の直接支配という観点に求めるものは、その効果として対抗力を基礎づけることになろう。これに対して、対抗力の存在をもこの権利の物権性を基礎づけるための根拠として挙げるものは、右における原因と結果が逆の関係になっていると言うことができる。

(16)　鈴木・前出注（1）「最近担保法判例雑考（5）」二一、二二頁。さらに、不動産の賃貸人が賃貸物を第三者に譲渡したという場合についてではあるが、我妻栄『民法判例評釈Ⅰ（総則・物権・担保物権）』三七二頁は、対抗力のない賃貸人に損害賠償債権に基づく留置権を認めることは、「不動産賃貸借は売買によって破られる法則（借家法以前のわが民法の立場）のもとでも、賃借人は、目的不動産を譲渡した賃貸人に対する契約違反による損害賠償債権で譲受人に対して留置権を主張しうることになる。それは留置権に不当に広い適用を認めるものといわねばなるまい」、と述べているのも同じ判断に立つと考えられる。

(17)　朝鮮高判大正一四年六月二六日評論一四巻民法七二六頁、最判昭和三四年九月三日民集一三巻一一号一三五七頁、最判昭和四三年一一月二一日民集二二巻一二号二七六五頁参照。
(18)　例えば、我妻・前出注(16)三六九頁以下、三藤・判例コンメンタール③二五頁、我妻・民法講義Ⅲ三三頁、川井・担保二八九頁、槇・担保三七頁など。反対に、柚木・前出注(10)三六四頁以下は留置権を肯定。
(19)　前注における反対説も、留置権の存在を専ら牽連性の要件の問題として論じていることに変わりはない。
(20)　目的論的評価の段階で見解を異にするならば、当然に牽連性の判断についてもその取扱いは異なってくることになる。すなわち、本文に掲げた二重譲渡の場合に、留置権の存否について対立が見られる（前出注(18)参照）のは、そもそもXに留置権の主張を認めることについての公平性の判断自体に対立があるからである(否定説については前出注(16)を、また肯定説については柚木・前出注(10)三六五頁を参照)。その結果として、AによるYへの売却行為によって生じたXの損害賠償債権と、それからYの目的物引渡請求権との間における牽連関係いかんの判断について、我妻・前出注(16)三七三頁および同・民法講義Ⅲ三三頁以下はこれを否定し（もっとも、これらの根拠に相違があることについては、伊藤昌司「留置権について――断片的覚え書き」法時五二巻一号一四九、一五〇頁〔昭五五〕参照)、反対に柚木・前出注(10)三六四、三六五頁はこれを肯定しているのである。
(21)　我妻・民法講義Ⅲ三三、三四頁、松坂・民法提要二三四頁。また、最判昭和五一年六月一七日民集三〇巻六号六一六頁も参照。さらに、三藤・判例コンメンタール③二六頁もこの立場に帰着すると思われる。
(22)　我妻・民法講義Ⅲ三四頁。
(23)　三藤・判例コンメンタール③一六、二四、三〇頁参照。
(24)　このことは、柚木・前出注(10)三六三頁の、「本件においてXの有する損害賠償請求権がYに対抗しうるかいなか、あるいはその請求権の相手方と本件不動産の所有者とが別人であるかいなか、というがごときことは、本件におけるXの留置権の存否を決するものではなくして、ひとえにこの損害賠償請求権と本件不動産とのけん連性のみがこの問題を決するものといわねばならないことを、理解することができるであろう」、という記述に端的に表われている。

もっとも、三藤・判例コンメンタール③二九、三〇頁は、（例えば家屋賃借人が、費用償還債権・敷金返還請求権に基づいて、賃貸借契約中の家屋譲受人を相手に家屋の留置を主張するなどの場合に関する記述ではあるが）このような無制限的アプローチの立場には対抗力の問題による処理が含まれていないかのような説明をしているが、留置権の主張が債務者以外の者に対してなされている場合を対抗問題とするならば、このアプローチによっても、結果的にかかる者に対して留置権が主張されているときは、これを対抗問題と解してよいであろう。

(25)　本文のような例を掲げて肯定するものとしては、富井・原論第二巻三一四、三一五頁、中島・前出注(14)民法論文集五〇四頁、同・釋義六〇三頁、三潴・提要下巻二頁以下、我妻・民法講義Ⅲ三五頁、柚木＝高木・担保〔第三版〕二五頁参照。裁判例としては、例えば名古屋高判昭和四六年一一月二日判時六五四号六三頁（もっとも、A・Y間が解除に関する事案である）参照。

また、本文におけるような具体例を挙げて説明しているわけではないが、「他人ノ物」とは債務者の所有物に限らないと解しているものとしては、廣中・理由書三一二頁、議事速記録一二巻八三頁丁、田中・注釈民法(8)三二頁、川井・担保二八四頁、松坂・民法提要二三五頁、槇・担保三八、三九頁、星野・概論Ⅱ一九〇頁など参照。しかし、否定説も少なくない。すなわち、梅・要義物権編三〇四、三〇五頁、薬師寺・留置権論六〇頁以下、石田・擔保下巻六五八頁以下、勝本・擔保上巻一〇六頁参照。

(26)　既に述べた牽連性の判断における曖昧さも、その悪しき所産の現れであると言うことができる。

(27)　既に述べた制限的アプローチと無制限的アプローチの対立は、最終的には、本文に述べた成立と対抗との関係と、それから法的構成に反映されることになると考えるからである。

(28)　費用償還債権に基づく留置権の対抗を他の債権と同様に扱っていると思われる裁判例として、大判昭和一二年四月二八日裁判例⑾民一一二頁参照。また、三藤・判例コンメンタール③二八頁の、「賃借人の必要費償還請求権については、この請求権は賃借中といえどもすでに発生しているから（§608 I参照）賃借人は賃借権とならんで留置権をも取得しており、その後に現われた譲受人との関係は留置権の対抗力の問題といえなくもない」、という記述に留意する必要がある。

(29)　第三者が債務者の債務を承継したときは、「その第三者に対して留置権を行使するのは債務者に対する行使を意味するものであって、留置権の第三者に対する対抗の問題ではない」（柚木＝高木・担保〔第三版〕三二頁）。さらに、三藤・判例コンメンタール③三〇、三一頁も同旨。

(30)　本編の対象とする裁判例の選出において留意すべき点は、裁判例の分類方法も含めて次章第一節で詳述する。

(31)　フランスおよびドイツの留置権制度については第二章および第三章で紹介するが、差し当たり両制度については、富井政章「留置權ノ本質」法協二五巻一号一七頁以下（明四〇）、同・原論第二巻三〇四頁以下、薬師寺・留置権論三頁以下、石田・擔保下巻六三〇頁以下、田中・注釈民法⑻一三、一四頁、我妻・民法講義Ⅲ二一、二二頁、柚木＝高木・担保〔第三版〕一一、一二頁参照。なお、各制度の沿革については第二章第一節注(1)および第三章第一節注(1)を参照。

(32)　この点については古くから指摘されている。例えば、富井・原論第二巻三〇五頁は、「我民法ハ主トシテ仏法ヲ模範トセル旧法典ノ規定ニ則リタルモノトス」、と述べている。さらに、これと同趣旨を指摘するものとしては、我妻・民法講義Ⅲ二二頁、柚木＝高木・担保〔第三版〕一二頁、伊藤・前出注(20)一四四、一四五頁参照。もっとも、石田・擔保下巻六三二頁および椿・前出注(7)一二頁はスイス法との類似性を強調している。

(33)　富井・前出注(31)「留置權ノ本質」二三頁は、「留置權ノ制度ハ主トシテ佛法ノ觀念ニ則リ殊ニ之ヲ物權ト為シタル」、と言う。さらに、富井・原論第二巻三〇九頁も参照。

(34)　フランス留置権制度の研究については、とりわけ田中清「履行拒絶権(一)〜(三)——留置権および同時履行の抗弁権——(未完)」名法七五号一四五頁以下（一九七八）、八〇号二三五頁以下（一九七九）、八一号二七二頁以下（一九七九）および清水・再構成二頁以下を挙げることができる。前者は、フランス留置権制度の発展をローマ法にまで遡り、また裁判例および学説の状況を通じて詳細に記述している。また後者は、この制度のフランス学説史を詳細に紹介するものであり、第二章第一節注(4)でも述べるように、本編がフランス留置権制度を考察するうえでは両者を少なからず参照させていただいた。しかし、前者の論稿は、依然として、わが国の留置権制度が孕んでいる個々の問題点を解明するまでには至っていないのみならず、本編で考察される問題点からすると、フランス法に対する視点は自ずと後者の立場とも異なってくるものと思われる。

(35)　起草委員の中には、「今沿革ニ徴スルモ留置権ハ羅馬法ニ於ケル悪意ノ抗弁（Exceptio doli）ニ其源ヲ発セルコト疑ヲ存セズ即チ二人ノ者ガ互ニ密接ノ関係アル権利ヲ有スル場合ニ於テ其ノ一方ガ不信実ニモ相手方ニ対シテ其権利ヲ主張スル際ニ対抗スルコトヲ得ヘキ抗弁ノ制度ニ胚胎シ其抗弁ノ方法ガ発達シテ一個独立ノ権利トナリタルモノナリ故ニ其本来ノ性質ヨリ言ヘバ専ラ有体物ニ関スル権利ト見ルヘキニ非ズシテ一切ノ給付ニ付キ其適用アルモノトス果シテ然ラバ独法ノ観念ハ此点ニ於テ最モ留置権ノ本旨ニ適合スルモノト謂フヘキモノナリ唯此主義ヲ採ル以上ハ留置権ハ固ヨリ物権タルコトヲ得ズシテ単ニ相手方ニ対スル履行ノ拒絶権トナルヘキコト言ヲ俟タズ」（富井・前出注(31)一九、二〇頁、同・原論第二巻三〇六、三〇七頁）として、フランス留置権制度を模範としたわが国の留置権制度に早くから疑義を唱えるものさえ存在した。

(36)　こうした影響の原因を、起草委員のうち、「富井と穂積はドイツ法に傾倒していたので、新民法は古いフランス民法典ではなく最新のドイツ民法草案を参考にしドイツ法のような相貌を示すことになった」（田中清「留置権の適用領域に関する立法史的考察」秋田創刊号一一八頁（一九八一））、という指摘からも窺うことができる。そして、わが国の民法学におけるドイツ法学の全盛（この点については、星野英一『民法講義総論』八号三九頁以下〔有斐閣、昭五八〕、同『民法論集第五巻』二二七頁以下〔有斐閣、昭六一〕などを参照）は留置権制度の分野でも顕著に現われており、今日に至ってもその影響は根強い（具体的には次注および後出注(41)参照）。

(37)　既に述べたように、今日の学説は、物が占有者の債権の目的となっておりこの物と債権とに間接的な結び付きが見られる場合、すなわち当該債権が、物の引渡請求権と同一の法律関係または同一の生活関係から生じた場合にまで牽連関係の存する場合を拡張している。しかし、これは、例えば同一の生活関係から生じた場合として挙げられる、傘の取違えの場合に明白であるように、物と債権との関連というよりは、取違いという一つの事実から生じた二つの債権相互の関係が問われているのである。ところが、留置権の成立について二つの債権相互の関連を要求するのはドイツ留置権制度である(ド民二七三条参照)。だから、右のような拡張は、この制度が依拠する公平性という観点から、ドイツ留置権制度への接近または移行と見ることができる（従って、右の拡張を法文に則して考えると、今日の学説は、「物ニ関シテ生シタル債権」を、「物ノ引渡請求権ニ関シテ生シタル債権」と読み替えていることになる）。また、このような拡張を示す右の表現は、それ自体、類似の表現をドイツ学説に見出すことができる（この学説については第三章第一節注(12)のほか、vgl. Enneccerus-Lehmann, Recht der Schuldverhältnisse, S. 111）。

(38)　わが国の留置権は担保物権として構成されているところ、債権の担保性はドイツ法より導き易く、また代わり担保による留置権の消滅もそれより説明し易い（椿・前出注(7)一二頁参照）。

(39)　留置権について担保物権性を強調するならば相手方に先履行を要求することになるから、質権などにおけると同様に、原告敗訴判決を下すことになろう（従って、柚木＝高木・担保〔第三版〕三三頁はこの立場を採る。さらに、福岡高決昭和三〇年一一月五日高民八巻八号五七九頁も同じ）。それにも拘わらず、周知のとおり、通説が同時履行の抗弁権と同様に引換給付判決とするのはドイツにおけると全く同様である（ド民二七四条一項、三二二条一項参照）。

(40) この点に関する立法論として、三ケ月章『民事執行法』四六八、四六九頁（弘文堂、昭五六）参照。

(41) 柚木＝高木・担保（新版）一三、一四頁もこの状況を指摘している。

(42) これは特に制限的アプローチの当否を意味している。

第一章　裁判例の類型的検討

いわゆる非間接強制関係において留置権が争われた公刊裁判例を分析するに先立ち、そこでの分類上の視点および留意点を示しておく。

第一節　序　説

一　まず、既に序章で述べたように、従来の公判裁判例の中には非間接強制関係にあるか否かの判断すら困難なものが見受けられる。

(1)　例えば、Ａの所有地の上に登記した建物を所有する借地人Ｘに対して、借地契約の消滅後に当該土地の譲受人Ｙが土地明渡しを請求したとか、Ｙの所有する土地の上に建物を所有する借地人Ａから建物とともに無断で借地権を譲り受けたＸに対して、Ｙが借地契約を解除して土地明渡請求をしたなどの場合に、Ｘが建物買取請求権に基づいて建物の留置を主張したならば、買取請求の相手方＝買取債務者は何れもＹであると解されているから[1]、このように三者（Ａ・Ｘ・Ｙ）が登場し、このうち占有者Ｘと明渡請求権者Ｙとの間で留置権の存否が争われることとなったにせよ、当該債権につき、右のＸ・Ｙ間はいわゆる間接強制関係にあることが明らかである[2][3]。

(2)　かような場合とは異なり、例えばＡ・Ｘ間の賃貸借が存続中に目的物の所有権が賃貸人Ａから第三者

Yへと移転し、Yが賃貸人の地位を承継したところ、後になってこの賃貸借契約は消滅し、従ってYが目的物の引渡しを求めたため、XはAとの賃貸借が存続中に目的物に費用（必要費または有益費）を支出したと主張し、その償還債権に基づいて目的物につき留置を行使したという場合には、費用償還債務者がAまたはYの何れであるかによって非間接強制関係にあるか否かが一おう定まる。(4)すなわち、新所有者Yを費用償還債務者と解するときはX・Y間は間接強制関係にほかならないのに反し、Yが費用償還債務者でないと解するならば、X・Y間は当然には間接強制関係にあるとは言えず、従って非間接強制関係にあるものか、それとも間接強制関係にあると言うべきかについては民法一九六条の適用解釈とも関係して、さらに検討を要する問題である。(5)もっとも、右の場合をより厳密に考えたならば、X・Y間が右の何れの関係にあると解すべきかの判断は、Xの支出した費用が必要費であったか、それとも有益費に止まる性質のものかによって区別される必要があるかもしれないが、裁判実務はこれを明確に区別しているとは思われないので、少なくとも裁判例の整理に際しては両者を区別しないでおく。

(3)　さらに、Xが賃借中に支出した費用の償還債権に基づいて賃借物の留置を主張する場合であっても、Xがその賃借権を新所有者Yに主張し得ないとき(すなわち、借家法一条などの適用により賃借権を対抗し得るわけでもなく、また旧所有者と新所有者との間で賃貸借関係の承継ありと解し得る事実もないとき）には、X・Y間の費用償還関係を非間接強制関係にあると見るべきかは一おう検討する必要があるように思われる。この点を直接に扱った公刊の裁判例は見当らないが、一方でYは費用償還債務者であると捉える立場が考えられなくもない。(6)しかし他方で、たといYが民法六〇八条の適用解釈の下では償還債務を負担しないと解釈されたにせよ、同法一九六条を適用解釈することで裁判実務はこの債務負担を認めようとすることも十分に考えられるであろうから、(7)前述した、X・Y間の費用償還関係が非間接強制関係にあるか否かの判断を裁判実務の立場から確認することは困難である。

以上の(2)および(3)に見られたように、占有者の費用償還債権と物の引渡請求権との対立状況に関する裁判実務の立場が必ずしも明確に把握できない場合を、それが比較的に明確である場合と同列において検討対象とすることは、留置権の対抗領域の確定にあたり混乱をもたらすと予測でき妥当であるとは思われない。(8)(9)そこで、本編では、占有者が費用償還債権に基づく留置権を直接の契約関係にない者に対して主張している場合を、間接強制・非間接強制不明確型（但し、考察の中では単に「不明確型」と略称する）として分類し、非間接強制関係にあることが明白な場合（これを非間接強制型と呼ぶ）と区別して取り扱うことにする。

二　ところで、非間接強制型そのものに関してであるが、この類型に属する公刊の裁判例を無秩序に列挙することは避け、むしろかかる裁判例の状況を的確に把握するための便宜性と、それから本編の考察目的に則した解決に対する有益性という見地から、さらに次のように分類する。すなわち、まず非間接強制関係の状況が生ずるに至った過程の相違による種別であり（二当事者間で一たび債権が対立し合った間接強制関係が発生した――またはそうなり得た――後に非間接強制の状況が作出されたと見ることができる場合もあれば、逆にこのような過程を辿らず突如として非間接強制関係が生じたと思われる場合もある）、物の所有権または物の占有移転が、(イ)留置者を起点とするもの、(ロ)留置者または物の引渡請求権者以外の者を起点とするもの、(ハ)物の引渡請求権者を起点とするもの、という区分を指す。また、視点を代えて、右の(イ)ないし(ハ)の各場合において、留置者の債権とこの者に対する物の引渡請求権の発生時に着目すると、(a)両者が同時に発生している場合（同時型)、(b)前者が後者よりも前に発生している場合(時前型)、(c)逆に後に発生している場合(時後型)、という類型にも分けることができる。(10)

三　なお、不動産執行における買受人(旧法下における競落人。以下では専ら買受人の語をもって表記する)に対する留置権の主張が問題となった裁判例(これを競売取得型と呼ぶ)については、序章でも述べてきたように、従来は留置権の対抗を受ける一事例として一般に理解されてきた。こうした理解によるならば、買受人は、特段の事情がない限り、譲受人におけると同様に被担保債権の債務を負担していないと解することになり、競売取得型もいわゆる非間接強制型としての扱いを受けることになりそうである。そうであれば、右の理解は、民事執行法五九条四項が規定している引受主義との関係で改めて問題を生じさせる。(11)すなわち、この条項は不動産に付着した留置権についていわゆる引受主義を明示し、従って買受人は被担保債権の債務を弁済しなければ占有を取得することができず、これに類似する規定は旧手続法下にも存在した(旧民訴六四九条三項、競二条三項参照)。(12)そこで、例えばXが賃借するA所有の不動産をYが競落して引き続きXに賃貸していたが、後にこの賃貸借が終了してYが不動産の引渡しを求めたので、XはAより賃借中に有益費を支出しており、その償還があるまで右の不動産につき留置権を主張したという場合には、(13)そもそもXが有する償還債権の債務者はYであると考えると、X・Y間に最初から間接強制関係が生ずることになる。これに対して、例えばA所有の家屋をXが買い受けてこれに有益費を支出したが、Aの抵当権者Yが自らこの家屋を競落してXに対して明渡しを請求した場合のように、(14)X・A間で既に間接強制関係が生じた後に買受人Yが出現したときは、前記条項が規定している引受主義との関係から、Yを非間接強制型における譲受人の地位と全く同視してよいものか。換言すれば、右条項が買受人による留置権の引受けを定めているにせよ、そこにいう「債権を弁済する責め」の解釈いかんにより、競落人YはXとの関係で直接の債務者として扱われる余地がないものか。この点における買受人の債務者基準に関しては考え方として次の三つを挙げることができる。すなわち、買受人＝債務者とする立場、[15] 買受人＝非債務者とする立場、[16] 買受人が債務者・非債務者の何れとも解し得る立場、[17] である。学説は、前述したように、買受人に対する留置権の主張を対抗の問題として把握し、買受人は第三者弁済を負担すると解して旧法時代から買受人＝非債務者説が多数説であるが、[18] 買受人＝債務者とする説も有力である。[19] このように買受人を留置権者の有する被担保債権の債務者と理解するか否かによって、競売取得型を間接強制型として扱うか、それとも非間接強制型に含めて扱うべきかが定まることになるが、この点が不明確である背景には、右の競売取得型には競売という特殊事情が介在していることに由来すると思われる。こうした事情の存在に鑑みたならば、競売取得型と非競売取得型とを留置権の対抗問題の解決のために一おう区別して扱うのが妥当であろう。すなわち、右の特殊事情が存することの故に実体法の理論が反省を迫られることは十分に考えられ、従って債務者以外の者に対する留置権の主張が争われた裁判例を本編が扱おうとしていることは徹底され得ない。また、前述した特殊事情の存在は、同じく債務者基準の判断が困難である不明確型とも当然異なった配慮をもたらし得るであろう。そこで、いわゆる競売取得型の場合を独立のカテゴリーとして分類し、かつ、本編における考察の対象外とする。[20]

ところで、競売取得型に属する裁判例との関連では、さらに断っておかねばならないことがある。それは、等しく競売手続の介在という特殊事情を看取することができる事案でありながら、近時の紛争形態の中には、留置権の存否に関する争いが、右の類型におけるこれまでの場合とは明らかに隔たっていると思われるケースが散見されるため、かかるケースを本編においてどう取扱うかに関してである。すなわち、競売取得型として区分してきた場合における争いは、何よりも、占有者と当該目的物の引渡しを求める買受人との間で留置権の存否が展開される形態を意味しているところ、これとは異なり、近年では、不動産の競売手続が関与しているにも拘わらず、必ずしも物の引渡請求をしているわけではない者との間で占有者の留置権行使いかんが争われる、といった事案に関する裁判例が判例集に出現するようになっている。それは、占有者が担保権者（抵当権者など）との間で留置権の存在を巡って争う場合に関するものである。例えば、Aがその所有不動産をBに売却し移転登記手続も経由されたが、売買代金は完済されておらず当該不動産は依然としてAの占有下にあったが、その一方で、Bが所有することとなった右の不動産にはCのため抵当権が設定され、後にCがこの抵当権に基づいて不動産競売を申し立てたところ、Aは残代金債権を被担保債権とする留置権を主張してCを相手に第三者異議の訴えを提起したとか[21]、または、建物建築の請負人が請負代金の未払い状態において完成建物を占有しており、一方、当該建物を含む不動産を目的物とする抵当権の実行により競売手続が開始されたため、最低売却価額の剰余いかんの判断を巡って右の請負人と抵当権者との間で建物留置権の存否が争われた[22]、などの事案である。なるほど、占有者が抵当権者を相手に留置権の存否を争う事情としては、留置権の存在いかんが抵当不動産に対する売却価額の決定を左右し、ひいては競売手続の公正と買受人の保護との関係で影響を受けかねない、といったことへの憂慮などが考えられなくもない。しかし、右の事案における抵当権者は占有者に対して目的不動産の引渡しを求めているわけではないから、占有者が将来この引渡しを求めてきた買受人との間で留置権の存否を争うならば格別、そうではなくて単に競売手続を申し立てたにすぎない抵当権者との間にあっては、一まず当該占有者にとって占有状態が妨げられる事態は起こらないのではないか、また仮に前述した事案において占有者に留置権ありと判断されたところで、後に現れる買受人に対してかかる判断の既判力が及ばないのであるならば尚更である、とも言い得る。[23] 何れにせよ、前述した事案における占有者も、自らが主張する留置権の被担保債権を抵当権者に対して有しているわけではないから、その限りでは、かかる抵当権者も、序論二(4)において定義づけてきた第三者としての側面を一部に備えているのであるが、しかし右の事案にあっては、前述したように、そこでの抵当権者は、占有者に対して物の引渡請求をしているわけではない、という点において既に定義づけられた第三者からは明らかに区別して扱われなければならない。これより、占有者との間で債務(正確に言えば、留置権行使が認められることで履行が促される債務)を直接に負担しているわけではない、物の引渡請求を行う前提にあるところの第三者を相手に、占有者が留置権を主張し得る場合とはいかなる場合なのか、という解釈上の問題について考察を試みる本編の目的に照らしたならば、たとい右に述べたように第三者としての側面が部分的に見受けられるにせよ、かかる事案を扱った裁判例は本編において考察対象とされるべき性質のものではない。[24]

四　また、民法二九五条一項によって留置権を行使し得ることになるのは、占有者が「物ニ関シテ生シタル債権」を有する場合の、その物自体についてである。従って、当該物とは、法律上、全く独立して扱われる物を留置すること（例えば転借家屋に支出した費用の償還債権に基づいて敷地を留置する場合など）[25]は、本来、留置権制度によって保護を受ける領域内ではない。けだし、右の例では建物と敷地とは、法律上、別個独立の物として扱われてきたため、敷地の留置は建物留置の延長または拡張として現われるにすぎないからである。[26] これが、例えば前記一(1)に挙げた、建物買取請求権に基づく建物留置の場合におけるX・Y間のように間接強制関係にあるときは、敷地の留置までも認めても公平の原則に反しないと言えなくもない。(27) これに反して、両者の間が非間接強制関係にあるならば、利害関係はかなり複雑となり、ひいては公平性の判断が困難になって簡明に処理し得ない。もっとも、こうした非間接強制関係にある場合を扱った裁判例も現われているのであるが、しかし前述したように、二九五条一項にいう「物」そのものが留置の対象となっていない場合において当該留置の可否を問題にするときは、留置権制度が純粋に予定している場合に当たらないと言うべきであり、従って他の諸場合と同レベルで論じることはできない。そこで、非間接強制関係にある公判裁判例に限り一おう掲載するものの、しかし競売取得型と同様に右の場合を本編の対象外としておく。

(以下に掲げる裁判例では、留置権の主張者をX、物の引渡（または明渡）請求権者をY、Xの債務者またはX・Yの有する債権の発生について介在した者をA、B…として表わすことにする。また、占有者Xに留置権が認められたものには○印、そうでないものには×印を冒頭に付す（なお、後出【22】は、占有者が留置物の使用により得た利得に対する返還請求権と、この占有者が主張した留置権の被担保債権とは相殺適状にあったという事情を考慮して、また後出【31】および【32】は民法二九八条三項が適用される事実関係にあったと認定して、結論としては当該占有者に留置権を認めなかったが、これらの裁判例は、同法二九五条の適用レベルでは右の占有者に留置権の行使を承認する前提にあると考えられるため、以下での分類と考察に際しては右の裁判例は留置権を認めたものとして扱うこととする)。各類型の内では、Xとその債務者との間における法律関係を売買ケース、賃貸借ケースなどと表示することでこの関係を明示し、各ケースにおける裁判例は判決年月日の順に並べる。)

(1)　前者の場合については、鈴木禄弥『借地法上巻』五〇四頁（青林書院新社、改訂版、一九八〇）、同・注釈民法⒂三八四頁参照。また、後者の場合については、我妻・民法講義V_2四九五頁、星野英一『借地・借家法』

二一三頁（有斐閣、昭四四）、鈴木禄弥『借地法下巻』一一八六頁（青林書院新社、改訂版、一九八〇）参照。

さらに、後者に関する裁判例として、大判昭和一四年八月二四日民集一八巻一三号八七七頁、甲府地判昭和二七年一一月二八日下民三巻一一号一六八二頁、甲府地判昭和三三年一〇月二八日下民九巻一〇号二一六〇頁、東京高判昭和三四年一二月二二日高民一二巻一〇号五二六頁参照。

(2) 従って、後者の場合である前掲大判昭和一四年八月二四日、前掲甲府地判昭和三三年一〇月二八日、前掲東京高判昭和三四年一二月二二日、福岡地判昭和四七年三月二日判タ二七七号二二九頁は非間接強制関係にない。これに反して、例えば前者の場合でもXの借地権が対抗要件を具備していなかったならば、Xはそもそも買取請求権をYに対して主張できない（鈴木・前注借地法上巻五〇四頁、同・注釈民法⒂三八四頁参照）。また、YがA・X間における契約の消滅後の譲受人であったときは、Xが有する買取請求権の相手方はAであるから、YがAの債務を承継しない限り非間接強制関係になる。

(3) 造作買取請求権についても同様である。例えば、家屋の賃借人Xは、賃貸人の地位を承継した当該家屋の譲受人Yに対して賃貸借の終了後に造作買取請求権を行使し得るだけでなく、適法な転借人Xも原賃借権が消滅すれば賃貸人Yに対して右の請求権を行使できる（渡辺洋三・注釈民法⒂五二二頁、星野・前出注（1）六三二頁。裁判例としては、例えば最判昭和三二年一月二四日裁判集民二五号七一頁など）から、やはり間接強制関係にある場合と言うことになる（従って、東京地判昭和二年二月五日評論一六巻民法六四二頁は非間接強制関係にない）。また、前者の場合においては、Yが賃貸借契約の消滅後における譲受人であってもAの債務を承継しているならば同じ結論になる。

これに対して、Xの賃借権が譲受人Yに対して対抗し得ないならば、XはAに対して造作買取請求権を行使し得るにすぎないことになろうか。もっとも、東京地判昭和三年一二月七日評論一八巻民法八七七頁は、Yを賃貸人としながらもYがA・X間における賃貸借の存続期間に関する特約を承継しなかったとして、Yの解約申入れを有効とし（その結果としてXの賃借権はYに主張し得ない）、他方においてYに対するXの造作買取請求権も認めており、また前掲最判昭和三二年一月二四日は、譲受人Yの解約申入れについて正当事由の存在を否定しながらも、Aの賃借人Xによる無断転貸を理由にYの解除を認めたが、この判決ではYに対するXの造作買取請求権の主張も前提となっているので、これら二つの判決を間接強制関係にあるものとして扱うこととする。

逆に、東京区判大正二年六月二七日評論二巻民法三二九頁は、造作を施した後の競落人Yに対する賃借人Xの買取請求を否定的に解していると思われるので後出【50】に掲載する（但し、同判決を「その他の非間接強制型」として扱うことについては後出注(26)、および、その本文該当箇所を参照）。

(4)　公刊裁判例の状況は次のとおりである。すなわち、賃貸人たる地位の承継者YがA・X間の費用償還関係をも承継するかについて立場は分かれており、これを肯定に解するときはY＝費用償還債務者とすることになるのに対し、反対に否定に解するならばY＝費用償還の非債務者として扱うことになる。

(1)　肯定の裁判例として、大判昭和一四年四月二八日民集一八巻七号四八四頁（後出【8】）、金沢地判昭和二五年五月一一日下民一巻五号七二四頁。これらの判決は何れも必要費と有益費の区別をしていない。

また、有益費の償還請求のみが争われたものとして最判昭和四六年二月一九日民集二五巻一号一三五頁がある。すなわち、Yからの建物賃借人Xが賃借中にYの暗黙の裡で建物に有益費を支出したが、Yは当該建物をAに譲渡してAは賃貸人たる地位を承継した。同建物はAより輾転してB・Cの共有となった（但し、賃貸人たる地位の承継については不明。Xは賃借権を主張して建物の占拠を継続した）。他方、その敷地所有権もYよりDに譲渡され、Yが提起していたX・B・Cに対する建物収去土地明渡等の訴訟を引き継いだDは、それに勝訴したため、強制執行により右の建物は収去されるに至った。そこでXはYを相手に有益費の償還請求をしたという事案において、右の判決は、「有益費支出後、賃貸人が交替したときは、特段の事情のないかぎり、新賃貸人において旧賃貸人の権利義務一切を承継し、新賃貸人は右償還義務者たる地位をも承継するのであって、そこにいう賃貸人とは賃貸借終了当時の賃貸人を指し、民法一九六条二項にいう回復者とは占有の回復当時の回復者を指すものと解する。そうであるから、Xが本件建物につき有益費を支出したとしても、賃貸人の地位をAに譲渡して賃貸借契約関係から離脱し、かつ、占有回復者にあたらないYに対し、Xが右有益費の償還を請求することはできないというべきである」、と述べている。

(2)　否定の裁判例…前掲大判昭和一四年四月二八日の原審（但し、必要費についての判断に限る。後出【8】参照）、東京地判昭和三二年九月一四日下民七巻九号二五一六頁（もっとも、同判決は、賃貸人の負担すべき必要費・有益費の償還義務は、賃貸人たる地位の承継によって当然に承継されるものではないとするが、本件では賃借人の賃借権が消滅していないこと、従って、そもそも「賃貸借終了ノ時」（民六〇八条二項）においてのみ請求し得る有益費の償還をこの時点で請求することは認容されるべきではない、という理由にも基づいてXの有益費償還債権が否定されているのであるから、右の判決を否定の裁判例として評価することには疑問とする余地がないわけではない）。

また、使用借主の、民法五九五条二項に基づく有益費償還債権に関してではあるが、千葉地判昭和三八年六月一七日下民一四巻六号一一四八頁は、使用貸主からの目的物の譲受人に対する使用借主の右債権を否定している。

(5)　大判昭和九年一〇月二三日裁判例（8）民二四九頁（後出【2】参照）は、賃貸借関係の承継があるにも拘わらず、民法一九六条を根拠に新所有者に対する賃借人の必要費・有益費の償還請求を考慮している。

(6)　例えば、Xの賃料不払いが原因でAとの賃貸借契約は解除され、後に賃借物の所有権がAからYへと移転したがXはAより賃借中に費用を支出していたという場合に、裁判例の中には、Yは費用償還の債務者ではないと解したものがある（大判昭和一〇年五月一三日民集一四巻一〇号八七六頁の原審。また、前掲大判昭和一四年四月二八日の原審も参照)。

(7)　学説はこの場合におけるXに民法一九六条の請求権を認めるのが多数である。なお、占有者と直接の契約関係にない者との間の費用償還関係に関する学説状況については、第四章第二節(2)で取り上げる。

(8)　以上のような、物の占有がA(所有者)→X(留置者)、当該物の所有権がA→Y(物の引渡請求権者)に移転したという場合とは異なり、物の占有がY(引渡請求権者)→A(訴外)→X(留置者)と移転した場合(例えばYからの家屋賃借人AがXに転貸し、Xが右家屋に費用を支出した後にYに対して明渡義務を負担したなどの場合)に、Xの償還債権とXに対する物の引渡請求権の対立状況についてはどうか。この場合、Xが当該物をYに対して直接に引渡さなければならないときは、民法一九六条の適用解釈によりYを相手に償還請求をすることができる(大阪高判昭和二九年八月七日高民七巻八号五九二頁、東京高判昭和二九年一一月一五日東高時報五巻一一号二八〇頁、東京地判昭和三九年九月二六日判時三九六号四四頁)とされているから、X・Y間には間接強制関係ありと考えられるのであるが、物の占有がA(所有者)→X(留置者)、この物の所有権がA→Y(物の引渡請求権者)に移転した場合との均衡から、物の占有がYからAを経てXへと移転したという前述の場合に関する公刊裁判例を一おう後出【12】に掲載しておく。但し、この場合におけるYの引渡請求に対して、XがA・X間の法律関係より生じたAに対する償還債権(例えば民六〇八条に基づく償還債権)を主張するという場合には、ここでのX・Y間は非間接強制関係になると考えられるが、右の場合を扱った公刊裁判例は見当らない。

(9)　従来、費用償還債権に基づく物の留置は留置権成立の典型事例とされてきたが、費用支出の場合における債権の対立状況は、本文に指摘したことからも分るように、必ずしも統一的に理解されてきたとは思われない。従って、このような判然としない状況の下で留置権の対抗領域を云々することは、この権利の対抗問題そのものを一そう曖昧にさせるに十分である。それにも拘わらず右の場合を典型事例として論じてきたことは、密かに無制限的アプローチを出現させる一因となったのではないかと思量されるのである。

(10) 念のため断っておくが、「同時」「時前」「時後」という分類は、占有者が留置権の被担保債権として主張する債権の発生時と、第三者が有する物の引渡請求権の発生時との先後関係を専ら表す意味合いから名付けられた、著者による造語である（すなわち、「事前」「事後」による区分けはここでの分類には適さない）。

(11) もっとも、立法論として留置権についても消除主義を唱えるものがある。竹下守夫『不動産執行法の研究』一五五頁以下（有斐閣、昭五二）、椿・序章注(7)三九頁以下参照。この見解によると買受人に対する留置権の対抗の問題は生じないことになる。

(12) 旧民訴六四九条三項が「留置権カ不動産ノ上ニ存スル場合ニ於テハ競落人ハ其留置権ヲ以テ担保スル債権ヲ弁済スル責ニ任ス」と言い、競二条三項は「競買人ハ留置権者（中略）ニ弁済スルニ非サレハ競売ノ目的物ヲ受取ルコトヲ得ス」と規定していたが、両規定は表現こそ異にしているにせよ、その意味するところは同一であると解されていた（田中・注釈民法(8)三八頁、柚木=高木・担保〔新版〕三二頁、竹内守夫『注解強制執行法(3)』一三二頁〔鈴木忠一ほか編〕（第一法規、昭五一）、同・前注一四〇頁参照）。

(13) 大判大正七年一〇月二九日新聞一四九八号二一頁。なお、租税滞納処分に基づく公売手続によって建物を買い受けた者が、この建物につき賃借権を主張して占有継続している者を相手に同建物の明渡し等を求めた、という事案に関する東京控判昭和一四年七月二九日新聞四四八四号一〇頁も参照。

(14) 大判昭和一三年四月一九日民集一七巻九号七五八頁（後出【40】参照）。

(15) 前掲大判昭和一三年四月一九日、東京高決昭和五七年一一月一八日判時一〇六七号四九頁。

(16) 前掲大判大正七年一〇月二九日、東京地判昭和一三年四月一九日評論二七巻民法六五二頁。

(17) 大判昭和一六年四月三〇日法学一〇巻一〇九七頁、福岡高決昭和三〇年一一月五日高民八巻八号五七九頁。

(18)　旧法時代の学説として、岩田新「判批」新報四八巻一一号一八八八、一八八九頁（昭一三）、山田晟『判例民事法昭和一三年度』二〇〇頁（有斐閣、昭二九復刊）、兼子一『増補強制執行法』二三九、二四〇頁（酒井書店、一九五五）、田中・注釈民法(8)三八、三九頁、我妻・民法講義Ⅲ四一、四二頁、斉藤秀夫『強制執行法講義』一四八頁（青林書院新社、一九七一）、三宅正男「判批」民商六五巻六号一〇〇六頁（昭四七）、柚木=高木・担保〔新版〕三二、三三頁、宮脇幸彦『強制執行法（各論）』二九五頁（有斐閣、昭五三）、小室直人「競落による不動産上の負担の運命」法セ三四号三〇頁（一九五九）など。なお、薬師寺志光「判批」民商八巻四号六九八頁（昭一三）は、競二条三項については買受人=非債務者説に立つが、旧民訴六四九条三項については、債務の移転が生ずるものとして買受人=債務者説の立場を明らかにしている（但し、次注に示した薬師寺の見解も参照のこと）。

新法は旧法と同一の文言を用いているので、この争いは新法における解釈にそのまま受け継がれると言われており（高橋寛明『注釈民事執行法3不動産執行・上』二九五頁（香川保一監修）（金融財政事情研究会、昭五八））、新法下で買受人=非債務者説に与するものとしては、浦野雄幸『条解民事執行法』二六六頁（商事法務研究会、昭六〇）などがある。

(19)　旧法時代の学説として、於保不二雄「判批」論叢三九巻四号六六一、六六二頁（昭一三）、竹下・前出注(12)執行法(3)一三四頁参照。さらに、竹下・前出注(11)一四二、一四三頁は留置権者の承認により債務引受けと考える。また、薬師寺・前注七〇〇頁は、旧所有者に対して費用償還債権を有する者は買受人に対してもその償還を請求し得る、と言う。

新法に至ってからは、斎藤秀夫ほか『講義民事執行法』二〇六頁（青林書院新社、一九八一）がこの立場に立っていると思われる。また、福永有利「不動産上の権利関係の解明と売却条件」竹下守夫=鈴木正裕編『民事執行法の基本構造』三五七頁（御茶の水書房、昭五六）は、買受人の負担を物的有限責任に止め、従って債務者が弁済すると目的物の価格の限度で買受人は求償を求め得ると解しており、この学説も目的物の価格の限度で買受人が債務者となることを認める立場にある。

(20)　第四節一では競売取得型に該当する公刊裁判例を一応掲げておくが、この類型における留置権の存否という問題は第四編および第五編で考察する（なお、買受人の債務者基準に関して本文に示してきた裁判例と学説の状況については、やや異なった視点からの分類とこれに対する分析を第四編において詳細に試みる予定である）。

(21)　東京地判平成五年七月二八日金法一三八九号三八頁（売主の留置権を否定したが、その理由については後出注(23)を参照）。なお、等しく第三者異議事件である東京地判平成六年九月一六日金法一四三七号五三頁（賃貸不動産の売買がなされた事案であり、買主への所有権移転により売主の間接占有も買主へと移転したと解して売主の占有を否定したため、売主の留置権は認められなかった）のほか、裁判例ではないが、東京地裁執行処分平成四年八月一三日判タ七九四号二五三頁および東京地裁執行処分平成四年九月三日判タ七九六号二三三頁も参照（前者は、土地が当該売買の対象となっていないこと、また建物の売買代金債権は抵当権の設定後に発生しており、抵当不動産の価値を増加させたり減少を免れたりして発生したものではないことから、また後者は、抵当権者には留置権が主張される可能性を予想できず、また売主は抵当権の設定を予測できたのに所有権移転登記をした、との理由から留置権が認められない判断を示している）。

(22)　東京高決平成九年三月一四日判時一六〇四号七二頁（もっとも、本件は、請負人が完成建物を一たん注文者に引渡しており、しかも再び占有取得した後に請負代金債権のため後順位の担保権を取得したという事案であり、右決定は、請負人が注文者への引渡しにより建物留置権を放棄したという事実と、請負代金債権を回収する手段として占有取得したという事実を認定してこの留置権を否定した）。

(23)　前出注(21)に引用した東京地判平成五年七月二八日は、抵当権が留置権の行使を妨げる関係になく、また抵当権者を相手とした留置権の存否に関する判決の既判力は買受人に及ばない、という本文に述べた事柄を摘示して本件訴訟における確認の利益を否定している。

(24)　念のため断っておくと、序論二(4)および三で指摘してきたように、物の引渡しを求める第三者との関係で留置権の存在いかんの考察を試みる本書の視点に立つ限り、占有者と（抵当権者などの）担保権者との間で留置権の存否が争われる紛争形態は、本書の全体に亘っても考察の対象外という扱いを受けることとなる。

(25)　後出【55】【56】参照。

(26)　造作買取請求権に基づく建物留置の場合にもこのことが妥当する。もっとも、建物買取請求権に基づく敷地の留置という場合とは異なって（次注参照）、周知のとおり、間接強制関係にあっても造作買取請求権に基づく建物留置を裁判実務は否定してきている。しかし、この留置が争われた場合において裁判例が非間接強制型として扱っていると思われるものを、以下の本文における立場から一おう掲載しておく（後出【50】参照）。

(27)　建物買取請求権に基づく敷地の留置が認められ得ることについては前出注(1)の文献を参照。また、周知のとおり、裁判実務は建物留置の反射的効果として敷地の占有を認めているが（前出注(1)に引用した裁判例を参照）、この建物留置という場合に敷地留置権までが認められるのではなく、敷地の留置はあくまでも建物留置権を実効あるものにするための効果にすぎない。従って、右の場合における留置権の目的物は建物のみに限られる。

第二節　間接強制・非間接強制不明確型

いわゆる不明確型に該当する裁判例は以下に掲げるとおりであるが、この中には、物の占有移転および物の所有権移転が当該裁判例に示された事実関係から明白に把握し得ないもの（【2】）がある。本節においてこのような裁判例を不明確型として分類するうえでは、右に述べたことは差し当たり支障を来すものとは思われないが、一応、留意すべき点を当該裁判例の〔事実〕を紹介する中で付する注において指摘しておくことにする。

一　物の占有がAからXに、その所有権がA（またはその承継人）からYに移転した場合（A→X・A→Y型）

〔賃貸借ケース〕

○【1】　大阪区判明治四一年六月一一日新聞五一一号八頁（家屋明渡請求事件）

〔事実〕　明治四一年二月一二日、YはA所有の本件家屋をAより買い受け、同年一月二七日、Xは本件家屋の賃借権を放棄したが、XはAより賃借中にAの承認を得て本件家屋に有益費または必要費を支出した。Yが本件家屋の明渡しを請求したので、Xは本件家屋につき留置権の存在を主張した。

〔判旨〕「Xは之等必要若しくは有益費に付き本訴家屋に留置権を有すること疑を容れず故に此點に対するXの抗辯は理由あり」

○【2】　大判昭和九年一〇月二三日裁判例(8)民二四九頁（家屋明渡及賃貸料請求事件）

〔事実〕　XはAより本件建物を賃借し、昭和六年一一月一六日以降、引き続きこれを占有してきた。一方、昭和八年八月五日、Yは、右建物をその所有者であるBより買い受けて所有権を取得し、その登記手続を了した。Yの明渡し等の請求に対し、Xは賃借中に必要費および有益費を支出したと主張して本件建物につき留置権を行使した(1)。原審は、Xが賃借物につき自己の負担に属さない必要費・有益費を支出したときは、民法六〇八条により賃貸人Aに対して償還請求すべきであり、同法一九六条により賃貸人でない占有回復者Yに対して右の請求をすることはできない、と判示してYに対する償還請求権を前提としたXの留置権を認めなかった。

〔判旨〕「按スルニ賃借人カ賃借物ニ付必要費有益費ヲ出シタルトキハ占有中ノ右賃借物ヲ賃貸人ニ非サル其ノ所有者ニ返還スル場合ニ於テ此ノ返還ヲ受クヘキ同復者ヲシテ前期費用ヲ償還セルメ得ルコト同法第百九十六條ニ照シテ一點ノ疑ナキ所ニシテ此ノ場合ニ於テ占有者カ右ノ償還ヲ受クル迄賃借物ノ上ニ留置權ヲ有スルコトハ論ヲ俟タサル所ナリ」、と判示して原審判決を破棄し差戻した。

○【3】　大判昭和一〇年五月一三日民集一四巻一〇号八七六頁（建物明渡並損害金請求事件）の原審

〔事実〕　大正一一年一一月八日、Xは本件建物をAより一五カ年の期間を定めて賃借し、Bがこの建物を買い受けて賃貸借契約を承継した。しかし、Xの賃料不払いを理由に同契約は解除され、昭和八年七月一二日、Y等が右建物をBより買い受けて建物明渡しを請求したところ、XはBより賃借中に同建物に有益費を支出したとして建物留置権の存在を主張した。

〔判旨〕「Yハ民法第六百八条ノ規定ニ依ル賃貸人タリシBニ對シ之カ求償權ヲ有スヘク之ニ基キ本件建物ヲ留置スルコトヲ得ルモノトス」（但し、Yによる、民法二九八条三項の留置権消滅請求を認めたため、結論としてはXの留置権を否定した）。

○【4】　大判昭和一二年四月二八日裁判例(11)民一一二頁（家屋明渡等請求事件）

〔事実〕　XはAより本件家屋を賃借中にAの負担となる必要費を支出したが、その弁済がなされる前にYはAより右の家屋を買い受けてその所有権を取得し、Xに対して同家屋の明渡しを求めた。原審は、Yが家屋の所有権を取得する前にXが必要費を支出したのみならず、YがA・X間の賃貸借契約を承継していないことから、Yに対するXの留置権行使を認めなかった。

〔判旨〕「按スルニ他人ノ物ノ占有者カ其ノ物ニ關シテ生シタル債權ヲ有スルトキハ該債權カ辨濟期ニ在ル以上之カ辨濟ヲ受クル迄其物ヲ留置シ得ヘキコトハ民法第二百九十五條第一項ノ規定スル所ニシテ該留置權ノ對抗ヲ受クヘキ者ハ債務者ニ限ラサルコト明ナレハX主張ノ如ク同人カAヨリ本件家屋ヲ賃借中賃貸人ノ負擔タル必要費ヲ支出シ未タ其ノ辨濟ヲ受ケサル限リAヨリ本件家屋ヲ買受ケ其ノ所有者トナリタルYニ對シテモ上叙ノ規定ニ基ク留置權ヲ對抗シ得ヘキモノト解スヘク右必要費ノ支出カXニ於テ本件家屋ヲ取得セル以前ニ於テ爲サレタル事實及XカA及X間ノ賃貸借契約ヲ承繼セサリシ事實ハ右解釋ニ影響ナシ」、と判示して原審判決を破棄し差戻した。

○【5】　函館地判昭和一二年六月三〇日新聞四一六〇号四頁（家屋明渡等請求事件）

〔事実〕　昭和一一年一二月一七日、YはAより本件建物を買い受けその所有権を取得して登記手続を了したが、Xらは右建物をAより賃料月四〇円の約で借り受けて利用中であった。同月同日頃における右家屋の賃料は月六〇円をもって相当とするに至ったため右賃貸借は当事者の合意により解除され、同日、YはXらと賃料に関する取決めを行って本件建物を貸与した。Xが翌年一月一日以降に賃料債務の履行を遅滞したときは、X・Y間の右契約は当然に消滅する旨の約定であったところ、Xは賃料債務を履行しなかったため、Yは右建物の明渡し等を求めた。Xは昭和八年から一一年にかけて本件建物に必要費を投じ、これにより償還債権を取得したと主張して右の建物につき留置権を行使した。

〔判旨〕「（Xら主張の）右債権は法律に所謂其物に關し生じたる債權たるや勿論なるを以てX等はAより之が辨濟を受くる迄本件家屋を留置することを得るや勿論なり」

○【6】　大判昭和一三年二月一四日全集五輯五号三一頁（家屋明渡並損害賠償金請求事件）

〔事実〕　Xは、昭和六年当時、本件建物の所有者Aよりこれを賃借した。同建物の所有権は昭和七年八月にBと

Cに移転し、両名はAの賃貸人たる地位を承継してXに賃貸してきた。Xは賃借中に右建物に増築修繕等の改良を施し、その増価額は現存している。一方、昭和九年八月一六日、Yは本件建物の所有権を取得しXに対して明渡しを求めたので、Xはこの建物につき留置権を行使した。原審は、Yの所有権取得以降によるXの占有を不法占有とし、これに基づく損害賠償債権の発生を認めてこの債権とXの有益費償還債権との相殺を認容した。

〔判旨〕「原判示ノ如ク所有者タルYカ少クトモ其出資額ヲ償還スル迄ハXハ家屋ヲ留置シ得ヘキモノトス」と判示し、前述した、Yによる相殺の抗弁を認容した原審を破棄するとともに、Yの損失においてXが受けた何らかの利益に基づく償還債務と、Xが有する有益費償還請求権との相殺の可否について差戻した。

○【7】大判昭和一三年三月一二日全集五輯七号三頁（建物収去土地明渡請求事件）

〔事実〕Yは、大正一〇年一〇月二六日、本件宅地をAより買い受けたが、同地は、明治三六年よりXがAから建物所有を目的として賃借していた。YはAの賃貸人たる地位を承継して本件土地を所有してきたところ、大正一二年九月の関東大震災により同地上に存するXの家屋は焼失したので、X・Y間で借地権の消滅に関して紛議が生じた結果、賃貸借は大正一二年一一月一七日より九年間残存する旨の調停条項が成立した。後に、Yがこの条項に基づいて土地の明渡しを求めたところ、Xは賃借中の本件宅地に必要費を支出しこの償還があるまで同地につき留置権の存在を主張した。原審（東京控判昭和一二年八月二日評論二六巻民法八三三頁）は、Xが支出した「該費用ハ本件宅地返還ニ際シYヨリ償還ヲ受ケ得ルニ過キサレハ該有益費ノ償還請求権ニ基キ本件土地ヲ留置スルヲ得（ない）」、と判示した。

〔判旨〕「Xカ原審ニ於テ右事實ノ存在ヲ主張シ賃借人トシテ支出シタル必要費ノ償還請求權ニ基キ留置權ヲ行使シ賃借地ノ明渡請求ヲ拒否スル旨ノ抗辯ヲ提出シタルニ對シ原審ハ前示費用ノ如キハ必要費ニ非スシテ有益費ナルカ故ニ留置權存セスト即斷シ之カ事實ノ存否ニ付審理スルトコロナク漫然Xノ右抗辯ヲ排斥シタルモノニシテ右ハ畢竟法律ノ解釋ヲ誤リタル結果審理不盡理由不備ニ陷リタル違法アルモノト云フヘク本論旨ハ理由アリ」と

判示して、原審判決を破棄し差戻した。

○【8】　大判昭和一四年四月二八日民集一八巻七号四八四頁（家屋明渡請求事件）

〔事実〕　Xは本件家屋を含むAの所有する建物を賃借し、このうち本件家屋をYに更に転貸したが、昭和一一年六月一一日、Yが右家屋をAより買い受け、即日、その登記手続を経由したため、同日以降によるXとの賃貸借は不要となった。そこで、Yは同月一四日付けをもってXに対し賃貸借の解約申入れをなし、これによりX・Y間の賃貸借契約は消滅した。Yの明渡請求に対し、Xは賃借中に右家屋に対して支出した必要費および有益費の償還請求権を有すると主張して、その償還を受けるまで本件家屋の明渡しを拒絶した。原審は、「家屋ノ賃借人カ賃借家屋ノ爲賃貸人ノ負擔スヘキ必要費ヲ支出シタルトキハ直ニ支出當時ノ賃貸人ニ對シ償還請求權ヲ取得シ該債權ハ賃貸借關係ヨリ獨立シタル存在ヲ有シ爾後賃貸人ニ變更ヲ生スルモ新賃貸人ニ移轉スルモノニ非ス又民法第百九十六條所定ノ必要費償還請求權ハ占有物ノ回復者ト從來ノ占有者トノ間ニ民法第六百八條第一項ノ如ク特別ニ償還請求權ニ付規定ヲ設ケアル場合ハ適用スヘキモノニ非サルモノト解スルヲ相當トス」と判示して、Yが賃借家屋の所有權を取得する以前にXが必要費を支出した事実から、Yに対するXの必要費償還請求権を認めず、従ってこれを被担保債権とする留置権を否定したが、有益費については、「民法第六百八條第二項第百九十六條第二項ニ徴シ賃貸借終了ノ時ニ於テ該賃借家屋ノ占有回復者タル現在ノ賃貸人ニ請求シ得ヘキモノト解スルヲ相當トス」、と判示してYに対するXの有益費償還請求権を認め、Xに対して有益費の償還と引換えに本件家屋の引渡しを命じた。

〔判旨〕「案スルニ賃借人カ賃借家屋ニ付必要費又ハ有益費ヲ支出シタルトキハ右家屋ヲ賃貸人ニ非サル現時ノ所有者ニ返還スル場合ニ於テモ其ノ回復者ヲシテ之カ費用ヲ償還セシメ得ヘク之カ償還ヲ受クル迄ハ其ノ返還（明渡）ヲ拒ムコトヲ得ヘキ留置權ヲ有スル」とし、また民法六〇八条一項にいう「直チニ」とは「必要費支出者ノ利益ヲ慮リ賃貸借終了ノ時ヲ待タスシテ賃貸人ニ對シ償還ヲ請求シ得ヘキコトヲ定メタルニ過キスシテ其ノ後ニ到リ所有權ヲ取得シタル者カ占有ノ回復ヲ求ムル場合ニ於テハ其ノ回復請求者ニ對シ償還ヲ求ムヘキ權利ナキコトヲ定メタルニ非ス」とも判示して、必要費の償還債権を被担保債権とする留置権を否定した原審判決を破棄し差戻した。

○【9】　金沢地判昭和二五年五月一一日下民一巻五号七二四頁（家屋明渡控訴事件）

〔事実〕　XはYの前主当時から本件家屋を賃借しており、その間に同家屋の保存に必要な修繕費、改良行為に要する費用等を支出した。後に、X・Y間において本件家屋につき明渡しに関する調停が行われた。明渡期限とされた期日（昭和二二年三月三一日）の経過によりYが本件訴訟を提起したところ、Xは右費用の償還を受けるまで本件家屋につき留置権を有することなどを主張した。

〔判旨〕「賃借人が賃借家屋につき必要費又は有益費を支出したときは其の当時における賃貸人でなくとも現に明渡を請求する者に対しても該家屋を返還するに際し、右費用の償還を請求し留置権を主張しうる」、と判示した（但し、本件事案の解決としては、「本件の様に家主から明渡を求めて調停の為される場合には明渡を求める家主側の事情と共に之に應じ難い借家人の諸般の事情と彼此対照考慮し交渉を重ね互に譲歩して具体的の権利義務を確立するものであってYがXに対し本件家屋を昭和二二年三月三一日限り明渡す旨承諾したこと前記認定の通りであり、右の如く借家人が家主に対し明渡の請求に應ずるということは特段の定めがない限り、単に従前の貸借関係を終了させる合意であるのみならず、調停の当時有する明渡を拒むに足るべき一切の権利はこれを行使しないこととしたと解するのが相当である」、と解してXによる留置権の主張を認めなかった）。

〔売買ケース〕

○【10】　東京高判昭和三三年一二月一五日判時一七七号二二頁（土地明渡請求控訴事件）

〔事実〕　Aは、本件係争部分を含む甲地とこれに隣接する乙地を昭和二五年中にXに売却して引渡し、Xは乙地上に居宅を建築するとともに、甲地の一部が湿地であり、かつ、塵捨場になっていたので塵芥を処理し、土盛りを施して整地するための費用を支出したところ、Aは甲地をYに二重に売却した。YがXに対して本件係争地を除いた部分の引渡しを懇請してきたので、Xは、Yとの間で、(イ)YはXに対して何時でも本件係争地を代金八万円で売渡す旨の予約と、(ロ)右予約完結の有無に拘わらず、Xは隣地である本件係争地を無償で使用できる旨の約定をしてYの右懇請を容れ、本件係争地以外の甲地を引き渡した。Yは本件係争地の引渡しを請求したので、Xは仮定的抗弁として右費用額（三万円）の償還を受けるまで本件係争地を留置すると主張した。

〔判旨〕「Xが本件係争土地につき必要費又は有益費を支出し、その額が三万円に達したことは当審において当事者間に争がないこととなったので、右費用の償還を受けるまで本件係争土地を留置する旨のXの抗弁は理由がある。」

〔使用貸借ケース〕

○**【11】**　千葉地判昭和三八年六月一七日下民一四巻六号一一四八頁（家屋明渡請求事件）

〔事実〕　本件建物およびその敷地はもとAの所有であったが、昭和三四年八月二九日、YがAより敷地とともにこれを買受けて所有権を取得し、同日、その登記を了した。一方、昭和一八年七月二五日、AはXに右建物を使用することを許し、同日以降、Xは本件家屋を引き続いて使用してきたところ、Yが自ら使用する必要が生じたので、昭和三四年一〇月一一日に到達の書面をもってXに対し右建物の明渡しを求めた。Xは建物賃借権を有すると争い、仮定的抗弁として、本件建物の使用中、これに修繕・増築をなして必要費および有益費を支出したため、その弁済を受けるまで右建物を留置する権利があると主張した。

〔判旨〕　Xによる建物使用の関係を使用貸借であると認定したうえで、Xが支出した修繕費については、使用物に対して支出した通常の必要費であってXの負担に帰するものであるから、Xはこの支出による留置権を取得できないとしたが、有益費の支出については、その増加価値が「なお、残存して居るものと認めるのが相当であると云ふべく、従って、Xは、Aに対し、右有益費の残存額について、償還請求権を有し、之によって、その弁済を受けるまで本件建物を留置する権利を取得したものであると云ふべく、而して、右Aは、右建物をYに売却した時に於て、右増加価値の残存によって利得を得たものであると認められるので、Xは、Aに対し、その利得した限度に於て、その償還請求権を有すると認めるのが相当である」、と判示した。

二　物の占有がYからAを経てXへと移転した場合（Y→A→X型）

〔転貸借ケース〕

○【12】　東京高判昭和二九年一一月一五日東高時報五巻一一号二八〇頁（家屋明渡請求控訴事件）

〔事実〕（事案不明確）Yの所有する本件建物をAが賃借してXに転貸した。Yの明渡請求に対し、Xは転借中に必要費および有益費を支出したとして、その償還を受けるまで本件建物の上に留置権が存すると主張した。

〔判旨〕「賃借人が、賃借建物を賃貸人でない所有者に返還する場合においても、これについて支出した必要費又は有益費をその回復者から償還させることができ、その償還を受けるまで右建物の上に留置権を有することは、民法第一九六条第二九五条により明らかである。民法第六〇八条は、賃借人が、賃借建物について必要費を支出したときは、賃貸借の終了をまたず直ちに、又有益費を支出したときは賃貸借の終了の時に、賃貸人に対し償還を請求し得べきものとして、専ら賃借人の利益を考慮した規定であって、物の占有者が建物の賃借人である場合には民法第一九六条の適用を排除し、賃借人は所有権に基いて建物の明渡を求める者に対しては償還を請求し得ないことを定めた趣旨のものではない。」と判示したが、Xに対して、本件建物の明渡済みに至るまでの損害金を支払うべき債務を認め、これと前記費用を償還すべき債務とを相殺する旨のYの抗弁を認容した結果、結論において本判決は右償還債務の消滅により留置権の存在を否定した。

(1)　本件ではA・B間の占有移転、所有権移転関係は明らかでない。従って、例えばAがXに賃貸した所有建物をBに譲渡し、さらにBからYが買い受けたというような場合であったかもしれない。または、Bの所有建物をAが買い受けてXに賃貸したが、A・B間の契約は無効であり後にYがBより買い受けた、という場合であったものかもしれず(三宅・前節注(17)一〇〇一、一〇〇二頁は、本件を後者の場合、すなわち他人の物の賃貸借の場合に解している)、従って占有移転は、前者ではA→X、後者ではB→A→Xとなり、所有権移転は、前者ではA→B→Y、後者ではB→Yとなる。しかし、何れの場合であったにせよ、AまたはBを起点に占有がXに移転し、所有権の移転もこれに対応して、BまたはAを起点にYに移転したと推測することができるため、ここでは本件をA→X・A→Y型に準じて扱った。

第三節　非間接強制型

以下に掲げる、非間接強制型に含まれるものとした公刊裁判例については、分類上、留意すべき重大な点が幾つか存する。すなわち、(i)【14】は時前型と解してよいであろうか、(ii)【16】は同時型と解してよいものか、(iii)【22】をA→X・A→Y型に含めることに疑問がなくはないか、(iv)【26】はX→A→Y型に該当すると解して構わないか、(v)【29】【30】はそもそも非間接強制型に含まれるものなのかどうか、などである(これらの諸点については当該裁判例の事実を紹介した最後に付する注において言及することにする)。

一　物の所有権がXからAを経てYへと移転した場合（X→A→Y型）

(a)　時前型

〔売買ケース〕

○【13】　最判昭和四七年一一月一六日民集二六巻九号一六一九頁（建物明渡請求事件）

〔事実〕　本件建物は、その敷地である本件土地とともにXとBの共有であったが、昭和四三年七月二〇日、両名はこれを六八〇万円でAに売渡し、代金の支払方法としては、四〇万円を本件土地建物の所有権移転登記と同時に支払い、一一〇万円は同年八月一〇日限りで支払うこと、一八五万円についてはXの金融機関に対する一三五万円と五〇万円の債務を免責的に引き受けて支払う約であり、残金三四五万円については、金員の支払いに代えて、Aにおいて他に土地（＝提供土地）を購入してこれに同地上に建物（＝提供建物）を新築し、これをXに譲渡することとし、本件土地建物は右の提供土地建物の引渡しと同時に遅くとも同年一一月三〇日までにすることを約したが、Aは未だ提供土地建物をXに譲渡する旨の義務を履行していない。一方、Yは、昭和四四年二月一九日、Aの代理人に対し三四八万円を貸与し、その担保のため、本件土地建物を目的とする抵当権設定契約および停止条件付代物弁済契約を締結したが、Aは右借受金を所定の期限に弁済しなかったため、Yは右代物弁済契約により同年三月一一日に本件土地建物の所有権を取得し、同月一三日、その旨の所有権移転登記を経由した。本件土地建物を占有しているXに対してYが明渡しを求めたところ、Xは提供土地建物の引渡しを受けるまで本件土地建物を留置し得る権利があると主張した。原審（仙台高判昭和四五年八月一八日判時六一一号四〇頁）は、Aが不履行している債務は残代金三四五万円の支払いに代わる提供土地建物の引渡義務であり、Xは売買の目的物の残代金債権を有するものではなく、売買の目的物とは無関係な提供土地建物の引渡請求権を有するのであって、右引渡請求権をもってYに対抗することはできないから、これと本件土地建物との間には留置権発生の要件である牽連関係はない、と判示して留置権の存在を否定した。

〔判旨〕 代物弁済の予約が完結されて提供土地建物の所有権がXに移転し、その対抗要件が具備されるまで原則として残代金債権は消滅しないで残存すると解したうえで、「本件においては、提供土地建物の所有権はいまだXに譲渡されていない（その特定すらされていないことがうかがわれる。）のであるから、XはAに対して残代金債権を有するものといわなければならない。そして、この残代金債権は本件土地建物の明渡請求権と同一の売買契約によって生じた債権であるから、民法二九五条の規定により、XはAに対し、残代金の弁済を受けるまで、本件土地建物につき留置権を行使してその明渡を拒絶することができたものといわなければならない。ところで、留置権が成立したのち債務者からその目的物を譲り受けた者に対しても、債権者がその留置権を主張しうることは、留置権が物権であることに照らして明らかである」として後出【26】を引用し、続いて、「本件においても、Xは、Aから本件土地建物を譲り受けたYに対して、右留置権を行使することをうるのである。」、と判示して原審判決を破棄し自判した。

〔譲渡担保ケース〕

○【14】 名古屋高判昭和四七年一二月一四日判時七〇三号四〇頁（土地所有権確認・土地明渡等請求控訴事件）

〔事実〕 Xは、昭和三三年九月六日、Bから五〇万円を借り受けてX所有の甲地と乙地を譲渡担保に供するとともに、右借受金を弁済期日までに支払ったときは右土地の所有権は復帰する旨を約して、売買を原因とする所有権移転登記を了した。Xは同年末にAから支払期限を昭和三四年二月二三日として金員を借り受け、これを担保するため甲地と乙地を譲渡担保に提供した（X所有の丙地に対しても抵当権が設定された）。Xはこの金員をもってBからの借受金債務を弁済したため、甲地および乙地の所有名義をXに復帰することとなったが、名義をXへと戻すことなく、Xの合意の下で、BからAへと中間省略による所有権移転登記（および右抵当権の設定登記）が経由された。Xが弁済期日に債務を履行しなかったので、昭和三八年三月一三日に甲地がY_1に、また昭和四〇年一二月二二日には乙地がY_2に（Aの同年三月死亡によりその相続人によって）売り渡された。Xは前記譲渡担保契約の無効等を主張して甲地および乙地の所有権確認等を請求し、予備的請求としてAに対する清算金支払債務の履行を求めたが、かかる請求の中でこの履行がなされるまで右土地につき留置権を有すると主張した。(1)

〔判旨〕「前叙のように譲渡担保契約に基づき、債権者が本来の弁済に代えて目的不動産を確定的に自己の所有に帰せしめた場合、債権者は債務者に対し右不動産の引渡を請求できることとなるが、この引渡請求権と債務者の債権者に対して有する清算金請求権とは同一の法律関係から生じたものとして、清算金請求権は右不動産から生じた債権と解するのが相当である」とし、さらに「留置権は物権であるから、Xは前示清算金支払義務者でないYに対しても前示留置権を行使することができるといわなければならない」とも判示して、清算金と引換えにY_1に対する甲地の引渡請求を認容した。

〔仮登記担保ケース〕

○【15】　最判昭和五八年三月三一日民集三七巻二号一五二頁（建物収去土地明渡等請求本訴・不当利得返還請求反訴事件）

〔事実〕　Aは、昭和三一年一〇月二八日、Bに対して金員を貸与し、その担保としてB所有の本件土地建物につき代物弁済予約および抵当権設定契約を締結し、これらを原因とする停止条件付所有権移転請求権保全の仮登記と抵当権設定登記を経由した。その後もAは右貸金債権の担保を確実にするため、Bに対して右代物弁済予約の完結権を行使して、同月二五日、本件土地建物について仮登記に基づく所有権移転の本登記を経由した。しかし、その後もBは返済しないのでAは右土地建物の所有権を確定的に自己に移転させ、これによりBの債務を消滅させる旨の合意をして、Bは、Aが所有権を取得したこと、Aが本件土地建物の処分につき異議がないことを確認した。同月二〇日、YはAから本件土地を一八〇万円で買い受けて所有権移転登記を経由したが、その際、本件土地建物にはCのために後順位の所有権移転請求権保全の仮登記および抵当権設定登記が経由されていた等の事情から、Aに対して一〇〇万円を支払ったにすぎず、また本件土地建物はAが貸金債権の代物弁済として取得したものであり、かつ、AよりBに支払われるべき清算金が支払われていないことを知っていた。YがBの相続人として本件土地建物を占有しているXに対して土地の明渡しを求めたところ、XはAまたはYが右清算金を支払うまで右土地建物の明渡義務等の履行を拒絶する、と主張した。原審は、「YはAがBに対して前記清算金を支払っていないことを知りながら、Aから本件土地建物を買受けたものであって、Aと同一の地位にあるというべく、XはAに対するのと同様にYに対しても、清算金の支払を受けるまで本件土地建物の明渡しを拒むことができると解するのが相当である。」と判示した。

〔判旨〕「YのXに対する本件土地建物の明渡請求は、所有権に基づく物権的請求権によるものであるところ、XのAに対する清算金支払請求権は、Aによる本件土地建物の所有権の取得とともに同一の物である右土地建物に関する本件代物弁済予約から生じた債権であるから、民法二九五条の規定により、Xは、Aに対してはもとより、同人から本件土地建物を譲り受けたYに対しても、Aから清算金の支払を受けるまで、本件土地建物につき留置権を行使してその明渡しを拒絶することができる関係にあるといわなければならない」と判示して後出【26】と前出【13】を引用し、原判決を破棄して自判した。

(b) 同時型

〔譲渡担保ケース〕

×【16】最判昭和三四年九月三日民集一三巻一一号一三五七頁（家屋明渡等請求事件）

〔事実〕　Xは昭和一九年一二月二七日に本件土地建物をBから買い受けたが、その買受け資金の一部をCから借り受けた関係上、この貸金債権を担保するため、Cの子Aに対して右土地建物を売渡担保に供し、その中間登記を省略してBからAへと所有権移転登記がなされた。Aは、本件土地建物を右担保の目的以外に供することができないにも拘わらず、この義務に違反して、昭和二四年五月三〇日、右の土地建物をDに売り渡し、その旨の所有権移転登記を了した。昭和二六年二月、Dは本件土地建物をE_1、E_2の両名に、同年三月一五日、この両名はさらにこれをYに売却し、その中間登記を省略して昭和二七年三月二六日にDからYへと所有権移転登記が経由され、YがXに対して家屋の明渡し等を求めたところ、XはAがXに対して債務不履行による損害賠償義務を負担しており、Xの損害賠償債権のために留置権が発生するなどを主張して争った。原審は、右の損害賠償債権と本件土地建物との牽連関係を認めなかった第一審判決を支持した(2)。

〔判旨〕「所論損害賠償請求権は、Aに対して存するは格別、Yにはこれを対抗し得ないのであるから、原判決が、右Aの債務不履行と右不動産との間には、所論留置権発生の要件たる一定の牽連がないと認めた一審判決を支持し、Xのこの点に関する主張を是認しなかったのは正当であって違法はない。」

〔売買ケース〕

×【17】　最判昭和六二年七月一〇日金法一一八〇号三六頁（不動産引渡（留置権確認）請求事件）

〔事実〕　Xは本件土地を所有していたところ、昭和五五年二月、A会社に対して同地を三〇〇〇万円で売却し、即日、A会社から手付金として九〇〇万円を受領して、同月二九日、その所有権移転登記を経由した。残代金二一〇〇万円は同年七月一五日までに完済することとし、引渡しは残代金の完済と同時になされる旨の約定であったが、A会社が右の支払期限が経過した後も支払わなかったため、XはA会社に対して支払いの催促をしたうえ、同年一〇月二〇日頃、右売買契約を解除する旨の意思表示をした。ところが、A会社は、同年一一月二八日、本件土地をBに売却して所有権移転登記を経由し、次いでBは同年一二月一五日にこれをYらに転売してその旨の登記を経由した。Yらが本件土地を占有しているXに対しその所有権に基づき引渡しを求めたので、Xは、A会社から二一〇〇万円の支払いを受けるまで本件土地につき留置権が存する旨の確認等を請求した。原審（仙台高判昭和五九年八月三一日判タ五三九号三四六頁）は、XがA会社に対して本件土地の現物返還請求権に代わる価格返還請求権を有するとし、右土地の転得者であるYらから所有権に基づく引渡請求を受けたときは、この請求権を被担保債権とする留置権を行使し得ると判示した。[3]

〔判旨〕「原審のいわゆる価格返還請求権は、A会社が、Xの所有に係る本件土地を買い受け、売買契約を解除されたのちこれをBに売り渡して所有権移転登記を経由し、Xに対する本件土地の返還債務を履行不能としたことによって発生した代償請求権であって、本件土地に関して生じた債権とはいえない」として後出【28】を引用し、右請求権を被担保債権とするXの留置権行使を否定して原審判決を破棄した。

二　物の占有がAからXに、その所有権がA（またはその承継人）からYに移転した場合（A→X・A→Y型）

(a)　時前型

〔賃貸借ケース〕

×【18】　大判大正九年一〇月一六日民録二六輯一五三〇頁（土地引渡請求事件）

〔事実〕（事案不明確）Xは耕作のためにAから本件畑地を賃借したが、この賃貸借は（Aの債務不履行を理由として？）Xがした契約解除の意思表示により消滅した。YはAの相続人Bより右畑地の所有権を取得してXに対しその引渡しを求めたところ、Xは、Aの契約不履行による損害賠償請求権等について留置権の発生を主張したが、原審（東京控判大正九年七月二一日評論九巻民法七九三頁）は、「民法上斯ル請求權ニ付キ留置權ヲ認メタル規定ナキヲ以テ其主張ハ理由ナシ」、と判示して右の主張を認めなかった。

〔判旨〕「YハBヨリ係爭土地ノ所有權ヲ取得シXニ對シ其引渡ヲ求ムルモノニシテX主張ノ契約不履行ニ因ル損害賠償ノ請求權ハ賃貸人タルB先代ニ對シ有スル債權ニ過キスシテ之ヲ以テYニ對抗スルコトヲ得サルモノナレハ民法第二百九十五條ニ所謂其物ニ關シテ生シタル債權ニ非ス隨テXカ係爭地ニ付キ留置權ヲ有セサルヤ明ナリ」

×【19】　大判大正一一年八月二一日民集一巻一〇号四九八頁（土地明渡請求事件）

〔事実〕Yは、大正七年一一月三〇日、本件宅地をAより買い受けて所有権取得の登記を了し、Xに対して建物収去および宅地の明渡しを求めたところ、Xは、明治四五年五月中、本件宅地を当時の所有者Bと存続期間を二〇年とする賃貸借契約を締結し、これにより取得した、右宅地を使用収益する債権は賃借地に関して生じたものであり同地につき留置権を有する、と主張した。原審は、右債権が賃貸借契約の成立と同時に発生するものであり、宅地の占有に関して生じたものではない旨を判示して、Xの主張を棄却した。

〔判旨〕「賃借人ハ賃借物ヲ使用収益スル債權ヲ有シ法定ノ要件ヲ履踐スレハ之ヲ第三者ニ對抗スルコトヲ得レトモ其ノ債權ハ賃借物ヲ目的トシテ成立スルモノニシテ其ノ物ニ關シテ生シタル債權ニ非ス然ルニ民法第二百九十五條ノ留置權ノ発生スルニハ債權カ他人ノ物ニ關シテ生スルコトヲ必要トスルモノニシテ物自體ヲ目的トスル債權ハ留置權ノ發生原因ト爲ルモノニ非ス蓋シ物自體ヲ目的トス債權ハ其ノ權利ノ實行ニ依リテ辨濟ヲ受クルコトヲ得ヘク毫モ留置權ヲ認ムル必要ナケレハナリ賃借人カ自己ノ賃借權ヲ第三者ニ對抗スルコトヲ得サル場合ト雖是レ法定ノ要件ヲ履踐セサル結果ニシテカ爲ニ留置權ヲ取得スルモノニ非ス」

×【20】　最判昭和三一年八月三〇日裁判集民二三号三一頁（土地及び家屋明渡請求事件）

〔事実〕（事案不明確）Xの上告理由によれば以下の事実があったとされる。すなわち、Xは、昭和二三年五月二九日、Aから、金員貸与を条件に本件土地建物を賃貸または売り渡す旨を告げられたため、他から借り受けた借受金を（本件建物を担保に）Aに貸与し、これと交換的に同建物を借り受けてBら（Xの息子夫婦ら）に賃貸居住させてきた。一方、昭和二五年八月二八日、Aは本件土地建物をYに売却してその旨の所有権移転登記を了し、Yが X（およびBら）を相手に右土地建物の明渡しを訴求するに及んだところ、Xらは、本件土地建物について、Aに対する貸金債権を被担保債権とする留置権があると主張した。原審は、この貸金債権と右土地建物との牽連関係を否定した。

〔判旨〕「本件貸金が本件不動産に関して生じた債権ということはできないから、留置権を認めなかった原判決は正当である。」

○【21】　東京地判昭和三三年八月二九日下民九巻八号一七〇一頁（家屋明渡請求控訴事件）

〔事実〕　XがAから賃借していた本件家屋はAからBへと譲渡され、A・B・X間の契約によりBは賃貸人の地位を承継した。CがXの立退きを条件に本件家屋を買い受けてもよい旨の意向を表明したので、BはXと折衝の末、XはBに対し六万円の立退料の支払いを受けると同時に本件を明け渡す旨を約した。Cはこの事実を聞知したうえで本件家屋を買い受けて、妻名義で所有権移転登記を了したが、Xにおいて辞柄を設けて明渡しを肯んじなかった。後に、この家屋をCから買い受けてその所有権を取得したYがXに対して明渡しを請求したところ、Xは右立退料の支払いを受けるまで本件建物につき留置権がある、などの抗弁を主張した。

〔判旨〕　本判決は、Bが前記移転登記を了した直前にB・X間の賃貸借契約は合意解除されたと判断したうえで、Xの留置権の主張につき次のように判示した。すなわち、「BとX間に成立した本件賃貸借契約の合意解除に際し、Xが本件家屋を明渡すと同時に、BがXに対し立退料として金六〇、〇〇〇円の支払を約したこと、Xが未だ金員の支払を受けていないことは、当事者間に争ない。従ってXは、Yより右金員の支払を受けるまで本件家屋の明渡を拒絶することができるものといわなければならない。Xは、右BがXに対し右立退料全額を現実に提供したのにXはその受領を拒絶したから、留置権の行使は失当である旨主張するけれども、民法第二九五条に明定するとおり、債権者は占有にかかる物に関して生じた債権の弁済を受けるまでその物を留置して引渡を拒絶することができるものというべきである。それであるから、仮にY主張のとおりXが受領遅滞にあったとしても、それだけではXが立退料の弁済を受けたものとはいい得ないから、主張自体理由がない。」

〔請負ケース〕

○【22】　東京地判昭和三五年一二月二一日下民一一巻一二号二七一七頁（建物明渡請求事件）

〔事実〕　A・B・X間で、Aが土地を提供し、同地上にA名義でBが本件建物を建築し、この建築をXが請け負う旨の合意がなされ、この合意に基づき、Xは、昭和二七年四、五月頃に本件建物を完成させたが、Bから工事代金の一部しか支払いを受けなかったので、本件建物のうち一室をBに引き渡しただけで、その余の部分は工事残代金の支払いを受けるまで留置してこれにC・Dをして入室使用させている（後にはBに引き渡した一室の返還も受け、これもCに保管させている）。一方、YはE会社より本件建物を買い受けてその所有権を取得し（A・E会社の間、B・E会社の間における法律関係は不明）、C・Dに対して建物の明渡しを請求したところ、C・DはXの留置権に基づいて本件建物を占有し、この占有はYに対しても対抗できると主張した。(4)

〔判旨〕「Xは、Bに対する工事代金債権の担保として本件建物に対し留置権を有し、右権利にもとずいて占有を始め、C・D両名を代理人として本件建物に入室させているものということができる。」と述べ、また留置物を使用して得た利益を不当利得として返還する義務をC・Dに認めたものの、しかし「留置権の被担保債権と留置物を使用して得た利得とは、当事者によって相殺の意思表示がされなければ、両方の債権が消滅したものということはできない。したがって、相殺の意思表示がされたと認められない本件においても、XのBに対する本件建物の工事代金債権は、確定的には消滅しておらず、留置権もまた消滅していないものといわなければならない。」、と判示した（もっとも、「このように被担保債権が相殺適状になっている留置権は、第三者に対して主張することができないものと考える。このような留置権は一方の意思表示がありさえすればただちに消滅するものであり、また、留置権者が他人へ賃貸して得た賃料は果実として留置権者の債権の弁済にあてることができることと比べても、留置権者に不利益を与えないと考えられるからである。」とも述べて、結論的にはC・Dの留置権行使を否定した）。

○【23】　大阪高決昭和三九年七月一〇日下民一五巻七号一七四一頁（仮処分執行停止申立却下決定に対する即時抗告事件）

〔事実〕　本件不動産は宅地造成工事施行の中途においてその竣工間近な段階で工事が中止された土地であり、X

は右土地の前所有者Aに対して右宅地造成工事の請負代金債権を有するとして、その弁済を受けるまで本件土地を留置占有してきたところ、Yが同地の所有権を譲り受けて本件土地に対するXの占有を奪ったので、Xがその占有者としての地位を保全する仮処分決定を得た。そこで、Yはこの処分の執行停止を求める申立てをした。

〔判旨〕　Yの留置権行使を前提に、「不動産の留置権者は留置不動産に対する占有権に基いて原則として右不動産に対する他人の立入を禁止排除することができる。」とし、従ってXには、留置権に基づき、Yが宅地造成工事施行以外の目的で本件土地に立ち入るのを禁止排除できる「権限」があるため、結局、Yによる本件申立ては、「右宅地造成工事施行のために立入ることを禁止する仮処分の執行停止を求める限度で正当である」、と判示した。

○【24】　最判昭和四〇年七月一五日民集一九巻五号一二七五頁（留置権実行による競売目的物に対する異議事件）

〔事実〕　Aは昭和三一年四月二〇日に本件自動車の修理をXに依頼し、Xは同年五月三一日にこの修理を完了した。一方、Yは、昭和三一年六月頃、Aから右自動車を買い受けて所有権を取得したところ、XがAに対して有する修理代金債権のため本件自動車を留置する権利があると主張して、留置権実行による競売を福岡地方裁判所の執行吏に委任し、昭和三三年七月一八日、Aに対して競売に付する旨の調書が送達されたので、Yは留置物の保管義務違背による留置権の消滅などを主張して競売手続の不許を求めた。原審は、Aが留置権消滅の請求をしたという主張、立証がないとして本件自動車につきXの留置権を認め、その実行としての競売の不許を求めるYの請求を棄却した。

〔判旨〕　本件自動車に対するXの留置権が存在することを前提としたうえで、留置権消滅請求に関しては、「留置権者が民法二九八条一項および二項の規定に違反したとき、その留置物の第三取得者がある場合は、第三取得者である所有者も同条三項により留置権の消滅請求権を行使し得ると解するを相当とする」と判示して、この請求権を

Yに認めなかった原審判決を破棄し差戻した。

○【25】　最判平成三年七月一六日民集四五巻六号一一〇一頁（建物収去土地明渡請求事件）

〔事実〕　Xは、昭和五八年一〇月二日、Aから本件造成地の宅地造成工事を代金二三〇〇万円で請け負い、Aは契約締結時に三〇〇万円、その後七〇〇万円、工事完成時に一三〇〇万円を支払うものと定められた。Xは本件造成地のうち造成工事が完了した部分を順次Aに引き渡し、本件土地もその造成地の一部であり既に造成工事は完了しているが、Xがこれを占有しており、前記工事代金のうち最後の一三〇〇万円は未払いとなっている。本件土地は、その後、A→B→Yと譲渡されてYがこれを所有しており、Xに対してこの所有権に基づき本件土地の明渡し等を求めたところ、Xは留置権の抗弁を主張して残代金一三〇〇万円の支払いがあるまで本件土地の引渡しを拒絶した。原審は、工事代金二三〇〇万円のうち、本件造成地に占める本件土地の面積分に相当する金額の支払いを受けるのと引換えに、Xに対して本件土地の明渡しを命じた。

〔判旨〕「民法二九六条は、留置権者は債権の全部の弁済を受けるまで留置物の全部につきその権利を行使し得る旨を規定しているが、留置権者が留置物の一部の占有を喪失した場合にもなお右規定の適用があるのであって、この場合、留置権者は、占有喪失部分につき留置権を失うのは格別として、その債権の全部の弁済を受けるまで留置物の残部につき留置権を行使し得るものと解するのが相当である。そして、この理は、土地の宅地造成工事を請け負った債権者が造成工事の完了した土地部分を順次債務者に引き渡した場合においても妥当するというべきであって、債権者が右引渡しに伴い宅地造成工事代金の一部につき留置権による担保を失うことを承認した等の特段の事情がない限り、債権者は、宅地造成工事残代金の全額の支払を受けるに至るまで、残余の土地につきその留置権を行使することができるものといわなければならない。」と判示して原審判決を破棄し自判した。

〔売買ケース〕

○【26】　最判昭和三八年二月一九日裁判集民六四号四七三頁（家屋明渡等請求事件）

〔事実〕　Xは、昭和二九年五月一八日、Aから本件土地を買い受けて代金の一部を支払ったが、残代金の支払いを怠ったため、昭和三〇年一一月頃、右売買契約は適法に解除された。一方、Yは本件土地をAから買い受け、X（および、Xとともに本件建物を使用して本件土地を占有しているB）を相手に建物明渡し等の請求をしたところ、Xは本件土地につき留置権の存在を主張した。原審はXが本件土地に関する債権をYに対して有さないから留置権を主張し得ないと判示した。(5)

〔判旨〕「代金不払による売買契約解除の場合には支払いずみ代金をもって損害賠償金にあてることができる旨の特約がなされた等の特段の事情の認められない限り、XはAに対し前記支払いずみ代金の返還請求権を有するものであって、右債権は前記土地に関して生じたものというべきであるから、本件土地を占有する右Xは右債権について弁済を受けるまで右土地につき留置権を有し、Aから本件土地を買い受けたYに対しても右留置権を主張することができるものといわなければならない。また、原審の確定した事実関係によると、Bは、Xと共に本件建物を使用して本件土地を占有してきたことが明らかであるから、BはXの右留置権を援用することができると解すべきである。」

(b)　同　時　型

〔売買ケース〕

×【27】　朝鮮高判大正一四年六月二六日評論一四巻民法七二六頁（土地引渡請求事件）

〔事実〕　本件不動産はもとAの所有であり、AはこれをXに売り渡したが未だ登記を経由しない間にBに売り渡し、BはさらにYに譲渡してその登記を了した。Yの土地明渡請求に対し、XはAに対して履行不能を原因とする損害賠償請求権を取得したことより、現に占有している本件不動産につき留置する権利を有すると主張した。原審は右請求権と本件不動産との牽連関係を否定してXの主張を認めなかった。

〔判旨〕「留置權ノ存在ニハ擔保セラレルル債權カ物ニ關シテ生シタルコト即チ債權ト物トノ間ニ一定ノ牽聯アルコトヲ必要條件ト爲シタリ而シテ玆ニ所謂牽聯トハ物カ事實上債權發生ノ原因ト爲リタルトキ例ヘハ他人ノ物ノ爲ニ損害ヲ被リタル場合ノ物ト損害賠償請求權トノ如キ又ハ物カ債權ト同一ノ原因ヨリ生シタル債務ノ目的物タルトキ例ヘハ賣買契約ニ於ケル代金債權ト物トノ如キ關係ヲ謂フモノナルカ故ニ契約不履行ノ場合ニ於ケル損害賠償請求權ト物トノ關係ノ如キハ債權ト物トノ間ニ叙上ノ如キ一定ノ牽聯アリト謂フコトヲ得ス」

×【28】　最判昭和四三年一一月二一日民集二二巻一二号二七六五頁（家屋明渡請求事件）

〔事実〕　AはXの所有する本件家屋を競落したが、後にA・X間でXがこの家屋を買い戻す旨の契約が成立した。Bは、本件家屋の買戻代金が完済されていないのに、これを秘し、その所有権がXに復帰したごとく装ってXらの代理人と称して本件家屋につきYと売買契約を締結したが、本件家屋の所有権はXに復帰しておらず、買戻代金も一部しか支払われていなかった。Aは、Yとの間で、Yが買戻残金を支払うときはYに所有権移転登記をすると約したので、Yはこれに応じ、残金を支払って本件家屋を買い受けて所有権移転登記を了した。Yが右家屋を占有するXを相手に明渡訴訟を提起したところ、Xは、Aとの買戻契約が履行不能に帰したため被った損害の賠償債権をAに対して取得したこと、または、Aに対して支払った一部買戻代金につき、Aの不当利得を理由とする返還債権を有することより本件建物につき留置権の存在を主張した。原審はA・X間の売買とY・A間の売買とが二重売買の関係にあると構成したうえで、Xが主張する右の債権は「物ニ関シテ生シタル債権」に当たらないと判示した。

〔判旨〕「Yら主張の債権はいずれもその物自体を目的とする債権がその態様を変じたものであり、このような債権はその物に関し生じた債権とはいえない旨の原審の認定判断は、原判決挙示の証拠関係に照らして首肯できる。」

(c) 時後型

〔使用貸借ケース〕

○【29】東京地判昭和三四年四月一七日下民一〇巻四号七七四頁（室明渡請求事件）

〔事実〕A会社は、昭和二九年二月一一日、その所有する本件室を含む本件建物をY会社に譲渡し、その登記がなされてY会社は所有権を取得した。一方、X会社は、昭和二八年一一月一八日、A会社から本件室を借り受け、保証金名下に三〇〇万円をA会社に差し入れたが、右保証金については本件室の明渡しと同時にX会社に返還されるべく特約がなされていた。Y会社がX会社に対して本件室の明渡しを求めたところ、X会社は右特約に基づき三〇〇万円の支払いを受けるまで本件室を留置するなどの抗弁を主張した。

〔判旨〕「右保証金三百万円は本件室の貸借契約と密接不可分の結びつきをもっており、同一の生活関係から生じたものということができるから、これが返還請求権と本件室の占有との間には牽連関係ありというべく、就中右保証金の返還（弁済期）と室の明渡しとを同時になすことを約した本件の如き場合には、保証金の返還を受けるまで室を留置し得ると解することが、留置権制度の基盤である公平の観念にそう所以でもある（賃貸借の場合に、敷金返還請求権と賃借建物の占有との間には牽連性なしとして留置権を否定する下級審判決がなくはないけれども、同判例自体学者の批判を受けているのみならず、本件に於ては、右保証金と本件室の貸借とは敷金が賃貸借契約に対する以上に密接な結びつきをもっているといえる）。従って、Xの留置権の主張は理由がありX会社は右A会社又は弁済につき正当の利益を有するY《ママ》）から右保証金の返還を受けると引換えにYに対し本件室の明渡をする義務がある」

○**【30】**　東京地判昭和三四年一一月四日判時二〇九号一五頁（室明渡等請求事件）[6]

〔**事実**〕　本件は前出**【29】**と被告を異にするにすぎず事案の内容は共通である。

〔**判旨**〕「右保証金一、五七五、〇〇〇円は、本件室の貸借契約と密接不可分の結合を有していることが認められ、右契約関係から生じたものとみることができるから、保証金返還請求権と本件室の占有との間には牽連関係があるものと認むべきである。結局、Xら主張の留置権の抗弁は理由があり、Xは、A会社又は弁済につき正当の利益を有するYから右保証金一、五七五、〇〇〇円の返還を受けるのと引換にYに対し本件室の明渡をする義務があるものである。したがってまた、右保証金の返還あるまでXが本件室を占有することは適法であって、右占有を不法なものとして賃料相当損害金の支払を求めるYの請求は失当である。」

三　物の占有がYからAを経てXへと移転した場合（Y→A→X型）

(a)　時　前　型

〔請負ケース〕

○【31】　名古屋高金沢支部判昭和三三年四月四日下民九巻四号五八五頁（所有権確認請求控訴並びに付帯控訴事件）

〔事実〕　Yは、昭和二八年一〇月二一日、A会社より保安林内の立木法による本件立木を買い受けてその所有権を取得し、同年一一月二六日、その所有権取得登記を了して、昭和二九年三月八日、A会社との間で本件立木の伐採その他の請負契約を締結した。その後、同年九月二五日、A会社は、Xとの間で、本件立木の伐採その他の下請負契約を締結したが、下請負代金を支払わなかったので、同年一二月二〇日頃、A・Xの下請負契約は合意解除された。Xが伐採した本件伐木の所有権確認訴訟において、Xは同伐木について留置権を有するかが争われた。

〔判旨〕「Yと前記A会社間において折衝の結果昭和二十九年十二月三十一日Yの右A会社に対する前記下請負契約に基く債権額を金百三十一萬八百六十七円と協定し同会社は右債権債務のあることを承認していること、右A会社は右債務につき昭和二九年十二月三十一日即日支払いすべき義務があること、及び右債権は本件伐木に関して生じたものであることの各事実が認められるから、Xは右債権の弁済を受けるまで民法第二百九十五条により右占有中の伐木に対し留置権を有するものということができる。」と述べたうえで、続けて、YはXの留置権の成立を否定するけれども、「民法上の留置権と商事留置権とはその成立要件を異にし民法上の留置権はその債権がその物に関して生じたものである以上、その物が債務者の所有物であることを必要とせず、その物が第三者の所有であってもその第三者に対抗できるものと解すべきであり且つXは民法上の留置権を主張するものであるから本件伐木の所有権がYにあるとの一事をもって前記留置権を否定することはできない。なお、YとXとの間においては債権債務の関係のないことはXの主張自体によっても明らかであるけれども、Xの前記A会社に対する債権のため右留置権を認めたからといって公平の原則に反するものでもない。」と判示したが、Yがした第三回口頭弁論期日において留置権消滅請求の意思表示をしたため、この請求を認容して結論としてはXの伐木に対する留置権行使を認めなかった。

○【32】　大阪高判昭和四二年六月二七日判時五〇七号四一頁（自動車返還請求控訴、費用償還反訴請求事件）

〔事実〕　昭和三八年一一月二六日にYはAに対して本件自動車を売り渡したが、残代金の支払方法は昭和三九年二月一五日から二四回の月賦払いとし、代金完済までYに右自動車の所有権が留保されるとともに、月賦金の不払いが生じたときは、本件自動車の使用貸借は直ちに解除されてYは返還請求できる旨の約定であった。Aは同年六月以降の支払いをしなかったため、同年一〇月一六日、YはAに対する仮処分決定に基づき本件自動車につき仮処分執行をなし、昭和四〇年八月二一日、換価命令により右自動車を換価処分して換価金が供託された。Yが本件自動車に代わる、換価処分による供託金の引渡しを求めたのに対し、Xは、昭和三九年三月頃、Aから、事故により大破した本件自動車について代金は修理後即金払いの約定でその修理を請け負い、同年四月一〇日にこの修理を完成したことより、その支払いがあるまで右自動車につき留置権の存在を主張するとともに、右の修理費を必要費とする償還請求を反訴として提起し、この償還債権を自働債権として換価金返還請求権と相殺する旨の意思表示をしたと抗弁したところ、原審（大阪地判昭和四一年二月一五日判時四五七号四九頁）ではXの留置権行使が認容された。

〔判旨〕　「当裁判所は原審と同様にXはAに対し本件自動車につき修理代金債権一七五、〇〇〇円を有し右債権の弁済を受けるまで本件自動車を留置する権利を取得したものと判断する。」と判示したが、Yによる留置権消滅請求も認容したため、結論としてはXによる留置権行使の主張を否定して原審判決を取消した（なお、Xの反訴については、前記償還債権と換価金返還請求権が「同種の債権として相殺適状にあるものと称し難い」だけでなく、本件修理費用は民法二九九条二項および一九六条二項の「有益費に該当する余地はあっても、その全額をそのまま保存のための必要費であると解することはできない。」とし、また「本件においては支出額の主張立証はあるが、増価額の主張立証なく、有益費の主張として不完全なもので主張自体失当であるといわねばならない。」として棄却した）。

○【33】　名古屋高判昭和四六年一一月二日判時六五四号六三頁（自動車引渡請求控訴事件）

〔事実〕　Yは、昭和四三年五月一〇日、本件自動車につき、残代金は同年七月から月賦支払いとし、その所有権は代金完済までYに留保される旨の約定でA会社に売り渡したが、昭和四五年四月頃にA会社は倒産したため、Yは、同月末日、本件自動車の売買契約を解除した。一方、Xは昭和三八年頃からA会社の自動車修理に当たってきたが、その修理代金は毎月二五日締切り、翌月二五日に一二〇日先の手形で支払いを受けてきた。Xは昭和四四年六月から本件自動車に対し各種の修理を加え、昭和四五年三月七日までに累計二九万〇、二三〇円の修理代金債権を取得したうえ、翌月二日頃、A会社より仕事を再開するがそれまで多少日数を要するから逐次修理するように、との依頼を受けて本件自動車の引渡しを受けた。Yが同年六月二六日付で得た仮処分決定を執行し、右自動車を執行官の占有に移し本訴請求に及んだところ、Xは右修理代金債権のため留置権の存在を主張した。

〔判旨〕「以上の認定事実によればXは本件口頭弁論終結時までにはつとに弁済期の来ている本件自動車について生じた二九万〇、二三〇円の修理代債権のため本件自動車に対し民法上の留置権を行使しているものであるからYに対しその引渡を拒んでいるのは理由があるといわねばならない。」とし、続いて、「Yは本件自動車の所有権はYに留保されていたからYの承諾なくしてなされた修理はYに対して不法行為を構成しその占有は不法に始まったものであるから留置権は成立しないという趣旨の主張をなしているが、その物に関して生じた債権担保のため物権として認められている民法上の留置権の成立には商法上の留置権の成立と異り債務者の所有物たることを要せず又留置権は物権であるから何人にも主張できるものである。」と判示した。

×【34】　仙台高決昭和五九年九月四日判タ五四二号二二〇頁（立入禁止仮処分申請却下決定に対する即時抗告事件）

〔事実〕　相手方Yは注文者としてA会社に本件建物の建築を請け負わせたところ、抗告人XがA会社からこれを下請けし、材料・労務を供給して本件建物を完成させた。Yは工事完成前に請負代金二億円の全額を支払っているが、Xは下請代金の一割強しか受けていない。Xは下請代金のため留置権に基づく立入禁止の仮処分を申請したが、その却下決定を受けたので即時抗告した。(7)

〔判旨〕　本件建物の所有権はその完成と同時に相手方Yが原始的に取得したことを認めたうえで、Xが主張した留置権については、「留置権は一種の拒絶権であって、A会社などから本件建物の引渡を求められた時にこれを拒絶しうるという受動的な機能であるのが本態である（但し、民事執行法に基づく競売は別）から、留置権に基づいて能動的に物権的請求権を行使しうるのは、留置権者の留置、すなわち占有・支配そのものが覆滅せしめられんとする状況のときに限られると解するのが相当である。これを本件についていえば、Xは本件建物のマスターキーや各室の鍵を所持してさえおれば、Yまたはその意を受けた少数の者が本件建物内に入り、或いは一部の店舗部分や居室を占拠しているとしても、Xの本件建物の大部分に対する占有・支配を喪失しているわけのものではなく、そうなるのはYが錠のつけかえをするなどした場合に限られるというべきである。」と判示し、本件においては右のような状況に至っていることの疎明がない旨を述べてXの請求を却下した。

〔売買ケース〕

×【35】　東京高決昭和五六年一二月二四日判時一〇三四号八七頁（仮処分却下決定に対する抗告事件）

〔事実〕　Xは、Aに対し、宅地造成工事に使用する砂、砂利等の建設用骨材、セメント、セメント製側溝等の材料を売り渡し、その残代金債権を有するところ、Aは、Yとの宅地造成工事請負契約に基づき、請負人としてXから買い受けた右材料を用いて造成工事を施行し、Y所有の本件係争地を宅地化してYから右工事代金全額を受領しながら、Xに対して前記資材の残代金を支払わないため、Xにおいて右残代金債権を保全するため、Aから引渡しを受けて現に占有中である本件係争地につき留置権を有する旨を主張して、Yに対しXの右留置権妨害禁止を求める本件仮処分を申請した。

〔判旨〕「前記事実によれば、Xの有する債権はAに対する材料売買代金債権であって、これと牽連関係に立つ『物』は動産たる右材料自体であるというべきところ、右材料はXがその売渡後本件係争地の占有を取得する以前に既に宅地造成工事によって、土地の定着物と化して独立の存在を失っていること、しかも右材料を用いて右造成工事を施行したのはX自身ではなく、Aであることが明らかであるから、右Aの工事請負代金ならば格別、単に同社に対する材料売掛代金に過ぎないXの債権を以て、本件係争地（及びその定着物）との関連で、自己の占有する『物ニ関シテ生シタル債権』に該当するとは到底いい難い。」とし、「従って、Xは本件係争地について民事留置権（民法二九五条）を取得するいわれも全くないといわなければならない。」と判示した。

(b)　同　時　型

〔売買ケース〕

×【36】　東京高判昭和四九年七月一九日高民二七巻三号二九三頁（自動車引渡請求事件）

〔事実〕　本件自動車を所有権留保特約付きでAに売却したYは、Aとの売買契約を解除して、Aからの転買主であり現に右自動車を占有しているXに対してその引渡しを求めたところ、Xは、仮定的抗弁として、Aの不法行為による一八〇万円の損害賠償請求権、または、A・X間の売買契約が無効となったことによる、支払代金相当額（一八〇万円）の不当利得返還請求権を有しており、この請求権のために本件自動車につき留置権を有すると主張した。

〔判旨〕「Xの主張するAに対する金一八〇万円の不法行為に基づく損害賠償請求権および不当利得返還請求権は、Yがその所有権に基づきXに対し行使する本件自動車の引渡請求権との間に牽連関係がなく、したがってまた、本件自動車自体との間にも、公平観念に基づく留置権制度の予定する牽連関係が存するとはいいえず、民法第二九五条にいう『其物ニ関シテ生シタル債権』には当らないものと解せられる」

×【37】　最判昭和五一年六月一七日民集三〇巻六号六一六頁（所有権移転登記抹消請求事件）

〔事実〕　Yは自創法に基づきその所有であった本件土地を国に買収され、昭和二六年七月一日、Aはその売渡しを受けて、昭和三四年一一月一九日、右土地をX_1に売却し、X_1は同地の一部をX_2に転売した。ところが、右の買収計画には違法があったため、昭和二三年七月、Yはこの買収計画の取消を求めて抗告訴訟を提起し、上告審において昭和四〇年一一月五日に買収計画取消の判決がなされて確定した。Yは、昭和三五年一〇月二五日、買収・売渡処分の無効を主張して、所有権に基づく本件土地の明渡し等を求めたところ、X_2は、Aの義務不履行により同人に対し塡補賠償債権を有すると主張して、その占有する土地につき留置権を行使した。原審（大阪高判昭和五〇年七月二九日判時八一一号五八頁）は、損害賠償債権は原債権の変型または延長であるから、その牽連性について考える場合も、右原債権について論ずべきであるとの一般論を述べたうえで、X_2が原債権として有する「土地引渡請求権の履行を該土地自体を留置することによって強制するということは、論理上、考え難いところであり、とうてい、右引渡請求権ひいてはその塡補賠償債権と各土地との間に牽連関係があるということはできない」、と判示してX_2による留置権の主張を否定した。

〔判旨〕「他人の物の売買における買主は、その所有権を移転すべき売主の債務の履行不能による損害賠償債権をもって、所有者の目的物返還請求に対し、留置権を主張することは許されないものと解するのが相当である。蓋し、他人の物の売主は、その所有権移転債務が履行不能となっても、目的物の返還を買主に請求しうる関係になく、したがって、買主が目的物の返還を拒絶することによって損害賠償債務の履行を間接に強制するという関係は生じないため、右損害賠償債権について目的物の留置権を成立させるために必要な物と債権との牽連関係が当事者間に存在するとはいえないからである。」

(1)　本件および後出【16】は、ともに、融資を目的とする売買ではなくて、債権担保として譲渡担保が設定された事案であったから、いわゆる狭義の譲渡担保であったと言うことができる。この譲渡担保の法的構成を、従来の裁判例および通説が説いてきたところの所有権的構成として理解するならば、本件のように、弁済期到来後に担保権者が担保権の実行として目的物を第三者に処分すると、設定者と担保権者の間における内部的な所有権移転の有無に拘わらず第三者は完全に所有権を取得することになろう。一方、譲渡担保による優先弁済の方法について、いわゆる精算型を原則とする裁判例および通説を前提としたならば、理論上は担保権者による帰属精算または処分精算の意思表示のあった時に（処分精算にあっては遅くともこの意思表示があったと見做し得る第三者への換価処分の意思表示があった時に）、担保権者に対する設定者の精算金支払請求権が発生すると解するのが妥当であろう。しかし、かかる意思表示がなされたとしても、担保権者は単に換価権を取得するのみ（すなわち、被担保債権の弁済期が到来したならば当然に担保権者は換価権を取得すると解するべきではあるまい）であり、設定者は担保物の所有権を失うことにはならないから、理論的には設定者の精算金支払請求権は目的物の引渡請求権に先行して生ずるものである。この点、【14】は、Xの精算金支払請求権が、Aにおいて「目的物件を換価処分し、またはこれを適正に評価することによって右物件の価額が具体化したとき」に行使可能となることを述べているものの、この引渡請求権の発生時期に関する説示は見られない。そこで、著者としては、前述した立場から、精算金支払請求権の方が目的物の引渡請求権よりも先に生じていると解して、右の【14】をX→A→Y型における時前型に分類した。

なお、譲渡担保の法的構成を担保権的構成として理解する近時の有力説によれば、処分精算の場合、目的物が一時的であれ担保権者に帰属することはないから、担保権者の換価権実行の結果、この所有権は設定者から直接第三者へと移転することになり、いわゆるX→A→Y型としては扱い得ないことになる。

さらに、後出【16】との関係についても一言しておくと、【14】は弁済期の到来後に担保権者Aが第三者Yに目的物を処分したという場合であったのに対し、【16】は弁済期の到来前に第三者に対して処分がなされた事案に関するものであって、Aに対するXの債権とXに対するYの目的物引渡請求権との発生の前後関係については、【14】の場合に関する前記の結論との間に差異が認められなければならない。詳細は次注参照。

(2)　被担保債権の弁済期が到来する前に担保権者が第三者に担保物を処分し、第三者がその所有権を完全に取得し得ることは、一般に所有権的構成に立つ通説において承認されていることである(例えば、我妻・民法講義Ⅲ六〇一頁以下参照)。この場合の設定者は、担保権者の契約違反による損害賠償債権を取得し得ること当然であるが、第三者の所有権取得による目的物の引渡請求権は、一応、右の契約違反により設定者が損害賠償請求権を取得すると同時に発生すると考えられる。

(3)　Xが本件土地につき留置権存在の確認請求をしているということは、もはやXは自己にその所有権が帰属していると主張する立場にない、と言うことができる。このことは、XがYとの間でYの所有権取得を争っていないという事実からも裏付けられ、従ってX・A間の売買契約が解除されているにせよ、結局のところ、本件土地の所有権はX→A→Yと移転したと解することが可能となる。むしろ、ここで問題視されてよいことは、本件を同時型の事案として扱うことが適切であろうか、という点に関してである。かつて著者は、本件の原審判決を評釈した中で本件事案を時前型の場合として扱ったことがある。それは、本件では、「XがAに対して有する債権が、Aの転売行為によって価格返還請求権という形で初めて顕在化したと考えるべきではなくて、Aの転売行為前に、すでに登記抹消請求権という形で実在化していた」（拙稿「判批」帝京一五巻一・二合併号二二五頁〔昭六〇〕）と考えたからであるが、このような理解は誤解に基づくものとして今では改める必要があると考えるに至った。なるほど、Xは、Aとの売買契約を解除したことにより、Aに対して登記抹消請求権を取得したのであるが、しかしAの転売行為、ひいてはYの所有権取得によりXの右請求権は不能となり、その結果としてXは価格返還請求権を取得することとなったのであるから、この返還請求権はあくまでYによる所有権の取得時、ひいてはYの所有権に基づく本件土地の引渡請求権の発生時に生じている（つまり同時型に分類されるべき事案である）、と解するのが本件事案の取扱いとして最も適切であろう（なお、前掲「判批」では、Xの留置権行使を認めた原審判決の結論に反対の見解を唱えたのであるが、前述したように本件事案を同時型として扱ったところで右の見解自体まで改めるつもりは全くない。詳細は第五編における考察に譲るが、右の留置権否定という私見は本件事案を同時型に分類する解釈の方が一そう導き易いものだからである）。

(4)　この判決の理由中には、本件建物およびその敷地に関する、A・B・E間の事実関係は明らかにされていない（X側から、本件建物の敷地所有者AとB・Xとの間に、Aは土地を提供し、同土地の上にA名義でBが本件建物を建築する、その建築はXが請け負う旨の契約の存在が主張されているものの、A・E間の関係に至っては全く不明である）。

思うに、建物所有権はAよりEを通じてYに移転したと推測することが許されてよいであろう。従って、むしろ本件では建物の占有移転に関して問題を生ずる。けだし、本件のような建物建築請負のケースでは、完成した建物の占有は初めからXのところで発生するのであって、A→X・A→Y型における他の裁判例とは異なり、AからXへの占有移転という事実は存在しないからである。しかし、このケースは、例えばAのところで完成した建物の占有がXへと移転し、その一方でAは建物所有権をYに移転した、というA→X・A→Y型の場合に類するものと言えなくはないため、ここでは本件を右の類型に含めて扱うことにした。

（5）　X・A間の売買契約が解除された場合の効果について、通説および裁判実務の見解であると一般に解されている直接効果説を前提とするならば、本件では目的物の占有はAからYへと移転したものの、しかし解除によりその所有権は最初からXに移転しなかったと見做され、従ってYはAより確定的に右の所有権を取得することになると考えられる。これより、本件もやはりA→X・A→Y型であると言うことができる。

（6）【29】および本判決は被告を異にする室明渡請求事件である。これらの事案では何れも保証金が使用借主Xの債務を担保する目的で交付されているから、この保証金を賃貸借における敷金と同視して考えると、裁判実務（例えば、大判昭和一三年三月一日民集一七巻四号三一八頁、大阪地判昭和二六年三月二七日判タ一四号六九頁、東京地判昭和三六年三月三一日下民一二巻三号七〇三頁参照）は、賃借人の敷金返還請求権と賃借物の引渡義務とが同時履行の関係にはなく、従って敷金は、賃貸借の終了した後、目的物の明渡しまでの損害賠償義務をも担保するという効力を認めてきたことより、たとい非間接強制型の場合であったにせよ、そこでの敷金返還請求権は賃借物の引渡義務よりも先に発生することになる（すなわち時後型となる）。但し、本判決および【29】におけるXの保証金返還請求権がAまたはYの何れに対して発生しているか、という点は問題である。賃借権を対抗し得る賃借人の敷金返還請求権については一般にその附従性が説かれている（例えば、我妻・民法講義V_2四七四、四七五頁、星野・第一節注（1）二六二、二六三頁など参照）が、本判決および【29】のような使用貸借ケースではこのように言えまい。しかし、右の二判決は、何れも、保証金返還債務に関し、AまたはYの保証金の支払いと引換えにXの明渡しを命じており、A自身、その債務から免れていないこと（もしYこそが債務者であるならば、Yの支払いとの引換給付の判決をなせば足りる）から、ここでは右の二判決を非間接強制型に分類することとした。

(7)　本件では、本件建物の占有がYからAを経由してXへと移転したという事実は見られない。つまり、Yには同建物を占有していた事実が存在せず、Xは建築建物の完成当初からこの占有を開始していたのであるから、本件をY→A→X型の事案として分類したことについては説明が必要となってくるように思われる。ここでは建築された建物の留置という点にのみ着目することとし、しかも本件建物の所有権が誰に帰属しているかにつき本判決の立場を前提とするならば、〔判旨〕で示すように、右建物の所有権は原始的にYに帰属していると判示されている限り、Y→A→X型における所有権関係（すなわち、この類型ではYが所有者であるという特色）が本件事案でも備わっている、と言うことができる。とはいえ、本件建物の占有はXのところで原始的に発生しているため、本件では、右に述べたように、Y→A→X型に特徴的な占有の移転関係は全く看取し得ないのであるが、Yは、Aに対して建物建築を請負わせたことにより、もしもAが当該建物を完成していたならば、当該建物の占有はAが原始的に取得したはずである旨を了知していたと考えられること、ただ、本件ではXがAより下請したため、結果的にはXが当初から右建物を占有することとなったにすぎない側面を重視したならば、Aの占有（結果としてXの占有）はYの了解に基づいて発生していると捉えたところで強ち非常識な解釈であるとは思われない。そうであれば、厳密には右に述べた占有移転という事実こそ存在しない事案であったとはいえ、右の解釈が是認される限りで、本件事案については、物の占有がY→A→Xと移転した場合に準じた扱いが可能となってくるように思われる。かような理解から、ここでは本件事案を一まずY→A→X型の場合として扱っておきたい。

第四節　競売取得型、その他の非間接強制型

競売取得型の事案を扱った公刊裁判例はすべてA→X・A→Y型であるこの類型では、長い間、いわゆる

時前型の事案に関する裁判例が多かったが、近年では同時型のケースを扱ったものも現われている。一方、その他の非間接強制型ではA↓X・A↓Y型とY↓A↓X型に関する裁判例がある。もっとも、第一節で明示したように、競売取得型とその他の非間接強制型の場合はそれぞれ独自の考察が必要とされるべきものであって、本編が対象とするところではない。そこで、本節では単にこの二つの類型に属する裁判例の裁判年月日（および掲載判例集）と事件名を掲げるに止めておく。(1)

一　競売取得型

(a)　時前型

○【38】　大判大正七年一〇月二九日新聞一四九八号二一頁（家賃金請求事件）
×【39】　東京地判昭和八年二月一六日新報三四二号二四頁（家屋明渡請求事件）
○【40】　大判昭和一三年四月一九日民集一七巻九号七五八頁（家屋明渡請求事件）
○【41】　東京控判昭和一四年七月二九日新聞四四八四号一〇頁（家屋明渡損害金請求控訴事件）
○【42】　大判昭和一六年四月三〇日法学一〇巻一〇九七頁（土地明渡等請求事件）
○【43】　福岡高決昭和三〇年一一月五日高民八巻五七九頁（不動産引渡命令に対する抗告事件）
×【44】　福岡高判昭和四七年一〇月一八日判タ二八八号二一四頁（家屋明渡請求控訴事件）
×【45】　東京高決昭和五六年四月二八日判時一〇〇四号六二頁（執行方法に関する異議申立決定に対する即時抗告事件）
○【46】　東京高決昭和五七年一一月一八日判時一〇六七号四九頁（不動産引渡命令に対する執行抗告申立事件）

○【47】最判平成九年七月三日民集五一巻六号二五〇〇頁（建物明渡等請求事件、原審判決（仙台高判平成六年二月二八日判時一五五二号六二頁））

(b)　同時型

×【48】東京高決昭和六一年一一月六日判タ六四四号一三五頁（不動産引渡命令に対する執行抗告事件）

×【49】大阪高決平成七年一〇月九日判時一五六〇号九八頁（不動産引渡命令に対する執行抗告事件）

二　その他の非間接強制型

(1)　物の占有がAからXに、その所有権がA（またはその承継人）からYに移転した場合（A→X・A→Y型）

×【50】東京区判大正二年六月二七日評論二巻民法三二九頁（家屋明渡請求事件）

×【51】山形地判昭和四〇年八月三一日判時四二五号三五頁（宅地明渡請求事件）

×【52】新潟地長岡支部判昭和四六年一一月一五日判時六八一号七二頁（損害賠償請求事件）

×【53】前出【44】

×【54】前出【45】

(2)　物の占有がYからAを経てXへと移転した場合（Y→A→X型）

×【55】大判昭和九年六月三〇日民集一三巻一六号一二四七頁（建物収去土地明渡等請求事件）

×【56】最判昭和四四年一一月六日判時五七九号五二頁（家屋明渡請求事件）

（1）　序論三(3)でも言及してきたように、競売取得型に関する詳しい考察は他の編で予定されている（その時前型については専ら第四編において、また同時型に関しては第五編の中においてである）。一方、その他の非間接強制型という類型は、第一節**四**で示したように、留置権の効力がどの範囲の「物」についてまで及ぶことを許すべきか、という観点から問題視されなければならないケースに関するものであった。このケースは留置権の成立（または存在）いかんが論じられるべき本来の場合ではないため、右の類型は度外視して考察されなければならない旨を指摘する意図から、本編はもとより他の編においてもこの類型に言及することがあるにせよ、これ以上に立ち入り、その他の非間接強制型の類型に属するケースを直接かつ個別に取り上げて考察することは、単に本編に止まらず本書の目的さえも逸脱するため断念せざるを得ない（なお、本書に収録された**〈付録二〉**は、右の類型に属するケースのうち、造作買取請求権のために行使された造作の留置が、これとは独立の物とされる建物についてまで及ぶことは許されようか、に関する考察である）。

第五節　裁判例の整理と若干の考察

一　以上の裁判例を整理すると次のようになる。なお、マル番号は留置権が認められていることを示す。

(イ)　不明確型

(1)　A→X・A→Y型…【①】【②】【③】【④】【⑤】【⑥】【⑦】【⑧】【⑨】【⑩】【⑪】

(2)　Y→A→X型…【⑫】

(ロ)　非間接強制型

(1)　X→A→Y型

(a)　時前型…【⑬】【⑭】【⑮】

(b)　同時型…【16】【17】

(2)　A↓X・A↓Y型
(a)　時前型…【18】【19】【20】【㉑】【㉒】【㉓】【㉔】【㉕】【㉖】
(b)　同時型…【27】【28】
(c)　時後型…【㉙】【㉚】
(3)　Y↓A↓X型
(a)　時前型…【㉛】【㉜】【㉝】【34】【35】
(b)　同時型…【36】【37】
(ハ)　競売取得型
(a)　時前型…【㊳】【39】【㊵】【㊶】【㊷】【㊸】【44】【45】【㊻】【㊼】
(b)　同時型…【48】【49】
(ニ)　その他の非間接強制型
(1)　A↓X・A↓Y型…【50】【51】【52】【53】【54】
(2)　Y↓A↓X型…【55】【56】

二　前記の各類型における裁判例を基に留置権の存否について整理と若干の考察をしておく。

(1)　まず、不明確型に関する裁判例の結論についてであるが、この類型では留置権の成立がすべて肯定されている。このように必要費または有益費の償還債権を担保するために物の留置が認められるのは、Xの費用支出行為によって物自体の価値が維持また増加された場合における費用支出者と当該物との間には、物自体が費用支出者に対して償還債務を負担していると譬え得られる関係が見られ、従って当該費用の償還がなされるまでは、費用支出者（すなわち占有者）が右の物を「人質」とすることで、その引渡しを拒絶することができる権利をこの支出者に認めて費用償還債権を確保させよう、という思想が存するからであろう[1]。

(2)　次に、非間接強制型の場合における留置権の主張は、その時前型ではほとんどの事案で肯定されているのに対し（例外として【18】〜【20】【34】【35】）、反対に同時型ではすべて否定されている。また、時後型では二件とも留置権の存在が認められている。

(a)　そこで、まず時前型について若干の考察を試みると、この類型における請負ケースでは、【34】を除くすべての場合に留置権が肯定されており（【22】〜【25】【31】〜【33】）、しかもこの肯定裁判例は決して少ない件数に止まっているわけではない。こうした公刊裁判例の状況に鑑みたならば、右の類型における請負人の留置権は一般に認められてよい、との価値判断が裁判実務の中に共通して存するのではないかと考えられる。こうした状況に照らしたならば、右の公刊裁判例とは結論を異にしている【34】をどう評価すべきかが疑問になろうが、この裁判例は、等しく時前型の請負ケースに関するものであったにせよ、そこでの事案には、右の多くの裁判例におけるとは同レベルで論じ得ない（留置権を本質的に否定すべき）価値判断が内在しており、そのために請負人の留置権行使を認めない、という反対の立場が結果として採られることとなったものかもしれない。何れにせよ、ここでは、時前型の請負ケースにあっては請負人に留置権が肯定される可能性は相当に大きく、かかるケースがいわゆる第三者との間でも留置権の存在する場合を示すものとして一つの重要な価値判断を表しているのではないか、と言うに止めておく[2]（なお、もとより報酬債権は右の請負ケースにおける請負人に限って取得できるものではなく、例えば雇用、委任、寄託のケースにおける労務者、受任者、受寄者なども取得し得る債権であるため、請負人の報酬債権を担保する留置権に関して看取できた前述の一般的な価値判断は、これらの者が有する報酬債権のためにも、留置権の行使は許されるように等しく機能させるのではないかと推測できるのであるが、本編が条件づけて考察の対象としている公刊裁判例の中には、右の報酬債権を被担保債権として留置権の存否が争われたものは見当たらない）。

一方、X→A→Y型の場合に関してではあるが、やはり時前型の事案でXの留置権を認めている【13】〜【15】（売買または譲渡担保のケース）では、Yが取得した物の引渡請求権は、X・A間の法律関係（すなわち売買契約とか譲渡担保契約の関係など）を前提として発生したもの――Yの引渡請求権はX・A間の契約関係がなかったならば発生し得なかったもの――である。そうであれば、右の類型において留置権が認められてよいとの結論には、X・A間の法律関係を前提として発生したYの引渡請求権は、X・A間の法律関係から生じた障害事由（抗弁権の存在等）から影響を受けることになっても止むを得ない、という考慮が働いていそうである。[3]また、等しく時前型の事案に関する【26】の場合では、X・A間の契約関係が解除により消滅した時点で、Aに対するXの債権と、それからAがXを相手に有していたであろう目的物の引渡請求権との間には、いわゆる間接強制の関係が発生していたと言うことができ、しかもXはAが引渡請求をしてきたときはこの請求を拒絶できてよい、と解することに異論がないと考えられる。その際、右の場合におけるXの拒絶権原を留置権として構成することが一応考えられてよい。けだし、裁判実務は、間接強制型・売買ケースでの無効または取消という事案において、売買物を占有するXに対して留置権を一般に認めてきており、[4]これとの比較で言えば、X・A間が解除されている右の場合を、無効等の場合と区別して扱われなければならない根拠を見出し難いと言い得るだけでなく、【26】がYを相手に主張されたXの留置権を認めている限りにおいては、その前提として、Xは A に対しても留置権を主張し得ることが認められてよい、と考えられるからである。(5)すると、ここでも、X・A間では既に留置権を根拠とした物の引渡拒絶が許される関係を想定でき、Yはこの関係が発生した後にAより目的物を譲り受けた者、すなわちX・A間で物の引渡拒絶に関する法律関係が形成された後に現れた者と言うことができる。その際、このようなYに対しては、XはAとの関係で行使できた右の引渡拒絶をもはや主張し得なくなると解するならば、それは公平の原則に照らして許されるべきではあるまい。けだし、Aとしては、Xの占有下にある自己の所有物を他に譲渡することで、Xの引渡拒絶権原を効力なきものとすることが可能となってしまうからであり、従って右のYは当該物の引渡しを求めたところで、これは拒絶される可能性がある所有権をAより譲り受けた者である、と捉えることで【26】の結論を正当化することができよう。

ところで、右の【26】との関係では、留置権を否定した【18】に注目する必要があると考えられるので、この裁判例についても言及しておくと、【26】は、売買ケースにおいて、Xが解除により代金返還請求権を取得したという事案に関するものであったのに反し、【18】の事案は賃貸借ケースに関するものであったこと、しかもXの債権は解除後に取得した損害賠償請求権であったという点において両者は異なっているにせよ、何れの事案も非間接強制型、A→X・A→Y型、時前型に関するものであったという限りでは相違がない。その上、【18】にあっても、X・A間の契約関係が解除により消滅した時点で、Aに対するXの損害賠償請求権と、それからXに対してAが有していたであろう物の引渡請求権との間には間接強制関係が生じていた、と想定することができる。そうであれば、【26】におけるとは反対に、【18】の事案においてXの留置権が否定されることとなった結論をどう評価すべきであろうか。公刊裁判例の中には、解除こそなされていない事案に関してではあるが、不動産の借主が貸主の債務不履行を原因とする損害賠償請求権を取得した、と主張して賃借していた不動産について留置権を主張したという場合にこの留置を認めなかったものがあり(6)、その法的根拠として、Xの主張する損害賠償請求権は、賃借不動産を目的とする債権が態様を変じたものにすぎず、従って「其物ニ関シテ生シタル債権」とは言えない旨が摘示されているだけでなく、そこでは前出【16】と【28】が引用されている。しかし、ここで引用された二判決は、ともに、非間接強制型の中でも同時型に分類されるべき事案に関するものであった。そこで、例えばA→X・A→Y型に属する【28】の事案におけるように、X・A間で間接強制関係が生じていたわけではない段階でYがAからその所有物を譲り受けたという場合に、Xは、Yに対しても留置権を行使することが認められて、引き続き当該不動産を占有継続することが認められてよいかと言うと、こう解することはできない。けだし、もとよりXは、不動産物権変動における対抗要件主義の下ではYに対して所有権を主張し得ない法的立場にあったにも拘わらず、右の留置権を行使することが認められるならば、恰も当該不動産を（所有権に基づいて）占有し続けることが許されたに等しい結果となろうからである(7)。また、X→A→Y型に属する【16】の事案は、Aが当該目的物を売却することで、その譲受人（D、E、Y）が所有権とこれに基づく引渡請求権を取得し、この取得と同時にXも損害賠償債権を有することとなったという場合であった。かかる場合にXがこの債権のため留置権を行使して占有継続することが許されるならば、このことは、Aからの譲受人側（D、E、Y）にとっては、右の留置権が所有権の譲受け行為そのものを妨げられるべく発生している、と言うことができよう。しかし、留置権はあくまで債権の弁済を促す権利であって、占有物の所有権移転を否定する趣旨から認められた制度ではないため、右の場合にまで留置権の発生を認めることは、この制度が拠って立つ本来の趣旨を逸脱した結果となろうため許されるべきではないと考えられる。むしろ、【18】の事案は右の【16】【28】が属する類型とは本質的に異なっており、従って区別して扱われることを要すると言わねばならない（けだし、時前型に関する【18】の場合にXに留置権を認めたところで、この権利に基づく占有継続は前述した対抗要件主義に抵触する結果にならないばかりか、留置権制度の趣旨を逸脱するような関係も看取できないからである）。また、【26】におけるX・A間と、それから【18】におけるX・A間の事実関係を比較すると、前述したように両者の事案は法的には同視してよい状況にあったと言い得るだけでなく、もとより賃借中に賃借家屋に費用を支出して、この費用の償還債権のため借主が賃借権の消滅後も当該家屋を留置して継続居住し得ることは、大審院以来の一貫した判例理論であるから、[8]【18】がXに借地の占有継続を認めたところで、かかる占有継続は右の判例理論とも抵触することにはならないと考えられる。そうであれば、【18】の事案においても、X・A間には既に物の引渡拒絶が許されてよい法的状況があったことを大前提とする条件つきではあるが、そこでのX・Y間においても（【26】と同様に）Xには留置権を行使できるとする可能性が承認されなければなるまい。けだし、そこでのYも、X・A間で既に物の引渡拒絶を認める関係が発生した後に、Aよりその目的物を譲り受けた者であることに変わりなく、従って【26】におけるYと異なった扱いを認めるべきではないと解し得るのみならず、こう解さないと、Aの譲渡行為により、Aを相手に行使することが許されていたXの引渡拒絶権原は無に帰せられてしまう、という不公平な結論に至るからである。つまり、右に述べた条件が満たされている限りでは、Yも当該物の引渡請求は拒絶される可能性がある所有権をAより譲り受けた者である、と言うことになる。[9]

以上に反し、等しく時前型に関する事案でありながら、しかし請負ケースではなく、またYの有する引渡請求権がX・A間の法律関係を前提として発生していた事情にもなかったばかりか、Yには、当該目的物を譲り受けたなど物の引渡請求が拘束された所有権を取得した、と言い得るような事実も存在しない【19】【20】にあっては留置権が否定されているので、これら二判決との比較で言うならば、同一類型に属していながら、しかし結論を異にしている【21】をどう受け止めるべきか、すなわち右の二判決と同様に【21】の事案でもXの留置権は否定されるべきではなかったか、という視点から疑問が生ずるかもしれない。しかし、この事案では、X・B間に、XがBから立退料の支払いを受けると同時に賃借家屋を明け渡す旨の約定が存在した、という事実に着目する必要があろう（この約定が存在しなかったならば、右の事案は【19】【20】に極めて近似したものとなるため、そのときはXの留置権が否定されることになったかもしれないのである）。その上、【21】は、「Xは、Yより右金員の支払を受けるまで本件家屋の明渡を拒絶することができるものといわなければならない」と判示しており、ここに言う、「Yより右金員の支払を受けるまで」という文言に注目したならば、この文言は、Y自身がXに対して立退料の支払債務を負担していること、すなわちYが前述した約定におけるBの立場を承継しているという主旨を反映しているかもしれない。そうであれば、本来、右の【21】は間接強制型の事案に関するものであったことになり、本編における考察の対象から除外された扱いを受けなければならない、とさえ言い得るのである。とまれ、【21】における事案では、右の約定が存在していたという事実は、そこでのXに留置権が認められた結論に対して重大な意味を有していたと言い得る限りで、この判決を【19】【20】と同列に扱うことはできそうにない。

さらに進んで、やはり時前型の事案でありながら、しかし請負ケースに関するものではなく、またYの引渡請求権がX・A間の法律関係を前提として発生していたわけではなかったばかりか、このYは物の引渡請求が拒絶され得る所有権を取得した、などの関係にもなかった場合に関する裁判例として【35】があり、ここでも【19】【20】の場合におけると同様にXの留置権は否定されている。しかし、この【35】はY→A→X型かつ時前型の事案に関するものであった。そこで、かかる類型における他の裁判例（すなわち【31】〜【33】）と比較したならば、これらの裁判例がXに留置権を認めているのに対して右の【35】は結論が反対であるため、この裁判例を右の【31】〜【33】との関係でどう評価すべきか、に関していささか説明が求められることになろう。もとより、この判決における事案の特色を掲げると、その一つに、Xが留置権の被担保債権として主張している債権（＝残代金債権）はXが本件係争地を占有する前に発生しており、Xはこの債権を取得した後に債務者Aから同地の引渡しを受けて占有を開始している、という点を挙げることができる。これより、右の【35】の事案にあっては、当該目的物の占有と債権との間に牽連関係を要するかという問題の解決が求められてくるところ、この牽連関係の存在をこれまで大方の学説は不要と解してきており[10]、公刊裁判例にも同様の見解に従ったものが存在する[11]。こうした見解に従うならば、例えば債権者が債務者の下でその所有物について修繕を行ったにせよ、後に何らかの理由でこの修繕物を占有することとなったならば、占有者は留置権を行使することが許され得る結論になる[12]。このように債権と物の占有との間に牽連関係が問われないのであれば、その限りで、【35】の事案においてもXの留置権が否定されることにはならないはずである。それにも拘わらず、【35】がこの留置権を認めなかった実質的な根拠は何故かであるが、これについては次の点に求めることができると思われる。すなわち、【35】の事案において実際に請負工事をしたのはAであったから、例えばAがYの所有地を占有していたという事案であったならば、Aは、Yに対してはもとより、その譲受人に対しても、請負代金債権のために留置権を主張し得ると解されてよいこと、【22】〜【25】との比較から当然に予想できる結論である（もっとも、【35】の事案では既にAは請負代金を受領済みであったから、このA

には留置権の行使が許される余地はない)。ところが、【35】の場合、Yの所有地に対する占有はAからXへと移転しており、XはAが行った請負工事に必要な材料をAに提供していたにすぎない。だから、もしも右の場合におけるXのために留置権が認められてよいと解釈したならば、仮に右の工事が未だ施行されず、従ってXの提供した材料が右土地の上に放置されている場合であったとしても、後にXがAより同地の占有を取得したときは、Xは等しくYの引渡請求を拒絶し得る結論になりかねないが、かかる結論は承認されるわけにはいかないこと多言を要しまい(Aが工事を完了して請負代金債権を有するならば、Aは自己が占有している土地の留置をYとの間で主張できてよいこと前述したとおりであるが、Aは請負代金を既に受領しており、もはやYに対して留置権を主張し得ない状況にある限り、Xは、後に右土地の占有を取得することとなったにせよ、Aに対しては格別、Yに対してまでその所有地について留置権を主張し得ることにはならない、との価値判断が右の【35】から窺える)[13]。

以上に述べてきたことを纏めると、公刊裁判例に現れた事案を前提に、そこに示された留置権の存否に関して窺知できる価値判断を類型的に演繹したならば、留置権が認められる場合としては、必要費または有益費の償還債権を留置権の被担保債権とする不明確型の場合(すなわち物自体が債務を負担していると考えられる場合)のほか、非間接強制型・時前型の場合では、(イ)A→X・A→Y型・請負ケースおよびY→A→型・請負ケースの場合(但し、【34】のような例外がある)、(ロ)Yが有する物の引渡請求権がX・A間の法律関係を前提として発生していると考えられる場合、(ハ)X・A間で既に物の引渡拒絶を認めてよい関係が発生しており、その後に生じた譲受人Yが当該物の引渡しを求めたところで、これは拒絶される可能性がある所有権を取得したと解することができる場合である、と言うことができる。

(b)　時前型の事案を考察した結果として右に(イ)〜(ハ)の場合として纏めてきた留置権が認められ得る事情は、同時型および時後型の事案においては見出すことができないのであるが、同時型の事案に関する公刊裁判例はすべてXの留置権を否定してきているから、その限りにおいては、裁判上、右に掲げた三つの場合のほかに新たに留置権が認められ得る場合を追加する必要はなさそうである(なお、同時型の場合に留置権が否定される根拠については【18】の捉え方に関連して前述してきたところであるが、この根拠については第五編においてより直接に取り上げて私見を明らかにする)。むしろ、問題なのは【29】【30】が留置権を認めた時後型の事案に関してであり、ここに右の二判決について検討する必要性が生ずるところ、この二判決は、何れも、室の明渡義務と損害保証金の返還義務について同時履行の特約が存在していた事案であった。とりわけ【29】は、「就中右保証金の返還(弁済期)と室の明渡しとを同時になすことを約した本件の如き場合には、保証金の返還を受けるまで室を留置し得ると解することが、留置権制度の基盤である公平の観念にそう所以でもある」、と判示して右にいう特約の存在とその重要性を強調している点に鑑みたならば、既に【21】について検討を試みてきた際に指摘してきたことがここでも妥当し、この特約の存在は本件事案の解決に当たり決定的な役割を果たしていた、と捉えることが許されよう。そうであれば、右の【29】【30】は一おう時後型の事案に関するものであったにせよ、そこでの結論から留置権が認められる一般的な価値判断を汲み取るわけにはいかなくなってくる。なお、右の二判決については、時後型の留置権を認めることの当否を論ずる際に補足的に言及するが(第四章第一節)、この類型に対する本質的な考察は第五編の対象である。[14]

三　最後に、非間接強制型の場合に関する裁判実務の理論構成について一言しておく。まず、公刊裁判例として現れたものを対象とする限りで言えば、裁判実務は、第三者Yに対して占有者Xが留置権を主張できると解した場合に、その理論構成として、いわゆる制限的アプローチと無制限的アプローチの何れの立場に従っているものか、について必ずしも明確な態度を示してきているとは思われない。例えば、【14】【31】【32】などは無制限的アプローチに近いと言えそうであるが、【15】は制限的アプローチを採っていると言えなくもなく、また【13】は何れとも解し得るのみならず、【21】～【30】に至っては全く不明と言うほかはない。

次に、占有者Xに留置権の行使を認めた裁判例の法的根拠を、いわゆる牽連性の要件に関する判断に専ら求めているものもあれば、留置権の物権性またはこの権利の対抗力を引用して根拠づけているものも存する。例えば、【26】【29】【30】【32】などは前者であると考えられるのに対して、【13】～【15】【31】【33】などは後者であると一おう言うことができるが、【21】～【24】にあってはやはり不明瞭であると言わざるを得ない。このように裁判実務は、第三者に対する留置権の効力について明確な理論構成に基づいているとは思われないのである。

(1)　我妻・民法講義Ⅲ二九頁、とりわけ同・案内4—1八四、八五頁参照。

(2)　【34】に対する評価について若干補足しておくと、この裁判例は、下請負人Xが本件建物の「占有・支配」そのものを「覆滅」させられる状況にはなかった、との事実関係を認定して留置権に基づくXの能動的な物権的請求を認めなかったものである。しかし、かような解釈は留置権行使を否定するための根拠としては疑問なしとしないであろう。けだし、【34】は、本件において、「覆滅」させられる状況にはないとする具体的な事情として、右のXが本件建物のマスターキーや各室の鍵を所持していたという事実の存在を重視しているのであるが、本来、留置権制度は、債権者に物の占有継続を許すことで、当該債権の履行を心理的に強制せんとの趣旨に基づくものであるため、事実上、物の引渡請求権者であるYに本件建物の使用状態を許すならば、この制度趣旨は本質的に没却されてしまうと言えようからである。とはいえ、本文に述べたように、時前型の請負ケースを扱った裁判例には請負人に留置権を認めたものが数多く存在する中で、独り【34】が、たとい法的根拠には右に述べたように納得できないところが存するにせよ、請負人の留置権行使を明確に否定している、という結論自体は一つの価値判断として軽視されるわけにいかないと考えるため、ここでは、右のケースにおいても留置権が否定される場合があること、従って一緒くたに右のケースにおける留置権の存否を断ずることはできそうにない、という主旨を指摘するに止めておく（なお、これらの区別の当否に関しては、本編第四章第三節で簡単に触れるものの、より本質的かつ詳細な考察は第二編に譲る）。

（3）　類似または共通の評価が窺えるものとして、幾代通『民法研究ノート』一四〇頁（有斐閣、昭六一）参照。

なお、【13】～【15】の事案ではXの留置権の存否のみが争われているにすぎないが、とりわけ【13】では同時履行の抗弁権によるXの保護も問題になろう。すなわち、公刊裁判例には、XはAの所有山林を買い受けてこれをBに売却し、BがさらにYに売却してYより代金（I）を受領した（YはさらにCに売却し、X・B・Y・Cの承諾によりCへと中間省略登記が経由された）が、BはXへの代金（II）の支払いを、Yより受領した代金（I）より支払ったところ（Bは後に倒産）、右山林について既になされていた保安林の指定によりX・B間の売買契約は錯誤無効となったため、YはBとの売買契約を解除し、Xに対して代金（I）の返還請求を、またBの無資力によりXに対してBが支払った代金（II）の返還請求をしたという事案において、Cの登記抹消義務との間においてではあるが、民法五三三条の類推適用により、Cの右義務とXの代金返還義務との間に同時履行の関係を認めたものがある（岡山地津山支部判昭和五一年九月二一日下民二七巻九―一二合併号五八九頁）。この判決を前提としたならば、例えばXに対するBの山林引渡義務とYに対するXの代金返還義務との間にあっても同条の類推適用を問題にし、この間に右の関係を認めることが考えられなくはない。これを肯定するときは、進んで、【13】においても、Yに対するXの目的物返還義務と、それからXに対するBの代金支払義務との間においてではあるが、右の類推適用を認めた解決が起こり得なくはないと考えられる。もっとも、【14】の場合においては、同時履行の抗弁権によるXの保護を否定した裁判例がある（東京地判昭和五五年九月一日判タ四四〇号一一四頁）。

（4）朝鮮高判昭和一七年四月二八日評論三一巻民法二九八頁（無効によるXの代金返還請求権）、東京高判昭和二四年七月一四日高民二巻二号一二四頁（取消によるXの代金返還請求権）。

もっとも、広島高岡山支部判昭和四一年三月二八日下民一七巻三・四号一七四頁は、無効によるXの代金返還請求権のためにするXの留置権の主張を否定しているが、本件は、農地売買につき知事の許可が得られなかった事案であり、この判決もXの代金返還請求権とAの農地引渡請求権との間の牽連関係自体は肯定している。そして、農地法が右の許可をもって効力発生要件とし、無許可の権利変動には罰則をもって臨む趣旨から留置権を否定しているにすぎないのである。このように農地法は、無許可でなされた権利移転では、所有者以外の者による占有すら許さないという立場にあり、従って右の判決が留置権を認めなかったのは、農地売買という特殊な場合であることに由来しているため、一般的に、売買が無効である場合の原状回復義務に関して裁判実務は本文に述べたように言うことができる、と考える。

（5）もっとも、X・A間では同時履行の抗弁権が認められることは民法五四六条の明示するところであるが、X・Y間ではこの抗弁権によるXの保護は困難であろうから、結局、【26】のように留置権に頼らざるを得ないならば、X・A間においても一まずXに留置権を認めてその保護を図ることができると考えておく。但し、Xの引渡拒絶権原を留置権として構成することは、この権利と同時履行の抗弁権との関係をどう捉えるべきかという問題と大いに関連しているため、右の拒絶権原に対する最終的な構成は第六編において明らかにする。

（6）東京地判昭和五一年七月二七日判時八五三号六六頁。

（7）鈴木・序章注（1）「最近担保法判例雑考（5）」二二頁、幾代・前出注（3）一三四頁参照。要するに、「『登記で敗けても、留置権がある！』といった解釈上の一般的例外則を立てること」（幾代・同頁）は許されないのである。

（8）例えば、大判昭和一〇年五月一三日民集一四巻一〇号八七六頁、大判昭和一三年一二月一七日新聞四三七七号一四頁、最判昭和四七年三月三〇日判時六六五号五一頁など。

（9）もっとも、【13】～【15】についても、X・A間に既に物の引渡拒絶を許す関係が生じていると見ることができる。つまり、Yはこの関係が生じた後の譲受人である（すなわち、Yは当該物の引渡請求が拒絶され得る所有権を取得したものであると考えられる）から、特別に【13】～【15】を一つの型として分類する必要はないかもしれない。しかし、X↓A↓Y型とA↓X・A↓Y型という差異が一おう見られること、その結果としてA↓X・A↓Y型では、Xに対するYの引渡請求権がX・A間の契約関係を前提として成り立っているという関係が存在しないこと、さらに前出注（3）で述べたように、X↓A↓Y型では同時履行の抗弁権によってXの保護を図った裁判例が存する、ということを重視して本文のように区別して扱った。

（10）例えば、田中・注釈民法(8)三一頁、三藤・判例コンメンタール③二六頁、我妻・民法講義Ⅲ三五頁参照。

（11）東京地判昭和四九年五月一六日判時七五七号八八頁。

（12）前出注（10）に掲げた学説を参照。

（13）【35】の事案では、本文で指摘してきたとおり、Yの所有地についてAが造成工事を行っており、Xはこの工事に必要な材料をAに提供していたにすぎなかった。こうした事案における事実関係をいささか変更し、Xは、（Aに材料を売り渡したためAに対して代金債権を有していたという事案ではなくて）Aから右工事を下請けて造成工事を完成したためAに対して下請代金債権を有している場合であったならば、かかる場合はまさに【34】が対象としていた事案に該当してくることになる。これより、右の裁判例は何れも、占有者Xが請負人Aに対する債権のため注文者Yの引渡請求を拒絶した場合に関するもの、として一括することが可能である。このように【34】と【35】との間には類似した事情を看取し得るため、これらの裁判例がともにXの留置権を否定している結論は、留置権が不存在となる場合に関する価値判断として一つの一般論を暗示している、と解することが不可能ではない。すなわち、【34】であれ【35】であれ、ともにAは請負代金の完済を受けていた事案であり、従ってAにはYを相手に当該物の引渡拒絶を主張できる可能性は最初から存在しなかった、ということが両者の事案から共通して看取できる事実関係である。このように類似した事情において【34】と【35】がともにXの留置権を否定している点に鑑みたならば、A・Y間に、AがYに対して右の引渡拒絶を主張できるという事情が看取され得ない限り、占有者Xは第三者Yを相手に留置権を行使することは許されない、という一般論が一つの価値判断としてこれらの裁判例における結論から導き出せそうである。

(14)　裁判実務は時後型の事案を民法二九五条二項の適用解釈として解決しているのが通常である。例えば、無権原で占有を開始した占有者が占有物につき費用を支出したとか、占有者が一たび有効に占有を開始し、占有権原が消滅した後に占有物につき費用を支出したなどの場合に関し、周知のとおり、公刊裁判例は、こうした時後型に属する事案の解決として同条項の類推適用を論じ、その中で占有者の悪意または有過失を問題にすることで占有者の留置権の存否を論じている（この点、本編では、【29】【30】を一おう時後型に属するものとして扱っているものの〔この点については本章第三節注(6)を参照〕、これらの事案では、Xが留置権の被担保債権として主張した保証金返還請求権の発生は、X・A間で契約関係が成立した時点から既に予期されていたものであり、しかも保証金は室の明渡しと同時返還の特約すら存在した場合であったため、この二判決における事案は、右の適用解釈が問われてきた純然たる時後型の場合に含まれ得ない要素を備えている）。時後型の事案に関して裁判例の中で示された留置権の存否に関する判断は、それ自体、留置権の効力が及ぶ第三者の範囲を確定するうえで極めて重要な意義を有していること言うまでもない。ただ、右に述べたように、通常、時後型の事案は民法二九五条二項の適用解釈によって解決が図られてきており、このことは、留置権を第三者に対抗できる場合が、同条項の適用解釈との関連で制約を受け得ることの証左であると考えられるため、時後型の場合における留置権の効力は第五編において右の適用解釈との関連で考察されることになる。

第二章　フランス法

第一節　フランス留置権の成立範囲

一　序

フランス民法典は、ローマ法上の公平是正手段として認められていた義務履行拒絶のうち、給付拒絶し得る場合を法典内の各所に散在的に規定したが[1]、その諸場合を裁判例および学説は留置権(droit de rétention)と称して、その権利性を明らかにしてきた。しかし、留置権に関する一般的な規定の不存在は、こうして法典内に定められた諸場合のほかにも物の留置は許されるか、という形でこの権利の成立範囲に関して問題を提起することとなったが、今日ではもはやこれを肯定する点では異論がない[2]。一方、こうした成立範囲に関する拡張の展開過程にあって、とりわけ法典上に姿を見せず専ら裁判例を通して確認されてきた、いわゆる契約不履行の抗弁(*exceptio non adimpleti contractus*)との混同が指摘されて以来[3]、この抗弁との峻別を巡ってさらに議論は紛糾を呼び、これらが表裏一体をなして留置権の成立範囲はクローズアップされてきた、という経緯を見ることができる[4]。しかし、こうした議論の中で主張された留置権の成立範囲は、これとは峻別された右の抗弁に関するそれとの関係で広く解されたり逆に狭く解されたりしたため、これに応じて留置権の対抗領域もその影響を少なからず受けることとなった。とりわけ峻別論の代表的先駆者であるカッサンが、両者の峻別について、後述する二つの牽連性概念を提唱するに及んで[5]、この概念は、その後、留置権の成立範囲に関する解釈に深く浸透かつ貢献し、今日に至っても右の権利が第三者に対して効力を有する場合の解釈として無視し得ない状況を呈している。そこで、右の場合（すなわち留置権の対抗領域）に関する今日の解釈状況を示す前に、留置権の成立範囲に関するカッサン以降の学説状況を極く簡単ではあるが紹介しておくことにする。

二　留置権の成立範囲(6)

峻別論が登場する以前には、例えば留置権を契約不履行の抗弁と同様に捉えて、留置権の成立としては、物の占有が合意（convention）または少なくとも準契約と結び付いており、かつ、留置物と牽連ある債務がこの合意または準契約に関して生じていることで十分であり、物と結合したる債務（*debitum cum re junctum*）の存在のみでは留置権は認められない、とする見解が存在した。(7)この見解は、双務契約において留置権を認容している民法典の諸規定（一六一二条、一七四九条、一九四八条など）を根拠とする。(8)

しかし、カッサンは、裁判例が物と結合したる債務の存在をもって（すなわち契約関係の存しない場合にも）物の留置を認めていることを指摘し、(9)しかも留置権の成立範囲としてかかる客観的な側面の存在を力説した。すなわち、留置権の発生に必要な牽連性とは物と債務との間に存する関連（客観的・物的牽連）であり、ある者が専ら自己の利益を考慮して（すなわち物の保存をなす意図なくして）費用を支出したとしても、この者に動産保存の先取特権が認められると同様に右の牽連性には客観的な性質が存することを認める。(10)つまり、ここでの牽連性はその利益を伴った者の意思が何であろうと物的事実から、(11)すなわち物に対する行為または物の行為を含む一定の物的事実からまさに認められるものであり、かかる一定の物的事実とは、他人所有の物の運送、物の保存費ないし有益費またはそれをなす労務、物の損壊防止行為、物が惹起した損害である、と言う。[12]

一方、契約不履行の抗弁を主張する際に必要な牽連性とは、いわゆる債務間における相互の主観的・法的な牽連関係である。この牽連関係は相互の約定(engagement)より負担されたり、法による強要または債務者相互の自発的な強要から相互の債務間に創設されるものであるが、反面、これは契約自由の原則によって範囲が定められ得るため、完全かつ限定的に確定するのは不可能である。だから、法の意図が疑問であったり当事者の明確な意図が欠如する場合には、裁判官がこの牽連関係を判断しなければならない、[13]と言う。しかし、かかる判断をなす指針としてカッサンは具体的な基準を提供している。その第一のカテゴリーとしては、相互の債務が共通の根拠として一つの（unique）法的関係を有し、しかもこの関係の性質に必要な絆（lien）によって結び付いている場合であり、この場合の牽連関係は、法によって定められた契約のタイプ(売買、賃貸借、委任、運送、保証)の一つを当事者が締結したもの、または、この契約に固有の約定により当事者が負担したものから生ずる。従って、当事者は債務間の牽連性の存在を明確に取り決める必要はなく、[14]また右の契約も完全双務契約であろうと不完全双務契約であろうと構わない。[15]次に、第二のカテゴリーとしては、法的牽連が法または当事者から全く自由に発生している場合であり、これは相互の債務が別個の自然的な法律関係および一つの人為的な法律関係から生じている場合、または、契約の性質に必要な関係とは何ら結び付かない債務を当事者の一方が負担したにせよ、この債務は当事者を結び付ける固有の約定とは無関係である場合に生ずる、[16]とする。

このような峻別によって留置権の成立範囲が画されてから、その後の学説には、民法典が合意または準契約の関係以外で留置権を認めていることを指摘し(例えば五七〇条、八六二条)、かつ、留置権と契約不履行の抗弁との間に見られる概念の混同を指摘して、[17][18] 留置権の成立につき求められる牽連関係の客観的な性質を提唱する有力説がある。[19] すなわち、留置権は一般に留置される物と客観的に関連する債権を担保するものであり、かかる要件をもって必要かつ十分であるが、それは債権者が保存もしくは加工によって費用を支出し、または、物が惹起した損害を被った場合にのみ存するにすぎない、と主張する。

さらに、この留置権の成立範囲に関しては近時に至って二つの特色ある学説が出現しており、その一つはこの成立範囲を制限する方向に、もう一つは反対に拡張する方向に傾斜するものである。すなわち、前者は、占有者が物の保存をなした場合には取得した債権の痕跡をこの物の中に指摘することはできないし、また物が損害を惹起した場合には、債務者に利得がなくて債権者たる占有者に損失が存するにすぎないことより、そこには留置権の根拠はもはや見出し得ないか少なくとも異なっていると解して、この場合の留置権を否定する。[20] 一方、後者は、双務契約において相手方が二次的または従たる債務の履行をしない場合に、占有者がその占有する物について引渡しを拒絶するときは、契約不履行の抗弁が主たる債務についてであるにすぎないことより留置権の成立を認めようとする。[21]

このような状況の中で、今日の代表的な学説[22]も留置権と契約不履行の抗弁とを峻別する必要性を認識し、かつ、前述したような牽連性の二元的構成を用いて留置権の成立範囲を論じている。しかし、以上の学説、とりわけ前述した有力説に対しては、今日の代表的な学説から重大な批判がなされている。すなわち、この有力説は、法的牽連の場合には、債権者は契約不履行の抗弁を主張し得るため留置権を認める必要はないとし、従って留置権は契約関係の存在しない領域で活動すると解するのであるが、[23] これに対し、今日の代表的な学説は、一つには、受任者（例えば訴訟代理人）が委任契約の履行を拒絶するのではなくて、書類（例えば訴訟記録書類）の引渡しを拒絶するなどの場合のように、契約関係が存するにも拘わらず、しかし契約不履行の抗弁を付与するには躊躇せざるを得ない場合が認められること、また二つに、受寄者が物の保存費を支出した場合は、占有者の債権が合意に関して生じているとは言え、合意自体から直接に生じたものとは言い難いと解してかかる場合に留置権を認める学説が存在すること、(24)しかも裁判実務も契約関係がある場合の留置権を否定しているとは思われないことを理由に法的牽連に基づく留置権の存在を肯定している。(25)このように物と債権との間に牽連関係が存する場合だけでなく、契約に基づく物の占有と債権との間に牽連関係が存する場合にも留置権を認めたうえで、この法的牽連に基づく留置権と物的牽連に基づく留置権との競合を承認している。従って、例えば所有者との契約に基づいて物を加工した者は、この契約に従って加工物を占有する点では法的牽連が認められるのであるが、しかし他方で留置者の債権が物に関して生じている点では客観的牽連が存するため、右の加工者は加工のために種々の材料を受け取った場合には、法的牽連に基づく限りでは、契約に従って占有したすべての材料を留置し得るのに対して、物的牽連に基づく限りでは、既に加工された材料（いわゆる客観的牽連が認められる物）のみを留置し得るにすぎない。その上で、占有者は自己に有利な何れか一方を選択することができる、(26)(27)(28)とする。

以上のような留置権の成立範囲に関する解釈状況を前提としたうえで、この権利の対抗領域、および、この対抗領域と留置権の物権性との関係を次に紹介することにする。右の対抗領域に関しては、まず留置権の対抗力がなぜ認められるか（対抗力の根拠）を明示したうえで、今日の代表的な学説がかかる効力をどのような場合に認めているかを明らかにすることにする。

(1) ローマ法における「悪意の抗弁」が濫用の危険を孕むものであるにも拘わらず、フランス古法時代では、その影響を受けて慣習法に、さらに僅かながら王令にも物を留置し得る場合が個別的に認められていた（v. Marty et Raynaud, *Droit Civil*, t. III, n° 17, p. 13; Mazeaud, t. III, 1er vol. n° 112, pp. 119 et s. 詳細は、田中・序章注(34)七五号一五一頁以下、特に八〇号二六三頁参照）。しかも、既に教会法学者および註釈学派による契約不履行の抗弁との混同もあって、この時代の学説は一般に留置権の統一概念について無知であった（*ibid.*）。現行民法典の起草者も物を留置し得る諸場合を認めることで甘んじていた（v. Mazeaud, t. III, 1er vol. n° 112, p. 120）が、これについては、起草委員会が実務家をもって構成されていたことより、具体的問題の処理に目が向けられたからである（Bobes (P.), *Les cas d'application du droit de Rétention*, thèse, Paris, 1913, pp. 65 et s.）、との指摘がある。

(2) 古くは、例えば、(1)解釈者は立法をなし得ないという理由から、また(2)留置権は債権者に準先取特権を授与するものであるが、二〇九四条が正当な優先事由を先取特権および抵当権に限定しているから、この立法を超えて超法規的な適用を許すことは本条に違反するという理由から、この拡張を拒絶する学説も存在した（Laurant (F.), *Principes de droit civil français*, t. XXIX, 4e éd., Bruxelles et Paris, Bruylant-Christopie & Cie, Éditeurs et Librairie A. Marescq, Ainé, 1887, nos 286 et 293, pp. 322, 330 et s. さらに、田中・序章注(34)八〇巻二七二頁以下および清水・再構成一二頁以下も参照）。しかし、留置権は真の先取特権を構成しないから二〇九四条に抵触しないこと、また解釈による立法作業への影響に対しては、その解釈方法が今日では過度であることを換起することで十分であること、さらに立法者の認める一定の場合と同視し得なくも、それに類似する場合に認められないという結論が不都合であること、などを理由に——当事者間に契約関係の存しない場合に留置権の存否を裁判所の自由裁量とする見解（例えば、v. Bobes (P.), *op. cit.*, pp. 107 et s.）を除いては——、今日、法は比較的重要な留置場面を規定したにすぎないと認識されている（v.

Derrida, *Encyclopédie Juridique*, n° 18, p. 3; *add*. Marmol (C.), *Quelques aspects du droit de rétention spécialement dans l'industrie textile lainière*, Ann. Dr. com., 1934, pp. 141 et s.)。

(3) V. Cassin (R.), *De l'exception tirée de l'inexécution dans les rapports synallagmatiques*, thèse, Paris, 1914, pp. 108 et s.

(4) この経緯に関するフランスの学説については、田中・序章注(34)八一号二八六頁以下および清水・再構成一一二頁以下に詳しい紹介がある。以下で掲げるこの権利の成立範囲に関する記述もこれらを参考にした。

(5) V. Cassin (R.), *op. cit.*, pp. 441 et s.

(6) 前出注(4)参照。

(7) Aubry et Rau, *Cours de droit civil français*, t. III, 4e éd., n° 256 bis., p. 116. さらに、v. Aubry et Rau, *Droit civil français*, t. III, 7e éd., n° 80, pp. 140 et 142.

(8) V. Derrida, *Encyclopédie Juridique*, n° 53, p. 6.

(9) Cassin (R.), *op. cit.*, pp. 176 et s.

(10) Cassin (R.), *op. cit.*, p. 467.

(11) 費用支出者の主観的要素（善意・悪意）も留置権の成否に関して考慮されなければならないが、右の要件は二次的要件であって、右の権利の成立範囲を限定した第一要件であるところの、物と結合した債権の存在に何ら影響をもたらさない（Cassin (R.), *op. cit.*, p. 468)。

(12) Cassin (R.), *op. cit.*, p. 467. 今日では、物的牽連の場合とは端的に、物に加えた費用の償還債権または物が惹起した損害の賠償債権に基づいて物を留置する場合である、とされている（v. Marty et Raynaud, *Droit Civil*, t. III, n° 39, p. 24）から、以下ではこの場合をもって右の牽連概念を示すことにする。

(13) Cassin (R.), *op. cit.*, p. 468.

(14) Cassin (R.), *op. cit.*, p. 469.

(15) Cassin (R.), *op. cit.*, p. 470.

(16) Cassin (R.), *op. cit.*, p. 471.

(17) これらの指摘については、v. Marty et Raynaud, *Droit Civil*, t. III, n° 38, p. 23; Derrida, *Encyclopédie Juridique*, n° 55, p. 6.

(18) とりわけ両者の混同を力説する近時のものとして、v. Derrida (R.), *Recherches sur le foundement du droit de rétention*, thèse, Alger, 1940, pp. 91 et s.; Rodière (R.), note D. 1965. 59; Catara-Franjou, *De la nature de droit de rétention*, Rev. Trim. dr. civ. 1967, pp. 15 et s.; *add*. Marty et Raynaud, *Droit Civil*, t. III, n° 38, p. 23.

(19) Derrida (R.), *op. cit.*, pp. 99 et s.; Rodière, note préc., D. 1965. 59; Derrida, *Encyclopédie Juridique*, n° 58, p. 6.

(20) Pillebout (J.), *Recherches sur l'exception d'inexécution*, thèse, 1971, Paris, n° 44, p. 39.

(21) Catala-Franjou, *op. cit.*, n° 8, pp. 21 et s.; Cornu (G.), obs. Rev. Trim. dr. civ., 1973, n° 4, p. 789. 従って、この留置権は法的牽連に基づくものである（Catala-Franjou, *op. cit.*, p. 23 note 46.）。

(22) 以下では今日の代表的なテキストであるMarty et Raynaud, *Droit Civil*, t. III; Mazeaud, t. III, 1er vol.; Weill, Les sûretés; Dagot (M.), *Les sûretés*, 1er éd., Paris, Thémis, 1981の学説を指すものとする。

(23) Derrida (R.), *op. cit.*, pp. 99 et s.; Rodière (R.), note préc., D. 1965. 59; *add*. Marty et Raynaud, *Droit Civil*, t. III, n° 43, pp. 26 et s.

(24) Catala-Franjou, *op. cit.*, n° 12, pp. 27 et s. は不完全双務契約の場合も留置権とする。

(25) V. Marty et Raynaud, *Droit Civil*, t. III, n° 43, p. 27; Mazeaud, t. III, 1er vol. nos 116 et s., pp.

125 et s.; Weill, *Les sûretés*, n° 128, p. 122; Dagot (M.), *op. cit.*, pp. 79, 81 et s.さらに、契約関係が存する場合に留置権を認めている規定も存する。例えば、訴訟代理人に関してはdécret 30 avril 1946, art. 96. また、受寄者に関してはフランス民法一九四八条も参照。

(26)　V. Marty et Raynaud, *Droit Civil*, t. III, n° 42, pp. 25 et s.; Mazeaud, t. III, 1er vol. n° 117, pp. 125 et s.; Weill, *Les sûretés* n° 129, pp. 124 et s.; Dagot (M.), *op. cit.*, p. 91; add. Chabas (F.) et Claux (P.), *Disparition et renaissance du droit de rétention en cas de remise puis de restitution de la chose*, D. 1972, chron. p. 19.

(27)　このように解すると、法的牽連に基づく留置権と契約不履行の抗弁とが行使される領域の峻別は一そう困難となり得るため、契約不履行の抗弁は（完全または不完全）双務契約が存する場合であり、留置権はそれ以外の場合においてであり、従って両者の競合はないと解するものがある。例えば、書類を保管する受任者はその書類の返還を、また自動車修理工は修理自動車の返還を、その報酬代金が支払われるまで拒絶できるのは留置権であるとする（v. Marty et Raynaud, *Droit Civil*, t. III, n° 42, p. 26; Weill, *Les sûretés*, n° 129, pp. 123 et s.)。

(28)　フランス民法典が占有者に留置権を付与する場合を便宜的に次に掲げておく（以下の分類は、Weill, *Les sûretés*, n° 126, pp. 118 et s.によった）。

(1)　留置権の成立を本質的に目的とする合意から生ずる、いわゆる合意上の留置権の場合。

二〇八二条一項…債務者は、動産質物の占有者がこれを濫用しない限り、担保のために動産質物が供与された債務を元金並びに利息および費用について完済しなければ動産質物の返還を請求し得ない。

二項…同一債務者から同一債権者に対して質権設定後に締結された別個の債務で、最初の債務の弁済前に請求可能な債務が存在する場合、動産質物をその債務の弁済に充当するための何らかの約定がなくても、双方の債務の完済まで債権者は動産質物の占有を手渡すことを要しない。

二〇八七条一項…債務者は債務完済前に不動産質に付した不動産の収益を主張し得ない。

二項…しかし、前条の義務（不動産質権者の租税および年次的負担支払義務を指す。著者注）の免除を欲する債権者は、常に債務者にその不動産の収益の回収を強制し得る。但し、債権者がその権利を放棄している場合はこの限りでない。

(2)　契約の範囲内で機能するものの、しかし双務契約によって結び付けられた相互の債務の依存性に基づく契約不履行の抗弁とは異別のもの、として考えられる留置権の場合。

一六一二条…売主は、買主がその代金を支払わず、かつ、その支払いについて売主が期限を付与しなかった場合、その目的物の引渡義務を負担しない。

一六五三条…買主は、抵当権訴訟によって、あるいは、所有物返還訴訟によって妨害されたり、または、現に妨害の恐れが存する場合には、売主が妨害を終了させるまで代金の弁済を停止し得る。但し、売主が保証人を立てようと欲する場合、または、妨害に拘わらず買主が支払う約定の存する場合はこの限りでない。

一六七三条…買戻契約を行使する売主は、主たる代金のみに限らず、売買費用および売買の正当な出損、必要な修理費ならびに土地の価値を高めた修繕費を、その増加の限度で償還しなければならない。売主はその債務を完全に履行しなければ占有を開始し得ない。

五四五条…いかなる者に対しても、公益を理由とし、かつ、その者が正当で事前に補償しない限り、その所有権の譲渡を強制し得ない。

一九四六条…受寄者は寄託を理由に自己になされるべき支払いの弁済があるまで寄託物を留置し得る。

一七四九条…賃借人は、賃貸人または新取得者が前数条で規定した損害賠償を支払わない限り、明渡しを請求されない。

(3)　留置者と所有者との間には物についての契約関係が見出し得ないものの、しかし債権と留置物との間にいわゆる物的牽連が存する場合。

五七〇条…加工者、その他の者が自己に属さない材料を用いて新たな物を製作したとき、その材料が原形に復し得るとに拘わらず、その所有者は労務費用を償還して加工物の引渡請求権を有する。

八六二条…現物持戻しをなす共同相続人は、費用または改良について、その者に支払われるべき金額が現実に償還されるまで贈与財産の占有を保持し得る。

二二八〇条一項…盗品または遺失物の現在の占有者が、その物を不定期市もしくは定期市または公売もしくは同種物を販売する商人より買い受けたときは、本来の所有者は、占有者が支払った代価を償還しない限り、その返還を求め得ない。

第二節　留置権の対抗力

一　留置権の対抗領域

(イ)　かつては、第三者に対する留置権の主張を否定していたローマ法時代のあり方に、立法者は変更を加えたと証することはできないとして、この権利の対抗力を否定する見解が存在した。(1)　これは、後述するように、とりわけ留置権の法的性質(物権か債権か)の議論と関連して主張されたものである。しかし、この権利が第三者に対して全く効力を有しないのであれば、それは頗る空虚な権利となりかねない。留置権を消滅させるためには、債務者が第三者に物を譲渡することをもって十分だからである。このような指摘は古くからなされ、今日の学説も同様の視点から留置権に対抗力を肯定しているだけでなく、(2)　フランス民法典の中においてさえ対抗力の発生を認める諸規定が見受けられるのである。例えば、一六一二条は売主が買主に支払期限を付さなかったときは支払いがあるまで売主に留置権を認め、一六一三条は、売主が期限を付与しても売買後に買主が破産したり支払不能に陥ったときは、売主に引渡拒絶および物の留置を認めているのであるが、売主には代金取得についての危険があるため、その目的達成の唯一の手段として買主の承継人に対しても対抗し得るとするものである。また、買戻契約を行使された買主に関する一六七三条および賃借人に関する一七四九条も、同様の危険からこれらの者を保護しようとするものである。(3)

留置権の対抗力を認める今日の学説はこの権利を第三者に対抗できる場合について次のように説明する。すなわち、債権者の占有にある債務者の物を取り戻す権原を何ら有さない第三者については、もとより留置権の対抗問題は生じないのに対して、一定の第三者、例えば留置物の譲受人、抵当権者、先取特権者などのような債務者の特別承継人は、留置権の対抗を受ける第三者に該当する。また、債務者が留置物の所有者でない場合における真の所有者も、ここに言う第三者に含まれるのであるが、この所有者は債務者の権利承継人としての地位にはないため、留置権を第三者に対抗し得る効力については、債務者の権利承継人に対する効力と、債務者でない所有者に対する効力とに区別して論じられているのが一般である。

(ロ)　まず、留置権は債務者の一般債権者に対して主張し得ること当然である。この債権者は債務者以上の権利を有さないからである。これと全く同様の理由から債務者の包括承継人に対しても対抗し得ると解されている。(4)

これに対し、債務者の先取特権者、抵当権者または物の譲受人などのような特別承継人に対しては、いささか解釈上の対立が見られる。これらの承継人に対する留置権の効力を否定するならば、この権利を消滅させるため、債務者は物を売却したり物に抵当権を設定するなどにより容易に留置権を消滅させ得るため、右の承継人に対する留置権の対抗力を肯定するのが多数説である。(5) 買受人に対しても同様である。(6) この多数説とは異なり、占有者の留置権が発生する前に前述した承継人の権利が公示された場合には、当該承継人に対する留置権の効力を否定する見解がある。(7) この見解は、留置権者が負担の付着した物の占有を取得したにすぎないこと、また二〇九一条の解釈として不動産質権者は既に存する抵当権者には対抗し得ないと解されていること、などを根拠とする(8)(右の見解は、占有者が占有を取得した後に権利を登記した譲受人または抵当権者に対しては留置権の効力が及ぶことを認める)。(9) しかし、債務者が物の上に存する二つの権利のうち、一方を占有者に、他方を承継人に授与したというのであれば、両者の間に存する権利の発生時が注目されてよいかもしれないが、留置権は債務者から授与されたものではないから――すなわち、債務者が占有者に留置権を譲渡した関係にあるのではなく、この権利は法から直接に生ずるものである――、従って第三者に対する留置権の効力については特別承継人が有する権利の発生時を考慮する必要はない、と批判されている。(10) その結果、多数説がすべての特別承継人に対して留置権の効力を認めるのであれば、その限りで留置権は絶対的効力を有することになる。

(ハ) 次に、債務者でない所有者に対して占有者は留置権を対抗し得るであろうか。この点については注目すべき裁判例がある。すなわち、破毀院 (Cass. civ. 22 mai 1962) は、Y・A間で所有権の帰属を巡る係争物件の保管をXが裁判所より命ぜられたが、所有者はY、保管費用はAの負担とされた場合に、Yの引渡請求に対してXが主張した留置権について、「本件のように債権が留置物に関して生じたことによって、この債権と当該物との間に物的牽連が存する場合には常に留置権を行使することができる」、と判示した。(11)

この裁判例をもって、留置物の所有者は債務者でなくても留置権は対抗し得る、とする先例としての意義を認める見解があるが、[12]この論者は留置権の成立範囲を物的牽連の場合に限定する学説である。[13]他方、法的牽連に基づく留置権の存在を認める学説にあっても、債務者でない所有者に対する留置権の効力は物的牽連の場合に限って認められるにすぎない、[14]とする。それは、要するに、法的牽連の場合には当該目的物の占有は法的関係に基づいているから、かかる関係における当事者ではない所有者に対しては右の占有を主張し得ないのに対し、[15]物的牽連の場合にはいわば債務を負担するのは物自体であって、[16]所有者はこの物に関して責任を負わなければならないと解するか、[17]または、(留置物は債務者の所有であることを前提としたうえで)そもそも物に費用を支出した場合の債務者は必ず所有者であるのに反し、法的牽連が存するにすぎないところでは、占有者と契約関係にある債務者は必ずしも物の所有者ではなく、このような債務者でない所有者に対しては占有者は留置権を主張し得ない、[18]と解するからである。

二　小　括

留置権の対抗領域に関する以上の学説状況を、前章で示してきた、わが国における裁判例の不明確型および非間接強制型という諸類型の状況と比較するならば、不明確型はいわゆる物的牽連の場合における一形態であり、しかも第三者Yに対して占有者Xが主張した留置権は何れにおいても認められている点で両者は一致している、と言うことができる。また、非間接強制型にあっては、(1)X↓A↓Y型およびA↓X・A↓Y型における留置権の存否は債務者(A)の権利承継人に対する留置権の効力と、また(2)Y↓A↓X型におけるそれは債務者でない所有者に対する留置権の効力とにそれぞれ対応させることができるが、右の(1)および(2)

については特に留意すべき点が存在する。

(イ)　まず、前記(1)に関しては、今日の代表的なフランス学説が、承継人に対する留置権の主張を、Xの債権とXに対する債権の発生の前後を問わず肯定していると考えられているのであるが、わが国の公刊裁判例ではこの前後によって留置権の存否に関し違いがある、と言うことができた。すなわち、フランスにおける右の学説は、不動産に関する公示の原則と結び付けた、右の前後により区別して扱おうとする有力説を否定した結果として、時前型以外の事案でも占有者が第三者に対して留置権を対抗し得る場合が存することを認めている、と解することができる。このような留置権の絶対的効力の有無についてフランス民法典は明確な態度を示しているわけではないが、少なくとも非間接強制型、A→X・A→Y型、時後型、賃貸借ケースの場合に関する一七四九条はこの効力を認めている、と言う。[19]これに対して、わが国の公刊裁判例は、同時型の事案では留置権を否定しているのに対し、時後型の場合に関しては、同じく非間接強制型、A→X・A→Y型の場合に留置権を肯定していた【29】【30】参照。もっとも、これら二つの裁判例は、X・A間に特殊事情として同時引渡の特約が存在していた場合に関するものであった。もとより、同時型の場合に留置権が否定されてよいであろうことは前述してきたとおりであるが(第一章第五節二(2)(a))、わが国においても、時後型の場合に一般的に留置権を認めるべきものかについては、右の一七四九条およびフランスの学説が、時後型の場合にあっても留置権を肯定すべき余地が明白に否定されているわけではないことより、右の類型における留置権の存否についてはさらに検討を要する問題であるが、この問題については第四章第一節で考察を試みる。

(ロ)　次に、前記(2)に関してである。フランスの学説は、物的牽連の場合にのみYに対するXの留置権の主張を認めるのであるが、その際、かかる場合における債務者は直接には物自体であり、従って当該債務は所有者たるYが負担することになると解するならば、もはや右の場合は非間接強制型には該当しないはずである。[20] その上、右の学説が認める結論からは、物的牽連の場合には物自体が債務者であり、当該物の引渡しを請求する者はこの物が負担している債務を履行してでなければ自己の請求を満足させることはできない、という考え方を汲み取ることができそうである。とはいえ、その一方で、前述した破毀院判決は、保管者XがAに対する保管料債権を主張してY所有の保管物につき留置権を行使したという事案であり、この権利行使を認めた結論に対しては学説も承認しているところであった。右の事案における保管者Xは、例えば請負人が、注文者に対して有する報酬債権のため、修理物の所有者を相手にこの修理物につき留置権を主張したという、いわゆる請負ケースにおける請負人と置かれた状況は類似していると考えられるため、前記(1)および(2)に関するフランス学説の解釈をこのケースに引き直して具体化したならば、右の(2)との関連では、Y↓A↓X型の場合における請負ケースの所有者Yは、物的牽連が認められる限りで、請負人Xの債務者にほかならないと捉えることになるのに対し、例えばA↓X・A↓Y型の場合における請負ケースでは、前記(1)との関係上、請負人Xは、注文者Aに対して有する報酬債権のため、物の譲受人Yなどに対して留置権を対抗できることになる。しかし、フランス学説によれば、Y↓A↓X型とそれ以外の類型との間で物的牽連の概念が整合的に論じられていようか、という視点から疑問なしとしないように思われる。けだし、Y↓A↓X型以外の場合では物的牽連という概念を用いた根拠づけは消え去り、むしろ法的牽連との区別なく留置権の存否が論じられている、と言い得るからである。

何れにせよ、法的牽連の場合には留置権を第三者に対抗できない余地が存するなど、留置権の対抗領域には制限があり得ることを承認するならば、この権利の物権性という性質との関係から一つの疑問が生じよう。

すなわち、留置権は物権である限りすべての者に対して対抗し得なければならないと解する可能性が存するとすれば、この可能性は右の制限を承認する考えと抵触することになりはしまいか、という疑問である。この点、フランスでは主として第三者に対する効力と関連して留置権の物権性が争われてきた、と言う。[21] そうであれば、この権利の物権性と対抗力との関係を具体的に探り、この物権性の根拠、ひいては物権性という性質が前述したように留置権の対抗領域の確定とどう関連し合っているか、という点を明らかにする必要がある。

（1） Laurent (F.), *op. cit.*, n° 292, pp. 327 et s. さらに、v. Jonesco (C.), *Du droit de rétention*, thèse, Paris, 1908, pp. 77 et s.

（2） V. Mazeaud, t. III, 1er vol. n° 126, pp. 132 et s.; Derrida, *Encyclopédie Juridique*, n° 101, p. 10; *add*. Marmol (C.), *op. cit.*, p. 148.

（3） V. Jonesco (C.), *op. cit.*, pp. 75 et s.; Pinot (P.), *Essai d'une Théorie du droit de rétention au point de vue législatif*, thèse, Paris, 1908, p. 146.

（4） Marty et Raynaud, *Droit Civil*, t. III, n° 150, p. 31; Mazeaud, t. III, 1er vol. n° 126, pp. 131 et s.; Weill, *Les sûretés*, n° 142, p. 38; Dagot (M.), *op. cit.*, p. 98; *add*. Derrida, *Encyclopédie Juridique*, n° 105, pp. 10 et s. 但し、裁判上の整理手続または物の引渡手続に服せられる債務者の債権者に対する留置権の対抗力は、その債権者の利益を慮って立法により制限された（v. L. 13 juli. 1967, art. 83)。

（5） Marty et Raynaud, *Droit Civil*, t. III, n° 51, p. 31; Mazeaud, t. III, 1er vol. n° 126, pp. 132 et s.; Weill, *Les sûretés*, n° 142, p. 139; Dagot (M.), *op. cit.*, pp. 98 et s.

（6） V. Weill, *Les sûretés*, n° 142, p. 139.

（7） Planiol et Ripert, t. VI, n° 458, pp. 612 et s.;さらに、v. Marmol (C.), *op. cit.*, pp. 150 et s.

（8） *Ibid.* さらに、v. Marty et Raynaud, *Droit Civil*, t. III, n° 52, p. 33.

（9） *Ibid.*

（10） V. Marty et Raynaud, *Droit Civil*, t. III, n° 52, p. 33.

なお、法的牽連に基づく留置権を否定する前述した有力説によれば、この牽連が存する限りでは留置権の対抗という問題は生じず、契約不履行の抗弁が適用されなければならないことになろう(v. Marty et Raynaud, *Droit Civil*, t. III, p. 32, note (4))。

（11） D. 1965, 58. なお、上告理由として、Yは、留置権が認められるためには、留置者がその占有する物の所有者に対して物に関する債権を有さなければならない旨を主張している。

（12） Rodière (R.), note préc., D. 1965. 60. しかし、Rodièreは、受任者たるXが二当事者（A・Y）のために費用を支出したことを右の判決が認めていることより、X自身、事務管理によりYの債権者となり得る余地を認めている (Rodière (R.) *loc. cit.*)。

（13） 前節注(19)およびそれに該当する本文の箇所参照。

（14） Catara-Franjou, *op. cit.*, n° 23, p. 38; Marty et Raynaud, *Droit Civil*, t. III, n° 54, p. 34.

（15） V. Catala-Franjou, *loc. cit.*; v. Mazeaud, t. III, 1er vol. n° 127, p. 133.

（16） Catala-Franjou, *loc. cit.*; Derrida, *Encyclopédie Juridique*, nos 58 et 122, pp. 6 et 12.

（17） Juglart (M.), *Obligation réelle et servitudes*, thèse, Bordeaux, 1937. なお、この文献を直接参照し得なかったため、Mazeaud, t. III, 1er vol. n° 127, p. 133 et note 2における若干の紹介を参考にした。また、Derrida, *Encyclopédie Juridique*, n° 123, pp. 12は、この場合、「留置権は債権の人的債務者に対すると同様に物の所有者に対しても対抗し得る」と述べている。

(18)　Mazeaud, t. III, 1er vol. n°s 121 et 127, pp. 128 et 133.

(19)　V. Marty et Raynaud, *Droit Civil*, t. III, n° 53, p. 33.

(20)　留置権の成立範囲を物的牽連の場合に限定する学説によれば、実質上、この権利は債権であると言うことになろうか。次節参照。

(21)　椿・序章注(7)五頁、我妻・民法講義III二二頁、柚木＝高木・担保〔新版〕一四頁注(二)参照。

第三節　留置権の物権性と対抗力概念

一　留置権の物権性[1]

留置権の法的性質については、この権利は物権か、それとも債権かという問題が古くから争われてきており、今日に至っても見解の統一を見ないと言ってよい。すなわち、そこでの議論は次の三つに分類することができる。

(イ)　まず、この権利を債権とする見解である。これは、前述した対抗力否定説の立場であるから、物権とされるに必要な対抗力が欠如していることをもってその根拠とするほか、物権であるとされるに要する追及権と優先権が留置権には欠如していることをも指摘する。[2]しかし、この対抗力の欠如という点については、ローマ法時代における抗弁制度の性格が古法時代に至って修正されることとなり、これに影響を受けた立法者は古法時代の解釈を導入して留置権の対抗力を民法典に維持した、と反論されている。[3]また、追及権の欠如に関しては、この欠如が妥当するのは占有者が占有を意図的に放棄した場合に限られるのであって、かかる場合のほかは実際には不動産について占有訴訟が認められているだけでなく、動産についても多数説は二二七九条二項の適用を認め、従って占有者は占有物の返還請求をなし得ると解しているなどの理由から批判されたり、[4] 留置権は古法時代の動産抵当の形で優先権を有していること、また追及権は物権のノーマルな効果であるにせよ、動産売主の先取特権のように優先権は有するも追及権の存しないものも物権であるから、追及権が欠如していたところで物権性は失われるものではないこと、などの点から批判されている。[5] さらに、優先権の欠如という点に関しても、留置権は事実上の先取特権であって間接的に優先権の役目を果たすと批判されたり、[6] さらに近時に至っては、追及権も優先権も物権の本質的なものではない、とさえ批判されている。[7]

(ロ)　次に、留置権は債権ではあるが第三者に対抗し得る、という見解である。[8] この見解は、物権固有の性質である追及権の欠如を指摘するとともに、対抗力という効果は留置権の物権性とは無関係であることを主張する。もっとも、この説にいう第三者とは債務者の権利承継人を指しているにすぎない。[9]

(ハ)　最後に、留置権の物権性を承認する見解であって、[10] 学説上の多数説と言われる立場である。その根拠としては次の四つを列挙することができる。すなわち、第一に、前記(イ)の見解に対する反論として、前述したように、古法時代に解されていた物権としての性質が民法典に維持されたこと。第二に、二〇八七条の規定する不動産質権の留置は、その主張手段として必要不可欠であるものの、しかし不動産質権は動産質権と並んで物権であることに異論がなく、また留置権はこれに類似するばかりか、商法四四条は留置権を動産質権と同一に扱っている、とする。[11] 第三に、留置権の効力としての対抗力の存在である。[12] 最後に、留置は債権と物との事実関係（un rapport de fait）であって（留置は物の占有に基づけられ、占有なしでは存在し得ない）、この事実関係を作り出して正当化するのが留置権であるため、このような関係において成立する権利は物権としての性質を具有するのは明らかである、とする。けだし、物権は物と人との間の即時的(immédiat)かつ直接的な関係を作り出すものだからである。[13] なお、この物権性肯定説に対しては、何よりも対抗力は物権の特性ではなく、また優先権は留置権自体からというよりも留置によって行使される圧力（pression）から生ずるとの認識から、[14] 今日、留置権は不完全な物権であると解する学説もある。[15]

しかし、今日に至ってもいわゆる物権性否定説は姿を消したわけではない。すなわち、留置権者は優先権も追及権も有さないのみならず物の利用もなし得ず、法がこの権利に認める唯一の特典は（物の引渡請求権者に対して〈non〉という）拒絶権原である。つまり、留置権の主張は、自己の引渡債務を否認するものではなく、留置権者にとって仮の占有が法によって承認されるにすぎないのであるから、このような資格者を物権者と同様に解することはできない。物への支配が合法であってもそれは仮の占有であり、単なる保存行為であるから、この行為の保護が保証されるのは人的権利によってである。その上、法律上、留置権は抗弁の形を採るから、物権ではないがすべてに対抗し得る抗弁である、という旨の主張がある。[16]

このように留置権の物権性に関する議論は今日に至っても少なからず紛糾しており、こうした議論の状況は、留置権を物権と捉えるか、それとも債権と言うべきかという問題が頗る困難であることを示している。とはいえ、以上に述べてきた留置権の性質とこの性質に関する右の議論から、留置権の対抗領域をどう捉えるべきかについて考察することは可能である。

二　留置権の物権性と対抗力との関係

以上に述べてきたことから、留置権の物権性が対抗力概念、ひいては対抗領域の確定に与える影響はどのようなものと言えようか。この問題は、留置権が物権であって対抗力を有する、と言い表わす[17]ことの当否を考察することであり、さらに留置権の対抗領域はこの権利が物権として扱われることから確定され得るものか（または確定されなければならないものか）、という疑問に答えることでもある。

まず、前者のことについて言えば、留置権に物権性を認める伝統的な見解にあっては、その根拠が第三者に対する効力の存在に求められたのであり、物権であることから対抗力が導かれてきたわけではないことに注目する必要がある。また、物権性を否定する見解の中には、そもそも対抗力の存在は物権の特性ではないと主張するものが存在した。この見解によると留置権の物権性とその対抗力概念とは遮断されること当然であるのみならず、物権性肯定説が掲げる他の根拠は何れも留置権の対抗力とは無関係であること多言を要しまい。以上のことに鑑みたならば、留置権の対抗力という概念は物権性からの影響を受けずに独自に考察されなければならない、と言うことになる。

また、右に述べたことに照らしたならば、留置権の対抗領域を確定するに際しても、この領域は物権性概念とは無関係に解釈されなければならず、その結果として、右の対抗領域がある一定の場合に限定されたところで留置権の物権性に反することにはならない、と言えよう。

（1）以下の記述のうち、古い学説状況についてはJonesco (C.), *op. cit.*, pp. 74 et s.; Pinot (P.), *op. cit.*, pp. 143 et s.; Pogonato (P.), *Du droit de rétention*, thèse, 1909, Paris, pp. 77 et s.; Hommel (M.), *Le droit de rétention*, thèse, 1928, Strasbourg, pp. 67 et s. におけるこの問題の論述を参照した。

（2）Laurent (F.), *op. cit.*, n° 292, pp. 327 et s. さらに、v. Jonesco (C.), *op. cit.*, p. 78 et s.; Pinot (P.), *op. cit.*, pp. 147 et s.; Pogonato (P.), *op. cit.*, pp. 78 et s.; Hommel (M.), *op. cit.*, p. 68.

(3)　V. JONESCO (C.), *op. cit.*, pp. 74 et 78; POGONATO (P.), *op. cit.*, pp. 81 et s.

(4)　PINOT (P.), *op. cit.*, pp. 154 et s.; HOMMEL (M.), *op. cit.*, p. 70 et s.今日では、留置権者の追及権は、動産質権者の追及権と同様に留置の効果であるにすぎず、抵当権者の追及権のように物の引渡しがないところで認められるような真の追及権ではない、と解されている (v. MAZEAUD, t. III, 1er vol. n° 128, p. 134)。

(5)　POGONATO (P.), *op. cit.*, pp. 87 et s.

(6)　JONESCO (C.), *op. cit.*, pp. 78 et s.; PINOT (P.), *op. cit.*, p. 157; HOMMEL (M.), *loc. cit.*

(7)　RODIÈRE (R.), note préc., D. 1965. 60; DERRIDA, *Encyclopédie Juridique*, n° 135, p. 14.

(8)　AUBRY et RAU, *Cours de droit civil français*, t. III, 4e éd., p. 120 et note 20; PLANIOL, t. II, 9e éd., n°s 2535 et s., pp. 802 et s.さらに、v. AUBRY et RAU, *Cours de droit civil français*, t. III, 7e éd., n° 81, p. 145; PINOT (P.), *op. cit.*, p. 149; POGONATO (P.), *op. cit.*, p. 80; HOMMEL (M.), *op. cit.*, p. 68 et s.

(9)　V. PINOT (P.), *loc. cit.*; POGONATO (P.), *loc. cit.*; HOMMEL (M.), *loc. cit.*

(10)　例えば、BEUDANT (Ch.), *Cours de droit civil français*, t. I, Paris, Librairie nouvelle de droit et de jurisprudence 1900, n°s 256 et s., pp. 222 et s.はこの立場に立つが、そのほかの学説としては、差し当たりPINOT (P.), *op. cit.*, p. 144, note 1, POGONATO (P.), *op. cit.*, p. 78, HOMMEL (M.), *op. cit.*, p. 67, note (1)に引用されているものを参照のこと。

(11)　V. PINOT (P.), *op. cit.*, p. 145; POGONATO (P.), *op. cit.*, p. 85 et s.

(12)　V. JONESCO (C.), *op. cit.*, pp. 75 et 81; PINTO (P.), *op. cit.*, p. 145 et s.; POGONATO (P.), *op. cit.*, pp. 86 et s.

から生ずるとし、この効果より物権性を説く。

(13)　V. POGONATO (P.), *op. cit.*, p. 81. また、RODIÈRE (R.), note préc. D. 1965. 60も、留置権は物の占有から生ずるとし、この効果より物権性を説く。

なお、PINTO (P.), *op. cit.*, p. 146は、ここでの根拠に関連して、留置権が担保の役割を効果的に果し得るための要請からその性質は導かれる旨を述べているが、担保が物権でなければ効果がないのは対抗力の存在の故にであり、これは第三の理由に含められるものと思われる。

(14)　V. MAZEAUD, t. III, 1er vol. n° 129, p. 134.

(15)　MAZEAUD, *loc. cit.* は、少なくとも留置権によって物に対する占有者の支配（mainmise）が認められ、また占有訴権または二二七九条による留置者の占有を保護して（前出注(4)およびそれに該当する本文参照）、「所有者の意思に反して物を占有する権利は、人に対する権利および債務者の総財産に対する権利と区別された権利を包含」し、「留置権は物権であるが優先権を直接には授与しないので、不完全な物権であると認めることができる」、と述べている。

また、DERRIDA, *Encyclopédie Juridique*, n° 135, p. 14も、第三者に対する対抗力は物権の特性ではないとしながらも、「留置権は債権者に対する権能、すなわち債権完済まで物的占有を保持する権能を認める」として、「《不完全な物権》が問題であることが許容され得るにすぎない」、と言う。

(16)　CATALA-FRANJOU, *op. cit.*, nos 2, 3 et 23, pp. 3 et s., 38 et s.

(17)　かような表現は、序章一でも述べたように、わが国の従来の学説上しばしばなされてきており、フランスでも見られるところである。もっとも、RODIÈRE (R.), note préc. D. 1965. 60は、こうした表現を用いているとはいえ、彼は留置権の成立範囲を物的牽連の場合に限定しているから、本編で検討するところの対抗の問題は生じない、と言えよう。

第三章　ドイツ法

第一節　序　説

一　一般規定による留置権制度の概要

留置権制度の源流であったローマ法時代の抗弁制度は忠実にドイツ普通法時代に継受され、(1)しかも権利にまで高められて、(2)ドイツ民法典の編纂時ではもはや疑われる余地のないものとして独立に法制化されることとなった。(3)その上、普通法時代における学説の成果から、(4)ドイツ民法典においては留置権に関する一般規定が設けられることになる。(5)これが二七三条に定められた一般的留置権（Zurückbehaltungsrecht）である。(6)

同条の留置権は、制度上、次のような特色を有している。まず、この権利は、ローマ法時代における悪意の抗弁を明文化した二四二条に基づいており、この背後には、ある者が反対債権の債務者である事情を考慮しないで、この反対債権と関連する自己の債権について実現を図ることは信義に反する、という原則がある。(7)従って、留置権の効力は、もとより債権者が権利行使する利益を阻止せんとするものではなくて、いわゆる延期的抗弁に特有の性格を有している。(8)これは債権者の負担により留置者の利益保証のみを図るものではなく、むしろ公平性に支配された債務関係における客観的な整理要因（objectiver Ordnungsfaktor）として機能するため、双方の債権は同時に処理されることを要求する。それ故、債権者に課される負担はその必要限度を超えては害されるものではなく、従って債権者は自己の債権満足について制限が加えられたにせよ、実体法上は当然ながら権利行使をすることが許される。だから、留置権を有することの実益は、自己の請求権の満足を図ろうとする相手方に対して、少なくとも反対給付をさせようとする点にある[9]（いわゆる間接強制効）。このような観点から、前述した二七三条は、留置権によって担保される債権が自己の債務者に対して向けられているものでなければならない、という要件——いわゆる相互性（Gegenseitigkeit）——を要求することになる。[10]さらに、右の間接強制効から留置権の担保的効力が導かれること言うまでもない。[11]

また、留置権制度が基礎とする前述の公平性は、さらに、対立した債権相互の間に一定の関連——いわゆる牽連性（Konnexität）——を要求し、この関連に関する判断を介して具体的に右の公平性は達成が図られる。[12]従って、こうした制度の趣旨に照らしたならば、右にいう一定の関連（牽連性）という要件は、留置者が有する反対債権と占有物との間に着目した関連のみを問題とするものではないが、仮に相手方の債権が物の引渡請求権であったところで、この引渡請求権と占有者の反対債権との間で右の関連が問題となるにすぎない。すなわち、本来、拒絶される債権者の債権は物の引渡請求権に限定されるわけではなく、財産権的性格を有する債権であれば拒絶の対象となると解されているため、[13]これと牽連関係が問われる占有者の債権も物に関して生じた債権でなければならない、といった制約はない。[14]

さらに、相互性という前述の要件は留置権行使に関して対人性を要求するため、この権利を第三者に主張するという対抗力概念はもとより存在しない。そこで、例えば留置権者が引渡しを拒絶して占有している物を所有者が第三者に譲渡してしまった場合、右の相互性という要件を貫くことは留置権者の債権担保という観点から不都合が生じないものか、という疑問（すなわち留置権の成立範囲に関する疑問）が生じてくると考えられる。この点、右の要件が要求されていることとの関係上、一般に次のような場合が取り上げられて論じられている。すなわち、ここで要求される相互性は相殺の場合ほどに厳格ではない。従って、反対債権が共同相続人など、いわゆる合有関係にある債務者に帰属する場合にも、遺産債権者が二〇五八条に基づいて一人の共同相続人に請求したならば、共同相続人は、相続財産に合有的に帰属する請求権を、遺産債権者に対して抗弁として主張し得ることが裁判例によって認められているため、右の債務者は留置権を主張し得ることになる。(15) また、遺産債務者である共同相続人の一人が分割請求権を抗弁として主張する場合のほか、遺産に対して債権を有する共同相続人を相手として分割請求権が行使された場合も右の相互性という要件は備わっているのであるが、(16) しかし遺言執行者が共同相続人の一人に対して遺産債権を行使したときは、この共同相続人は他の共同相続人を相手に留置権を主張し得ない、と解されている。(17) さらに、債権譲渡がなされた場合には、四〇四条により、債務者は旧債権者に対する留置権を新所有者に対しても主張し得るだけでなく、(18) 債務引受けの場合でも、四一七条に基づいて旧債務者に認められていた、債権者に対する留置権が引受人に認められる。(19) また、第三者のためにする契約に関しても、約束者は三三四条に基づき第三者に対して留置権を主張し得る、と言う。(20) しかし、右の各場合において、留置権の行使が認められたことで債権の実現が拒絶された者は、いわゆる第三者に該当するものではなく、右の留置権行使には相互性という要件の具備が常に要請されているため、反対債権の債務者でない者に対して前述した一般的留置権を行使することは許されない。(21) このように右の要件具備が徹底して問われるため、二七三条一項に定められた留置権は一般に債権であっていかなる物権的効力も有さない、と解されている。(22)

すると、同条項の留置権は、一方では相殺に、また他方では同時履行の抗弁権（Einrede des nicht erfüllten Vertrages）に近似することになる。相殺との関係では、この留置権が異種の請求権間でのみ問題となること、相殺では二つの請求権の間に牽連関係を要しないこと、また比較的古い裁判例においてではあるが、留置権の行使には三九四条の類推適用が否定されていること、などにより両者は区別されている。(23) また、同時履行の抗弁権との関係も従来から問題視されてきたが、(24) 今日、この抗弁権を主張するうえで求められる要件が具備された場合には右の抗弁権は留置権に優先する、と解することで一致しており両者は同時に主張され得ない。(25)(26)

以上のような一般的な留置権と並んで、二七三条二項は、債務者の反対債権が目的物に加えた費用の償還債権または目的物より被った損害の賠償債権である場合に、この目的物について債務者に留置権を認めている。同項の留置権を一項のそれと比較したならば、二項は一項と並んで独自の留置権の発生を規定したものではなく、一項で要求された牽連性という要件が存する場合を法定したものである、と解されている。(27) 従って、右の二項は、反対債権が同項にいう債権である限り、常に債権者の有する目的物引渡請求権との間に、一項にいう「同一の法律関係」を擬制して一項を補充した関係にある。(28) その上、ここにいう引渡しとは、九八五条（所有権に基づく引渡請求権）、一〇〇〇条（占有者の費用償還債権）、二〇二二条（僭称相続人の費用償還債権）におけるよりも広く解釈されており、例えば六九五条（寄託者の引渡請求権）など債務法上の引渡義務も含まれる。また、反対債権の債務者は二項によって定まるのではなくて他の諸規定の定めるところによる。(29) さらに、同項の目的物は九〇条の有体物に限らず、広く債権もその客体となる。(30)

二　個別規定その他の準用による留置権

以上の一般的な留置権に対して、ドイツ民法典はさらに個別に留置権を規定したり、その準用規定を有している。まず、占有者―所有者間の利益調整として、占有者の費用償還債権を保護するため一〇〇〇条は物の占有者に留置権を認める。(31) これは占有者の費用償還債権のために所有者の目的物引渡請求権が拒絶される場合であるから、この場合には前述した二七三条二項の適用が考えられるが、右の占有者は、所有者が物を回復した場合とか費用支出を承認した場合に初めて、費用償還債権をこの所有者に対して主張し得るにすぎないから(一〇〇一条参照)、右の所有者が物を回復するか、または、費用支出を承認しない場合には占有者の保護が図られなければならない。一〇〇〇条はこの保護をせんとする趣旨に基づくものであり、従って占有者の費用償還債権の主張が許される以前の段階を適用領域とする。(32) それ故、同条は、二七三条二項に定められた占有者の反対債権のうち弁済期に関する要件を排除したものであり、(33) 従って二七三条二項の特則という関係に立つ。(34)

また、ドイツ民法典は、同じく特則として、相続財産に属する物の引渡義務者である僭称相続人がこの相続財産に関して費用を支出したという場合に、所有権に基づく請求権に関する規定の一部（一〇〇〇条～一〇〇三条）を準用し（二〇二二条）、(35) 右の費用が償還されるまで相続人に対する留置権を僭称相続人に認める。(36)(37)

以上のほかに、ドイツ民法典は一〇〇〇条の留置権を随所で準用している。この留置権が認められる者は次のとおりである。

(1)　侵奪物引渡義務者が、侵奪物に支出した費用の償還債権を被害者に対して有する場合に、この引渡義務者に対して（八五〇条）。

(2)　拾得者が拾得物の保管もしくは保存または受取権者調査のために支出した費用の償還債権（九七〇条）、および、その報労金債権（九七一条）を受取権者に対して有する場合に、この拾得者のために（九七二条)。

(3) 動産の前占有者が占有取得時に悪意であった占有者に対して物の引渡請求権を有し、この悪意占有者が動産に支出した費用の償還債権を有する場合に、この悪意占有者のために(一〇〇七条三項)。

(4) 地上権者が目的物に関して支出した費用の償還債権を所有者に対して有する場合に、この地上権者のために(一〇一七条二項)。

(5) 用益権者および質権者がその権利を侵害された場合に、これらの者が所有者に対して取得する請求権について、これらの者のために(一〇六五条、一二二七条)。

(6) 遺贈義務者が、相続開始後に遺贈の目的物に加えた費用、および、その物の負担を履行するために支出した費用の償還債権を受贈者に対して有する場合に、その遺贈義務者のために(二一八五条)。

従って、これら以外の費用償還債権については一般規定である二七三条によって解決されることになる。[38]

(1) Vgl. F. Schlegelberger, Das Zurückbehaltungsrecht, Jena, 1904, S. 48f.; W. Webel, Die Einrede des nichterfüllten Vertrages des §320 Abs. 1 Satz 1 BGB und das Zurückbehaltungsrecht des §273 Abs. 1 BGB, Ein Beitrag insbesondere zu den Begriffen der Gegenseitigkeit und der Konnexität, Diss. Breslau, 1933, S. 12f. u. 15.

もっとも、Schlegelberger, a.a.O., S. 1は、一般にローマ法および普通法の留置権がドイツ民法典における留置権制度の唯一の根拠になっているという認識について疑問を呈している。すなわち、ゲルマン法および中世ドイツ法の下でも対人権(Gegenrecht)が履行されるまで、給付拒絶をなし得る権利が存在したことは知られているところである。なるほど、「特殊なドイツ法的留置権はドイツ民法典の留置権に何ら影響を与えなかった」と主張されるのであるが、この証明は一度もなされておらず甚だ不適切に主張されてきた、というものである。それはローマ法および普通法に基づいて収められた成果に脅かされたからであろう、とも述べている。

(2)　Vgl. Schlegelberger, a.a.O., S. 4ff. この記述を紹介する薬師寺・留置權論二一七頁以下も参照。

(3)　Motive, S. 41. すなわち、留置権を容認することが国民の法律観念に合致するばかりか現実の取引に必要である、と言う。

(4)　普通法時代における学説は、まず留置し得る場合の類型的作業に始まり、続いてその統一概念の作成へと発展していったと言うことができる（vgl. Schlegelberger, a.a.O., S. 4ff. insb. S. 9ff.）。

(5)　もっとも、留置権という権利を個別規定に委ねようとする動きがなかったわけではないが（vgl. Die Vorlegen der Redaktoren für die erste Kommission zur Ausarbeitung des Entwurfs eines BGB, S. 846f.）、一般規定の制定は可能であり、また個別規定のみでは不十分であることを考慮して右の権利に関する一般規定が設けられることになった（Motive, S. 41）。

(6)　二七三条一項…債務者ガ自己ノ義務ヲ負担シタルト同一ノ法律関係ニ基キ債権者ニ対シテ弁済期ニ達シタル請求権ヲ有スルトキハ、債務関係ヨリ別段ノ結果ヲ生ゼザル限リ、自己ノ受クベキ給付ノ実行アル迄ハ自己ノ負担スル給付ヲ拒絶スルコトヲ得（留置権）。

二項…目的ヲ返還スベキ義務ヲ負フ者ガ、目的ニ加ヘタル費用又ハ目的ニ因リ受ケタル損害ニ基キ既ニ弁済期ニ達シタル請求権ヲ有スルトキ、亦同ジ、但シ債務者ガ故意ニ出デタル不法行為ニ依リテ其ノ目的ヲ取得シタルトキハ、此ノ限ニ在ラズ。

三項…債権者ハ担保ノ供与ニ依リテ留置権ノ行使ヲ免ルルコトヲ得。但シ、保証人ヲ立ツルコトヲ以テ担保トスルコトハ之ヲ許サズ（訳出は柚木馨『現代外国法典叢書・独逸民法〔II〕債務法』九三頁〔有斐閣、昭一五〕による)。

(7) F. Oesterle, Die Leistung Zug um Zug, Schriften zum Bürgerlichen Recht, Bd. 61, Berlin 1980, S. 101; W. Dütz, Das Zurückbehaltungsrecht des §273 Abs. 1 BGB bei Erbauseinandersetzungen, NJW 1967, 24 S. 1105.

(8) Oesterle, a.a.O., S. 100 u. 102.

(9) Vgl. Oesterle, a.a.O., S. 102f.

(10) Selb, Staudingers Komm., §273 Rz. 6.

(11) Werner, Staudingers Komm., §273 Rz. 24; Soergel-Schmidt, B.G.B., S. 244; Larenz, Schuldrecht. I, S. 199; usw.

(12) 学説は牽連性という概念を、密接な自然的・経済的関連(enger natürlicher und wirtschaftlicher Zusammenhang)とか、意識的な、または意識的であることを前提とすべき生活関係の一体性(gewollte order als gewollte vorauszusetzende Einheitlichkeit des Lebensverhältnisses)などと抽象し、こうした関係から相互に請求権が生じていることで十分である、とする。そして、一方のみの債権行使を許すことが信義則に反するという場合に留置権の行使は制限される(vgl. Selb, Staudingers Komm., §273 Rz. 13 u. 16)。

(13) 原則として財産的性格を有する請求権であれば、物権的請求権であろうと債権的請求権(労務の提供など作為義務も含む)であろうと、ひいては家族法上の請求権であろうと区別されない(z.B. Soerger-Schmidt, B.G.B., S. 224; Erman-Sirp, Handkommentar zum Bürgerlichen Gesetzbuch, Bd. I, 6. Aufl., Münster 1975, S. 598; Selb, Staudingers Komm., §273 Rz. 13; usw.)が、婚姻上の義務、例えば子の引渡義務(一六三二条一項参照)など財産法上の請求権でないものは拒絶の対象とはならない、と言われている(z.B. G. Beitzke, Familienrecht, Juristische Kurz-Lehrbücher, 19. Aufl., München 1977, S. 196; Selb, Staudin-

gers Komm., §273 Rz. 13; Soergel-Lange, B.G.B., S. 1219; usw.)。

(14) 後述するように債権者の反対債権が、目的物に加えた費用の償還債権または目的物より被った損害の賠償債権である場合には、債権者の目的物引渡請求権と債務者のこれらの反対債権との間に牽連性を民法典は擬制している(二七三条二項参照)。

(15) Selb, Staudingers Komm., §273 Rz. 6.

(16) Dütz, a.a.O., S. 1109.

(17) Selb, Staudingers Komm., §273 Rz. 6.

(18) Soergel-Schmidt, B.G.B., S. 245 u. 248; Larenz, Schuldrecht. I, S. 198 Anm. 5; Selb, Staudingers Komm., §273 Rz. 6.

(19) Selb, Staudingers Komm., §273 Rz. 6.

(20) Ibid.

(21) この点については後述するが、差し当たり、vgl. A. Freymuth, Zur Auslegung des §273 BGB: Zurückbehaltungsrecht ohne Anspruch?, Bahz 1917, 140f.

(22) Werner, Staudingers Komm., §273 Rz. 20は、「あらゆる第三者に対して効力を有するような物権的効力を有する留置権は、ドイツ民法典には認められない」、と言う。さらに、Soergel-Schmidt, B.G.B., S. 248のほか、例えば椿・序章注(7)六頁、田中・注釈民法(8)一三頁、我妻・民法講義III二一頁なども本文で述べたことを指摘する。

もっとも、「ドイツ留置権は主として債権でも物権でもなく、それは、物に支出された費用の償還がされるまで、所有者の引渡請求権に対する抗弁を債務者に認めるにすぎない」、という主張(R. Hübner, Gründzüge des deutschen Privatrechts, 5. Aufl., Leipzig 1930 (1969), S. 488) もある。

(23)　Selb, Staudingers Komm., §273 Rz. 29f. もっとも、本文にいう裁判例の立場に対して、Selb, Staudingers Komm., §273 Rz. 30は反対。

(24)　同時履行の抗弁権との関係については従来いろいろ表現されてきた。すなわち、この抗弁権も留置権と同様に信義則に基づくものであると解する者は、右の抗弁権を留置権のUnterart (O. Ulrichs, Das Recht der Zurückbehaltungsrecht und Aufrechnung beim gewerblichen Arbeitsvertrag, Berlin 1910, S. 26; Enneccerus-Lehmann, Recht der Schuldverhältnisse, S. 110; A. Blomeyer, Allgemeines Schuldrecht, 4. Aufl., Berlin und Frankfurt a. M. 1969, S. 108)、besondere Art des Zurückbehaltungrechts (H. Kreß, Lehrbuch des Allgemeinen Schuldrechts, München 1929, S. 576)、verschärftes Zurückbehaltungsrecht (P. Oertmann, Kommentar zum Bürgerlichen Gesetzbuch und seinen Nebengesetzen, Recht der Schuldverhältnisse, 5. Aufl., Berlin 1928, S. 265; Webel, a.a.O., S. 23) などと表現され、このような立場が長い間ドイツ学説における支配的見解であった、と言う (vgl. A. Bürge, Retentio im römischen Sachen- und Obligationenrecht, Zürcher Studien zur Rechtsgeschichte, Zürich 1979, S. 186)。これに対して、今日では、留置権に対して前述した抗弁権の独立性を強調する学説 (Schlegelberger, a.a.O., S. 148; Soergel-Schmidt, B.G.B., S. 245; Larenz, Schuldrecht, I, S. 196 Anm. 1) が有力である。

(25)　D. Kast, Die Einrede des nichterfüllten Vertrages unter besonderer Berücksichtigung des Miet- und Dienstvertrages, Diss., Heidelberg 1973, S. 41; Schlegelberger, a.a.O., S. 148; Soerger-Schmidt, B.G.B., S. 245.

しかし、Kast, a.a.O., S. 141は、留置権と同時履行の抗弁権との関係をさらに明確にすることは無意味であり、「両制度の明確な相違を具体化することがより本質的である」としながら、「留置権は信義則の原則にその基礎をおく。この基礎は、まず第一に債務者をその反対債権のために価値に応じて保証する任務を有する。

これは、留置権が担保の供与によって排除され得ることに対応している。一方、同時履行の抗弁権は、原則として交換目的、すなわち双方の給付義務の依存性に基づく。確かに、この抗弁権も債務者の請求権を確保することに役立つが、その本質的な目的は給付の交換および反対給付の時間的に正当な履行を保証することにある」、と述べている。

(26)　両制度の異同としてWerner, Staudingers Komm., §273 Rz. 18は次の三点を指摘する。

(1)　二七三条の留置権は双務契約に基づくことを要件としない。それは契約に拘束されておらず、むしろ債務が一つの契約に基づいているか、それとも一つの異なった事実に基づいているかに関係なく、同一の法律関係から生じた、債権者に対する弁済期到来の反対請求権を債務者が有する場合に認められる。これに対して、同時履行の抗弁権は双務契約を要件とする。両者の相違は、留置権の場合には双方の請求権の間に依存関係が創設されているという点に現われるであろうが、同時履行の抗弁権は留置権の特則（Sonderfall）である。

(2)　二七三条の抗弁は担保の供与によって排除されるが（同条三項）、同時履行の抗弁権はそうではない。

(3)　効果に関しては両抗弁は同じである。両抗弁は延期的性質を有するが、この種の他の抗弁のように勝訴判決として債務者を保護せず、むしろ債務者は自己になされるべき給付との引換えによる給付判決がなされるべきである（二七四条、三二〇条）。

(27)　二項の留置権が一項とは別個独立の留置権を規定したものかについて古くは論争があったが（vgl. Schlegelberger, a.a.O., S. 90ff.、および、この記述を紹介する薬師寺・留置権論二四七頁以下参照）、今日では異論がない（z.B. Soergel-Schmidt, B.G.B., S. 247; Erman-Sirp, a.a.O., S. 603; Selb, Staudingers Komm., §273 Rz. 33; usw.)。

(28)　Soergel-Schmidt, B.G.B., S. 247; Esser-Schmidt, Schuldrecht, Bd. I, Allgemeiner Teil, Teilbd. 1, 5. Aufl. Karlsrule 1975. S. 165; Larenz, Schuldrecht. I, S. 200f.

(29)　Werner, Staudingers Komm., §273 Rz. 15. すなわち、費用償還債権の債務者については三〇四条、三四七条、四五〇条、五〇〇条、五四七条、五九七条、六〇一条、八五〇条、九七〇条、九九九条参照。また、目的物より被った損害の賠償債権の債務者については、例えば債務不履行または不法行為に基づく損害賠償に関する二七六条以下、八二三条以下の定めるところによる。

(30)　Selb, Staudingers Komm., §273 Rz. 35; Soergel-Schmidt, B.G.B., S. 247; Erman-Sirp, a.a.O., S. 602f.; Larenz, Schuldrecht. I, S. 200; usw.

(31)　一〇〇〇条…占有者ハ償還セラルベキ支出ノ弁済ヲ受クルマデハ物ノ返還ヲ拒ムコトヲ得。占有者ガ故意ニ為シタル不法行為ニ因リテ物ヲ取得シタルトキハ留置権ヲ有セズ（訳出は於保不二雄『現代外国法典叢書・独逸民法〔Ⅲ〕物権法』一五六頁〔有斐閣、昭一七〕による）。

(32)　Pikart, BGB-RGRK, §1000 Rz. 4; Oesterle, a.a.O., S. 117.

(33)　Soergel-Schmidt, B.G.B., S. 245; Soergel-Mühl, B.G.B., S. 365; Selb, Staudingers Komm., §273 Rz. 9; Pikart, BGB-RGRK, §1000 Rz. 4.

(34)　Werner, Staudingers Komm., §273 Rz. 14; Selb, Staudingers Komm., §273 Rz. 33; Oesterle, a.a.O., S. 117.

(35)　二〇二二条一項…二〇二一条（僭称相続人の不当利得返還義務。著者注）ニ依リテ返還セラルベキ利得ニ充当シテ尚費用ニ充タザル限リ、総テノ費用ノ償還ト引換ニノミ僭称相続人ハ相続財産ニ属スル物ヲ返還スベキ義務ヲ負フ。此ノ場合ニハ所有権ニ基ク請求権ニ関スル第一〇〇〇条乃至第一〇〇三条ノ規定ヲ適用ス。

二項…僭称相続人ガ相続財産ノ負担又ハ遺産債務ノ弁済ノ為ニ為シタル支出モ、亦費用ニ属スルモノトス。

三項…個個ノ物ニ関シテ為サレザリシ支出、殊ニ第二項ニ掲ゲラルル支出ニ付相続人ガ一般ノ現定ニ依リテ更ニ償還ヲ為スコトヲ要スル限リ、僭称相続人ノ其ノ請求権ハ何等ノ影響ヲ受クルコトナシ（訳出は近藤英吉

『現代外国法典叢書・独逸民法〔V〕相続法』一〇八頁〔有斐閣、昭一四〕による)。
(36) 二〇二二条が二七三条二項の特則性を指摘するものとしては、vgl. z.B. Soergel-Schmidt, B.G.B., S. 245; Selb, Staudingers Komm., §273 Rz. 33.
(37) 二〇二二条における費用の範囲は一〇〇〇条におけるよりも広く、必要費、有益費のほか不必要な費用や無意味な費用も含まれ、また当該費用は個々の相続財産に対してであろうと相続財産の全体に対してであろうと構わない (Soergel-Dieckmann, B.G.B., S. 173)。
(38) 例えば、三〇四条、四五〇条、五〇〇条、五四七条、五九二条、六〇一条参照。

第二節　契約の相手方以外の者に対する留置権の主張

一　いわゆる不明確型と非間接強制型における留置権の存否

以上に見てきたように、ドイツ留置権は債権であり、従って反対債権の債務者に対してのみ主張され得るにすぎない権利であるならば、例えば反対債権の履行を促すために占有されている物を、その所有者である債務者が他に売却してしまったなどの場合では、留置権者は当該物の譲受人との関係でどのように保護されることになるのか、という疑問が生じてこよう。そこで、本節では、既に検討の対象として分類してきた、いわゆる不明確型および非間接強制型の場合を中心に右の疑問について考察することにする。

(イ)　不明確型の場合

まず、占有者Xが費用償還債権を有しており、しかもX↓A↓Y型またはA↓X・A↓Y型におけるように物の所有者につき交替が生じた、という場合に関してである。この場合には、九九九条二項[(1)]の適用により所有者自体が旧所有者の責任を負担する。同条項の意義は、当該費用の支出により目的物につき生じた価値の増加・維持という利益が所有者に帰属するから、かかる費用の償還義務はこの利益の帰属主体が負担すべきであるという点にある。これより、新所有者が費用償還債務を負担することについては、費用支出時が何時であろうかに拘わらず、また所有権取得が承継取得であろうと原始取得であろうと問題ではない(2)。こうして成立要件としての相互性は確保され、XはYを相手に取得した費用償還債権をもって、直接、Yに対して留置権を主張し得ることになる。

問題は、例えばYの所有物を貸借または所有権留保で買い受けたAが、Xに請け負わせてその物の修繕をさせたという場合(いわゆるY→A→X型の場合)のように、債務者AからYへと物の所有権が移転したわけではない場合に関して、である。この場合に九九四条以下の諸規定を適用することでX・Y間に費用償還関係を認めることができようか。この問題は右の諸規定が適用される範囲に関する事柄であるのみならず、実は、費用償還債権と、それから同一目的に向けられた他の請求権との関係(例えば費用償還債権と一般不当利得法上の利得返還請求権との競合関係)、などにまで及ぶ困難な問題でもある。本節における考察対象に照らしたならば、この問題にまで立ち入ることはできず(3)、前述した問題、すなわちY→A→X型の場合で、占有者Xと所有者Yとの間に直接の契約関係が存しないときに、このX・Y間に費用償還関係が成立する余地はあろうか、という問題に限って裁判例の立場を中心に概観してみよう。

まず、Yは、原料である毛皮を、代金完済までその所有権を自己に留保し、かつ、その加工のいかなる段階でもYに所有権があるものとしてAに売却した。Aは、毛皮の加工をXに委託し再びその返還を受けたが、その加工料は未払いであった。その後、Aが支払停止に陥り清算手続が開始したので、Yは直ちに右毛皮を所有権留保に基づいて取り戻した。そこで、債権の満足を得られなかったＸはＹに費用償還請求をしたという事案において、ライヒ最高裁判所[4]は、占有者が所有者との契約に基づいて費用を支出した場合には、両者間の法律関係は当該契約とその解釈によって規律されるから九九四条以下の適用はないとしながら、しかし他方で、このような考慮によるも、Ｘの費用償還債権はＸ・Ａ間に存する契約（請負契約）の存在によって排除されるものではなく、従ってＸ・Ａ間の債権関係はＸ・Ｙ間の法律関係にとって何ら重要でないと判示して、Ｘの費用償還債権を肯定した。その後の裁判例もかかる解釈に従ってきたと言う[5]。しかし、連邦裁判所はこの解釈を排斥した。すなわち、Ｙは自己所有の機関車をＡに賃貸し、その期間中の修繕義務はＡが負担する旨の約定がなされた。Ａが右機関車の修繕をＸに依頼し、Ｘは、修繕後、Ａに返還してＡより支払いのために手形を受け取ったが、その満期前にＡは破産した。そこで、債権の満足を得られなかったＸがＹに対して支払いを請求したという事案において、右裁判所は、所有者―占有者間に関する九九四条以下の諸規定は所有者と不法占有者との関係に限定して適用されなければならないと解したうえで、所有者に対しても注文者に対しても占有権原を有する請負人Ｘが請負契約に基づいて費用を支出し、後に注文者から報酬の支払いを受けることなく任意に返還した場合には、所有者に対する物権的な費用償還債権をＸは有さない、と判示した[6]。次いで、Ａが手形と引換えにＹよりバスを購入したが、Ｙはその所有権を留保し自動車証書を交付しなかった。Ａは、所有権留保の期間中、必要な際には直ちに修繕をなす義務を負担していたが、手形は償還されないまま事故に遭い、Ｘに修繕を依頼して自動車を引き渡した。ところが、Ａは修理代金を支払わないで破産したので、ＸはＹに対して費用償還請求をし、Ｙは反訴として所有権留保に基づきバスの引渡しを求めたという事案においても、連邦裁判所は、九九四条以下の諸規定が所有者と不法占有者の間においてのみ適用され得るとし、また留保買主であるAの注文により物の修繕をして当該物を保有する請負人は、Aに対してのみならず、所有者であるYに対しても適法な他主占有者であることを認めたが、しかし右事案のように、Yの所有権留保の利用によりAが占有権を失った場合には、もはやYに対するXの占有すべき権原は認められず、従ってXがこの権原を有していた時に費用を支出したにせよ、かかるYとの間で九九四条以下の適用は排除されない旨を述べるに至った(7)。さらに、Aは、トラックを購入する目的で手形と引換えにYより金員を借用し、Yとの間で当該トラックについて譲渡担保契約を設定した。その際、Aはトラックについて適切に管理する義務を負担する約束がなされており、しばしばトラックをXに修理させてきた。ところが、Aは手形を償還し得なかった。Xは右のトラックと他の車の修理代金を負担しているAより当該トラックを取り戻したので、Yは担保所有権に基づいてXに対して車の引渡しを訴求したという事案でも、前記二つの連邦裁判所の立場を確認している(8)。そして、このような一連の裁判例における結論に対しては学説上も賛同するものが多い(9)。

要するに、九九四条以下の諸規定は、連邦裁判所の裁判例によれば、いわゆるVindikationslageを前提とし、いわば裸の所有者―占有者関係、すなわち契約関係などの特別な関係にない、所有者と占有者との関係を規律する純物権的関係において適用が認められる。すなわち、占有者が所有者に対して占有すべき権原を有さない場合には常に占有者に費用償還債権が生ずるため、この「占有すべき権原のない占有者」の概念自体が問題となる(10)。しかし、Y↓A↓X型においても、占有者であるXが当初から占有すべき権原を有さなかったり、占有すべき権原を失って所有者であるYとの間に右のVindikationslageが発生したならば、例えば請負人Xは注文者Aに対して報酬債権を有していたところで、XはYに対して費用償還債権を取得でき、従ってYを相手に留置権を主張し得ることになる。(11) その際、右の請負人に対して所有者が負担する責任の範囲は、請負人が有する請負代金債権に対する履行ではなくて、請負人の労務によって客観的に生じた価値の弁済に限られることも当然である。(12)

これに対して、占有すべき権原を有する占有者、すなわち非所有者である注文者のみならず所有者に対してまで適法に占有する権原のある者は、注文者である非所有者に対する契約上の債権のみが認められるにすぎないが、これは、いわゆる非間接強制型のY→A→X型の場合に当たるため次の(ロ)において論ずることにする。

(ロ)　非間接強制型の場合

次に、非間接強制型における留置権の存否を検討するに当たっては、わが国の公刊裁判例に現われた、右の類型に関する場合を対象に施してきた三分類（すなわち、X→A→Y型、A→X・A→Y型、Y→A→X型）に着目し、その各々においてドイツ民法典の下では留置権の存否がどう結論づけられることになるか、について見ることにする。

まず、X→A→Y型、A→X・A→Y型の何れの場合であれ、反対債権を占有者が有している場合に、この反対債権が費用償還債権でないならば、もはや九九九条二項の予定するところではなく、従って九八六条(13)の適用解釈によって処理されることになる。すなわち、同条二項は、旧所有者と債務者との債務関係から生じた、占有をなす権利を動産占有者に与えてこの者を保護する趣旨にあるが、(14) この「占有をなす権利」には留置権も含まれると解されているため、占有者は旧所有者に対して有する留置権を抗弁として新所有者に対抗し得る。(15) 但し、新所有者に譲渡された引渡請求権の履行を拒絶しようとする占有者は、同じく弁済期の到来した反対請求権を、所有者の交替時に既に旧所有者に対して有している必要がある。[16] その上、同条項は、旧所有者に対する反対債権そのものを新所有者に対して行使し得ることまで認める趣旨ではないから、[17] 留置権の行使が許される非間接強制型の場合であると言うことができるが、右の条項によって保護される「占有をなす権利」は留置権に限らず、例えばAがBに賃貸した馬をCに譲渡した場合におけるBの賃借権もこの「権利」に含まれると解されているため、[18] 右の占有者に認められた留置権の主張はこの権利独自の対抗力概念を形成するものではない。[19]

一方、右の動産占有者とは異なり、不動産占有者については原則として九八六条の適用解釈によるような保護が与えられていない。但し、例外として土地・住居その他の場所（以下では土地等と省略する）の賃貸借では、仮登記と結び付けられて賃貸借関係は譲受人と賃借人との間に維持され、従って譲受人が賃貸人の権利義務を代位することにより賃借人は類似の保護を受けることができる[20]（五七一条、五八〇条、五八一条二項）。ところが、賃借人は土地等の賃貸人に対して有する債権のために留置権を主張し得ない旨が定められている（五五六条二項、五八〇条、五八一条二項）。この趣旨は悪質な土地等の利用を回避する点にあり、従って土地等の引渡しが求められた場合に土地等の賃借人は右の譲受人に対して反対請求権を行使し得るにせよ、この請求権を担保せんとして留置権を行使することは許されない。[21] もっとも、このように留置権の行使が禁止されるのは、例えば使用賃貸人が土地の引渡しを使用賃貸借契約に基づいて請求する場合に限られるのであって、使用賃借人は、右契約が有効に取消されて、他の理由から、すなわち例えば使用賃貸人が所有権に基づいて引渡請求をしたために引渡義務を負うに至った、などの場合には留置権を主張することができる。[22] こうした特別な配慮から留置権が否定される土地等の賃貸借を除く不動産の占有者に対しては、たとい所有者の交替が生じたところで、相互性の要件が充足しない限り留置権は認められないことになろうが、かかる占有者の保護いかんについて必ずしも明確に論じられていないので、[23]ここではさらに立ち入らないでおくことにする。

ところで、等しく所有者が交替する場合であっても、請負ケースにおいてはわが国における と趣を異にする。すなわち、請負人には、その占有下にある、製作・修繕した注文者の動産について、契約に基づいて生じた請負人の債権のために法定質権が認められており（六四七条）、かかる請負人の債権には報酬債権のほか、六四二条の補償請求権、とりわけ履行遅滞、不完全給付における未完了給付の損害賠償債権を指す、[24]と解されている。その上、注文者がこの動産を第三者に譲渡した場合に右の質権は第三者との関係でも保護され（九三六条三項）[25]、従って請負人は質物の売却によって契約に基づく債権の満足を受けることができる（一二二八条以下、一二五七条）。また、工作物または工作物の各部分の請負人に対しては、契約に基づく債権につき注文者の工作地の上に、既に履行された仕事に応じて保全抵当の許与請求権が認められている（六四八条一文）。しかし、抵当権は法によってではなくて、土地所有者がそれを供給することによって初めて付与されるから、この許与請求権を担保するために仮登記（八八三条）をなし得る。建築技師の報酬債権についても、裁判例は請負契約と解し得る限りで右の許与請求権を建築技師に付与しているが、その際には、実際にこの技師によって工作物の建設がなされている必要がある、と言う。[26][27]

しかし、このように請負人の報酬債権は一方で六四七条により法定質権の保護が図られているにせよ、かかる保護の存在から前述した二七三条および一〇〇〇条の留置権が排除されることにはならない。[28]また他方で、六四八条の保護規定が存するにも拘わらず、請負人は、報酬債権を実現するため、Ａに対して二七三条の留置権を行使することが許されるのであって、[29]前述した六四八条の保全抵当は、右の許与請求権者である請負人がこの留置権を行使しない場合に限り意味を有するにすぎない。(30) そうであれば、注文者が所有者でなく、この所有者との関係では請負人の仕事につき同条の保護が与えられない場合も、二七三条のみならず一〇〇〇条の留置権は依然として意味を失わないことになり、従って右の所有者と請負人との間に費用償還関係の発生を条件にこの留置権を主張することで請負人は保護を受け得ることになる。(31)

次に、Y↓A↓X型のように所有者の交替が存しない場合はどうか。前述したように、反対債権の債務者ではない者に対しては留置権は行使され得ないため、例えばAがXから受けた貸付金の担保としてY名義の預金通帳をXに交付した場合、XはYに対して債権を有さない限り、Aに対する債権のためにY名義の通帳を留置し得ない。(32) また、例えば請負人が注文者に属さない物を加工した場合でも、占有権原を有する注文者から派生して占有している請負人は請負代金債権を所有者に対して主張し得るわけではなく(すなわち、請負人は注文者に対して請負代金債権を有しているにすぎない)、従って右の請負人は所有者に対して留置権を主張し得ないことになる。(33) つまり、ここでの請負人と所有者との間にはVindikationslageが存しないから、これらの者の間で留置権の存否を巡る問題は生じず、(34) 従って右の請負人は注文者に対して二七三条の留置権を主張できると解することで十分であることになる。要するに、Y↓A↓X型の請負人は、既に述べたように、引渡請求権を有する所有者との間で費用償還関係に基づく留置権の存否をもって保護され得るにすぎない。

二　ラーレンツの見解

(イ) 以上のような留置権の成立に関する解釈状況にあって、近時、前述した相互性という要件を特殊な場合に緩和して捉えようとする見解が一部の有力説によって唱えられている。

銀行取引においてよく見られる形態として、いわゆる融資型割賦売買（finanziertes Ratenkauf）がある。すなわち、ある物の売買契約において、売主（V）に対する代金債務の完済という唯一の目的のために、金融機関（F）が買主（K）に融資してその貸付金をKの負担でVに支払い、Kは利息および手数料を含めた貸付総額をFに分割支払いで返済する債務を負う。しかし、Vの売買条件により目的物の所有権がVからKに移転すると同時に、その所有権はFに対する債務の担保としてKからFに移転する。この場合、K・F間のみならずF・V間にも法律関係の存することが重要であり、まずF・V間で締結された契約において、Fは一定額まで決められた条件の下で貸付けの許可をなす割賦販売に同意する。次いで、FとVはKに契約用紙を呈示し、Vは、この同意に従い、残代金の限度で貸付金の提供をFに対して望んでいるKに販売する、という方式でなされる。Vは、Kの信用調査を行った後に右の契約用紙に署名し、この署名によって売買契約が成立したこと、それから初回金を受領したことが確認できたならばこの契約用紙をFに送付する。しかし、申込みに対する承諾またはVへの貸付金の支払いは、Kが商品の受領を確認することによっている。一方、F・V間の契約により、VはFに対するKの義務のためにFに対して連帯保証を請け負うから、その結果としてFは被った損失についてVに責任追及することができる。Kは、契約書に署名をすることで、Fの貸付条件においてこの売買契約から生じたKの異議、とりわけ有効性の瑕疵、引渡しの遅滞もしくは物の瑕疵から生じた異議または売買契約の変更・取消についてなされたK・V間の取決めに関する異議が、右の消費貸借契約から生じたFに対するKの義務に影響を及ぼさないことを知らされる。従って、消費貸借が一たん成立して貸付金がFからVに支払われると、K・F間における消費貸借関係の法的運命はK・Vの売買関係の存続およびその後の展開とは無関係になる。(35)(36)

この場合、VとFはKに対して別個独立に行動するのではなく、協同してKに対する割賦販売を可能にするように行動している。従って、K・V間およびK・F間に成立した契約は、一つの経済的に一体となった行為に関係したすべての意思に従うとともに割賦販売の性質に応じて補完されるが、理論的には、ここでの融資型売買は純然たる売買よりも割賦販売に近似しており、売買契約の無効の場合または給付障害の存する場合に、通常の割賦販売において与えられる法的救済が存しないと不都合が生ずる。すなわち、このような場合にKは通常の割賦販売における以上に不利な立場におかれることは許されない(37)。

(ロ)　このような場合においてラーレンツは買主の保護手段として買主の留置権を提唱する(38)。すなわち、一方のK・V間における法律関係と他方のK・F間における法律関係は、その内容と目的からして割賦販売という取引に従っているため、二七三条における「同一ノ法律関係」と看做すことができる。しかし、ここでは請求権の相互性という要件が欠如している。けだし、KはVとFの双方に対して債務契約上の関係にあるからである。しかし、FとVはその間に存する関係に基づき、Kに対して一体となって対立していることよりし、この三面的な法律関係に対しては二七三条の類推適用が可能となる。このような割賦売買の取引においてFとVはその取決めで相互を代理する関係にあるが、この形態の認識が民法典の立法者には欠けていた。融資機関の介入による支払行為は、ドイツではここ二〇年来において重要な意義を有するに至ったからである。従って、ドイツ民法典は相互に結合した契約の各種を規定してはいるものの、しかし各種の契約は同一の当事者間において締結されているものにすぎないから、融資型割賦売買において存する二つの契約の結び付きに対しては、法律上の規定および学説上の形成が欠如している。その欠缺を埋めるためには法規の類推適用が残されているにすぎない。すなわち、債権者・債務者の同一性なる要件が欠けていることの故に類推適用が問題となるのであり、この適用において法律効果、とりわけ二七四条の法律効果[39]に関する緩和が可能になると言う[40]。

(ハ)　このように二七三条の類推適用を説いたうえでラーレンツは、(1)前述した売買契約が無効な場合、(2)売主がこの契約を履行しない場合、および、(3)買主に瑕疵請求権(Mängelanspruch)が存する場合に生ずる法律関係を明確にしている。

(1)　売買契約の無効。売買契約が無効であったり、この契約を買主が有効に取消したため遡及して無効と看做される場合にはF・K間の消費貸借は存在しない。けだし、消費貸借契約は、当事者によってこの契約に与えられた用途（特殊な売買の融資）、および、右の契約と関係してなされる用途（売主への貸付金の支払い、すなわち売買物の所有権を移転することによるFの保護）によって売買契約と密接な関係にあるため、この売買契約の成立と効力は消費貸借契約の取引の基礎と看做さなければならないからである。すなわち、かかる売買契約の成立と効力は消費貸借契約の双方当事者が契約締結の際に前提としていた事実であり、この前提事実が存しない限り当事者は消費貸借契約を締結しなかったであろう、というものだからである[41]。

このように双方の契約が無効であるならば、K・F間においてもK・V間においても不当利得返還請求権が生ずる。まず、K・V間においてである。Vは、Kからなされた支払いの返還のみでは責任を免れず、Fから支払いとしてなされた売買残代金総額をもKに返還しなければならない。けだし、FによるVへの支払いは、Kの申込みに基づき、かつ、その負担において生ずるものであり、従ってFの給付ではなくてKの給付として現われるものであるため、その法律上の根拠はK・V間の関係に属するのが当然だからである。次に、K・F間においてであるが、Kは何時でもKよりFに直接給付された分割支払いの返還をFに求めることができる。けだし、この支払いはFからKになされた貸付けに基づく償還と利息の給付として生ずるからである。一方、FはKに貸付総額を（Vに支払うことによって）給付しているから決済が可能であり、KはFに支払った分割による支払額を差し引いてFに支払う義務を負う。さらに、KはFに担保の解除、すなわち売買物の所有権請戻しを請求し得る。けだし、担保すべき債務が存しないならば、担保物の所有権移転を目的とする効果は生じないからである（八一二条二項）。この場合、担保物の所有権移転は特別な担保の取決めに基づくのであって、消費貸借関係の無効から生ずる不当利得返還請求権とは関係がない。しかし、FとKに二七三条に基づく留保権を認める必要がある。(42)

これらの法律状況は次の場合にKに不利に働く。それは、Vが支払不能の故に売買代金総額をKに払い戻すことができない場合、または、Vが払戻しを遅滞しており、しかも残額の存するにも拘わらずKが直ちにFに支払わなければならない場合、である。かような場合にKは二七三条の類推適用によって保護を受けることができ、Kは三面関係における別の当事者に対して有する弁済期の到来した請求権、すなわちVを相手とする売買代金全額の返還請求権がVによって履行されるまで、Fに対する履行を拒絶することができる。従って、KはVから弁済されて初めてFに対する債務を履行すればよい。(43)

(2)　Vによる売買契約の不履行。売買契約は有効であるがVはKに対して契約を履行しないとき、KはVの履行が未だ可能である限りVに対して履行請求権を有する。この場合、FがVに貸付総額を支払ってKに分割支払いを請求するならば、KはFに対して二七三条の類推適用より生じた留置権を主張し得る。けだし、KはVに対して弁済期の到来した請求権を有するが、この請求権はFの消費貸借上の請求権と同様に同一の法律関係、すなわち融資型割賦売買に基づいているからである。右の留置権はVがKに弁済するまで存続する。また、Vの遅滞を理由にKが売買契約を解除したときは（三二六条）、KはFがVに支払った売買代金だけでなく初回金の返還もVに対して請求することができ、このため、KはFの残代金返還請求権に対しVから弁済を受けるまで留置権を主張し得る。(44)

(3)　売買物の瑕疵。売買契約は有効であり、しかもVは目的物をKに引き渡したが、売買の目的物に瑕疵が存在した場合、KはVに対して契約条件に応じて修補請求権、解除権または減額請求権を有する。また、種類売買の場合にはKは瑕疵のない物の引渡しを請求でき、Vが何れも履行しない間はKはFに対して留置権を主張し得る。この場合に解除がなされたならば、売買契約の解除における同様になる。すなわち、KはVに売買代金の払戻しを請求することができ、反対にVはKに対して物の返還を請求できるのであるが、KはVからこの払戻しがなされるまでVに対して利得の支払いを拒絶し得る。さらに、代金減額の場合も、Vは受領した金額と減額された売買代金との差額をKに支払わなければならないが、依然として売買の融資は可能であり、従って引き続きKは分割支払義務をFに対して負担する。しかし、KからFに支払われた賦払い金額の総額が減額された売買代金に達してから後にKには留置権が認められることになる。また、過払いの金額をKがVから取戻して初めてKはFに賦払い金額を支払うことができる。(45)

(二)　このようにラーレンツは、相互性の要件が欠如しているにも拘わらず融資型割賦売買における買主に留置権を認めており、この買主を保護するという意図は連邦裁判所の評価とも合致している、と言う。(46) すなわち、彼は、ここでの三面的法律関係において二七三条の類推適用を認めることが奇抜に思われるかもしれないことを認識しつつも、妥当な法的基準が欠如しており、従って法律関係の新たな形成を解釈学を通して行なおうとする場合に限っては、こうした解釈は妥当なものとして受け入れられなければならない、とする。

そして、割賦売買において既に保護されている買主と類似した融資型売買における買主を、そこでの間隙から生ずる危険に対して保護しようとする目的のために裁判例が確固たる基礎を打ち立てている、という点にラーレンツは根拠を求めている。(47)(48)

三　小括

(イ)　まず、ラーレンツの主張が一般に非間接強制型において留置権を認めようとするものではない、という点に注意しなければならない。けだし、彼は、前述したように、法の欠缺が存在し、また債務者である買主の保護という裁判例の同一評価に裏付けられて、融資型割賦売買という限定した範囲内でのみ留置権を認めているにすぎず、従って濫りに二七三条の適用を拡張するものではないと考えるべきだからである。その上、彼が考察の対象としている場面は、本編におけるそれとして前述してきた占有者―第三者の関係とは本質的に異なる。それは、金融機関と売主との間に存する法律関係上の特殊性がここには看取し得ないからである。従って、いわゆる融資型割賦売買に関して展開されたラーレンツの主張は、それ自体、有益な示唆を含んでいると考えられるにせよ、本編の考察目的である留置権の対抗領域に関する問題の解決には直接影響をもたらさない。

(ロ)　そこで、本節で述べてきたことを右の考察目的との関連で纏めると次のように言うことができる。すなわち、ドイツ留置権制度は相互性という要件が厳密に要求された前提の下にあり、この要件を充足させる必要がある限りで債権債務に関する諸規定が機能している、ということである。その結果、不明確型の場合と、それから非間接強制型ではX→A→Y型における時前型、および、（九八六条二項の適用がある）A→X・

A→Y型における時前型の場合に留置権が認められ得る（これに対し、非間接強制型にあって、①X→A→Y型の同時型、時後型の各場合、②A→X・A→Y型のうち時前型における土地等の賃貸借ケース、同時型、時後型の各場合、③Y→A→X型の場合などでは留置権が認められない）、と言うことができる。これをわが国における前述の裁判例と比較するならば、右に挙げた土地等の賃貸借ケースとY→A→X型の請負ケースを除いては、物の引渡拒絶を内容とする留置権の成立範囲に重大な相違は見られない[49]（なお、X→A→Y型の時後型に関する裁判例は現われていないので、この類型に関しては相違点として取り上げないでおく）。しかし、土地等の賃貸借ケースにおいて留置権が認められないのは、ドイツ民法典による特別な配慮から導かれる結論であった（かかる結論の評価については第四章第一節で言及する）。また、右の請負ケースについて言えば、ドイツでは、請負人Xが占有権原を有しない場合に所有者Yからの物の引渡請求に対し、XがYに対する費用償還債権に基づいて留置権を行使し得るにすぎない（すなわち、これは、本編における分類によれば、不明確型の範疇に属するものである）のに反し、前述したわが国の裁判例では、一般に、所有者Yに対する請負人Xの費用償還債権の存否が問題となるのではなく、Aに対するXの報酬債権に基づく留置権の存否が問題視されている（これは非間接強制型のY→A→X型として扱われていることを意味している）。かかる相違点、とりわけ留置権による請負人の保護に関して右に述べたドイツにおける解決（すなわち、XがYに対して費用償還債権を有する限りでYに対する留置権の主張をXに認めれば足りる、という解決）を、わが国ではどのように評価すべきであろうか。この疑問については第四章第三節において言及するが、同節では解釈上の方向性を示すだけに止め、その詳しい考察と論証は第二編の対象とする。

（1）　九九九条一項…前占有者ノ権利承継人トナリタル占有者ハ前占有者ノ支出ニ付、前占有者ガ物ヲ返還セシトキハ請求シ得ベカリシト同一ノ範囲ニ於テ、其ノ償還ヲ請求スルコトヲ得。

二項…所有者ノ支出償還義務ハ其ノ所有権取得前ニ為サレタル支出ニ及ブ（訳出は於保・前節注(31)一五五、一五六頁による）。

(2) Pikart, BGB-RGRK, §999 Rz. 7.

(3) これら一連の問題については、奥田昌道「所有者と占有者との法律関係の一考察㈠——請求権競合論の観点から——（未完）」論叢七九巻三号一頁以下（昭四一）、伊藤高義「民法第一八九条以下における『占有者』『回復者』の意義㈠〜㈢——物権的返還請求権の実体権的理解への疑問——（未完）」名法四二号三五頁以下、四三号七七頁以下（以上、一九六八）、四五号八八頁以下（一九六九）、山田幸二「ドイツ民法典における不適法占有者の費用償還請求権について」商学論集三七巻三号一頁以下（一九六八）に詳しい紹介と考察がある。

(4) RG 142, 417.

(5) Vgl. Berg, Staudingers Komm., §994 Rz. 2; O. Grasmann, Rechte des Werkunternehmers gegenüber dem Sicherungseigentümer aus der Instandsetzung von Kraftfahrzeugen, MDR 1953, 201; usw. もっとも、学説には、法律が本文に示した解釈を認めているとは解さず、占有者が非所有者に対する債務の履行としてなした場合には所有者に対して費用の償還請求をなし得ない、とする異論も有力に主張されていた (vgl. z.B. K. Münzel, Rechte des Werkunternehmers gegen den Eigentümer aus Aufträgen von Nichteigentümern, Zugleich ein Beitrag zur Methode der Rechtsfindung, MDR 1952, 647; usw.)。

(6) BGHZ 27, 317. すなわち、注文者に属さない物について労務を提供した請負人は、注文者が所有者であった場合よりも有利な地位におかれることになるとしたうえで、本判決は、「報酬支払い前に注文者に物を引き渡すことは、経済的には注文者に信用を供与することであるから、信用供与者はその危険を負担しなければならない。そして、この供与者はまさに請負人である。請負人はかかる信用供与の危険を回避することについて自由な立場にある。しかし、請負人が故意にその危険を負担したならば、自分の行為から生じた損失を被ることについて不平を言い得ない」、と判示している。

(7)　BGHZ 34, 122. すなわち本判決は、費用の支出が占有者によってなされ、かつ、この者が所有者からの所有権に基づく引渡請求権に晒されている、という点のみを費用償還債権の要件とし、本文に示した解釈を前提にYに対するXの一〇〇〇条の留置権を肯定している。

(8)　BGHZ 51, 250. もっとも、本件では、Xはトラックを一たんAに返還しているが、本判決は、これをYへの返還と同視したうえで、Xが費用償還債権を裁判で主張しているわけではなく、またYも費用支出について承認していないから、当該トラックを返還後一ケ月の経過により、XがYに対して取得し得た費用償還債権は消滅したとし(一〇〇一条、一〇〇二条参照)、Yの新たな返還請求権のためにXは一〇〇〇条の留置権を有しない、とする。そして、「請負人が賠償の支払われる前に車を注文者に返還したならば、請負人はこの車の信用を供与している。しかし、本裁判所がすでにBGHZ 27, 317, (324)において判示しているように、請負人は自己の危険においてこの供与をなしているのである。請負人は、注文者に属さない物を後に（新たな修理契約という)別の理由から再び占有したところで、かかる信用供与の故に再び右の物に頼ることはできない」、と明言している。

(9)　裁判例および学説の状況については、奥田・前出注(3)八頁以下、伊藤・前出注(3)四三号七八頁以下、特に八八頁以下、山田・前出注(3)一四頁以下に詳しく紹介されているほか、vgl. Soergel-Mühl, B.G.B., S. 356f.; P. Schwerdtner, Noch einmal: Der Verwendungsanspruch des Werkunternehmers bei Reparatur einer besteller-fremden Sache (BGHZ 51, 250), JuS 1970, S. 64ff.; W. Fikentscher, Schuldrecht, 6. neubearb. Aufl., Berlin•New York 1976, S. 484ff.

(10)　この「占有すべき権原のない占有者」の概念に関する学説については、奥田・前出注(3)三二頁以下、伊藤・前出注(3)四三号九一頁以下、山田・前出注(3)二九頁以下を参照。もっとも、伊藤・前出注(3)四三号九四頁は、裁判例が占有者の占有すべき「権限」の有無を問題としているのは適切でなく、「第三者（占有者に占有を与えた者）のそのような権限の有無」が重要である、と捉えている。

(11) Pikart, BGB-RGRK, §994 Rz. 17. 従って、例えばF. Baur, Lehrbuch des Sachenrechts, 12. Aufl., München 1983, S. 104も、「Hは、盗んだ車を善意者Bに売却した。Bは——必然的に——交換モーター(Austauschmotor)を取り付けてもらった。Eがrei vindicatioを主張したとしても、Bは〝通常の管理費用〟と無関係に費用償還債権を有する」として、この債権に基づく一〇〇〇条の留置権を論じている。

(12) Pikart, BGB-RGRK, §994 Rz. 17.

(13) 九八六条一項…占有者又ハ占有者ガ占有ヲ為ス権利ヲ承継シタル間接占有者ガ所有者ニ対シ占有ヲ為ス権利ヲ有スルトキハ、占有者ハ物ノ返還ヲ拒ムコトヲ得。間接占有者ガ所有者ニ対シ占有者ニ占有ノ譲渡ヲ為ス権限ヲ有セザリシトキハ、所有者ハ、占有者ニ対シテ、間接占有者ニ物ノ返還ヲ為スベキコトヲ請求スルコトヲ得、若シ間接占有者ガ占有ヲ回収スルコト能ハザルトキ又ハ之ヲ欲セザルトキハ、自己ニ対シテ返還スベキコトヲ請求スルコトヲ得。

二項…物ガ第九三一条ニ従ヒ返還請求権ノ譲渡ニ因リテ譲渡サレタルトキハ、其ノ物ノ占有者ハ譲渡サレタル請求権ニ対シテ有スル抗弁ヲ以テ新所有者ニ対抗スルコトヲ得（訳出は於保・前節注(31)一四五頁による)。

九三一条…第三者ガ現ニ物ヲ占有スル場合ニ於テハ、所有者ガ取得者ニ物ノ引渡請求権ヲ譲渡スルヲ以テ、物ノ引渡ニ代フルコトヲ得（訳出は於保・同注一〇三頁による)。

(14) Vgl. z.B. Berg., Staudingers Komm., §986 Rz. 16; Pikart, BGB-RGRK, §986 Rz. 39f.

(15) 九八六条二項の抗弁はEinwendungという用語が用いられているが、これにはEinredeとしての留置権も含まれる。Vgl. Soergel-Mühl, B.G.B., S. 332f.; Pikart, BGB-RGRK, §986 Rz. 16f.; BGHZ 64, 122 (124ff.).

(16)　Pikart, BGB-RGRK, §986 Rz. 17; BGHZ 64, 122 (124ff.).

(17)　Pikart, BGB-RGRK, §986 Rz. 38は、旧所有者に対する債権的請求権は原則として取得者に対抗し得ない、と言う。Vgl. Enneccerus-Raiser, Sachenrecht, S. 325.

(18)　Vgl. Enneccerus-Raiser, Sachenrecht, S. 325; Baur, a.a.O., S. 49.

(19)　Berg, Staudingers Komm., §986 Rz. 16は、「この保護規定によって占有と結び付いた人的権利は当然ながら物権に変えられることにはならない」、と言う。

(20)　Vgl. Enneccerus-Raiser, Sachenrecht, S. 325; Berg, Staudingers Komm., §986 Rz. 20; Baur, a.a.O., S. 49.

(21)　Gelhaar, BGB-RGRK, §556 Rz. 13.

(22)　Kiefersauer, Staudingers Komm., §556 Rz. 25; Gelhaar, BGB-RGRK, §556 Rz. 13.
さらに、Kiefersauer, Staudingers Komm., §556 Rz. 25は、「使用賃借人は、費用支出の故に使用賃貸人の所有権に基づく明渡訴訟に対して留置権を有する」、と言う。この点を指摘するものとして、vgl. Gelhaar, BGB-RGRK, §556 Rz. 14.

(23)　九八六条二項のような規定のないわが国では動産と不動産とを区別し得ないと考えるから、後記三(ロ)では、土地等の賃貸借を除く不動産の場合を、わが国における裁判例の状況とドイツ留置権制度との相違点として数えないことにする。

(24)　Fikentscher, a.a.O., S. 484.

(25)　請負人の占有が第三者の引渡請求に対して保護されるためには九八六条二項は必要でなく、この保護は九三六条三項より生ずる（Enneccerus-Raiser, Sachenrecht, S. 325)。Vgl. Baur, a.a.O., S. 503.

(26)　Vgl. Fikentscher, a.a.O., S. 486f.; Larenz, Schuldrecht II, S. 304.

(27)　六四八条による工作物請負人の保護に関しては不備を否定し得ず、これに対処すべく、建築債権者の建築債権に対する担保手段を一九〇九年制定の建築債権担保法（Gesetz über die Sicherung der Bauforderungen）は規定しているが、同法は現在に至っても効力を有さないので、この法律についての分析は省略する。なお、右の法律については、差し当たり藤原正則『建築下請負人の注文者に対する請求』北法三八巻五・六合併号下巻一五八八頁以下（昭六三）を参照。

(28)　Riedel, Staudingers Komm, §647 Rz. 5.

(29)　Vgl. Fikentscher, a.a.O., S. 485.

(30)　Riedel, Staudingers Komm., §648 Rz. 7.

(31)　請負人と所有者との間で費用償還関係を論ずることが一般的には困難であると予想される建物建築などのケースでは、右の関係が認められない限り、請負人は留置権による保護を受けられないことになる。

(32)　Freymuth, a.a.O., S. 140f. なお、彼は、例えばAがX会社の収金員に就くための担保として、Yの承諾を得てY名義の預金通帳を交付したが、後日、Aは解雇され、しかしAはX会社に債務を負担していたという類似の事例において、AがYの代理として、または、Yが第三者のための契約として通帳を交付したり提供している場合も、相互性の要件を理由にXの留置権を否定している（vgl. Freymuth, a.a.O., S. 139f.）。

(33)　BGHZ 27, 317 (324); BGHZ 51, 250 (254); Pikart, BGB-RGRK, §994 Rz. 17. さらに、BGH WM 60, 877 (879) は、所有者に対する占有者の請求権が認められないときは、この占有者に留置権は保証されない旨を明言している。

(34)　Fikentscher, a.a.O., S. 486.

(35)　K. Larenz, Das Zurückbehaltungsrecht im dreiseitigen Rechtsverhältnis. *Zur Rechtslage des Käufers beim "finanzierten Ratenkauf"*, *In*: Festschrift für Karl Michaelis, zum 70. Geburtstag am 21. Dezember 1970, Göttingen 1972, S. 193f.

(36)　こうした取決めは、あらゆる契約書式において頻繁に見られることであり、この種の取決めは買主にとって非常に不利となることが明白であるため、この不利を是正しようとして多くの裁判例をもたらす原因となった(Larenz, a.a.O., S. 194)。

(37)　Larenz, a.a.O., S. 201f.

(38)　Larenz, a.a.O., S. 202 u. 213f.

(39)　二七四条一項…債権者ノ訴ニ対シテ留置権ノ主張アルトキハ、其ノ効果トシテ自己ノ受クベキ給付ノ受領ニ対シテ給付ヲ為スベキコト（引換給付）ノ債務者敗訴判決ヲ生ゼシムルニ止マル。

二項…債務者ガ受領遅滞ニ在ルトキハ、債権者ハ前項ノ判決ニ基キ自己ノ負担スル給付ヲ為サズシテ強制執行ノ方法ニ依リテ其ノ請求権ヲ実行スルコトヲ得（訳出は柚木・前節注(6)九六頁による)。

(40)　Larenz, a.a.O., S. 202f. u. 213f.

(41)　Larenz, a.a.O., S. 203.

(42)　Larenz, a.a.O., S. 205f.

(43)　Larenz, a.a.O., S. 206.

(44)　Larenz, a.a.O., S. 210.

(45)　Larenz, a.a.O., S. 211f.

(46)　Larenz, a.a.O., S. 212.

(47)　Larenz, a.a.O., S. 213f.

（48）　ラーレンツの見解に対し、M. Vollkommer, Der Schutz des käufers beim B-Geschäft des "finanzierten Abzahlungskaufs", *In:* Festschrift für Karl Larenz, zum 70. Geburtstag. München 1973, S. 715は、金融機関に対する買主の留置権が、売主―買主間の関係に紛争を移行させる手段（いわば触媒〔Katalysator〕）であるにすぎない、と述べている。

（49）　前出注（23）参照。

第四章　留置権の対抗領域に関する解明の試み

本章は、留置権の対抗領域（その結果として第三者の範囲）に関して序章で特定してきた問題の解明を、この権利の対抗力によって保護を受け得る被担保債権の種類と性質に着目することで序的に試みるものである。その際、第一章での類型的考察を前提に、第二章と第三章の中で展開された比較法的考察は大いに参考になると考えられるのであるが、その反面、既に明らかにしてきたように、留置権の具体的な成立範囲については、各国の法制度の特殊性に応じた相違点が少なからず看取できたため、かかる相違点を考慮することなく、無闇にフランスまたはドイツの留置権制度ないし解釈論を参考にすることは避けなければならない。そこで、第一節では、各国の法制度間に見られる相違点の重要性を評価し、この評価を踏まえたうえで、わが国における留置権の対抗領域をこの権利の被担保債権との関連で確定するためには、(1)いわゆる「物的牽連」の場合、および、(2)非間接強制型・時前型の場合を考察対象とすることで足りる旨を確認する。続いて、第二節および第三節では、第一節で行なった考察に対する具体的な検討とその理論構成を論述する。なお、第一節から第三節までの考察から導かれる解釈に照らしたならば、留置権を第三者に対して対抗することが許される場合の法的構成についても言及する必要があると考えられるため、第四節でこの法的構成を概略的に示すことにする。

第一節　問題点の整理と評価

一　前章まで、わが国の公刊裁判例に対する類型的な分析を前提にフランスおよびドイツの留置権制度を考察してきたが、各国の間には、留置権の存否に関する結論について若干の相違があるにせよ、基本的な相違は見られない。のみならず、そこでの結論は各々の法制度の下で公平性に裏付けられており、基本的に納得し得るものとなっていると言うことができるのであるが、しかし他方で、右の結論を子細に眺めると、とりわけ次のような三つの注意すべき点があり、これをどう解するかの問題が残る。

まず第一に、フランスでは、非間接強制型、A→X・A→Y型、時後型に属する賃貸借ケース（例えば、賃借家屋の買受人が賃借人に対して立ち退きを求めるなどの場合）であっても、慣習に従い、解約の申入れから立ち退きまでの賃料相当額の損害賠償義務を賃貸人は負うものとされ、賃借人はこの賠償請求権を被担保債権とする留置権を主張し得る旨が定められている（一七四四条以下、一七四九条参照）。かような損害賠償請求権は債務者の債務不履行を原因として発生する損害賠償請求権とは異なる性質のものであり、こうした特殊な損害賠償請求権の発生を定めた規定を欠いているわが国では、たとい右の賠償請求権を認めてこれを保護するのが妥当な解決であるとしても、フランスにおけると同様の結論を採ることはできそうにない[(1)]。

第二に、ドイツでは、（非間接強制型ではもちろん）間接強制型の場合でさえも土地等の賃貸借ケースにおける賃借人の留置権は認められていなかった（五五六条二項、五八〇条、五八一条二項参照）。この点、わが国にあっては、間接強制型の場合に右のように解する法的根拠はないのみならず、価値ある物を留置することこそ占有者が有する債権の実現可能性は増加しようから、この可能性を否定する明文の規定がない限り賃借人の留置権は認められてよいと言えそうであるが、わが国の裁判例は等しく非間接強制型・賃貸借ケースにおいて留置権を否定している。もっとも、【21】は留置権を肯定していたのであるが、この判決は、後述するように、賃借人と旧所有者との間に同時返還の特約が存在した事案に関するものであったため、留置権を否定している裁判例の一般的な状況と全く袂別した立場にあるものとして捉えることはできない（ちなみに、使用貸借ケースでも【29】【30】は留置権を肯定していたが、しかし同様に使用借主と旧所有者との間には類似の特約が存在していたのであった）。[2] このようにドイツとわが国とでは非間接強制型の場合に結論が一致しているものの、しかし間接強制型の場合では結論を異しているいると言い得るのであるが、この場合にドイツにおいて留置権が認められないのは、既に述べたように、土地等の悪質な利用の禁止という確固たる立法趣旨に基づくものであったから、わが国においても、かかる政策的考慮を重視するか、または、立法による類似の禁止規定が設けられない限り、一般論として右の場合に留置権を否定するのは行き過ぎであると考えられる。[3][4]

最後に、敷金返還請求権に基づく留置権についての裁判例に対する理解である。けだし、占有者の債権が敷金返還請求権であるときは他の債権におけると同一には論じ得ないからである。もとより、借家関係に伴う敷金の授受は明治以前から広く行なわれてきた慣行であるとされ、[5] 従って敷金返還と目的物返還との間に生ずる利害対立の調整は、わが国では留置権の存否に関連して大いに論じられてきたところであるが、[6] 本来、ローマ法以来の留置権制度では予期し得ない問題であるためか、フランスおよびドイツでは右の存否に関する論述は見当らない。この点に関しては、賃借人の敷金返還請求権を保護せんとする場合に、留置権制度をもって右の保護をどこまでカバーすべきであろうか、また同時履行の抗弁権とも関連して留置権によるカバーがどこまで必要か、が問題となる。かかる問題を解決するためには、賃借物の引渡請求と敷金の返還請求とが非間接強制関係にある場合を直ちに対象として論ずるべきではなく、これより前に、まず各請求の間が間接強制関係にある、賃借人は賃貸人を相手に留置権を行使できようかという段階から考察するのが適切であろう。けだし、間接強制関係の場合でさえ留置権の存在は一般的に否定されるのが妥当であるならば、賃借人が第三者に対して留置権を主張するという非間接強制関係の場合には、もはやこの賃借人に留置権の行使を認める必要性は失われてくる、と考えられるからである。この点、裁判実務は敷金返還と賃借物引渡しとの同時履行関係を否定してきただけでなく、(7)敷金返還請求権に基づく留置権をも認めてきていない。(8)実際に賃借物が引き渡されないと賃貸人は具体的な損害を知り得ないであろうことを鑑みたならば、損害を担保する敷金の返還と賃借物の引渡しとの間には同時履行の関係を認めるべきではなく、また同様の趣旨から敷金返還請求権に基づく留置権も否定されるべきである。(9)ちなみに、かような留置権の存否についてはこれまであまり論じられてこなかったのが実情であるが、敷金返還請求権（または保証金返還請求権）に基づく留置権に関しては、「目的物の所有権移転の前に、もしも貸主側に目的物返還請求権さえ発生していればそれに対応して直ちに借主側に諸請求権が発生しそれに基づく留置権の効力が生じていたであろう場合であり、そこには、すでに潜在的にもせよ留置権が存在していたといえなくはない」として、右の請求権に基づく留置権を認める見解がある。(10)実際、【29】【30】も使用借主の保証金返還請求権のために留置権を認めていたのであるが、これらの裁判例における事案では、使用貸主と使用借主との間に同時明渡しの特約が存在した、という事実を見逃すべきではあるまい。すなわち、右の事案では、使用貸主と使用借主との間に、同時明渡しがなされるべき債権（室の明渡請求権と保証金返還請求権）は具体的に発生していたわけではないが、この同時明渡しという特約が成立した時から前述した貸主と借主の間には、相互に右の特約を履行することについて拘束状態が生じたと言うことができるから、その後に賃借物が売却された場合も時前型における と準じて考えられてよいように思われる。実質的に考えても、時後型の場合にあっては、このような同時明渡しの特約が存する限りで、占有者を保護する必要性が認められよう（これまでの公刊裁判例が留置権を否定してきた非間接強制型・賃貸借ケースの中にあって【21】のみが留置権を肯定しているのは、【29】【30】におけると同様に【21】の事案でも賃借人と旧所有者との間に同時明渡しの特約が存在していた、という事実に着目してこそ留置権の存在という右の結論を首肯することができるのである)。右に述べてきたように、裁判実務が敷金返還請求権に基づく留置権を否定しながら、しかし保証金返還請求権に基づく留置権については反対の結論に至った背景には前述した特約に関する事実の有無を無視し得ず、従って裁判実務が示している結論には滋味きくすべきものがある(11)と言えよう。

二　以上に述べてきたことを踏まえたうえで、第三者に対する留置権の対抗が問題となる場面（対抗領域）について検討すべき場合を整理すると、それは次のようになる。

(イ)　まず、不明確型の場合、すなわちXの費用支出行為によって、物自体の価値が維持または増加されている状況が作出された場合である。これは、比喩的に言うと、物自体が債務を負担していると譬えることができたのであるが、ただ、このように譬えることができる場合は何も不明確型の場合に限られるわけではない。既に述べたように、フランスでは、物自体が債務を負担している、という関係が物と債務との間に認められる場合を物的牽連の場合と称し、物が惹起した損害の賠償債権もこれに含めて当該物の占有者に留置権を認めてきている。また、ドイツにおいても、これら二つの債権――費用償還債権および物が惹起した損害の賠償債権——について留置権の発生を明示する規定を設けている（二七三条二項）。わが国でも、右に挙げた二つの債権について留置権が認められることに異論がないから、[12] 以下では、これら二つの債権が発生する場合をいわゆる物的牽連の場合として一括して扱うことにする。

(ロ) 次に、非間接強制型・時前型で留置権の対抗領域が問題となる場合を列挙すると次のようになる。

(a) A↓X・A↓Y型およびY↓A↓X型における請負ケース。

(b) X↓A↓Y型において、Yの有する物の引渡請求権がX・A間の契約関係を前提として発生している場合。

(c) A↓X・A↓Y型において、A・X間に既に物の引渡拒絶を認めてよい関係が発生しており、その後に生じた承継人Yは、当該物の引渡しを請求したところで、この請求は拒絶される可能性がある所有権を取得したと解することができる場合。

なお、右の(b)におけるYはAの承継人であるから、この(b)を(c)に含めて捉えることも可能である。そこで、以下では、特に断らない限り(b)と(c)を一括して「所有者交替の場合」と称することにする。

（1） 一七四五条は慣習に従って賃借人の損害賠償請求権が発生する旨を規定していることから、フランスではこのような慣習が存在し得ると推測することができる。これに対して、わが国では右の損害賠償請求権に関する慣習が明確には指摘されてきていないから、こうした違いからもフランスにおけると同様の結論を採ることは困難である。

（2） 公刊裁判例が非間接強制型・賃貸借ケースにおいて留置権を否定しながら、しかし無償契約である非間接強制型・使用貸借ケースでは留置権を肯定しているのは使用借主を保護しすぎる、という批判が生ずるかもしれない。それにも拘わらず、かような裁判例の結論を正当化しようとするならば、右の使用貸借ケースに関する裁判例の事案では同時明渡しの特約が存在していたという事実に着目せざるを得まい。

（3）　政策的な考慮から留置権を否定しようとするならば、一応留置権を認めたうえで権利濫用の法理によって土地等の悪質な利用を制限すればよいであろう。

（4）　造作買取請求権に基づく土地等の留置についても同様に解すべきである。すなわち、わが国の裁判実務は周知のとおり右の留置を否定しているが、造作費と有益費との峻別が事実上は困難であることも考え併せると、造作買取請求権の確保を図るため、少なくとも間接強制型の場合では同時履行の関係を認めてよいのではなかろうか。

（5）　幾代通・叢書民法(1)一五一頁(有斐閣、昭三一)。なお、敷金の史的研究については、中田薫『法制史論集第二巻物権法』八四八頁以下（岩波書店、昭四五）参照。

（6）　裁判例および学説の状況については、幾代・叢書民法(1)一六八、一六九頁、星野・第一章第一節注（1）二六六、二六七頁、石外克喜「敷金と権利金」『契約法大系Ⅲ賃貸借・消費貸借』一三三頁以下（有斐閣、昭三七）参照。

（7）　第一章第三節注（6）参照。

（8）　大阪区判大正八年一二月一〇日新聞一六五八号一六頁、東京地判昭和九年六月一二日評論二四巻民法八四八頁、東京地判昭和三二年七月一二日下民八巻七号一二五〇頁、東京地判昭和三三年六月一三日ジュリ一六三号判例カード三三九参照。従って、第三者に対する留置権の対抗という問題も自ずと生じない。

なお、いわゆる競落人と賃借人間での争いに関する東京地判昭和八年二月一六日新報三四二号二四頁、最判昭和四九年九月二日民集二八巻六号一一五二頁も参照。

（9）　星野・第一章第一節注（1）二六七頁は、新所有者に対して利用権を対抗し得ない賃借人にまで留置権を認める必要はない旨を述べている。

(10)　三藤・判例コンメンタール③二八頁。また、我妻・民法講義V_2四七六頁も、敷金が賃貸借契約と密接に結び付き、少なくとも同一の法律関係から生じたものと言うことができるとして、敷金返還請求権に基づく留置権を肯定する。

(11)　もっとも、学説は、敷金の返還と賃借物の引渡しとの間に同時履行関係を認めるのが多数であり（乾久治「敷金——判例を中心として——（二・完）」民商九巻四号六三六頁（昭一四）、我妻栄（旧説）『民法研究VI債権各論』一三四頁（有斐閣、昭四四）、幾代・叢書民法(1)一六九頁、星野・第一章第一節注(1)二六四頁以下など。なお、薄根正男『増補借地・借家（借家篇）』一七七頁（青林書院、昭三五）および我妻（新説）・民法講義V_2四七六頁は反対）、留置権と同時履行の抗弁権の何れも否定する学説は少ない（右の薄根説はこの否定説に立つ）。

(12)　従来の学説は、古くは、留置権が認められる場合の一つとして、例えば、「物カ事實上債權發生ノ原因ト爲リタル」とき（富井・原論第二巻三一六、三一七頁。例として、「他人ノ物ノ爲メニ損害ヲ被リタル」場合が挙げられている）、「物夫レ自身カ債權發生ノ直接原因ヲ爲シタルトキ」（三潴・全訂擔保五一頁（傍点は原文どおり）。例として、「他人ノ物ノ占有者カ此物ニ因リテ損害ヲ被ムリタルトキ」が挙げられている）、「物カ積極的ニ債權發生ノ原因ヲ成ス場合」（中島・釋義物權篇下六一一頁。例として、「寄託物、運送物、質物等ニ瑕疵アリテ占有者ニ損害ヲ與ヘ損害賠償ノ義務ヲ生スル」場合が挙げられている）などを摘示しており（詳しくは序論注(7)参照）、今日でも、物によって受ける損害の賠償債権のために留置権が認められると説明されている（例えば、我妻・民法講義Ⅲ三〇、三一頁）。これらの所論は、表現が若干異なるにせよ、本文で述べた「物が惹起した損害の賠償債権」に基づいて留置する場合と同視してよいと思われる。

第二節　いわゆる物的牽連の場合

一　序

フランスでは、右の場合における債務者は物自体であるから、物の所有者は当該物が負担している債務について責任を負わなければならない、ということであった。費用償還債権に関しフランス民法典にはわが国の民法一九六条に相当する規定がないものの、しかし裁判実務および学説は占有者が引渡請求された場合における費用償還関係を認めており、[1]所有物の引渡請求権者は常に費用償還債務者となる（この者が償還債務を免れるためには、物の所有権を放棄または譲渡するなどにより債務者の立場から離脱する必要がある[2]）。一方、ドイツにおいては、右の物的牽連の場合における債権のために物の引渡義務者に留置権を認めており（二七三条二項）、その際、占有者に対して当該債務を負担する者は同項によってではなくて他の諸規定によって決定される。[3]とりわけ所有者―占有者間の、所有権に基づく引渡請求権に伴う費用償還関係については、所有者を費用償還債務者とする諸規定（九九四条以下）を設けているため、費用償還債権に基づく留置権については、ドイツのみならずフランスにおいても留置権を債務者以外の者に対して主張できるという問題は生じない、と言うことになろう。

わが国では、物的牽連の場合における債務者の確定は、留置権に関する民法二九五条以下の留置権に関する規定によってではなく、他の個々の諸規定によって定まることではドイツにおけると同様であって、フランス的な説明を正面から承認してきたわけではない。[4]ところで、費用償還に関する債権債務の関係については、わが国の民法典にはドイツにおけるような詳細な規定はなく、一般的な規定として本権者（回復者）―占有者間を対象とした民法一九六条があるとともに、個々の法律関係ごとに特別の規定（例えば六〇八条など）が存するにすぎないのであるが、しかし物の引渡請求権者と占有者との間に直接の契約関係が存しない場合であったにせよ、占有者はこの引渡請求権者に対して費用償還債権を有すると解する余地があるのではなかろうか。また、物の惹起した損害の賠償債権についても、占有者と、それから（この占有者とは直接の契約関係にない）物の引渡請求権者との間においてはどう解することができようか、が問題となる。こうした問題を考察した結果、もしも物の引渡請求権者に対して占有者は留置権を行使できると解すべき必要性が存する場合に、物の引渡請求権者を当該債権の債務者として捉えることが許されるならば、こうした債務者を相手とする物的牽連の場合は間接強制関係の下で留置権の存否が争われていることにほかならず、従って留置権の「対抗問題」は生じないと言うことになるが、果たしてこのように言うことができようかについて、わが国の学説を踏まえた概括的な考察を試みることにする（ここでの考察から導かれる結論の詳細な検証は第二編と第三編で行なう）。

二　費用償還債権について

費用償還関係についてては、ドイツ物権法が所有者—占有者間の法律関係として詳細に規定しているのに対し、わが国の物権法は、必ずしも所有権に基づく物の回復関係を前提とすることなく、一般的に本権者（回復者）と占有者との関係として規定しているにすぎない。しかし、ドイツでも右の諸規定は制限物権に準用されているので、規定の仕方に差異が存するにせよ、具体的に、どういう場合に費用償還関係が生ずるかについてはドイツとわが国との間に実質的な相違はない、と考えられる(5)。

ところで、占有者と回復者との間で費用償還に関する債権債務関係が問題となる場合としては、公刊裁判例に現われたところの、①A↓X・A↓Y型、②Y↓A↓X型の場合が存するほか、さらに公刊裁判例の事案には見当らないところの、③X↓A↓Y型の場合が考えられる(この③の場合とは、X↓A↓Yと物が輾転と売買され、Yが所有権に基づいてXに対して引渡しを請求したところ、XはAへの売却後に当該物に費用を支出していた、という場合などである)。これらの場合におけるX・Y間には直接の契約関係がないことから、X・Y間に事務管理の関係など特別な事情が認められない限り、民法一九六条にいう費用償還債権がXのために認められる、と解する余地がある(これが認められないときは同法七〇三条を根拠とする請求権の有無が問われてよいであろう)。

ところで、わが国の学説は右の一九六条が一般不当利得制度の趣旨に従って認められる特則であるとし、従って両者は法条競合にあることも認めてきている。(6) しかし、民法一九六条の規定自体も一般的な規定であり、個別的な法律関係に対しては特別規定(例えば、二九九条、三九一条、五八三条三項、五九五条二項、六〇八条、六二二条、六五〇条、六六五条、六七一条、七〇二条、九九三条など)が設けられている。占有者―回復者間の費用償還に関して前述した問題のうち、前記③については特別規定による解決は存在せず、従って民法一九六条の適用解釈が問題となるだけである。(7) また、前記②の場合でも、例えば他人の物の売買とか賃貸借(所有者をY、売主・賃貸人をA、買主・賃借人をXとする)において、費用を支出したXとYとの費用償還関係は同条の適用解釈によって処理されるにすぎず、(8) また転貸借ケースにおいて、費用を支出した転借人と原賃貸人との間の費用償還関係についても民法六〇八条の適用は考えられず、専ら右にいう一九六条の適用いかんによって処理されると考えられてよい。(9) 特に検討を要すると考えられるのは前記①の場合である。というのは、例えば、A→X・A→Y型の場合であっても、物の賃貸人Aが賃借人Xに対する償還義務を履行しないまま当該物を第三者に譲渡したとき、X・Y間の費用償還関係について、前述した六〇八条のみの適用を問題にして処理するには限界があるため民法一九六条の適用が考えられるが、しかし学説は、必要費および有益費の性質上の差異や、とりわけ賃借権の物権化などを考慮することで、同法六〇八条が適用される可能性についてより緻密に論議しているからである。こうした学説の状況を前提にすると、たとい右に挙げたA→X・A→Y型の場合に属する事案であったにせよ、例えば不動産の二重譲渡において第二譲受人Yが先に登記を経由したところ、目的物を占有する第一譲受人Xがこの物に費用を支出していたという場合には、本来、民法一九六条の適用解釈によりYに対するXの費用償還債権が考えられるにすぎない。(10)これに対し、先に指摘したところの、賃借中に賃借物の所有権が移転したという場合にはどのように解すべきであろうか。この場合、賃借人の賃借権を譲受人に主張し得る場合とそうでない場合とに区別して論じる必要がある――つまり、譲受人に対して賃借人が占有すべき権利を主張し得るか否か(譲受人の側から言えば自己が回復者となるか否か)、の区別が重視されるべきである――。

まず、賃借権を譲受人に主張できない場合には、民法一九六条の適用を認めて譲受人を費用償還義務者と解すべきことは、先の二重譲渡に関する場合との均衡からいって容易に首肯し得るであろう。実際、こう解するのが従来の多数説であると言い得る。(11)

これに対し、賃借権を新所有者に主張し得る場合――賃借人が賃借権を対抗し得る場合がこれに当たるのは勿論であるが、右の場合に限られず、新所有者が賃貸人としての地位を承継すると解される場合――には、賃借人は、支出した費用の償還を新所有者に請求し得るであろうか、すなわち新所有者に承継された賃貸借関係には賃借人と旧賃貸人との間の費用償還関係も含まれようか、が問題になる。この点に関し、学説には、必要費の場合と有益費の場合とを区別せず、このような費用の償還義務は原則として賃借権に伴って新賃貸人に承継すると解したり[12]、あるいは、そうではなくて、右の費用に対する償還債権は賃貸人の交替とは無関係に物権的な権利に転化していることを認めるものもあれば[13]、反対に必要費の場合と有益費の場合とを区別して扱い、前者の場合では賃貸借関係の承継に伴ってこの償還関係も承継するが、後者の場合には民法六〇八条二項の適用を認めて新賃貸人を有益費の償還義務者とするなど[14]、理論構成には種々の立場が見られるものの、しかし結論的にはほとんどの学説が新所有者の償還義務を肯定している[15]。

以上のことから、占有者Xと物の引渡請求権者Yとの間に直接の契約関係が存しない場合、すなわち前述した①A→X・A→Y型、②Y→A→X型、③X→A→Y型の何れの場合においても、XはYに対して費用償還請求をなし得るという結論は、一般規定である民法一九六条の適用解釈を認めるか、それとも同法六〇八条などの特別規定の適用に根拠を求めるかはともかく、学説上、一般に承認され得ることである。そうであれば、右の場合に、占有者が費用償還債権に基づいて留置権を主張することが許されるときは、そもそも債務者以外の者を相手にこの権利が主張されるという、いわゆる「対抗」の問題は生じないと言うことができる。

三　物が惹起した損害の賠償債権

(1)　占有者が直接の契約関係にない者に対して右の賠償債権を被担保債権とする留置権を主張した場合に、この権利の対抗問題が生じ得るかどうかを論ずることがここでの考察対象である。その際における前提として、まず右の被担保債権となり得る、物が惹起した損害の賠償債権は具体的にどのような性質のものかが明らかにされなければならず（この性質も、費用償還債権におけると同様に、比喩的には占有者の占有する物自体が当該債務を負担していると見ることができるものである）[16]、続いて、かかる損害賠償債権を有する占有者に対して、この者と直接には契約関係にない者が物の引渡請求をしたという場合に、これらの者の間には右の賠償債権に関して債権者と債務者の関係が存しないものか、そして、この関係の有無が留置権の存否およびその対抗問題にどのような影響をもたらすことになろうか、が検討されなければならない。

ちなみに、損害賠償債権といっても、債務不履行によるものと不法行為によるものとが主要なものであるが、債務不履行によるそれは債務者の不履行という行為より生ずるものであって、本来、債権の目的物自体が債務を負担していると見ることはできないので、物が惹起した損害の賠償債権に該当するものと捉えることはできない。もっとも、債務不履行を原因とする損害賠償請求権を被担保債権とした留置権の存否が問題となる場合もないわけではないが、それは、ここにいう物が惹起した損害の賠償債権に基づく留置権の場合ではなく、いわば別の次元の問題である(例えば、賃借人Xは、賃貸人Aが物の使用を妨げたために取得した損害賠償請求権に基づいて、Aからの物の譲受人Yに対して留置権を主張し得るものか、また例えば転借人が転貸人によって物の使用を妨げられたために取得した損害賠償請求権についてはどうかなどであるが、これについては後に第三節で言及する)。

(2)　本節で検討すべき前述の問題に関して最初に取り上げられてよい具体的な場合は、寄託物の性質または瑕疵より生じた損害の賠償債権（民六六一条）のため、受寄者は寄託者に対してのみならず第三者に対しても留置権を主張し得るであろうか（Yの所有物を賃借したAがXに寄託したとか、AがXに対して寄託した物をY

に譲渡したなどの場合に右の問題が生ずる）、である。右の場合における、寄託者に対する留置権の主張が認められてよいことについては学説上に異論を見ないが[17]、第三者を相手に右の賠償債権を被担保債権とする留置権の主張が起こり得るものか、という点に関しては学説の立場は必ずしも明らかでないと言い得る。この点をどう解するかということは、もとより右の賠償債権がどのような性質のものであるかに応じて異なり得るはずである。その際、本来、物の瑕疵による損害賠償債権は、先に述べた債務不履行に基づく損害賠償請求権のような、債務者の不履行という行為自体から生じている債権には該当せず、むしろ費用償還債権と並んで、当該物そのものが債務を負担していると譬えることができる性質を備えた債権であると言い得るため[18]、ここでの対象である「物が惹起した損害の賠償債権」と解し得ることについては異論があるまい。問題なのは、前述した受寄者の損害賠償債権の法的性質はどう把握されるべきか、にある。わが国と同様の規定を持つドイツでは[19]、その法的性質は契約締結上の過失責任であると解されており、不法行為責任でもなければ契約関係から生じた義務の不履行とも関係がない、とも解されている[20]。それ故、この賠償債権は、契約の相手方に対してのみ行使し得ると解すべきことになろうから、例えばYの所有物を賃借したAよりXは委託されてこの賃借物を保管中に当該物の瑕疵が原因で損害を被ったとしても、XがYを相手に賠償請求することは特段の事情がない限り許されないことになろう。一方、フランスでは、寄託物の瑕疵より生じた損害の賠償債権を受寄者に認めており[21]、学説はこれを物が惹起した損害の賠償債権として例示してきている[22]。この寄託者に課される賠償責任の法的性質は必ずしも明確に論じられてはいないが、契約締結上の過失責任とは解されていないだけでなく寄託者の債務不履行責任とも無関係であって、しかも右の賠償責任を明確にする規定は不法行為に関する規定であると解されている[23]。従って、寄託者以外の者と受寄者との間の関係も、次に述べる不法行為に関する規定が当然に適用されることとなるから、その適用範囲との関連で引き続いて検討が必要となってくる。

さて、不法行為に関するフランス民法一三八四条一項および一三八五条は、寄託物より生じた損害に限らず、広く物または動物より生じた損害の賠償について規定するものである[24]。まず、物より損害が生じた場合については、物の所有者は一般に当該物の占有が右の一三八四条一項にいう「保管」に当たるものとされ、従って同項の責任を負うことに疑いない[25]。問題なのは、所有者以外の者が物を占有する場合に関して、である。例えば、賃借人の占有のように所有者の同意を得て物を占有する場合は右の「保管」に該当するとされるから[26]、賃借物より損害を被った者（例えば、賃借人から寄託されて占有中に物より損害を被った受寄者など）は、賃借人に対してこの賠償責任を追及し得ることになる（もっとも、この場合、賃貸人＝所有者に対しても賠償責任を追及し得る、と解することも可能である[27]）。また、所有者の同意を得ずして占有する物（例えば盗人が占有する物）より損害を被った者に対しても、やはり所有者は責任を負わなければならないのであるが、しかし所有者は占有の喪失が不可抗力であったなどの抗弁によって免責される場合がある、と解されている[28]（この免責事由が不可抗力の場合に限られるか、それとも不可抗力とは別個の免責事由と捉えるべきかにつき、学説と裁判実務との間には争いがあるようである[29]）。次に、動物が惹起した損害の賠償責任を負担する者についてであるが、前述した一三八四条一項の解釈が一三八五条の解釈に依拠しつつ展開されてきた解釈論の動向からすれば[30]、動物が惹起した損害に関しても右に述べたことが基本的に妥当するものと考えられる。従って、例えばYの所有する動物の保管をXが第三者より寄託されたところ、この動物は病気であったため、X自身の動物に感染して損害を被ったなどの場合においては、不可抗力などの免責事由が認められない限り、Xは所有者であるYに対して被った損害の賠償を請求し得ることになる。

ところで、わが国における解釈論として、物（または動物）が惹起した損害の賠償債権を被担保債権とする留置権が認められるべきであるとしても、その際における債権債務関係はどのように理解すべきであろうか。例えば、寄託物の性質または瑕疵より受寄者が損害を被ったという場合に、寄託者がこの損害について賠償すべき責任を負うことは当然であるが（民六六一条参照）、寄託者ではない所有者はこの賠償責任についてどういう立場にあるものか(31)。思うに、受寄者が物を保管中にその性質または瑕疵より損害を被ったという場合に、当該物を寄託した所有者には受寄者に対してこの損害を賠償すべき責任が認められる限り、現実に占有していた、右の受寄者ではない者のところで前述した損害が生じたとしても、原則として所有者はこの占有者との関係で賠償責任を負わねばならない、と解することは強ち不当な解釈であるとは思われない。右の損害が受寄者のところで発生していたならば、もとより所有者は寄託者としてこの損害を賠償しなければならない立場にあったわけであるから、かかる損害が受寄者から派生して占有している者のところで発生しようと、寄託者の立場には違いが見られないと一まず言い得るだけでなく、本来、前述した損害を引き起こす恐れが内在していた物の所有者には、最終的に、所有者としての立場にあることの故に一定のリスクを負わされる可能性が認められてよい、と考えるからである。要するに、所有者の賠償責任いかんという問題は、広く、物の性質または瑕疵より生じた損害に対する責任を誰に負担させるのが最も公平であるか、という見地から考えられなければならない性質のものと捉えるべきであり、こうした見地に立つならば、右の占有者に対しては受寄者に賠償責任ありと一たび解されたにせよ、だからといって所有者は全く免責されることになると解すべき必然性はなく、むしろ複数の者が等しく責任者としての評価を受け得る限り、これらの者に重層的に（時には連帯して）責任を負わせるのが被害者保護の観点からも妥当であろうと考えられる。進んで、右に述べたことは動物が損害を惹起した場合においても等しく妥当すると言えよう（すなわち、フランス民法典の下における動物寄託の場合のように、動物の所有者は原則として動物が惹起した損害について賠償すべき責任を負うべきである）。そうであれば、占有者が、契約の相手方のみならず、物の所有者に対しても原則として前述した損害の賠償を求め得ると解することの背後には、この所有者が負担する賠償責任は物的な性質を有しているということに由来していると考えられる。このことを現実に占有してきた者の側から言うと、例えば物（または動物）の賃借人などから委託されて保管中に当該物（または動物）より損害を被った占有者（＝受寄者）は、たとい賃借人など所有者でない者に対して民法六六一条の損害賠償請求権を有していると解されたにせよ[32]、所有者には、免責されてよい特段の事情が存することの故に賠償責任なしと解される場合は格別、そうではなくて、賠償責任が認められてよいときは、この所有者が現実の占有者に対して当該物（または動物）の引渡しを請求してきたとしても、占有者は被った損害が賠償されるまでこの請求を拒絶できると解釈されたところで、賠償責任を負っている所有者との間では不公平な結論を認めたことになるまい[33]。

(3)　ところで、物の所有者は当該物より生じた損害の賠償責任を原則として負担するのが妥当であると解したとき、その実定法上の根拠はどこに求められるべきであろうか。思うに、ここでの損害賠償債権は、A・X間で発生する民法六六一条の賠償請求権のような契約関係上の色彩を全く有していないから[34]、不法行為法の範疇に属すると考えざるを得ない。この点、右の責任を等しく不法行為法に求めているフランス学説と比較すると、まず動物の生ぜしめた損害の賠償責任に関しては、わが国にはフランス民法一三八五条に類似した民法七一八条の規定が存在する。もっとも、同条は動物占有者または保管者に賠償責任を課しているのに対し、右の一三八五条は動物所有者または使用者にこの責任を課しているのであるが、しかし動物占有者が所有者であるときは、この所有者自身が民法七一八条にいう「占有者」として扱われる者となること当然である。また、所有者が動物の間接占有者であったにせよ、今日の占有概念に照らしたならば、この間接占有者は右の「占有者」から排除されなければならない必然性はなく、従って右の所有者に賠償責任を認める説が妥当であると考えられるため、[35]前述した一三八五条におけると同様に解釈し、民法七一八条を根拠に、例えば動物寄託の受寄者は寄託者でない所有者に対して原則として賠償請求をなし得る、と考えたい。[36]これに対して、動物以外の物（しかも寄託物に限られない）の性質または瑕疵より生じた損害（例えば、物が腐敗していたとか、荷造り包装が不完全だったために生じた損害など）の賠償責任についいては、フランス民法一三八四条一項に類似する規定がわが国には存しない。そこで、わが国では民法七一八条を類推適用し、従って原則として所有者に右の賠償責任を認めるべきである。[37]

(4)　以上に述べてきたことより、物が惹起した損害賠償債権については原則として物の所有者が債務者である、と解することが可能である。その限りで——所有者が債務者であるとされる場合にのみ——、占有者は留置権による保護を受け得るにすぎず、またそれで十分であって、例外的に所有者が債務者に当たらないときは占有者に留置権を認める必要はない、と解される。[38]そうであれば、右の限りで損害賠償債権についても、費用償還請求権におけると等しく、留置権を債務者以外の者に主張するという留置権の対抗問題は生じない、と言うことができる。

（1）　V. Planiol et Ripert, t. III, n° 365, p. 362 et s.

（2）　V. Cassin (R.), *op. cit.*, p. 667.

（3）　第三章第一節注(29)参照。

（4）　我妻・民法講義Ⅲ二九頁は、「物自体から生ずる債権」のために留置権が認められることは、「比喩的にいえば、物自体が、占有者から受けた費用を償還し、他人に加えた損害を賠償する責任を負担しているので、それを弁済してもらわなければ占有者の許を離れることができない、という思想を含む」と説明しているが、引渡請求権者と損害賠償債務者との関係を述べるものではなく、従って占有者が損害賠償債権を誰に対して取得するか、ということは留置権制度を定めた諸規定によって定まるわけではない。

（5）　奥田・前章第二節注(3)一、二頁は、日独両法の規定上の差異を指摘しつつも、「内容的にはその趣旨を等しくするといってよいであろう」と述べているほか、山田・前章第二節注(3)六頁も同旨に理解している。

（6）　例えば、舟橋諄一『物権法』三一二頁（有斐閣、昭三五）、松坂佐一『事務管理・不当利得』一七三頁（有斐閣、新版、昭四八）、四宮和夫『請求権競合論』一三二頁（一粒社、昭五三）など。なお、伊藤・前章第二節注(3)四二号四八頁以下も参照のこと。

（7）　この点について論じている学説は見当らないが、事務管理などの特別な事情がない限り異論はあるまい。

（8）　三宅・第一章第一節注(18)一〇〇一頁以下はこの処理を認める。また、末川博『占有と所有』一三一、一三二頁（法律文化社、一九六二）も同旨。もっとも、三宅説は、他人の物の売買では右の処理を認める一方、他人の物の賃貸借では、本来、民法一九六条の占有者はAであるとし、従ってXは、必要費については、同法六〇八条一項によりAの負担となる限りでAに代って右にいう一九六条一項の占有者となり、また有益費については、前記六〇八条の適用がないためAに代って民法一九六条二項の占有者となる旨を主張し得る、とする（三宅・同注一〇〇二、一〇〇三頁）。

（9）　渡辺・注釈民法⒂一九六頁および田中・注釈民法⑺一七一頁も同旨である。なお、末川・前注一三一、一三二頁も参照のこと。

(10)　三宅・第一章第一節注(18)一〇〇四頁以下も同旨である。

(11)　薬師寺・第一章第一節注(18)七〇〇頁、後藤清「批判」民商一〇巻三号五二七、五二八頁（昭一四）。もっとも、これらの学説は賃貸借ケースを例示して論じているわけではないが、このケースに関する裁判例を評釈する中で占有者に対する譲渡人の費用償還義務を認めているため、本文で述べた解釈を採るものとして捉えてよいと思われる（なお、前者は譲渡人である旧所有者も償還義務を負担すると解している点において、後者と明白な相違を示す）。また、末川・前出注(8)一三二頁および田中・注釈民法(7)一七一頁も右の解釈を支持するものか。

一方、譲受人の費用償還責任に関しては、民法六〇八条が同法一九六条とは異なって必要費と有益費とで取扱いを区別し、前者の償還についてはは「直チニ」請求し得ると定めているのに対して、後者の償還については、「賃貸借終了ノ時」に行使するを要するとしていることから、譲受人を相手に占有者が費用償還債権を行使する、という場合には前述した解釈を採らない学説が存する。すなわち、三宅・第一章第一節注(18)一〇〇六、一〇〇七頁は、譲受人が賃借人に対する賃貸人の引渡請求権を承継することを認め、従って占有代理人である賃借人に対して譲受人が引渡しを請求した、という場合には民法一九六条の適用はない旨を述べている。その上で、賃貸人に対する賃借人の必要費償還債権（六〇八条一項によるもの）については、譲受人に対する留置権の主張を賃借人に許すことでこの者を保護し、また有益費については、譲受人が賃借人に対して直接に民法六〇八条二項の償還義務を負うことを認めている。

しかし、賃貸人と賃借人間の法律関係が消滅し、賃貸人が一たん引渡請求権を取得した後で譲受人が所有権を取得したならば、三宅説のように、譲受人が引渡請求権を承継すると解することもできようが、本文における場合のように、賃貸人が所有権を譲渡することによって（賃借権を対抗し得なくなることと連動して）譲受人が引渡請求権を取得する場合には、賃貸人からこの請求権を承継すると解することはできないのではなかろうか。

また、実質的な観点からも三宅説には納得し得ないところがある。すなわち、本来、物の留置によって被担保債権の実現を図ろうとする留置権の間接強制効は、非間接強制関係にあるよりも間接強制関係にある方が功を奏するはずである。この点、必要費の方が物との間により本質的な関係が認められることから、有益費償還の場合に比べて必要費償還の場合の方が右の間接強制効による保護は図られて然るべきである。そうであれば、三宅説が、占有者と譲受人との間を、必要費の償還にあっては非間接強制関係としながら、反対に有益費の償還にあっては間接強制関係として捉えているのは、右に述べた間接強制効との関係で妥当とは思われない。

(12)　鈴木重信『最高裁判所判例解説民事篇昭和四十六年度』二八頁（法曹会、昭四七）。また、石外克喜「判批」ジュリ五〇九号四五頁（昭四七）も同旨か。なお、我妻・民法講義V_2五一八頁および幾代・注釈民法⒂一六一頁以下は例外なく当然承継を認める立場か。

(13)　須永醇「判批」判評一五二号二四頁（昭四六）。

(14)　後藤・前出注(11)五二八頁以下、林千衛『判例民事法昭和一四年度』一一五、一一六頁（有斐閣、昭二九復刊）。

もっとも、三宅・第一章第一節注(18)一〇〇七頁以下は有益費については同旨を説いているのに対し、必要費については、賃借物の譲渡が「賃貸人の『返還請求権者たる地位の承継』であり、賃貸借の当然承継は生じない」と解したうえで、「必要費償還義務はその必要費を負担すべき賃貸人の義務であ」り、賃借物の「譲渡によって譲受人に承継されない」、とする（前出注(11)参照）。

(15)　星野・概論Ⅳ二一六頁は、「一般論として、判例は古くから、旧所有者と賃借人との間に存在した賃貸借関係が法律上当然に新所有者と賃借人との間に移り、旧所有者は全くその関係から離脱する、といっており（中略)、若干の問題はあるが（旧所有者に併存的債務を残しておいたらどうかと思われる問題もある)、結論としてはこれでよいであろう」、と述べている。

なお、民法六〇八条が必要費を償還する場合と有益費を償還する場合とで区別して規定していることから、同法一九六条との関係で右の六〇八条をどのように位置づけるべきかという問題が残るが、本文に述べた結論を前提とすると、この六〇八条は、賃貸人と賃借人との間における、必要費および有益費の償還債権の発生時について定めているにすぎない、と解することになる。

(16) 同旨を認める学説としては、第一章第五節注(1)に挙げたもののほか、幾代・第一章第五節注(3)一三一頁を参照。

(17) 例えば、明石三郎・注釈民法⒃二三二頁、我妻・民法講義Ⅲ三〇、三一頁、松坂・民法提要二三二頁、槇・担保三七頁など参照。また、石田・擔保下巻六五一頁、勝本・擔保上巻一一三頁、柚木=高木・担保〔第三版〕二〇頁、川井・担保二八五頁などは、単に物の瑕疵による損害の賠償債権を例示して留置権を認めるにすぎないが、民法六六一条の賠償請求権は当然この賠償請求権に含まれるであろう。

(18) 槇・担保三七頁は、物の瑕疵による損害賠償債権を、「被害者に経済的所有部分を分与する意味で、いわばマイナスの面での先履行の特別の形態に類比されるもの」、と特色づけている。

(19) ドイツ民法六九四条により、受寄者は寄託物の性質（Beschaffenheit）より生じた損害の賠償請求権を有し、この請求権のため受寄者に留置権が認められている（vgl. z.B. Enneccerus-Lehmann, Recht der Schuldverhältnisse, S. 715)。

(20) Vgl. z.B. Enneccerus-Lahmann, Recht der Schuldverhältnisse, S. 714f.; Titel, Staudingers Komm, §694 Rz. 5; Larenz, Schuldrecht, I, S. 102.

(21) フランス民法一九四七条は、「寄託物ノ性質又ハ瑕疵ヨリ生シタル損害」に限定せず、寄託から生じた損害全般について寄託者に無過失責任を負わせているが、この損害が賠償されるまで受寄者に留置権が認められることに変わりはない（一九四八条参照）。

(22)　V. Marty et Raynaud, *Droit Civil*, t. III, n° 39, p. 24, note (1).

(23)　Rodière, *Encyclopédie Juridique*, n° 230, p. 17は、「寄託者のこの責任を明確にする適用規定は不法行為に関する規定である。この種の損害は寄託者の債務不履行責任とは関係ない。従って、寄託物または寄託された動物が、人または受寄者の物や動物に生ぜしめた損害については、一三八四条一項および一三八五条が適用される。」と述べている。

(24)　フランス民法一三八四条一項および一三八五条は次のように規定する。

一三八四条一項…自己の行為により生じた損害に限らず、自己が責任を負うべき者の行為または自己の保管する物より生じた損害についても責任を免れない。

一三八五条…動物所有者または動物利用者は、その使用中は、管理下であるか逃走したかに拘わらず動物の生ぜしめた損害について責任を免れない。

(25)　一三八四条一項の「保管者」の概念については一三八五条との関係から争いが予想される。すなわち、ある物の使用により経済上の利益を享受する者をもって保管者とする立場と、物に対して法律上の支配権を有する者をもって保管者とする立場とがあり、前者の立場に対しては、経済上の利益の概念が明確でないなどの批判がある（詳しくは、野田良之「自動車責任に關するフランスの民事責任(二)」法協五七巻三号四八〇、四八一頁（昭一四）参照）。しかし、野田が述べているように、「以上の二つの立場は共に半面の眞理を含むものであるが、しかし法律上の保管者即ち法律上物の上に支配権を有する者とはいかなる者であるか又何故此の者が責任を負擔すべきであるかは抽象的に定るわけのものではないのであって、實質的に物に對する事實關係を考慮に容れずしていきなり法律上の保管を論ずることは正當の態度とは謂へ」ず、「保管者の概念は具體的に種々の場合を検討して始めて明瞭となる」(野田・前掲論文四八二、四八三、四八五頁)。こうした理解の下では右の争いはあまり意味のあるものとは思われない。

(26) 野田・前注四八六頁および四九〇頁以下参照。

(27) 野田・前出注(25)四八三頁は、一三八四条一項の保管者の概念について、「何故物の保管者に特別な保管義務が課せられるかを考えれば其は正に其の物によって經濟的な利益を得て居ると云ふ實質的理由に基き其の者をして第三者に損害を及さざる様努力する事を要求する事が衡平であるからに他ならない。私は其の意味に於いて法律上の保管者を決定するには此の經濟的關係を無視する事は到底不可能であろうと考へる。或は經濟的利益の觀念が明白で無いとか其の觀點からでは同一物について多數の受益者があり得て正確でないと云ふ非難があるが、しかしさうした評價は社會觀念によって判定するの外なく、其等多數者の中で何人を以て責任を負擔せしめる事が最も衡平であるかの基準に照して定めるより仕方があるまいと思ふ。そして複數の者が同様に此の評價の埒内に入り得る場合には其等をして連帯的に責に任ぜしめるのが妥當であらうと思ふ」と述べているが、このことは、フランス民法典の下でも、本文における賃貸人も賠償責任を負うとする解釈が可能であることを示している。

(28) 野田・前出注(25)四六三、四六四、四八六、四八七頁参照。

(29) 通説的見解は第三者の行為が不可抗力の場合に限り免責事由になるとするが、判例は二転三転していると言う(詳しくは、野田・前出注(25)四六四頁参照)。

(30) 例えば、野田・前出注(25)二号二三一頁は、一三八四条一項にいう「自己の保管する物」とは危険物に限られると解する学説があるとし、この学説に対する批判の中で、「一三八四條一項は一三八五條と同一の基本思想に基く規定であり、從ってその解釋も常にパラレルに爲されなければならぬ」、という主張があることを紹介している。かかる主張は本文に述べた一三八四条一項の解釈論の動向を前提としていると解してよいであろう。また、同・前出注(25)四八〇頁に存する、一三八四条一項が一三八五条とパラレルな関係に立つ旨の記述(同旨の記述は同・前出注(25)二三五頁にも見られる）も、本文に述べた動向を示していると言うことができる。

(31)　寄託者以外で賠償責任が問題となる者としては、所有者のほかに利用権者なども考えられようが、以下では所有者をもって代表させることにする。けだし、利用権者なども基本的には所有者の責任と同様の責任を負担することになり、ただ、究極的には右の者は所有者と求償関係に立つにすぎないと考えられるからである。

(32)　賃借人と占有者との間には寄託契約が存することから、損害を被った受寄者（＝占有者）は民法六六一条を根拠に賃借人（＝寄託者）に対して損害賠償請求権を取得し得るのであるが、この請求権は、受寄者が所有者に対して原則として直接に行使し得る、と解してきた前述の損害賠償債権とは法的性質を異にしていると考えられる。なるほど、同条を根拠とする損害賠償請求権は契約関係にある当事者を相手に発生するものであり、ただ、賃借人・受寄者間の寄託契約は右にいう賠償請求権の発生を直接の目的として成立しているわけではない、という点においてこの賠償請求権は当該契約に基づいて発生する本来の債権とは異なっている（つまり、受寄者が賃借人を相手に取得できた右の賠償請求権は前述した寄託契約を直接の根拠として発生しているわけではなく、この意味では完全に契約関係に支配された性質の債権とは言い難い）のであるが、しかし特別な信頼関係で結ばれた当事者の間でのみ発生が許されるものである限りにおいては、寄託契約が発生を予定していた本来の債権に通ずる性質を右の賠償請求権から看取できる。そうであれば、前述した六六一条の適用により、賃借人が受寄者との関係で負担する賠償責任は契約上の責任から完全に切り離して論じられるべきものではなく、従ってドイツ民法六九四条に関して採られてきている解釈を参考に、右の賠償責任は契約締結上の過失責任と解するのが妥当であろう。これに対し、所有者が原則として負担する賠償責任は、本文にも述べてきたように当該損害の物的関係に由来して認められる性質のものである。

(33)　問題として残ることは、特段の事情ありとして例外的に所有者が免責される事由とは何か、また免責事由が認められる場合における、所有者に対する占有者の留置権いかん、である。思うに、物の寄託であれ動物の寄託であれ、所有者が当該物（または動物）について相当の注意をもって保管させてきたとか、占有を喪失してから相当な期間が経過しているなどの事情が存する場合には、この所有者は例外的に免責されてよいであろう（第三編終章注(2)参照）。例えば、Yの所有物を盗取したAから寄託されて保管中のXがこの受寄物の性質または瑕疵より損害を被ったという場合では、もとよりYはAに対して寄託者としての賠償責任を負う立場にはなく、また相当の注意をもって保管してきたと言い得る限りでは右のリスクをYに負担させるべきでない。また、例えばY所有の動物はもともと病気ではなかったが、Aが賃借して占有中にAの所有する動物よりY所有の右動物は感染し、後にXはAに委託されてこの動物を保管していたところ、X自身の所有する動物に感染したため、Xは損害を被ることとなったという場合におけるYも同様にAとの関係において右に述べた賠償すべき立場にない。のみならず、右のYは、相当の注意をもって保管させてきたと言い得るときは、所有者としてのリスクを負担させられるべきではあるまい。そうであれば、かような場合にまでXに留置権を認めてYの引渡請求を拒絶できると解することも、Yの引渡しを求め得る法的地位と私的自治が蹂躙されたに等しい結果を招くため妥当であるとは言い難い。学説にも、右の動物委託に関するケースにおいてXに留置権を認めることはYにとって酷である、と解するものがある（薬師寺志光「留置権の目的に付て」志林二四巻一二号一六八四、一六八五頁（大一一）参照）。

(34)　前出注(32)参照。

(35)　前田達明『民法Ⅵ₂（不法行為法）』一七四頁（青林書院新社、昭五五）。また、裁判実務もこの立場にある（最判昭和四〇年九月二四日民集一九巻六号一六六八頁参照）。さらに、右の立場は間接占有者に免責事由を認める点においても本文が後に述べたところと類似した視点にある。

もっとも、間接占有者は民法七一八条の占有者に含まれないとする見解も有力である（例えば、東秀彦「動物の加害についての損害賠償責任」日法二三巻四号四一六、四一七頁（昭三二）、加藤一郎『不法行為』二〇三、二〇四頁（有斐閣、増補版、昭四九）、五十嵐清・注釈民法⒆三二二頁など）。

(36)　民法七一八条にいう「動物カ他人ニ加ヘタル損害」とは、動物の積極的動作によって損害が生じたことを要すると解し、従って病気の感染による損害は同条にいう損害には当たらないとする見解（東・前注四一一頁）があるが、損害の生じ得る可能性が内在していた限りにおいては相違がないと言えようから、このように狭く解する必要はないと考える。

(37)　以上のことから、被害者が所有者または直接占有者の何れに対しても賠償請求し得る場合には、両者は不真正連帯債務の関係に立つ、と解したい（但し、被害者が受寄者であり、この者が寄託者に対して有する民法六六一条の賠償請求権と、所有者に対して有する賠償債権とは法的性質が異なると考えるべきであるから（前出注(32)参照)、寄託者に対する同条の賠償責任に関しては、寄託者と所有者とは不真正連帯債務の関係に立たないこと言うまでもない）。

(38)　前出注(33)参照。

第三節　非間接強制型の場合

一　非間接強制型・時前型(a)について

(1)　非間接強制型・時前型の事案に関するわが国の裁判例では、後記二におけるとは異なり、請負ケースに限り、Y→A→X型で留置権が認められていた。このケースにおける請負人Xの報酬債権とYの引渡請求権とが非間接強制関係にあることは疑いない。しかし、例えば加工・修繕・運送といった請負行為は、物の価値の維持または増加を伴うものである、と見ることができなくはない。すなわち、Xの請負行為と右の物との関係に着目したならば、この請負行為が当該物の経済的価値に与える影響を少なからず予想できるから、Xが注文者に対して報酬債権を有しているかどうかはともかく、このXとそれから右の物について引渡しを求めるYとの間を対象に、民法一九六条が定める費用償還関係の有無を問題にすることは、必ずしも突飛な発想ではないと考えられるのである。(1) この点、フランスでは、既に述べてきたことから理解し得るように、加工・修繕・運送などによる請負ケースが物的牽連の場合として捉えられていたから、YはXに対して費用償還義務を負うと解することが十分に可能となるのみならず（その際、Yの負担する債務額は、物自体が負担していると解される債務額、すなわち物の価値の維持または増加された額となる）、ドイツにおいても、請負ケースにおいてYを相手にXが主張する留置権はYとの費用償還関係いかんを前提に論じられていた（ちなみに、Y↓A↓X型においてXの留置権が問題になった公刊裁判例はすべて請負ケースである）。(2) すると、わが国でも請負ケースでは、Yを費用償還債務者と解する余地があるのではないか、とりわけ、わが国の裁判例が請負ケースに限ってY↓A↓X型のXに留置権を認めている背景には、このケースにおけるYを費用償還債務者――または一般不当利得もしくは事務管理を原因とする償還債務者など――と解し得る事情が存在しており、このことが暗黙のうちに考慮されてXに留置権を認めることになったのではないか、と憶測できなくはないのである。そこで、請負ケースの公刊裁判例における事案のX・Y間には前述した費用償還関係（または一般不当利得とか事務管理の関係など）を看取することができようか、を次に検討しなければならない。その結果として、もしもYが費用償還債務者であると解することができるならば、右のケースにおけるX・Y間はいわゆる間接強制関係にほかならないと言うことができ、またその限りで――すなわちYが費用償還債務者である限りで——Xに留置権を認めれば足りると解する余地が生ずる。

(2)　公刊裁判例に現われた請負ケースを列挙すると、A→X・A→Y型では、建物建築請負に関するもの（【22】【34】）、宅地造成工事に関するもの（【23】【25】）、自動車修理に関するもの（【24】）であり、またY→A→X型では、立木伐採等の下請に関するもの（【31】）、自動車修理に関するもの（【32】【33】）、である。

なお、右のケースにおけるYが費用償還債務者に該当し得るかどうかを具体的に検討するに当たっては、後に述べるように、建物建築請負には他の請負ケースと同列に論じ得ない極めて特殊な事情が存在するから、これを最後に取り上げて考察することにする。

(イ)　宅地造成工事の請負ケース（【23】【25】）について。まず【23】に関してである。この事案における請負人Xの行為は単に宅地造成工事と認定されているにすぎない。また、当該工事は途中で中止され、この中止に至るまでの工事状況は右の裁判例から窺知することができない。ところで、裁判例の中には、宅地造成工事が途中で中止されたという場合ではないが、山笹の生立する丘陵地の傾斜地を不法占拠して宅地造成し、後に、この不法占拠者が建物所有の目的で当該造成地を賃借したという事案において、不法占拠者（後の賃借人）のなした造成費用は民法一九六条により償還請求をなし得る有益費に当たる、と解したものがある。[3]この裁判例は賃借人が土地所有者である賃貸人に請求した事案に関するものではあったが、宅地造成工事がなされた時点における造成費用の支出者は不法占有者であったと言うことができるから、不法占有者としての立場で、右の一九六条を根拠に土地所有者に対して工事費用の償還を請求したという場合においても、土地所有者が宅地の賃貸を意図している限り右の償還請求は認められる可能性があろう。こうした可能性の存在を前提とするならば、宅地造成工事の場合における請負人が土地所有者に対して有益費の償還を請求した場合に、この請求は一概に否定されることにはなるまい。[4] また、たとい右の宅地造成工事が途中で中止されたにせよ、当該工事の状況と内容いかんにより有益費の支出という性格を依然として認め得る場合があろう。裁判実務も、宅地造成工事の一貫としてなされた工事であるとは認定されていないが、盛土石垣の築造、下水および道路の開設等の施設[5]または地盛工事[6]に関する費用が有益費に当たることを認めてきている点に鑑みたならば、宅地造成工事が途中で中止されたにせよ、その過程において右のような工事がなされており、かかる工事の費用が当該土地の価値を増加させるに役立っていると言い得る限り、当該工事は有益費の支出行為として評価される可能性を否定し得ないであろう。[7]

ところで、【23】における造成工事費に関して右に述べてきたことは、【25】における工事費についても等しく妥当すると考えられる。また、各々の事案における新所有者Yは造成工事が（一部であれ全部であれ）施された土地を譲り受けた者であり、従って当該工事はY自身にとって価値を有するものであったと言うことができるに止まらず、造成工事は交換価値の増加を狙ってなされるのが通常であると考えられるため、この増加に役立つ工事として要した費用は、何れの事案にあっても当該土地の改良費として捉えることができなくはない、と推測できるのである（なお、【23】と【25】はともに請負代金債権を被担保債権とする留置権の存在を認めているため、前述したように、XとYとの間に費用償還関係を観念することが一さい排斥されるわけではないならば、その限りで、右の代金債権を担保する留置権と、それから費用償還債権を被担保債権とする留置権との関係いかんが問われることになろうが、この点については後記(3)で述べる）。

(ロ)　自動車修理の請負ケース（【24】【32】【33】）について。修理代金債権のために請負人Xに留置権が認められることについては学説上に異論がないが、[8] このケースにおけるX・Y間に費用償還関係を問題にすることができようか、について学説は必ずしも明白な態度を示してきていないと思われる。むしろ、これまでの裁判実務および学説は、Y→A→X型の場合に関しては、そこでの請負人Xと所有者Yとの間に一般不当利得の関係を問題にしてきた、と言うことができる。例えば、裁判例の中には、周知のとおり、賃借中のブルドーザーの修理を依頼したAが無資力となったという場合に、修理者Xはこのブルドーザーの所有者Yに対していわゆる転用物訴権を有する、(9) としたものがある。学説はこの裁判例に否定的な立場を採るものが少なくなく、(10) また肯定する学説でさえ転用物訴権を認めるための要件は厳格である。(11) しかし、右の判例理論を前提としたならば、Y→A→X型の場合に関する【33】では、注文者Aは倒産状態に陥っており、従って請負人Xの修理代金債権は無価値となっていると言えようから、Yに対するXの転用物訴権が認められる可能性を否定し得ず、従ってYに対する不当利得返還請求権が認められる限りでXは留置権を主張し得ることが考えられてよい。これに対し、等しくY→A→X型の場合であった【32】では、注文者Aにつき無資力いかんの事情が判決文からは明らかでなく、また【24】については、本来、この事案がY→A→X型の場合に該当しないのみならず、注文者Aについて無資力いかんの事情が同様に不明であるから、XがYに対して不当利得返還請求権を有するかどうかは疑わしい。

ところで、右に掲げた三つの請負ケースにおけるXの修理行為は民法一九六条にいう必要費または有益費の支出に当たるであろうか。もとより、同条一項の必要費とは、例えば大風水害による家屋の大修繕その他の特別の負担のように、平常の保管以外に支出する必要のあった費用（いわゆる臨時費）に限られるのであって、小修繕や租税の負担などのような平常の保管に必要な費用（いわゆる通常費）はこれに含まれず、また同条二項の有益費には、例えば時計のメッキを施したなど物の価値の増加とは無関係な費用（いわゆる奢侈費）

は含まれない、と解されている。[12] この点、【24】および【33】では自動車修理の内容が具体的に示されていないことより、当該修理行為が右にいう一九六条の費用支出に該当するか否かの判断は断念されざるを得ないのに対し、【32】では、「事故により大破した」自動車の修理であることが認定されているから、請負人Xのなした修理行為は同条一項に示された必要費（臨時費）の支出に当たると考えられなくはない（少なくとも有益費の支出として考えることは可能である）。実際、本件ではXが反訴として本件自動車の修理に要した費用の償還請求をしていたところ、【32】は、当該修理費用が民法二九九条二項または前述した一九六条二項にいう有益費に該当する余地を、全く排斥したわけではなかった。そうであれば、ここでのX・Y間に有益費償還関係を問題にすることが可能である立場を右の【32】は示していることになる。

(ハ)　立木伐採等の下請負ケース（【31】）について。このケースにおけるX・Y間で費用償還関係の有無が争われた公刊の裁判例は見当らない。もとより、本件での立木伐採等は注文者Yの意思に基づいて行なわれたことであり、ただ、注文者Yと元請負人Aとの請負契約が合意解除されたために、下請負人XはYとの間で伐木の引渡義務を負うことになったにすぎない。その際、Aが無資力であると認定されているわけではないから、XがYに対して不当利得返還請求権を有すると解することはできそうにない。また、Xによる伐採等の行為が民法一九六条にいう必要費の支出に当たる、と解することも困難である。けだし、伐採等の行為が、一般に立木の本来の性能とか価値を保持するうえで当然に必要とされるような性質のものとは考え難いからである。しかし、右に述べたように、本件における伐採等の行為はもともとYの意思に基づいてなされていたから、本来、Yは伐採に要する費用の負担を覚悟していたと言うことができる。従って、かかる費用の支出を免れることは出費の節約となろうから、Yは伐採費用の償還を請求されたところで利得を押し付けられる立場に置かれるわけではない。また、有益費の支出行為にはXによる労務提供という行為（立木について伐採等をなす行為）も当然に含まれてよいから、この行為がなされることを望んでいたYとの関係では、当該行為が物の価値を増加させるに役立つ行為（有益費の支出行為）に匹敵すると考えられ、従ってXはYに対して一九六条二項の償還請求をなし得る、と解釈されたところで不都合はあるまい（Xによる伐採等の行為がYのためになされたものであれば、XはYに対して民法七〇二条一項の償還請求権を行使し得ることも考えられなくはない）。

㈡　建物建築の請負ケース（【22】【34】）について。このケースについて、結論を先に述べれば、一般に下請負人Xと、それから元請負人Aと契約関係にある注文者Yとの間には費用償還関係を考えることが困難であり、またXはYを相手に下請代金債権を被担保債権とする留置権を主張し得ない、と考える。その理由を以下に述べよう。

まず、X・Y間の費用償還関係いかんについてである。もとより、【22】と【34】はともにXがAとの請負契約に基づいて建物を完成させたという場合に関するものであり、【22】は建築された建物の譲受人Yに対して請負人Xが行使した留置権を認容しているのに対し、【34】では注文者Yを相手とした下請負人Xの留置権が否定された結論になっている。ところで、Xに対して直接に建築を請負わせた立場にないYがXに対して当該建物の引渡しを請求したという右の請負ケースにおいて、X・Y間でいわゆる費用償還関係の有無が争われ、かつ、この関係いかんに関して判断を示している公刊裁判例は見当たらない。もとより、右の償還関係が認められるかどうかは、建物建築として要した費用が、前述した、物の価値を保存するうえで費やされた必要費、または、物の価値を増加するに役立つための有益費という性格を備えていようかの判断に係っているのであるが、かかる性格を認めることは一般的には困難であると考えられる。けだし、本来、建物建築という行為は、建築物という、一つの新たな物を原始的に作り出す性質のものであるから、当該費用が支出される前に一定の価値を有する物が既に存在しており、この存在を前提に、当該物に内在していた価値を保存したり増加したかどうかを観念できる行為とは本質的に異なっている、と言うべきだからである。つまり、右のXが建物建築につき要した費用について、Yは（全部であれ一部であれ）償還しなければならない余地があると解釈するならば、その限りで、かかる解釈は、当該建物が建築される前の段階において一定の価値が備えられた物の存在を架空的に設定する、という擬制を許すものである。こうした擬制を行ってまでYに償還義務を認めることは、価値を有した物の存在を仮設する限りで当該物と債権との結び付きを捨象することとなり、ひいてはYのような物の回復を求める者が（主観的にも客観的にも）利得の押し付けを強いられる、[13]といった可能性を生むこととなって許されるべきではあるまい。加えて、本来、このような擬制がなされる場合にまで民法一九六条の適用範囲が予定されていたとは到底思われない。そうであれば、右のYに対しては一般不当利得の返還という問題が起こり得ることは格別、X・Y間において同条が定める費用償還関係の存在を云々することには無理がある、と考えられるのである。こうした考えに照らすと、【34】がXに留置権を認めなかった結論は、民法一九六条の適用を問題にしていない点において適切であったと言い得るだけでなく、【22】についても、同条の費用償還債権を被担保債権とする留置権が認められたわけではない、という限りで一まず右の裁判例は支持されてよい。

では、XはAに対して有する報酬債権を根拠にYに対して建物の留置を主張し得るであろうか。この問題に対する解答は、いわゆる完成建物の所有権の帰属または移転を巡って論じられてきた学説上の争いの中に見出すことができる。すなわち、周知のように、請負人が材料の全部または主要な部分を提供して建物を完成させた、という場合に建物所有権は誰に帰属すると解すべきかについて学説は大きく二つの見解に分かれている。それは、原則として建物完成と同時に建物所有権は請負人に帰属し、これが引渡しによって注文者へと移転すると解する説（請負人取得説と呼ぶ）と、それから特約なき限りは完成建物の所有権は原始的に注文者に帰属すると解する説（注文者原始取得説と呼ぶ）である。(14) このうち、請負人取得説の主張に対する背景には、請負人に所有権を取得させることで請負人の報酬債権を確保せんとする点にあった。(15) この点に対する反論として、注文者原始取得説は報酬債権の確保による請負人の保護を、とりわけ請負人に留置権の行使を認めることで賄おうとする。(16) しかし、請負人に建物の留置を認めることは必然的にその敷地までの留置をも認めることになろうから、例えばXがAの所有地上に建物建築を請け負って当該建物を完成したが、Aは請負代金を支払わずに敷地をYに売却したとか、(17) Yの所有する土地の上に建物の建築を請け負ったAよりXが下請けして当該建物を完成させたという場合に、(18) 注文者原始取得説に従えば、Xは非間接強制関係にあるYとの間でも敷地の留置が許されることになろう。ところで、建物は土地とは別個の不動産として扱われているわが国の法制の下では、前述したXがYを相手に建物の留置により敷地までも留置するという場合は、第一章第四節二で整理して掲げてきた「その他の非間接強制型」に属するものである。従って、建築建物の留置によって敷地の留置まで許されようかという問題は、右の「その他の非間接強制型」に属する場合の全般を通して考察されたうえで決せられることを要すると考えられるところ、この類型に属する事案を扱った公刊裁判例を見る限り、裁判実務は建物留置による敷地の留置を明白に否定してきている（A→X・A→Y型の場合に関する【51】【52】、Y→A→X型の場合に関する【55】【56】を参照）。(19) ところが、注文者原始取得説の論者はXの報酬債権を保護せんとする観点から漫然と留置権の存在を唱えているにすぎない[20]。すなわち、同説は、非間接強制関係にある者との間でも請負人が建物留置により敷地をも留置し得ると解してよいものか、について論証しなければならない立場にあると考えられるにも拘わらず、安易に留置権制度に頼りすぎている嫌いがある。

なお、請負人Xが、報酬債権の債務者ではないYを相手に、建築建物とは法的に別個な扱いを受ける敷地についてまで留置できると解することが、右に述べた「その他の非間接強制型」の場合に関する裁判実務の受け入れるところではないと言い得るならば、建物建築請負ケースにおいて留置権を認めなかった【34】はともかく、これとは反対の結論にある【22】について次のような疑問が生じよう。すなわち、前述したように右のケースにおけるX・Y間には民法一九六条所定の費用償還関係を論ずることができず、従ってYはXから右の関係を理由に留置権を主張される可能性はないばかりか、前述した裁判実務の状況との関係からも、建物留置に伴う敷地の留置をYが主張される謂われはないと考えられることに鑑みたならば、Xに留置権を認めた【22】はどう解されるべきであろうか、という疑問である。これについては、Yが提起した本件訴訟は建物明渡請求事件であり、【22】はその限りでXに建物留置を認めたにすぎない、と言い得る点に注意する必要があろう。すなわち、厳密に言えば、本件では敷地の留置まで許されようかが正面から争われたわけではなく、X・Y間では建築建物の引渡しに関する請求の可否のみが争われたにすぎない。だから、ここでのXに建物留置が認められたとはいえ、【22】が必然的に敷地の留置をも許した立場にあると解することはできないのである[21]。なるほど、事実上、建物留置が敷地の留置を伴うものではあるが、しかし建物とその敷地に関する前述した法的扱いを前提とする限り、建物自体を目的とした引渡請求訴訟の中では敷地の留置が言及されないままに止まり、従って建物留置の可否のみに判断が終始したところで止むを得ないはずである。【22】が右に述べた請求内容に関するものであった限り、この裁判例は、最終的には、前述した裁判実務の状況との間に乖離が存しないと解する余地を含んでいることになる。

(ホ)　以上の検討を総括すると、必ずしも断定し得るわけではないが、建物建築請負ケースを除く請負ケース（以下では「一般請負ケース」と呼ぶ）ではX・Y間に費用償還関係を観念できるものは少なくない。そこで、Xは、Yに対して費用償還債権を有すると解することができるならば、その限りで留置権も直接に主張し得ることになろうから、あえてこの権利の対抗問題を論議する必要はないはずである。もっとも、例えばA→X・A→Y型の「一般請負ケース」では、請負人XはYに対して費用償還債権を有すると解されたにせよ、Aに対して請負契約から生じた報酬債権をも有するから、Yを相手に、それぞれの債権を被担保債権とする留置権の主張が考えられる（なお、Aに対する報酬債権を根拠に、XはYに対して留置権を主張し得ると解すべきことについては後記二で述べる）。これら二つの債権を被担保債権とする留置権は、各々、物的牽連の場合における留置権と法的牽連の場合における留置権とに対応するものである。そこで、これら二つの留置権は競合関係をどのように理解すべきか、またこの競合関係を認めてXは何れかの留置権を主張し得ると解したにせよ、物的牽連の場合における債権の額（費用額）と法的牽連の場合における債権の額（報酬額）とが必ずしも一致するとは限らないから、両者の差額（とりわけ、報酬額が費用額を超える場合の差額）のために請負人は留置権を主張し得るであろうか、さらにはA→X・A→Y型またはY→A→X型の何れであれ、一般請負ケースにおけるX・Y間に費用償還関係が認められない場合には、Xは報酬債権を被担保債権とする留置権をYに対して主張できようか、という問題が生ずる。以下では、これらの問題について考察を試みよう。

(3)　まず、留置権が物的牽連の場合と法的牽連の場合とで競合して成立するとき、各々における留置権の関係はどのように理解すべきか。この点に関しては、既に述べてきたように、フランス学説によれば、例えば契約に基づいて物を加工した者が物的牽連と法的牽連の場合における各債権を物の所有者に対して有する場合に、加工者は、この債権を実現するため、何れか一方の留置権を選択して主張し得るとされ、また留置し得る物の範囲については、物的牽連の場合における債権を被担保債権とした留置権が主張されるときは、既に加工した材料のみに限られるのに対し、法的牽連の場合における債権のために留置権が主張されるときは、当該契約に従って占有するすべての材料である、と解釈されていた。こうした解釈は、当該債権と留置物との客観的な関係と、それから被担保債権の発生原因に見られる主観的な性質に着目することで留置権が成立する場合を二分し、この関係と性質に応じて二つの留置権を観念して債権者の保護を図ろうとするだけでなく、留置できる物の範囲についても右の関係と性質を反映することで違いを設けようとするものであり、極めて説得的であると考える。

このように二つの牽連が観念された留置権の主張を承認するとしても、例えば請負契約で定められる報酬額は実費（またはその見込額）に利潤が加えられて決せられるものであり[22]、また償還請求の対象となる費用額は、当該物の価値の保存または増加という客観的な観点から定まるものであるから、報酬額と費用額とは必ずしも一致するとは限らず、従って各々の間には差額が生じ得るとすれば、この差額との関連で留置権の主張はどのように解されるべきであろうか。すなわち、報酬額が費用額を超える場合に（費用額が報酬額を超える場合は一般に考え難い）、ここでの差額を担保するため留置権を認めるべきであろうか、という問題である[23]（もっとも、「一般請負ケース」が生じるのはA→X・A→Y型とY→A→X型の場合に限られるから、以下ではこれらの場合について考察する)。

(イ)　まず、A↓X・A↓Y型の「一般請負ケース」(請負人X、注文者A、費用償還債務者Y)において、Xは報酬債権と費用償還債権の何れについても満足を受け得る、とする結論が妥当でないことに異論はあるまい。従って、Yが費用額を弁済したならば報酬額は費用額という形で支払われたことになり、この支払額の限度で報酬額も消滅すると解することが公平に適った解決である。そこで、消滅しなかった報酬額の支払債権は依然としてAに対してXのために存続することになる。この支払債権を担保するためXはYに対して留置権を主張し得るであろうかという問題は、A↓X・A↓Y型の場合におけるX・Y間に全く費用償還関係が認められないときに、XはAに対する報酬債権を根拠にYに対して留置権を主張し得るものかという問題と等しい関係にあるから、後記二においてこの問題に答えることとする。

なお、A↓X・A↓Y型の「一般請負ケース」における債権債務関係を、X・A間とX・Y間とに区別して理解しようとするならば、この「一般請負ケース」に限らず広く物的牽連と法的牽連の各場合につき競合が考えられるときでも、右のように区別して考えなければなるまい(例えば、XがAより有償でその所有物につき保管を委託されたが、Aはこれを Yに譲渡してしまった場合、すなわちA↓X・A↓Y型の有償寄託ケースにおける場合で、Xが保管行為を施したことでYに対して民法一九六条などを根拠とするに償還債権を有するとき、などが考えられる)。

(ロ)　次に、Y↓A↓X型の「一般請負ケース」において報酬額が費用額を超える場合に、YがXに対して費用額を弁済したならば費用額の限度で報酬債権は消滅すると解してよい。すると、報酬残額の支払債権を担保するためにXはYに対して留置権を主張し得るであろうか。この問題は、Y↓A↓X型の「一般請負ケース」の場合で、X・Y間に費用償還関係が全く存在しないときに（または仮にこの償還関係が存在したにせよ、Yに対する費用償還債権を被担保債権とする留置権を主張しないときに）、XはAに対する報酬債権を根拠にYに対して留置権を主張し得るものか、という問題と同視することができる。そこで、これら二つの問題については共通して次のように考える。既に述べてきたように、フランスおよびドイツでは、右の場合におけるXにはYに対する留置権の主張が認められない、という結論において一致していた。その根拠としては、フランスでは、XがYに対して留置権を主張し得るのはYが債務を負担する物的牽連の場合に限られること、または、留置物が債務者の所有でなければならないことなどが挙げられていた。また、ドイツでは、まずYに対するXの占有権原の有無を論じ、この権原をXが有するときは、X・Y間はVindikationの状況にないこととなるから、Xに留置権が存するかどうかの問題は生じないのに対し、反対に右の権原をXが有さない場合には、X・Y間にVindikationの状況が発生していることを意味するから、この場合におけるX・Y間に費用償還関係があるかどうかを論ずることでYに対するXの留置権は存否が定まることになる（Xは、Aに対して報酬債権を有していたにせよ、Yに対する費用償還債権を有しないのであれば、いわゆる相互性の要件が満たされないことになり、従ってYに対して留置権を主張し得ない）。わが国の解釈論としても、Y→A→X型の場合におけるXはYに対して物的牽連の場合における債権を有する限りでYに対して留置権を主張し得る、と解することで十分ではなかろうか。とりわけ、裁判実務がY→A→X型の請負ケースにおいてのみXに対して留置権を認めているにすぎない、という事実は右に述べた解釈の結論的妥当性を裏付けていると思われる。また、実質的に考えてみてもこの解釈を妥当と考える。けだし、A・X間の請負契約でXの報酬額が過度に高額で取り決められていた場合、Yが客観的に定まった費用額を民法一九六条などに基づいて償還しても、なお不当な報酬残額のためにXによって当該物の留置が許されるという結論は妥当とは思われず、また例えばYの所有物を賃借したAが、賃貸借の終了間際になって、Yへの賃借物の返還を妨げるために善意のXに有償で保管を委託したという場合に、Yの利益を犠牲にしてまでXに留置権の主張を認める必要があるとは考えられないからである。[24][25]

二　非間接強制型・時前型の「所有者交替の場合」について

例えば、XがAよりその所有物を買い受けて占有を取得するとともに代金の一部を支払ったが、後にAはこの売買契約を合法に解除して当該目的物をYに売却したという場合に、Xは法的牽連の場合における債権（支払代金返還請求権）を担保するためYに対して留置権を主張することができようか、という問題を考察することがここでの課題である。かかる場合のXに留置権を認めてこれを保護すべきことについては異論があるまい。フランスでも、既に述べてきたように、留置権の対抗力によってXを保護してきている。わが国の解釈としても、右のXを保護するためには留置権の対抗力概念に頼らなければならない。けだし、わが国には、Xの占有がYとの関係でも保護される旨を定めた規定（例えばドイツ民法九八六条二項など）が存在しないから、右の概念を前述した場合に正面から認めて、XはAに対して主張し得た物の引渡拒絶権をYに対しても留置権という形で主張し得ると解さないと、Aが当該物を売却することによって右に述べたXの引渡拒絶権は無に帰せられてしまうからである[26]（なお、かかる解釈は、A→X・A→Y型の場合において、法的牽連の場合における債権の額が物的牽連の場合における債権の額を超えるときに、この差額のために占有者は留置権を主張し得るかという問題についても等しく妥当し、占有者の留置権は肯定されることになる）。

（1）　幾代・第一章第五節注（3）一二九頁も、例えばY所有の物の賃借人AがXに修理を頼んで賃借物を引渡した、というY→A→X型の場合におけるX・Y間について民法一九六条の費用償還関係が認められ得る旨を示唆している。

（2）　第三章第二節一(イ)参照。

（3）　福岡地小倉支部判昭和四七年三月二日判タ二七七号二二九頁。すなわち、本判決は、「山笹の生立する丘陵状の傾斜地を不法占拠して宅地造成し建物を建築した後、該建物所有の目的で之を賃借したときの宅地造成費用であるところ、土地の不法占有者の主たる目的が建物建築にあるとすれば宅地造成ないし基礎固め等は当然なされるべきことであり、その限りにおいては宅地造成費用等は占有者の使用収益そのもののための支出に外ならないが、同時に亦客観的にみて土地を改良し、その価値を増加する結果をもたらせば、この点において利得者が民法第百九十六条により償還すべき有益費としての性質を失わないというべきである」、と判示した。

（4）　大阪地判昭和五五年七月一七日判タ四二四号一四七頁も、本文で述べた結論を裏付けるものと思われる。すなわち、傾斜地について宅地造成がなされたが、その擁壁の下部に横穴が明いていたために土地所有者Xは補修工事をした。しかし、当該土地の法定地上権者Yはこの補修工事を不十分であるとし、Xの意思に反してAに請け負わせて改修工事をしたという事案において、右の判決は、Xの積極的な土地改修義務を否定し、また改修工事も本件土地の維持・管理に必要不可欠なものではない、と判示してXの民法七〇三条に基づく返還義務を否定した（さらに、Xの同法七〇二条の償還義務も否定した）が、Yの有益費償還請求については、「民法六〇八条二項一九六条二項の規定により、将来Yが本件土地をXに返還する場合においてその価額の増加が現存する場合に限り、Xの選択により、右工事費用の全額又は増価額の償還請求をすることができるに過ぎない」として、X・Y間に費用償還関係が生じ得ることを示唆している（もっとも、本件ではYが現に右の土地を占有使用していることより、Yは今直ちにこの請求をなし得ない、とする）。

(5)　東京控判大正七年三月一六日新聞一三九五号二四頁。

(6)　函館地判昭和二七年四月一六日下民三巻四号五一六頁。すなわち、建物所有の目的で土地を賃貸したが相当の地盛を必要とする場合であったという事案において、右の判決は、たとい地盛が石灰かすを捨てたものであり単に廃物利用であったとしても、これによって土地の価値の増加を否定する理由にはならない、との主旨を述べている。

(7)　東京高判昭和五〇年七月一七日判タ三三三号一九四頁は、借地人が土地区画整理事業施行区域内にある借地になした地盛・整理について、有益費の償還債権を否定している。しかし、本件土地は土地区画整理事業によって土盛・敷地が必然的になされるべきものであったから、賃貸人は増加した利得を得たと言うことができなかったにすぎず、また賃借人は右土盛・整地の費用を自己が負担し、賃貸人にこれを請求しない旨を約していた事情もあった。右の判決はこのような諸事情を勘案して判示したものであって、本文に述べたことの支障となるものとは思われない。

(8)　例えば、三潴・提要一二頁、石田・擔保下巻六五〇頁、我妻・民法講義Ⅲ三五頁、柚木=高木・担保〔第三版〕二六頁など。

(9)　最判昭和四五年七月一六日民集二四巻七号九〇九頁。なお、この訴権に関する裁判例の状況については、加藤雅信『財産法の体系と不当利得法の構造』七一〇頁以下（有斐閣、昭六一）参照。

(10)　学説状況については、差し当たり加藤・前注七〇八頁以下参照。

(11)　例えば、加藤・前出注(9)七一三頁以下参照。

(12)　例えば、田中・注釈民法(7)一七二、一七三頁、稲本洋之助『民法Ⅱ（物権）』二三五頁（青林書院新社、昭五八）など参照。

(13)　利得の押し付けとなる場合の返還請求は一般に認められていない。例えば、谷口知平『不当利得の研究』

一〇二頁以下（有斐閣、昭四〇再版）、松坂・前節注(6)一七三、一七四頁、四宮和夫『事務管理・不当利得・不法行為上巻』五二、二〇四、二〇五頁（青林書院新社、昭五六）参照。

(14)　請負人取得説が従来の判例・通説であると言われるが、注文者原始取得説が今日の多数説になっている。この問題を論じた文献は多いが、差し当たり、請負人取得説に立つものとして、我妻・民法講義V_3六一六頁、浅井清信・叢書民法(22)六四頁以下（有斐閣、昭三八）、中村勝美「建築元請負人の倒産と注文者・下請負人の地位」NBL七一号一〇頁以下（一九七四）、米倉明「完成建物の所有権帰属――請負人帰属説でなぜいけないか」金判六〇四号一八頁以下（昭五五）など。また、荒井八太郎『建設請負契約論』九〇五頁以下（勁草書房、一九六七）も参照のこと。反対に、注文者原始取得説に立つものとしては、吉原節夫「請負契約における所有権移転時期」『契約法大系Ⅳ雇傭・請負・委任』一二七頁以下（有斐閣、昭三八）、広中俊雄・注釈民法(16)一〇四、一〇五頁、石外克喜「請負建築家屋の売買と所有権の帰属」中川善之助＝兼子一監修『不動産法大系Ⅰ売買』二九〇頁以下（青林書院新社、昭四五）、山崎寛「所有権の移転・帰属」法時四二巻九号二〇頁以下（昭四五）、山本重三＝五十嵐健之「完成した建物の所有権の帰属、検査、引渡し」中川善之助＝兼子一監修『不動産法大系Ⅴ建築・鑑定・管理』二三六、二三七頁（青林書院新社、昭四五）、石田喜久夫「所有権の移転と対抗要件」法時四三巻一一号八四頁以下（昭四六）、石神兼文「建築請負契約と建物所有権の帰属」鹿法七巻二号一七一頁以下（一九七二）、柚木馨「請負と所有権移転の時期」柚木馨ほか編『判例演習債権法2』八七頁以下（有斐閣、増補版、昭四八）、後藤勇「請負建物の所有権の帰属――請負人が材料を提供した場合――」判タ四一七号二四頁以下（一九八〇）など参照。

もっとも、請負人取得説は、例外として、請負人が材料の全部または主要な部分を提供した場合でも、特約があるときは完成と同時に注文者の所有に移ることを認める（文献としては、請負人取得説に関して掲げたものを参照のこと）。とりわけ、裁判実務は、建物完成前の請負代金支払いにより右の特約を推定したり、具体的事情に鑑みて、建物の完成と同時に注文者に所有権が移転する旨の合意を認める（裁判例については、吉原節夫「請負建物の所有権取得と担保権取得――最近の判例を中心に――」民研三〇三号二八頁以下（一九八二）参照）。このような状況の下では所有権の帰属に関し両説の間には重大な差異が存しないと思われる。

(15)　例えば、我妻・民法講義V_3六一七頁参照。さらに、浅井・叢書民法(22)五四頁以下、荒井・前注九〇六、九〇七頁も参照のこと。

(16)　例えば、吉原・前注一三五頁、同「判批」判評一四八号一二五頁（昭四六）、山崎・前注二一頁、石神・前注一七四頁、後藤・前注二五頁など参照。

(17)　第一章第三節では【22】の事案がこの場合に当たるものとして扱ってきた（但し、同節注(4)参照）。

(18)　この場合には建物自体の占有移転はないが、例えばYが所有する建物の占有がY→A→Xと移転し、XがYに対して建物留置権を主張したという場合（すなわちY→A→X型の場合）に準じて右の場合を捉えることができる。

(19)　とりわけ【52】は、注文者Aの国税滞納処分により注文者の所有地が公売されたところ、同地上に建物建築をした請負人Xが、報酬残代金債権を被担保債権とする留置権が同地につき存在するのにY（国）はこの権利を違法に侵害した、と主張してYを相手に損害賠償を求めたという建物建築請負ケースの事案において、「XのAに対して有する請負工事残代金債権は、本件請負契約の性質上、本件建物に関して生じたものであっても、これをその敷地である本件土地に関して生じたものとみることはできない。X主張のとおり、建物はその敷地と切り離しては存在しえず、両者の間に密接な関係のあることはもちろんであるけれども、たとえ建物と敷地との間に右のような関係が存在するとしても、建物も敷地もいずれも独立の物として扱われ、それぞれ取引の目的となるものであるから、建物建築の請負工事によって取得した工事代金債権は、当該建物に関して生じた債権というほかなく、その敷地についてまで牽連性を肯認することはできない。」と判示している。

(20)　前出注(16)の文献参照。もっとも、瀬川信久「判批」判評二四九号一六五頁（昭五四）は、請負人の代金債権に基づく完成建物の留置は、「借地人の建物買取請求に基づく留置権と同じく敷地に及ぶと考える」とする。しかし、第一章第一節の最初にも述べたように、建物買取請求をなし得る相手方は敷地の所有者であるから、建物買取請求権者と敷地所有者とは間接強制関係にあり、従って建物の留置による敷地までの留置という場合を、非間接強制関係にある者に対して主張する場合と同様に論ずることはできない。

(21)　XはYに対して建物留置を主張できる、と解した【22】の判断自体に対する正当性いかんについては、本件事案をA→X・A→Y型の時前型に準じた扱いの下で（第一章第三節注(4)参照）、しかも本件でのYは建物の譲受人であったため、「所有者交替の場合」に属するものとして後記二において述べるところに譲る。

(22)　我妻・民法講義V_3六〇二頁、広中・注釈民法(16)一〇六頁参照。

(23)　幾代・第一章第五節注(3)一二九頁も費用額と報酬額との間には差が生じ得る旨を示唆している。なお、フランスの学説には費用額＝報酬額と解しているかのような印象を与えるものもある（v. MARMO (C.), *op. cit.*, p. 146）。これに対し、ドイツの学説は、既に述べたように、Y→A→X型の請負ケースでは、費用額を超えた報酬額に対して留置権による保護を認めていないことより、両者は区別されていることになる。

(24)　Y→A→X型の有償寄託ケースとしては次のような裁判例がある。すなわち、運送業者AがY_1〜Y_4からダンプカー一五台を所有権留保付き割賦販売契約により取得したが、Aは割賦金の一部を支払ったのみで倒産した。これより先に、Aは、Y等による右ダンプカーの引き揚げを回避する企図で、右の事情を説明してX_1にダンプカーの保管を依頼し、X_1はさらにX_2〜X_4に依頼してその一部を分散・管理させた。Y等がX_1およびX_2〜X_4に対してダンプカーの引渡しを請求したところ、X等はAとの約定により取得した保管料の支払請求権を主張して右のダンプカーにつき留置権を行使した、という事案である。

まず、X_1に対するY_1の自動車引渡請求事件（東京高判昭和五六年九月三〇日判時一〇二二号六〇頁）では、

「X_1らはいずれも、Y_1に対する関係においては、Aに所有権留保特約付の割賦売買契約により本件自動車を売り渡したY_1から、右契約の約定に従い所有権に基づく引渡請求を受ければ、これに対しては自己の占有権原を対抗しえないことになるであろうこと及び右引渡請求のなされることが必至の事態であったことを知り、かつ、右引渡請求権の行使を妨げることになることを十分認識し、そのような結果を生ずることを目的として、あえて右保管委託を受けてそれぞれの占有を開始し、Aの本件自動車の所在をくらます行為に加担したものと認めるべきであり、このような場合、Xらにおいて、右保管委託を受けて保管を継続したことにより保管料債権が生ずるからといって、該債権に基づき各占有自動車についてY_1に対し留置権を主張することは、衡平の観念に基礎を置く留置権制度の趣旨に照らし、許されないものと解するのが相当である」として、X_1の控訴を棄却した。また、X等に対するY_2〜Y_4の自動車引渡請求事件（東京地判昭和五六年七月八日判時一〇二九号九四頁）では、右保管委託契約は通謀虚偽表示により無効である、というY_2〜Y_4の再抗弁の主張が認容された。

　これらの判決は、X_1〜X_4の債権取得に関する特殊事情や通謀虚偽表示の存在を根拠として、X等の留置権を否定しているが、そこでの価値判断は私見と通ずるものであって積極的に評価されてよい。なお、この留置権不存在という価値判断を正当化するための法的根拠については第五編終章注（1）で明らかにする。

(25)　Y→A→X型に関しては物的牽連の場合を看取し得る限りでXに留置権が認められれば足りると解すると、例えば転貸人Aの債務不履行により転借人XがAに対して損害賠償請求権を取得し、後に原賃貸借が終了して賃貸人YがXに対して当該物の引渡請求をしたという場合、Xは右の賠償請求権を主張してこの物につき留置権を行使することはできないことになる。これを教壇的設例で示すと、Yの傘を賃借していたAがXの傘と取り違えたり、Yのボールを賃借していたAがXの窓ガラスを割ったという場合に、YがXに対して当該物（傘またはボール）の引渡しを求めたときも、XはAに対する債権（傘の引渡債権または損害賠償請求権）を主張して右の物につき留置権を行使することは許されない。こうした結論に対しては、Aの占有取得はYの意思に基づいていたのであり、Xはかような A の占有状態を前提として物を占有することとなったのであるから、Yには、右の占有事情を基礎づけたことより、当該物を取り戻すことについて制約が課されてよいのではないか、といった解釈も考えられなくはない。しかし、まず前述した傘の例で言えば、XがAに対する引渡債権を被担保債権としてYの傘につき留置権を主張できると解することは、それ自体、公平な結論であるかどうか疑わしい。もとより、原賃貸借が有効に存在している段階では、X・A間に相互に存在していた引渡債権には同時履行の関係が認められてよい。これに反し、原賃貸借の終了によりYが引渡しを求め得ることとなった場合において、Xの方が先に自己の傘についてAから引渡しを受けてしまったならば、Y自身がXに対して行使し得る引渡債権はもはやXの任意な履行に委ねられた扱いとなる。だから、Xに留置権を認めるということは、AとYの何れが引渡しを求めてきたにせよ、Xは自己の傘との同時履行を主張して自らの引渡債権を保護できるのに反し、Yの引渡債権は、AがXの傘を占有しているときはXから留置権を主張されることとなり、またAがXに傘を引渡していればXの任意な履行に委ねられることになるが、こうした二重の不利益をYはなぜ甘受しなければならないのであろうか（その際、留置権が物権であり対抗力を有すると言ったところで何ら根拠を示したことにならない。ここでの結論に対する公平性の判断自体が問われているからである）。

次に、前述したボールの例についてである。学説の中には、「たとえば、甲のボールを乙が持ち出して丙の窓ガラスを壊した場合」に、「丙の留置権が成立することが一般に認められており」と解釈状況を捉えているものがある（鈴木・序章注(1)「最近担保法判例雑考(5)」一二二頁）。しかし、前述したXの損害賠償請求権とボールとの間には、いわゆる物的牽連の場合における、物と債権との間に存する客観的な関係が看取できず、従ってAの不法行為により発生したXの損害賠償請求権の保護は、右の関係が存する債権のそれとは異なって扱われたところで必ずしも矛盾した解釈となるわけではない。その上、Aが賠償債務を履行しないためXから留置権を行使されたYが事実上の支払いを迫られるときは、その限りで民法一九四条に類似した法的処理がなされることとなり（この点については鈴木・同頁、幾代・第一章第五節注(3)一三七頁を参照）、またAがボールを占有していたことの効果としてXの留置権が認められた結果ともなるが、Aの占有に公信力を認めたような解釈が果たして適切であると言えようか。しかも、前述の乙が「持ち出して」ではなくて「盗んで」丙に損害を与えた、という場合にも丙には留置権が認められるならば、甲があくまで事実上の支払いを希望しないときは、乙を捜し出してきて弁済を促さねばなるまい。しかし、これでは甲に余りに酷な結果を強いることとなって不当であり、従って右の丙には留置権を認めるべきではないのである。かような丙には留置権が成立することは「一般に」認められていると捉え得るものか頗る疑問であるが（なお、こう捉えている鈴木・同頁には具体的な論者が引用されていない）、仮に解釈状況が前述した学説の言うとおりであるとすれば、これは、従来の学説が留置権には対抗力が認められることから盲目的にXの留置権を承認してきたことの証左である、と言えよう。前例におけるYがした、Xに対する当該物の引渡請求は、例えばAへの賃貸が余りに軽率であったとかYによる引渡請求が悪質であったなど、特殊な事情の下でこの引渡請求が例外的に権利濫用を構成し得る場合は格別、一般的には、前述のXに留置権の行使を許し、従ってYの引渡請求が阻まれることになる結論は公平な解釈であるとは思われない。

(26)　ここでAに対するXの「物の引渡拒絶権」を留置権と明言していないのは、XがAを相手に報酬の支払いと物の引渡しとの同時履行を主張できるための権原を、常に留置権と断定して法律構成すべきではないと考えているからである（拙稿「留置権を対抗しうる第三者の範囲」私法五二巻一三四頁（一九九〇、本書巻末に〈付録一〉として収録）では、右にいう「引渡拒絶権」が留置権に限られるかのように叙述されているが、これは右に法律構成として触れたことに照らすと必ずしも適切な表現であったとは言い難く、ここに訂正しておきたい）。もっとも、Xが（Aではなくて）Yに対して主張できてよい物の引渡拒絶権は留置権にほかならないと考えるのであるが、ここでは右の引渡拒絶権に関する具体的な内容について深入りしないこととし、その詳細は

第六編において明らかにする。

第四節　留置権の法的構成

留置権の対抗領域を前節二の場合に限定して理解すると、留置権の成立と対抗との関係はどのように捉えられるべきか、また右における関係との関連で留置権はどのように法律構成されるのが妥当であろうか、という問題について一つの結論が導かれることになる。そこで、本節ではこの結論について簡単に示しておきたい。

一　留置権の成立と対抗との関係

非間接強制型の場合において留置権を第三者に対抗し得るのは時前型・所有者交替の場合であった。すなわち、これ以外の場合で留置権を認める必要があるときは、占有者と物の引渡請求権者とがいわゆる間接強制関係にあることを要するのであった。しかし、第三者に対して留置権を主張することが許される場合でも、その前提として、留置権が成立する段階では一たび間接強制関係が生じていることが必要である。もっとも、民法二九五条は、留置権の成立要件として、必ずしも明文でこうした関係の存在を要求しているわけではないのであるが、この権利が成立するためには間接強制関係の存在(ドイツで言うところの相互性なる要件)を要求し、かかる関係に立つ者の間で留置権の存在が争われる場合を留置権の成立の問題とする。また、一たび右の間接強制関係が生じ、その後に非間接強制関係が形成されたために第三者との間で留置権の主張が問題になる場合を、この権利の対抗問題として右に述べた成立の問題と区別することができる。従って、留置権の対抗問題は成立の問題と同時に生ずることはないと考えるのである。

二　留置権の対人的・債権的構成

留置権の成立と対抗との関係を右に述べたように区別し、従って留置権の成立には間接強制関係の存在が必要であると解するならば、基本的には、留置権は対人的・債権的性質を有していると言うことができる。わが国の学説の中にも、立法論としてではあるが、民法上の留置権について担保物権性を否定し、留置的効力を中心とした法典上の位置づけをなすべきである、(1)という卓見が見られるのも由なしとしないのである。もっとも、留置権を同時履行の抗弁権のような完全に対人的な権利として法律構成することは、解釈論としてはもとより立法論としても妥当であるとは言い難い。ドイツ民法九八六条二項などのような規定のないわが国では留置権に対抗力を認めざるを得ないと考えるからである。もとより、留置権が物権であるか債権であるかの議論はあまり有意義であるとは思われないが、(2)一応、物的牽連の場合には物に対する支配権としての物権と結び付けて説明されてよいと考えられ、ただ、留置権は第三者に対しても主張され得る場合が存するにせよ、この第三者に対する効力は物権性と直接に関連して導かれるものではないだけでなく、追及力や公示方法の面でも留置権は頗る不十分である。そうであれば、留置権の物権性は希薄であると捉えることで十分であると理解したうえで、(3)留置権の法的構成については対人的・債権的な側面を重視するのが妥当であろう。

(1)　三ケ月章『民事訴訟法研究第七巻』一八三頁以下（有斐閣、昭五三）、特に一九〇頁、同・序章注(40)四六八、四六九頁。その根拠としては、留置権の担保物権性はボアソナードの個人的な思い付きであること、また留置権に基づく競売申立権を否定しても失うところは大でなく、仮にこの申立権を認めても形式的競売に準じて処理すればよい(もっとも、現行の民事執行法は留置権に形式的競売権を認めているにすぎない)、という点が挙げられている。

(2)　Derrida (R.), *op. cit.*, p. 242はこの議論に対してあまり実益性を認めていない。

(3)　こうした理解に関するやや詳しい説明として、川井健＝鎌田薫編『物権法・担保物権法』一八五、一八六頁〔関武志〕(青林書院、二〇〇〇)を参照。

終　章

既に序論で述べてきたように、留置権は対抗力を有すると解されているにも拘わらず、わが国の裁判実務および学説は、この権利の物権性はもとより成立要件としての牽連性の判断が曖昧であるため、留置権を第三者に対して主張できる場合（＝対抗領域）は頗る不明瞭であった。そこで、本編はこの対抗領域とはいかなる場合か――この問題は留置権を主張し得る第三者の範囲いかんの問題と表裏一体をなす――を明らかにすることを考察の主たる目的としたうえで、かかる考察から導き得た解釈に照らしたならば留置権はどう法律構成されるのが妥当であろうか、という点についてまでも言及してきた。こうした一連の問題を解決するための手法としては、わが国の裁判実務がどのような場合に第三者に対して留置権の主張を認めてきているかに着目し、また公刊裁判例が公平性に基づいてなした留置権の存否に関する判断は、どのように分類されることによって明確化できようかを探ることが肝要である、と考えた。その際、費用償還債権を被担保債権とする留置権の存否が争われた事案では、占有者と直接の契約関係にない物の引渡請求権者が占有者の償還債務者であると解し得るにも拘わらず、裁判実務（および学説も）は、この権利の対抗力という概念を用いることで占有者を保護しているという事情を看取することができ、こうした事情の存在がかえって留置権の対抗領域を不明確にしている、と考えられたのである。そこで、公刊裁判例を分類するに際しては、留置権が成立する場合の典型事例と解されてきた、費用償還債権に基づく留置権が直接の契約関係にない者に対して主張されている、という場合を間接強制・非間接強制不明確型として分類し、これ以外の債権を被担保債権とする留置権が直接の契約関係にない者に対して主張されている場合（非間接強制型）と区別した（なお、例えば造作買取請求権を主張して建物を留置する場合など、占有者が当該債権と直接に関連する物とは別個の存在にある物を留置する場合と、それから引渡請求権者がいわゆる買受人であり、この買受人に対して留置権が主張されている場合は、留置権が直接の契約関係にない者に対して主張されている事案であるとはいえ、別の考慮が働くことの故に本編における考察の対象外としてきた）。このような視点から分類された公刊裁判例を前提として、次に、わが国の留置権制度を基礎づけたフランス留置権制度（およびその解釈論）と、わが国の留置権制度の解釈に多大な影響を与えたドイツ留置権制度（およびその解釈論）を参考にすることによって、前述してきた問題意識に対する解決の糸口を見出そうとした。

以上の考察結果から導くことができた解釈を纏めると次のようになる。すなわち、いわゆる物的牽連の場合では留置権の対抗問題は生じないということ、また法的牽連の場合でも、この権利について対抗問題が生ずるのは非間接強制型の時前型における「所有者交替の場合」に限られる、ということである。その際、法的牽連の場合であったにせよ、例えば一般請負ケースなど、この場合における債権と物的牽連の場合における債権とがともに発生していると考えられるときは、これらの債権を被担保債権とする留置権は区別して考えられなければならない（従って、A→X・A→Y型の場合では、前者の債権額が後者の債権額を超えるときだけでなく、後者の債権がそもそも存在しないときも、非間接強制型の時前型における「所有者交替の場合」として占有者は留置権を主張し得るのに対し、Y→A→X型の場合では、占有者は物的牽連の場合における債権を有する限りで、直接の契約関係にない引渡請求権者に対して留置権を主張し得るにすぎない）。また、留置権の成立という問題とこの権利の対抗という問題とは区別されるべきであり、いわゆる間接強制関係にある占有者と物の引渡請求権者との間で留置権の存否が争われる、という場合が前者の問題であるのに対し、間接強制関係が一たん発生し、後に非間接強制関係にある占有者と物の引渡請求権者の間で留置権の存否が争われる、という場合が後者の問題である。その結果、留置権の法的構成としては基本的には対人的・債権的に構成するのが妥当である、と考えるに至ったのである。(1)

（1）　以上に纏めてきた私見と結論的に類似するかのように受け取れる学説（三宅正男「判批」評論二九三号三〇頁以下（昭五八））が現れている。この学説（＝三宅説）は、判例評釈という限られた考察対象の下で解釈論を展開しているため、必ずしも細部にまで亘って詳細に言及されているわけではない。こうした事情から、本編においては同説を取り上げて十分に分析することを断念してきたのであるが、ここで三宅説の特色について概略を示し、本編で論じてきた私見との異同を纏めておきたい。

まず、例えば乙がその不動産を甲と丙とに二重に売り、登記により優先する甲が引渡しを受けた丙に対して所有不動産の引渡しを請求したという場合、丙は民法一九六条の費用償還債権に基づいて当該不動産を留置し得ると解したうえで、「右の例では、丙が甲に物を返還する場合に、初めて一九六条の償還債権を生ずる。この債権は、契約に基づく（いわば人的な）債権と異なり、所有物返還の物的請求に伴って生ずるところの、物に化した費用の償還債権（いわば物的な債権）であり、所有物返還請求者が即ち債務者となる。この費用償還債権は、物自体から生じた債権として、二九五条にいわゆる物に関して生じた債権の第一類型に属する」（三宅・前掲「判批」三二頁）、と論じている。この主張は、いわゆる物的牽連の場合における債権のうち、費用償還債権を被担保債権とする留置権に関して著者が述べてきたことに匹敵している。また、丙は「乙丙間の契約から生ずる債権によっては物を留置することができない」（三宅・前掲「判批」三二頁）、という主張も私見と一致していると考えられる。けだし、右の乙に対して有する債権を被担保債権として丙が甲に対して留置権を主張するときは、いわゆる非間接強制型におけるA→X・A→Y型の同時型に属するものであって、留置権の主張を直接の契約関係にない者に対して認める場合には当たらないからである。

また、三宅説は、「物自体から生ずる債権の場合には、所有物返還を請求する者が同時に債務者であり、契約から生ずる債権の場合には、同一の契約関係に基づき物の返還を請求する者（当事者では所有者として現われる者）、即ち同時に債務者である者に対する関係でのみ、二九五条にいわゆる物に関して生じた債権となる。この意味においては、留置権の成立する『他人の物』とは、留置権の生ずる債権の債務者の物である」（三宅・前掲「判批」三二頁）、と言う。一方、Y→A→X型の場合、例えば乙が丙に物の修繕または保管を委託し、契約に基づき返還を請求するなどの場合に、乙が所有者かどうかを問わず、丙は契約による修繕代金または保管料債権につき留置権を有することも認め、「この意味では、留置権は契約の相手方が所有者であるかどうかを問わず成立する」（三宅・前掲「判批」三二頁）、とも述べている。すると、丙が乙に対してこのような修繕代金債権や保管料の債権を有するも、甲が丙に対して所有物の返還請求をしたならばどう解することになるのかであるが、三宅説は、「実際には、甲乙間の関係にもよるが、修理代金が一九六条の費用償還債権の枠内で、留置権を成立させ得るだけである」（三宅・前掲「判批」三三頁）、と言う。このような一連の主張も本編で結論づけてきた解釈と一致するものである。

さらに、留置権を抗弁権として認識しなければならないという指摘（三宅・前掲「判批」三二、三三頁）も、留置権の法的構成として示してきた私見と基本的に共通するところである。

三宅説のこのような主張に対して、著者は積極的かつ基本的に支持する立場にあると言い得るものの、しかし前述したように、両者の間には若干の相違点ないし留意すべき点が見られなくはない。もっとも、その中には、物権法と債権法の根底に根差しているものも存するから、特に重要と思われる次の三点を指摘するに止める。

まず第一に、三宅説は、前述したように、物自体から生じた債権のうち、特に費用償還債権を取り上げて、この債権を被担保債権とする留置権が主張されたという場合に、所有物の返還請求者は債務者である旨を明言しているが、本編では、物が惹起した損害の賠償債権も含めて両者を広く物的牽連の場合における債権として把握し、かつ、留置権の対抗力という問題ではこれら二つの債権を同一に扱った、という点を挙げることができる。それは、既にフランス留置権制度を通じて示してきたように、右二つの債権にあっては、いささか比喩的ではあるが、物自体が債務者であるという共通した性格を看取することができたからである。

第二に、三宅説は、売買から生ずる物の引渡債権と代金債権との関係、売買の解除から生ずる物の返還債権と代金返還債権との関係、すなわち双務契約から生じた対価関係に立つ債権の間には、同時履行の抗弁権のみが成立するとし、これを除いた、同一の契約に基づく二つの債権間に留置権が成立する、と解している。そこで、とりわけ【13】を取り上げて、この事案におけるXの拒絶権は留置権ではなくして同時履行の抗弁権である、と言う（三宅・前掲「判批」三二一、三三三頁）。しかし、著者は右の事案におけるようなX↓A↓Y型の場合を、A↓X・A↓Y型の場合と併せて「所有者交替の場合」として一括し、両類型についての取扱いをパラレルに解してきた。その際、【13】の事案におけるXに同時履行の抗弁権が認められるならば、あえてXに留置権の主張を許す必要はないのではないかといった疑問が生ずるのであるが、このXには当然に同時履行の抗弁権が認められるものかに関して判例理論が確立しているとは思われない（第一章第五節注（3）参照。もっとも、三宅説は、このような裁判例の状況を指摘したうえで右に述べた結論に至っており、しかもその理論的根拠はかなり体系的である。三宅・前掲「判批」三三三頁参照）。また、【13】の事案におけるXは拒絶権として同時履行の抗弁権を主張し得ると解したにせよ、学説上の多数説は留置権と同時履行の抗弁権との競合を認めてきている（序章注（6）参照）。こうした学説の状況を前提としたならば、X↓A↓Y型の場合も一まず留置権の成立が問題となる場合に含めて考えられてよいであろうとの配慮から、本編はX↓A↓Y型をA↓X・A↓Y

型と同レベルに位置づけて扱ってきたのであるが、このような取扱いの当否は、留置権と同時履行の抗弁権との競合関係いかん、という問題と直結している事柄であるため、より詳細な根拠づけは第六編における考察を通して明らかにすることにしたい。

最後に、三宅説は【46】に対して異論を唱えている（三宅・前掲「判批」三〇、三一頁）、という点に関してである。【46】の事実と判旨は次のとおりである。すなわち、XはA所有の土地建物を買い受けて内金を支払ったが、所有権移転登記をなす前に、AはBのために本件土地建物につき根抵当権を設定してその旨の登記をした。Aが倒産したため売買契約は解除となり、XはAに対して内金返還請求権を取得したが、後に根抵当権が実行されて競落人Yが引渡命令を求めたという事案において、【46】はXによる留置権の主張を認容した。この【46】に反対する三宅説の論拠のうち、Xに同時履行の抗弁権を認める旨の主張を除外すると次の点にある。すなわち、Yは、Xの内金返還請求権が生じたA・X間の売買またはその解除とは無関係に、自己の所有権に基づいて引渡請求をしており、このように民法一七七条の対抗関係が生じた場合に、登記により優先するYの所有物引渡請求に対しては、劣後するA・X間の売買またはその解除に基づくXの債権、すなわちA・X間の契約に基づく債権のためにXは留置権を有することがあり得ない、という点である。もとより、【46】は競売取得型に属する事案であるから、その詳細は第四編および第五編で論じられるべき事柄ではあるが、【46】に関する三宅説の主張を前提にすると、例えばAがその所有物をXに売却して代金を受領したが、後にこの売買を合法に解除してYに売却したという場合も、Xは支払代金の返還請求権のために留置権を主張し得ない、ということになる。このような結論の実質的根拠として、三宅説が、既に序章において述べてきたような、不動産物権変動における対抗要件主義の逸脱を回避しようと意図しているのであれば妥当とは言い難い。けだし、この回避という要請が働くのはいわゆる同時型の場合に限られたところ、本件および右の設例などは時前型の場合に属するものだからである。また、三宅説の主張を前提とすると、例えばX・A間でAの所有物につき売買がなされたが、後にこの売買は合法に解除されたという場合に、いわゆる請求権競合における通説の立場を前提に、Aからの譲受人Yが所有物の引渡請求をしたならば、Xは支払代金の返還請求権を被担保債権とする留置権を主張し得なくなりはしまいか。もっとも、三宅説は、右の何れにおける場合にもXは同時履行の抗弁権を主張することで保護される、と言われるであろうが、私見は留置権の対抗力によりXは保護されるものとして理解した（右のXに認められるべき拒絶権についても、留置権と同時履行の抗弁権との関係をどう捉えるべきかに関係して特定される事柄であり、これを留置権と解した根拠の詳細は第六編での考察に譲る）。

第二編　物に加えた費用の償還債務者と第三者の関係

――請負ケースを中心に――

序　章

一　これまで、民法上の留置権は「物ニ関シテ生シタル債権」を被担保債権とする物権であり、従って「すべての者」に対抗できると説かれることが多かった。(1) その際、右の「債権」がどのような内容のものとして言い換えられたにせよ、注文者に対する請負人の報酬債権がこの「債権」に当たることについて、学説上はもとより裁判実務のうえでも異論がない。(2)

ところで、「物ニ関シテ生シタル債権」を有する占有者は留置権を「すべての者」に対抗し得るという命題と、請負人の報酬債権はこの「物ニ関シテ生シタル債権」に当たるという命題とを併せて考えると、理論上、請負人は報酬債権のために「すべての者」に留置権を対抗し得るという命題を導くことができ、実際、裁判実務はこの命題に従うことで請負人に留置権の行使を認めてきたと言うことができる。(3) こうした命題によるときは、例えばEの所有物を（譲受けまたは賃借して）占有するBが、Uに委託してこの物の修理または運送などの行為（以下では単に「修理」をもって代表させる）をさせた場合、後に（例えばE―B間の法律関係が無効であったか取消されたり、または、賃貸借が期間満了によって消滅したなどにより）Eが所有権に基づき物の回復（以下では「引渡し」という語を用いて表わすことがある）を求めたとしても、UはBとの請負契約から生じた報酬債権のために留置権を主張し得る、という結論に至るものと思われる。(4)

しかし、このような結論は、なるほど留置権が物権であって「すべての者」に対抗し得るという前提と、それから請負人の保護が図られてよいという価値判断の下では妥当であるかもしれないが、実は大いに疑問視すべき点を含んでいると思われる。それは、まず第一に、留置権は「すべての者」に対抗し得る権利であるといっても、そこにいう「すべての者」とは文字どおり債務者のほか債務者以外のあらゆる者を意味するわけではない、と思われることに関してである。このことは既に前編において考察してきた事柄であるが、やや繰り返しとなるであろうことを恐れずに、本編における考察目的に必要な限りで解釈上の問題状況を明らかにしておくと、学説上の通説は、「物ニ関シテ生シタル債権」を二つに分けて定式化し、「物自体から生じた債権」と「物の返還請求権と同一の法律関係または同一の生活関係から生じた債権」がこれであると解したうえで、前者に属する債権にも二種類があり、その一つは「物から受けた損害の賠償債権」であって、具体的には寄託物の性質または瑕疵から生じた損害の賠償債権などがその例として挙げられている。(5)そこで、例えばAの所有物をBが盗んでCに寄託したところ、その物の性質または瑕疵よりこの者が損害を被ったという場合を考えると、Cは、右の物から生じた損害の賠償債権をBに対して主張し得るときは（民六六一条参照）、このBがCに対して物の回復を求めたとしても、Bより損害の賠償がなされるまで物の留置を主張できてよいであろうが、そうではなくて、AがCに物の回復を求めたときも同様に解して、CはBより賠償がなされるまでこれを留置し得ると解するならば、Aは、Bが行方不明であるときはこの者を捜し出してきて賠償させない限り、立替払いを余儀なくされる。しかし、AがBを捜し出すことは困難であるのが通常であろう。そうであれば、立替払いをすることで生ずる経済的な損失はA自身が負担することになるが、このような不利益をAに課してまでCに物の留置を認めるという右の結論は、公平の原則に基づく留置権の制度趣旨に照らして妥当であるとは言い得ないように思われる。そうだとすると、留置権は決して文字どおりに「すべての者」に主張し得ることにはならないのであるから、前例における請負人（U）は報酬債権のために物の所有者（E）に対して留置権を主張し得る、という結論を当然視するわけにはいかないのである(6)。

次に、疑問視すべき第二の点についてである。前例におけるUはBとの間で請負契約を締結したのであるから、Bが物の回復を求めたときは報酬の支払いがあるまで物の留置を主張し得てよいであろうが、そうではなくて、Uとは契約関係にないEがその回復を求めてきたときでも、UはBに対する（報酬）債権のためにEに対して留置権を主張し得るという結論に至らなければ、Uの保護として十分であるとは言えないのであろうか。すなわち、もしもUが民法一九六条にいう「占有者」に該当し、Uのなした修理行為を必要費または有益費の支出に当たると解することができるならば、Eは同条にいう「回復者」として費用償還義務を負担し得ることになり、Eに対する償還債権を被担保債権とした留置権を主張し得る限りでUは保護されることで足りる、と解する余地があるのではないかという疑問が生じる。公刊裁判例には、所有者でない者から委託されて物を修理した、という場合における所有者―請負人の間に右にいう一九六条の適用があるかどうかを論じたものは見当たらず、ただ、転借人は、転借中に支出した必要費および有益費の償還がなされるまで、所有者（賃貸人）に対して転借家屋の留置を主張し得る、とした下級審裁判例が見受けられるにすぎない(7)。この下級審裁判例は、転借人を民法一九六条にいう「占有者」、すなわち費用支出者と解しているのであって、実際に費用支出行為をなした請負人のような者と所有者との間に同条の適用を認めたものではないが、もしも請負人のように実際に費用を支出している者も同条にいう「占有者」に該当し得ると解することができるならば、[8]請負人は、（所有権などに基づいて）物の回復を求める者に対して費用償還債権が観念され、これを被担保債権とする留置権が認められる限りで保護されれば足りる、と解するのが公平の観念に合致した結論ではなかろうか。[9]

二　以上に述べた疑問点から導かれる問題意識を整理すると、①注文者に属さない物を修理した請負人は、この物の所有者に[10]対して民法一九六条の費用償還債権を主張し得るかどうか、その前提として右の請負人―所有者の間に同条が適用される可能性は認められるべきか、また②前述した請負人は、公刊裁判例が示しているように、[11]所有者に対して留置権を主張し得ることによって保護されるのが妥当であるとしても、この権利によって担保される債権とはいかなる債権であると解すべきか、すなわち請負人は注文者との間で取得した報酬債権に基づいて所有者に対して留置権を主張し得る、という解釈でなければならないものかということになる。そこで、本編は、以上の問題意識から、右の所有者に対する請負人の留置権はいかなる債権に基づいてどのような場合に限って認められるべきであるかについて、理論上のみならず、結論の妥当性に関する価値判断の検討をも踏まえて考察することを目的とする。

ところで、所有者に対する請負人の留置権を、いかなる債権に基づいてどのような場合に限って認めるべきかという問題は、民法一九六条と同法二九五条の趣旨との関係はもとより、留置権の物権性とその対抗力との関係でも新たな疑問を生ぜしめる。すなわち、例えば請負人の保護として、物の回復を求める者（回復者）[12]

との関係では、右にいう一九六条の費用償還債権とこれを担保する留置権とが請負人に許与されることで十分であると解するときは、この留置権は費用償還すべき債務者にほかならない回復者に対して主張されることとなり、従って債務者以外の者（第三者）を相手に留置権が主張されるといった場合には当たらないと考えられる。しかし、右のように解することができるかどうかについては、一方で、③民法一九六条および同法二九五条の趣旨に照らして果たして妥当であろうかの検討が必要となろうし、また他方で、④右の趣旨からすると、翻って、留置権は物権であって「すべての者」に対抗できるということが、結局、留置権のいかなる側面に着目して表現された特色なのかという疑問も生じ得る。そこで、本編では右の③と④に関する考察も対象とすることにする。(13)(14)

三　ところで、民法一九六条の淵源を辿ると、後に詳述するように、それはフランス民法典およびその解釈学に由来し、これがいわゆるボアソナード草案に基本的に継受され、さらに旧民法典を介してその本質が現行民法典へと受け継がれたものである。ところが、前記**二**で示した①および②の問題を解明するに際しては、本来、かかる問題を現行民法典の起草委員はどのように解していたものか、という点が極めて重要であると思われるにも拘わらず、それは実のところ必ずしも明らかではない。そうであれば、フランス民法典およびその解釈学でどのように理解され、かつ、それが継受されてきたものか、すなわち現行民法典の系譜を辿ることによって起草委員の見解を探る作業が求められよう。具体的には、例えば①の点（すなわち、注文者に属さない物を修理した請負人と、物の所有者との間における民法一九六条の適用いかんの問題）では、本来、同条がどのような場合にいかなる者との間で適用がある規定として理解されてきたものか、とりわけ右の一九六条にいう「占有者」に請負人は含まれ得るかどうか、また②の点（すなわち、留置権によって担保される請負人の債権いかんの問題）については、系譜的にも、請負人は所有者に対して留置権を主張し得ると解されてきたかどうか、仮にこれが肯定されてよいならば、その場合における、留置権によって担保される請負人の債権は注文者に対して有する報酬債権であると考えられてきたものか、などである。そこで、本編では右に述べた①および②の問題意識に留意して、次章で民法一九六条の系譜的な考察を試みることにする。

一方、ドイツにおいては、占有者―所有者の間の費用償還関係を定める規定としてドイツ民法九九四条以下があり、本編が考察の対象とする請負人―所有者の間の問題（すなわち、注文者に属さない物を修理した請負人と所有者との間の費用償還関係と、所有者に対する請負人の留置権に関する問題）について多くの裁判例が現れており、これを中心に学説が大いに右の問題について論じてきている。そして、後に紹介するように、裁判実務および学説上の多数説は、これらの者の間に（一定の場合に限って）費用償還関係と請負人の留置権を認めており、そこでは、単に理論上の観点から結論が導かれてきただけではなく、実質的な利益衡量に裏付けられた議論も展開されてきたため、かかる議論を参考にすることは本編の目的とする問題意識の解明に極めて有益であると考えられる。そこで、第二章ではドイツにおける裁判例と学説の状況を纏め、第三章では以上を踏まえたうえで前述した本編における目的に対して私見を提示することにする。

（1）　いわゆる旧民法典の債権担保編九五条一項は、「留置権ハ債務者カ留置物ヲ譲渡シ又他ノ債権者カ之ヲ差押ヘ及ヒ売却セシムル妨ト為ラス」と規定し、その二項は「然レトモ孰レノ場合ニ於テモ取得者ハ留置権者ニ全ク弁済セスシテ其物ヲ占有スルコトヲ得ス」と定めて、留置権は債務者以外の者に対しても効力が及ぶことを謳っており、現行民法典の草案（法典調査会に提出された草案を指す）にも、基本的に同条の文字を修正したにすぎない規定として、「留置権ハ留置物ノ譲渡、差押、仮差押又ハ仮処分ノ為メニ其効力ヲ失ハス」という条文が二九七条に起草されていたほどである。そして、起草委員は、留置権が「其債権ノ弁済ヲ受クルマテ其物ヲ留置スルコトヲ得」る権利であって、いかなる債権者に対して主張し得るものであるかの限定がないことから、相手方が誰であっても占有者はこの権利を主張し得ると説明している（司法法制調査部・議事速記録2三四五頁。しかし、右の二九七条は草案二九五条の定めるところから明らかであるなどの理由により、起草委員の意に反して削除された）。なお、第三者に対する留置権の対抗力に関しては、梅・要義物権編二七二頁および富井・原論第二巻三〇二、三一三頁も参照。

（2）　裁判例については次注（3）を参照。また、後述するように、学説上の通説は、「物ニ関シテ生シタル債権」とは「物自体から生じた債権」と「物の返還請求権と同一の法律関係または同一の生活（もしくは事実）関係から生じた債権」であるとし、このうち、例えば運送人や自動車修理の受託者のような請負人の報酬債権（具体的には運送料金債権と修理代金債権）は、請負契約（具体的には運送契約と修理委託契約）といった法律関係から生じていることより、右にいう「物の返還請求権と同一の法律関係から生じた債権」に当たると解してきた（例えば我妻・民法講義Ⅲ三一頁、柚木＝高木・担保〔第三版〕二〇頁などを参照）。

（3）　公刊裁判例には次のもの（三件）があり、何れも請負人の留置権を認めている。その事実の概要と判旨を次に掲げておく。

①　名古屋高金沢支判昭和三三年四月四日下民九巻四号五八五頁

〔事実〕　Aが所有する立木をXが買い受けてその旨の登記手続を了した。後にX―A間に右立木の伐採等をなす請負契約が成立し、さらにA―Y間でこの伐採等につき下請負契約が締結された。AがYに下請負代金を支払わなかったためYは下請負行為を中止し、A―Y間で下請負契約は合意解除された。Xがした伐木の所有権確認請求に対して、YはAを債務者とする下請負代金債権に基づき伐木の留置を主張した。

〔判旨〕「民法上の留置権はその債権がその物に関して生じたものである以上、その物が債務者の所有物であることを必要とせず、その物が第三者の所有であってもその第三者に対抗できるものと解すべきであり且つYは民法上の留置権を主張するものであるから本件伐木の所有権がXにあるとの一事をもって前記留置権の成立を否定することはできない。なお、XとYとの間においては債権債務の関係のないことはYの主張自体によっても明らかであるけれども、Yの前記Aに対する債権のため右留置権を認めたからといって公平の原則に反するものでもない。」と判示した。

② 大阪高判昭和四二年六月二七日判時五〇七号四一頁

〔事実〕XはAに本件自動車を売却し（第一審におけるXの主張によれば、この売却は、月賦払いとし、代金完済までXに本件自動車の所有権は留保されること、月賦金の支払いを怠った場合は同車の使用貸借が当然に解除されてXは返還請求できる旨の約定であった）、Aは、右の自動車を使用中に、修理後に即金払いという約定でこの車についてYに修理を依頼したが、修理代金（一七五、〇〇〇円）は未払いのままである。一方、Aは月賦金の一部を支払わなかったため、Xが本件自動車を占有しているYを相手に仮処分決定を得たため、同車は換価命令により換価され、その代金が供託された。XがYに対して本件自動車に代わる右供託金の引渡しを請求したところ、Yは、仮処分執行として本件自動車につき執行吏に占有させた旨を認めるとともに、同車につきAに対して有する修理代金債権を被担保債権とした留置権が存する、と抗弁した。第一審判決（大阪地判昭和四一年二月一五日判時四五七号四九頁）はYの主張を認容し、Aから修理代金の支払いを受けるのと引換えに供託金の引渡しを命じた。

〔判旨〕「当裁判所は原審と同様にYはAに対し本件自動車につき修理代金債権一七五、〇〇〇円を有し右債権の弁済を受けるまで本件自動車を留置する権利を取得したものと判断する。」と判示した（但し、本判決は、民法二九八条三項に基づくXの留置権消滅請求を認めたため、修理代金の支払いとの引換給付を命じた第一審判決を取消して本件自動車に代わる換価処分金の引渡しを命じた）。

③　名古屋高判昭和四六年一一月二日判時六五四号六三頁

〔事実〕　Aは、Xから本件自動車を月賦払い・代金完済まで所有権留保する旨の約定で買い受けて使用中に、Yに依頼して同車を修理させたが、倒産して月賦代金が不払いとなったので、A―X間の売買契約は解除された。Xが右自動車の保管を執行官に移す仮処分を執行してその引渡しを請求したので、Yは修理代金が未払いであることを理由に本件自動車について留置権の存在を主張した。

〔判旨〕「Yは本件口頭弁論終結時までにはつとに弁済期の来ている本件自動車について生じた二九万〇、二三〇円の修理代債権のため本件自動車に対し民法上の留置権を行使しているものであるからXに対しその引渡を拒んでいるのは理由があるといわねばならない。」とし、また「その物に関して生じた債権担保のため物権として認められている民法上の留置権の成立には商法上の留置権の成立と異り債務者の所有物たることを要せず又留置権は物権であるから何人にも主張できるものである。」と判示した。

（4）　本文に掲げた事例のほかにも請負人が報酬債権の債務者（注文者）以外の者に対して留置権を主張する場合が存する。すなわち、もともとは注文者（B）が所有していた物を請負人（U）が修理したところ、EはBからその物を買い受けて所有者となり、Uに対して引渡しを請求したので、UはBから修理代金の支払いがあるまで物を留置するという場合である。この場合に裁判実務はUの留置権を肯定している。東京地判昭和三五年一二月二一日下民一一巻一二号二七一七頁、大阪高決昭和三九年七月一〇日下民一五巻七号一七四一頁、最判昭和四〇年七月一五日民集一九巻五号一二七五頁など参照。

（5）　我妻・民法講義Ⅲ三〇、三一頁、柚木＝高木・担保〔第三版〕二〇頁参照。

（6）　「物ニ関シテ生シタル債権」のうち、「物の返還請求権と同一の法律関係または同一の生活（もしくは事実）関係から生じた債権」の具体的なものとして、傘の取り違えにおいて生ずる傘の引渡債権を挙げている学説が多い（我妻・民法講義Ⅲ三二頁、柚木＝高木・担保〔第三版〕二〇頁参照）。そこで、例えばAとBとが傘を取り違えたという場合に、その一方が有する傘の引渡債権のために他方の傘を留置する権利は認められてよいであろうが、そうではなくて、例えばA・B・Cの三者が傘を取り違えたという場合に、その一人（A）は、自己の有する引渡債権が「物ニ関シテ生シタル債権」であることの故に、自己の傘が引き渡されるまで他の一人（B）の傘を留置できるという結論を認めると、Aが占有している傘について引渡しを望むBは、Aの傘を占有しているCを捜してこなければならないことになりかねず、このような場合のBは甚だ苛酷なことを要請されるのであって（BにはこのCが誰であって何処にいるのか分からないのが実情であろう）、右の結論も公平の観念に従ったものとは言い得ないように思われる。すると、右に示した例からしても、留置権は決してすべての者に対抗し得る権利であるわけではない、と言うことができる。

（7）　東京高判昭和二九年一一月一五日東高時報五巻一一号二八〇頁。もっとも、事案は必ずしも明確でない。

（8）　学説の中には、例えば建物建築の一括下請人が建物を完成したという場合における下請人は、完成した建物につき元請人の占有補助者であって占有者ではないと解する見解（鎌田薫「建物工事の一括下請と建物所有権の帰属」判タ五二二号一〇一頁〔一九八四〕）がある。そこで、例えば注文者に属さない動産を修理した請負人も、右の学説が言うような、所有者との関係では単なる注文者の占有補助者であると解し得たにせよ、だからといって、前述した請負人は所有者に対して費用償還債権を一さい主張し得ない、と解すべき必然性はないように思われる。けだし、右の請負人は、たとい占有補助者として扱われたにせよ、民法一九六条にいう「占有者」に含まれ得ないものなのか、ということが改めて問われなければならないことだからである。

なお、本編は、建物建築の請負人が建築請負契約の相手方（注文者）でない者に対して留置権を主張する、という場合をその考察対象としていないことについて後出注（14）を参照。

（9）　ちなみに、本文に例示してきた請負人は所有者のために修理行為をしたわけではないから、事務管理による費用の償還請求権を被担保債権とする留置権の主張は問題にならないと解されるが、この請負人には、不当利得の返還請求権を被担保債権とする留置権の主張が許され得るであろうか。

周知のように、最高裁（昭和四五年七月一六日民集二四巻七号九〇九頁）は、所有者に対する請負人の転用物訴権を認めたものと解されている。この判決に従って請負人に右の訴権が認められると、所有者は請負人の債務者自身であるということになり、所有者が請負人に対して物の回復請求をし、この請負人が所有者に対して留置権を主張したというときは、債務者以外の第三者を相手に留置権を対抗するという場合ではないことになる。

もっとも、学説はかような裁判例に対して批判的であり、また転用物訴権を請負人に認める学説にあっても右の裁判例に比べてその範囲は極めて限定的である（加藤雅信『財産法の体系と不当利得法の構造』七一三頁以下〔有斐閣、昭六一〕など）。しかし、本編は、所有者に対する請負人の転用物訴権とこれに基づく留置権の可能性を考察するものではなく、後述するように、所有者に対する請負人の費用償還債権を被担保債権とする留置権の可能性を論じようとする目的にある。それは、所有者がたとい注文者に対して負担している契約上の債務を弁済していたにせよ、請負人に対する債務は依然として費用償還債権という形で存在する余地があるのではないか、という問題意識に基づいているからである。こうした余地を認めるか否かは、所有者に対する請負人の転用物訴権を認める必要があるかどうか、仮に認めるとしてもこれらの競合関係をどう解するかという問題と関連し合っていると言えなくはないが、右に示した問題意識との関係で限定された本編の考察目的に照らしたならば、本編では前述した訴権に関する問題との関連性にまで立ち入ることができない。

(10) 以下では、特に断らない限り、単に「所有者」というときは「物の回復を求める所有者」だけでなく「物の回復請求をしていない所有者」をも含めた意味で用いる。

(11) 前出注(3)参照。

(12)　本編で、「回復者」（または「物の回復を求める者」と言うことがある）とは、「物の回復を求める所有者」のほか、「所有権以外の権利に基づく物の回復請求権者」をも併せた意味で用いることにする。

(13)　本文一および二で述べた疑問点および問題意識を一つの端緒として、既に前編において、留置権を第三者（債務者以外の者）に対抗し得る場合（領域）とはいかなる場合か、その結果、ここにいう「第三者」とは文字どおりに「すべての者」を意味するものか（「第三者」の範囲）についての考察を行ってきてある。そこでは、留置権を債務者以外の第三者に対抗するという問題が生ずる領域とは、請負人が留置権を主張するという場合に限って言うと、例えばEはその所有する物をUに修理させたが、この物の返還を受ける前に当該物をDに譲渡し、DがUに対して引渡しを求めたので、Uは自己が有する報酬債権のために留置権を主張するという場合に限ることで十分であって、かような場合のほかで（すなわち、第三者に対する留置権の対抗という問題が起こらないと解すべき領域で）留置権の主張が請負人に許されることとなるための要件としては、物の引渡請求権者が必ず留置権によって担保される債権の債務者となっていなければならない（すなわち、請負人―回復者の間には相互に債権が対立していなければ、当該物の引渡債務者である請負人は留置権を主張し得ない）、と解してきた。

こうした解釈によると、例えば本文一に掲げた例における請負人（U）には留置権が認められなくなるのではないか、といった疑問が生ずるのであるが、かような疑問に対しても既に前編の中で言及してきているが、そこで示された解釈は、既に序論の中でも指摘してきたように、前編が対象としている目的との関連で限界があり、従って右の疑問に対する本質的かつ根本的な考察はそこでは控えざるを得なかった。本編は、請負人(U)が注文者（B）に属さない物を修理した後に、注文者以外の者（例えば物の所有者（E）など）がUに対して物の回復を求めてきたという場合に、Uはいかなる債権を主張でき、どのような範囲で留置権を行使することができようか、という問題を正面から取り上げて論じるものである。

(14)　本編は、建物建築の請負人が建築請負契約の相手方（注文者）以外の者に対して留置権を主張するという場合（例えば建物建築の一括または一部の下請負人が、元請負人に請け負わせた注文者に対して建物の留置を主張するとか、建物所有権の譲受人に対して建物建築の請負人が当該建物の留置を主張する場合など）を考察対象から除外することにする。その理由は次の点にある。すなわち、右の場合に請負人が建築建物を留置するということは、結局、建物の敷地までをも留置することになろうところ、土地と建物とが法的に別個の物として扱われるわが国の法制の下では、建物という一個の物の留置に止まらず、これとは別個の物である土地の留置にまで及ぶという建築建物の場合を、例えば注文者に属さない物（動産）を修理した請負人が所有者に対して当該物そのものを留置する、という場合と同列に論ずることができないのではないかと解するからである（建築建物の留置を請負人は主張することができようかに関する根本的な考察は別の機会に譲ることにするが、差し当たり前編第四章第三節一(2)(二)を参照のこと）。

第一章　民法一九六条の系譜的考察

第一節　フランス法と「費用（impenses）の理論」

一　序

回復者―占有者の間の費用償還関係を規律する一般的な規定としては、わが国には民法一九六条の一ヶ条があるにすぎず、さらに回復者―占有者の間に特殊な法律関係が存在する場合について、その間の費用償還関係を特別に規律するという構成が採られている。[1]しかし、例えば物の修理を委託した注文者が当該物の所有者ではなかった、という場合における請負人―所有者の間には右にいう特殊な法律関係が認められないことから、請負人は所有者に対して費用償還債権を主張し得る余地があるのかどうか、また請負人が右の所有者に対して主張し得る留置権とこの償還債権とはいかなる関係にあるものかという問題は、本来、前述した一九六条の適用および同条と民法二九五条の留置権との関係に関する解釈に関係して生ずるものである。しかも、これらの問題について、本来、民法典の起草委員はどのように解していたであろうかという疑問が生じ得ると思われるにも拘わらず、実は、民法典の制定過程における議論はもとより起草委員によるテキストなどによるも、右の問題に対する彼らの解釈は頗る不明瞭である。

もっとも、後述するように、わが国の民法一九六条について系譜を辿ると、同条はフランス民法典とこの解釈学に淵源を求めることができ、[2]これらがいわゆるボアソナード草案に取り入れられて旧民法典へと受け継がれ、その上で現行民法典の一九六条が制定されることとなったと言うことができるため、こうした系譜を次に概観することで、前述の問題に関して同条はどのように解釈されるべき土壌にあるか、また起草委員の見解はどのようであったと解することができようかを探ることにする。

二　費用の理論

(1)　現行民法典の原案として法典調査会で検討されたもののうち（以下ではこの原案を単に「草案」と略称する）、現行民法一九六条に該当する草案一九五条の制定に際して参照されたフランス民法典の条文として、『民法典議事速記録』には五五五条が掲げられているだけである。[3] しかも、同条は、土地の附合（植栽物、工作物、建築物の土地への附合）に関する規定として、[4] 土地の所有者と土地上に植栽、工作、建築を施した者との間に適用される規定であり、例えば動産に修理または改良を施した者と動産の所有者との関係はもちろん、他人の不動産に植栽、工作、建築以外の修理または改良を施した者と不動産の所有者との関係を直接に定めたものではない。[5]

もっとも、右の五五五条は、「何人も他人の支出において不当に利得することはできない」、という一般原則における一つの具体化であり、[6] わが国の民法一九六条はこの五五五条と全く無関係であるというわけではない。しかし、他人の土地に植栽、工作、建築以外の行為を施した者と土地の所有者との間に限らず、広く、物に修理または改良を施した者と物の回復者との間に契約関係がないときは、フランスでは後述する「費用の理論」によって解決されており、この「理論」を顕わしている具体的な規定としては非債弁済の規定である一三八一条を挙げることができる。[7][8] すなわち、「費用の理論」も、「何人も他人の支出において不当に利得することはできない」という前述の一般原則に導かれたものではあるが、特に土地への植栽、工作、建築については、附合の場合における償還に関連した五五五条が定めているのに対して、右の植栽、工作、建築以外の行為をもって物に費用が支出されたという場合は、右の一三八一条によって具体化された「費用の理論」に服して解決される。かような費用には他人物の「単なる占有者」が提供した労務も含まれるものの、しかし物の本質を変更しないで当該物に加えられた労務および混合された労務のみに限られる。(9) そこで、次にこの理論を具体的に紹介しよう。

(2)　フランス民法典はローマ法時代における解釈を基本的に踏襲して「費用」の概念を必要費・有益費・贅沢費の三つに区分し、(10) その一三八一条は、物の回復を求める者（回復者）に必要費または有益費の償還義務を定めているが、占有者はどのような場合に、いかなる基準で、こうした費用の償還を請求できるのかについては同条によっても明らかにされているわけではなく、むしろそれは各々の費用の性質に応じて解釈されている。(11)

ここで分類された費用のうち、(12) 必要費とは、物の保存を目的としてなされたもの（または保存に必要不可欠なもの）であり、もしもこの費用が支出されなかったならば当該物は滅失または毀損したであろうようなものであって、たとい当該支出によって所有者にもたらされた利益はもはや存在していなくとも、その全額につき償還されなければならないもの（例えば、今にも崩壊しそうな建物の修理や屋根・天井・壁の修繕など）を言う。その際、占有者が費用の支出時に善意であろうと悪意であろうと右の費用は償還されなければならないが、(13) 善意であったために果実の引渡しが免除された占有者は物の維持費について償還を請求できない。次に、有益費とは、物の保存に必要不可欠であったわけではないが、しかし物を改良しその価値が増加したもの（例えば土地の排水設備や家屋の水道設備など）を言い[14]、物の回復者は、善意の占有者に対してと同様に、悪意の占有者に対しても、（五五五条におけると等しく）その選択に従って労務などの費用額または物の増価額の何れかを償還しなければならない[15]。もっとも、占有者が支出した費用額と増価額との間には差が生じ得るが、増価額が費用額を上回るときは回復者は費用額を支払えばよいのに対し、反対に費用額が増価額を上回るときは、この者が善意であるか、それとも悪意であるかによって区別しようとする見解も見られたようであるが[16]、回復者は増価額を支払えば足りると多数説は解していた。なお、善意の占有者は引渡しを免除された果実に応じて割戻しを請求できる。一方、右に挙げた二つの費用とは反対に、いわゆる贅沢費とは占有者の単なる享楽のために支出された費用を言い、物の保存または当該物の価値を高めるために支出される性質のものではないことから、占有者は善意・悪意いかんに関係なく回復者に対してその償還を請求する権利を有するものではなく、従って当該物に損害をもたらさない限りで右の費用を除去する権利を有するにすぎない。もっとも、ある費用が贅沢費であるとされた場合でも、これが物の価値の増加に役立っているときは、その限りで有益費として占有者は回復者に対して償還を請求し得る。

(3)　このようにフランスでは、占有者の支出した費用がどの範囲で償還されることを要するか、ということは費用の性質いかんに係っている。しかし、支出された費用は、場合によっては、ある者にとって贅沢となるような性質のものでも、他の者にとっては当該費用が物の価値を増加するうえで有益となるときもあることからすると、こうした費用の性質はいかなる観点から判断されるのかという問題が重要となる。この点、「市場価格(prix vénal)」が基準となり、具体的には引き渡すべき物の性質、支出された費用の特徴および必然性、回復者自身の条件、その他すべての事情を勘案して判断すると解されてきたため、物の回復を求める者が取得し得る主観的な利益よりも「市場価格」が上回っているときは、その限りで、「費用の理論」はこの回復者に費用の償還義務を認めるものである。こうした解釈によれば右にいう費用とは絶対的なものである、と言うことができる。[17]

それでは、例えば請負人が所有者でない者から依頼されて物を修理した、というような場合における所有者と請負人との間にも「費用の理論」は妥当するであろうか。この問題は、右の「理論」がいかなる者の間に適用されるものか、すなわち、一方で、物の引渡しを求める所有者は前述した「回復者」に含まれると解してよいか、また他方で、かかる「理論」が妥当する占有者とはいかなる者を意味するか（請負人もここにいう占有者に含まれようか）に係っているところ、物の引渡しを求める所有者が右の「回復者」に含まれ得ると解することについては異論がない。[18]これに対して、一三八一条は物の回復を求められた占有者と回復者との間に等しく適用される（例えば、ここにいう占有者とは所有者との関係でrevendicationの状態にある者である）と解されてはきたものの、[19]しかし注文者に属さないものを修理した前述の請負人が、前記(1)で述べた「単なる占有者」として、例えば所有者との間で右のrevendicationの状態に置かれている者と言えようか、については必ずしも明らかではない。[20]なお、この「費用の理論」に裏付けられた一三八一条の適用により、回復者に対して必要費または有益費の償還債権を有することが認められた占有者には、この債権を被担保債権とする留置権の行使が許されている。[21]

以上に述べてきたように、わが国の民法一九六条が制定される過程において参照されたフランス民法典の規定およびその解釈によると、「費用の理論」は物の回復を求められた占有者と回復者との間に適用があると解されていた。こうした解釈を前提にいわゆるボアソナード草案が作成されたことは、彼による注釈書より明らかであるのみならず、ボアソナードは、注文者に属さない物を修理した請負人と所有者との間に、前述した「費用の理論」が妥当するかどうかについて解釈を示唆していると思われることから、次節ではこの解釈を探ることにしよう。

(1)　例えば、二九九条、三九一条、五八三条二項、五八五条、五九五条二項、六〇八条、六二二条、六五〇条、六七一条、七〇二条、九三三条など参照。

(2)　起草委員の一人であった富井博士も、現行民法一九六条は「主トシテ佛法ヲ踏襲シタルモノナリ」と述べている（富井・原論第二巻七三九頁）。また、司法法制調査部・議事速記録1六七一、六七二頁によると、現行民法一九六条の原案であった一九五条について、随所に、旧民法典におけると精神は同じである旨の指摘が見られる（なお、費用償還関係に関する旧民法典と現行民法典の諸規定については次節二で詳しく取り上げる）。

(3)　司法法制調査部・議事速記録1六七一頁参照。ちなみに、現行民法典の制定に多くの影響を与えたと言われているドイツ民法典の草案は、わが国における草案一九五条の参照条文として同頁には全く挙げられていない。

(4)　五五五条は他人の土地の占有者が同地に自己の所有物を付設したという場合に関する規定であって、次のように規定していた（なお、同条は後に一九六〇年五月一七日の法律によって一部が改正されている）。

五五五条…植栽、建築および工作が第三者によって、かつ、この者が有する材料をもってなされたときは、土地所有者はそれらを保持し、または第三者に収去させる権利を有する。

土地所有者が植栽物および建築物の収去を要求したときは、付設した第三者は、その費用で収去し、いかなる補償請求もなし得ない。第三者に対しては土地所有者の被る損害の賠償を命じることができる。

所有者は、植栽物および建築物の保持を選択したときは、土地につき生じた増価額の程度に拘わらず、材料の価額および労務費用の償還をしなければならない。しかし、明渡しを求められた第三者が善意の故に果実の引渡義務を負わないときは、所有者は当該工作物、植栽物および建築物の収去を要求し得ない。但し、所有者は、材料費用および労務費用の総額または土地の増加した価額に等しい金額の何れかを償還する選択権を有する。

(5)　V. Demolombe, *Code Napoléon IX*, n° 686, p. 610. また、後出注(7)に掲げた文献も参照。

(6)　この原則の精神は、五五五条のような不動産の附合に関する規定や動産の附合に関する規定（五六六条参照）のほか、後に掲げる一三八一条のような非債弁済の諸規定など数多くの規定に表れている。

(7)　V. Demolombe, *Code Napoléon XXXI*, n° 387, p. 328.

(8)　一三八一条は次のように規定している。

一三八一条…物の回復を求める者（celui auquel la chose est restituée）は、悪意の占有者に対してであっても、物の保存のためになされた必要費および有益費の全部を支払わなければならない。

(9)　この点については、Demolombe, *Code Napoléon IX*, n° 688, p. 613を参照のこと。すなわち、ドゥモロンブは、五五五条と一三八一条とはその適用領域において峻別され、後者は占有物に補充物としてなされた労務（travaux）に適用があるが、しかし両者の条文の何れを適用するかは裁判官の権限である旨を述べている。なお、これらの二ヶ条の適用領域は今日でも区別して解されていることについては、Planiol et Ripert, t. III, n° 366, p. 363; Mazeaud, t. II, 2e vol., n° 1605, p. 293; Mazeaud, t. II, 1er vol. 1985, n° 667, p. 789などを参照。

ちなみに、五五五条は後に一九六〇年五月一七日の法律によってその一部が改正されたものの、この法律は一三八一条に対しては何ら修正を加えなかった（v. Weill, *Les obligations*, n° 790, p. 788)。

(10)　一三八一条は贅沢費に関しては全く触れていないが、この費用は占有者自身の利益にすぎないため償還される必要はないと解されている（v. Demolombe, *Code Napoléon XXXI*, n°s 381 et 388, p. 323 et 329）。

(11)　V. Aubry et Rau, *Cours de droit civil français*, t. II, 6e ed., p. 537.

(12)　以下に述べる諸費用の解釈については、Aubry et Rau, *Cours de droit civil français*, t. IV, 4e éd., pp. 737-738; Demolombe, *Code Napoléon XXXI*, n°s 377 et s., pp. 320 et s.; G. Baudry-Lacantinerie et L. Barde, *Traité théorique et pratique de droit civil XIII*, *Des obligations III*, 1er Partie, 2e éd., 1905, n°s 2847-2849, pp. 1076-1077; M. Planiol, t. II, 5e éd., n° 850, p. 277; Aubry et Rau, *Cours de droit civil français*, t. II, 6e éd., pp. 537-539; Planiol et Ripert, t. III, n° 365, pp. 362-363を、また最近の学説としては、Weill, *Les obligations*, n° 790, p. 788; Marty et Raynaud, *Droit Civil*, *Les biens*, n° 230, pp. 283-284; Mazeaud, t. III, 2e vol., n° 1605, p. 293を参照した。

(13)　必要費は占有者の善意・悪意に関係なく全額につき償還されなければならないことは、ローマ法の認めるところであった（Aubry et Rau, *Cours de droit civil français*, t. II, 6e ed., p. 537 note 33）。

(14)　一三八一条の文言からすると、有益費の支出も物の保存のために支出されたものでなければならないように読み取れるが、これは、フランス民法典の起草者が「有益」という字句を広く解していたことによる、と解されている（v. Demolombe, *Code Napoléon XXXI*, n° 378, p. 321）。

(15)　ローマ法では、悪意の占有者に対しては、物に損害をもたらさないで費用を除去する権利が認められていたにすぎなかったようである（v. Aubry et Rau, *Cours de droit civil français*, t. II, 6e éd., p. 538 note 36）。

(16)　V. Demolombe, *Code Napoléon XXXI*, n°s 382-385, pp. 324-326.

(17)　V. Demolombe, *Code Napoléon XXXI*, n°s 385, 386 et 388, pp. 326, 327 et 329.

(18)「費用の理論」に言及しているテキストは物の所有者を念頭にこの「理論」を論じているからである。なお、「費用の理論」およびこれに基づいた一三八一条は、「所有者」と言わないで何故に「回復者」と称しているのであろうかというと、それは、フランスでは物に費用が支出された場合の債務者は（物自体から損害が生じた場合と同様に）実は物自体であり、従って当該物の回復を求める者はその負担している債務を弁済してでなければ回復できないという思想が存在する（この点については、Catala-Franjou, *De la nature de droit de rétention*, Trim, dr. civ. 1967, n° 14, p. 30のほか、前編第二章第二節Ⅰを参照）。かような思想からすると、――費用の支出による利益は最終的には所有者に帰属するため、究極的には、所有者が償還に伴う不利益を甘受することになるにせよ、だからといって所有者のみが償還債務者とされるわけではなく――広く物の回復を求める者は、物自体が負担している債務を弁済（物の負担を除去）しなければ当該物を手にすることはできない、という観点から所有者よりも広く「回復者」という文言が用いられていると解することができる。

(19) V. Demolombe, *Code Napoléon XXXI*, n° 387, p. 328; Planiol, t. II, 5e éd., n° 854, p. 277; Aubry et Rau, *Cours de droit civil français*, t. II, 6e éd., pp. 536 et s.

(20) ちなみに、五五五条の「第三者」について、学説は一般に所有権回復訴訟により「立ち退かされる第三者」と解しているのに対して、裁判実務は、一般的にはこれよりも広く、所有者でなくして土地上に建築・工作・植栽をなしたすべての者と解しているようである（詳しくは、v. Planiol et Ripert, t. III, n° 275, pp. 270–271; Marty et Raynaud, *Droit Civil, Les biens*, n° 135, pp. 180–181）。しかし、この裁判実務による解釈を前提としても、請負人のような者も同条にいう「第三者」に含まれ得るかどうかの判断は留保せざるを得ない。

(21) V. Demolombe, *Code Napoléon XXXI*, n° 393, p. 332; G. Baudry-Lacantinerie et L. Barde, *op. cit.*, n° 2849, p. 1077.但し、当然ながら贅沢費については、善意の占有者であれ、その償還債権も留置権も認めら

れない（v. Aubry et Rau, *Cours ed droit civil français*, t. II, 6e éd., pp. 539)。

なお、五五五条にいう建築者などの留置権については、Planiol et Ripert, t. III, n° 271, pp. 267–268を参照のこと。

第二節　フランス法の継受

一　ボアソナード草案二〇八条・二〇九条

(1)　フランス民法典の下で承認されていた「費用の理論」をボアソナードはそのまま導入し、その草案（以下では、単に「草案」または「ボアソナード草案」と呼ぶ）の「占有ノ効力」という節の中に費用の償還に関する二〇八条を設けた。すなわち、彼は、費用の概念を必要費、有益費および贅沢費の三つに分類したうえで、同条で、物の回復を求める者は「占有者」の善意・悪意の区別なく、この「占有者」に必要費および有益費を償還しなければならない旨を定めている。[1] ボアソナードの注釈によると、[2] 必要費とは物を保存する費用であり、これによって物の価値が増加されなくてもよいのに対して、有益費とは物の価値を増加し、物の回復を求める者の利益に帰するものを意味する。そして、彼は、贅沢費が償還される必要がないのは、かかる費用が物の回復を求める者に何らの利益ももたらさないからであるのに対して、必要費の場合には、これが物の保存に不可欠な費用であったことから「回復者」は利益を取得し、また有益費についても、この費用によって物の価値が増加したという利益を右の「回復者」は収受するからである、と説明している。[3]

また、物の「占有者」[4]が費用の償還を求め得る相手方（回復者）として、ボアソナードは専ら物の所有者を挙げて説明していることから、この所有者が右の「回復者」に当たると解していたことは確かであるが、その一方で、前述した二〇八条が定める償還義務の原因は何かに関する説明の中では、右の「回復者」を示す語句として「真ノ所有者又ハ其他ノ取戻ヲ為ス者」(5)という表現が見られることからすると、「回復者」とは単に物の所有者に限らず、広く権原に基づいて物の回復を求める者を指すと解していたと言うことができる。なお、草案二〇九条が、二〇八条の「占有者」は費用の全額が償還されるまで留置権を有する、(6)と定めていたことは極めて重要であると思われる。というのは、ボアソナード草案が、一方で、二〇八条によって「回復者」に対する費用償還債権を定め、他方で、その次条においてこの債権を担保するために留置権を「占有者」に認めてこの者を保護しようとしたということは、これら二ヶ条がセットの関係にある(すなわち、「占有者」の費用償還債権とこの者の留置権とは対の関係にある)ことを意味している、と言うことができるからである。

(2)　(i)　ところで、草案二〇八条にいう「占有者」とは、「回復者」との関係では、この者から物の回復を求められたために本来ならば物の占有を手放さなければならない者、すなわち無権原占有者を意味することは確かであるが（というのは、もしもこの「占有者」が、ある者から回復を求められたとしても、この者が回復を求める地位になく、従って「占有者」は占有を手放す必要がないときは、右の「占有者」は回復を求めてきた者に対して自己の占有権原を主張して物の占有を継続すればよいからである）、それでは同条の「占有者」とは一体いかなる者を意味するか、すなわち注文者に属さない物を修理した請負人のような者がこれに含まれようかという問題について、ボアソナードはどのように解していたであろうか。

ボアソナード草案二〇九条は、前述したように、二〇八条が定めた占有者の費用償還債権を確実にするために、「占有者」の善意・悪意に拘わらずこの「占有者」に留置権を許与していたことから、例えば甲が乙の家屋を丙に売却した場合に、乙が丙より引渡しを受けるためには丙が支出した必要費および有益費を償還しなければならず、丙は乙より費用の償還を受けるまで家屋を留置できるということになる。(7) この「留置できる」権利とはどのような内容のものかであるが、ボアソナードによると、通常の担保権と類似するとはいうものの、これとは異なり、他の債権者に先立って代金より弁済を受ける目的で当該物を競売できるといった内容の権利ではなく、専ら物の果実によって、または、所有者などが当該物を回復しようとしたときに「占有者」がこれに対抗することによって費用の支払債務を確保できる権利にすぎない。その上、留置による占有についても、彼は、それまで右の「占有者」が有していた占有の性格とは異なっているとし、従前の占有は「民法上の (civil)」ものであるのに対して、後の占有は「自然で仮の (naturelle et précaire)」ものであるにすぎない、と解していた。(8)

(ii)　すると、物の回復を求められたときにこれに応じなければならない「占有者」で、かつ、留置権が認められることによって従前の占有とは異なった「自然で仮の占有を有することになる者とはいかなる者を指すであろうか」これを明らかにするためには、ボアソナードがいう「民法上の占有」および「自然で仮の占有」の性格を探る必要がある。

ボアソナードは、その草案の中で、占有概念として「民法上の占有」と「自然の占有」の二つを認めて規定しており(一九一条—一九三条参照)(9)、これらのうち、前者の占有とは、要するに、所有権その他の物権に基づいて所持するもの(これはさらに善意によるか悪意によるかによって分かれる)を指すのに対して、後者のそれは、何らの権利にも基づかないで(すなわち法的な保証に基づかないで)所持する占有を意味し、従って両者の取扱い（所有権その他の物権の推定、果実の取得、時効取得の可能性など）についても異なった効果を認めていた。[10] その上、「自然の占有」の中には特殊な占有として「仮の占有」という概念も認められており（草案一九七条参照）[11]、これは、賃借人・使用借主・受託者など、占有物の所有権が誰に属するかを知って占有している者の場合である点で「自然の占有」と区別されるが、所有権その他の物権に基づいて占有するわけではない限りで「民法上の占有」とは画される占有であり、従って「自然の占有」の一種であると位置づけられていた。この「仮の占有」に関するボアソナードの説明によると、「仮の（précaire）」占有という語源は「要願」を受けて所持する占有を意味しており、例えば使用貸借においては借主が貸主に要願して物を占有し、また寄託においては受託者が寄託者の要願を受けて占有する。このように、「仮の占有」とは、「他人のために」なす占有であって、代理人も委任者の要願を受けて占有するわけであるからこの「占有」に当たる、と解されていた。[12]

そうだとすると、ボアソナードが、前述したように、草案二〇八条と二〇九条とをセットの関係にあるものとして扱い、「回復者」に対する費用償還債権とこれを被担保債権とする留置権を「占有者」に認めたということ、そして右の二〇八条の「占有者」に「自然で仮の占有」を認めようとしたことからすると、同条の「占有者」とはいかなる者を意味することになろうか、また注文者に属さない物を修理した請負人のような者はこれに含まれようか、という問題については次のように解することができると思われる。すなわち、草案二〇八条の「占有者」とは、同条により「回復者」に対して費用の償還請求をなし得るが、既に述べたように、「回復者」との関係では、回復を求められると本来ならば物の占有を手放さなければならない者であったにも拘わらず、草案二〇九条により留置権が認められて回復者に対して「自然で仮の占有」を有することになった者（「占有者」）を意味する、ということである。従って、前述した二〇八条からは同条にいう「占有者」の意味する者が明らかになるわけではなく、次の二〇九条とを併せて考え、同条によって（仮の占有ではあるが）占有者となった者を右の二〇八条にいう「占有者」は指している、と解すべきことになる。このように解すると、同条の「占有者」とは、「回復者」との関係では全く占有すべき権原を有さない者、すなわち「回復者」に対して占有し得る権原を最初から有していなかった者はもとより、最初は右の権原を有していたが、後にこの権原が消滅してもはや占有の継続を主張し得なくなった者であろうと、とにかく「回復者」の請求に応じなければならない者は、留置権が認められることによって「仮の占有者」になると言うことができる。そうだとすると、注文者に属さない物を修理した請負人も、所有者より回復を求められたときは請負人がこの請求に応じなければならず（すなわち無権原占有者であり）、かつ、この請負人によってなされた修理行為が「費用の支出」として必要費または有益費に該当する限り、所有者に対してその償還請求をなし得ることになるはずであり、右の請負人は前述した二〇八条にいう無権原「占有者」でありながら、その支払いを確実にするため、当該物を目的物とする留置権が認められることによって「（仮の）占有者」になる、という解釈をボアソナードは否定に解していたとは思われないのである。

二　旧民法財産篇一九六条、一九七条から現行民法一九六条まで

(1)　ボアソナード草案二〇八条および二〇九条の趣旨は、いわゆる旧民法典の財産篇一九六条および一九七条に受け継がれたのみならず、これらの条文は、そこでの文言からすると、右の草案よりも一そうボアソナードの意図を明確に表していたと言うことができる。すなわち、右の一九六条は一九七条とともに「占有ノ効力」の節に属する規定であり、善意・悪意の区別なく、「占有者」は「回復者」に対して必要費および有

益費の償還を請求できると定めていただけでなく、いわゆる贅沢費についての償還請求はできない旨を明言しており、また一九七条は「占有者」に認めた費用償還債権を確実にするためこの「占有者」に留置権を認めていた（もっとも、悪意の占有者は必要費の償還債権についてのみ留置権を主張し得るにすぎない）ことからすると、[13] 旧民法典の下でも、これらの条文はセットの関係にあるものとして扱われ、従って一体となって「占有者」を保護しようという趣旨が貫かれていた、と理解することができる。

(2)　(i)　これに対して、現行民法一九六条およびその草案一九五条（法典調査会に提出された草案を指すが、これは文言上のみならず条文上の構成からしても現行民法一九六条とほぼ同様であった。なお、以下では「現行民法の草案」と呼ぶ）は、旧民法一九六条と同様に、「占有者」は「回復者」に対して必要費および有益費の償還を請求し得る旨を定めていたものの、旧民法一九六条との間には文言上および条文上の構成の点からして、かなりの相違点が見られる。すなわち、旧民法一九六条は、その一項で、必要費および有益費の償還を「占有者」の善意・悪意とは無関係にこの者に認めるという構成を採っていたのに対して、現行民法一九六条およびその草案一九五条は、①必要費の償還債権と有益費のそれとをそれぞれ別々の項（前者を一項、後者を二項）に分けて定めており、また各々の債権を主張できる「占有者」には善意・悪意の区別に関する言及はない。その上、②必要費および有益費の性質は右の各項の中でより具体的に示されている（すなわち、旧民法一九六条は、「物ノ保存ノ為メ又ハ物ノ増価ノ為メ費シタル金額」と定めていたにすぎなかったのに対して、現行民法一九六条およびその草案一九五条は、各費用を「物ノ保存ノ為メニ費シタル金額其他ノ必要費」、「占有物ノ改良ノ為メニ費シタル金額其他ノ有益費」と具体的に表している）。さらに、③有益費の償還は「価格ノ増加カ現存スル場合」に限られ、④その償還の範囲も「費シタル金額」または「増価額」の何れかを「回復者ノ選択」に従って決する旨が定められているほか、⑤旧民法一九六条の二項は削減されているなどの点において旧民法一九六条とは異なっているのである。

しかし、これらの相違点のうち、まず前記①についてであるが、起草委員は必要費の償還債権と有益費のそれとを別々の項に定めたことの理由を明らかにしてはいないものの、これは単に立法技術の問題にすぎないと推測することができよう。これに対して、前述した、各々の債権を主張し得る「占有者」に善意・悪意の区別がないという点は、旧民法一九六条との関係で本質的な相違であると解されなくもないが、起草委員が「既成法典（旧民法一九六条を指す。著者注）ハ占有者ノ善意タルト悪意タルトヲ問ハサルコトヲ明示スト雖モ本案ハ其必要ナシト認ムルニ因リ単ニ占有者ト爲セリ」[14]と説明していることに鑑みると、旧民法一九六条との違いは格別に存するわけではないと思量される。

次に、前記②の相違点についてであるが、起草委員は、必要費の性質に関しては、旧民法一九六条と「実際ニ於テ格別ノ違ヒハナイト思ヒマス」としながら、ただ、物に掛けられている租税を支払ったという場合のように、費用の支出の中には保存であるかどうかにつき疑いが生じ得ることも考えられ、「僅カノコトデ疑ヒヲ存セヌ方ガ宜カラウト思ヒマスカラ実際上ハ同ジデアリマセウガ」このように規定した、と説明している。[15] これに対して、有益費の性質に関しては、旧民法一九六条が「増価」という文字をもって説明していたのに対して、現行民法一九六条およびその草案一九五条の二項は、「改良」という語を用いている点で大いに異なっている。その理由は「増価」とすると広くなりすぎることを起草委員が心配したからである。というのは、「事実人ノ好ミ或ハ人ノ贅沢、然ウ云フヤウナ風ノコトニ費シタルモノデ其元トノ所有者ト云フモノノ意思ニハ大変反対致シマスケレドモ市場ニ出スト或ハ売レ値段モ上ガツテ居ルト云フ場合モアリマス斯ノ如キ場合ニ於テ往々諸国ニ於テ疑ヒガ生ジ是ハどちらニ這入ルモノデアルカト云フコトカアリマスカラシテ夫故ニ改良ト云フ文字ノ方ニ」したからである。[16] しかし、単に「改良」というに止めると逆に狭すぎて不都合な場合が生じ得るのではないかという点を考慮し[17]、また必要費の償還に関する同条一項との釣合いなどにも配慮して、結局、「『有益費』ト云フ字ヲ諸國ノ例ニ倣ツテ入レマシタノデアリマス[18]」としている。しかし、かような相違点も旧民法一九六条とは本質において異なるものではないことは、起草委員が「矢張リ事柄ニ於テハ既成法典ト酷ク違フテハ居ルマイト思フノデアリマス[19]」と解していることから容易に首肯することができる。

また、相違点として掲げた前記③についてはどうか。すなわち、現行民法一九六条およびその草案一九五条は、旧民法一九六条とは異なり、有益費の償還を「価格ノ増加カ現存スル場合ニ限リ」認めている。旧民法一九六条にはかような限定は明確に示されていなかったが、起草委員は、この「既成法典モ固ヨリ然ウ云フ意味デアラウカトモ思ヒマス」と解し、かかる違いは両法典の「精神上ニ於テノ修正トハ思ヒマセヌ[20]」と述べている。

以上に反し、前記④の点については、起草委員は旧民法一九六条との間に大きな隔たりがある旨を指摘している。すなわち、現行民法一九六条およびその草案一九五条が、「占有者」には「費シタル金額」と「増価額」との何れか一方が償還されれば足りるとした理由は、「例エバ占有物ノ上ニ百円ノ金ヲ費シマシタ費シマシタケレドモ併ナガラ元トノ価カラ見レバたった五十円外価ガ増シテ居ラヌト云フ場合ニ費シタル金額ヲ償還シナケレバナラヌト云フト餘程其回復者ガ損ヲスル訳ニナリマス又之ニ反シマシテ百円丈ケ金ヲ増シテ置イタ而シテ其物ノ価ト云フモノハ二百円ニモ三百円ニモ上ツテ居ル此場合ニ於テ回復者ガ百円丈ケ払エバ宜シイト云フコトモ何ンダカ不公平デアルト思フ者モアルカモ知レマセヌガ私共ハ然ウハ思ヒマセヌ」という点にあり、従って起草委員はイタリア民法典（一一五〇条三項参照）に倣い、「現ニ費シタル金額」と「現存シテ居ル増価額」とを比較して、「回復者」は最小限を償還すれば足りることにしたと説明している。[21] その上、これらの金額のどちらを償還すべきかについては、「回復者」と「占有者」との間で確定し得ない場合も予想されることから、「回復者」に選択権が付与されたわけである。[22]

最後に、旧民法一九六条二項が現行民法典およびその草案では削除されている、という前記⑤の相違点についてであるが、起草委員は、同条項が「本条ノ規定（現行民法一九六条を指す。著者注）ニ依リ自ラ明カナルヲ以テ之ヲ除キタリ」[23]と解していることからすると、これは旧民法一九六条の趣旨を当然の前提とした処置であって両者の間には同一性が存することになる。

(ii)　以上に述べてきたことからすると、旧民法一九六条と現行民法一九六条およびその草案一九五条とは、前記④の相違点を勘案しても、基本的には同一であるということが起草委員によって認識されていたわけである。これに加えて、現行民法の草案一九六条においても、この草案一九五条が定める費用償還債権を確実にするために、旧民法典と同様に「占有者」に留置権を付与する規定（草案一九六条参照）を設けていたのであって[24]、現行民法典およびその草案における右の諸規定は、既に指摘してきたように、フランス民法典とその解釈学に由来し、これがボアソナード草案二〇八条、二〇九条と旧民法一九六条、一九七条を経由して踏襲されてきた、と言うことができる。従って、現行民法典の起草委員は、フランス民法典およびその解釈学とボアソナード草案の諸規定に関して前述してきたことを、基本的に前提としていたと解して妨げあるまい。[25]具体的には、費用を支出した「占有者」は現行民法一九六条およびその草案一九五条の「回復者」に対して費用の償還を請求し得るということ、そしてこれが認められると、さらに留置権までをも認めることによって右の「占有者」を保護しようとした趣旨が、セットになって理解されなければならない。その上、右の諸規定が「回復者」と「占有者」の間に適用があるといっても、そこにいう「占有者」とはいわゆる「無権原占有者」を意味し、ある者の回復請求に応じなければならない者に留置権が認められることによって、この者は「仮の占有者」になるということ、加えて現行民法一九六条およびその草案一九五条の「占有者」とはかような「仮の占有者」をいうだけでなく、注文者に属さない物を修理した請負人も、所有者から回復を求められたときは、この所有者に対して費用の償還を請求し得ないわけではない、ということを起草委員は前提としていたと言えよう。

(3)　なお、「占有者」と「回復者」との間における費用償還関係に関して、起草委員の見解を右に述べたように理解するときは、「回復者」がその望まない費用についてまで一方的に償還義務を負わなければならないかどうかについてまでも、現行民法典がフランス民法典に関して述べてきた解釈を維持していなければならないはずである。この点、現行民法典が、前述したように、有益費の性質を「改良」という語を用いて表しており、このことに対する説明の中で起草委員は右の有益費がたとい「回復者」の意思に反してなされたものであっても、「市場ニ出スト或ハ売レ値段モ上ガツテ居ルト云フ場合モアリマス」(26)と述べていることに鑑みたならば、起草委員はいわゆる「物の市場価値」を基準に有益費であるかどうかを判断しよう(そのために「増価」という語ではなくて「改良」という語を用いて表現した)、と解していたことになる。このことは、フランス民法一三八一条の解釈として既に前述(前節二)してきたことと共通していると言うことができ、従って右の判断に関する基準は、「回復者」側の主観に求められるのではなくて「物の市場価値」という客観的な基準を予定していた、ということを示している。

(1)　ボアソナードは、その草案二〇八条が「何人も利益なくして他人の犠牲において利得してはならない」という自然法の基本原理を認めたものである、と説明している（Boissonade, *commentaire*, t. 1, n° 312, p. 426)。その上、本文で以下に示すように、費用の概念をフランス民法典における「費用の理論」に従って理解していたことからも、同条は右の法典を承継したことが明らかである。

なお、前述した草案二〇八条は、その一項で、「およそ善意または悪意の占有者は、回復を求める者より、物の保存のためになされた、または、これに必要な費用、および、有益な、または、物につき価値を増加せしめた費用につき償還されなければならない。」とし、また二項で、「いかなる占有者も、その性質からして、贅沢費または単なる享楽費につき償還せしめる権利を有さない。」と定めていた。

(2)　Boissonade, *commentaire*, t. 1, n° 312, p. 427. 以下の記述については、ボアソナード氏起稿『註釈民法草案財産篇之部二十』二〇―二三頁（発行所、発行年ともに不明）、ボワソナード氏講義（加太邦憲＝一瀬勇三郎＝藤林忠良訳）『民法草案財産篇』七七〇―七七五頁（発行所、発行年ともに不明）も参照した。

(3)　ボアソナード氏起稿・前注二二頁、ボワソナード氏講義・前注七七二頁参照。

なお、贅沢費の例としてボアソナードは家屋彫刻や庭園への花の植栽などを挙げており、この費用と償還を要する他の二つの費用との関係について彼は次のように説明している。すなわち、「或物件ノ占有者アリ其占有物ヲ装飾スルタメ一千圓ヲ費ヤシタリトス此一千圓ハ全ク贅澤費ニ属スト雖トモ之カ爲メ其物件ノ價直少クモ百圓ハ増加スヘシ然ラハ則チ贅澤費一千圓ノ幾分ハ有益費トナルヲ以テ裁判所ハ必ス所有者ヨリ之ヲ占有者ヘ償還スヘキ決定ヲ爲ス可シ余カ邸地ハ初メ滿地野生ノ竹草ノミナリシカ漸ク開墾シテ花木ヲ植栽シ一ノ庭園トナセリ此費用千余圓ナリ此費用ノ如キ即チ純然ナル贅澤費ナリト雖トモ幾分カ余カ邸地ノ價直ヲ增加シタルハ疑ヒ無シ若シ嘗テ余カ邸宅ヲ占有スル者アリテ右千餘圓ヲ費用シタルトキハ余ハ其費用ノ一部即チ邸地ノ價直ヲ増加シタル金高ヲ占有者ニ償還セサルヘカラス」（ボワソナード氏講義・前注七七三頁）。

ちなみに、例えばある費用が物の価値を増加したと言えようか、それとも単に贅沢費にすぎないものかなどの判断基準を、回復者または占有者の主観に求めるのか、それとも客観的な判断に基づいてなされるべきであるのかについてボアソナードの考えは明らかではない。

（4）　Boissonade, *commentaire*, t. 1., n°s 312 et 313, pp. 427 et 428. ボワソナード氏講義・前出注（2）七七一頁以下参照。

（5）　ボアソナード氏起稿・前出注（2）二二頁参照。

（6）　Boissonade, *commentaire*, t. 1, n° 313, p. 428.
なお、草案二〇九条は、「前二条の場合において占有者は回復者に言い渡された費用のすべてが償還されるまで当該物につき留置権を有する。」と定めていた。

（7）　ボワソナード氏講義・前出注（2）七七六頁。

（8）　Boissonade, *commentaire*, t. 1, n°s 313, pp. 427 et 428. ボアソナード氏起稿『註釈民法草案財産篇之部二十二』二、三頁（発行所、発行年ともに不明）参照。また、ボワソナード氏講義・前出注（2）七七六頁も、「物件引留権（「留置権」を指す。著者注）ヲ行フ者ハ其物件ヲ占有スト雖モ最早民法上ノ占有者ニアラス假有ノ占有者トナルヘシ」、と述べている。

（9）　草案一九一条ないし一九三条は次のように定めていた。
一九一条…占有には自然のものまたは民法上のものがある。

一九二条…自然の占有とは所持者が有体物の上に何らの権利もなくしてなす所持である。

国領地は個人にとっては自然の占有にすぎない。

一九三条…民法上の占有とは、自己のために有体物または権利を有する意思をもってなす有体物の所持または権利の行使を言う。

すべての権利は、物権または債権の区別なく、以下に定められた場合に従い種々の効果を有する民法上の占有となる。

人の身分に関する占有は第一編で定める。

(10) Boissonade, *commentaire*, t. 1, n°s 257 et s. et 276, pp. 361 et s., 380 et 381. ボワソナード氏講義・前出注(2)六六六、六七六—六八一頁、六八七頁以下参照。

(11) 草案一九七条一項は次のように規定していた。
一九七条一項…自然の占有は、占有者が他人の名で他人のために物を所持し、または権利を行使するときは仮の占有と言う。

(12) Boissonade, *commentaire*, t. 1, n° 288, p. 392. ボワソナード氏講義・前出注(2)六九一、六九二頁参照。

(13) 旧民法一九六条および一九七条はボアソナード草案を取り入れて次のように定めていた。
一九六条…占有者ハ善意ナルト悪意ナルトヲ問ハス物ノ保存ノ為メ又ハ物ノ増価ノ為メ費シタル金額ヲ回復者ヨリ償還セシムルコトヲ得
右孰レノ占有者モ其分限ノミニテハ奢靡ノ為メ費シタル金額ノ償還ヲ求ムルコトヲ得ス
一九七条…前二条ノ場合ニ於テ善意ノ占有者ハ回復者ノ言渡サレタル保存又ハ増価ノ為メノ費用ノ全償ヲ得ルマテ物ノ上ニ留置権ヲ有ス
悪意ノ占有者ハ保存ノミノ費用ニ付キ留置権ヲ有ス

(14) 廣中・理由書二三三頁。

(15) 司法法制調査部・議事速記録1六七一頁。なお、廣中・理由書二三三頁も参照のこと。

(16) 司法法制調査部・議事速記録1六七一頁。なお、廣中・理由書二三三、二三四頁も参照。
(17) 例えば「物ノ爲メニハナツテ居ル或ハ其結果トシテ其物ノ價ヲ增シテ居ル併シ其物ニ改良ヲ加ヘタトカ云フヤウナコトハナイト云フヤウナ」場合が示されている（司法法制調査部・議事速記録1六七二頁）。
(18) 司法法制調査部・議事速記録1六七二頁。
(19) 司法法制調査部・議事速記録1六七二頁。
(20) 司法法制調査部・議事速記録1六七二頁。なお、廣中・理由書二三四頁も参照。
(21) 司法法制調査部・議事速記録1六七二頁。また、本文に挙げた例では、「百圓ヲ入レテ然ウシテ人ノ物ニ百圓ノ金ヲ費シタ夫レガ五百圓ノ價ニナツテ居ル其五百圓ヲ拂ヘト云フコトモ宜シクナイ其場合ハ百圓丈ケ拂ヘバ宜シイ夫レカラ百圓掛ケテ五十圓增シテ居ル其現ニ增加シテ居ル金額丈ケヲ償還セシムルト云フノモ不都合ナ話デアリマスルカラ詰リ伊太利抔ノ例ニ倣ツテ其中ノ最少額ヲ償還セシムルト云フ主義ガ餘程宜イト思ヒマシテ其主義ヲ此處デモ採ツタノデアリマス」、とも述べられている。
(22) 司法法制調査部・議事速記録1六七二、六七三頁。なお、廣中・理由書二三四頁も参照。
(23) 廣中・理由書二三四頁。
(24) 草案一九六条は次のように謳っていた。
一九六条…占有者ハ回復者ヨリ償還ヲ受クヘキ金額ニ付キ占有物ノ上ニ留置權ヲ有ス
(25) もっとも、草案一九六条が現行民法典の制定過程において何故に削除されたかは、残念ながら司法法制調査部・議事速記録1から窺うことができなかった。
(26) 司法法制調査部・議事速記録1六七一頁。

第二章　ドイツの裁判例および学説の状況

第一節　請負人―所有者の間における費用償還関係と留置権

一　序

ドイツ民法典（BGB）の九九四条―一〇〇三条（以下では単に「九九四条以下」と略することがある）は、占有者が物に支出した費用の償還に関する規定であり、このうち、九九四条―九九九条は占有者が所有者に対して主張し得る費用償還債権の要件とその範囲について定めている(1)（とりわけ、九九四条は「必要費」の償還に関する規定であるのに対して、九九六条は「必要費以外の費用」の償還に関して規定している(2)）。これに対して、一〇〇〇条―一〇〇三条は前述した債権の実行に関する規定であり、なかんずく一〇〇〇条は費用償還債権のために占有者に留置権を許与していることから(3)、注文者に属さない物を請負人が修理したという場合に、この請負人は所有者に対して留置権を主張し得るであろうか、また主張し得るとしてもいかなる債権に基づくものかという問題は、右の請負人と所有者との間に、費用償還および留置権に関する右の諸規定が適用され得るか、という問題の中で大いに論じられてきた。また、前述した費用償還に関する諸規定の適用という問題と、それから請負人の留置権に関する問題については、既に幾つかのRG判決およびBGH判決が現れており、今日では、（特定の場合に限ってではあるが）右に挙げた二つの問題を肯定に解することで裁判実務の立場は確定している、と言うことができる。

とはいえ、裁判実務は当初から一貫して右の立場を示してきたわけでは決してなく、裁判例に現れた事案とこれに対する法的解釈に鑑みたならば、右にいう立場の変遷は次の三つの時期に区分して理解することができると思われる。すなわち、注文者に属さない物を請負人が修理したという場合に関して、まずRGの判決は、この請負人が、所有者に対して物を引き渡すべき義務を負っていないときでも、費用償還債権を主張し得ると解していたのに対して（第一期）、BGHの判決は、まず請負人―所有者の間にVindikationslageの存在を前提条件としたうえで、請負人が物を修理してこれを注文者に引き渡したときは、かかる条件が欠如しているとの認識から、この請負人―所有者の間には費用償還関係はないと解したが（第二期）、後には、所有者に対する注文者の占有権原が消滅して、請負人が所有者に対して物を引き渡さなければならない状況に陥ったときは、右の費用償還関係を認めることになる（第三期）。一方、学説はこうした裁判例の変遷に追随して論争を展開してきたと言うことができるため、以下では、右に述べた三つの区分に従ってドイツにおける裁判実務の状況を纏め、この区分に応じて学説の立場を指摘することにする。(4)

二　第一期

(1)　まず、RGの判決には、注文者―所有者の間に、注文者による物の占有を正当化させる契約関係が存在したという事案において、当該物を修理した請負人と所有者との間に費用償還関係を認めたものが現れた。次の三つの裁判例がそれである。

①　RG. Urt. v. 9. Mai 1913 (Gruchot 57, 997)

〔**事実**〕　Xはその所有する機関車をA会社に賃貸し、A会社は、賃貸借契約によりこの賃借物を自己の負担で保管する義務を負うとともに、後日、Yをして賃借物の修理をさせた。この修理後にA会社はYのところで右機関車を引き取ったが、なお、それをYに保管させていた。後にA会社のために破産手続が開始され、賃貸借関係を継続しないという破産管財人の決定によりXがYに対して機関車の引渡しを請求したので、Yは修理費用の支払いがあるまでその引渡しを拒絶した。

〔判旨〕「Yは後に破産した機関車の賃借人であるA会社と締結した請負契約によってその作業を行なった。しかし、この契約関係は所有者に向けられた占有者の費用償還債権に対し、法的基礎としては考慮されない。確かに、償還債権は請負契約に基づく報酬債権と同様に債務法上の種類であって、例えば所有権訴訟の基礎を形成する物の物権的な負担ではない（RG 71, 424)。しかし、この場合、直接に占有（九九四条一項一文）に由来し、かつ、直接に所有者に対して与えられる債権は重要であり、この債権に対しては、もしも必要費を支出した結果、右の物が所有者になお価値を残すようであるならば、所有者は適切な保護を法的に受け得る（一〇〇一条二文）」。

② RG. Urt. v. 19. Dezember 1933 (RGZ 142, 417)

〔事実〕Y会社は、A会社との契約に基づいて未加工の毛皮を大量にA会社に引き渡した（なおY・A間の右契約には、この商品の加工の種類とその進行いかんに拘わらず、商品の所有者はY会社に留保される旨が定められていた)。そこで、A会社は仕上げと着色のために右毛皮をXに引き渡し、Xは、これに加工して、その報酬の支払いがなされる前に再びA会社に返品した。後に、A会社が支払遅滞（Zahlungseinstellung）となって倒産（Liquidation）したので、同年、Y会社は加工済みの右商品の占有を所有権留保に基づいて取得した。そこで、Xは九九四条、九九六条に基づく必要費・有益費の償還を訴求した（さらに、Xは委任、事務管理、不当利得に基づく償還請求もしている)。

〔判旨〕「なるほど一般的な見解によれば、占有者が所有者と締結した契約に基づいて当該物に費用を支出したときは、九九四条以下の諸規定の適用はない。つまり、このような場合における両者の法律関係は右の契約とその解釈によってのみ決せられる。(中略) かような取扱いは、(中略)、所有者に対する人的(債務法上の)債権だけが費用支出の権原を有する者に帰属すること、そして言うまでもなくその法的関係が占有者─所有者の間で特に合意された債務法上の取決めによって補充されることに基づいている。しかし、こうした考えは、占有者の費用償還債権が当該占有者と第三者との契約(請負契約)の存在によって排斥されることにはなり得ない。このような債務関係は、ドイツ民法九八五条に規定された所有者─占有者間の法律関係にとっては、何らの意味も提供するものではない。なかんずく九九四条以下の償還債権の発生は妨げられない。請負人が占有中に支出した費用支出(Verwendungsarbeit)を注文者である第三者が弁済したときは、占有者が所有者に対して有していた費用償還債権は、当然ながら詐欺の抗弁(Arglisteinrede)をもって対抗される。弁済されていない報酬債権はその限りで消滅する。[5]」

③　RG, Urt. v. 19. Dezember 1933 (SeuffA 88, Nr. 60)

〔事実〕　A会社(織物会社)は、Yとの間で、Yの前払いでYのために絹紡糸の購入、織り上げ、染色、仕上げをなす取次契約を締結して、自己の織り上げた絹糸の染色、仕上げをBらに委託したが、後に倒産した。当時、Bらは、加工された商品の一部を既にA会社に引き渡していたが、なお加工済みの商品と未加工のものは占有していた。Yはその所有権に基づいて商品の引渡しを請求したが、BらはA会社が報酬債権(Werklohn)の未払いを理由にそれを拒絶した。YとBらとの合意により、商品を売却してその代金は供託されることになった。Xは、BらがYの所有物を染色、加工することによってYに対して有していた債権を譲り受け、Yに対して支払請求をした。

〔判旨〕　「Xの譲渡人は、Yから九九六条の費用償還請求をすることが妨げられていなかったこと、すなわち譲渡人がAとの契約に基づいており、かつ、AがYに対して費用を支出する義務を負っていたということが支配的見解より認められるときは、法的な疑いは生じ得ない。」として、①および②の判決が維持される旨を述べている。

(2)　このように、請負契約から生じた報酬債権を、請負人が注文人に対して有するにも拘わらず、これとは無関係に請負人—所有者の間に九九四条以下の適用があるとする右の③判決に対しては、学説も①および②の判決を引用して同様に解するのが当時の通説であったが、(6)これに対して批判を加えたのがミュンツェルである。すなわち、彼は、一方で、「請負人が請負契約の範囲内でなした労務は『費用』という概念に該当し得る。労務をなすために物を手中にしている請負人も『占有者』という概念に該当する——注文者は間接占有者となる——ので、『占有者』が『費用』を所有者の物に投下したという場合に当たる」と解し、また他方で、費用支出（九九四条以下）の場合、占有者—所有者の間に法律上の債務関係が存するにすぎないときは、所有者による費用の償還が要請されたところで強ち不合理ではない旨も認める。しかし、このような解釈は、占有者が他人に対して負担する債務の履行として労務を提供したときは妥当しないと主張して、③判決の事案における占有者—所有者の間の費用償還関係を否定した。その理由は、要するに、六四七条は報酬債権のために目的物につき請負人に質権を法定しているところ、右の事案における請負人は法定質権を（善意）取得し得ないと考えられるから、もしも請負人に費用償還債権が認められ、これにより所有者に対して目的物につき留置権を主張し得ることになるならば、この請負人には法定質権が認められたと同じ結果となって妥当でない、という点にある。(7)

しかし、この点に対しては、グラスマンが、契約から生ずる債権とこれを担保する法定質権は、その制度の目的からして費用償還債権と混同されてはならず、この債権は請負人の注文者に対する契約関係とは無関係に認められると主張してミュンツェルを批判し、③判決の解釈を支持するに及んで、裁判例の立場を変更させるには至らなかった。(8)そして、この時期における下級審裁判例は、とりわけ②判決とグラスマンに代表される当時の学説を引用して九九四条以下の適用を具体的に論ずるとともに、②判決などによって示された解釈を拡張していったと言うことができる。すなわち、Xより所有権留保で車を購入したAが修理工Yに二度に亘って同車を修理させたところ、Xは、Aとの売買契約を解除して、この車を占有するYに対してその引渡しを求めたという場合、(9)AがYよりトラックを所有権留保で購入してこれをXに修理させたが、Aが修理代金の一部しか支払わなかったのでXはYに対して費用償還請求をしたという場合、(10)AがYのために譲渡担保に供した車をXがAとの契約に基づいて修理し、その修理代金が完済される前にAに返還したが、Aが右代金を支払わなかったので、Xは譲渡担保としてこの車を購入したYに対して九九四条の償還請求をしたという場合など(11)につき、②判決およびこれと同旨の見解に立つ学説を引用して費用償還関係を認めている。そして、学説もかような下級審裁判例の立場を依然として支持していたのである。(12)

三　第二期

(1)　注文者が占有権原を有する間に請負人が物を修理したという場合については、所有者に対する費用償還償権を請負人に認めた前記①〜③判決の立場が、前述したように、暫くの間、学説の支持を得てきたが、次の裁判例が出るに至り裁判実務の立場は変更することになった。(13)

④　BGH, Urt. v. 10. Dezember 1955 (MDR 1956, 598 ff.)

〔事実〕　Yはその所有する映画館をA夫妻に賃貸したが、賃貸借契約には、装飾は「賃借人が負担する、賃借領域内のすべての修繕についても同様である、賃借領域内に建築上の変更を加えるときは賃借人は予め書面で賃貸人の承諾を要する、すべての造作は土地に固定されている限り無償で賃貸人の所有に帰する」旨の約定がなされ、また賃貸人の承諾のない転貸は禁じられていた。Xは、Aとの間に備品一切を含む映画館の売買契約を締結してその引渡しを受け、Y―A間の賃貸借契約より生ずる権利義務の一切を承継したはずである旨を主張した。右売買契約を有効とする事実は存在せず、またXが賃貸借契約の当事者となったことをYが承継したわけでもなかった。Xは、既にAによってなされた修理に加えて、さらに重大な修理を施した。AGが賃料不払いを理由にY―A間の賃貸借関係を解消させてYの引渡請求を認めたので、Xは費用償還請求をした。

〔判旨〕「重大なのは、Xが映画館を自己に属するものとしてではなくて賃借人として占有しているつもりであったということ、すなわちXは自主占有者ではなくて他主占有者（八七二条）であったということである。つまり、九九四条以下の特別規定に記された弁済期到来の(erstattungsfähig)費用支出の規定は、まず第一に善意または悪意の自主占有者の費用支出に合わせて作られている（Wolff, Sachenrecht 1932 S. 300; Westermann, Sachenrecht, 2. Aufl., S. 161)。他主占有者の費用支出については、この特別規定は、占有者が行使しようとしている占有権に応じた制限（Einschränkungen）に伴って適用されるにすぎない。有効に占有権原を有する者も、またその占有権原を有すると思っていたにすぎない他主占有者も、一般法によるより優位な立場に置かれてはならない。Xは単に転借人であったにすぎない。しかし、この転借人の賃貸人に対する関係は契約に基づいてはいない。従って、Xは賃貸人との間に契約上の関係がないことから、むしろ双方の利益が平等となる事務管理の規定（ドイツ民法六七七条）が適用されなければならない。その結果として、真にまたは推測上から、賃貸人の意思に合致した賃借物への費用支出だけが賠償されなければならず（同法六八三条）、しかし、さらに付言すると、転借人の請求権は、賃貸人がなお利得を有する限りで認められなければならない（同法六八四条）」。

この判決そのものは、請負人―所有者の間における費用償還関係を扱ったものではないが、直接の契約関係にない所有者―転借人の費用償還関係を否定し（転貸人が占有権原を有し、事務管理の関係が存する限りで転借人は保護されるにすぎないとする）、転借人のような他主占有者の費用償還債権はこの者の占有権に応じて処理されると解しているのは、（請負人は注文者に対する報酬債権のほかに所有者に対して費用償還債権をも有し得る、という結論を認める）第一期の裁判例からは導かれない結論であると思われる。すなわち、この④判決以後に現われた下級審裁判例には、依然として①~③判決を踏襲したものもなかったわけではないが[14]、④判決に同調して、従来の裁判例を否定的に解するものが現れただけでなく[15]、前述した④判決の出現によって学説の状況も大きく変わっていく。

まず、結論については留保しながらも、ライニケは、一方で、④判決のコメントにおいてその不都合な点を指摘しつつも[16]、他方で、④判決の出現に必ずしも異を唱えていない[17]。また、ややニュアンスを異にしているとはいえ、イムラウは「第三者の占有代理人である無権原の他主占有者は、善意・悪意の区別なく、一般規定（事務管理または不当利得）によってのみ真の所有者に対して費用償還できるにすぎない」[18]とし、ミュラーも、請負人は既に注文者との関係において自己の損失に対する対価を見出していると解し、この請負人は九九四条以下に基づいた財産的補償を求めることはできない、と説いている。[19]さらに、ギューリッヒも、「無権原の他主占有者を優位に扱うことに対する確たる根拠は欠如しているであろう」[20][21]と主張した。これに対して、④判決の出現後も、従前に見られた裁判例の見解を支持する主張が存在しなかったわけではなく、例えばヴォルフ＝ライザーは、「車の賃借人がこれを修理させたときは、修理工は賃借人に対する契約上の請求権と並んで所有者に対しても請求権を有する」として①および②判決を引用しており、[22]またハッシンガーも、今日の経済的状況からすると、所有権留保売主や譲渡担保権者などは、信用供与に当たり、買主や設定者の信頼性（Kreditwürdigkeit）に関する十分な調査ができるのに反して請負人はそうではないことから、買主・設定者の信用に対する危険は、売主・担保権者側が負担すべきであると解して請負人の保護を考えており、そこには請負人と所有者との間の費用償還関係を認めようとする方向が窺える。[23]

(2)　(i)　所有者に対する請負人の費用償還債権に関する問題について②判決に代表される解釈が変更される旨を公式の判例集で初めて示したのは次の判決である。

⑤　BGH, Urt. v. 23. Mai 1958（BGHZ 27, 317ff.）

〔事実〕　Yは、その所有するディーゼル機関車をA会社に賃貸し、賃貸期間中の修理費用はA会社が負担する義務を負った。A会社はこの機関車をXに修理させたが、それを再び使用可能にするためには幾つかの部分が補修されなければならなかった。Xは修理作業が終了すると、その都度、機関車をA会社に引き渡し、支払いを清算するためA会社から手形を受け取った。最初の手形の満期前にA会社は破産し、破産管財人が機関車をYに引き渡したのでXはYに対して二つの勘定の支払いを請求した。

〔判旨〕　本判決は、九八七条から一〇〇三条までの規定が原則として所有者と無権原占有者との間にのみ適用があることは、既にライヒ裁判所（JW 1933, 2644）によって主張されているところであり、また学説とも一致することである旨を述べたうえで次のように言う。すなわち、「九九四条以下で定められた規定を他主占有者に転用することを承認することによって、この特殊性は無視されてはならない。占有者が占有権に関して悪意であったか善意であったかに法が結び付けている種々の結論は、起草者が右の諸規定の中で無権原占有者の請求権に関してのみ考えていたのであって、権原ある占有者の請求権を規定しようとしたのではない、ということを明白に示している。つまり、ドイツ民法九九四条以下の諸規定を適用することは、従来の支配的見解（中略）とは異なり、原則として、無権原占有者と所有者との間における関係に制限されなければならない。修理義務と修理に要した費用の支払義務を所有者に対して負っている利用者から物の修理を委託された請負人は、（従来、裁判例および学説では必ずしも十分に考えられてこなかったことであるが）第三者との関係のみならず所有者との関係でも権原ある占有者であって、しかも権原ある他主占有者である」と述べ[25]、結論として、「有効な契約に基づいて請負人として物の修理をした者は、原則として、自己の有する反対給付を、この請負人に修理のために物を引き渡した注文者に対してのみ請求し得るにすぎない」のであって、「本法廷は、従来の支配的な見解とは反対に、請負契約に基づいて注文者に対して報酬債権を取得した請負人は、請負債権の弁済を注文者より受けられないときでも、所有者に対して費用償還を請求できないという結論を採る。」と判示した。

要するに、⑤判決は、請負人が所有者に対して占有権原を有しているにも拘わらず、報酬の支払いを受けないまま修理した物を注文者に任意に引き渡していたという事案において、所有者に対する請負人の費用償還債権を否定したものであったが、BGHは次の判決において、請負人が所有者に対して占有権原を有しており、これに従って物を保持している場合にも、⑤判決の見解を敷衍して所有者に対する請負人の費用償還債権と留置権の主張を否定した。

⑥ BGH, Urt. v. 30. Juni 1960（WM 1960, 877ff.）

〔事実〕事実認定に関する争いもあって事案は複雑であるが、要するに、A会社はその購入する中国産ナンキンマメ（約四〇〇トン）について、Xとの間で、Xがこれを売主より受領し、重量調整（Gewichts-kontrolle）、見本の送付（Bemusterung）、荷積み作業（Auflagernehmen）、分類整理（Sortieren）の作業を行うことを約した。B会社はA会社の右購入に融資をすることにし、Y（銀行）に信用供与を依頼してYが売主に代金を支払った。Xは右ナンキンマメを受領し、倉庫に入れて印を付け、B会社がYに対してこの商品の所有権を移転し、Xに対する商品の引渡請求権を譲渡する旨を通知した。後にA会社が支払停止に陥ったので、Xは自己のなした作業に対する支払いを受けられなくなり、商品につき質権および留置権を有する旨の確認を求めた。

〔判旨〕留置権に関する判断のみを掲げると、⑤判決は、「占有者の費用償還債権に関するドイツ民法九九四条が、直接には無権原占有者の法的地位のみに関してである、と判示した。何れにせよ、権原ある他主占有者の請求権に対するこれらの類推適用は（中略）、この占有者に契約上の報酬債権が存する場合には拒絶されるべきである、と言う。このBGHによって確定された事案（⑤判決の事案を指す。著者注）では、請負人は確かに物を任意に引き渡しているが、引渡しが拒絶される場合でもその法的状況は異ならない、とした。」と述べ、続いて、⑤判決が言うように、「何故に注文者に対する報酬債権のほかに、請負人には、なお注文者でない所有者に対する費用償還債権が保障されるべきなのかが理解し得ない。ドイツ民法九九四条以下の類推適用の余地もその限りで存しない。かかる考慮から所有者に対する償還請求が占有者に否定されるときは、このような未発生の――単に期限が未到来であるというのではない――請求権を主張するためにも、ドイツ民法一〇〇〇条の留置権はこの占有者に認められない。」と判示した。

(ii)　⑤判決以後の学説も、従来の判例・通説とは異なり、この判決に賛同するものが多数となっていく。例えば、ドナウは、注文者の所有でない物を修理した請負人は不当利得返還請求権も費用償還債権も有さない、として⑤判決を積極的に評価しながら、例えば請負契約が注文者の詐欺などの事由で取消されたようなときは九八七条以下を類推適用し、従って右の請負人は所有者に対して費用償還を請求し得ると主張し、[26]ライザーも、②判決を支持していた見解を改め、占有者―所有者の間に所有権に基づく返還関係(Vindikationslage)がないときは、九八七条以下、九九四条以下の適用はない旨を述べて⑤判決が正当であることを指摘し、具体的には、請負人は、注文者から派生した占有権を有する限りでは、注文者と同様に所有者に対して九八六条によって保護されることから、費用支出に基づいて留置権を持ち出すことはない（その場合の請負人は契約に基づく報酬債権を注文者に主張し得るにすぎない）のに対して、請負人―注文者および注文者―所有者の間の何れにも正当な法律関係がないこと（請負人―注文者の間の請負契約、注文者―所有者の間の売買契約、賃貸借契約が無効の場合など）の故に、請負人の占有が所有者に対して無権原であるときは、九八六条一項二文によって所有者が請負人に引渡請求できる場合に該当し、従って請負人は九九四条以下の権利を有することになると述べている。[27]また、シェーンフェルトも、請負人は、注文者が占有を移転する権原を有さなかったことの故に、絶えず所有権に基づく返還請求とこれによる占有の喪失を覚悟しなければならないときは、九九四条以下の権利を有するとする。[28]

そして、下級審裁判例には、所有権留保で自動車を売却した売主がこの車を修理した請負人に対して返還請求をした、という場合における請負人は契約上の報酬債権を注文者に対して有していることから、⑤判決を引用して、右の場合における請負人―所有者の間に九九四条の適用はない、としたものがある。[29]しかし、その一方で、⑤判決とこれを引用している下級審裁判例に対してはリーデルによって批判がなされている。すなわち、彼は、これらの裁判例が債権と物権との境界を危うくし、利益の均衡を保つために、完全に限られた範囲で認められるという物権の厳格さを揺がすことになる旨を指摘して、九九四条は請負人がなお修理された物の占有者である限りで適用されると主張した。[30]

四　第三期

(1)　(i)　第二期の裁判例は、九九四条―一〇〇三条が原則として、所有者―無権原占有者の間に適用されるという前提に立ち、とりわけ⑤判決に端的に示されているように、占有権原を有する注文者と契約した請負人は所有者との関係で占有権原を有するのであるから、この者に対して費用の償還を請求し得ないと解しているのであった。すると、こうした裁判例を前提としても、注文者に属さない物を修理した請負人は、いかなる場合でも、所有者に対して費用償還債権を主張し得なくなるのであろうか、例えば、所有者に対して占有権原を有する者との契約で物を修理した請負人は、後に注文者が占有権原を失ったために、所有者に対して物を引き渡さなければならなくなったときでも、所有者との間で九九四条―一〇〇三条の適用が全く否定されることになるのであろうかというと、このことについては厳密には不明瞭であったと言わざるを得ず、右の問題を直接に扱った裁判例の出現が期待されるところであった。(31)のみならず、学説も、⑤判決に代表される見解、すなわち九九四条―一〇〇三条が所有者―無権原占有者の間に適用されるという解釈を支持するのが多数となっていたものの、この多数説によっても、いかなる場合を所有者―無権原占有者の関係にあると捉えるかについては、必ずしも明快に見解が示されていたとは言えない状況にあったと思われる。(32)

かような状況の中で、BGHは⑤判決に代表される解釈を確認したうえで、この解釈を前提にその立場を発展させることになる。すなわち、占有権原を有する者との契約に基づいて物を修理した請負人は、後にこの権原が消滅したために所有者に対して当該物を引き渡さなければならないときは、この所有者に対して九九四条以下の債権と当該物の留置を主張し得るであろうか、という右の問題を次の⑦判決は肯定に解し、この請負人―所有者の間においても九九四条―一〇〇三条が適用され得ることを認めている。

⑦　BGH, Urt. v. 21. Dezember 1960（BGHZ 34, 122ff.）

〔事実〕　A（運送会社）は手形と引換えに小型バスをYより購入したが、所有権留保売買であったので車検証はAに交付されなかった。自動車売買の約款には、買主は、所有権留保の間、売買の目的物を通常の状態に維持し、必要となる修理を直ちに行わしめる義務を負う旨が定められていた。手形は不渡りになった。Aは右バスで事故を起こしてXがこれを修理したが、その代金をAから回収できなかった。Aが破産したので、Xは右バスを換価処分して弁済を受けるためにYに車検証の引渡しを要求したが、Yはこれを拒絶した。そこで、Xは訴えをもってその引渡請求をしたのに対して、Yは反訴で右バスの引渡しを求めた。

〔判旨〕　本判決は、請負人XがYに対して自己のなした修理のために九九四条以下の請求権を有し、その支払いがあるまで一〇〇〇条の留置権に基づいて自動車の引渡しを拒絶できるとしたが、その理由として次の点を述べている。すなわち、労務および材料の投下も「費用の支出」に該当し、また⑤判決が所有者に対する請負人の費用償還債権を否定したのに対し、本件のようにAが買主として占有する権原をもはや有しなくなり、これによりXもかかる権原を失ったのであるから、⑤判決とは異なり、XはYに対して九九四条以下の債権を有するものかという問題が生ずることになる旨を述べている。そして、占有者は、所有者から引渡請求を受けたときは、第三者との債務法上の関係とは無関係に、所有者に対して費用償還債権を有すると解したうえで、「無権原占有者の費用償還債権は（中略）、Xが未だ自動車の占有権原を有する時点で、つまり無権原占有者でもなく、所有権に基づく引渡しの状況が生じていない時点で費用を支出したとしても影響を受けない」、すなわち「費用の支出がいつ生じたか、つまり占有者が未だ権原ある占有者であった時点とか、所有権に基づく引渡状況が生じた後になってから費用を支出したかどうかは重要でない」とする。その理由として本判決は次のように述べている。すなわち、「占有権原を有する他主占有者は、類似の状況における、占有権原のない善意の他主占有者よりも悪い地位に置くことはできない。しかし、このような他主占有者は、ドイツ民法九九四条、九九六条により、必要費および有益費の償還を所有者に対して請求し得る。そこで、諸費用が右の占有者によって支出されたということ、および、この占有者が所有者に対してVindikationの状況に置かれているということだけが重要である。かかる要件が具備すると、ドイツ民法九九四条以下の諸規定が適用され、もはや占有権原を有さなくなった占有者は、未だ所有者に対して物の占有権原を有していた時点で費用を支出したという場合でも、所有者に対する物権法上の請求権を有する。費用償還に関する法的規制の内部的な正当化（die innere Rechtfertigung）は、物の引渡しを受けた所有者が占有者によって占有中に支出された費用の利益を享受する、という点に基づいている。しかし、ドイツ民法九九四条以下によると、所有者は、占有者が無権原で占有しているために物を所有者に引き渡さなければならないときは、最終的には自己に役立つ必要費および有益費の償還をなす義務を負う。従って、なるほど当初は所有者に対して占有権原を有していたとはいえ、その利益を失った占有者は、所有権に基づく引渡請求を受けたときは、未だ占有権原を有していた時に支出したかかる費用について、所有者を相手にドイツ民法九九四条以下の債権を主張することは妨げられない。占有者による費用償還債権の主張時に所有権に基づく引渡しの関係が存することだけが重要である。」と判示した。

(ii)　この⑦判決を受けて、占有者―所有者の間における費用償還関係につき、学説上、再び議論が展開されることとなった。例えば、ミュンツェルは既に述べた自説を堅持して⑦判決の場合にも九九四条以下の適用を否定し、「注文者が物の所有者であるか否かの確認をしないで、請負契約内で労務の提供義務を負っている請負人は、人的契約の相手方である注文者に対してのみ頼ることができるにすぎない危険をもって作業を行ない、注文者が所有者に対して負担している物の保存義務を履行することで注文者を助けているのである」、という点にその根拠を求めている。(33)また、フルトナーは、ある者が最初から無権原占有者であったという場合ではなくて、費用の支出時には所有者との関係で権原を有していた者が後に無権原占有者になったという場合でも、⑦判決は所有者に対する九九四条以下の債権を右の無権原占有者に認めているが、⑦判決の結論は、(イ)物が注文者に属さないことを請負人が知らないこと、そして請負人は、弁済なくして注文者に物を引き渡したときでも、所有者に対する右の債権を偶然に取得し得ることにつき不知であることからすると疑問であること、また、(ロ)起草者は九八七条以下の適用を所有者―無権原占有者の間に認めようと解してい起草者が同様に解して同条の適用を考えていたとは思われないこと、とりわけ疑問なのは、(ハ)⑦判決によると、費用を支出した権原ある占有者が後に無権原占有者になった者よりも弱い立場に置かれることになる、という点を指摘してこの判決を批判し、むしろ彼は、最初から無権原占有者や後に無権原占有者になったものに限らず、終始、権原ある占有者である者に対しても、九九四条以下を類推適用して同条の債権をこの占有者に認めている(34)。

これに対して、ボイティーンは、費用の支出時に既に無権限占有者であった者と所有者との間における関係、および、この支出時には権原ある占有者であったが、後に無権限占有者に転じた者と所有者との間における関係を取り上げ、起草者は直接的には九九四条以下が前者の関係にある場合に適用されることを考えていたとし、従って後者の関係にある場合については法の欠缺であると解して、この場合には九九四条以下の直接適用ではなくて類推適用である、と述べて⑦判決の結論に賛成している(35)。また、クラフトは、費用の支出時には権原ある占有者であった者が後に無権原占有者に転じたときは、この占有者は、初めから無権原占有者であった者が費用を支出したときよりも、悪い立場に置かれることはできない旨を主張して⑦判決を根拠づけ、その理論構成としては、占有者は、権原ある占有時に費用を支出すると九九四条以下の債権を取得するが、所有者が九八五条によって引渡請求する状況にならないと右の債権を所有者に対して主張できない、と言う。その結果として、結局のところ費用償還債権は、費用の支出された物を所有者が九八五条によって引渡請求できるときに限って生ずるにすぎない、と解している(36)。

(2)　⑦判決に対しては右に述べたように異論がなかったわけではないが、しかし学説の多くはこれに賛同し[37]、またBGH自体も次の判決において⑦判決を引用してこれと同趣旨の見解を示していることから、注文者に属さない物を修理した請負人と物の所有者との間の費用償還関係に関する判例理論は、ここに確立したものとして理解することができる。

⑧　BGH, Urt. v. 4. Mai 1977 (BGHZ 68, 323ff.)

〔事実〕　AがY（銀行）のために自動車を譲渡担保に供して車検証（Kraftfahrzeugbrief）を引き渡していたが、Xは同車への交換モーター（Austauschmotor）の取付けをAより委託された。Aが署名した委任書類（Auftragsformuler）には、「受託者には、委任より生ずる債権のために、委任に基づいて占有する目的物につき留置権および契約上の質権が存する。」と記載されていた。Xは取付け作業を行ったが、Aが受取りに来ないとともにその代金も支払わなかったので再び交換モーターを取り外した。そこで、Xは、この取付けと取外しに用した費用に基づいて右の車を換価するため、同車とその車検証の引渡しを求めるとともに予備的に右費用の支払いを請求した。

〔判旨〕　判決は幾つかの理由を挙げて一〇〇三条に基づくXの主張を否定しているが、その一つとして次の点を挙げている。すなわち、「占有者によってドイツ民法一〇〇三条の費用償還債権を主張するためにはVindikationslageが必要である（BGB 34, 122, 132）。ところが、Vindikationslageは本件におけるような場合には必ずしも認められることにはならない。けだし、Vindikationslageは、自動車が譲渡担保に供されている銀行への弁済がなされた場合には、そしてその限りでは存在しないからである（BGH aaO S. 128f）。」

五　まとめ

以上に見てきたように、注文者に属さない物を修理した請負人と物の所有者との間における費用償還関係について、BGHは第二期と第三期を通して(専ら⑥および⑦判決をもって)その立場を明らかにしてきた。ここにその判例理論を纏めると次のようになる。すなわち、九九四条—一〇〇三条は、所有者—占有者の間に占有を正当化せしめる債務法上の関連が存するときは適用される余地はないが、初めは所有者に対して権原ある占有を有していた者であっても、後に九八五条により物の引渡義務を負うに至った占有者は、費用支出の当時から既に権原のなかった善意の他主占有者よりも悪い立場に置かれてはならないことから、占有中に支出した費用の償還を請求し得るのであり、そのために物を留置することができると言うことになる。そして、既に述べたように、学説はBGHの判決を中心に種々の見解を唱えてきたことから、ここでは右の判例理論を中心に、請負人—所有者の間における費用償還関係についての主要な点を纏めておくことにする。[38]

(1)　まず、請負人による物の修理といった労務・材料の提供も九九四条以下の「費用」に該当し得る、ということについて今日では一般に異論がない。[39] 既に紹介してきた⑦判決およびこれを支持する学説も、右のことを前提としたうえで、請負人が「占有者」として労務・材料などを提供したことについて、物の所有者を相手に同条以下に定められた「費用」の償還請求権とこれに基づく留置権を主張し得るか、という点を問題にしてきたにすぎないのである。もっとも、請負人による労務・材料の提供も九九四条以下の「費用」に該当し得るとすると、それではこの「費用」はどのような観点から確定されることになるものか、すなわち物の流通価値などを基準にして客観的に判断されるのか、それとも所有者にとって利得をもたらすかどうかといった主観的な観点から判断されるべきかであるが、所有者に対する請負人の費用償還債権を認めた⑦判決は所有者の主観を全く考慮していないことから、前者（すなわち、客観的な基準で「費用」を判断しようとする立場）を前提としていると言うことができよう（なお、この点については後記(4)で述べる指示に従い、第三章第二節二で考察することにする）。

(2)　次に、九九四条以下の諸規定が所有者―無権原占有者の間に適用されるということは、起草者の見解として既に多くの学説が指摘してきただけでなく⑤判決なども明示するところであるが、⑦判決が、そこでの請負人を、初めは占有権原を有していたが後に所有者に対して物の引渡義務を負うことになった占有者であると捉え、かような占有者も所有者に対して費用償還債権に基づく留置権を主張し得ると判示したのは、請負人も同条以下の「占有者」に当たり得る解釈を前提としていることになる。

もっとも、所有者―請負人の間に九九四条以下が適用される余地を認める解釈に対しては反対説も有力であり、所有者との関係で費用の支出者となり得る者とは自己の計算で費用の支出状況を引き起こし、これを指揮する者であって、注文者がこの者に当たるのに対して、請負人のような者の給付行為は、物の占有を通してなされているのではなくて、契約上の取決めから注文者の反対給付のためにもたらされるものであること、また請負人も注文者と並んで費用の支出者とされると、注文者に報酬の支払能力がなくなったときは、所有者は注文者と請負人の二者に対して二重に支払う危険を負いかねないことなどを主な理由として、請負人はここにいう費用の支出者には該当しないと主張されている[40]。

(3)　また、⑦判決が所有者―請負人の間に九九四条―一〇〇三条の適用を認めたことに関しては、一部の学説との間で見解が対立していた。すなわち、⑦判決に代表される裁判実務は、所有者による引渡請求の主張時に請負人が占有権原を有するかどうかを問題にして、九九四条以下の債権が発生するかどうかを解釈していた。具体的には、⑦判決が明確に述べていたように、右にいう引渡請求の主張時に所有者と請負人との間にVindikationslageが存するならば九九四条以下の適用を認めていたのである。(41) こうした適用に関する解釈はクラフト、ヴェスターマンなどに代表される今日の多数説であるのみならず、(42) ⑦判決の事案は九九四条以下が類推適用される場合であるとするフルトナー、ギューリッヒ、ドナウなどの見解も、(43) 占有権原のある占有者の権利と、占有権原のない善意占有者の権利とを比較し、最初から占有権原のない善意占有者の有する権利を、後に占有権原を失った占有者にも認めようとする立場であって、(44) 基本的には裁判実務の採っている解釈に含めて扱うことができよう。

しかし、かような解釈に対しては一部の有力な反対説があり、請負人が費用の支出時に占有権原を有していたときは、この時点では所有者は請負人に対して引渡請求権を有さないことの故に九八七条以下の適用はない、という見解がミュンツェル、シェーンフェルトなどによって主張されていたのであり、(45) この見解によると、費用の支出時における占有権原の有無が重要となり、注文者が報酬代金を請負人に支払えなくなった場合のリスクは請負人が負担することになる。(46)

(4)　ところで、所有者―無権原占有者の間に適用のある九九四条以下の諸規定を、所有者―請負人の間に認めることの実質的な根拠はどこに求められようか、すなわちBGHおよびこれを支持する学説は、何故に所有者―請負人の間においてまで同条以下の適用を認めようとするのであろうか。というのは、九九四条以下の適用可能性をこれらの者の間に認めるときは次の問題を生ぜしめるからである。

すなわち、所有者―請負人の間に右の可能性を認め、その結果として、請負人による費用の支出が償還されるべきであるということになると、一つに、例えば注文者が請負人に報酬を支払えない場合に、請負人のところに生ずる経済的なリスクを、同条以下にいう「費用」の範囲内で所有者に転嫁し得ることを意味するが、これは果たして妥当な結論であると言えようかという問題である。また、もう一つに、例えば有益費の支出がなされたかどうかの判断が所有者の主観とは無関係に行なわれるとすると、場合によっては、所有者はその意思に反してまで費用の償還義務を負担することになりかねないことから、請負人の支出した費用を、有益費という形で、所有者のところに帰属したことを擬制することになるなど、かような結論に疑問の余地がないものかといった問題である。

右に掲げた二つの問題についてBGHおよびこれを支持する学説は、既に述べてきたことから理解し得るように、注文者の支払不能による経済的なリスクを所有者が負担するものと解し、また「費用」の判断につき所有者の主観を考慮しないという立場を示していたわけであるが、これらの問題については、便宜上、第三章第一節**二**で取り上げて考察することにする。

なお、請負人が所有者に対して費用の償還請求をなし得るときは、この請求を確実にするため一〇〇〇条の留置権を請負人は主張できるわけであるが、かといって、一たびこの留置権が生じると、もはや請負人はいかなる場合においてもその主張が許されることになるわけではない(一〇〇一条―一〇〇三条参照)。もとより、請負人が所有者に対して留置権を主張することで保護され得るとしても、費用償還債権の発生と留置権の主張との関係(すなわち、これらの発生と存続に関する相関関係)がどの程度に密接に関連し合っているかを探ることは、右の債権と留置権による保護とがどういう関係にあるものとして扱われるべきかを知るうえで重要であると思われる。もっとも、右の関係に言及しているBGH判決が現れているため、これに関する学説の状況も含めて次節で検討することにする。

（1）　所有者—占有者の間における費用償還関係を定めた諸規定のうち、本編が取り上げるものを次に掲げておく。

九九四条…占有者は所有者に対して物に支出した必要費の償還を請求できる。但し、通常の保存費は占有者が収益を取得する間は償還を要しない。

　占有者が訴えの提起後または九九〇条に定められた責任の発生後に必要費を支出したときは、所有者の償還義務は事務管理の規定に従って決せられる。

九九六条…必要費以外の費用については、占有者は訴えの提起後または九九〇条に定められた責任の発生前にそれが支出され、かつ、所有者による物の回復時に物の価値の増加がなお現存している限りでのみ償還請求し得る。

九九九条…前占有者の権利承継人となった占有者は、前占有者が物を回復しなければならないときに請求し得る範囲で費用の償還を請求し得る。

　所有者の費用償還義務はこの物が所有権を取得する前に支出された費用の支出にも及ぶ。

（2）　「必要費」と「必要費以外の費用」はそれぞれ何を意味するかについてドイツ民法典は何ら明らかにしていないが、「必要費」とは、とりわけ改良に必要なすべての費用を言うのではなくて、物の滅失または毀損の防止に要した行為（Aufgabe）（特に物の保全またはその用法に従った管理に必要なもの）を言うにすぎないのに対して、「必要費以外の費用」には、物の価値を客観的に保持する有益費とそれから物の交換価値を全く高めない贅沢費とがある（vgl. Soergel-Mühl, B. G. B., §994 Rz. 3 u. §996 Rz. 1）。

（3）　一〇〇〇条—一〇〇三条は次のように規定している。

一〇〇〇条…占有者は償還されるべき費用の弁済あるまで物の回復を拒絶できる。占有者は故意になされた不法行為によって物を取得したときは留置権を有さない。

一〇〇一条…占有者は、所有者が物の回復請求をし、または、費用支出を承認したときに限り、費用償還債権を実行し得る。所有者は費用支出を承認するまで回復した物を返還して請求権の実行を免れることができる。占有者が請求権を留保して提供した物を所有者が受領したときは承認されたものと看做す。

一〇〇二条…占有者が物を所有者に引き渡すときは、予め裁判上の主張が生じているか、または、所有者が費用支出を承諾している場合でない限り、費用償還債権は、引渡し後一ヶ月、不動産においては六ヶ月の経過をもって消滅する。但し、それ以前に裁判上の実行をしたとき、または、所有者が承認したときはこの限りでない。

この期間については消滅時効に関する二〇三条、二〇六条、二〇七条を準用する。

一〇〇三条…占有者は、所有者が費用を承認するかどうかを自己が定める適切な期間内で明示することを、償還として請求される額を指定して所有者に要求することができる。承認が正当な時になされたときは、期間経過後に占有者は、質物売却に関する規定、土地については不動産の強制執行に関する規定に従って、物から満足を受ける権原を有する。

所有者が期間経過前に債権に異議を唱えたときは、占有者は、費用額を法律上の効果ある確認により明示に適切な期間を要求し、その期間が経過したときに初めて、物から満足を受けることができる。承認が正当な時になされたときは物から受ける満足は排斥される。

(4)　注文者に属さない物を修理した請負人と物の所有者との間における費用償還関係について、ドイツでの裁判例または学説の状況を紹介する文献には次のものがある。末川博『占有と所有』一二七頁以下（法律文化社、一九六二）、奥田昌道「所有者と占有者との法律関係の一考察(一)（未完）」論叢七九巻三号一頁以下（昭四一）、伊藤高義「民法第一八九条以下における『占有者』『回復者』の意義(一)〜(三)（未完）」名法四二号三五頁以下（一九六六）、四三号七七頁以下（同）、四五号八八頁以下（一九六九）、山田幸二「ドイツ民法典における不適法占有者の費用償還請求権について」商学論集三七巻三号一頁以下（一九六六）、平田健治「ドイツ法における賃借人の費用償還請求権㈠〜㈢」論叢一〇九巻五号五七頁以下（昭五六）、一一〇巻二号六二頁以下（同）、一一一巻一号四八頁以下（昭五七）、藤原正則『不当利得法と担保物権法の交錯』一頁以下（成文堂、一九九七）、清水元「費用償還請求権についての基礎的考察（一）（二・完）」民商九七巻六号七五七頁以下（昭六三）、九八巻一号四九頁以下（同）など。このうち、請負人は費用償還債権に基づいて所有者に対して留置権を主張し得るか、という問題意識からドイツ法を紹介しているのは清水論文であるが（他は不当利得法の一環として位置づけられる）、本編は、本文にも述べたように、請負人―所有者の間の費用償還関係と請負人の留置権に関して、ドイツ学説がRGおよびBGHの判決に追随して展開され、また後述するようにBGH判決を支持する立場が今日の多数説を構成しているとの認識から、これらの裁判例を中心にドイツの解釈状況を紹介しようとするものであって、その構成は前述の諸論文とは異なっている。

（5）　本判決は、一〇〇二条一項にいう「所有者」を厳格に解して、請負人が注文者に引き渡した場合には所有者に引き渡したことにならない、と判示している。従って、占有者（請負人）―所有者の間に契約関係がない以上、占有者は、所有者が物を直接に占有者から取得しないで、第三者（注文者）を経由して取得したときでも、所有者に対して費用償還請求し得ることになる。本判決をコメントしているMatzke, JW 1934, S. 549もかような解釈の妥当性を認めていた。

（6）　例えば、vgl. M. Wolff, Lehrbuch des Bürgerlichen Rechts, Bd. III, Sachenrecht, 9. Bearbeitung, 1932, S. 299; Schliewen, BGB-RGRK, Bd. III, 8. Aufl., 1934, Anm. 2 zu §994; J.v. Staudinger, Kommentar, Bd. III, 10. Aufl. 1935, Anm. 4 zu §994.

（7）　K. Münzel, Die Rechte des Werkunternehmers gegen den Eigentümer aus Aufträgen von Nicht-eigentümern, Zugleich ein Beitrag zur Methode der Rechtsfindung, MDR 1952, S. 647.

(8)　O. Grasmann, Rechte des Werkunternehmers gegenüber dem Sicherungseigentümer aus der Instandletzung von Kraftfahrzeugen, MDR 1953, S. 201.

(9)　OLG Celle, NJW 1953, 1470ff.

(10)　LG Duisburg, MDR 1956, 33f.

(11)　LG Bonn, NJW 1956, 225f. なお、本判決をコメントしているロッゲも、この判決を正当とし、前述のミュンツェルなどの反対説は貫徹され得ないとしているが、その根拠づけは必ずしも明確ではない（K. Rogge, NJW 1956, 225)。

(12)　例えば、vgl. Johannsen, BGB-RGRK, Bd. III, 10. Aufl. 1954, Anm. 2 zu §994; E.v. Caemmerer, Bereicherung und unerlaubte Handlung, *In*: Festschrift für Ernst Rabel, Bd. I, 1954, S. 365f.; Berg, Staudingers Komm., §994 Rz. 2.

(13)　この判決に先立って九九四条―一〇〇三条の適用領域を問題にしたＢＧＨ判決があり、ＢＧＨの見解を探るうえで参考になるので次に掲げておく。

BGH, Urt. v. 14. Dezember 1954 (NJW 1955, 340ff.)

〔事実〕　判決集には判決理由のみが掲載されているにすぎないが、これより推察すると、戦争勃発により運河に沈められた船を運河所有者Ｙが河床より引き揚げたところ、この沈没船の船主Ｘが船の引渡請求をしてきたので、Ｙは九九四条―一〇〇〇条に基づき船の引揚げに要した費用の支払いがあるまで同船につき留置権を主張した、という事案のようである。

〔判旨〕「ドイツ民法九九四条―一〇〇〇条の諸規定は、原則として、所有者と無権原の占有者、すなわち所有者と同法九八五条によって引渡請求された占有者との間における関係に対してのみ適用される。占有者の費用償還債権は、原則として、占有権原に基づく関係に従って判断されなければならない(中略)。つまり、法律上または契約上の特別規定、例えば質権者―質権設定者の間、拾得者（Finder）―所有者の間の特別規定、使用賃貸借契約、用益賃貸借契約、請負契約などの特別規定が存する限り、原則として、これらの規定はドイツ民法九八七条―一〇〇三条の規定に優先する。けれども、ある種の特別規定が存しない限り、権原ある占有者が善意かつ無権原の他主占有者よりも不利に扱われない場合で、補充的に右の諸規定は類推適用され得る。」もっとも、Berg, Staudingers Komm., §994 Rz. 2は、右の事案では事務管理の規定である六八三条二文の適用可能性があった旨を指摘して、右判決が、前述したように、九九四条以下の類推適用を認めたことに対して否定的な見解を示している。

（14）　OLG Köln NJW 1957, S. 224f. すなわち、ここでの問題に必要な限りで事実関係を要約すると、運送人Aは、Xよりその所有するトラックを所有権留保で購入し、後に代金賦払いを完済したが、これをYのために譲渡担保に供してそのまま占有を継続中に、右トラックを二度に亘りXをして修理させ、従って報酬支払債務を負担したにも拘わらずその一部しか支払えなかったので、Xは、残債務につき、トラックの所有者であるYに対して費用償還請求をしたという場合に、OLGは、②判決およびこれに従う判例・学説を引用し、またそこで示された論旨を繰り返して、X―Y間に九九四条以下の適用の可能性を説いている（但し、本件では一〇〇一条の要件が具備されていないことから、結論としてはYに対するXの費用償還債権を否定している）。

（15）　事案は示されていないが（判決理由から推察すると、所有権留保買主を相手に契約した請負人と売主との間で争われた訴訟のようである）、LG Tübingen, NJW 1957, S. 467f. は、費用償還債権は通常「請負人の占有権が基づいている関係によって定まる」として④判決を引用し、この判決と同様に、注文者との契約に基づく取決めは占有者―所有者の間における法的債務関係に優先し、従って九九四条以下の規定は適用がないため、請負人は六七一条の報酬債権と並んで九九四条以下の債権を有するわけではない旨を述べたうえで、さらに右のLG判決は、「所有者自身が修理作業を託したときは、請負契約から生じた請負人の契約上の請求権を制限することがなぜ認められてよいのか、について必ずしも十分な理由を見出せない。というのは、非所有者が毀損した物を修理する目的で請負人に渡したときも、この請負人は、自らの占有権原が基礎づけられている関係を根拠として契約上の請求権を取得するからである。ここでの場合、右の請求権が所有者に対してではなくて第三者に対して向けられているということは、少なくとも請負人にとっては、第三者が(中略)、所有権留保買主として経済上は物の所有者であり、この正当な物の所有者との間で、占有移転についてなされた取決めに基づいて物の保存義務を負う場合には全く重要ではない。恰も法的な意味での物の所有者から委託されたかのように、この状況下における請負人を有利に扱い、かつ、注文者（第三者）に対する契約上の請求権と並んで、さらに所有者に対してドイツ民法一〇〇三条の利用権を含む同法九九四条、九九六条の請求権をも右の請負人に認めることは正当ではない。」として②判決を批判している。

(16)　④判決は、(権原ある)他主占有者であるXが、一般原則におけるよりも、すなわち所有者に対して契約的関係がないことの結果として事務管理や不当利得の原則におけるよりも、優位な立場に置かれてはならないという理由でXは九九四条以下の請求権を取得し得ない、と解してヴォルフのテキストを引用しているが、G. und D. Reinicke, MDR 1956, S. 600によると、ヴォルフはBGHによる理解よりも狭く解していると言う。すなわち、所有者に対する占有者の費用償還債権は占有者が善意か悪意かに応じて決せられるところ、「権原ある自主占有者は所有者に対して請求権を何ら有さず、権原ある自主占有者は所有者と同一視される。他主占有者の場合にのみ、権原ある占有者は所有者に対して費用償還債権を有し得るかの問題が生じる。他主占有者が所有者と契約を締結しこの契約に基づいて占有するときは、費用償還債権は専らこの占有者に占有権原を許す契約の諸規定に従う。所有者と他主占有者との間に締結された契約が無効なときは、善意の他主占有者は権原ある他主占有者よりも優位な立場に置かれるべきではない。つまり、この占有者には、契約が有効であったとしたらなし得たであろう限りでのみ費用償還請求が許されるにすぎない。このことを、マルチン・ヴォルフのテキストは注で（すなわち、償還し得る費用に関して示されていることは、他主占有者の費用支出に対しては、占有者の行使する占有権に応じた制約でのみ妥当するにすぎない、という注で）示しているのである」と解し、「判決理由は、所有者が間接占有者であるという場合、つまり他主占有者が直接に所有者と対立している場合に制限している。他主占有者は、第三者との契約に基づいて占有するときは、マルチン・ヴォルフ（a.a.O., §86 I, S. 299）の見解によると、契約の相手方に対しては契約上の請求権を、また所有者に対してはドイツ民法九九四条以下の費用償還債権を有することになる」、と解している。

(17)　G. u. D. Reinicke, a.a.O., S. 600は、本判決が、「善意の自主占有者は、費用支出が、真にまたは推測上、所有者の意図に合致しているときは、その費用支出が物の価値を高めていなくともドイツ民法九九四条一項により必要費の償還を請求し得る。つまり、善意の占有者は費用償還に関して非常に有利な立場にある。他主占有者の利益は必ずしも保護に欠けることにならない。この者が物を第三者との契約に基づいて占有するときは、通常、その占有権原の許された契約に基づいて、第三者に費用の償還を請求し得る。この契約が無効で、第三者が所有者に対して費用支出する義務を負っているときは、他主占有者は第三者に対して不当利得請求権を有する。他主占有者にドイツ民法九九四条以下の権利が認められず、同法六八三条の要件が存するときは、この占有者は事務管理に基づく請求権を主張でき、また物に費用を支出する義務を第三者に対して負担せず、第三者も所有者に対して負担していないときは、不当利得に基づく債権を主張し得る」と述べたうえで、要するに、ここでの問題は、「第三者の支払不能の危険を誰が負担すべきか、すなわち費用支出により利益を得るものの、第三者からも請求され得る所有者が負担すべきか、それとも費用を支出したけれども第三者に対してその義務を負っていた他主占有者が負担すると言うべきか」ということであり、「ここで必ずしも決定的な立場が採られ得ない問題を、新たに深く考えることについてBGH判決が貢献したとしたら、それは歓迎されなければならないであろう」、と結んでいる。

(18) E. Imlau, Der Verwerdungsersatzanspruch des unrechtmäßigen Fremdbesitzers gegen den Eigentümer, MDR 1957, S. 265.

(19) H. Müller, Verwendungsanspruch und Kreditrisiko, *In*: Festschrift für Friedrich Lent zum 75. Geburtstag, hrsg. von Rosenberg u. K.H. Schwab, 1957, S. 192.そして、この場合の注文者と所有者とがいかなる関係にあってもよいとしている（ibid.)。

(20) H.-P. Gürich, Verwendungsansprüche des Werkunternehmers?, JZ 1957, S. 431.もっとも、ギューリッヒは、前出注(18)に示したイムラウの見解が、無権原の他主占有者について、九九四条以下の適用を完全に排除しているのは行き過ぎである、とする（S. 431. Anm. 22)。

(21) 占有者が第三者に対して契約上の請求権を同時に有していても、所有者に対する九九四条以下の費用償還債権は排斥されるわけではない、という従来の見解に異を唱えているU. Hoche, NJW 1957, S. 468も参照のこと。

(22) Enneccerus-Reiser, Sachenrecht, S. 339 u. Anm. 6.もっとも、後述するようにライザーは後にこれを改説している。

(23) A. Hassinger, Noch einmal: Verwendungsanspruch des Werkunternehmers gegenüber dem Sicherungseigentümer, NJW 1957, S. 1268f.

(24) このRG JW 1933, 2644は、XがY所有の農地を耕作のために賃貸借契約を締結して耕作に着手したが、後にこの契約には官庁の許可を要したことが判明し、その許可申請がなされたにも拘わらず許可を得られなかったため、結局、Yにこの農地を返還したのであるが、この返還前にXは耕作をし、また鋤入れによって農期の準備をしていたため、後にその費用を請求したという事案に関するものであって、注文者以外の所有者―請負人の間で費用償還関係の有無が争われたものではない。なお、右の事案については、⑤判決が引用している

JW 1933, 2644には判決理由のみが掲載されているにすぎないことから、同一判決を紹介しているRGZ 141, 227を参照した。

ちなみに、所有者と無権原占有者との間でなくても、例外的に九八七条―一〇〇三条の諸規定について適用が認められる場合として、BGH, FamRZ 1970, S. 641などを参照。例えば、この判決は、「なるほど九八七条以下の排除は占有が合法である場合が通常であるが、しかし例外がないわけではない。つまり、占有権を根拠づける法律関係が利得返還および費用償還に関する債権の定めを含んでいない場合に、権原を有する占有者が無権原である善意の他主占有者よりも決して不利に扱われるわけではないときは、右の権原を有する占有者についても九八七条以下の適用を補充的に認めることができ、また認める必要がある。」と判示している。

(25)　本判決は前出注(13)に掲げた裁判例との関連についても言及している。すなわち、この裁判例の事案における権原ある占有者は、所有者の物になした仕事について契約上の支払請求権を全く有していなかったわけであり、かような場合における占有者には所有者に対する費用償還債権が保障され、九九四条、九九六条を類推してこれを根拠づけることは可能であるのに対して、本判決における事案のように、第三者との契約に基づいて物に費用を支出した権原ある他主占有者（請負人）が、所有者に対して請求権を有するかどうかについては、占有移転に至った法律関係のみが考慮されることを要する。そして、所有者と権原ある他主占有者との間に直接の契約関係がある場合にのみ、九九四条以下の諸規定は適用が排除されるのではなく、有効な契約に基づいて請負人として物を修理した者は、原則として、自己の取得した反対債権を注文者に対してのみ請求し得るにすぎない旨を述べている。

(26)　H. Donau, Rechte des Werkunternehmers gegen den Sicherungseigentümer, NJW 1958, S. 2051. なお、このドナウの見解については後出注(30)も参照のこと。

(27)　L. Reiser, Verwendungsansprüche des Werkunternehmers, JZ 1958, S. 682f. ライザーは、注文者が所

有者に対して有していた占有権原を失ったとしても、（ＢＧＨとは反対に）請負人―所有者の間にVindikationslageは発生しない、と解している。というのは、彼は、請負人に対して注文者が有する請負契約上の引渡債権を、所有者が注文者より譲り受けて請負人に対して行使すると、請負人はドイツ民法四〇四条を根拠に抗弁として右の契約に基づく反対債権を主張し得る、と解するからである（vgl. ders, Die Subsidiarität der Vindikation und ihrer Nebenfolgen, JZ 1961 S. 530）。

（28） F. Schönfeld, Verwendungsansprüche des Werkunternehmers bei Unwirksamkeit des Werkvertrags, Zugleich ein Beitrag zur Auslegung des §986 BGB, JZ 1959, S. 303. 彼の類型的考察は非常に参考になると考えられるため以下に簡単に紹介すると、彼は、学説の議論を前提として、注文者でない所有者と請負人との間で、九九四条以下の適用が問題になり得る場合を、①所有者―注文者の間の法律関係が無効であったか、または、（取消の故に）遡及して無効になった場合、②所有者―注文者の間も注文者―請負人の間もともに法律関係が無効である場合、③所有者―注文者の間における法律関係は存在するが、注文者が物をさらに移転することが許されていない場合、④単に請負契約が無効であるにすぎない場合の四つに整理したうえで、特に④の場合に九九四条以下の権利を請負人に認めることに関しては疑問なしとしない、とする。つまり、九八六条の解釈より、所有権に基づく引渡請求によって物の喪失を常に覚悟する必要があるわけではない者は、所有者に対して権原ある占有をしているのであるから、所有者の物に費用を支出したとしても、この所有者に対して九九四条以下の権利を主張し得ることにはならないというメルクマールを立てたうえで、具体的には、所有者に対して占有権原を有する注文者から物を交付された請負人は、請負契約が無効であっても、請負人として、しかも注文者の占有代行者（Besitzmittler）として修理したのであるから、所有権に基づく引渡請求を心配する必要はなく（九八六条一項は排斥される）、従って九九四条以下の権利を有さないし、また占有代行（Besitzvermittlung）を解除または取消した場合にも、所有権に基づく返還関係が生ずるとはいえ、費用支出時に請負人として行為し、従ってこれに応じて占有を代行しようとしたのであるから、九九四条の権利は右の請負人に帰属しないと解している（S. 301）。

(29)　LG München, NJW 1960 S. 44. すなわち、本判決は、「確かにこの判決（⑤判決を指す。著者注）の趣旨は、所有者に対しても注文者に対してと同様に占有権原を有し、請負契約に基づいて費用を投下した請負人が、報酬債権の支払いがないのに物を注文者に任意に引き渡した場合には、所有者に対する物権法上の償還債権を有しない、という点にあるにすぎない。しかし、権原ある他主占有者が第三者との契約に基づいて費用を支出した場合には、この占有者についてドイツ民法九九四条以下の直接適用も類推適用もあり得ない、という右の判決の基本思想（中略）は、請負人が物を依然として占有している場合にも貫徹される。けだし、この場合も請負人は契約上の報酬債権を注文者に対して有しているからである。」と解したうえで、「本件の場合には、前述のとおり、所有者は修理の注文者であった留保買主との売買契約を取消した。けれども、BGHの判決（⑤判決を指す。著者注）の結論はこの場合にも妥当しなければならない。確かに、請負人は、注文者である間接占有者（Oberbesitzer）が所有者との関係でもはや占有権原を失ったので、これによって遡及して無権原の他主占有者となった。けれども、所有者—間接占有者の間の占有権原を許す契約関係の欠落は、今まで権原ある占有者として有していなかった（所有者に対する）費用償還債権が、突然、請負人に生ずるということを正当化し得ない。従って、純粋な無権原占有者が、ドイツ民法九九四条以下の債権に関して、権原ある占有者よりも優位になることは許されないということ（中略）は、ここでの場合にも妥当する。起草者は、同法九九四条以下が、第一次的には無権原の他主占有者について適用されるとした。善意かつ無権原の他主占有者は、行使しようとした占有権が、事実上、生じた場合に費用償還できた限りでのみこれを請求し得る（BGH in MDR 56, 599）。このことは、他主占有者が占有権を直接に（所有者からではなくて）第三者（注文者）から派生している場合にも妥当しなければならない」、と判示している。

(30)　H. Riedel, Der Verwendungsanspruch des Werkunternehmers, Eine kritische Betrachtung zu der neuesten Rechtsprechung, NJW 1960, X. 1237f. ドナウは、ＢＧＨが、請負人と注文者の間における単なる債務法上の関係から、所有者に対する物権法上の請求権を拒絶したのであって、権原ある占有者に対して一般に費用償還債権が考慮されるかどうかの問題を扱ってはいない、と述べているリーデルの批判は正当でないとしながら、その一方で、ＢＧＨの判決が疑わしい結論に至り得るというリーデルの指摘は否定されてはならない、とも解して次の旨を述べている。すなわち、物の所有者をＶ、所有権留保買主（または賃借人など）として物を占有する者をＫ、この者より依頼して物を修理した者をＷとすると、「所有権に基づく返還関係は、Ｋ－Ｗ間の請負契約が有効であったか否かとは関係ない。この契約が無効であったときは、単にドイツ民法九九四条の類推適用が問題になるにすぎないだろう。しかし、Ｖが所有権に基づく返還請求をなし得たかどうかは、専らＶ－Ｋ間の占有権的関係によるのであり、Ｋが占有権原を有するときは、Ｗは返還を拒絶できた（同法九八六条一項一文）のであって、たといＷがＫに対して占有権原を有しようと、また後にこれが消滅しようと、このことに変わりはなく、従ってＷが返還拒絶できないのはＫがＷに占有を移す権原を有さないときに限られる（同法九八六条一項二文）と解したうえで、しかし他方で、「Ｖが――よく見られることであるが――Ｋとの間で、何らかの修理が必要なときは特定の修理工場（例えばＷの工場）でのみなされることを要する旨を取り決めたときは、ＫはＷに占有を移す権原（それどころか義務）があったのであって、Ｗに対するＶの所有権に基づく返還請求権も、それからＶに対するＷの費用償還債権も問題にならない。しかし、Ｋが約定に反して修理をＸに依頼したときは、Ｖは所有権に基づく返還請求をなし得るのであって、その結果、Ｗには――ショーンフェルトも認めているように――Ｖに対する費用償還債権が生じる」と論じ、結局、例えばＫがＶの車を盗んでＷに修理させた場合にも、「Ｖは直ちにＷに対して所有権に基づく返還請求をなし得たのであって、この場合には費用に対しても責任を負わなければならない」と説明している(H. Donau, Der Verwendungsanspruch des Werkunterhmers, NJW 1961 S. 11)。

(31)　⑤および⑥判決は、請負人が、注文者に対してのみならず所有者との関係でも、当該物につき権原ある他主占有者であることを前提にしていた（⑤判決における請負人は所有権に基づく引渡請求を九八六条によって排斥し得る占有権原を有していた、と指摘するL. Reiser, JZ 1958, S. 683を参照）。従って、これらの判決では、権原ある占有者が、契約の相手方に対して契約上の請求権を有する場合に、所有者に対しても費用償還債権を主張し得るかという問題だけが重要だったのであり、⑤および⑥判決はこの問題を前述したように否定に解したのに対して、無権原（他主）占有者が右の債権を有するかどうかの問題は、前述した二つの判決によっても完全に解決されていたわけではない。

(32)　例えば、⑤判決を支持したH. Donau, NJW 1958, S. 2051は、前述したように、詐欺・錯誤による取消の場合を挙げて、この場合における九八七条以下の類推適用を認めていたにすぎない。また、F. Schönheld, JZ 1959, S. 303も前出注(28)で紹介したように類型的検討を行っているが、この学説においても、各々の契約が取消または解除された場合をどう解するか、また費用の支出時には所有者との関係で権原ある占有であったが、後に無権限占有となったという者と所有者との関係は、ここにいう所有者―無権原占有者の関係に当たると言えようか、などについて明確な解決が示されていたわけではない。これに対して、前出注(27)でも述べたように、L. Reiser, JZ 1958, S. 683は、請負契約が無効および所有者―注文者の間における売買契約または賃貸借契約が無効（Nichtigkeit）であるときは、請負人は所有者に対して無権原占有者になると解していることからすると、注文者が所有者に対して有していた占有権原を後に失った場合には、請負人―所有者の間にはVindikationslageは存しないということになろうが、彼の見解に対する支持者は少ない。

(33)　K. Münzel, Ansprüche des Unternehmers auf Verwendungsersatz gegen den Eigantümer?, NJW 1961, S. 1378. なお、彼の見解については前出注(7)に該当する本文の箇所も参照のこと。

(34)　G. Furtner, Steht dem von einem Dritten beauftragten Werkunternehmer auch dem Eigentümer gegenüber ein Anspruch auf Verwendungsersatz zu?, MDR 1962, S. 96f. なお、次注(35)も参照。

(35)　V. Beuthien, Verwendungsansprüche des nunmehr und des früher unrechtmäßig besitzenden Werkunternehmers, JR 1962, S. 255f.; ders., Verwendungsansprüche des Werkunternehmers bei Rücktritt vom Vorbehaltskauf?, BB 1962, S. 983ff. なお、前注(34)に掲げたG. Furtner, MDR 1962, S. 96f. は、九九四条以下の類推適用によって、所有者に対する請負人の費用償還債権を肯定しているのに対して、V. Beuthien, JR 1962, S. 256f. は、（費用の支出時には権原ある占有者であったが後に無権原占有者となった者と、それから所有者との間に限ってであるが）等しく同条の類推適用をもって説明しようとしているものの、そこでは、所有者に対して、請負人が費用償還債権を取得することまでをも認める趣旨ではないようであり、彼は、「この類推は、U（請負人を指す。著者注）がE（所有者を指す。著者注）に対して何らの請求権も有していなくても、Eに対する物の留置を許すことになる。このことは、Uが、第三者に対する請求権（六三一条）のために、Eに対しても留置権を有することを示していると言うことができる。ただ、この場合における留置権の範囲は、報酬債権によるのではなくて九九四条、九九六条によって決せられる」と述べて、ドイツ民法典の下でも債務者以外の者に対する留置権の対抗を認めているのは興味深い。

(36)　A. Kraft, Verwendungsersatzansprüche des Werkunternehmers gegen den Eigentümer der reparierten Sache, NJW 1963, S. 1851ff.

(37)　⑦判決に賛同する立場を採る学説として、vgl. K. Firshing, Der Verwendungsanspruch des Unternehmers gegen den Eigentümer, AcP 162, S. 453ff.

(38)　ドイツでは、所有者―請負人の間に九九四条以下を適用する可能性が認められたことから、同条以下の諸規定と一般不当利得法、事務管理法などとの（競合）関係をどう捉えるべきか、といった問題についても議論がなされてきているが、本編では、所有者―請負人の間における費用償還関係いかんを考察し、ひいては請負人に留置権を認めることが妥当であるかどうかを論じる目的にあることから、右の問題については立ち入らないことにする。なお、前述した問題については、差し当たりGursky, Staudingers Komm., Vorbem. zu §§994-1003 Rz. 23ff. を参照のこと。

(39) Vgl. BGHZ 5, 337 (341); Pikart, BGB-RGRK, §994 Rz. 27; Medicus, MünchKomm., Bd. 4, §994 Rz. 11; usw.

(40) 反対説としては、Gursky, Staudingers Komm., Vorbem. zu §§994-1003 Rz. 10; Medicus, MünchKomm., Bd. 4, §994 Rz. 28を参照のこと。

(41) 裁判実務は、既に述べたように、占有権原のある者は、類似の状況における、占有権原のない善意の占有者よりも悪い立場に置かれてはならない、などの実質的な点を主に根拠としている。なお、注文者の占有権原を根拠づける契約が取消されたために注文者の占有権原が遡及して消滅した、という場合における請負人―所有者の間には、⑤判決を前提としても当然に九九四条―一〇〇三条の適用される可能性が認められよう（vgl. Pikart, BGB-RGRK, §994 Rz. 3)。

(42) A. Kraft, NJW 1963 S. 1852; H. Westermann, Sachenrecht, 5. Aufl., 1973 S. 158f.; K. Firsching, a.a.O.S. 454など。

(43) G. Furtner, MDR 1962 S. 96f.; H.-P. Gürich, JZ 1957 S. 430f.; H. Donau, NJW 1961 Sff. 10. さらに、この説に立つ見解として、vgl. H. Helling, Das Zurückbehaltungsrecht des Werkunternehmers bei Verwendungen auf eine dem Besteller nicht gehörende Sache, BB 1969 S. 857など。

(44) この立場は、起草者が、九八七条以下を、最初から占有権原のない占有者と所有者との間に適用されると考えていたにすぎず、類似の利益状況において、起草者によって意図された法体系から生じる不都合性に対しては類推適用によってのみ回避され得る、という点を専ら主張する。

(45)　K. Münzel, NJW 1961, S. 1379; F. Schönfeld, JZ 1959, S. 304など。なお、この説は、九八七条以下では費用支出の行為時が重視されている、など法形式上の点を主として根拠に挙げる。

(46)　この見解は、費用の支出時に請負人が所有者に対して占有権原を有するときは、九九四条以下の債権を請負人は取得しないと解するため、この請負人は一〇〇〇条の留置権も主張し得ないことになる。

第二節　費用償還債権を担保する留置権の制限

一　序

(1)　ドイツ民法典の下では、序章でも述べてきたように、信義則(二四二条)を具体化した制度として二七三条一項および二項に留置権が定められている。すなわち、同条一項は、債務者が債権者に対して同一の法律関係 (derselber rechtliche Verhältnis) から生じた弁済期到来の反対債権を有するときは、この反対債権の弁済がなされるまで自己の負担する債務の履行を拒絶できる旨を規定しているのに対して(すなわち、履行拒絶権としての債権的留置権を定めているのに対して)、その二項は、とりわけ「目的物になした費用の償還債権」または「目的物から生じた損害の賠償債権」の弁済期が到来しているときは、目的物の引渡請求権と右二つの債権との間には、一項にいう同一の法律関係があると見做して、債務者はこの目的物の引渡しを拒絶できる旨を認めている(すなわち引渡拒絶権としての留置権を設けている)(1)。

ところで、請負人は、所有者に対して、九九四条以下の費用償還債権に基づき、二七三条の留置権(とりわけ同条二項にいう「目的物になした費用の償還債権」に基づく留置権)を主張し得るかというと、右に述べたように、二七三条の留置権は債務者の反対債権につき弁済期の到来していることが必要であるところ、九九四条以下の債権は占有者の費用支出によって発生すると直ちに行使が可能となるわけではないため、(2)右の主張は認められないということになる。また、二七三条の留置権が認められる請負人の反対債権としては、所有者に対する事務管理による償還請求権（六八三条）、または、不当利得による返還請求権（八一二条、九五一条）などが一おう考えられるが、一般に請負人は所有者に対してかかる請求権の何れも有さないと解されていることから、(3)やはり二七三条に基づく留置権を右の請負人が主張することはできなくなる。すると、請負人は所有者に対して留置権を主張し得るかどうかについては、専ら物権編に定められた一〇〇〇条の留置権が重要となる。

(2)　ところで、無権原占有者が費用を支出したとしても、このことから、所有者は直ちに九九四条以下の費用償還債務を履行しなければならないわけではなく、右の占有者は、所有者が目的物の引渡請求をするか、費用の支出を承認したときに限り、同条以下の費用償還債権を主張し得るにすぎない（一〇〇一条）。このことからすると、所有者による目的物の引渡請求または費用支出の承認は、占有者が行使し得る前述した費用償還債権の弁済期到来を意味することになる。これより、ドイツ民法典は、未だ行使し得ない費用償還債権についてまで、一〇〇〇条により、目的物の引渡しを所有者に対して拒絶し得る権利（留置権）を無権原占有者に認めることで、将来、この占有者が行使し得るであろう右の債権を保護せんとした。従って、所有者が費用の償還債務を免れようとするためには、右の占有者が占有する自己の所有物を第三者に譲渡しなければならない（九九九条二項参照）。なお、占有者が目的物につき費用を支出したという場合における占有者の保護として、ドイツ民法典は一〇〇〇条の留置権を至るところで準用しているが（九七二条、一〇六五条、一二二七条、二〇一二条など)、何れにせよ、一〇〇〇条が定める留置権は、ドイツ民法典における物権編のうち、所有者―占有者の間における権利関係として秩序づけられている。それにも拘わらず、この留置権を主張することが許されるためには、占有者が、一方で物権的引渡義務を負い、他方で九九四条以下(または前述した準用)により、目的物の引渡請求をなす者に対して反対債権を有しなければならないとされていることからすると、右の留置権は、これによって担保される債権(費用償還債権)の債務者に対して主張し得る権利であり、従って(二七三条の留置権と等しく)相対的・対人的な性格を有している。(4)

こうした法律状況の下で、前節で述べてきたように、裁判実務は一定の場合における所有者―請負人の間に費用償還関係を認め、その限りで所有者に対する留置権の主張を請負人に許してきたわけであるが、その一方で、一〇〇一条―一〇〇三条との関係から、請負人が一たび右の留置権を取得したとしても、この権利を後に主張することは許されなくなる場合がある。それはいかなる場合かに関してＢＧＨ判決が現れているので、この裁判例を次に纏めることとし、右の場合にまで配慮することで留置権による請負人の保護と九九四条以下の債権との関係(すなわち両者がどの程度に密接な関係にあるか)を探ることにする。

二　留置権を制限するＢＧＨ判決

(1)　費用償還債権に基づいて請負人が主張した留置権を制限しているＢＧＨ判決としては、請負人が修理した物を一旦その注文者に引き渡し、後に再びこれを所持して留置権を主張したという事案に関する次の二判決を挙げることができる。

⑨　BGH, Urt. v. 18. Dezember 1968 (BGHZ 51, 250ff.)

〔事実〕　XはAが本件トラックを調達するためにAに対して分割返済の約定で金員を貸与し、Aはその債務の担保として本件トラックを譲渡担保に供した（X―A間の契約で、Aは本件トラックの適切な修理をなす義務を負担した）。その後、Aは本件トラックを数回に亘ってYに修理させたが、その一方でXに借金を返済することができなくなった。Yは、本件トラックおよびその他の自動車の修理より生じた多額の債務をAが支払えなかったので、本件トラックをAより取り戻した。Xは所有権に基づきYに対して本件トラックの引渡しを要求したが、YはAに対する債権を主張して一〇〇〇条の留置権を行使した。

〔判旨〕「ドイツ民法一〇〇〇条の留置権は――一〇〇三条にも拘わらず――同法九八五条に基づいた請求権に対する債権的な給付拒絶権であるにすぎない。それ故に、この権利は右にいう請求権の存続を否定するものではない。Yが、各々の修理時に、または、修理をなした後に、ドイツ民法九八五条に基づくXの引渡請求権に晒されたときは、この請求権はYがXの占有代理人（Besitzmittler）であるAに自動車を引き渡したときに消滅する。従って、（例えば存続している）Yの留置権はその度ごとに消滅する。Yが自動車を修理のために新たに取得し、そのために新たにXに同法九八五条の引渡請求権が生じたときは、この請求権はそれまでとは同一でない新たな請求権であって、かような請求権のために前の留置権は再び生き返ることはできない。」としてYによる留置権の主張を否定している。加えて、その形式的な理由として一〇〇二条を引用し、「この規定によると占有者の費用償還債権は、占有者がそれまで、裁判上、この償還債権を主張しなかったか、または、所有者が費用の支出を承認しないで占有者が物を所有者に引き渡した後、一ヶ月の経過によって消滅する。本件の場合、確かにYは自動車を所有者であるXにではなくてAに引き渡している。しかし、このことはAがXとの了解の下にXの占有代理をしているためXへの引渡しと同じである。然るに、YはX

が費用支出の承認を未だしないときに訴えを提起せず、その都度、自動車の引渡し後、一ヶ月を経過したことによって行使し得た償還債権を失った。」と言い、また実質的な理由としては、「請負人は、報酬の支払われる前に自動車を注文者に引き渡したときは、これにより注文者に信用を供与している。しかし、請負人は、本裁判所がBGHZ 27, 317, 324（⑥判決を指す。著者注）において既に述べたように、右のことを自己のリスクで行っている。」と述べている点に求めることができる。

この判決は、⑦判決の立場を基本とし、請負人が費用を支出した後に所有者に対して物の引渡義務を負ったときでも九九四条以下の適用があると解したが、ただ請負人は、修理した物を注文者に引き渡し、従って一〇〇一条の要件が具備しないときは所有者に対する九九四条以下の債権を失い、この債権に基づいた留置権も主張し得なくなると解したものである。(5)この点、⑨判決以後においても、その前提をなす⑦判決の立場と異なった解釈を唱える学説がなかったわけではないが、(6)この⑨判決を支持するベルクは、一方で⑦判決の立場に従いつつ（但し、九九四条以下の適用は類推であると解している）、他方で、⑨判決は、報酬の支払いがないのに請負人が修理した物を注文者に返還し、後に再び占有を取得して所有者との関係で無権原占有者に転じたという限りで⑦判決におけるとは異なっていると解し、請負人が主張した九九四条以下の債権と、これに基づく一〇〇〇条の留置権とを認めなかった⑨判決の結論は正当であると述べている。(7)そして、今日の学説は一般にこの⑨判決を引用して同様の結論を採っている。(8)

⑨判決以後においても以上に示した裁判実務の解釈は基本的に維持されている。このことは次の判決から認識することができる。

⑩　BGH, Urt. v. 18. Mai 1983（BGHZ 87, 274ff.）

〔事実〕　Aと取引関係にあるXはAの債務のためAの自動車につき譲渡担保の設定を受けた。この担保権設定契約では、「債務者は自動車を大切に扱い、修理費を負担し、何時でも運行可能な状態に置く義務を負う」とされていた。Aは、一九七九年一二月から一九八〇年四月まで、その占有する同車を再三に亘ってYに修理させたため、これによりYは修理代金債権（8354，53DM）を取得した。Yは、修理後にその都度Aに車を引き渡していたが、これまで修理代金の支払いを請求したことはなかった。一九八〇年五月、Aは新たにYに修理を委託し、そのために代金債権（42，17DM）も生じている。AがXに対する債務を弁済できなかったので、Xは、一九八〇年五月一三日付の書面で、総債権額を同月一九日までに支払うこと、もしも期日までに支払わないときは譲渡担保に基づき車を処分する旨を告げた。Aが支払わなかったので、Xは修理委託のためにYのところにある同車の引渡しを求めた。Yは、不払い代金のため右の車につき留置権または質権を有すると主張して、その引渡しを拒絶した（YはAとの約定に従い、自動車・付随車・機械セット・これらの部品につき、労務提供のために契約上の質権を有すると主張したのに対して、Xは一九八〇年五月の修理代金(42，17DM)の支払いと引換えに車の引渡しを求めた。この争訟の間に、当事者は、Xが車につき一〇五〇〇DMの負担をし、同額を判決まで供託する旨の和解をした）。

〔判旨〕　YはXに対して九九四条以下に基づく費用償還債権を主張し得ないとしたが、その理由としては、「Yの債権が費用の支出に当たる限り、前の占有中に支出された費用の償還債権は何れもドイツ民法一〇〇二条によりAへの車の引渡し後一ヶ月が経過して消滅した。というのは、Xは車の所有者として費用の支出を承認したわけでもなく、Yが取得し得た費用償還債権を、その消滅前に、裁判上も（同法一〇〇二条）主張しなかったからである。Yが有する修理費用（42，17DM）の償還債権はXによって支払われた。

自動車が修理終了後に、その都度、所有者としてのXにではなくて注文者Aに引き渡されたにも拘わらず、Yの各々の費用償還債権は消滅する。というのは、AがXに譲渡担保契約の範囲内で占有を代理取得したので、Aへの車の引渡しは所有者であるXへの引渡しと同じであった（BGHZ 51, 250, 253)。」とし、結局のところ、右に述べたように、「Yは、Xに対して、かつての占有期間中に支出された費用のためにドイツ民法一〇〇〇条の留置権を有さない。けだし、前述した費用償還債権が同法一〇〇二条によって消滅したことは明らかだからである。」と判示した。

右に示した判決(⑨および⑩)は、請負人が、以前に物を占有している間に費用償還債権を取得したとしても、占有物を所有者の占有代理人である注文者に引き渡したときは、後に再び同一物につき占有を取得したとしても、もはや当該物の留置を所有者に対して主張し得ないとしたものであるが、これは、要するに、一〇〇〇条の留置権とは、占有者が占有中に取得した費用償還債権をもって、その占有中に物を留置できる権利である、ということを意味している。そして、これらの裁判例によると、物の占有と債権(すなわち費用償還債権)との間にも関連のあることが要求されている、という点に注意する必要がある。[9]

(2)　以上に見てきたように、所有者でない者から物の修理を委託された請負人は、注文者に対しては(契約より当然に)報酬債権を有するが、所有者に対しては九九四条以下の費用償還債権を主張し得るかという問題について、今日のBGH判決、および、これを支持する学説は、請負人が所有者に対して九八五条により物の引渡義務を負うに至ったときは九九四条以下の適用(または類推適用)の余地を認め、これに基づいて、請負人は一〇〇〇条の留置権を主張し得ると解してきている。[10]　但し、前記(1)でも述べたように、そこでは、物の占有と費用償還債権との間にまで関連性が要求されていたのであって、⑨および⑩判決から理解し得るように、請負人は、かつて物を占有していた間に費用償還債権を取得し、その結果として、一たび一〇〇〇条の留置権を取得したとしても、注文者に物を引き渡したときは一〇〇二条の適用によりこの債権を失うことになる。すると、これに伴って右の留置権も消滅することになり、請負人は後に再び同一の物について占有を取得したとしても、一〇〇〇条の留置権を改めて主張し得ることにはならない。

このように、九九四条―一〇〇三条で定められた費用償還債権とこれに基づく留置権は、ＢＧＨ判決、およびこれを支持する学説によると、その発生および存続する範囲が一致して理解されてきているのであって、このことからすると、ドイツ民法典の下でも、費用償還債権に関する規定と留置権に関する規定とはセットの関係にあり、「占有者」の費用償還債権を特に保護しようとして留置権が認められてきている、と言うことができる。従って、九九四条以下の費用償還債権を主張し得る「占有者」とは、留置権を認めて保護しようとするに値いする者であると言うことができるのであって、このように解するときは、同条以下の債権を主張し得る者とは、一部の学説のように、「自己の計算で費用の支出状況を引き起こし、これを指揮する者に限られる」とは解釈しないこととなる。ＢＧＨ判決、および、これを支持する学説が、請負人も九九四条以下の「占有者」に含まれ得ると解しているのも、右に述べた費用償還債権と留置権との関係が背後に存するのではないかと推察し得るのである。

（1）　二七三条の留置権に関しては前編第三章第一節**一**を参照。

（2）　二七三条の留置権が認められるためには、(一項、二項の何れによっても)債務者が弁済期の到来した反対債権を債権者に対して有することが必要であるが、後記(2)でも述べるように、九九四条以下の債権については、所有者が物の回復請求をするか費用支出を承認して初めてその弁済期が到来する、とされているからである（一〇〇一条参照）。

（3）　請負人による事務管理が否定される理由としては、請負人は注文者のために修理行為をする意図を有していたのであって、所有者のためにこの行為をしたわけではない、などが挙げられている（G. Furtner, MDR 1962, S. 96; A. Kraft, NJW 1963, S. 1850f.; H. Helling, BB, 1969 S. 855f. など）。

また、請負人には所有者に対する不当利得返還請求権がないとされる理由としては、一八二条および九五一条が九九四条以下の特別規定によって排除されるということのほかに、請負人が注文者を所有者と思って修理した場合には、その受益者は注文者であって所有者ではないという点にある（vgl. H. Helling, BB, 1969 S. 856）。

（4）　Vgl. Pikart, BGB-RGRK §1000 Rz. 4; Medicus, MünchKomm., Bd. 4, §1000 Rz. 1.

ちなみに、一〇〇〇条の留置権は、単にVindikationに対する抗弁を占有者に認めているにすぎず、債務者が債権者に対して反対債権を有している（すなわち、二当事者間に関連し合った二つの債権が対立している）場合に、債務者は拒絶権を主張し得るという二七三条の留置権と基本的に異なるものではない。従って、一〇〇〇条の留置権を行使した場合における効果についても、二七三条が定める債務法上の留置権における場合と同一であって、物の引渡しは費用の償還と引換えになされる（二七四条）。

（5）　⑨判決とは異なり、⑦判決を引用して（または、これに配慮しつつ）請負人の留置権に言及した下級審裁判例も現れている。すなわち、OLG Köln, NJW 1968, S. 304は、自動車の譲渡担保権設定者から修理を依頼された請負人に担保権者に対する留置権の主張を認めたが、LG Berlin, NJW 1973, S. 630は、請負人が譲渡担保権設定者に対する修理代金債権のために修理した自動車を競売したという場合に、公平の観点から、例外的に担保権者に対する留置権の主張を否定している。

（6）　例えば、不当利得法に関する学説の中には、請負人は契約の相手方である注文者に対してのみ報酬債権（請負契約が無効なときは利得返還請求権）を有するにすぎず、所有者に対しては何らの債権も有しないと解するものがあり、この学説は、加工に関する九五〇条の解釈を根拠として、費用支出者は請負人でなくして注文者であると解している、と言う（vgl. H. Berg, Ansprüche aus dem Eigentümer-Besitzer-Verhähtnis, JuS 1972, S. 323f)。しかし、右の学説に対しては、所有者―占有者の関係と特別な債務法上の関係との違いを誤解している、といった批判がなされている（vgl. H. Berg, JuS 1972, S. 324)。

なお、請負人による法定質権の善意取得を検討しているP. Schwerdtner, Noch einmal: Der Verwendungsanspruch des Werkunternehmers bei Reparatur einer bestellerfremden Sache-BGHZ 51, 250, JuS 1970, S. 65ff. も参照のこと。

(7)　H. Berg, Der Verwendungsanspruch des Werkunternehmers bei Reparatur einer bestellerfremden Sache-BGHZ 51, 250, JuS 1970, S. 14ff. なお、ベルクは、請負人が所有者に対して有する債権としては、九九四条以下の債権以外にはない旨を述べ、事務管理による償還請求権のみならず、利得返還請求権（Kondikutionsanspruch）も否定しており、また⑨判決におけるYに留置権が否定されることの実質的な理由として、⑨判決と同様に、Yは修理した物をAに引き渡したことによって、この物に新たな信用を供与した点を挙げている（S. 16)

なお、ベルクの見解については、ders., a.a.O., JuS 1972, S. 323ff. も参照のこと（すなわち、彼は、自動車の盗人から修理を依頼された請負人と同車の所有者との間における関係、および、自動車の所有権留保買主から修理を依頼された請負人と所有権留保売主との間における関係を取り上げ、両者の関係につき区別することなく九九四条以下の類推適用を認め、所有者に対する請負人の留置権を肯定している）。

(8)　Pikart, BGB-RGRK, §1000 Rz. 8; C. Joerges, Reihe Alternativkommentare, Gesamtherausgeber R. Wassermann, Kommentar zum Bürgerlichen Gesetzbuch, Bd. 4, Sachenrecht, Luchterhand 1983, §1000

Rz. 9; Medicus, MünchKomm., Bd. 4, §1000 Rz. 8など。但し、Gursky, Staudingers Komm., §1000 Rz. 6は反対。

（9）　この点に関する学説の状況については前出注(8)を参照。

（10）　裁判実務と学説によるこうした一般的な見解とは異なり、近年では、法定質権の善意取得を認めて請負人の保護を図る一方で、請負人―所有者間においてドイツ民法九九四条以下を適用することに有用性を認めない解釈も現れている。Vgl. D. Verse, Verwendungen im Eigentümer-Besitzer-Verhältnis, Studien zum ausländischen und internationalen Privatrecht 72, Mohr Siebeck 1999, S. 146 u. 155f.

第三章　費用償還債権と留置権

第一節　費用償還債務者の確定

一　費用償還債権と留置権による請負人の保護

(1)　注文者に属さない物を請負人が修理した場合に、この請負人と物の所有者との間に費用償還関係が認められ得るかについて、わが国で適用が考えられる民法上の規定としては一九六条のみを挙げ得るにすぎない（というのは、ここでの請負人―所有者の間には何らの契約関係も存在せず、また費用償還関係を規律する他の特別な諸規定の適用が一般的には考え難いからである）。従って、請負人と所有者の間における費用償還関係の有無という右の問題をどう解するか、ということは同条の適用いかんの解釈に係っている。

ところで、学説には、「占有取得が契約によって媒介されるとき、占有者が目的物の上に出捐した場合に彼はその償還を占有を取得した契約の相手方に対してのみ請求できれば十分であり、他方で所有者が、自らの予定しない、もしくは意図しない費用の償還を強いられることは取引安全の観点からみても不合理(1)」であるという理由から、「請負人は注文者を信頼してこれと取引を結ぶのであり、注文者と所有者との契約の有効性は関知するところではない。彼の注文者への信用付与は所有者・注文者間の契約の有効性とは独立しており、費用償還請求権の成否をこれに係らせることは合理性を欠くものといわなければならない。請負人が所有者・注文者間の契約の無効・取消の事実を知って請負契約を結んだような場合では、請負人は不適法占有者といえるかもしれない。しかし、その場合でも、請負人は契約をした相手方からの対価の支払を予定しつつ給付をしたはずであり、注文者からのみ弁済を受けるべきである。[2]」と解するものがある。

しかし、民法一九六条が「占有者」に費用償還債権を認めた趣旨、また第一章で述べてきたように、現行民法典の起草委員がこの債権を被担保債権とする留置権を占有者に許与せんとした意図、しかも第一章での考察から認識し得たように（そしてドイツでも同様であることを前章第二節二で纏めてきたように）、占有者の費用償還債権という攻撃的な権利と、これを確実にするための留置権という防御的な権利の主張とが、セットの関係にあるものとして扱われてきた実情に鑑みると、右の見解におけるように（すなわち注文者に属さない物を修理した請負人と所有者との間では同条の適用が一切否定されるべきであると）解すべきではあるまい。

すなわち、本来、右の一九六条が「占有者」との関係で「回復者」に費用償還債務を負担せしめたのは、一体、いかなる思想に基づいているからであろうかというと、それは「占有者」「物」「回復者」の間に見られる関係に求めることができた。つまり、「占有者」が費用を支出したことによって物の価値が保存されたり増加すると、当該物は価値の保持または増加ができたという点で右の「占有者」から恩恵を受けたことになる。換言すると、「占有者」の行為によって一種の負担が右の物に付着したことになり、従って物の回復を請求し得る者は、この回復を求めるときは、当該物が「占有者」より受けた恩恵としてこれに付着している右の負担を除去しなければならない（回復を求める者は除去しなければ回復できない義務を負う）、という思想に前述した一九六条は基づいている。[3]だからこそ、同条は、費用を償還すべき者を（ドイツにおけるとは異なって単に「所有者」と限定しないで）一般的かつ包括的に「回復者」と謳っているのであり、「占有者」と当該「物」とのかような「恩恵」関係、および、「占有者」と「回復者」との関係から、「占有者」は「回復者」に対して費用の償還を請求できると規定したわけである。同条を支えるこうした思想に鑑みたならば、物を修理した請負人と当該物との間にも右にいう「恩恵」関係の存在を看取し得ることが十分に想定できる。そうであれば、この想定が妥当する限りで右の請負人も民法一九六条にいう「占有者」から排除されるべき謂れはない。すなわち、注文者に属さない物が修理された場合に、請負人―所有者の間に同条を適用する可能性が認められたところで、決して不合理な解釈であるとは思われないのである。

また、系譜的には、一貫して、「占有者」は「回復者」に対して留置権を主張し得るとされてきた。その意図はどのような事情に求められたかというと、それは、本来、物に費用を支出した「占有者」が当該物に対して担保物として止めておこうとする意思、これを比喩的に言えば、費用を支出した物を人質（正確には物質）として留置しようとする意思を有している、という点にあった。すなわち、ある者が物の回復請求をした結果、民法一九六条を根拠に、当該物に付着している負担を除去しなければならない立場に立たされたにせよ、右の者が自己の債務を履行しないで物の回復を実現し得るならば、「占有者」の有する費用償還債権は結局のところ画餅に帰することになりかねない。そこで、民法典は、「占有者」が有する担保意思を最大限に尊重し、あえてこの「占有者」に物を留置できる権利を許与したわけである（すなわち、当該物の引渡しを拒絶してこれを占有継続できる、とする権原を法定した）。換言すると、物に存在（付着）する債務を「回復者」が履行しない限り、「占有者」は回復請求に無条件に応じる必要はない、とすることでこの「占有者」を保護せんとしたものであって、だからこそ、第一章の系譜的な考察からも認識し得たように、占有者の費用償還債権という攻撃的な権利と、それを確実にするための留置権という防御的な権利の主張とはセットの関係にある、として扱われてきたわけである。そうだとすると、請負人も修理した物に対して実際に担保意思を有しているのが通常であり、しかも序章で述べたように留置権を認めて請負人を保護すべきであるならば、注文者に属さない物を修理した請負人は物の回復を求める所有者に対して留置権を主張し得るだけでなく、この所有者に対して費用の償還を請求できる権利まで認めて請負人を保護せんとする解釈は、民法典の意図に適っているとさえ言うことができるのである。

のみならず、ドイツ民法典は、所有者―占有者の間における費用償還関係と占有者の留置権に関して諸規定（九九四条―一〇〇三条）を設けており、(4) 前章で紹介してきたように、かかる規定の適用解釈との関連で、注文者に属さない物を修理した請負人と当該物の所有者との間における費用償還関係いかんが論じられてきた。そして、ＢＧＨ判決とこれを支持する学説が右の請負人―所有者の間に（一定の場合に限って）前述した諸規定の適用を認め、従って費用償還債権とこれを確実にするための留置権とを請負人に許与してきたのは、結局のところは右に述べてきたこと、すなわち占有者である請負人とこの請負人によって修理された物との間に存する（恩恵）関係、および、請負人が物に対して有する担保意思に由来しているからである、と解される。そうだとすると、ドイツで主に支持されている価値判断、すなわち右にいう請負人―所有者の間には費用償還関係が存在する可能性を認めてよいという価値判断は、わが国においても、前述した一九六条の適用解釈として、請負人―所有者の間における費用償還関係いかんを問題にする際には十分に参考にされてよい。つまり、具体的妥当性の見地から、所有者に対する費用償還債権を右の請負人に認めることが必ずしも不合理であるとは解されないときは、その限りで請負人―所有者の間に同条の適用可能性を承認したとしても、これは単なる思い付きの域に止まるものではないと言うことができよう。

右に述べたことを具体的に示すならば、本来、請負人は独自の占有権を有するわけではないのであって、このことは請負人が注文者に属さない物を修理したという場合であっても変わりがない、と言うことができる。ただ、この場合における請負人は注文者の占有から派生して物を所持しているにすぎないのであるから、注文者が有していた占有権原の存続が支障を来すと、この請負人は担保として考えていた物を手放さなければならなくなり、後は契約の相手方である注文者の資力を当てにするしかないという極めて不利な立場に置かれる（右の場合に、もしも注文者が物の回復を請求したときは請負人は物を留置できてよいと考えられるのに対して、所有者が物の回復請求をしてきたときは請負人はこの請求に応じなければならないとすると、注文者が無資力であるときは極めて不利な立場に立たされることになる。というのは、右の請負人は、注文者から満足を得られる可能性を失うだけでなく、当該物まで手放さなければならなくなるからである）。かような利益状況において、BGH判決とこれを支持する学説は、所有者より物の回復を請求された請負人は、この請求に応じざるを得ないときは、一方で所有者に対して費用の償還を請求できるとし、また他方で当該費用が償還されるまで物の引渡しを拒絶できると解したのである。(6)こうした価値判断はわが国においても等しく尊重されてよく、従って注文者に属さない物を修理した請負人は、当該物の回復を求める者に対して、民法一九六条の債権とこれを担保する留置権を（一定の要件の下で）主張し得る、と解するのが妥当である。その結果、独自の占有権原を有していなかった請負人がこの留置権を行使することで、請負人には占有権原（ボアソナードによると「仮の占有権原」）が認められることになると解すべきである。(7)

(2)　以上に述べてきたように、わが国においても、請負人と物の所有者の間においても右にいう一九六条を適用する可能性が認められるべきであると解するならば、この可能性は具体的妥当性の見地から一体どのような条件の下で認められるのが妥当であろうか、という考察が次に必要となってくる。

ところで、前章で述べたように、ドイツ民法九九四条―一〇〇三条は所有者―無権原占有者の間に適用されるというのがドイツにおいて立法以来の一致した見解であった。また、BGH判決とこれを支持する学説は、所有者が請負人に対して物の回復請求を主張したという場合に、これらの者の間にVindikationslageが存することを条件に同条の適用を認めていた。これを具体的に示すと、①占有権原のない者から委託されて物の修理をした請負人と所有者の間（例えば、盗人から盗難車の修理を委託された請負人と同車の所有者との間とか、所有者との契約により占有権原を有する者から委託されて請負人が物を修理したが、右契約は無効であったという場合における請負人と所有者との間など）の場合はもちろん、②所有者に対して占有権原を有していた者が注文者となって請負人に物を修理させたが、後にこの注文者が占有権原を喪失したという場合における請負人と所有者の間（例えば、物の賃借人が請負人をして修理をさせたが、後に賃貸借契約が期間満了によって消滅したという場合における請負人と所有者の間など）においても、ドイツ民法九九四条―一〇〇三条の適用があり得るのに対して、③占有権原を有する注文者から修理を委託された請負人と所有者の間（例えば、右の賃貸借において期間満了前の請負人と所有者との間など）には同条の適用は認められないことになる。

すると、わが国の民法一九六条については、いかなる場合における請負人―所有者の間で適用を許す必要があろうか。学説の中には、右の①および②の場合に同条の適用を認めるかの如く解しているものがあり、(8)私見もこのように解するのが妥当であると考える。まず、前記③の場合には右の一九六条が適用される可能性は否定されてよい。但し、その理由を、一部のドイツ学説が述べているように、請負人は注文者を信用して、すなわち注文者からの報酬支払いを期待して取引に入ったという点に求めるならば、これは適切な理由であるとは思われない。というのは、請負人が注文者を信用して取引に入ったという事情は、何も前記③の場合に限らず、①および②における請負人についても認められ得るからであって、右の③の場合における所有者─請負人の間においてのみ費用償還関係を否定するための根拠とは言い難いからである。

むしろ、前記①および②の場合に限って民法一九六条の適用が認められてよいと解するための根拠としては、請負人─所有者の間に同条が適用され得ると解すべき理由として既に(1)で述べてきたこと、すなわち請負人が物に対して一定の行為をしたことで当該物の価値が保存されたり増加したことから、この請負人と修理された物との間には密接かつ特殊な関係が存すること、そして請負人は修理した物の引渡しを、修理行為に対する代償の担保にせんとする意思を有していることから、費用償還債権という攻撃的な権利と、これを確実にするための留置権という防御的な権利の主張とがセットの関係にあるものとして考えられてきた、という点から導かれるべきである。その結果、前記③における所有者─請負人の間には、請負人が所有者による物の回復請求に応じなければならないという事情にないため、留置権を主張するという問題は生じないのであるから、この請負人には攻撃的な権利としての費用償還債権を付与する必要はないと解されるのに対して、前記①および②における請負人─所有者の間で、所有者が物の回復請求をなし、請負人がこれに応じなければならないときは、民法典は、一方でこの所有者に対する費用償還債権を請負人に認めるとともに、他方でこの債権を担保するため右の請負人に留置権を付与したと解するのが妥当である。

もっとも、このように、前述した①および②における請負人は、費用償還債権とこれを被担保債権とする留置権とを併せて主張することが許されると解するならば、例えば注文者と所有者との間で諸費用は注文者の負担とする旨の合意がなされていたとか、注文者には報酬について支払能力がないなどの場合、右の所有者は経済的な損失を被る恐れがある。のみならず、物の回復を求める所有者は、費用の性質によっては、自らの望まないものの償還までをも負担することになりかねないなどの不都合な点に鑑みると、前述した解釈については疑問とすべき余地がないわけではない。こうした具体的な利益状況に関する疑問点については次の二で検討しよう。

二　請負人―所有者の間の利益衡量

(1)　前記一で指摘してきたように、注文者に属さない物を請負人が修理したという場合に、請負人―所有者の間には民法一九六条を適用する可能性が認められるべきであると解するためには、さらに進んで実質的な検討がなされなければならない。それは、とりわけ次の三つの観点からの考察である。

一つは、請負人が所有者に対して（一定の要件の下で）費用償還債権を行使し得ると解するならば、所有者は、注文者が支払不能に陥ると、請負人のところで生ずる経済的な危険を負担することになるが[9]（所有者と注文者との取決めでは、たとい物の維持とか管理などの責任は注文者が負担するとされていたにせよ――または、物への有益費の投下が禁じられていたにせよ――、右の所有者は請負人に対して費用償還債務を負っており、これを履行したときは注文者に対して求償をなし得たはずであるにも拘わらず、現実にはこの求償は満足され得なくなる）、こうした経済的な危険を所有者に負わしめるのは妥当であろうか、という点に関してである。

次に、請負人による材料・労務などの提供が費用の支出に当たるとしても、かような費用の支出は、所有者の側からすると、当該所有者に有益であることもあれば、そうではなくて、所有者には全く無益なものであったり、そもそも所有者の望まない支出である場合も存するであろう。所有者の利益となり得るような費用の支出であれば、この所有者にその償還義務を認めてもよいかもしれないが、そうではないときにも同様にこの義務を認めることは、所有者に対していわば利得を押し付けることになって妥当ではないのではないか、といった疑問も生じることになる（このことは、とりわけ注文者が請負人に委託して有益費に該る費用を支出させた場合に顕著である）。

最後に、請負人が所有者から費用の償還を受けるときは、その限りで注文者に対する請負人の報酬債権も消滅すると解するのが公平に適うであろうが、もしも注文者が請負人に報酬代金を支払う前に破産し、その一方で、請負人が所有者から費用の償還という形で支払いを受けたために、その限りで注文者に対する報酬債権も消滅したとして扱われると、請負人は注文者の他の債権者よりも優先して弁済を受けたことになり債権者平等の原則に反するのではないか、という疑問も生じるであろう。

これらの疑問をどう解するかは、請負人が所有者に対して費用償還債権を行使し得る、と解してよいものかの判断に極めて影響をもたらすことになる。だから、前述した疑問に答えることはこの判断に対する実質的な観点からの考察であることを意味しており、とりわけ第二の問題については、ドイツの学説が意識的に取り上げて論じてきたところであった。

(2)　まず最初の問題、すなわち注文者が報酬を支払えない場合に生ずる経済的な危険を、民法一九六条の適用により所有者に負担させることは妥当であろうか、という問題についてである。

所有者—請負人の間にドイツ民法九九四条以下が適用され得ると解するに際し、ドナウは、例えば事故車を請負人が修理したという場合に所有者が右の危険を負担するのは、請負人の修理という点にあるのではなくて、所有者が自動車の利用を第三者（注文者）に許したという点に根拠を求めている[10]。また、ハッシンガーは、前章第一節**三**でも指摘してきたように、今日の経済的事情からすると、例えば所有権留保売買の売主や譲渡担保権者などは、信用を供与するに当たり、買主や担保権設定者の信頼に関する調査を十分になし得るのに対して、請負人は必ずしもそうではないことから、買主・設定者のところで生ずる経済的な危険は売主・担保権者側が負担すべきである旨を主張している。(11) しかし、これらの見解によるときは、例えば盗まれた車を請負人が修理した、という場合における所有者―請負人の間にも費用償還関係が生じ得ることを説明し得まい。

本来、契約当事者の一方が信頼に反した場合に、その危険を相手方が負わされるのは、この者が契約当事者の信用を調査し得たであろうし、また、そうするべきであったという考慮が存するからである。(12) それにも拘わらず、請負人が注文者でない所有者に対して費用償還請求をなし得るのは、ヘリングが正当にも述べているように、(13) 物に費用を支出した請負人はその占有下にある物を担保として見ているということ、そして契約の相手方に対してだけでなく、当該物の引渡請求をする所有者に対してまで費用償還債権を主張することについて利害関係を有している、ということにある(従って、ドイツにおいても、占有者―所有者の間における費用償還関係と占有者の留置権について定めたドイツ民法九九四条―一〇〇三条の諸規定が、請負人―所有者の間に適用され得ると解釈されたのは、右に述べた考慮、すなわち請負人は契約の相手方である注文者を信用し、これを調査し得たのではないかという考慮を、意図的に無視してまで占有者としての請負人を保護せんとしたからである、と評価し得る)。この点、わが国でも、費用償還債権と(これを担保する)留置権とがセットの関係にあるものとして扱われ、一方では費用償還債権を、そして他方ではこの債権を確実にするため留置権を請負人に認めてこの者を保護せんと企図されていたのは、前記一で指摘してきたように、物に対する請負人の担保意思を民法典は最大限に尊重してこの者を保護せんとしたからにほかならないのであって、そこには、請負人―所有者の間に民法一九六条を適用する可能性が認められる結果、注文者が報酬を支払えない場合の経済的な危険を所有者が負担することになっても止むを得ない、との政策的な判断がなされていると考えられるのである。

(3)　次に、所有者に対する費用償還債権を請負人に認めると、場合によっては利得の押し付けという結果を招くこととなり妥当とは言えないのではないか、という疑問についてである。

既に見てきたように、ドイツの裁判実務が所有者に対する請負人の費用償還債権を認めていることは、その限りで、ここでの結論が利得の押し付けとして不当であると解しているわけではないことになる。この点、学説は分かれており、従来の通説は(14)「費用」を物の「取引価値（Verkehrswert）」という客観的な基準で判断しようと解し、従って費用の支出が所有者に有益かどうかという事情を考慮していないのに対して、近時、かような解釈に反対する学説が有力に主張されている。すなわち、反対説は(15)、物の「取引価値」を償還の限度として捉えているにすぎず、具体的な償還の範囲は、費用支出の結果、これが所有者に有益となる程度に応じて算定しようとする。その根拠は、要するに利益の均等という点にあり、反対説は、この点から、所有者の望まない費用の償還は利得の押し付けであって認めるべきではないと解して、費用の償還すべき範囲を所有者の主観という基準に求めている(16)。これに対して、従来の見解を支持する学説は、専ら、起草者の意思とドイツ民法典における内部的な体系の整合性にその根拠を求めている。すなわち、起草者が九九六条にいう「価値」を「通常の価値（gemeiner Wert）」、すなわち「取引価値」と解していたことは確かであると言い、また次の条項である九九七条が「占有者のために」と特に明示しているから、九九六条にいう「価値」がもしも客観的な「価値」ではなくて特定人のための「価値」を意味するならば、起草者は九九七条のように明確にその旨を示したであろうと解され、さらにはドイツ民法典が、一方で占有者の費用償還債権のためにこの占有者に留置権を認め（一〇〇〇条）、他方で右の占有者が所有者に対して（一定の要件の下で）この債権を行使し得るという規定（一〇〇一条）を設けたという二面性からすると、九九六条の解釈についても二面的な性格を認める（すなわち、占有者に留置権を許与するだけでなく、進んで所有者に対して同条の債権を行使し得ることまで認める）のが当然である、と根拠づけている[(17)]。

ところで、ドイツにおける多くの学説が、所有者に対する請負人の費用償還債権は利得の押し付けにはならないと解した根拠を、右に述べてきたように、起草者の意思とドイツ民法典における内部的な体系上の整合性に求めているならば、わが国の民法典とドイツ民法典との間には立法上の相違があるために（すなわち、わが国にはドイツ民法一〇〇一条に当たる規定がないと解する立場から[(18)]）、わが国においてはドイツにおける多くの学説と同様に解することはできないのではないか（すなわち、請負人に右の債権を認めることは利得の押し付けにならないとは言い得ないのではないか）、といった批判が考えられよう。

しかし、右に掲げたドイツにおける解釈が単に条文の文言や法体系の整合性のみに着目し、その結果として導かれる具体的な結論に対しては何ら実質的な考慮が施されていないのであるならば、このような解釈は単に形式的な根拠に支えられているにすぎず、従って今日の裁判実務においてまで受け入れられるような見解として維持されてはこなかったであろうと思われる。やはり、そこには、利得の押し付けとはならないと解されるか、少なくともそうなっても構わないといった実質的な価値判断が当然に存在している、と推測し得るのである。のみならず、わが国においても、民法一九六条の制定過程における議論を顧みると、民法典の起草委員は、回復者に費用の償還義務を法定するに当たり、費用の判断基準を「市場価格（すなわち流通価格）」に求め、第一章第二節**二**で述べてきたように、主観的には回復者に利得となるような費用の支出であるとは言えなくても、市場に出回ると価値のあるものとして扱われるならば、客観的には、この回復者にとって利得を収め得るような価値が物に内在していることを認め、従って回復者に利得を押し付けたことにはならないと判断していたわけである。さらに、費用の判断基準を回復者の主観に求めると、この回復者は償還義務を免れようとするために、実際には自分にとって利得となるような費用であっても、そうではないと主張して、かかる義務の負担を回避しようとするかもしれないことに鑑みると、「市場価値」を基準に費用の性質を判断し、その結果として、必要費または有益費と判断し得るときは、回復者にその償還義務を認めたところで「利得の押し付け」とはならない、と解するべきではなかろうか。

(4)　最後に、注文者が破産した場合に、所有者から費用の償還を受けた請負人は、注文者の他の債権者に優先して扱われたことになったとしても、これは決して不合理な結論ではないと解される。けだし、所有者が負担していた費用償還債務とは、この所有者が請負人に対して自ら負担している債務であり、従って所有者が右の債務を履行したとしても、この履行は注文者が請負人に対して負担している債務を代位弁済した扱いになるわけではないからであり[19]、また次節二でも述べるように、所有者が自ら負担する債務を履行した結果、その限りで注文者の報酬支払債務が消滅すると解するにせよ、それは公平の見地から導かれる結論にすぎないからである。従って、費用額が報酬額に満たないために未払いの差額が生じたときの、その債権額についてのみ債権者平等の原則に服するにすぎない、と解するのが妥当である。

（1）　清水・前章第一節注（4）「基礎的考察(二)」五二頁。

（2）　清水・前章第一節注（4）「基礎的考察(二)」五七頁。なお、同・六〇頁は、本文に述べた、注文者に属さない物を修理したという場合における請負人には、「善悪無過失を要件として留置権の善意取得を認めるべきであろう」、と結論づけて請負人の保護を図っている。このような場合に留置権が善意取得される可能性を承認するならば、例えば借用車（または盗難車）の修繕をした請負人にも、同車の所有者から引渡請求を受けたときは、等しく留置権を善意取得できる余地が認められることになると考えられる。しかし、こうした請負人に留置権の行使を許す解釈は頗る疑問であること、既に前編第四章第三節注(25)で詳しく論じてきたところである（そこでは教壇的設例を前提に右解釈の不当性を明らかにしてきたが、この不当性は前述した請負人に関する場合にも等しく妥当する）。

(3)　我妻・案内4―1八四、八五頁も本文に述べたと同様な例えを用いて説明している。すなわち、引渡しを請求する者に対して費用償還債権を持っている場合（および物に瑕疵があったために損害の賠償債権を所有者に対して有する場合）に関して、「かような場合には、比喩的にいえば、その物自体が債務を負っているようなものである。必要費や有益費を投下してもらった場合には、自分は占有者のご恩を受けて価値を高めているのだから、それを弁償しないでは受け戻してもらえない、と訴えるわけだ。また、保管者に損害を与えたときには、自分はすまないことをしているから、それを弁償してもらわなければ、受け戻されない、と嘆いているわけである。」といい、さらに続けて「かような関係を占有者の立場からいえば、費用償還請求権や損害賠償請求権の満足をうるまでは、その物を『人質』として、返還を拒絶する権利をもち、それによって債権の弁済を間接に担保されることになる。」と述べている。

なお、フランスでも、物に費用を支出した場合の債務者は、本来、物自身であって、回復を求める者はその物に付いている債務を除去してでなければ当該物を回復することはできないという思想が存在し、従って同様に譬えられてきていることにつき第一章第一節注(18)参照。

(4)　わが国の民法一九六条とドイツ民法九九四条以下の諸規定とを比較してみると、必要費の支出に関する一九六条一項と直接に対応しているドイツ民法典の規定は九九四条一項であり、また有益費の支出に関する一九六条二項については、ドイツ民法九九六条がこれに対応している。

そこで、右の一九六条一項とドイツ民法九九四条一項、それから一九六条二項とドイツ民法九九六条とを文言上の観点から比較してみると、まず、①一九六条は「占有権」の章に属する規定であり費用償還債務者を「回復者」と呼んでいるのに対して、ドイツ民法九九四条以下の諸規定は「所有権」の章にあって右の債務者を「所有者」としている（なお、費用償還債権者は両規定とも「占有者」としている）。次に、必要費の支出に関しては、②一九六条一項にいう「占有者カ占有物ヲ返還スル場合ニ於テハ」を意味する文言がドイツ民法九九四条一項には存在せず、また必要費の内容についても、ドイツ民法九九四条一項は全く明らかにしていない（解釈に委ねられている）のに対して、一九六条一項は「其物ノ保存ノ為メニ費シタル金額其他ノ必要費」と規定している。さらに、有益費の支出についても、③一九六条二項は「占有物ノ改良ノ為メニ費シタル金額其他ノ有益費」と述べているのに対して、ドイツ民法九九六条は「必要費以外の費用」と称しているにすぎず、そこには、「回復者ノ選択ニ従イ其費シタル金額又ハ増価額」に対応した規定はない代わりに、ドイツ民法九九六条には、訴えの提起後、または、九九〇条で定められた責任の発生後に右の費用を支出した占有者はその償還を請求できない旨の制限がある。さらに、④一九六条二項但書に該当する規定がドイツ民法九九六条の費用に関しては定められていない。

（5）　請負契約の存在を前提に注文者が物の回復請求をしたときは、請負人は報酬債権を主張して注文者の請求を拒絶できてよく、また報酬債権が有効に発生していないとき、例えば請負契約が無効であったことを理由に注文者が物の回復請求をしたときは、請負人には、民法一九六条にいう債権のほか、事務管理者の費用償還債権または不当利得による返還請求権などを根拠に、当該債権が履行されるまで物の引渡拒絶が許されよう。

（6）　ドイツでは報酬債権を確実にするため請負人には法定質権が認められているが、注文者ではない所有者に対してまで請負人が右の質権を主張し得るか、という点については裁判実務および学説上の多数説は否定に解している（請負人は所有者との関係で質権を善意取得しない）。

（7）次注（8）の学説も請負人―所有者の間に民法一九六条を適用し得ることを前提としている、と考えられる。

（8）末川・前章第一節注（4）一三一頁以下。すなわち、この学説は必ずしも所有者―請負人の例を上げて費用償還関係を論じているわけではないが、例えば甲の所有物を不法に自己の物として占有している乙が、丙を代理人として当該物を占有させている場合に、甲―丙間に所有権に基づく返還関係が存することを前提に、これらの者の間に民法一九六条が適用される可能性を認めており、これとの比較で言えば、所有者―請負人の間にも同様の可能性を承認することになる、と考えられる。

また、伊藤・前章第一節注（4）「意義㈠」三八頁は、民法一八九条以下の適用が、㈠所有者が非所有者（または処分権のない者）から取得した第三者に返還請求する場合（甲→乙→丙となされた輾転売買で、第一の譲渡の無効・取消に基づく丙に対する返還請求の場合を含む）、および、㈡同一の所有者から相排斥する権利を譲り受けた者（典型的には二重売買）の対抗力を有する一方が、他方に返還請求する場合の二例に限られると解しており、所有者―請負人の関係は右の㈠の場合に含まれるのではないかと考えられ、そうであれば、右の学説もこれらの者の間に民法一九六条が適用される可能性を認めていることになる。

（9）Vgl. H. Helling, BB 1969, S. 857.

（10）Vgl. H. Donau, NJW 1961, S. 11.

（11）さらに、旅行の帰りに事故が生じて車の修理を依頼された請負人は、注文者に現金がなくても、修理をなすほかはないという例を上げて説明しているH. Donau, NJW 1961, S. 11. も参照のこと。

（12）Vgl. K. Firching, a.a.O. S. 454.

（13）Vgl. H. Helling, BB 1969, S. 857.

(14) Vgl. Enneccerus-Reiser, Sachenrecht, S. 340; Soergel-Mühl, B.G.B., §996 Rz. 1; usw. 最近の提唱者としては、Pikart, BGB-RGRK, §996 Rz. 1; Gursky, Staudingers Komm., §996 Rz. 4f.; Medicus, MünchKomm., Bd. 4, §996 Rz. 12など。

(15) Vgl. G. Haas, Die Verwendungsersatzansprüche im Eigentümer-Besitzer-Verhältnis und die aufgedrängte Bereicherung, AcP 176, S. 1ff. なお、次注も参照。

(16) Vgl. G. Haas, a.a.O., S. 2f. 12ff.
なお、反対説の中にもニュアンスを異にするものが見られる。例えば、H. Jakobs, Die Begrenzung des Verwendungsersatzes, AcP 167, S. 355ff. は、「有益な（nützlich）」という費用の概念から九九六条の適用を制限しようとする。さらに、Pikart, BGB-RGRK §951 Rz 39, Soergel-Mühl, B.G.B., §951 Rz. 12なども参照。ちなみに、反対説の紹介については、G.K.H. Feiler, Aufgedrängte Bereicherung bei den Verwendungen des Mieters und Pächters, 1968, S. 64ff. も参照のこと。

(17) Vgl. Gursky, Staudingers Komm., §996 Rz. 4.

(18) もっとも、ドイツ民法一〇〇一条の趣旨をわが国の民法典からは全く看取し得ない、と解すべきではないことにつき次節Ⅰ注(1)を参照。

(19) 鈴木禄弥「いわゆる直接請求権の承認をめぐる利益衡量」民商七八巻臨時増刊号(1)三三二頁以下（昭五三）は、注文者が所有者に対して有する債権を請負人が直接に行使できると解すると、それは、所有者の気持ちにのみ左右される結論であって合理的な解決とは言い難いのみならず、一般的には、注文者の破産における債権者平等の原則に反する旨を説いているが、かかる主張は、当然ながら、注文者が所有者に対して有する債権を請負人が直接に行使するという場合に限り妥当することであって、請負人が所有者に対して（費用償還）債権を取得し得ると解する場合にまで妥当するものではないと考えられる。

第二節　費用償還債権の範囲と留置権の効力

一　費用償還債権の範囲

(1)　前節一で述べたように、民法一九六条の趣旨を、「占有者」の費用支出によって一種の負担が物に付着し、その回復を求める者は、恩恵としてこの物に存在(付着)している右の負担を除去しなければならない(すなわち付着している負担を除去する債務を負う)という点に求め、また「占有者」の費用償還債権を被担保債権とする留置権を認めた意図は、回復者が同条の適用により物に存在している負担を除去しなければならない立場に置かれたにせよ、その債務を履行しないで物の回復を実現し得るならば、「占有者」が有する右の債権は結局のところ無意味と化すであろうことから、「占有者」が物に対して有している担保意思を尊重してこの「占有者」を保護せんとした点に求められ、さらに「占有者」の費用償還債権とこれを担保する留置権とはセットの関係にあるものとして扱われてきたことに鑑みると、「回復者」に対する費用償還債権とこれを担保する留置権とが「占有者」に認められるためには、単に、「占有者」が「回復者」の回復請求に応じなければならない客観的な事情が存するだけでは不十分であり、この事情に加えてさらに重要な要件が明らかになってくる。

すなわち、前述した趣旨、意図および費用償還債権とこれを担保する留置権との関係に鑑みると、この債権と留置権とは、ある者が回復請求をすることが条件であり、この条件が成就して初めて、回復請求権者に対して、負担の除去請求（すなわち償還請求）を行使し得ることになるとともに、その場合に限り占有者は当該物の留置を主張できると解することで十分なはずであって、例えば客観的には、占有者は物の回復請求が主張されたならばこれに応じなければならない立場にあったにせよ、未だこの請求を実際に受けていないときは、この占有者には留置権を主張しなければならない必要性は認められないだけでなく、さらに進んで、回復請求し得る者に対して費用償還請求(物の負担の除去を求める請求)を主張し得ると解することも民法一九六条の趣旨を逸脱することになる、と思われる。

既に指摘してきたように、ドイツでは、わが国におけると異なって、費用償還債権の弁済期に関する明白な規定としてドイツ民法一〇〇一条があり、同条は、所有者が費用支出を承認するか物の回復請求をすることを条件に、費用償還債権の弁済期が到来する旨を規定しているのは右に述べた趣旨に基づいているからである、と考えられる。そこで、わが国においても、民法一九六条の解釈として、占有者が同条の債権を回復者に対して主張し得るためには、少なくとも、占有者が実際に回復請求を受けることを要し、この請求を受けることにより初めて占有者は右の回復請求権者に対して費用の償還を請求できるようになる、と解するのが同条の趣旨に適うであろう。だから、民法一九六条一項が、占有者に費用償還債権を付与するに当たり、「占有者カ占有物ヲ返還スル場合ニ於テハ」と限定した文言を付しているのは、正しく右に述べた要件、すなわち占有者が実際に回復請求を受けなければならないという要件が前提となっているからである、と解することができる。(1)

そこで、注文者に属さない物を修理した請負人も民法一九六条にいう「占有者」に該当し得ると解するときは、右に述べた要件はこの請負人と物の所有者との間においても等しく要請され、従って請負人は、所有者が物の回復請求をした場合に限り所有者に対して同条の債権を行使できるとともに、この債権を担保するため(二九五条を根拠に)留置権を主張する必要性が生じるのであって、その限りで請負人は所有者との関係で保護されれば足りる、と解することになる。

⑵　なお、請負人は注文者に対して報酬債権を有するはずであり、注文者が無資力に陥ったために所有者に対して引渡義務を負うに至ったときは、事実上、注文者に対する報酬債権について満足を受けられないかもしれないが、所有者に対して引渡義務を負うことになるのは注文者が無資力に陥るという場合に限られないことからすると、注文者と所有者との二者に対して債権（報酬債権と費用償還債権）を有している請負人は、その何れからも満足を受け得る地位に立つことになる。その上、注文者―所有者の間における契約関係では、物の保存費などが注文者の負担とされていたときはもちろん、そうではなくて、所有者が負担しなければならないときでも、この所有者が注文者に費用額（または報酬額）を支払ったことが請負人に対する償還債務を履行したことにはならず、右の債務は依然として消滅しないで存続する。というのは、所有者の負担する費用償還債務は請負人に対する自らの債務だからである。

ところで、注文者から弁済され得る報酬額と所有者から償還をうけ得る費用額とは、必ずしも同額であるわけではない。[2] これより、報酬額が費用額を超えるときは、その差額のために、請負人は所有者に対して修理した物の留置を主張し得ることにはならない。というのは、この差額は、本来、請負人と注文者との間に存する契約関係から生ずるものであって、請負人が注文者との契約という取引上の信頼関係に基づいて取得し得ることが認められた価額であるとともに、その支払いの確保についても、注文者に対して主張し得る引渡拒絶権のみを請負人に認めれば足りる性質のものだからである（従って、所有者より支払われた費用額の限度で報酬額は消滅し、注文者はその旨の抗弁を主張できると解するが、注文者に対する残額の支払債権を被担保債権とする留置権を請負人は所有者に対して主張し得ない）。

これに対して、(一般には考え難いが)費用額が報酬額を超えるときは、請負人は所有者に対して報酬額の限度で支払いを請求できるにすぎない、と考える。報酬額が廉価に定められているのは、通常は、請負人と注文者との間に特殊な信頼関係が存するからであり、また費用額は客観的に算定されるべきことからすると、むしろ費用額の支払いについてまで請求を認めてよいと解し得なくもないが、やはり請負人は、材料・労務の提供につき、報酬額の限度で満足を受けることで足りると意図していたのであるから、かかる場合においてまで費用額の支払いを認める必要はないと解されるからである。[3][4][5]

二　費用償還債権を被担保債権とする留置権の効力

(1)　注文者に属さない物を修理した請負人は、所有権に基づいて物の引渡しを請求する所有者など、物の回復を求める者に対して民法一九六条の費用償還債権を主張し得る余地があり、またその限りで修理した物につき留置権を行使し得ると解するときは、留置権の物権性・第三者に対する効力など留置権の効力について次のことが明らかになろう。

まず第一に、留置権は債務者以外の第三者に対しても主張し得る権利であるといっても、前記一で述べたことから容易に理解し得るように、物の回復を求める者は費用償還債権の債務者自身にほかならないのであるから、留置権者である請負人が右の「回復者」に対して留置権を主張するという場合は、この権利が債務者以外の第三者に対して効力を生ずるという場合には当たらない、ということである。[6]学説の中には、請負人は所有者に対して一切の費用償還債権を主張し得ず、単に請負契約から生じた注文者に対する報酬債権のために留置権を主張し得るにすぎないと解し、従って所有者による回復請求を拒絶して請負人が物を留置するのは、債務者以外の第三者に対して留置権が行使される場合である、と解するものがある。[7] しかし、本編は請負人―所有者の間における費用償還関係を積極的に解し、また所有者に対する請負人の留置権は右の関係が認められる限りで保障されれば足りるとする立場から、前述した学説とは反対に解するわけである。

(2) 次に、請負人が注文者ではない「回復者」に対して留置権を主張し得ると解することは、この権利の物権性に対する捉え方にも影響を与えることになる。すなわち、元来、留置権には債務者以外の第三者に対する効力（対抗力）が認められており、それ故に、この権利は物権であると言えなくもないのであるが、さらに費用償還債権とこれを担保する留置権との関係に着目すると、両者はセットの関係にあって発生および存続は常に一致して扱われるべきであると解してきたため、結局、請負人が物の回復を求める者に対して留置権を主張し得るときは、既に述べてきたように、そのすべての「回復者」が費用償還の債務者として扱われることになる。従って、請負人はこの「回復者」に対して費用の償還を請求でき、かつ、この償還を受けるまで物を留置し得ると解することは、前述したように、右の請負人が留置権を債務者以外の者に対抗し得るという場合ではない。しかし、前記一で述べたように、費用償還債権が物の回復請求をする（すべての）者に対して主張されることになり、留置権も、回復を求めることによって費用償還債務を負担するすべての者を相手に主張される結果になるのであって、その限りでは（費用償還債権を担保する）留置権は物に対する支配権としての物権と結び付けられてよいと思われる。[8]

（1） 必要費の償還に関するドイツ民法九九四条には、わが国の民法一九六条一項にいう「占有者カ占有物ヲ返還スル場合ニ於テハ」に該当する文言は存しないが（前節注（4）参照）、右の趣旨は本文にも述べたようにドイツ民法一〇〇一条が規定していると解すべきである。

(2)　幾代通『民法研究ノート』一二九頁（有斐閣、昭六一）も、「X所有の物の賃借人AがYに修理を頼んで引き渡した」という場合に、Yに認められるべき留置権の被担保債権として、契約に基づくYの債権のほか民法一九六条の債権をも観念し、その際には、各債権における「被担保債権の金額に若干の差異」があり得る旨を言及しているが、これ以上の考察は示されていない。

(3)　本文(2)における主張は、既に前編第四章第三節において序的考察の限度で言及してきたことを、本編における考察目的に則した形で敷衍したものである。

(4)　(報酬額が費用額を上回ろうと下回ろうと)請負人が注文者より報酬の支払いを受けた場合、回復者との関係で費用の償還関係はどうなるかといった疑問も生じ得るが、報酬の支払いという形で請負人への修理行為は金銭的に評価されたことになるから、右の場合にも、所有者が請負人に対して支払わなければならない費用額は支払われた報酬額の限度で消滅する、と解するのが妥当である。

(5)　一定の要件の下で所有者に対する請負人の転用物訴権が認められ得ることを前提としたうえで（序章注(9)参照）、本文に述べてきたように、所有者に対する請負人の費用償還債権が考慮されてよいと解すると、その競合関係いかんをどう捉えるべきかという問題が生じる。しかし、仮に請負人の転用物訴権を限られた範囲で認める解釈が妥当であるとしても、この解釈は例外的な場合にのみ認められるべきであると考えるから、所有者に対する請負人の費用償還債権が考慮され得る場合には、これによる解決、すなわち民法一九六条の適用による解決が優先的に扱われるべきであり、従って右にいう競合関係は否定されるべきであろう。もっとも、前述の問題に関する、これ以上の考察は、序章注(9)でも指摘したように本編では立ち入らないことにする。

(6)　債務者以外の第三者に対して留置権の対抗が認められる領域とは、例えばXからその所有物を購入したAが代金不払いのままYに売却し、Yの引渡請求に対して、Xが代金が支払われるまで当該物を留置するという場合のように、Yの有する物の引渡請求権がX・A間の契約関係を前提として発生している場合とか、Aがその所有物をXに売却して代金の一部を受領したが、Xの残代金不払いを理由に売買契約を解除して当該物をYに売却した場合など非間接強制型の時前型における「所有者交替の場合」に、占有者が、いわゆる法的牽連の場合における債権を被担保債権とする留置権を、当該債権の債務者でない者（第三者）に対して主張する、という場合に限られてよい旨の前編第三節二で明らかにした私見は、本編における、これまでの考察から導き得た解釈、すなわち物的牽連の場合における債権としての費用償還債権に関しては、留置権を第三者に対抗するという場合は起こらないと解し得る限りで、裏面から正当化されることになる。

（7）清水・前章第一節注（4）「基礎的考察(二)」六〇頁参照。なお、従来の学説が同様の立場にあったと解されることについては序章で指摘してきてある。

（8）川井健＝鎌田薫編『物権法・担保物権法』一八五、一八六頁〔関武志〕（青林書院、二〇〇〇）参照。

終　章

一　本編では、主として請負ケースを対象に、費用償還債権を被担保債権とする請負人の留置権に関して考察してきた。例えば、注文者に属さない物（動産）を修理した請負人は所有者に対して留置権を主張し得ると解すべき場合に、①いかなる債権に基づいた留置権をこの請負人に認めるのが妥当であろうか、具体的には、右の請負人は所有者に対して民法一九六条の費用償還債権を主張し得る余地はないものか、また②請負人はどのような範囲で留置権を主張し得ると解するのが妥当であろうか、さらには③右の一九六条および民法二九五条の趣旨に照らすと、請負人の保護はどの限りで図られるべきか、そして④留置権は物権であって「すべての者」に対抗できるということは、最終的に、いかなることを意味しているのであろうかという問題を考察対象として取り上げ、それを解明するに当たり、一方では民法一九六条の系譜を辿った考察を行い、また他方では右の問題が、裁判実務および学説によって多いに論じられてきたドイツの解釈学を参考に検討を試みてきた。その結果として前章までに述べてきたことを纏めると次のようになる。

まず第一に、右の請負人と、それから所有権などに基づいて当該物の引渡しを求める回復者との間には、一定の範囲で民法一九六条が適用されてよいということである。というのは、こうした解釈は、フランス民法典とその解釈学を承継した現行民法典の立場に適合すると解されること、またドイツ民法九九四条以下の適用に関する解釈としても同一の取扱いがなされており、右に示した解釈が妥当であることの裏付けとなること、加えて実質的に見ても、注文者が無資力であるために請負人のところに生じ得る経済的なリスクは所有者に転嫁されても止むを得ないといった政策的な判断が窺えること、そして請負人の回復者に対する費用償還債権を認めたところで利得の押し付けとなるわけではないと解し得たからである。

また、請負人と回復者の間に民法一九六条の適用が認められる限りで、請負人は所有者の回復請求を拒絶して当該物を留置できるにすぎない。というのは、費用償還債権の発生および存続とこの債権を被担保債権とする留置権の主張とはセットの関係で請負人に認められている、と認識できたからである。その結果として、回復者に対して有する前述の費用償還債権を確実にせんとして請負人に留置権が認められたところで、留置権を主張される右の回復者は費用を償還すべき債務者そのものであり、従って債務者以外の第三者に該当するわけではない。このように、物の回復を求める者が請負人との関係では費用を償還すべき直接の債務者として扱われ、従って費用を償還しない限り当該物を現実に取得し得ないと解する結果、(留置権は債務者以外の者に対しても効力があることから物権であると言い得るにせよ)民法一九六条の費用償還債権を被担保債権として留置権が主張され得るときは、物の回復を求めるすべての者が留置権を主張されることになり、しかも費用償還の債務者として扱われるわけであり、こうした事情が同条の費用償還債権を物権編に位置づけ、また留置権をして物権と称させる一つの所以となっていると解されたのである。

二　ところで、わが国の学説は、留置権の成立が認められる債権の一つとして「物自体から生じた債権」を挙げてきており、その中には、前述した費用償還債権と並んで物から生じた損害の賠償債権があり、これら以外の債権を被担保債権として主張される留置権とは区別して分類してきた。一方、フランスにおいても、右に挙げた二つの債権は物的牽連の場合における債権と称されて他の債権とは区別されてきているとともに、この二債権は物自体が債務者であると譬えられてきている。すると、留置権を債務者以外の第三者に対して主張し得る場合を考察するためには、民法一九六条にいう費用償還債権が被担保債権である留置権を請負人が契約の相手方以外の者（所有者など）に対して主張する、という場合のみを考察の対象とするだけでは十分でなく、物的牽連の場合におけるもう一つの債権であるところの、物から生じた損害の賠償債権についても、その債権者は債務者以外の第三者に対して右の賠償債権を被担保債権とする留置権を主張し得るであろうか（例えば、Aの所有する物を占有するBから委託されてこの物を保管するCが当該物の瑕疵より損害を被ったとか、Aの所有する動物を預かっていたBの不注意でその動物がCに損害を与えたなどの場合に、Cは、損害賠償債権を担保するため、Aの回復請求に対して当該物または動物につき留置権の存在を主張できようか、など）、という問題が考察されなければならない。けだし、右の主張を肯定するときは、前述した諸事例が留置権を債務者以外の第三者に対抗する場合として扱われたことになるが、こうした扱いは果たして妥当であると言えようか、また留置権の物権性との関係ではどう説明されるべきであろうか、といった考察が必要であると考えられるからである。これらの考察は次編で展開されることになる。

第三編　物から受けた損害の賠償債務者と第三者の関係

序　章

一　既にくり返し述べてきたように、民法二九五条にいう「物ニ関シテ生シタル債権」には「物から受けた損害の賠償債権」が含まれると解されており、この「賠償債権」の具体例としては、一般に寄託物の性質または瑕疵より生じた民法六六一条の損害賠償債権が挙げられてきた。[1] 具体的には、寄託物が腐敗していたとか、保管を委託された物の荷造り梱包が不完全であった場合に受寄者が取得する損害賠償債権などである。[2] また、同条にいう「寄託物」には当然に動物も含まれてよく、[3] 従って動物の保管を託された者が当該動物より損害を被った場合における賠償債権のためにも、受寄者は留置権を主張し得ると解して妨げあるまい。かような損害賠償債権と物または動物との間には非常に密接な関連性が存すること多言を要しないであろう。ただ、若干補足すると、右の密接な関連性について我妻栄は、物自体が「保管者に損害を与えたときには、自分はすまないことをしているから、それを弁償してもらわなければ、受け戻されない、と嘆いているわけである」[4]、と比喩的に説明しており、かような説明からも窺えるように、本来、物と密接な関連性を有する右の賠償債権のために留置権が認められた背景には、物自体が賠償義務者であるという思想が前提となっていたと言うことができる。もちろん、物が賠償義務を履行することは現実には不可能なはずであるから、一方で、加害物に代わり、特定人（＝当該物の回復を求める者）によって賠償義務が履行される可能性を認める必要があり、他方で、この特定人による賠償が実現されないときは、物のなした加害行為に対する代償措置として、被害者（＝債権者）には右の物を直接の支配下に置き止めておく資格が与えられたと考えられるのである。(5)

ところで、留置権は一般に債務者以外の者（＝第三者）に対しても効力を有すると解されているため、この解釈と、それから「物から受けた損害の賠償債権」のために留置権が成立するという前述の解釈とを併せて考えると、その論理的な帰結として、物の占有者は、「物から受けた損害の賠償債権」のために、第三者に対しても留置権を対抗し得ると解することができそうである。そうだとすると、例えばAからその所有物を委託されてBが保管中にその物の性質または瑕疵より損害を被ったという場合に、BはAからの物の譲受人Cに対して留置権を対抗し得ることになろうし、またAの所有する動物を預かったBがこの動物より損害を被ったという場合にも、Bは、この損害が賠償されるまで、動物の譲受人Cによる引渡請求を拒絶し得るはずである（以下では、これらの場合を「物の譲受人に対して留置権が主張された場合」と呼ぶことがある）。右の場合におけるBは、物の譲渡人であるAに対して賠償請求をなし得るにすぎず、契約の相手方でないCに対しては何ら賠償債権を有していないとの解釈を前提としたとき、物の回復を求めるCはAに代って事実上の立替払いを余儀なくされるかもしれない。(6)こうした結論が止むを得ないものであるならば、その実質的な理由としては、CはAの権利を承継取得したのだから、Aの立場以上に保護される必要はないといった点に求めることができる。

一方、右に反して、例えばAの所有物をBが盗み、Bから委託されて保存していたCがこの物の性質または瑕疵より損害を被ったという場合（＝〔設例①〕）も、Cは契約の相手方でないAに対して同様に留置権を主張し得ると解すべきであろうか。すなわち、民法六六一条によりBはCに対して賠償債務を負担しているから、CはBに対して留置権を主張し得てよいであろうが、そうではなくて、AがCに対して物の引渡請求をしたという右の場合に、民法二九五条によりCはこの引渡請求を拒絶できると解すべきであろうか。また、Aの所有する動物をBが盗んでCに保管を託したところ、この動物がCに損害を与えたという場合（＝〔設例②〕）などにおいても、Aから動物の引渡しを請求されたCは被った損害の賠償がなされるまでAに対して留置権を主張できる、と解してよいであろうかを想定したとき、もしも〔設例①〕および〔設例②〕におけるAが全く賠償義務を負担していないならば、著者には、右のCは留置権を主張できると解すべきではないように思われる。

その理由を以下に述べる。すなわち、前述した〔設例①〕および〔設例②〕の何れにおいてもCはBより賠償されるまで物を留置し得ると解すると、Aとしては、Bが行方不明であるときはBを捜し出してきて賠償させる行為を強いられ、もしもAにはBを捜し出すことが事実上不可能であるときは、Aは立替払いをして経済的な損失を自ら負担しなければ物の回復を求め得ないことになる。もっとも、「物の譲受人に対して留置権が主張された場合」においても、譲受人が物の回復を欲するときは事実上の立替払いを余儀なくされるはずだから、この限りでは、〔設例①〕および〔設例②〕におけるAと、それから「物の譲受人に対して留置権が主張された場合」における譲受人との間に相違は見られない。しかし、前述したように、物の譲受人は物の譲渡人以上に保護される必要はないと解すると、物の譲渡人が賠償行為に出ないために譲受人が事実上の立替払いに出ざるを得ないとしても、それは止むを得ないと考えられる。これに反して、右の〔設例①〕および〔設例②〕においては、物の譲受人と同様にAにも立替払いを甘受せよと強要すること自体、本来、妥当とは言えないように思われる。けだし、設例中のAはBからの権利承継人ではなく、従ってBの立場と同レベルで甘んずべき利益状況にはないからである。そうだとすると、事実上の立替払いを強いられ得るといった不利益をAに負担させてまでCに物を留置できる権利が認められる結論は、公平の原則に基づく留置権制度の趣旨に照らして決して妥当とは言い得まい。(7)

もっとも、物（または動物）の保管を所有者以外の者から依頼された占有者がこの物（または動物）から損害を被ったという場合であっても、物の所有者自身が占有者に対して損害賠償債務を直接に負担しているならば、その限りで占有者には、所有者に対する賠償債権の履行を促すために、留置権を主張して所有者の引渡請求を拒絶し得る余地が認められてよい。例えば、受寄者からさらに保管を依頼されて占有する者が、物の性質または瑕疵より損害を被ったという場合における物の所有者（＝寄託者）とか、動物が賃借人から逃げ出して他人に損害を与えた場合の動物所有者（＝賃貸人）などに対しては、被害者は直接に損害賠償請求をなし得る余地があるから、そうだとすると、その限りでは占有者は直接の債務者である引渡請求権者に対して留置権を主張し得てよいであろう。これに反して、〔設例①〕および〔設例②〕におけるAが損害賠償債務者ではないならば、CはこのAに対して留置権を対抗できると解すべきではあるまい。

かような認識から、既に第一編において、「物が惹起した損害賠償債権については原則として物の所有者が債務者である、と解することが可能である。その限りで――所有者が債務者であるとされる場合にのみ――、占有者は留置権による保護を受け得るにすぎず、またそれで十分であって、例外的に所有者が債務者に当たらないときは占有者に留置権を認める必要はない、と解される。[8]」と主張してきた。そうだとすると、問題は、〔設例①〕および〔設例②〕におけるAは、いかなる限度でCに対して損害賠償債務を負担しているのか、である。つまり、占有者が「物から受けた損害の賠償債権」に基づいて留置権を主張したという場合、この主張が常に認められるわけではなく、前述したように、占有者による留置権の主張が許されるべきではないと解される場合が存在し得るならば、翻って、物から損害を受けた場合の賠償債務者の範囲はどこまでかを明確にする必要があろう。

二　ところで、右に述べた、物から損害を受けた場合の「賠償債務者の範囲」を確定するためには、主としていかなる条文の適用を問題にすべきか、である。そもそも「物から受けた損害の賠償債権」に該当する債権としては、前述したように、一般に寄託物の性質または瑕疵から生じた損害の賠償債権とか、動物の保管を委託された者がその動物より損害を被った場合における賠償債権などを挙げ得るとすると、右の損害賠償債権の法的根拠としては、主として民法六六一条と同法七一八条とが考えられよう。そこで、まず、前述した〔設例①〕におけるCはBに対しては右にいう六六一条の賠償債権を主張し得るであろうが、A・C間においては同条の適用があるものか、である。また、民法七一八条はいわゆる動物占有者の責任を規定していることからすると、〔設例②〕のCに対してAには右の責任が問題にならないものか、である。このようにCの占有する「物」が「動物」である場合とそうではない場合とでは、賠償債務者の確定として考えられる適用条文が異なり得るから、そうだとすると、A・C間に右の二ヶ条の適用があるものかを確定する必要があろう。そして、もしも右に掲げた二ヶ条の適用が否定され、しかも他の諸規定を適用する可能性さえも認められないために、AがCに対して直接に賠償債務を負わないと考えられるときは、Cは留置権を主張し得ないと解してよいのではないか。もしもかように解することが可能であるならば、占有者が留置権を第三者に対して対抗し得る領域の中に〔設例①〕および〔設例②〕においてAが賠償債務者でないという場合を含めるべきではないことになる。

そこで、以下では、〔設例①〕および〔設例②〕のA・C間における前記二ヶ条の適用可能性いかんを主たる考察目的とし、占有者が第三者に対して留置権を主張し得る領域の明確化に努める。(9) その際、「物から受けた損害の賠償債権」のために留置権が認められるのは、民法二九五条が継受したフランス民法典の解釈にあっても同様であり、また民法六六一条および同法七一八条の母法となったドイツ民法典（正確にはその草案）においても、右の「賠償債権」のために占有者は物の引渡請求権を拒絶し得ると解されていることから、本編は、一方でフランスおよびドイツの留置権制度を参考にし、他方で現行民法典の制定に至るまでの起草委員の見解を、いわゆるボアソナード草案にまで遡って参照することで右の目的に迫ることにする。(10)

(1)　我妻・民法講義Ⅲ三〇、三一頁、明石・新版注釈民法⒃三四二頁など。

(2)　司法法制調査部・議事速記録4八〇七、八一〇頁、来栖三郎『契約法』五九九頁（有斐閣、昭四九）など。

なお、例えば債務不履行に基づく損害賠償請求権のために留置権が主張される場合も生じ得るが、これは債務者の「不履行」という「行為」から生じた損害賠償請求権であって、「物」から受けた「損害の賠償債権」ではない。また、例えばAが所有する車をBの畑に乗り入れてBに損害を与えた、などの場合にBが取得する損害賠償請求権も、Aの意思に直接支配された「乗り入れ行為」から生じた損害賠償請求権であるから、本編で対象とする「物から受けた損害の賠償請求権」の中には含めないでおくことにする。

(3) 現行民法典の起草過程では、動物寄託の場合にも当然に民法六六一条の適用があるとの前提に立って議論がなされている（司法法制調査部・議事速記録4八〇五頁以下参照。なお、右の議論については第二章第二節二で述べる）。

(4) 我妻・案内4―1八四頁。

(5) このように解することができる史実上の由来を、古くは動物自体の責任を観念した時代に見出すことができる。すなわち、「『ローマ』の十二表法には、四足獣が傷害を為したときは、其所有者は賠償を為すか又は行害獣を被害者に引渡して、其存分に任すべしと云う規定があり（Noxa deditio）又た『ガーイウス』『ウルピアーヌス』等の云ふ所に據れば、此行害物引渡の主義は、幼兒又たは奴隷が他人に損害を與えたとき、又たは他人が無生物から損害を受けたときにも行はれ、其損害の責任は其物又たは幼兒等に在って、若し其所有者が為害物體を保有せんとならば其請戻しの代價として償金を拂ふべきものであったとの事である」（穂積陳重『法窓夜話』六六、六七頁〔有斐閣、大五〕。ローマ法における動物の責任については、さらに梅原錦三郎「動物占有者ノ責任」日本法政新誌一七巻四号四八四、四八五頁（大六）、末川博「Actio de pauperieについて」『春木先生還暦祝賀論文集』四四三、四四八、四五一、四五六頁以下〔有斐閣、昭六〕も参照）。そして、中世ヨーロッパにあっても、例えばフランス古法の時代には、同様に動物を被告とした、いわゆる「動物裁判」が行われてきたようである（穂積・前掲書六七頁。より詳細には、池上俊一『動物裁判』二四頁以下〔講談社、一九九〇〕参照）。

　ところが、近代法では動物自体が責任主体となる観念は放棄された。このことは、末川・前掲論文四四六頁以下にその事情が端的に述べられている。これを要約すると、(イ)ローマ法の下では、動物は（奴隷による加害と同様に）加害についての意思を有すると考えられ、加害した動物を被害者に委付するのは被害者が動物に復讐するという原始的な思想の現れであった。ところが、(ロ)一八世紀から一九世紀の初頭にかけて通説は動物による加害に対する責任の根拠を所有者の過失に求めるようになり、この責任を追及する被害者の訴権（Actio de pauperie）の被告適格は、訴えの提起時における動物の物権関係を基準とされるようになった。そして、(ハ)具体的に一定の物権関係にある者とは、動物に対して事実上支配力を有する占有者を指すのであって、単に所有者を指すのではなく（例えば動物が逸走して事実上の支配を失っているような場合）、たとい所有者または占有者が加害動物を譲渡したとしても、被害者は前主または後主の何れかを選択して賠償請求し得た旨が紹介されている。

従って、第一章第一節でも述べるように、フランス民法典が「物から生じた損害」および「動物から受けた損害」の賠償責任について規定したが（一三八四条一項、一三八五条）、かような責任形態の観念はローマ法以来の歴史的な産物が形を代えた残滓であるように思われる。つまり、近代法の時代では、フランスにおけるように、一方で動物の引渡しを求める者に賠償責任を課すことにし、他方で中世まで行われていた動物の委付による免責を認めない代わりに、被害者に対して賠償がなされるまで被害者には動物・無生物につき留置する権利が認められた、という形で変遷してきたとの推測が可能である。

(6)　もっとも、著者は、既に、物の占有者が「物から受けた損害の賠償債権」を有するときは、その限りで「賠償債権」の債務者に対して留置権を主張し得るにすぎず、留置権を第三者に主張するという場合は生じないと解してきた（第一編第四章第二節三参照）。

かような解釈は右の占有者が物の譲受人に対して留置権を主張する、という場合においても基本的に妥当するならば、本文で述べたように、CがBから留置権を主張されたとしても、Aに代わって「事実上の立替払い」をするという事態は生じ得ない。けだし、Bが留置権をCに対して主張し得るときは、C自体が賠償債務者となっているはずだと考えるからである。かかる解釈の根拠については、前注で指摘したように、「物から受けた損害の賠償債権」のために占有者に留置権が認められたのは、動物という物自体の責任が古くは観念された結果、いわゆる物上債務的な構成が採られてきたからではないか、という考えが基礎になっている（なお、篠塚昭次＝川井健編『講義物権法・担保物権法』一八二頁〔清水元〕〔青林書院新社、一九八二〕は、物の回復請求をした所有者に対する占有者の「物から受けた損害の賠償債権」を認めている）。ただ、本編では、後述するように、物の譲受人に対する留置権の主張（または対抗）の場合を考察対象としていないので、ここでは従来の多数説が前提としていると思われる理解を紹介し、またその理解に従った叙述で差し当たりは十分であると考える（なお終章注(5)参照）。

(7) このような結論の不当性は〔設例①〕および〔設例②〕以外の事例によっても容易に首肯できよう。すなわち、例えばBがAから盗んだ物をCに保管させるために荷造り梱包したが、この梱包が不完全であったためにCが損害を被った場合とか、Aの所有する動物をBが盗んで占有中にこの動物が病気に罹り、BはそれをCに保管させたところ、Cの所有する動物に感染してCが損害を被った場合などにおいて、Cが（賠償債務者として扱われるべきでない）Aの引渡請求に対して留置権を主張し得ると解するならば、それはAにとって甚だ酷な結論だと言い得る。

(8) 第一編第四章第二節三参照。

(9) 従来の学説は、民法二九五条にいう「物ニ関シテ生シタル債権」を、「物自体から生じた債権」と「物の返還請求権と同一の法律関係または同一の生活関係から生じた債権」とに分類してきた。前者の「債権」はさらに二つに分けられ、これには本編が対象としている「物から受けた損害の賠償債権」と、それから「物に加えた費用の償還債権」とがあるとも解されてきた。そこで、著者は、「物自体から生じた債権」のために留置権を主張するときは、その相手方は債務者自身にほかならないのではないかとの見解を明らかにし（第一編第四章

第二節を参照)、右の「債権」のうち、特に「物に加えた費用の償還債権」のために留置権を主張するという場合については、前編において詳しく考察した際に右に示した見解の正当性を明らかにしてきた(同編第三章第二節二を参照)。

本編は、「物自体から生じた債権」に数えられるもう一つの債権、すなわち「物から受けた損害の賠償債権」のために占有者が留置権を主張できる領域を明らかにせんとする意図にあり、その意味では、前編までにおいて示してきた、物の引渡請求権者が賠償債務者である限りで占有者は留置権を主張し得るにすぎない旨の私見を補う関係にある。具体的には、本編は、フランスおよびドイツの状況に関する第一編第二章および第三章での叙述を多少とも補充し(第一章)、すぐ後に述べるように、いわゆるボアソナード草案以来の立法過程を明らかにすることによって(第二章)、前述した私見を補充ないし詳述する狙いにある。

(10) わが国における民法上の留置権制度は、基本的には、フランスの裁判例および解釈学に倣っていわゆるボアソナード草案が制定され、これが旧民法典を経て現行民法典へと受け継がれたものである。従って、本編の目的を論ずるに際しては、フランスにおける留置権制度がどのように解されているのかを考察する必要があろう。しかし他方で、第一章で紹介し、また第二章で考察するように、「物から受けた損害の賠償債権」が意味する具体的な債権については、必ずしもフランスでのそれとは同様に扱われておらず、むしろドイツにおける「損害賠償債権」に近いという点からすると、ドイツにおける留置権制度との比較をも併せて考察することが肝要であると思われる。本編がフランスおよびドイツの留置権制度を参照しようとする意図はかような認識に基づいている。

第一章　フランスおよびドイツの状況

第一節　フランス法

一　フランスにおいても、同様に、「物から受けた損害の賠償債権」のために占有者に留置権が認められている。そこで、まず、この「賠償債権」が具体的にいかなる債権を意味するのかであるが、フランスにおいても受寄者が寄託者に対して有する債権が挙げられている。(1) すなわち、受寄者は、寄託物の保存のために支出した「費用」の償還または寄託物より生じた「損害」の補償を寄託者に対して請求でき（一九四七条）、この請求権のために留置権が受寄者に付与されている（一九四八条）。右の一九四七条が定める寄託者の責任はいわゆる結果責任と解されており、(2) 同条の「費用」には、保管のために支出した費用または寄託者によって支出が命ぜられた費用のほか、有償寄託における報酬も含まれる。また、同条の「損害」とは、例えば動物の保管が委託された場合に、その動物が病気であったために受寄者の所有する動物に感染して受寄者が被った損害などの直接損害のほか、受寄者が寄託物を火災から救うために自己の物を毀損して生じた損害といった間接損害をも意味している。(3) かような損害の賠償責任を寄託者が負わなければならないのは当然であろう。ただ、学説は、この賠償責任の法的性質を、寄託者の債務不履行責任ではなくて不法行為責任であると解しているのみならず、場合によっては不法行為責任に関する一三八四条一項および一三八五条の適用可能性をも肯定する。(4)

すると、右の一三八四条一項および一三八五条によって定められた不法行為責任の責任主体は誰なのか（責任主体の範囲）、である。そもそも一三八四条一項は、「人は、自己の行為によって生ぜしめた損害に限らず、自己が責任を負うべき者の行為または自己が保管する物から生じた損害についても責任を負う」と規定し、当初は、民事責任を定めた一般的な規定である一三八二条と一三八三条とを受けた規定であると解されていた。けだし、一三八四条一項はフォート理論に支えられた過失責任主義に基づく規定だとされ、同条項が、「人」に対して、「自己が責任を負うべき者の行為」または「自己が保管する物」から生じた損害についても責任を負わせたのは、右の「人」は「自己が責任を負うべき者」に対する監督義務を怠ったか、または、「自己が保管する物」に対する注意義務を怠ったとされる判断に基づいていたからである。もっとも、一三八四条一項自体は同条項に続く特殊な民事責任を定めた諸規定の前触れとしての意味を有しているにすぎず、一三八四条一項自体は無内容な（または序文としての）規定であると位置づけられたために、具体的には、「自己が責任を負うべき者」の行為から生じた損害に対する責任の内容は同条四項以下の賠償責任を、また「自己が保管する物」から生じた損害の賠償責任の内容は、動物の所有者または使用者の責任（一三八五条）と建物所有者の責任（一三八六条）とを指していた。(5)

二　しかし、周知のとおり、一三八四条一項は、一九世紀末になると、当時の労働災害を契機に、被害者の保護を図るという観点から裁判例によって次第に独立化した意義が与えられるようになる。(6)すなわち、同条項は過失責任主義の観点から不法行為責任を定めている一三八二条および一三八三条の特別規定として、無過失責任主義的な独自の発展を示し、不可抗力または被害者のフォートといった免責事由がない限り、一三八四条一項の賠償責任は広く発生すると解されるようになる。そして、加害者側の過失または責任が推定されるだけでなく、責任の性質も危険責任化していく。また、過失概念が客観化されるようになり、その結果、裁判例により加害者として責任を負う者の範囲は広く理解されて、例えば賃借人のように所有者以外の者が物を使用しているときでも、所有者に責任を負担せしめる結論が承認された。さらには、契約の当事者であるか否かとは無関係に一三八四条一項は適用されるようになっただけでなく、例えば賃借人や受寄者など所有者の同意を得て物を占有する者も、原則として右の「保管者」に該当し得ると解されるに至る。このように、本来は厳格な過失責任主義の下で位置づけられていた一三八四条一項は、次第に独自の存在意義が与えられ、しかも無過失責任主義化の傾向を示すことになった。

なお、動物の所有者または使用者の責任を定めた一三八五条は、前述したように一三八四条一項を具体化する規定であり、かつては同条項の解釈と基本的に同一に解釈されていたが、これも過失責任主義の立場から離脱し、不可抗力などの免責事由を証明できない限り、動物の所有者または使用者は広く責任を負担すると解されるようになっただけでなく、その責任の性質も危険責任的に解釈されているようである(従って、今日では、一三八四条一項とそれから同条項を具体化する諸規定との適用関係をどう区別するのかが問題の中心となっている)(7)。

三　以上に述べたことから理解できるように、例えば物または動物の寄託において、前述した一九四七条の債権のために受寄者が留置権を主張するという場合、受寄者と寄託者以外の者との間には一三八四条一項または一三八五条の適用が認められ、しかもこれらの諸規定は無過失責任化されて損害賠償の責任主体は広く解されていることからすると、例えばAの所有物を占有するBとの契約でCが保管中に当該物から損害を被ったという場合には、Cには、Aに対して一三八四条一項または一三八五条により賠償責任を追及できる余地がかなり広く認められたことになる。(8)

(1) Marty et Raynaud, *Droit civil*, t. III, n° 39, p. 24 note (1); Rodière, *Encyclopédie Juridique*, n° 232, p. 17.
(2) 岡松参太郎『無過失損害賠償責任論』一三一、一三三頁注(13)（有斐閣、昭二八）参照。
(3) Rodière, *Encyclopédie Juridique*, n° 228 et 229, p. 17.
(4) Rodière, *Encyclopédie Juridique*, n° 230, p. 17.
(5) 以上の記述については、高橋康之「無生物責任」『フランス判例百選』一一五頁以下（一九六九）、新関輝夫『フランス不法行為責任の研究』（法律文化社、一九九一）所収の各論文を参照した。
なお、便宜上、一三八五条を次に記しておく。

一三八五条…動物の所有者（propriétaire）またはそれを使用する者（celui qui s'en sert）は、保管下の動物であれ逸走した動物であれ、使用中にそれがもたらした損害について責任を負う。
(6) 以下の一三八四条一項と一三八五条に関する記述については、前注(5)に掲げた高橋論文、新関論文を参照した。
(7) 例えばMazeaud, t. II, 1er vol. 1978, nos 516, p. 528は、一三八四条一項の責任を明らかにするために一三八五条が設けられた旨を述べている。
(8) もっとも、AがCに対して全く賠償責任を負担しない場合においても、CはBに対して取得し得た損害賠償債権のために占有物につき留置権を主張し得るかについては、必ずしも明らかでないようである。とはいえ、Cが一三八四条一項または一三八五条により損害賠償債権を取得し、一九四八条に基づいて留置権を主張し得る場合には、そのほとんどにおいてAは自らCに対して賠償義務を負担していると解して妨げあるまい。

第二節　ドイツ法

一　ドイツ民法典も公平性に依拠する留置権制度を設けており、その二七三条一項は、債務者が自己の債務と「同一の法律関係」から生じた（弁済期到来の）請求権を債権者に対して有するときは、自己の負担する債務の履行を拒絶できるとし、その二項は、「物から受けた損害の賠償債権」のために債務者に留置権を付与している。このように、ドイツにおける民法上の留置権は物の引渡拒絶に止まらず広く履行拒絶権として構成されており、また留置権の債権と相手方の債権とが相互に対立し合っていることが必要であること、しかも右の留置権には対抗力が認められていない、などの点においてわが国におけるとは大いに異なっている。従って、同条の留置権は債権的留置権と呼ばれているが、この留置権による履行拒絶は、債権的な引渡請求権に限らず物権的な引渡請求権に対しても主張できる。(1)そこで、占有者が「物から受けた損害の賠償債権」に基づく債権的留置権を主張する具体的な場合を、債権的な引渡請求権に対する場合と物権的な引渡請求権に対する場合とに区別して挙げると、前者については、例えば受寄者が寄託者に対して有する寄託物の性質より生じた損害の賠償債権を、(2)また後者については、例えば不法行為に関する八二三条以下の賠償債権を債務者に対して有する限りで占有者は留置権を主張し得る。(3)

二　右に挙げた二つの具体例についてやや敷衍すると、まず受寄者は、寄託物を保管するために必要な「費用」を支出したときは寄託者に対してその償還債権を有し（六九三条）、この債権のために留置権を行使できる。[4] また、六九四条によれば、受寄者は寄託物の「性質より生じた損害」の賠償を寄託者に対して請求でき、この賠償責任の法的性質は契約締結上の過失責任であると解されている。[5] 従って、例えばAの所有する物を盗んだBから委託されて保管するCは、右にいう六九四条の賠償債権のために（損害賠償債務者ではない）Aに対して留置権を主張することはできない。

次に、八二三条以下で定められた不法行為に基づく賠償債権についてはどうか。例えば、Aの所有する動物によりBが損害を被った場合、BはAに対して八三三条の損害賠償債権を取得し得る。この賠償責任の性質は危険責任であると解されており、[6] わが国の現行民法七一八条一項にいう「相当ノ注意ヲ以テ其保管ヲ為シタルトキ」は免責される旨の規定がない点で、前述した八三三条の責任の方が広い（このため、同条に関しては右の免責される場合を巡って問題が生じ得ることになる）。[7]

ところで、例えばAの所有する動物を預かっているBの不注意でこの動物がCに損害を与えたという場合にも、Cは、当該動物から被った損害の賠償がなされるまでAの回復請求を拒絶し得るであろうか。この問題は、CがAに対して八二三条以下、とりわけ八三三条の損害賠償債権を取得し得るかどうかの判断による。そして、仮にこの賠償債権をCがAとの間で取得していないときは、Aの引渡請求をCは拒絶し得ないことになる。けだし、前述した二七三条の債権的留置権の性質からして当然の帰結だからである。

（1）　Vgl. Selb, Staudingers Komm., §273 Rz. 34.

（2）　Enneccerus-Lehmann, Recht der Schuldverhältnisse, S. 715.

（3）　Vgl. Selb, Staudingers Komm., §273 Rz. 34 u. 36.

(4) Vgl. Reuter, Staudingers Komm., §693 Rz. 8.

(5) Vgl. Enneccerus-Lehmann, Recht der Schuldverhältnisse, S. 714f.

(6) 青之博之「ドイツ動物保有者責任と動物危険」駒沢大学法学部研究紀要四三号五一頁以下（昭六〇）を参照。なお、参考までにドイツ民法八三三条を次に掲げておく。

八三三条…動物によって人が殺害され、または人の身体もしくは健康が侵害され、または物が毀損されたときは、動物保有者（derjenige, welcher das Tier hält）は被害者に対してこれにより生じた損害を賠償する義務を負う。右の損害が動物保有者（Tierhalter）の職業、営利活動または生計に役立つことが決められている家畜によって生じ、かつ、動物保有者も動物の監督に際して取引上必要な注意を払い、またこの注意を払っても損害が生じたであろう場合には右の責任は生じない。

(7) この問題に関しては青野・前注五一頁以下を参照。

第二章　物から生じた損害の賠償債務者に関する立法過程の議論

受寄者は、寄託者に対して「寄託物ノ性質又ハ瑕疵」より生じた損害の賠償債権を有し（民六六一条）、序章で述べたように、この賠償債権のために受寄者は寄託者に対して留置権を主張し得るから、例えばAから動物の保管を託されたBがその動物の「性質又ハ瑕疵」より損害を被った場合にも、Bは当然Aに対して民法六六一条の賠償債権を主張できてよい。これに対して、例えばAの所有する動物をBが盗んでCに保管を託した〔設例②〕の場合、Cは、この動物の「性質又ハ瑕疵」より損害を被ったときは、Bに対して同条により賠償を請求し得ることは格別、Aに対しても、右にいう六六一条の賠償債権を主張できると解してよいものか。また、民法七一八条はいわゆる動物占有者の責任を規定していることからすると、Cとしては、Aに対して前述した六六一条の責任を追及できなくてもこの七一八条の責任を追及する余地はないものか。こうした問題は、序章で述べたように、そもそも右にいう六六一条と七一八条の適用関係をどう解するのかに依っているので[1]、以下では、これら二ヶ条における賠償責任の性質、（人的および物的）賠償責任の範囲、その適用関係などについて立法過程ではどのように理解されていたのかを、いわゆるボアソナード草案にまで遡って探ってみたい。

（1）　民法六六一条と同法七一八条の適用関係を巡っては、B・C間には六六一条の適用だけでなく七一八条も適用される可能性があるのかといった疑問も生じ得るが、本編が、序章**二**で示したように、〔設例①〕および〔設例②〕においてCがAに対して直接に損害賠償債権を有するかの解明を目的としていることから、右の疑問に対する検討は以下での考察対象から除外する。

第一節　ボアソナード草案から旧民法典まで

いわゆるボアソナード草案（以下では単に「草案」と言うことがある）九一五条はフランス民法一九四七条に匹敵する規定であり、寄託者に対する受寄者の賠償債権に関して次のように規定していた。

草案九一五条…寄託者は保存のために受寄者が物に支出した必要費および物が受寄者に加えた損害を賠償しなければならない。

この賠償がなされるまで受寄者は寄託物につき留置権を行使できる。

一　ボアソナード草案

同条一項の責任についてボアソナードは次のように述べている。すなわち、右の責任は「寄託契約ヨリ直接ニ生スルモノ」ではなく、契約は単にこの責任を生ずる「機会」となっているにすぎない。そして、受寄者が寄託物を保存したために寄託者が受けた「利得ノ賠償」、または、寄託者が「瑕疵ヲ知ラサル可カラサル有害物」を寄託し、その「過失ニ依リテ」受寄者が被った「損害ノ賠償」に「起因スル」責任である。(1) つまり、彼によると、本条の責任は契約責任ではなく、過失責任主義に基づいた不法行為責任の一環としての性質を具備している。このことはボアソナードによる次の説明からも窺うことができる。すなわち、彼は、損害を生ぜしめた物の瑕疵が寄託された以後に生じたものであるときは寄託者は責任を免れる、と言う。例えば、寄託された馬が寄託された後に病気に罹り、受寄者の所有する馬に伝染したという場合には、寄託者は受寄者が被った損害の賠償責任を負わない。けだし、右の草案九一五条によって寄託者が賠償責任を負担するためには、「寄託者ノ方ニ不注意」があったことを必要とするからである。また他方で、彼は、寄託者が瑕疵を知らなかったという「事実」によって右の責任の発生は左右されない、とも述べている。(2) そうだとすると、寄託時に物に瑕疵が存在していた以上、ボアソナードは寄託者の過失を擬制してこの者に賠償責任を課していたとの評価が可能であろう。

また、フランス民法一三八四条一項および一三八五条に匹敵するボアソナード草案三九一条および三九四条は次のように規定していた。

草案三九一条…何人といえども自己の所為または過失につき責任を負うだけでなく、なお自己の権力下にある者の所為または過失、および、自己に属する物についても、以下の区別に従って責任を負う。

草案三九四条…動物が加えた損害の責任は、その所有者または損害時における使用者に帰する。但し、偶然な事故または不可抗力に基づく損害はこの限りでない。

ボアソナードは右の草案三九一条がフランス民法一三八四条一項と同趣旨の規定であると述べており、しかも草案三九一条にいう「以下の区別に従って」との文言より明確なように、同条は草案三九二条以下の前置きとしての意義を有するにすぎない旨を説明している。しかも、彼は草案三九一条の賠償責任について次の趣旨を述べる。すなわち、同条は「自己ノ所為」と規定しているが、これは「他人ノ所為」と区別しようとした意図にある。けだし、何人といえども、その「管守」する人または自己に属する物の所為・過失から生ぜしめた損害を償う義務があるからである。しかし、その「管守」する人の所為について責任が発生するのは「管守」が行き届かないためであるから、結局、それは「自己ノ過失」による責任にほかならない。(3) このように草案三九一条は過失責任主義に基づいており、ただ「管守」する者は、「管守」を受ける者の「所為」

を防止できなかったことを証明すると前述した責任を免れ得る。そして、同条の趣旨は草案三九五条などによって具体化されることになる。(4)

二　旧民法典の草案

(イ)　次に、法律取調委員会で審議された旧民法典の草案とその再調査案を紹介し、これらの草案に関する議論を見ておく。

まず、第六三回法律取調委員会(明治二一年六月一一日開会)で議論の対象となった条文は、前記ボアソナード草案九一五条が翻訳された九一五条(財産取得編)とその修正案である。(5) そして、寄託者が責任を負担する場合として『議事筆記』に挙げられている具体例としては、(イ)預けた馬が馬車を壊した、(ロ)預けた馬が病気であり受寄者の馬にこれが伝染した、(ハ)預けた皮が腐っており他の物に害を及ぼした、(ニ)蔵に預けた物の重みで根太が陥ちたなどである。また、ここでの主たる議論としては、寄託者は寄託後に物に瑕疵が生じたときは責任を負わないが、(使用貸借の場合とは異なり)寄託の場合においては受寄者が損害を被る側であるから、寄託者が物の瑕疵を知って預けたかどうかは関係ないという点にあった。(6)

一方、旧民法草案の財産編三九一条および三九四条は次のように訳されていた。

三九一条…各人ハ自己ノ所為又ハ懈怠ニ付キ其責ニ任スルノミナラス尚ホ自己ノ威権ノ下ニ在ル者ノ所為又ハ懈怠ニ付キ及ヒ自己ニ属スル物ニ付テモ下ノ区別ニ従ヒ其責ニ任ス

三九四条…動物ノ加ヘタル損害ノ責任ハ其所有者又ハ損害ノ当時ニ於ケル其使用者ニ帰ス但意外ノ事変又ハ不可抗力ニ出ツルモノハ此限ニ在ラス

右の三九一条にいう「自己ニ属スル物」とは猫とか犬といった三九四条以下に定められた「動物」を指す旨が指摘されており、また三九四条に関しては「不可抗力」の例が示されているにすぎない。例えば、馬が雷鳴のために驚いて乗り手に怪我をさせ、乗り手が上手であっても回避できなかったという場合が挙げられているのみであり、特段の議論は見られない。(7)

(ロ)　法律取調委員会で審議の対象となった、財産取得編九一五条および財産編三九一条、三九四条の再調査案は次のとおりである。

九一五条…寄託者ハ物ノ保存ノ為メ受寄者ノ支出シタル必要ノ費用ト其物ノ為メニ受寄者ノ受ケタル損害トヲ賠償スル事ヲ要ス

右賠償ノ皆済ヲ受クルマデ受寄者ハ受寄物ノ上ニ留置権ヲ行フ事ヲ得

三九一条…何人ヲ問ハス自己ノ所為又ハ懈怠ヨリ生スル損害ニ付キ其責ニ任スルノミナラス尚ホ自己ノ威権ノ下ニ在ルモノノ所為又ハ懈怠及ヒ自己ニ属スル物ヨリ生スル損害ニ付キ下ノ区別ニ従ヒテ其責ニ任ス

三九四条…動物ノ加ヘタル損害ノ責任ハ其所有者又ハ損害ノ当時ニ於ケル其使用者ニ帰ス但其損害カ意外ノ事又ハ不可抗ノ力ニ出テタルトキハ此限ニ在ラス

右の諸規定は前記(イ)で示した草案の字句を修正したにすぎなかったようであり、右の再調査案を理解するに役立つ議論は全くなされていない。(8)

三　旧民法典

右の再調査案を受けて制定された、いわゆる旧民法典の財産取得編二一九条および財産編三七一条、三七四条は次のように定められていた。

二一九条…寄託者ハ寄託物ノ保存ノ為メ受寄者ノ支出シタル必要ノ費用ト其物ノ為メニ受寄者ノ受ケタル損害トヲ賠償スルコトヲ要ス

右賠償ノ皆済ヲ受クルマテ受寄者ハ受寄物ノ上ニ留置権ヲ行フコトヲ得

三七一条…何人ヲ問ハス自己ノ所為又ハ懈怠ヨリ生スル損害ニ付キ其責ニ任スルノミナラス尚ホ自己ノ威権ノ下ニ在ル者ノ所為又ハ懈怠及ヒ自己ニ属スル物ヨリ生スル損害ニ付キ下ノ区別ニ従ヒテ其責ニ任ス

三七四条…動物ノ加ヘタル損害ノ責任ハ其所有者又ハ損害ノ当時之ヲ使用セル者ニ帰ス但其損害カ意外ノ事又ハ不可抗力ニ出テタルトキハ此限ニ在ラス

これらの諸規定について旧民法典に関する講義録や注釈書は、ボアソナードが述べていた趣旨をそのまま説いている。すなわち、右の三七一条と三七四条は過失責任主義に基づいていること、そして例えば「自己ノ威権ノ下ニ在ル者ノ所為」について責任が生ずる理由としては、かかる者を制して「他人ニ損害ヲ加ルヲ防止スル「能フノ地位」にある者は、監督が十分でなかった（または監督につき不注意があった）からであること、また例えば動物が加えた損害については、「監守スル所有者ノ不注意ニ原因スル」ということにあるから、動物が賃貸されたなど動物の「使用権ト共ニ其監守ノ義務」も他人に移ったときは、使用者である賃借人が責任を負うことなどである。(9) 加えて、右の損害が「意外ノ事又ハ不可抗力」より生じて「果シテ所有者又ハ使用者ニ過失又ハ懈怠ナキニ於テハ」、右の者は責任を免れると解されていたことからすると、(10) 旧民法三七一条と三七四条はやはり過失責任主義を基盤としていた、と解して妨げあるまい。

（1）ボアソナード氏起稿『再閲修正民法草案註釋第三編特定名義獲得ノ部下巻』五一六頁（発行所、発行年ともに不明。なお、同書に掲げられた条文では草案九一五条は一四一五条となっている）。
（2）以上についてはボアソナード氏起稿・前注五一六、五一七頁参照。
（3）ボワソナード氏起稿『民法草案財産篇講義二人權之部』四九八頁（司法省、発行年不明）参照。
（4）以上についてはボワソナード氏起稿・前注四九九頁参照（なお、同書に掲げられた条文では草案三九四条は三九六条となっている）。
（5）参考までにこの修正案を以下に示しておく。

九一五条…寄託者ハ物ノ保存ノ為メ受寄者ノ為シタル必要ノ費用ト物ヨリ受寄者ノ受ケタル損害トヲ之ニ賠償スルコトヲ要ス

右ノ償金ノ皆済ヲ受クルマテ受寄者ハ寄託物ニ付キ留置權ヲ行フコトヲ得

（6）司法法制調査部・財産編取得編議事筆記三二八、三二九頁参照。
（7）司法法制調査部・財産編人權ノ部議事筆記一六九、一七八頁。
（8）司法法制調査部・財産編再調査案議事筆記二一四、二一六頁、および、同・財産取得編再調査案議事筆記一六一頁参照。
（9）富井政章講述『民法原綱人權之部』三八一～三八三、三九二頁（寶文館、明二三）、磯部四郎『大日本新典民法釋義第八編』一六一一、一六一七頁（長島書房、明二三）参照。
（10）磯部四郎・前注一六一七、一六一八頁参照。

第二節　現行民法典の起草委員の見解

一　以上に示してきたように、寄託者に対する受寄者の賠償債権と動物責任としての賠償債権に関しては、フランス民法一三八四条一項および一三八五条ならびに同法一九四七条および一九四八条に従ってボアソナード草案（具体的には九一五条、三九一条、三九四条）が制定され、それがほとんど形を変えないで旧民法典に受け継がれてきた。とりわけ右の一三八四条一項と同条によって原則づけられた一三八五条の責任が、過失責任主義の観点から位置づけられていたということは重要である。けだし、前述した一九四七条にいう責任の性質も不法行為責任であると解され、しかも一三八四条一項と一三八五条の適用によって補完され得ることからすると、物であれ動物であれ、これを占有する者が損害を被ったときは、この被害者は損害の発生につき過失を有する者に対して賠償請求し得るからである。

ところが、受寄者に対する寄託者の損害賠償責任と動物占有者の責任を規定する現行民法典の六六一条および七一八条は、その構成だけでなく内容についても、フランス民法典から発して旧民法典に至るまでの一連の法条との間に相違点が存在する。それは、後述するように、右の二ヶ条がドイツ民法典の草案に倣って制定されたことに起因している。そこで、以下では右の相違点を概観しておく。

二　この相違点を具体的に示す前に、受寄者に対する寄託者の賠償責任を定めた現行民法典の六六一条が、同条の草案として法典調査会に提出とされた六六八条と、文言上、異なった箇所が見受けられるので、この点について最初に触れておく。すなわち、現行民法六六一条は、寄託者の賠償範囲を寄託物の「性質又ハ瑕疵ヨリ生シタル損害」に限定しているのに対して、その草案六六八条では単に「性質ヨリ生シタル損害」と規定されていたにすぎない。また、現行民法六六一条但書が「其性質若クハ瑕疵ヲ知ラサリシトキ」と規定しているのに対して、その草案六六八条但書は「其物ノ危険ナル性質ヲ知ラサリシトキ」とされている。この草案六六八条はもともと「独逸民法原案」に従った規定であり、ドイツ民法六九四条とほぼ同様の規定である。(1) それが現行民法典のように修正されたのは何故かと言うと、起草委員が、「性質ヨリ生シタル損害」の一例として、例えば預けた馬が病気であったために受寄者の馬に伝染してこの者が損害を被ったという場合を挙げたところ、かような損害は「性質」より生じた損害とは言い難いという理由で「瑕疵」という語句が加筆され、かつ、この加筆に伴って但書も修正されたからである。(2) 従って、基本的には、現行民法六六一条はその原案六六八条を基本的に承継したと解して妨げない。

ところで、現行民法六六一条は、法形式的には、フランス民法一九四七条および同条を継受した旧民法二一九条までの諸規定との間に、主として次の相違が見受けられる。すなわち、(イ)寄託者の賠償範囲を一定の「損害」に限定している点、および、(ロ)免責事由を同条但書が法定している点であり、これらの相違点について起草委員は次のように説明している。まず、前記(イ)の相違点に関してであるが、旧民法二一九条にいう「物ノ爲メ」が広く「保管ノ爲メ」を意味するならば、「寄託者ノ責任ハ非常ニ重イコトニナラウ」から、かかる不当性を配慮して受託者の賠償範囲は制限されることになった。例えば、預かった物を棚の上などに載せておいたところ、地震のためにこれが落下して下の物を壊し損害が生じたという場合にも寄託者の賠償責任を認めると、それは右の寄託者に酷な結論になるから、寄託者の賠償責任の範囲は「物ノ性質」から生じた損害に限定されなければならない、との理由に基づく。このように寄託者の賠償責任の範囲を一定の「損害」に限定しているのはドイツ民法六九四条であり、わが国の民法六六一条本文はこのドイツ民法六九四条(正確にはその草案)に倣ったからである。次に、免責事由を同条但書が法定しているという前記(ロ)の相違点に関してであるが、寄託者が過失なくして物の危険な性質を知らなかったとき、または、(寄託者の過失の有無や知・不知に拘わらず)受寄者が物の危険な性質を知っていたときは、寄託者の免責を認めるのが公平だから、との判断により免責事由が法定された。そして、右の六六一条但書のような規定は「独逸民法原案ニアル」と起草委員は明言している。(3)加えて、ここで注目しなければならないのは、前述した条項が「単ニ寄託者ト受寄者ノ関係丈ケヲ定メタモノ」にすぎないのか、つまり「損害ガ引イテ第三者ニ及ンダ場合」には「一般ノ規則」に従うことになるのかであるが、起草委員はこれを肯定に解し、右の場合は「普通ノ損害ニ関スル規定ニ依テ其被害者タル第三者ハ或ハ寄託者ニ掛ル或ハ受寄者ニ掛ルト思フ(傍点は著者)」、と説明している。(4)従って、例えばAの所有する物または動物をBが保管しており、この物または動物から第三者が損害を被ったときは、Aにつき民法七〇九条以下の諸規定が定める不法行為責任の存否が問われ得ることになる。これは前章第二節で紹介したドイツ民法典における建て前と同様の取扱いとなっており、右の不法行為責任には民法七一八条が定める動物占有者の責任も当然に含まれているのである。

三　すると、この七一八条に関する起草委員の理解はどうだったのであろうか。もっとも、同条もその草案として法典調査会で検討された七二六条とは若干異なっている、ということを予め断っておく。すなわち、現行民法七一八条一項但書は、占有者が「動物ノ種類及ヒ性質ニ従ヒ」相当の注意をしたときは賠償責任を免れる旨を規定しているのに対して、その草案七二六条一項但書は、単に「動物ノ性質ニ従ヒ」と規定していたにすぎない。これは、動物には、固有の性質として普段は穏やかな性質のものもあれば、同じ動物の中にも固有の性質とは異なった特殊な性質を有するものもある旨の指摘がなされ、「動物ノ種類及ヒ性質ニ従ヒ」と修正するのがよいとの修正意見が出されたためである。(5)

ところで、右にいう七一八条の制定には多くの諸外国の立法(案)が参照されたものの、同条の構成はフランス民法一三五八条またはドイツ民法八三三条などのそれとは微妙に異なっている。すなわち、わが国の現行民法典は動物に対する責任の主体を「占有者」とし、続いて、この「占有者」に代わって動物を「保管スル者」も同様に責任を負担すると規定した。(6)その理由としては、かような者は損害発生を防止するに一番近い所にいる者であり、損害予防についても「一番能ク出来ル」からであると説明されている。その際、所有者のほかに「占有者」がいるときは、この「占有者」のみが責任を負担するという結論に疑問が提示されたが、これに対して、起草委員は、所有者に対しては、現行民法七〇九条に該当する草案七一九条の適用によって所有者は責任を負担すると説明している。(7)以上の叙述からすると、現行民法典の起草委員は、七一八条の責任主体を厳密に「占有者」として狭く理解していたのであり、ドイツ民法八三三条に関して前章第二節で述べたこととは異なり、動物占有者の責任主体を危険責任主義の立場から広く解釈しようとしていたとは思われない。むしろ、起草委員が右の七一八条を基本的に過失責任主義の下で理解していたとさえ解し得るのであって、(8)そうだとすると、かような理解と既に前節で示してきた旧民法典に至るまでの認識との間には、共通性があることを否定できないように思われる。なお、現行民法七一八条一項但書の趣旨は旧民法典における免責と「異ナル所ナシ」と解されていた。(9)

(1)　わが国の現行民法六六一条但書は、寄託者の免責事由の一つとして「受寄者カ之ヲ知リタルトキ」を掲げているにすぎないが、ドイツ民法六九四条但書は、より詳細に、「寄託者がこれを受寄者に通知し、または、通知しなくても受寄者がこれを知っていたとき」と規定している、という点において両規定の間に違いが見られなくはない。しかし、わが国では、ドイツ民法六九四条但書のように規定すると「文章ヲ長クスル丈ケノ効能シカナイ」という理由で成文化されなかったにすぎない（司法法制調査部・議事速記録4八〇六、八〇七頁参照）。

(2) 司法法制調査部・議事速記録4八一〇頁。このほかの例示として、荷造りが悪いために生じた損害も挙げられている（同頁）。

(3) 司法法制調査部・議事速記録4八〇五、八〇六頁。

(4) 司法法制調査部・議事速記録4八一一頁。

(5) 司法法制調査部・議事速記録5三九〇頁参照。

(6) この点、フランス民法一三八五条の責任主体は動物の所有者または使用者であり（前章第一節注(5)参照）、またドイツ民法八三三条では動物保有者が責任主体となる（前章第二節注(6)参照）。

(7) 司法法制調査部・議事速記録5三八七～三八九頁。

(8) ちなみに、起草委員は、七一八条（正確にはその草案七二六条）が、ドイツ民法草案と同様に、過失責任主義に基づいた折衷主義とでも言うべき規定として位置づけている（司法法制調査部・議事速記録5三八七頁参照）。

(9) 廣中・理由書六八一頁。

終　章

以上に述べてきたことを纏めると次のようになる。すなわち、例えばAの物または動物をBが保管していたところ、Cがこの物または動物より損害を被ったという場合、CはAに対して損害につき賠償責任を追及できるかに関しては、今日のフランスでは勿論のこと、ドイツにおいてもかなりの範囲でこれを肯定するという立場で一致していた。いささか詳述すると、フランスでは不法行為に関する規定である一三八四条一項の適用範囲が広く解釈されるようになり、一三八五条に関しても危険責任的に独自の性質が与えられるようになったため、右の諸規定が前例におけるA・C間に広く適用され得る傾向を示していた。つまり、不可抗力などの免責事由がない限り、Aが責任を負う場合は広く承認されている。そして、Cは、取得し得た賠償債権のため、Aに対しても一九四八条を根拠に留置権を主張し得る。

これに対して、ドイツにおいては、寄託者が負担する賠償責任の法的性質は契約締結上の過失責任であると観念されており、フランスにおけるとは相違を示していた。とはいえ、ドイツにおいても、前例におけるCは、Bに対しては、六九四条の賠償債権に基づき二七三条の留置権を主張し得るのであるが、Aに対しても、八二三条以下の適用によって取得し得る損害賠償債権のために同様に留置権を主張することができる。とりわけ、動物から生じた損害に対しては、危険責任を定めた八三三条が広くAを債務者として扱っているため、Cが二七三条に基づいて留置権を主張し得る領域は広範囲に及んでいる。

この点、現行民法典の起草委員は右のドイツ民法六九四条（正確にはその草案）に倣って六六一条を制定したが、同条は前例でのB・C間において適用され得ることが前提とされていたので、CがAに対して追及できる賠償責任はむしろ不法行為責任であると考えられていた。つまり、起草委員によると、寄託物の「性質又ハ瑕疵」より生じた損害についてAに「故意又ハ過失」があるときは、Cは、Aに対して例えば民法七〇九条などにより賠償を請求し得る場合もあろうし、またとりわけ動物から損害を被ったときは、同法七一八条により賠償責任を追及することも可能である。

何れにせよ、わが国における民法上の留置権制度に影響を与えたフランスおよびドイツの立法および解釈学の状況に鑑みたとき、またわが国の現行民法典の制定過程における議論と起草委員の認識に配慮したとき、序章に掲げた〔設例①〕および〔設例②〕におけるA・C間など、物から損害を受けた場合の被害者と契約の相手方でない所有者との間には、不法行為に関する民法七〇九条以下の諸規定を適用する可能性が広く認められてよく、またこう解するのが具体的な問題の解決に当たり公平な結論を導くことになろう。そして、かかる規定を適用した結果、AがCに対して直接に賠償義務を負担しているときは、CはAから損害賠償がなされるまで占有物につき留置権を主張し得てよいことに異論はあるまい。

もっとも、右に述べたようにA・C間において右にいう七〇九条以下の適用可能性を認めたとしても、民法七一八条にいう「占有者」の概念について現行民法典の起草委員は狭く解釈していたから（前章第二節三参照）、既に序章で明示してきたように、〔設例②〕におけるCはAに対して損害賠償請求権を取得する限りで留置権を主張し得るにすぎないと解する私見（序章一参照）を前提とすると、具体的な場合に不当な結論を来さないかといった疑問が生ずるかもしれない。換言すると、右のA・C間につき前述した七一八条の適用を論ずるとき、現行民法典の起草委員が解していたように同条の責任主体である「占有者」の範囲を狭く解釈すると、右の私見に従う限り、留置権が認められて然るべきCにこの権利が認められないという不都合が生じ得るのではないか、といった疑問である。しかし、民法七一八条にいう「占有者」の責任については、今日では起草委員の意図に反して危険責任的に理解され、最高裁判例および有力説によってその概念は広く解釈されてきている。(1) そして、同条にいう「占有者」の範囲は、動物から損害を被った場合の賠償責任を誰に負担させるのが最も公平か、という見地から判断されるべきであると考えるとき、右に示した最高裁判例および有力説の見解は支持されてよいのではないか。(2) かように解するときは、これに伴ってCがAに対して留置権を主張し得る範囲も非常に拡張されることになろうから、前述したような不当な結論は生じまい。(3) 但し、動物以外の物が寄託された場合である〔設例①〕においては、フランス民法一三八四条一項に匹敵する規定がわが国には欠如しているので、ドイツにおけると同様に、民法七一八条以外の不法行為に関する諸規定の適用によって賠償債務者を決定せざるを得ない。しかし、その場合であっても、可能な限り同条(場合によっては民法七一七条)を類推適用してCがAに対して賠償請求できる余地を広く認めるべきである。(4)

以上のように解するならば、〔設例①〕および〔設例②〕において、物から受けた損害の賠償債務者ではないAがCに対して物の引渡請求をしてきた、という場合にCには留置権の主張を認める必要はない。これとは反対に、Aの物(または動物)の保管をBがCに託した場合に、A・C間に民法七〇九条以下の適用が認められて、CがAに対して留置権を主張し得るときは、Aは損害賠償債権の債務者にほかならないのであるから、右の場合は留置権を第三者に対抗する領域には含まれないことになる。(5)

(1)　裁判例の傾向については目崎哲久「判批」判タ四七二号一二〇頁以下(一九八二)、星野雅紀「動物占有者の賠償責任」判タ四七六号五四頁以下(一九八二)を参照(民法七〇九条が適用されたことで同法七一八条の責任を認めたに等しいと解し得る最判昭和五七年九月七日民集三六巻八号一五七二頁や、事実上、同条について無過失責任に近い取扱いをしている最判昭和五八年四月一日（民商八九巻四号五四一頁に紹介）なども参照のこと）。

また、民法七一八条の責任主体を広く解する学説としては、我妻栄「事務管理・不當利得・不法行為」『民法Ⅳ債権各論』一九〇頁（日本評論社、昭一二）、前田達明『民法Ⅵ₂（不法行為）』一七四頁（青林書院、昭五五）参照。反対説としては、加藤一郎『不法行為法』二〇三、二〇四頁（有斐閣、増補版、昭四九）、五十嵐清・注釈民法⒆三二二頁などがある。

（2）ちなみに、例えばAからBが賃借した動物よりCが損害を被った場合、民法七一八条によってBが賠償債務を負担したとしても、だからといってAは全く免責されることにはならず、Cの損害に対する賠償責任をA・Bともに負担するのが公平であると解される場合も広く承認されてよい（例えば最判昭和五七年九月七日民集三六巻八号一五七二頁は、闘犬の飼主に飼育場所を提供し、かつ、日常飼育に協力していた者に対して民法七〇九条を適用し、不法行為責任を肯定している。この判決には同法七一八条の適用可能性を問題にしていない点で疑問が残るが、複数の者に対して賠償責任を肯定している結論は支持されてよい。なお、川井健「土地工作物責任／動物所有者・占有者の責任」ジュリ九一四号一七三頁（一九八八）も、動物の所有者も占有者もともに責任を負うとの解釈に立ってリステイトメント条文を作成している）。すると、Aが同条によって賠償債務を負担するときは、Cが動物について留置権を主張することも可能になるから、問題はAがいかなる場合に免責され得るのか、である。川井・前掲論文一六七頁は、免責事由を、「動物の種類及び性質に従い相当の注意をもってその保管をし若しくは他人に保管をさせたとき、又は占有を喪失した後相当の期間を経過したとき」と解している。これは、「動物の種類及び性質」「相当の注意」「相当の期間」を柔軟に解釈して妥当な結論を導き得る見解であり、支持したい（なお、第一編第四章第二節注（33）参照）。

（3）　もっとも、起草委員は、A・C間に民法七一八条の適用が否定されても、これらの者の間に同法七〇九条の適用可能性を認めていたので（前章第二節**三**参照）、最高裁判例および有力説とそれから起草委員との間には、Aの賠償責任の有無に関する結論上の差異は生じまい。

（4）　この点については第一編第四章第二節**三**も参照。

（5）　序章注（6）でも述べてきたように、占有者が「物から受けた損害の賠償債権」のために物の譲受人に対して留置権を主張し得る、という場合における譲受人も賠償債権の債務者にほかならないと解するならば、結局のところ、占有者が右の「賠償債権」に基づいて留置権を第三者に対抗するという場合は生じないことになる。

第四編　不動産競売における買受人と第三者の関係

序　章

一　問題の所在

民法上の留置権における中心的効力としては留置的効力が挙げられ、この権利が物権として構成されていることを根拠に、「第三者」に対する効力（対抗力）が認められてきた。このことは今さら言うまでもないことであるが、ただ、「第三者」に該当する典型例としては、物の譲受人のほか、いわゆる競落人を掲げる学説が伝統的であったことに注目する必要がある。[1] このような理解は、民事執行法が施行された後の学説にあっても基本的に同様であり、実際、留置権の対抗を受ける者として、同法上の買受人を例示する学説が少なからず見受けられるところである。[2] もっとも、ここに言う「第三者」の意味については、これまで必ずしも明快に把握されてきたとは言い難いが、学説による前述した理解の背景には、この「第三者」とは、留置権によって担保される債権（＝被担保債権）の債務者とは一応区別された者を指している、と解して妨げあるまい。[3] すなわち、留置権は譲受人や買受人といった債務者以外の者、すなわち「第三者」に対しても効力があり、かかる者が占有者に対して物の引渡しを求めたとしても、占有者は被担保債権の弁済があるまで留置権を主張して物の引渡しを拒絶できる、というものである。

ところで、不動産競売における買受人を「第三者」の典型例と解し、(4) 従って買受人は留置権者との間において被担保債権の債務者ではないとの結論が正当化されるためには、実のところ克服されなければならない先決問題が存在している。すなわち、買受人は本当に留置権者に対して被担保債権の債務を負担していないものか、例えば(これらの者の間に債務負担に関する合意が存在するなどの特段の事情がないとしても)競売不動産の旧所有者が負担していた人的債務を買受人は承継する、と解し得ないものかということであり、これは、民事執行手続の性質とも関連して論じられなければならない一つの重大な問題である。けだし、不動産競売における留置権の取扱いについては原則としていわゆる引受主義が採られており、買受人は被担保債権を「弁済する責めに任ずる」と規定されているため(民執五九条四項)、(5) 買受人が被担保債権の債務を負担していないかどうかという前述の問題は、この規定をどう解釈するかということと大いに関連しているからである。その際、もしも右の問題を肯定に解釈して買受人の債務負担を承認したならば、買受人を「第三者」に含めて扱うことはできない、と言わねばなるまい。また、例えば買受人は競売不動産の旧所有者が負担していた人的債務を承継するものではないと解したところで、買受人は、被担保債権の性質に鑑みたならば、留置権者に対して固有の(独自に)債務を負担していると解する余地がないものか。もしも買受人のところで留置権者に対して右の債務が発生していると解すべきときは、やはり買受人を「第三者」として捉えるのは適切ではない、と考えられる。

二　これまでの学説の検討

(1)　ところで、買受人は、留置権者との間で、民法二九五条二項にいう「物ニ関シテ生シタル債権」の債務を負担しているかどうか、という問題（＝買受人による「債務負担」の問題）について学説はどう解釈してきたかというと、これまでの学説は、専ら、競売不動産の旧所有者が留置権者に対して負担していた人的債務を買受人は承継すると解し得るか、という問題（＝「債務承継」の問題）の視角で捉えたうえで多様な解釈論を展開してきた。かような学説の状況を大別すると、(6) 買受人は、留置権を引き受けることにより、競売不動産の旧所有者が負担していた人的債務をも承継すると解する見解（＝承継説）が一方に存在しており、(7) これと対座する見解として、（特別の売却条件で別段の定めをした場合を除き）競売は人的債務の承継という効果を伴うものではなく、単に留置権という担保権の負担を引き受けるにすぎないと解する見解（＝不承継説）が主張されていた。(8) そして、学説上の多くは後説に従っていたと一おうは言い得るが、承継説もしくは不承継説と共通した性質や、これらを併用した特色を内包しつつ、その一方で各説の欠点を克服しようとして数多くの折衷説が主張されたり、または、「物ニ関シテ生シタル債権」の性質に結び付けた解釈を試みる学説が唱えられている。これを以下に簡単に纏めよう。

まず、不承継説の余地を残しながら、しかし同説とは画然と区別されるべき学説に次の見解がある。すなわち、留置権者の意思を考慮する結果、留置権者、債務者、買受人という三者の関係を、恰も債務者と買受人との間で免責的債務引受契約が結ばれたと同様に捉え、留置権者が債務引受けを承認するまでは、留置権者との関係では従来どおり債務者が弁済の義務を負担すること、従って買受人は履行引受けの状態に立つ（留置権者が右の承認を拒絶した場合も同様である）と解する一方、留置権者が債務引受けの承認をしたときは、買受人のみが人的債務を承継すると法律構成する見解（＝A説）[9]、任意競売の場合には不承継説と同様に人的債務の承継を認めない反面、強制競売の場合では、旧民事訴訟法六四九条三項が旧所有者の債務を（重畳的に）買受人にも負担させるものと捉え、この場合に承継説の結論を承認しようと解する学説（＝B説）[10]、などである。

一方、とりわけ承継説と共通する点を含みながら、しかし純然たる同説とは区別される特徴を含んだ主張も散見される。その一つは、人的債務の承継を認める点では承継説に属しつつも、しかし買受人は債務者と併存的に被担保債権の債務を負担することとし、両者間には連帯債務関係が生ずると解する説（＝C説）である。[11]また、留置権の存否やその被担保債権額が常に正確に調査できるとは限らないことを理由に、買受人の負担は物的な有限責任に留まるものとし、債務者が留置権者に支払った場合には、目的物の価額の限度で求償を求め得ると解する説（＝D説）なども唱えられている。[12]

右のほか、「債務承継」の問題を、留置権がどのような場合に成立するか、すなわち留置権によって担保される債権は何か、といった留置権に対する民法理論の領域と結び付けて考察し、結局、占有者が物に費用を加えた場合の費用償還債権（または物が損害を生じさせた場合の賠償債権）にあっては、費用額（または損害額）を不動産の評価額より控除して、その限りで買受人が免責的かつ直接的に債務負担すると解する見解（＝E説）も主張されている。[13]同説は、買受人の債務負担を承認する点では承継説と共通すると言い得るものの、しかし右の債権に限っては、買受人が競売不動産の旧所有者が負担していた債務を承継すると法律構成するのではなくて、占有者との間で「直接」に債務を負担すると解するので、あくまで承継説とは異なる新たな特色を備えていると解し得る。

(2)　ところで、このような諸学説に対しては重大な疑問を抱かざるを得ない。それは買受人と留置権者の各々に存する利害関係や主張内容が不明瞭であることに関して、である。

もとより、「物ニ関シテ生シタル債権」を有する留置権者にとっては、誰が債務者であるかは重大な関心事であろうから、徒に買受人を債務者として捉える解釈は留置権者の地位を不安定なものとしかねない。すなわち、買受人による債務負担を承認したならば、買受人の一般財産が被担保債権の引当て財産として扱われるところ、買受人は常に不動産の旧所有者よりも弁済能力があるとは断定できまい（右の債務負担を認めたならば、留置権者は自らの関知しないところで債務者の変更という結果を強いられることになる）。すると、留置権の被担保債権は十分に満足され得るかとの視点から、ここに、債権者（＝留置権者）の期待を無視してはならない、という要請（＝「債権者保護」の要請）に応えるべき必要性が生ずる。一方、買受人に債務負担を認める解釈は、不動産の買受け希望者の意欲を減殺させることにもなりかねない。けだし、買受人が債務の負担を強いられ、この債務を最終的に履行する行為に出ないときは、買受人の一般財産が債務の引当て財産として扱われることになろうからである（買受人は、買受代金のほかに負担を強いられるかもしれない不安を残した形で、競落不動産の所有権取得を望まないはずである）。ここに、買受け希望者が安心して競売手続に参加できなければならない、という要請（＝「買受け保護」の要請）も働くことになろう。反対に、買受人は債務を負担しないという解釈に従うときは、買受人は、旧所有者に代わって債務を弁済しないと、競落不動産の引渡しを受けられない事実上のリスクを覚悟しなければならなくなる。すなわち、当該不動産の旧所有者が、弁済能力を欠くなどの事情から、留置権者に対して負担している債務につき弁済行為をしないため、買受人が代位弁済をしなければ物の引渡しを受けられないときは、事実上、買受人は買受け代金を超えた過度の支払いを強いられる。これは一般的には買受人の期待しない結論であろう。これより、買受人の過払いは回避されなければならない、という要請（＝「過払い回避」の要請）が生ずることにもなる。

以上に述べたことを纏めると、買受人による「債務負担」の問題についてどう解釈するのが妥当かを検討するに際しては、前述した三つの要請、すなわち「債権者保護」「買受け保護」「過払い回避」の要請に十分に応える解釈でなければならないが、前述した諸説はかような解釈として適切であると言えようか。なるほど、不承継説は留置的効力を中核とする留置権の本質に最も忠実な見解であると言えようが、前述した「過払い回避」の要請に応えられない見解でもある。もっとも、買受人による過払いのリスクは、例えば債務承継しなかった不動産の買主（＝譲受人）が、売買代金を支払った後に、当該不動産を占有している留置権者に対して不動産の引渡しを求めた、という場合における当該買主にとっても等しく認められると言えなくはない。しかし、不動産競売により所有者となった買受人を右の買主と同視した解釈は、果たして望ましいものと言い得るかについて疑問なしとしない。多言を要するまでもないが、買受人は法定の売却条件に従って当該不動産の所有権を取得しているからである。この点、A説はどうか。なるほど、留置権の被担保債権額を不動産評価額からの控除要素と捉える見解が一般的であり[14]、このことは民事執行法の下でも同様に解されている[15]。しかし、被担保債権額の控除が常に可能であるとは限らないから、A説に従ったところで右の疑問がすべて解消することにはなるまい。けだし、同説は右の控除ができない場合にあっては不承継説に従うため、その限りで買受人は（事実上の）過払いを余儀なくされようからである。だから、かような批判を免れるためには、最低売却価額の決定に際し、留置権の被担保債権額が完全に控除できないと、A説に対しても前述した疑問を払拭することはできないように思われる（なお、同説が唱える免責的債務引受契約の関係も、買受人の立場を考えたとき、どれだけ現実的か疑わしい）。また、B説にあっても、同説が旧民事訴訟法六四九条三項の解釈について不承継説に従う限り、前述した疑問が等しく妥当しよう。

もっとも、最低売却価額が留置権の被担保債権額を控除して決定されている場合には、買受人は前述した過払いの危険を強いられないはずであるから、この控除を前提に、不承継説と対座する見解として、承継説の存在意義が認められる。しかし、買受人に債務負担を認める同説は、前述した「債権者保護」の要請との関係で疑問が残ろう。かような疑問は、承継説と基を一としながらも、債務者・買受人間に連帯債務関係を認めるC説や、留置物の価額の限度で買受人の債務負担を認めるD説に従うことで克服できるかもしれないが、その反面、最低売却価額に留置権の被担保債権額を控除できない限り、やはり買受人には（事実上の）過払いの危険が存することに変わりなく、従ってC説、D説の何れも、不承継説やA説におけると同様の不都合性を内包している、と言えよう。さらに、E説は、留置権の成立する債権に着目している点で大いに注目されてよいが、留置権者が有する費用償還債権（または物が損害を生じさせた場合の賠償債権）以外の被担保債権にあっては、買受人による「債務負担」の問題はどう解釈されるのかが必ずしも明らかでないため、この問題に対する解明が改めて問われることとなろう。(16)

このように見てくると、承継説、不承継説、A説〜E説の何れにあっても疑問（または不十分）と解すべき点が内在している、と言わねばなるまい。

三　問題の錯綜状況と本編の目的

(1)　ところで、買受人による「債務負担」の問題に関する裁判例の状況に目を転じたとき、この問題の解明には、単に「債務承継」の問題に対処するだけに留まらない、新たな視点からの問題意識を抱かざるを得ない。

その一つは次の点である。裁判例の中には、甲らが共有する建物に第四順位までの抵当権が設定されてその登記も了したが、乙は甲から右建物を賃借し丙がこれを転借したところ、第一・第二順位の抵当権に基づきこの建物が競売されて丁がその所有権を取得したという場合に、丙が転借中に前記建物に有益費を支出し、従って民法一九六条により費用償還債権を有する、と主張して行使した建物留置権を認容したものがある。(17)右の丙は、建物競売手続における、執行官による現況調査の際に費用支出した旨の申述をせず、本訴において初めてこの支出を主張したにすぎなかった。それにも拘わらず、右の裁判例が丁の債務負担を認めて丙の留置権行使を許した結論は、単に「債務承継」の問題を論ずることで導かれたもの、と理解するだけでは収束しきれないように思われる。けだし、被担保債権額が控除されて最低売却価額が決定されたわけではないならば、買受人が債務を負担するという結論は行き過ぎの感を拭えないからである。

また、かつて大審院は、甲所有の家屋を購入した乙がその所有権を取得する前に、丙は、甲に対する債権の担保として同家屋に対して有していた第二順位の抵当権を実行し、自ら競落人となって所有権を取得して乙に対し右家屋の明渡しを請求したところ、乙は購入後にこの建物に有益費を支出したと主張し、その償還債権に基づき建物留置権を行使したという事案において、乙は丙に対しても右償還債権の弁済を請求できる旨を判示したことがある。(18)学説の中には、この大審院判決をもって買受人への人的債務の承継を認めたものと捉えるものが少なくないが、(19)この判決文の中には、人的債務の承継、移転、引受け等を意味する言葉は見当たらない。この点を重視したならば、右の判決は、買受人をもって留置権者が有する「物ニ関シテ生シタル債権」の債務者にほかならない、と捉えているかもしれない。そうだとすれば、この判決による解決も「債務承継」の問題の解決に馴染まない、と言い得るのではないか。

このように買受人による「債務負担」の問題には、「債務承継」の問題という問題設定とは異なる視点からの解決方法、すなわち買受人が留置権者に対して固有の債務を負担していると解し得る場合があろうか、という別な問題（＝「固有債務」の問題）が内在しているかもしれない。そうだとすると、右の問題を「債務承継」の問題と渾然一体のものとして扱うわけにはいかないであろう。

(2)　次に、二つめとして、占有者による留置権の行使が許されない場合にまで視野を広げたならば、やはり裁判例の状況との関連で、買受人による「債務負担」の問題は新たな考察を要するように思われる。すなわち、民法二九五条一項の適用により、「物ニ関シテ生シタル債権」を担保する留置権が成立し得る場合であっても、占有者による占有が「不法行為」によるときは同条二項が占有者に留置権の行使を認めていない。そして、詳述するまでもなく、今日の裁判実務は右の「不法行為」について拡張解釈し、悪意または有過失の占有者に対してまで、同条項の適用により留置権の行使が許されない可能性を承認している。[20] そうであれば、かような留置権の否定は不動産競売の場合には問題にならないものか、といった疑問が生起しよう。この点、裁判例の中には、不動産に対して競売開始決定による差押えがなされた後に、占有者がこの不動産に費用を支出したという場合に関し、右の条項を拡張適用したものが幾つか存在する。[21] もっとも、これらの裁判例の中には、不動産所有権を買受人が取得する前に占有者の費用償還債権が発生したものかについて、事実関係が必ずしも明らかでないものもないわけではない。とはいえ、競売開始決定による不動産の差押後に「物ニ関シテ生シタル債権」を占有者が取得した場合に、この占有者には留置権を行使し得ない余地があるならば、その限りで買受人による「債務負担」の問題は論じられるべき基盤を失うはずである。けだし、占有者が留置権を有しない限り、民事執行法五九条四項の適用可能性は喪失するからである。

(3)　以上に述べてきたことを前提に、本編は、買受人による「債務負担」の問題をどう解釈すべきか、その結果、留置権を対抗できる「第三者」の中に買受人を含めて考えるべきか、という問題の解明を目的とする。その際、本編は、前述した問題意識の視点から、これまでの公刊裁判例を整理かつ分析することによって問題の解明に努める。これより、本編は次のような構成の下で叙述を進める。まず、買受人による「債務負担」の問題に関する公刊裁判例の状況を分類し、併せて不動産の差押後における留置権の存否が争われた裁判例についても整理する(第一章)[22]。次に、これらの裁判例を分析かつ検討することで、右の問題を解明するうえでの留意点を考察する(第二章)。そこでは、問題解明に迫るうえで考慮されなければならない視角について言及するつもりである。続いて、明らかにされた右の留意点を踏まえて、買受人による「債務負担」の問題についての解明を探究し、この解明に最も適切だと思われる解釈論を提示したい(第三章)。以上の考察より導かれた解釈を前提に、買受人は不動産の占有者が留置権を対抗できる「第三者」に含まれようか、について最後に纏めることで本編を閉じることとする[23]。

(1)　学説としては、梅・要義物権編三〇八頁、中島・釋義物權篇下六一五頁、富井・原論第二巻三二四頁、薬師寺・留置權論二一頁、同・叢書民法⒆六頁、田中・注釈民法⑻三九頁、三藤・判例コンメンタール③三頁、我妻・民法講義Ⅲ四〇頁、曽田・民法講義３二六頁などを参照。

(2)　槇・担保四七頁、柚木=高木・担保〔第三版〕三二頁、高木・担保二九頁、清水・留置権六頁、川井健『民法概論２物権』二八二頁（有斐閣、一九九七）など。

なお、本編は旧法（旧民事訴訟法および旧競売法）にまで言及したり旧法下の裁判例を引用することがあり、これに関連して競落人、競買人、買受人という語を用いる場合が少なくないが、一般的には便宜のうえから買受人をもって代表させることとする。また、競売（または売却）のほか、競落、競買、買受けという語も随所に用いることがあるが、これらは何れも同一の事象について、見方を代えて表現したものであることに留意されたい。

（3）清水・留置権六頁は、「第三者」を「債務者（およびその一般承継人）以外の第三者」と述べている。なお、後出注(23)を参照。

（4）ここでの買受人は不動産競売における場合に限られ、言うまでもなく動産執行の場合における買受人は対象外である。動産が売却された場合には留置権は消滅するからである。

（5）不動産競売における留置権の取扱いについては消除主義をもって是と解する学説も存在し（椿寿夫『民法研究Ⅱ』三九頁〔第一法規、一九八三〕参照。また、竹下守夫『不動産執行法の研究』一五七頁〔有斐閣、昭五二〕も、留置権についてできるだけ消除主義に従った解釈を主張する）、実際、強制執行法案要綱案の第一次試案（昭四六）第二八は留置権につき原則として消除主義を採り、留置権者に最先順位で弁済する旨を認めていた（同じく留置権者に対して最先順位での弁済を認める立法に税徴二一条などがある）。しかし、留置権は留置的効力を本質とする権利であるから、不動産の売却によりこの効力が消滅させられることは留置権者にとって耐え難いことであるのみならず、この権利には優先弁済の効力が認められないので、留置権についても消除主義を貫くわけにはいかない点に、今日、この権利について引受主義を採った根拠が求められている（三ヶ月章『民事執行法』二五三頁〔弘文堂、昭五六〕）。

（6）買受人による「債務負担」の問題について、旧民事訴訟法の制定当初における学説がどう解釈していたかは必ずしも明白ではなく、同法に関して著された注釈書の中にも、右の問題に関する記述を見出すことは難しい。もっとも、明治二三年に制定された同法六四九条三項は、「登記簿ニ記入ヲ要セサル不動産ノ負擔ハ競落人之ヲ引受クルモノトス」と規定していたが、同条は、明治三一年の民法施行法制定により改正された。この改正に際して示された同法整理会における梅謙次郎の解釈には興味深いものが窺える。すなわち、梅は、「競落人ガ愈々代價ヲ拂ウマデハ其不動産ヲ取ルコトハ出來マセヌ、ソレデ競落人ガ代價ノ一部ヲ留置權者ノ權利ニ當テテ、ソレ丈ケ廉ク買ヘバ少シモ差支ナイ」（司法法制調査部・整理會議事速記録三頁）と述べるだけに留まらず、さらに「普通ノ場合ハ譬ヘバ不動産ニ修繕ヲ加ヘタ不動産ヲ他人カラ預ツテ居ツテ、ソレニ就テ費用ヲ出シタト云フヤウ不動産ノ價ニ比較スルト何十分ノ一ト云フヤウナ價額ガ最モ多イ、ソレデ、ソレ丈ケノモノヲ競落人ガ負擔ヲスル、ソレデ一萬圓ノ物デアツテ千圓ノ留置權トスレバ八九千圓デ買ヘバ差支ナイ其九千圓丈ケノモノヲ債權者ノ中ニ割レバ、ソレデ宜シイ」（同・三頁）とも説示して、不動産の売却価額には留置権の被担保債権額が控除されると解していた（なお、ここでの梅の説明が前提とする民施五〇条整理案では、「留置權カ不動産ノ上ニ存スル場合ニ於テハ競落人ハ其留置權ヲ以テ擔保スル債權ヲ辨濟スル責ニ任ス」という表現になっていた）。その一方で、梅は、「留置權ノ性質ハ賣ルコトハ一向妨ゲヌ、ケレドモ引渡ヲ受ケヤウト云フトキハ其留置權者ノ債權ヲ辨濟セヌト出來マセヌ、ソレデ競落人ガ所有權ヲ得タト云ツテモ留置權者ノ債權ヲ辨濟セナイト其不動産ヲバ何時迄モ取ルコトハ出來マセヌ、ソレデ競落人ニ此義務ヲ負ワサナイト始末ガ付キマセヌ」（司法法制調査部・整理會議事速記録四七頁）、と摘示して「競落人」の支払「義務」を認めている。

(7)　旧法下における承継説としては、古くは、仁井田益太郎『改訂増補民事訴訟法大綱全』六四四頁（有斐閣書房、大八）が、「當然留置權者ニ對スル債務ヲ引受クルモノト謂フヘク」と述べて同説の立場を明らかにしている（同『民事訴訟法一斑全』二九六頁（有斐閣、大八）も参照）。もっとも、不動産強制競賣編『強制執行論』三四〇頁（佐藤重之）（岡田印刷所、明三九）は、「留置權ノ如キ權利ニ依テ擔保セラルヽ債權ハ競落人之ヲ引受クルカ又ハ之ヲ辨濟スルニ非サレハ其不動産ヲ競賣スルコトヲ得サルモノ」と説くなど、単なる承継説に収束しそうにない見解が見られなかったわけではない。さらに、承継説としては、於保不二雄「判批」論叢三九巻四号六六二頁（昭一三）が代表的であり、競売代金の評価に際しては留置権の被担保債権額を控除するものとし、その後は買受人自身の債務として決済するのが簡明であることを論拠としている。

　また、民事執行法の下で唱えられた承継説としては、田中康久『新民事執行法の解説』一五八頁（金融財政事情研究会、増補改訂版、昭五五（非承継説によれば最低売却価額の決定には留置権の存在とその被担保債権の把握が必要となり、これは実務的には困難であることを理由とする））、斉藤秀夫編『講義民事執行法』二〇六頁（青林書院新社、一九八一）、などがある。

（8）　旧法下で出現した不承継説としては、(i)買受人による不動産上の負担の引受けを認める旧民訴六四九条一項の文言と、被担保債権に対する買受人の弁済責任を定めた同条三項の文言とが異なった表現である点に求めるほか、(ii)競売価額の算出に際しては、留置権の被担保債権額を予め考慮できない背景が存在すること、などを根拠に不承継説を唱える谷井辰蔵『不動産強制執行の諸問題』一八九、一九一頁（巖松堂書店、昭一一）が挙げられる（但し、留置権者にも自らの債権のために売却金に対する配当要求を認め、結局、この者がその債権全額の配当を受けた場合には留置権は消滅するとともに、その限りで買受人は弁済の責を免れると解する。同・一九二頁）。このほか、岩田新「判批」新報四八巻一一号一八八八頁（昭一三）、山田晟『判例民事法昭和一三年度』二〇〇頁（有斐閣、昭二九復刊）、兼子一『増補強制執行法』二三九頁（酒井書店、一九五五）、小室直人「競落による不動産上の負担の運命」法セ三四号三〇頁（昭三四）、田中・注釈民法(8)三九頁、我妻・民法講義Ⅲ四一頁、斎藤秀夫編『強制執行法講義』一四八頁（青林書院新社、一九七一）、柚木＝高木担保・（新版）三二頁、高島平蔵『物的担保法論Ⅰ』一三〇頁（成文堂、昭五二）、宮脇幸彦『強制執行法（各論）』二九五頁（有斐閣、昭五三）、などが不承継説を唱える。これらの根拠を纏めると、(イ)人的債務の移転を認めると留置権者は買受人の財産に対してまで執行可能となり、殊に被担保債権額が留置物の価格を超えるときは、買受人は留置物の所有権を失う以上の不利益を被ること(山田、田中、我妻、斎藤、高島)、(ロ)手続法の規定による債務移転の効果には疑問があること(田中、高島)、(ハ)わが国の留置権は最低売却価額の決定後にも生じたり、既に成立している留置権の被担保債権額は増加することも起こり得るから、買受人が競落代金外で留置権を引き受けると解さざるを得ないこと(岩田、宮脇)、(ニ)留置権者の保護としては引渡しを拒絶できる限りで十分であること(高島)、などである。

また、民事執行法下における不承継説としては、浦野雄幸『条解民事執行法』二六六頁(商事法務研究会、昭六〇)がある。

(9) 竹下守夫『注解強制執行法(3)』一三二頁(鈴木忠一ほか編)(第一法規、昭五一)、同・前出注(5)一四二頁。留置権について消除主義が採用されたならば、債務者は、競売によって不動産の所有権を失うことで、必ずその被担保債権について免責されるのに、たまたま引受主義に従った場合には、不動産所有権を失うだけでなく人的債務をも負担するものとして扱われるならば、債務者自身の実体法上の地位と関係しない事情によって、その法的地位は大きく左右されることとなって不合理だから、というのがそこでの理由である。さらに、同『注解民事執行法(2)』二五四頁(鈴木忠一=三ケ月章編)(第一法規、昭五九)も参照。

(10) 薬師寺・留置権論一九〇頁、同・「判批」民商八巻四号六九八、六九九頁(昭一三)。要するに、競二条三項によれば、買受人は、留置権者に弁済しないと、単に競買の目的物を受け取ることができないと定められているのに対し、旧民訴六四九条三項では、買受人は被担保債権を「弁済スル責ニ任ス」と定められており、かような規定上の違いを重視して本文に述べた解釈を展開するのであるが、このような文言上の相違から何故に異なった解釈を認めなければならないか、については必ずしも理由が明らかでない。

(11) 山本和彦『民事執行法』一三五頁(林屋礼二編)(青林書院、一九九一)、中野貞一郎『民事執行法』三六三頁(青林書院、第二版、一九九一)。連帯債務者間の内部負担については、競売不動産の評価において留置権の被担保債権が考慮されたかによるものとし、ただ中野説は、常にこの考慮がなされているとの前提より、買受人の負担部分をゼロと解している。

(12)　福永有利「不動産上の権利関係の解明と売却条件」竹下守夫=鈴木正裕編『民事執行法の基本構造』三五七頁（西神田編集室・御茶の水書房、昭五六）。

なお、A説とD説との間には次のような論争がある。すなわち、D説は、債務者の利益の保護を考慮しながら、しかしその一方で、留置権者の意思いかんにより債務引受けの効果を認めようとするA説の立場は「不徹底」である、と批判する（福永・前掲論文三五七頁参照）。これに対し、D説に対しては、A説から、①最低売却価額の決定に際し留置権の存在が顧慮され、被担保債権額が不動産価額を超えるときは、剰余がないことの故に売却手続は取消されるはずであり、反対に超えないときは、両者の差額が最低売却価額となるから買受人の責任を有限にする必要はなく、②留置権の存在が顧慮されないで最低売却価額が決定された場合には、不動産価額の範囲内であれ、買受人に人的債務を負担させるべきでないことから、不動産価格を限度とする人的債務の承継を買受人に負担させるべきでない、との反論がなされている（竹下・前出注(9)注解民事(2)二五九頁注(21)参照)。

ちなみに、D説に対しては、債権額に比して留置物の価額が大きい通常の場合には、留置権者は債務者、買受人の何れに対しても債権を訴求し得ない奇妙な結論を認めることになりはしないか、との批判もある(清水・再構成二九五頁)。

(13)　清水・再構成三〇一頁参照。

(14)　司法研修所『執行法に関する諸問題——執行法に関する「アンケート」の結果報告——』司法研修所調査叢書七号二四二頁（昭三六)、山内敏彦「競売不動産の評価と最低競売価額の決定」小野木常=斎藤秀夫先生還暦記念『抵当権の実行上』二四二頁（有斐閣、昭四五)、石丸俊彦「最低競売価額の効用的考察(上)」曹時二五巻六号九六八頁（昭四八）、竹下・前出注（9）注解強制(3)一三三頁、同・前出注（5）一四一頁など参照。また、宮脇・前出注（8）三二二頁は、差押後に発生する留置権についても、理論上はその被担保債権額を最低競売価額に反映すべきものとする（競落人自身が償還義務を負うところの費用額は、期限の許与によって留置権が発生しない場合であっても、不動産評価額からの控除要素と解するだけでなく、売買代金債権を被担保債権として占有者が留置権を行使している場合であっても、未払い代金をこの評価額から控除すべしとする。同・三二三頁）。裁判例としては、大阪地判昭和一〇年六月二九日新聞三八八八号五頁を参照。

(15)　竹下・前出注（9）注解民事(2)二二二頁参照。

(16)　その際、被担保債権に関する民法理論の領域と結び付けようとする論者の解釈姿勢は、買受人による「債務負担」の問題に対して、前述した諸説とは異なる新たな解明を試みることになるのか、また必ずしもかような試みをするわけではないとしても、とりわけ不承継説、A説、C説、D説などが民法上の議論を多分に含んでいるため、かような諸説との関連でどう解することになるのか、などについて検討すべき考察が残されているように思われる。

(17)　大阪地判昭和六一年四月二二日判タ六二九号一五六頁。

(18)　大判昭和一三年四月一九日民集一七巻九号七五八頁。

(19)　竹下・前出注（9）注解強制(3)一三一頁、宮脇・前出注（8）二九五頁、大橋寛明『注釈民事執行法3』二九五頁注2（香川保一監修）（金融財政事情研究会、昭五八）など。

(20)　代表的な最高裁判決の一つに最判昭和五一年六月一七日民集三〇巻六号六一六頁がある。

(21)　福岡高決昭和三〇年一一月五日高民八巻八号五七九頁、福岡高決昭和四八年四月二五日判時七二六号六〇頁（但し、傍論である）、最判昭和四八年一〇月五日判時七三五号六〇頁。

(22)　但し、本編で考察対象とする公刊裁判例は次の条件を備えたものに限定すること、予めお断りしておきたい。その条件とは、第一編第一章第四節一で競売取得型として分類を試みてきた裁判例のうち、いわゆる時前型の場合（例えば、占有者が不動産に関して生じた債権を有していたところ、後にこの不動産は競売されて所有権を取得した買受人が当該不動産の引渡請求をしたため、占有者がこの不動産につき留置権の存在を主張したなどの場合）に関するものに限られる、ということである。すなわち、競売取得型における同時型の場合（例えば、不動産が競売されて買受人が所有権を取得したために占有者は債権を取得することとなり、この債権を根拠に留置権を主張して買受人の不動産引渡請求を拒絶したなどの場合）に関する裁判例をここでの考察の対象外とするのであるが、その理由は、不動産競売手続の結果として買受人のところで可能となった所有権の行使と、占有者が留置権行使の結果として許されることになる当該不動産の占有継続との関係に対する調整が、前述した同時型の場合と時前型の場合とでは異なって扱われるべきではないか、しかも右の時前型の場合と区別されて同時型の場合において導かれるべき、所有者による所有権行使と占有者による占有継続との調整は、何もこの競売取得型における同時型の場合にのみ妥当することではなく、実は、第一編第一章第三節に類型化した、A→X・A→Y型における同時型の場合にも共通していると言い得るのではないか、と考えるからである。以上に述べた考えについては詳細を次編の中で明らかにするが、そこでは、右の考えに基づき、前述した二つの同時型を二重譲渡型として一括した扱いの下で考察することとし、本編では前述した条件の下で公刊裁判例を取り上げるものとする（第一編第一章第四節注（1）参照）。

(23)　著者は、第一編において留置権を対抗できる「第三者」の範囲を確定するための序的考察を試み、また第二編と第三編において一そう踏み込んだ考察を展開することで、結局、留置権を「第三者」に対抗できる場合とは、「物ニ関シテ生シタル債権」の非債務者に対して留置権が主張された場合であることを前提に、この「債権」が物の引渡債権よりも前に発生しており、かつ、右の非債務者が当該物を特定承継した場合と解することで十分である旨の解釈論を唱えてきたが、その一方で、（前述したように、買受人による債務負担の問題について諸説が対立している状況の下では）買受人を「第三者」に含めて扱うことに躊躇し、買受人に対する留置権の主張が問題となる場合をこれまで考察の対象外としてきた（この点につき第一編第一章第一節三および第四節を参照）。本編は右の場合に対して考察を試みる意図にある。

第一章　裁判例の状況

第一節　買受人による「債務負担」の問題に関する状況

一　序

これまでの裁判例は、売却された不動産の上に留置権が存するという場合に、買受人による「債務負担」の問題についてどう判断してきたであろうか。もっとも、判例集に掲載された裁判例のうち、右の問題に関する裁判実務の判断を探るうえで参考になるものを眺めると、この判断は必ずしも一致していたとは言い難い状況にあることが分かる。すなわち、裁判例には、買受人は、留置権を引き受けることにより、占有者との間で債務の負担を認めたもの（＝負担説）もあれば、反対にこの負担を認めなかったもの（＝不負担説）も存在する（もっとも、負担説、不負担説の何れに属しているかが不明瞭な裁判例も少なくない）。

なお、買受人の債務負担を認める負担説に従うならば、その前提として最低売却価額には留置権の被担保債権額が控除されているか、という点は買受人にとって重大な関心事であろうから、この控除が果たして可能であったかという点にも注目しなければならないところ、旧法下における不動産競売制度にあっては、基本的には、不動産の現況および権利関係は、裁判所が調査するのではなく、買受人が調査して買い受けるべきかどうかを決定するのが建て前であった、と言われている(1)。すなわち、民事執行法が、評価の適正を期するため評価人の権限を強化し、この者に不動産への立入り、質問の権利、文書の提示請求権等を認めているのに反し（民執五八条三項参照）、旧法下では、民事訴訟法六五五条および競売法二八条にいう「適当ト認ムル者」に、これらの権利を認める規定が存在しなかったなど、競売不動産の適正な評価としては極めて不十分な状況にあった。(2)このように、民事執行法下と旧法下との間では最低売却価額の決定に関する取扱いが異なっていたならば、本節において買受人による「債務負担」の問題を考察する場合に、右の違いを軽視して裁判例を検討することは適切であろうか、との危惧が感じられなくはない。そこで、以下では、公刊された裁判例を、そこでの事案を基準に民事執行法施行の前後によって区分したうえで、各々の裁判例について分析を試みることとする。(3)

二　民事執行法の施行前における裁判例

裁判例の中には、いわゆる任意競売の事案において、賃借人の支出した有益費の償還債権が留置権の被担保債権として主張されたという場合に、民事訴訟法六四九条三項を準用するとともに、その解釈として負担説に従ったものが存するが、その根拠は判決文において明確であるとは言い難い（後出【1】）。一方、占有者が解除により売買代金等の返還債権を有する場合に、競売法二条三項の解釈として不負担説の立場を明示した下級審判決があり、そこでの根拠としては、留置権者は、「物ニ関シテ生シタル債権」の弁済を受けるまで、単に物を留置できる権利を有するにすぎない旨が判示されている（後出【2】）。また、傍論ではあるが、民法一九六条二項に基づく有益費の償還債権が留置権の被担保債権として主張された場合に、買受人は被担保債権額をも含む最低売却価額の範囲内で競落したものである、との趣旨を摘示して同様に不負担説の結論を採った裁判例も存する（後出【3】）。

【1】 大判昭和一三年四月一九日民集一七巻九号七五八頁（家屋明渡請求事件）

〔事実〕 昭和九年四月、ＹはA所有の家屋を購入したが、その所有権を取得する前にXは、翌年九月、Aに対する債権の担保として、右家屋の上に有していた第二順位の抵当権を実行して自ら競落人となり、所有権を取得してＹに対し家屋の明渡しを請求したところ、昭和九年夏頃、Ｙは家屋に有益費を支出したとして、その償還債権に基づき家屋につき留置権を主張した。

〔判旨〕「Ｙ等ハＡニ對シ右家屋ノ留置權ヲ有スルコト勿論ナリトスルモＸニ對シテモ亦該留置權ヲ行使シ得ルモノト解スルヲ相當トス蓋シ右留置權ハ其ノ目的物ノ競賣ニ因リテ消滅スルコトナク競落人タルＸハ右償還債權ヲ辨濟スル責ニ任スルモノナルコト競賣手續ニ準用セラルル民事訴訟法第六百四十九條第三項ノ規定ニ徴シテ明ナレハＹ等ハＸニ對シテモ亦右償還債權ノ辨濟ヲ請求シ得ヘク該請求權カＹ等占有ノ本件家屋ニ關シ生シタル債權ナルコト論ナキ所ナルカ故ニＹ等ハ直接Ｘニ對シ右債權ヲ擔保スル留置權ヲ行使シ得ルモノト謂ハサルヲ得サレハナリ[4]」

【2】 東京地判昭和一三年四月一九日評論二七（民）六五二頁（売買代金返還請求控訴事件）

〔事実〕 Ｘは本件建物の売主との売買契約を解除し、同建物につき留置権を主張して、競売法二条三項に基づき競買人Ｙに対し売買代金等の返還を訴求した。

〔判旨〕「留置權ハ單ニ他人ノ物ヲ占有スル者カソノ物ニ關シテ生シタル債權（中略）ノ辨濟ヲ受クルマテコレヲ留置シ以テソノ辨濟ヲ擔保スルノ權利タルニ過キスシテ法律ニ特別ノ規定アル場合ノ外ハ目的物件カ換價セラレタル場合ニソノ代金ニツキ優先辨濟ヲ受クルノ効力ナシサレハモシ目的物件カ他ノ債權者ニヨリテ競賣セラレタル場合ニ於テ其ノ代金ニ付優先辨濟ヲ受クルノ効力アル抵當權先取特權ノ擔保物權ト同樣留置權モ競落ニヨリ消滅スルモノトセハ留置權者ハ其ノ擔保ノ目的ヲ達スルコトナクシテ擔保權ヲ喪失スルコトトナリ甚シク酷ニ失ス

ルヲ以テ法ハ競落ニヨリテ留置權ハ消滅セサルモノトナシ留置權ヲシテ依然ソノ目的物件ノ占有ヲ持續スルコトヲ得セシメモシ競買人ニ於テ目的物件ヲ受取ラントセハ先ス留置權者ニ對シ被擔保債權ヲ辨濟シテ以テ留置權ヲ消滅セシムルコトヲ要セシメタリコレ實ニ競賣法第二條第三項ノ法意ニシテ同條項ハ固ヨリ留置權者ヲシテ進ンテ競買人ニ對シ被擔保債權ノ辨濟ヲ請求スルコトヲ得セシメタル趣旨ニアラス（中略）然ラハXカ本件物件ニ付其ノ主張ノ如キ留置權ヲ有スルコト及ヒYカ右物件ヲ競賣シ且ツ之レカ引渡ヲXニ訴求シタルコトカX主張ノ如シトスルモ之レヲ以テXカYニ對シ被擔保債權ノ辨濟ヲ直接請求シ得ヘキ權利ヲ前記法條ニヨリ取得シタリト爲スヲ得サルコト勿論ナルヲ以テ右法條ニ依リ右請求權ヲ取得シタルコトヲ理由トスルXノ本訴請求ハソノ主張自體失當」である。

【3】　東京高決昭和五六年四月二八日判時一〇〇四号六二頁（執行方法に関する異議申立決定に対する即時抗告事件）

〔事実〕　抗告人は、A所有の本件建物をAが実質上の代表者とするB会社から買い受けて内代金を支払ったが、Aは同建物につき自らのため所有権保存登記を経由するとともに、Cに対する債務を担保するため、これに抵当権を設定してその旨の登記を経由した。抗告人は、Aと談判した結果、本件建物につき妻との共有名義に所有権移転登記を経由してその引渡しを受けたが、抵当権設定登記を抹消させることはできなかった。これより先、Cの申立てにより同建物につき競売手続が開始され、相手方が競落して所有権移転登記を経由したため、前記抵当権設定登記および共有名義の移転登記は抹消されて抗告人に対する引渡命令が発せられた。抗告人は、本件建物に入居直後、これに造作等の費用を支出したので、その償還を受けるまで留置権に基づき本件建物の引渡しを拒絶し得ると主張して執行異議を申立てた。

〔判旨〕　「仮に、抗告人が本件において、競落人たる相手方に対し、直接民法第一九六条第二項所定の有益費償還請求権を有するとして、これに基づく留置権をも主張するものであるとしても、（中略）、相手方は、本件競売手続において定められた右造作も含む本件建物の最低競売価格の範囲内でこれを競落し、その代価を支払って右建物の所有権を取得するにいたったものと推認されるので、前記Aにおいて、右競売による代価相当額の債務の弁済を終えたことに伴い、右造作による増加額分に相当する不当利得の発生する余地はあるとしても、相手方には格別の利得は生じていないものというべきであるから、前記法条の趣旨に徴し、抗告人が相手方に対し右抗告人主張の如き有益費償還請求権並びに留置権を取得するに由なきものと解するのが相当であ」る。

なお、裁判例の中には、不負担説の立場を窺わせる（または同説に従うかのような表現を示す）裁判例がないわけではないが、そこでは民事訴訟法六四九条三項または競売法二条三項の適用解釈が直接の対象となっていないため、右の立場に関する根拠に言及していないものが存在する（後出【4】）。また、賃借人が有する必要費または有益費の償還債権が留置権の被担保債権として主張された場合に、負担説に属するか、それとも不負担説に従うものかの判断が難しい裁判例も見受けられる（後出【5】【6】）[5]。

【4】　大判大正七年一〇月二九日新聞一四九八号二一頁（家賃金請求事件）

〔事実〕家屋の強制競売による買受人Yに対し、家屋の賃借人Xが修繕費用の償還債権のために家屋につき留置権を主張した。

〔判旨〕「Xが本件家屋に付き前賃貸人の負擔に屬すべき修繕費用を支出したりとせんかXは民法第六百六《ママ》條に依り前賃貸人に對して之が償還を請求する債權を有するを以て、同法第二百九十五條に依り其債權の辨濟を受くるまで本件家屋に付き留置權を有」する。

【5】　大判昭和一六年四月三〇日法学一〇巻一〇号一〇九七頁（土地明渡等請求事件）

〔事実〕組合員のために住宅建設等をして組合員に貸付け等を目的とするY組合は、Aからその所有地を賃借して組合員に地上建物を使用させたところ、土地の競落人XがYに対して土地明渡しを請求したので、同地に必要費を支出したこと、従って費用の償還を受けるまで土地を留置する権利がある、と主張してXの請求を拒絶した。

〔判旨〕「本件に於ては土地の所有者たり且つ債務者たるAは地上建物を貸付くることを承諾の上土地を賃貸したるものなること明かなるを以て叙上の土地使用に付てはAの承諾ありたるに外ならずして従てYは同人に対しては固より該土地の競落人たるXに対しても右必要費の償還を受くる迄本件土地に付留置権を行使し得るものと云はざるべからず」

【6】福岡高決昭和三〇年一一月五日高民八巻八号五七九頁（不動産引渡命令に対する抗告事件）

〔事実〕本件家屋はもと抗告人X_1の所有であったが、昭和二五年一〇月、X_1はこれをAに売却し、翌日、両者間で本件家屋につき賃貸借契約を締結してX_1が居住するとともに、Aの承諾を得て増築・改造による有益費（または必要費）を支出した。昭和二九年一二月二日、抗告人X_2は、X_1・A間の特約に基づき、X_1との間で転貸借契約を締結して居住し、同月頃、本件家屋の転借部分を飲食店営業用に改造するための費用を支出した。一方、昭和二七年、本件家屋を目的とする第三順位、第四順位の抵当権が設定され、第四順位の抵当権実行として本件家屋の競売が申し立てられた。昭和二九年一二月一一日、執行裁判所は不動産競売手続開始決定をなし、同月一三日に競売申立ての登記がなされた。昭和三〇年四月、Bがその所有権を取得し、X_1・X_2に対する引渡命令の申立てがなされたので、X_1・X_2は有益費等の償還債権を被担保債権とする留置権を主張してその棄却を求めた。

〔判旨〕「抗告人X_1が本件家屋に約七坪を増築し、階上を改造して新たに床の間を附加した有益費（ないし必要費）を支出した以上、（中略）同人は相手方の家屋引渡の請求に対し留置権を主張してこれを拒絶しうるのは当然である。（競売法第二条第二項第三項及び同法による不動産の競売に準用される民事訴訟法第六四九条第三項参照）」とし、「抗告人X_2もまたその転借部分を占有（直接占有）し得て引渡を拒絶しうるものと解するを相当とするのみならず、（中略）抗告人らは転借部分を改造した費用の幾何かを被担保債権とする留置権を有し（もっとも右改造行為は競売手続開始決定による差押の効力が生じた後にも為されているけれども、右差押は、差押後における前記Aの処分行為を禁止して抵当権者従ってまた競落人に対抗し得ざらしめる効力を有するに止まり、殊に本件におけるが如く既に正当に改造行為を継続している中に差押の効力が生じたからといって、差押後の改造が不法行為となるものではなく、その費用について留置権の成立することを妨げるものではない。」）、もって、相手方の本件引渡の請求を拒否しうる関係にあることが明らかである」、として本件家屋引渡命令の申立てを排斥した。

三　民事執行法下における裁判例

同法五九条四項の施行下で現れた裁判例には不負担説の立場を採ると思われるものが存在する（後出【7】）。競売不動産の評価時よりも前に支出された有益費による価値の維持増加を前提に当該不動産が許され、この評価によって最低売却価額が決定されて買受人が競落している、というのがそこでの理由として挙げられている。一方、同じく買受人に対する有益費の償還債権を被担保債権とした留置権が抗弁として主張された事案でありながら、【7】とは反対に、この主張を認容して買受人を償還債務者と解した裁判例も見られ（但し、特段の根拠は示されていない）、そこでは、留置権を主張する占有者が、競売手続における、執行官による現況調査の際に有益費等の費用を支出した旨の申述をしなかったとしても、右の主張は信義則に反しないと判示されている（後出【8】）[6]。

【7】　京都地判昭和六一年一〇月二七日判時一二二八号一〇七頁（建物明渡請求事件）

〔事実〕　本件建物にはその所有者Aを債務者、B協会を根抵当権者とする根抵当権が設定され、その登記手続が経由されていたが、Cは、この建物の所有権をAから代物弁済により取得してY_1に賃貸し、Y_1は同建物をY_2に転貸した。Y_2はY_3に建物の一部を転貸（使用貸）し、昭和五七年一二月と昭和五八年六月三〇日の二回に亘り、Yらは本件建物に必要費および有益費を支出した。後に、前記根抵当権に基づき競売が申し立てられ（昭和五八年九月七日）、競売手続は開始したが（同月一四日）、配当要求の終期までにCは民法三九一条の費用の優先償還請求をしなかった。土地との一括競売の結果、Xが競落して本件建物の所有権を取得し、配当手続により配当金は手続費用を控除したすべてがB協会に配当された。XはY等に対して所有権に基づく明渡請求をしたところ、Y等は、前条の費用が償還されるまで建物につき留置権を有し、その明渡しを拒絶すると主張した。

〔判旨〕「Cは民法三九一条によりXに対し右費用の償還請求権を有すると主張するところ、右金額は前認定の本件建物の評価額（中略）に照らすと極めて過大な主張であると考えられるが、この点の事実認定を留保し、仮にCにおいて右金額どおりの必要費、有益費を本件建物に対し支出した事実があるとしても、CはXに対し右費用の償還請求権を有しないと解するのが相当である。蓋し、根抵当権設定登記後の第三取得者は、抵当不動産に対し必要費、有益費を支出したときは、右費用が不動産の価値の維持増加のために支出された一種の共益費であるが故に、競落代金の中から優先償還を受けることができる（民法三九一条）ところ、右優先償還請求権は、何人かに対して費用の償還を請求するという債権としての性質を有するわけではないから、競売手続上右権利を主張する機会を失するときは最早消滅を余儀なくされるというべきだからである。

（中略）なお、前記民法三九一条による優先償還請求権は、一種の不当利得法によって支えられている実質的な権利であるから、YらにおいてCがXに対して右優先償還請求権を有すると主張することの中には、CがXに対して一般の不当利得返還請求権を有する旨の主張を含んでいると解しえなくもないので、以下検討するに、Yら主張にかかるCの必要費、有益費の支出時点（中略）は、前認定のように評価人による本件建物等の評価時点（中略）よりも前であり、評価人は右費用の支出によって価値の維持増加された状態において本件建物を評価し、その評価に基づいて最低売却価額が決定され、かつXの競落するところとなったのであるから、Xにおいては、代金納付によって既に、Cの費用支出による抵当物件の価値の維持増加部分に対する出損を済ましているというべく、XにはCの損失に因って利得を受けた事実がない。したがってCのXに対する不当利得返還請求権も存在しない。」

【8】　大阪地判昭和六一年四月二二日判タ六二九号一五六頁（家屋明渡等請求事件）

〔事実〕　Aほか一名が共有する本件建物につき第四順位までの抵当権が設定され、その旨の登記手続が経由されたが(昭和五四年六月～昭和五六年三月)、昭和五六年五月、BはAから本件建物を賃借し、同年七月にYがこれを転借した。同年一二月には第一順位の抵当権が第二順位の抵当権者に譲渡され、その旨の付記登記も経由されている。この抵当権者の申立てにより、昭和五七年三月一一日、第一および第二順位の抵当権に基づいて本件建物につき競売開始決定がなされ、差押登記が同月一三日付をもって経由された結果、Xがこれを競落してその所有権を取得した。Xは本件建物の明渡し等を訴求したところ、Yは、(a)昭和五六年中に必要費および有益費を支出してその価値が現存していること、(b)昭和五六年八月頃に有益費を支出し、従って民法一九六条により費用償還債権を有することを理由に、本件建物の明渡しを拒絶する抗弁を提出した（なお、Yは敷金返還との同時明渡しの特約を理由とする建物の明渡拒絶をも主張しているが、この点については省略する）。

〔判旨〕　(a)「Bの本件建物に対する賃借権を同建物の競落人であるXに対抗しえない以上、Xが右賃貸借の賃貸人たる地位を承継するものではなく、また、XとYとの間に賃貸借関係が成立していないから、仮に、Yが本件建物に必要費・有益費を支出していたとしても、Yは、Xに対し民法六〇八条による償還請求をすることができないというべきである。」

(b)「Yの主張する右各工事費用のうち、右1(二)で認定したガレージ建築費用一三四万円だけが本件建物に対し支出された有益費と解すべく、これによる価額がほぼ現存すると認められるので、Yは、本訴において本件建物の占有回復者であるXに対し右支出金の償還を求めることができる。

（中略）。また、Xは、Yが本件建物に対する競売手続における執行官による現況調査の際に必要費・有益費を支出した旨を申述せずに本訴においてはじめてこれが支出を主張することは信義則に反し許されない旨主張するけれども、仮に右のとおりの申述がなされなかったとしても、そのことだけをもって本訴において有益費等の償還請求に伴う留置権の主張をすることが信義則に反するものとは解されないから、Xの右主張も採用することができない。」

【9】　最判平成九年七月三日民集五一巻六号二五〇〇頁（建物明渡等請求事件）

〔事実〕　Y会社は昭和五九年にAから本件建物の建築を請け負ってこれを完成させたが、契約上の請負代金（二一二五万円）のうち一部（一〇六五万円）は未払いであった。Y会社は金融機関から融資を受けるために必要であるとAから要請されて本件建物をAに引渡し、Aは同建物について所有権保存登記手続を行って金融機関のために根抵当権等を設定した。Aは昭和六〇年に事実上倒産したが、その頃、Y会社は未払いの請負代金を確保するため、Aから本件建物の利用について包括的な承諾を得て同建物の引渡しを受け、昭和六三年頃からY会社の車庫および事務所として使用を開始した。平成元年一一月、本件建物について競売が開始されて差押登記がなされた。Xは、平成二年七月、右の競売手続により本件建物を（A以外の所有に属しており、等しく競売手続の対象となっていた敷地とともに）買い受け、Y会社を相手に、取得した所有権に基づいて本件建物（およびその敷地）の明渡し等を訴求したところ、Y会社はXから未払い請負代金の支払いを受けるまで本件建物の引渡しを拒絶したので、XがY会社が本件建物の使用等を理由に民法二九八条三項にいう留置権の消滅請求をした。原審判決（仙台高判平成六年二月二八日判時一五五二号六二頁）は、Y会社の使用および賃貸がAの包括的な承諾に基づくものであることを理由にXの消滅請求を排斥し、Y会社に対し、X会社から未払い代金相当額の支払いを受けるのと引換えにXに本件建物を引き渡すよう命じたので、Xが上告した。上告審では右の包括的な承諾に基づく留置権がXとの間でも存続するかどうかが争われた。以下の〔判旨〕はこの争点に関する判断である。

〔判旨〕「留置物の所有権が譲渡等により第三者に移転した場合において、右につき対抗要件を具備するよりも前に留置権者が民法二九八条二項所定の留置物の使用又は賃貸についての承諾を受けていたときには、留置権者は右承諾の効果を新所有者に対し対抗することができ、新所有者は右使用等を理由に同条三項による留置権の消滅請求をすることができないものと解するのが相当である。」

（1）　東京地裁民事執行実務研究会編著『不動産執行の理論と実務』一七九頁（法曹会、平六）。いささか補足すると、旧法下においても、執行裁判所は、強制競売にあっては、登記官および公租公課主管庁より通知を受けた後に、「適当ト認ムル者」において競売不動産を評価させ、これを斟酌して最低競売価額を決定することとし（民訴六五五条。なお、昭和四一年の法改正による以前の同法六五五条は、「裁判所ハ登記官及ヒ租税其他ノ公課ヲ主管スル官庁ヨリ通知ヲ受ケタル後鑑定人ヲシテ不動産ノ評価ヲ為サシメ其評価額ヲ以テ最低競売価額ト為ス」と定められており、執行裁判所は不動産の評価を自由になし得るとはいえ、「鑑定人」による評価を採用するときはこれに拘束される立場が採られていた。しかし、一般の鑑定の結果が証拠資料とされる点と歩調を合わせ、昭和四一年に前述した内容に改められた経緯がある）、また任意競売においては、右の通知を受けるまでもなく（但し、民訴六五五条の準用がないことにつき、斉藤秀夫『競売法』一三五頁（有斐閣、昭三五）参照）、「適当ト認ムル者」による評価を斟酌することで最低競売価額が決定された（競二八条）。この価額を限度として競落する買受人にとっては、当該不動産とともに引き受けなければならない負担への関心は多大なはずであるが、「旧法の下においても、競売不動産の現況や権利関係は、公告（旧民訴六五八③）や事件記録中の賃貸借取調報告書、評価書を見ることによって、ある程度は把握することができたけれども、買受希望者が事件記録を閲覧することは（旧民事訴訟法六六三条により競売期日において閲覧をするほかは）事実上困難であったし、また、事件記録中から競売不動産に関する必要な情報を得ることは、一般市民にとっては必ずしも容易なことではなかった」（今井功『注解民事執行法⑵』二八九頁〔鈴木忠一＝三ケ月章編〕（第一法規、昭五九））、と言われている。

なお、亀山貞義『民事訴訟法（明治23）正義〔下―Ⅱ〕』五七五頁（信山社、平八復刻）は、「登記簿ニ記入ヲ要セサル不動産ノ負擔」にあっては、「登記簿ニ記入シ豫メ公告シアラサルニ拘ハラス賣却代金中ヨリ第一ニ辨濟セシムルトキハ爲メニ他ノ債權者ヲ害スルコトヽ爲ル可ク去リトテ正當ナル原因ニ依リ得タル不動産上ノ權利者ニ對シ競賣ノ爲メニ之レカ權利ヲ失ハシムルカ如キ「ハ道理上爲シ能ハサルコトヽ云ハサル可カラス故ニ此ノ負擔ハ其不動産ヲ競落セント欲スル者ニ於テ十分ニ之レカ調査ヲ爲シ之レニ相應スルノ價ヲ定メテ初メテ買得シタルモノト看做シ其責任ヲ競落人ニ命シタルモノナリ」、と述べている。これより、民事訴訟法の制定当初においても買受人には最終的な調査義務が課されていた状況を窺知できようか。

(2) 詳しくは、最高裁判所事務総局編『条解民事執行規則』一二六頁（法曹会、昭五五）、竹下守夫「不動産の強制競売関係」判タ四一八号二七頁（一九八〇）など参照。旧法下の現況調査に関する柳田幸三『注解民事執行法(2)』一七五頁（鈴木忠一＝三ケ月章編）（第一法規、昭五九）も参照のこと。

(3) 以下に掲げる裁判例はすべて、買受人と競売不動産の占有者との間において、占有者が留置権を主張して物の引渡しを拒絶したという場合に関するものであり、そこでの判断または取扱いから、買受人による「債務負担」の問題に関する裁判実務の見解を探ろうとするものである。従って、これらの者の間で留置権の存否といった物の引渡拒絶の可否が争われた事案であったにせよ、本来、この事案には、占有者が旧所有者に対してさえ右の引渡拒絶を主張できそうにない事情が存するときは、かような事案に関する裁判例は、買受人が留置権の対抗を受ける第三者に当たるかどうか、という問題の解明を目的とする本編では考察されるべき裁判例の対象外として扱われてよいであろう。例えば、家屋の借主が造作買取請求権や敷金返還請求権を主張して貸主を相手に当該家屋の引渡しを拒絶したとしても、この拒絶を裁判実務は認めてきていないという事情を重視したならば（造作買取請求権に関する詳細は本書巻末に収録した〈付録二〉に譲る。また、敷金返還請求権に関しては第一編第一章第三節注(6)および同編第四章第一節**一**を参照）、当該借主が右の引渡拒絶を買受人に対して主張するという事態に至ったときは、突如として、この主張が許される可能性を正面から認めて前述した問題を論ずることは常識的でないから、かような引渡拒絶に関する裁判例（福岡高判昭和四七年一〇月一八日判タ二八八号二一四頁）などは、前述した問題を論ずるうえで考察の対象から除外して差し支えあるまい（このことは、特約により明渡しにつき先履行義務を負っている不動産の売主が、売買代金の精算金支払請求権を根拠に留置権を主張したところで、この主張が認められることにはならないとか、差押前に競売事件の債務者から不動産を買い受けて手付金を支払った買主が、売買契約の履行不能により生じた手付金の返還請求権を被担保債権として、当該不動産の買受人を相手に留置権を主張したところで、右の請求権は「物ニ関シテ生シタル債権」に当たらない等の理由から、この主張が許されるわけではない旨の判断を示している裁判例に対しても等しく妥当しよう。前者につき東京地裁平成四年九月三日執行処分判タ七九六号二三三頁（但し、本執行処分では買受人は現れていない）、また後者につき大阪高決平成七年一〇月九日判時一五六〇号九八頁を参照）。

（4）　本件でのXは、仮にYが家屋につき留置権を有するとしても、Yは権原なくして家屋を占有し、月二〇円に相当する利得を得ていたことを理由に、利得償還請求権（自働債権）とYの有する増価額償還請求権（受働債権）とを相殺する旨の附帯上告をしており、本判決はこれを認容した。

なお、右判決は任意競売に関する事案であったにも拘わらず、本文に引用したように民訴六四九条三項を適用して買受人の債務負担を説いたため、同条項の適用可能性について学説からの批判を受けることとなった（薬師寺・序章注(10)「判批」六九八頁参照）。

（5）　負担説か、それとも不負担説かの判断が同様に難しい判決として、留置権者の建物引渡しと買受人による債務の履行との引換給付を命じたもの（東京高決昭和五七年一一月一八日判時一〇六七号四九頁（不動産引渡命令に対する執行抗告申立事件））があるので、参考までにその事案と判旨を以下に掲げておく。

〔**事実**〕　共有地を買い受けたAは、これを三筆に分筆して各地上に建物を建築し、土地付建物として売り出したところ、抗告人Xはその一つである本件不動産を買い受けて内金一二〇〇万円を支払ったが、Aは、Xのために所有権移転登記手続をしないうちに、本件不動産につき、債権者であるB信用組合に対し根抵当権を設定し、その旨の登記手続をした。Xによる残代金の支払いは金融機関から融資を得て行う条件であり、万一、Xへの融資が不可能となった場合には、Aは売買契約を解除する旨が定められていたが、後のAの倒産等により右融資の実現は事実上不可能となった。Xは右売買契約に基づいて本件不動産の引渡しを受け、以後、本件建物を占有しているが、前記根抵当権が実行され、相手方Yが本件不動産の所有権を取得し、その引渡命令が発せられたので、Xがこれを争い執行抗告をした。

〔判旨〕「右事実によれば、（中略）、右売買契約はAの解除の意思表示をまつまでもなく当然に解除となり、AはXに対し前記一二〇〇万円の返還義務を負い、Xはこれが返還請求債権を有するに至ったところ、右は本件不動産に関して生じた債権であるから、Xはその弁済を受けるまで本件不動産を留置する権利を有するものといわなければならず、本件不動産の競売による買受人たるYは、Xに対し、この被担保債権の支払いと引換えに自己の所有権に基づいて本件建物の引渡を求めることができるものというべきである。」と判示し、主文において、「XはYから金一二〇〇万円の支払を受けるのと引換えにYに対し（中略）建物を引渡せ」、と命じた。

(6) ちなみに、東京地判昭和六三年八月二九日判時一三〇八号一二八頁（建物明渡請求事件）は、賃借人の費用償還債権が留置権の被担保債権として主張された事案において、負担説または不負担説の何れにも解し得る一般論を判示している。参考までに以下にその事案と判旨を掲げておこう。

〔事実〕　Aは、昭和四七年六月、その所有建物につきB信用組合に対して根抵当権を設定し、その旨の登記手続をした。C等はAに対して多額の貸金があったので、昭和五六年一〇月、この建物について短期賃貸借契約を締結し、翌月にはその賃借権をYに譲渡した。昭和五八年七月、前記根抵当権が実行されて、昭和六二年五月、Xが本件建物の所有権を取得し、Yに対して建物の明渡し等を訴求したところ、Yは、昭和六〇年一二月に本件建物が火災により消滅したため、大修繕による必要費を支出したと主張して、これが償還されるまで本件建物につき留置権を行使すると抗弁した。

〔**判旨**〕「建物が火災にあって損傷した場合に、正当な賃借人（法律上保護の対象となる短期賃借人を含む。）がこれを補修したときには、その建物の保存に必要な範囲で、必要費の償還を賃貸人に請求することができ、またその後建物が競落されたときは、買い受け人にもその償還を求めて留置権を行使することができるものと解すべきである。」（但し、民法二九五条二項の類推適用によりYの留置権は否定された）。

また、仙台高判平成六年二月二八日判時一五五二号六二頁（建物明渡等請求控訴事件）は、買受人の債務負担に関する判断にこそ触れてはいないが、未払工事代金債権を被担保債権とする留置権を認めて、買受人の弁済との引換給付を命じている。その事実と判旨は次のとおりである。

〔**事実**〕Y会社は本件建物の建築を敷地所有者Aより請け負ったが、建物完成後、代金完済を受けるのを待たずに本件建物はAに引き渡された。その後、Aは事実上倒産し、その頃、AからY会社に再度この建物が引き渡されて同会社は右建物をBに賃貸するに至ったが、本件建物および敷地につき競売手続が開始し、その所有権をXが取得した。XがY会社に対して建物明渡し等を求めたところ、同会社は未払い工事代金（一〇六五万円）を被担保債権とする建物留置権の抗弁を主張した。

〔**判旨**〕「Y会社は、（中略）、右引渡及び登記を経由させたのは銀行から融資を受けるというAの要請に応じたものであることは認められるものの、このことから、右引渡に際して、Y会社において本件一の建物について留置権の存在を知りながらこれを放棄する意図があったとまで認めることはできず、他に右事実を認めるに足る証拠はない。」と述べてY会社の留置権を認め、主文において、「Y会社は、Xに対し、Xから一〇六五万円の支払いを受けるのと引換に」本件建物を明け渡せ、と命じた。

第二節　差押後の債権と留置権の成否に関する状況

次に、競売開始決定により不動産が差押えられた後に占有者が「物ニ関シテ生シタル債権」を取得した、という事案に関して（民法二九五条二項の適用解釈に関連して）留置権の成否を論じた裁判例が三〜四つ存在するので、これについて纏めておこう。

前述した【6】の中で成否が論じられた留置権の被担保債権には二つが存在し、それは賃借人X_1が支出した有益費（または必要費）の償還債権と、転借人X_2による家屋の改造費用に係る有益費の償還債権であった。このうち、前者の償還債権は（X_1の主張を前提にすれば）差押前に既に発生していたものであるから、ここで考察すべき債権の対象とはならない。また、後者の償還債権についても、これを差押後に発生している債権として直ちに扱い得ない事情が認められる。けだし、昭和二九年一二月二日にX_1・X_2間で転貸借契約が締結され、家屋の改造行為がなされたのは同月頃であったこと、そして同月一一日には競売開始決定が出ている点に鑑みると、右の改造行為は競売開始決定と極めて近接した関係にあったと推測でき、とりわけ【6】が、「改造行為は競売手続開始決定による差押の効力が生じた後にも為されている」（傍点は著者）、と述べている点に照らしたならば、右の改造行為は競売開始決定による不動産の差押えの前後を通して行われた、と捉えられなくはないからである。また、【6】のほか、競売開始決定による不動産の差押後に「物ニ関シテ生シタル債権」が発生したという場合に、この「債権」を担保する留置権の成立いかんの問題に少なからず関連している裁判例としては、傍論ではあるが、民法二九五条二項の類推適用により留置権は認められ得ない旨を判示しているもの（後出【10】）、さらには不動産の競落により買受人が所有権を取得した後に、占有者が当該不動産に費用を支出したという場合においても、同条項を類推適用して占有者に留置権を認めなかったもの(後出【11】)、それから抵当不動産の第三取得者がこれに費用を支出したという場合に、抵当権者に対する第三取得者の不当利得返還債権を認めつつも、この者の占有は買受人に対しては不法占有に転化し、また右の債権はこの転化後に発生したものである旨を摘示して、第三取得者による留置権行使を認めなかったもの(後出【12】)、などがある。

なお、右の条項の適用範囲をどう解すべきかという解釈上の問題に関しては、周知のとおり、学説によって実に様々な見解が展開されてきているが、この問題についての考察を正面から取り上げて検討することは、本編が掲げた目的から少なからず乖離することとなろう。従って、以下で民法二九五条二項の適用解釈に関連して留置権の成否を論ずる際には、競売開始決定による不動産の差押後に占有者が「物ニ関シテ生シタル債権」を取得した、という場合に限定して論じることとしたい(1)。

【10】　福岡高決昭和四八年四月二五日判時七二六号六〇頁(執行方法に対する異議申立却下決定に対する即時抗告申立事件)

〔事実〕　抗告人は、所有者兼債務者であるAとの間で、本件(一)、(二)の建物とその敷地につき賃貸借契約を締結し、右(二)の建物については引渡しを受けて占有を続けている。抗告人は、Bが本件競売申立ての登記以前からAよりこの建物を賃借し、温泉レジャーセンターを営業していたが経営不振に陥ったので、この営業を引継ぎ、Aの承諾の下に前記(二)の建物につき有益費を支出したと主張して不動産引渡命令申立ての棄却を求めた。

〔判旨〕　本決定は、「記録を精査しても、右にいわゆる有益費の支出されたことを認めるに足りる資料は全くない。」と判示したうえで、続いて次のような判断を示している。すなわち、「仮りにその支出がなされたと仮定しても、もともと留置権は当事者間の公平を計るべく、債権につき特別の保護を与える権利であるから、その保護の資格を有する債権であるかどうかを検討する必要がある。本件で抗告人の主張する有益費とは、既に差押の効力発生後その占有をもって競落人に対抗できないところの建物占有中に建物について支出した有益費であり、しかも前段明らかにした建物占有取得の事情（前記賃貸借契約締結の事情、その契約内容など）からすれば、抗告人は建物占有権原をもって競落人に対抗できないことを知悉せる悪意の占有者というを憚らない。したがって抗告人が占有者もしくは留置権者として右有益費償還請求の訴を提起し、これが認められたとしても相手方である回復者もしくは所有者の請求に基いて裁判所により当然に期限の許与せらるべき性質の債権といわねばならず（民法第一九六条第二項、第二九九条第二項）、留置権の保護に値する債権とは解し得ない。仮りに抗告人を悪意占有者となし得ないとしても、少なくとも『知らざるにつき過失ある』占有者（過失ある善意占有者）というを妨げないから民法第二九五条第二項の趣旨を類推して抗告人に留置権は認められないと解するのが相当である。けだし同項にいわゆる『占有ガ不法行為ニ因リテ始マリタル場合』とは、占有奪取、詐欺、強迫による占有取得のように占有取得行為自体が不法行為を構成する場合に限らず、留置権によって担保される債権の基礎をなす占有自体が債務者に対抗し得る権原がなく、しかも、対抗し得ざることを知り、もしくは過失によりこれを知らずして占有を始めた場合をも包含すると解するのが相当であるからである。もとより、このことは抗告人の有益費償還請求権を否定するものではなく、ただ留置権の保護は与えられないというに過ぎない。このように解しないと競落人は、第三者のみならず債務者からも自己に対抗し得ない占有中の有益費等返還請求権をもって、たやすく占有取得を妨害され、不動産引渡命令の機能は大半喪われる結果となり、ひいては不動産競売自体を無力化せしめるものともなりかねない。」

【11】　最判昭和四八年一〇月五日判時七三五号六〇頁（建物明渡請求事件）

〔事実〕　A所有の本件不動産には根抵当権が設定されていたところ、Yはこれを Aから買い受けて内金を支払った(昭和三四年一〇月九日)。残代金については、Aがこの根抵当権の登記を抹消し、Yへの所有権移転登記手続と引換えに支払う旨の約束であり、Yは不動産の引渡しを受けたが、前記根抵当権の実行により翌年六月二一日付で競売申立ての登記がなされ、昭和三七年一二月一日にXが競落して、昭和三八年二月二八日付でXへの所有権移転登記がなされた。この間、Yは二回に亘って本件不動産に費用を支出したが、このうち二回目に行われた費用支出行為は昭和四一年であった。XがYを相手に建物明渡請求訴訟を提起したので、Yは、競落後の費用支出であっても本件不動産につき留置権を有すると主張した。(2)

〔判旨〕「抵当権の設定されている建物を買い受け引渡を受けた買主が、その後抵当権の実行により右建物を競落した競落人にその所有権を対抗できないことを知りながら不法に占有中、右建物につき費用を支出したとしても、買主は、民法二九五条二項の類推適用により、右費用償還請求権に基づき建物の留置権を主張することはできないと解すべきである。ところで、原審の適法に確定した事実によると、Yは、抵当権の設定されていた本件土地建物を競落したXから本訴を提起されてその明渡しを求められ、同人に対しては右売買による所有権取得をもって対抗できないため不法占有となることを知りながら、その後本件建物を修理、改造したものである。そうすると、前判示に照らし、Yの留置権の主張は理由がなく、これを斥けた原審の判断は正当として是認することができる。」

【12】　前掲京都地判昭和六一年一〇月二七日判時一二二八号一〇七頁（建物明渡請求事件）

〔事実〕　【7】を参照

〔判旨〕「ついでながら付言するに、抵当不動産の第三取得者が、民法三九一条に基づく優先償還請求権を有しているにもかかわらず、抵当不動産の競売代金が抵当権者に交付されたため優先償還を受けられなかったときは、右第三取得者は、抵当権者に対し不当利得返還請求権を有するわけであるが、右請求権保全のために抵当不動産を留置することはできないものと解する。蓋し、抵当不動産の第三取得者は、代金納付によって抵当不動産の所有権を喪失し、以後の抵当不動産の占有は、競落人（新所有者）に対しては権原のないいわゆる不法占有となる。他方、右第三取得者の前記不当利得返還請求権は、配当の実施によって発生するわけであるが、それは第三取得者の抵当不動産に対する占有が不法占有に転化した後のことであり、したがって、右のような場合に不当利得返還請求権を保全するための（抵当不動産に対する）留置権は発生しないと考えられるからである。」

（1）　競売開始決定による不動産の差押後に占有者が「物ニ関シテ生シタル債権」を取得した、という場合における民法二九五条二項の類推適用いかんという問題を含め、広く、民法二九五条二項の適用範囲をどう解すべきかに関する詳細な考察は次編において行なわれる。

（2）　本件の〔事実〕を纏めるに当たっては、第一審（名古屋地裁）の記録をも参照して事実関係を整理している伊藤昌司「判批」法時四六巻九号一二五頁（昭四九）を参考にした。

第二章　解釈上の留意点

第一節　「債務承継」の問題と「固有債務」の問題の峻別

一　序

前章第一節一において指摘したように、民事執行法下と旧法下との間には最低売却価額の決定事情に違いが見られた。旧法下においては、競売不動産の現況および権利関係に関する調査は基本的には買受人に委ねられていたと言い得るから、このような法制度の下では、実際の権利関係と調査結果との齟齬から被るリスクは、一方では、調査責務を課せられた買受人が負担すべきであり、従って買受人が債務を負担することになっても止むを得ない、との解釈を導くための要因となり得るかもしれない。だから、反対に裁判所が不動産に関する調査を基本的に担当する民事執行法の下では、不動産競売に対する買受人の信頼を保護する必要性が生じ、従って右のリスクを買受人に転化できないために、買受人は債務を負担しないと解すべきだとも言えそうである。

しかし他方で、実際の権利関係と調査結果との齟齬に起因する右のリスクは、調査責務を課される買受人が負担すべきであるという前述の解釈とは全く反対に、買受人の債務負担を否定すべき解釈を導き得るかもしれない（つまり、前述のリスクが存するからこそ買受人の債務負担を認めるべきではない、とも解し得る）。実際、旧法下における裁判例の中には買受人の債務負担を認めなかったもの（【2】【3】）があり、また学説の多くも不承継説に従っていたが、これは右の解釈を背景とするものではないかとの推測が可能かもしれない。もっとも、学説に限って言えば、前述したリスクと関連づけて買受人の債務負担を否定する見解は圧倒的に少なく(1)、むしろ多くは最低売却価額の決定事情とは直接関係しない事柄(すなわち、債務負担を買受人に認めることで買受人が被る不利益、手続法による実体法的な効果の発生の否定、最低売却価額の決定後に生ずる留置権の成立に対する配慮、引渡拒絶権能という留置権の性質など)(2)を考慮しており、不承継説の学説が最低売却価額の決定事情の違いから影響を受けているとは考え難い。そうは言っても、最低売却価額の決定事情が買受人の債務負担いかんの解釈と全く無関係であるとも断定できないであろうから、そうであれば、民事執行法の下で買受人による「債務負担」の問題を論ずるに際しては、右の決定事情に違いが見られた旧法下における状況を前提とする裁判例を、一まず考察対象から切り離して扱うのが問題解決の混乱を防ぐことに役立ち、また無難な解釈姿勢であるように思われる(一まず民事執行法の施行下における裁判例の分析から出発し、これより導かれた解釈との関連で旧法下における裁判例の評価を行うのが適切であろう)。

二【7】～【9】の比較考察

民事執行法の施行下において現れた公刊裁判例に着目すると、これには【7】～【9】を挙げることができた。このうち、不負担説に立っている【7】の認定によれば、占有者が必要費等を支出した競売不動産の価値を対象に評価人が評価額を定め、これに基づいて最低売却価額が決定されて買受人が競落したという事実があり、この事実の存在が、買受人は不当利得返還債務を負担しない、という結論を導くための論拠となっていた。【7】の事案は、占有者による費用支出行為が、評価人による競売不動産の評価時点よりも「前」に行われたというものであったから、評価人が留置権の被担保債権額を不動産の評価額から控除することは可能であった。だから、反対に、占有者による費用の支出が競売不動産の評価時よりも「後」であったならば、右の控除は不可能であると言わざるを得ず、従って【7】は買受人の債務負担を一般的に否定したものと捉えることはできそうにない。

一方、買受人を相手にした、民法六〇八条に基づく費用償還請求を占有者（＝転借人Y）に認めなかった【8】は、同法一九六条に定められた費用償還関係をこの占有者と占有回復を求める買受人との間に認めている。本件では、執行官が競売手続として現況調査をした際に、占有者が費用支出に関する申述をしなかったにも拘わらず、この【8】は右の二者間に費用償還関係を認め、その際には、かかる結論が信義則に反するものではない旨を判示しているから、なかんずく費用償還額を控除して最低売却価額が決定された場合には、占有回復者である買受人の債務負担が否定される謂れはないはずである。

ところで、これら二つの判決は同列に論じられて然るべきものであろうか。【7】は、（民法三九一条に基づく優先償還債権はもとより）一般的な不当利得返還債権でさえ、占有者は買受人に対して有していないと判示したが、占有者と買受人の間における民法一九六条の適用いかんがこれらの者の間で争われなかったため、同条の適用解釈について言及するところとはならなかった。この点、【8】は、前述したとおり、民法六〇八条に基づく費用償還関係こそ占有者と買受人の間に認めなかったものの、しかし右の一九六条を根拠とする費用償還債務を買受人に認めたのであった。かかる結論が、被担保債権額を控除して最低売却価額が決定されてはいなかった、との事実を踏まえたものであったことに着目したならば、【8】は（民法一九六条で定められた費用の償還関係に限って言えば）買受人が占有者に対して直接的に償還債務を負担することを認めた主旨にあると解し得るのであって、そうだとすると、【8】をもって、占有者に対する債務者の人的債務を買受人が承継する、という解釈方法を採った裁判例として把握するわけにはいかない。もとより、【7】は、被担保債権額が考慮された形で最低売却価額が算定された事案であったから、不動産の最低売却価額を決定するという執行手続が前面に現れることとなり、従って買受人による「債務負担」の問題は、「債務承継」の問題として扱われることとなったと解し得るのに対し、【8】にあっては、そこで対象とされた買受人による「債務負担」の問題を、民法一九六条の適用解釈という、実体法の観点からの問題として処理した裁判例として捉えることが可能であり、かかる処理の結果として「固有債務」の問題に落ち着いていると解すべきではないだろうか。つまり、【8】は、占有者との間で買受人が固有かつ直接の債務を負担している、との見解（＝債務者説）にあるものと解すべきであって、これら二つの判決は同列に論じ得ないように思われる。

このように買受人による「債務負担」の問題には、判例上、二つの解決方法を看取し得るかもしれず、そうだとすると、裁判例の状況を同一レベルの解決方法として単純に捉えるのは適切とは言い難い。のみならず、右の「問題」に対する解決として前述したように二つの方法が存在し得るならば、買受人による「債務負担」の問題は、「債務承継」の問題と「固有債務」の問題という二つの問題に区分して論じられるべきではないだろうか。もしも区分すべきであるのにそう扱わないときは、買受人による「債務負担」の問題を徒に紛糾させ、これより望ましい解決を目指すための障壁となりかねないであろう。また、もしも「固有債務」の問題として扱う場合を特定でき、かつ、この場合の占有者に対して買受人が固有の債務を負担するものとして扱われなければならないときは、かような区分に則した解決を心掛けなければならないこと当然である。そうだとすると、問題は、買受人による「債務負担」の問題を前述した二つの問題に区分して論ずべき事情が、果たして各々の問題の間に存在するものか、もしも「存在する」と解し得るときは、これらを分かつ基準は何に求められるべきかという疑問に逢着しよう。この疑問に答えるためには、結論を異にすることとなった前述の【7】と【8】の事案に改めて注目する必要があると思われる。

なお、等しく民事執行法の施行下における裁判例として【9】も取り上げてきたので、この裁判例は右に述べた「債務負担」の問題との関連でどのような立場にあると考えられようか、である。この点について結論を先取りして言えば、【9】に示された判断と事実関係には不明瞭なところが少なくないため、これを基に右の問題に関する立場を汲み取ろうとすることはできそうにない、と言うことになる。まず、【9】が負担説と不負担説の何れに与するかの判断自体が必ずしも容易でない。もとより、本件における上告審での争点は、その〔事実〕の中でも指摘してきたように、建物を建築したY会社が注文者Aの承諾を得て留置建物を使用または賃貸していたため、この承諾による使用または賃貸が買受人Xに対しても有効となるものか、ということにあった。つまり、Yに留置権が存在していたことを前提にXは留置権の消滅請求をし、この請求について当否が争われたという事案であったから、右の裁判例は結論として占有者に留置権行使を認めたとはいえ、Yが留置権の被担保債権として主張した請負残代金債権の債務を誰が負担しているか、という点について上告審は初めから関知するところではなかったのである。もっとも、Y会社が有する残代金債権はAとの請負契約に基づいて発生したものであるから、本来、Y会社に対して代金支払債務を負担しているのは注文者としてのAである、と一般的には言うことができる。しかし、原審判決は買受人であるXの残代金支払いと引換えにY会社に対して留置建物の引渡しを命じ、上告審判決はこれに対して何ら触れることなくXの上告を棄却したという事情を看取できる。こうした事情に鑑みたならば、【9】には、X自身が債務者ではないと断定して構わないものかについて俄に判断し難いところがある。そこで、仮にY会社が有していた債権はAを債務者とするものであったと解するならば、右の【9】は【7】におけると類似した取扱いが可能となるのに対し、Xによる支払いとの引換給付判決がなされたという点を重視し、従ってXこそが債務者であると解すべきであるときは、【9】はむしろ【8】のようにXの固有債務を承認した裁判例として捉えることも考えられなくはない。何れにせよ、【9】がこのように曖昧なところを多分に含んでおり、従ってこの裁判例に対して必ずしも十分な分析をなし得ない限り、【9】に対する評価をここで断定することは憚られるため、以下では【7】と【8】を専ら考察の対象として扱い、これらに対する分析から導き得た解釈との関連で右の【9】を位置づけることとしたい。

（1）　序章注（8）に掲げた谷井説くらいである。

（2）　詳しくは序章注（8）に掲げた(イ)〜(ニ)を参照。

第二節　不動産の差押後における留置権の成否

一　裁判例の検討

前章第二節で纏めてきたように、競売開始決定により不動産が差押えられた後に、不動産の占有者が「物ニ関シテ生シタル債権」を取得したという場合に、この「債権」を被担保債権とする留置権の行使を占有者に認めない裁判例が存在した。しかし、【11】は、買受人が競落不動産の所有権を取得した後に占有者が費用の支出行為に及んでいるという事案に関するものであったから、【11】をもって、不動産の差押後に発生した前述の「債権」について、留置権の成立を常に認めない主旨にある裁判例と解することはできない。また、

【10】も、傍論として、民法二九五条二項の類推適用を根拠に、買受人に対する留置権の行使を認めない判断を示しているとはいえ、この【10】は抗告人が主張した有益費の支出という事実の存在を認めなかったから、有益費の支出時を明示することには至らなかった、というものである。従って、【10】をもってしても、競売開始決定による不動産の差押後に費用支出行為がなされたという場合を前提に、占有者の留置権行使を認めなかった裁判例であるとは捉えられそうにない。一方、【12】は、抵当不動産の第三取得者が競売不動産の旧所有者に対してでなく、抵当権者に対して不当利得返還債権を認めたという点に特色を見出すことができようが、かかる特色が存するにせよ、この【12】をもって、競売開始決定による不動産の差押後に占有者が債権を取得したという場合に、この占有者が買受人に対して留置権を行使できないとの判断を示した裁判例として捉えることは許されてよい。その際、第三取得者の留置権行使が認められなかった右の結論は、(買受人の所有権取得により)第三取得者の占有が不法占有へと転化したことを一つの根拠としていること、加えて判決文には民法二九五条二項が明示的に引用されていない事実は、買受人による「債務負担」の問題を解明するに当たりいかなる意義を有するか、との観点から大いに検討を要するように思われる。

最後に、留置権を認めた【6】をどう捉えるべきかについても触れておこう。この【6】は、前章第二節で指摘してきたように、費用の支出行為が不動産への差押えの前後を通して行われていたという事案に関するものかもしれない。そうだとすると、【6】にあっても、右の支出行為が純粋に差押後に至って着手され、従って有益費の償還債権が差押後に発生したという場合においてまで、依然として占有者に留置権を認める主旨にある、と解するわけにはいかないことに留意しなければならない[(1)]。

二　民法二九五条二項の類推適用の可否

ところで、競売開始決定により不動産が差押えられた後に、占有者が「物ニ関シテ生シタル債権」を取得したという場合に、留置権行使の許否についてどう解すべきであろうか。なるほど、不動産が差押えられた場合に、占有者が買受人に対して占有権原を対抗できないときは、この占有者は将来的には買受人の明渡請求に応じなければならない立場に立たされるから、自己の占有が無権原占有となることについて占有者の悪意性（少なくとも過失の有無）を問えなくはない。しかし他方で、不動産に対して差押えがなされたところで、例えば競売の申立てが取消されたり、競売手続に関する執行裁判所の決定に対して異議が申し立てられるなど、常に競売手続が予定どおりに終了するとは限らないから、不動産への差押えをもって、占有継続による無権原性につき占有者には右のような主観的事情ありと断定するのは早計である、とも言い得る。

この点、既に最高裁は、自作農創設特別措置法に基づく農地買収・売渡処分が、買収計画取消判決の確定により当初に遡って効力を失った場合に、被売渡人から土地を買い受けた者が被買収者から買収・売渡処分の無効を理由として所有権に基づく土地返還請求訴訟を提起されており、従って買収・売渡処分が効力を失うかもしれないことを疑わなかったことにつき買主に過失があるときは、買主は、民法二九五条二項の類推適用により、有益費償還債権に基づく土地の留置権を主張できない旨の判断を明らかにしてきている(2)。なるほど、一たび不動産が差押えられたとしても、常に競売手続が予定どおりに終了するとは限らないこと前述したとおりではあるが、しかし差押不動産の占有者の方が、返還請求訴訟の被告となっている不動産の占有者よりも、将来、占有すべき権原を失う可能性は大きいと言い得るであろう。だから、右の最高裁の見解を前提としたならば、競売開始決定により不動産が差押えられた後に、占有者が「物ニ関シテ生シタル債権」

を取得して留置権を行使したとしても、民法二九五条二項の類推適用により留置権は認められない、と解する余地があるかもしれない。けだし、競売開始決定による不動産の差押えは不動産の将来的な所有権移転を前提としているからである。そうだとすると、「占有権限のない差押後の占有者又は所有者が、建物に内装工事等を施し、必要費、有益費を支出したとして、留置権を占有権限として主張する例もあるが、そもそも、こうした他に占有権限のない占有者らが競売物件につき費用投下することは、悪意占有者ないしは善意有過失占有者の支出と評価されるべきであり、民法二九五条二項により、留置権を主張できないのではないかと思われる」(3)、との主張は決して由なしとしないように思われる。

すると、競売開始決定に基づき不動産が差押えられた後に占有者が「物ニ関シテ生シタル債権」を取得したという場合に、この占有者には(制限的であれ無制限的であれ)留置権の行使が許されないと解すべきであろうか。この疑問に答えるためには、(a)右の占有者に留置権の行使を許したならばどんな不合理が認められようか(=「不合理性の存否」の問題)、(b)仮にこの不合理を確認でき、従って右の場合に留置権の行使を否定すべきであると解するならば、これをどう法的に根拠づけるべきか(=「法的根拠づけ」の問題)、という問題が解決されなければならない。

(1)　もっとも、【6】は、転借人X_2による有益費の支出行為が差押えの前後を通してなされたという事実を重視せず、または、初めからかような事実が存在していたわけではなくて留置権の行使を認めたものであるならば、この【6】も、不動産の差押後に転借人X_2の有益費償還債権が発生していたという事案を対象としていたと言うことができ、そうであれば、【12】と同様、不動産の差押後に発生した債権を被担保債権として、占有者は買受人を相手に留置権を行使し得るか、という問題に関する判断を示した裁判例として捉え得ることとなる。しかし、仮にこう捉え得たところで、留置権の行使を占有者に許した【6】の判断は果たして妥当であろうかであるが、これについては次章第一節三で言及する。

(2)　最判昭和五一年六月一七日民集三〇巻六号六一六頁。

(3)　佐藤歳二「不動産引渡命令」ジュリ八七六号六二頁（一九八七）。

第三節　ま と め

以上に述べてきたことを前提に、買受人による「債務負担」の問題を解明するに際して留意すべき点を纏めると次のようになる。すなわち、①最低売却価額の決定事情に配慮し、従って民事執行法の施行下における裁判例を一まず対象に考察したならば、右の問題は「債務承継」の問題と「固有債務」の問題とに区別して論じられるべきではないか、また②「物ニ関シテ生シタル債権」を、競売開始決定による不動産の差押後に占有者が取得したという場合には、占有者の留置権行使は許されないと解する余地がありはしないか、ということである。そこで、次章において右に述べた留意点を克服すべき解釈を探究することとする。

第三章　私見の展開

第一節　差押後における留置権の成否

一　「不合理性の存否」の問題について

前章第三節で纏めてきた留意点のうち、便宜上、②の留意点を先に取り上げ、これとの関連で買受人による「債務負担」の問題の解明に迫ろう。右の留意点に対しては、具体的には、前章第二節二において結論づけてきた「不合理性の存否」と「法的根拠づけ」の各問題を解明することが肝要であった。まず最初に、前者の問題に関する考察を試みる。

学説には、占有が後に不適法となった場合であっても、競売開始決定後に費用を支出したなど、適法な占有中に費用を支出したときは占有者に留置権の主張を認め、従って【6】の結論を支持するものが存するが、(1)果たしてこれは妥当な見解と言えようか。例えば、AがBからその所有不動産を購入したが、この売買は解除されAが支払った代金の返還債権を取得したとすると、Aは、Bから返還請求された場合には、特段の事情がない限り代金返還債権のため不動産につき留置権を行使できる。かような結論はこれまでの学説が認めてきたところであり、(2)この結論を、留置権を対抗し得る「第三者」に買受人を含める従来の学説と併せたならば、解除によりAが代金返還債権を取得し、後にBの不動産が差押えられて競売に処せられたところで、Aは買受人に対して留置権を行使（対抗）できる、というのが論理的な帰結であろう。右におけるとは異なり、不動産の差押後にA・B間でこれを目的とする売買がなされ（民執四六条二項参照）[3]、これが解除されて買主AがBに対して代金返還債権を取得したという場合には、Aはこの債権を主張して買受人を相手に不動産留置権を行使しようとしても、それは認められるべきではあるまい。もしも認められてよいと解するならば差押えの効力は無意味と化するからである。これとの比較で言えば、買受人を相手に留置権を行使できないという右の結論は、差押後にA・B間で売買が締結されたが後にこの売買が解除され、買主Aが目的不動産を返還する前にこれに対して費用を支出したため、その償還債権を取得することとなった場合であろうと等しく妥当するはずである。けだし、差押えの効力に鑑みたならば、Aの有する債権が前述した代金返還債権であれ費用償還債権であれ、Aに留置権の行使を認めて引き続き不動産を占有させるべきではないからである。

また、例えば競売開始決定による不動産の差押後にこれを賃借したAが、この不動産に費用を支出したと主張して、その償還債権を理由に買受人に対して留置権を行使したとしても、差押えの効力によりAは賃借権を買受人に対抗できない以上、留置権の行使を認めて賃借不動産の占有継続を認めるべきではあるまい。そうだとすると、さらに進んで、例えば不動産の差押前にAがこれを賃借していたが、Aは賃借権を買受人に対抗し得ない場合はもとより、（期間満了などの理由で）Aの占有が差押前に不法占有となった場合であっても、差押後にAが費用償還債権を取得したところで、やはり差押えの効力に鑑みたならば、Aには留置権の主張を許すべきではないように思われる。

このように、差押えの効力に鑑みたならば占有者は買受人に対して留置権を主張し得ると解すべきではないという右の解釈は、別な視点からも首肯できよう。例えば、不動産につき二重譲渡がなされ、第一譲受人が売主に対して有する、債務不履行に基づく損害賠償債権を主張して、当該不動産につき留置権を行使したとしても、最高裁はこの権利行使を認めてきていない。(4) もしも留置権の存在を認めたならば、第二譲受人に対して占有権原を対抗できないはずの第一譲受人が、留置権を行使するという形で結果として占有権原を主張できることになってしまう、という法制度間に生ずる不都合性を考慮したならば、留置権を認めなかった最高裁の見解は支持されてよいはずである。また、最高裁は、第三者に賃借権を対抗できない借主が、貸主に対して有する債権をもって貸主からの不動産譲受人に対して不動産留置権を主張したとしても、結論として借主の留置権を否定してきているが、(5) その理由も右に示した不都合性に求めることができる。そうだとすると、占有者に留置権の主張を許したために差押えの効力に抵触することになる場合には、前述した不都合性を根拠に、買受人に対する留置権の主張は常に否定されるべきではないだろうか。けだし、差押後に占有を取得し、従って占有権原を買受人に対抗できない占有者はもとより、差押前から不法占有となっていた占有者も、差押後に「物ニ関シテ生シタル債権」を取得することで留置権が認められ、結果として占有権原が正当化されることになるならば、それは対抗要件主義に抵触すると類似した結果を承認することになろうからである。

二　「法的根拠づけ」の問題について

次に、「法的根拠づけ」の問題に移ろう。差押えの効力を優先し、従って差押後に「物ニ関シテ生シタル債権」を取得した占有者には、買受人を相手に留置権を行使することは許されない、という前述した解釈は法的にどう根拠づけられるべきか、である。

この点、前章第二節二でも指摘してきたように、最高裁は、民法二九五条二項の適用解釈として占有者の主観的事情を考慮し、善意・有過失の占有者に対してまで留置権の行使が許されない余地を認めている。かような解釈は、不動産の差押後に右の「債権」を取得した占有者には留置権行使を認めるべきではない、という前述した解釈を法的に根拠づけるものとして適切であると言えようか。もとより、右の占有者がこの「債権」を差押後に取得したという一事をもって、劃一的にこの占有者の悪意や有過失を断定することには無理があると言わざるを得ない。けだし、実際上、通常の占有者は不動産の差押えを（直ちに）認識できる立場にはないと考えられるから、それにも拘わらず、かような占有者に対して悪意はもとより有過失を安易に認めようとすることは、この者にとって頗る酷だからである。そこで、占有者の主観的事情を基準に留置権の存否を決する前述の見解を維持しながら、しかし右の最高裁が示した判断を、例えば有過失の占有者が支出した費用の償還債権に基づく留置権の主張を常に許さない、との一般的立言を示したものとは把握せず[(6)]、従って差押後に前述の「債権」を取得した占有者が、善意・無過失であり得る余地を十分に残したうえで、かような占有者に対しては留置権の行使も許され得ると解したならばどうかと言うと、こう解したところで、やはり買受人に対する占有者の留置権行使は許されるべきでない、という前述した解釈を根拠づけることにはなるまい。けだし、この解釈は差押えによる優先的な効力を貫徹しようとする結果、差押後に「物ニ関シテ生シタル債権」が発生したところで買受人に対する占有者の留置権行使を常に認めないとする内容のものだからである。

このように、最高裁が民法二九五条二項の適用に関して展開してきた立論には賛同し得ないとしても、留置権の不許与という前述した解釈を法的に根拠づけるためには、やはり留置権の行使を制限している同条項の適用解釈に求めるのが最も適切であろう。そうだとすれば、民法二九五条二項の適用としては、単に占有者の主観的事情を基準にして留置権の許否を論ずるべきではなく、差押えの効力に対する配慮といった法制度間の整合性を満たしているか（さらには引渡請求する者の側と占有者の側の各々に存する事情を比較考量する視点ではどうか）、などの総合的な判断によって前記条項の適用解釈を決すべきである、と言うべきではないだろうか（つまり、右の条項は留置権の行使が許されない一つの場合を定めているにすぎない、と解するのである）(7)。もっとも、民法二九五条二項の適用に関して一般的にこう解釈して構わないかは、単に、競売開始決定による不動産の差押後に占有者が「物ニ関シテ生シタル債権」を取得したという場合に限らず、より広い視点からの考察が要求されること言うまでもない。従って、右の主張は、本編における目的の範囲内に限定した限りで妥当する解釈として止めておきたい(8)。

三　裁判例の評価

以上に述べてきたこととの関連で、前述した【6】【10】〜【12】に対する評価に触れておこう。まず、【11】についてである。これは、買受人が競落不動産の所有権を取得した後に、占有者が費用を支出してその償還債権を取得したという事案に関するものであり、留置権を占有者に認めなかった【11】は、差押えの効力を重視して買受人に対する占有者の留置権を認めないという前述した解釈どおりの結論となっているため、その限りで【11】は正当なものとして評価されてよいと考える。また、【10】において傍論として示された判断も、占有者による費用支出時に関する扱いが不明瞭に留まってしまったとはいうものの、やはり右の留置権を否定している結論について同様に正当視することができる。しかし、これら二つの裁判例は何れも民法二九五条二項の類推適用を認めながら、しかし同条項の適用解釈として占有者の主観的事情を問題にしている点は、同条項の適用を総合的な判断において決すべきである、という前述してきた解釈に照らしたならば俄に賛成し難いと言わねばなるまい。

この点、【12】は、第三取得者（＝占有者）の占有が買受人との関係では不法占有に転化している、ということを（一つの）根拠に買受人に対する留置権の行使を否定したが、この根拠は正しく差押えの効力を重視した結果として導かれたものと解し得る。すなわち、右の【12】においては民法二九五条二項が引用されておらず、従って判決文の中で占有者の主観的事情に全く触れられていないのは、この【12】が、同条項の適用解釈として、占有者の主観的事情を問題にしてきた従来の判例理論を前提に、留置権行使の否定という結論を導いたものではなく、むしろ差押えの効力を重視するという視点から、不法占有への転化をもって占有者の留置権行使を認めないという結論を導いたものと解し得るのである（但し、私見は、この結論を、あくまで右条項の適用解釈に結びつけて解釈すること前述したとおりである）。

なお、占有者の留置権行使を認めた【6】については、既に指摘してきたように（前章第二節一）、占有者による費用支出行為が差押えの前後を通して行われたと予測できる特殊事情を重視し、従って【6】は例外的な事案に関する裁判例と捉えるべきであって、かかる事情が認められない場合にまで【6】における結論を推し進めて正当化すべきではあるまい。

（1）　清水・留置権一一三頁。

（2）　代表的な学説として、我妻・民法講義Ⅲ三二頁、道垣内・担保一九頁などがある。

もっとも、著者は、本文におけるAには、民法五三三条の類推適用により引渡拒絶が認められるにすぎず、また「第三者」との関係で認められるAの引渡拒絶権については、留置権的に構成すべきであるとの立場にあるが（この点に関する詳細は第六編〔具体的には第三章第二節二〕における考察の中で明らかにする）、本文一における以下の叙述は右の立場を前提としても妥当するものである。

(3)　民事執行法四六条二項の解釈として、差押後の債務者による処分行為は当事者間では有効であるが、処分の効果は差押債権者の行う執行手続との関係では無視される、と解されていることにつき上原敏夫『注解民事執行法(2)』六七頁〔鈴木忠一＝三ケ月章編〕（第一法規、昭五九）参照。

(4)　最判昭和四三年一一月二一日民集二二巻一二号二七六五頁参照。

(5)　大判大正九年一〇月一六日民録二六輯一五三〇頁（貸主の債務不履行による損害の賠償請求権に基づく借地の留置）、大判大正一一年八月二一日民集一巻一〇号四九八頁（借地権に基づく借地の留置）など参照。

(6)　東條敬『最高裁判所判例解説民事篇昭和五一年度』二五五、二五六頁（法曹会、昭五四）は、前章第二節注(2)に掲げた最高裁判決をこのように解している。

(7)　かような解釈は、民法二九五条二項の適用解釈として、既に米倉明「判批」法協九五巻二号四三五頁（一九七八）において主張されている見解である。

(8)　この点については第一章第二節注(1)を参照のこと。

第二節　買受人の負担する債務の性質

一　費用償還債権に代表される被担保債権の場合

次に、買受人による「債務負担」の問題を、「債務承継」の問題と「固有債務」の問題とに峻別して論じられるべきではないか、という前章第三節で摘示した①の留意点との関係で、民事執行法の施行下で出現した裁判例に改めて注目してみよう。

同法の施行下における【7】および【8】のうち、前者の裁判例は、占有者の一般的な不当利得返還債権が、また後者の裁判例は、民法一九六条に基づく占有者の費用償還債権が留置権の被担保債権となっていた事案に関するものであり、【7】は不負担説を明らかにしていたのに対して、【8】は負担説に従っていると捉えることができた。これらの裁判例は、一瞥したところ、矛盾した結論に陥っていると評価し得なくもないのであるが、果たしてこう評価して構わないであろうか。むしろ、留置権の被担保債権として主張された債権はそれぞれ異なっていたのであり、かような違いが各々の結論を導くための重要な要因となっていたとは考えられないだろうか。学説には、費用償還債権の発生を根拠づける民法一九六条は、占有者―回復者間の関係を処理するため、一般不当利得法理による不当利得者の返還義務の内容を具体化したもの、つまり不当利得の特則と解する見解が有力である(1)。この当否はさておき、右の費用償還債権は、【7】における被担保債権、すなわち一般不当利得返還債権とは、性質上、異なった特色を有しているように思われる。その特色とは何か、である。

ところで、留置権の成立が認められる債権について学説は二つに分類してきた。それは、(イ)物自体から生じた債権と、(ロ)物の返還請求権と同一の法律関係または同一の生活関係から生じた債権(2)、である。このうち、民法一九六条で定められた費用償還債権は、右にいう(イ)の債権に属するものであるのに対し、一般的な不当利得返還債権は(ロ)の債権に含まれる。このように分類される根拠を各々の債権と留置権の目的物との関係に求めたならば、次のように言うことができる。すなわち、右の費用償還債権と当該目的物との間には、この債権の発生が目的物の価値と直結しているという意味で直接的である、という関係が存することである。例えば、一〇〇万円の価値を有していた物について、その価値を保存するためAが二〇万円の必要費を投下し、その結果としてAは二〇万円の償還債権を取得したとする。Aが二〇万円を支出しなかったならば、償還債権は未発生となる代わりに、当該物の価値は八〇万円に減少していたはずだから、Aによる必要費の支出行為は、一方で二〇万円分の価値保存をもたらし、他方で必要費償還債権の発生を生起させたことになる。ここに、物の価値と債権の発生との間に一体的な関係を看取することができるのであって、かような物と債権との関係に着目したとき、一〇〇万円の価値がある当該物に二〇万円の償還債務が付着している、と表現することが許されよう（二〇万円の償還債務が付着することと二〇万円分の価値保存とは表裏の関係に立つ）。そこで、費用を支出した占有者に対して物の引渡しを求める者（＝回復者）は、物自体に存在している負担を、当該物に代わって履行することでこの負担を除去しなければ、物の回復（引渡）状態を実現できないと扱われても止むを得まい(3)。こうした理解から民法一九六条は、費用償還に関する債権債務関係を占有者・回復者の関係に転化させて処理している、と解することができるのである。

以上に述べたことは、占有者と（回復者としての立場にある）買受人との間においても基本的に異なるものではなく、従って不動産の引渡しを求める買受人は、前記(イ)の債権にあっては、占有者との間で直接かつ固有の債務を負担する、と解すべきである（買受人に固有債務の負担を認めることは、最低売却価額が留置権の被担保債権額を控除して算定されたかどうか、ということと直接関係がない）。そうだとすると、右の債権と物との間に見られる前述した関係に着目したとき、この債権を巡って生ずる、買受人による「債務負担」の問題としては「固有債務」の問題のみが対象となるにすぎず(4)、この問題に対しては債務者説をもって妥当と解すべきである（もっとも、前節**一**および**二**で述べたように、前記(イ)の債権を被担保債権として占有者が不動産留置権を買受人に対して行使できるのは、この債権が不動産の差押前に発生していた場合に限られ、差押後においては民法二九五条二項の類推適用により右の留置権行使は許されない)。(5)(6)

二　一般不当利得返還債権に代表される被担保債権の場合

右におけるとは異なり、一般的な不当利得返還債権は、当該物との間に、費用償還債権に関してみられた一体的な関係は存在しない。例えば、一〇〇万円の価値がある物を買主が購入して二〇万円を支払ったが、後にこの売買が解除されて買主は二〇万円の代金返還債権を取得したとすると、費用償還債権と当該物との間に存在した前述の直接的な関係は、右の返還債権と売買物との間には認められないはずである。けだし、代金返還債権の発生いかんは当該物の価値とは無関係だからである(二〇万円の返還債権が発生しなくても、売買物の価値は一〇〇万円なのであって、この債権の発生と売買物の価値とは表裏の関係にないと言うべきであり、従って代金返還債務は物に付着したものとして捉えられない)。このような債権は、終始、競売不動産の旧所有者自身に対する人的債権であり、回復者である買受人としては、右の旧所有者に属していた人的債務を特に負担したなどの特段の事情がない限り、債務者として扱われるものではないと解すべきであろう(このことは右の返還債権の発生が不動産の差押えの前後いかんに関係ない)。そうであれば、前記(ロ)の債権にあっては、買受人による「債務負担」の問題としては「債務承継」の問題が生ずるにすぎない、と解することになる。(7)つまり、不動産競売により所有者が変更したところで、これに伴って右の債権における債務者についてまで変更が生ずると解すべき根拠に乏しい、と言わねばならない。けだし、例えば不動産の差押後にこれが売却され、後に売買が解除されて買主が代金返還債権を取得したという場合に、売主を相手に取得したこの返還債権を買主は買受人に対しても主張できる、と解することの不合理さは多言を要しないはずであり、そうだとすると、前記(ロ)の債権にあっては不承継説をもって妥当と解すべきだからである(もっとも、この債権は差押前に発生している場合に限り、留置権によって担保され得ること費用償還債権におけると同様である)。

以上に述べてきた考察との比較で【7】と【8】についての評価に言及すると、不負担説を明らかにした前者の裁判例については、そこでの被担保債権は一般不当利得返還債権であったから、そうである限り、本件における、買受人による「債務負担」の問題は「債務承継」の問題として位置づけられるべきであった。従って、買受人の債務負担を認めなかった右の裁判例は、結論こそ妥当であったと言い得るものの、この結論は不承継説の視点から導かれるべきものであったと言うべきであり、かような視点が判決文の中から明瞭に窺えない点で大いに疑問が残る。一方、後者の裁判例は、民法一九六条に基づく費用償還債務について、「固有債務」の問題としての観点から買受人の債務負担を認める結論に至っており、従って正しく妥当な判決であったと首肯できる。なお、本件では民法六〇八条の費用償還債権に基づく留置権の存否も争われているが、この償還債権は賃貸人に対してのみ主張できるものであって、前記(ロ)の債権に含めて扱うべき債権であるから、右の判決が買受人に対する占有者(＝転借人Y)の(同条に基づいた)償還請求を認めなかった結論も正当である、と言わねばならない。

なお、【7】と【8】に対する評価を右に述べてきたように解するならば、これとの関係で【9】はどのように受け止められるべきであろうか。まず、一般的に言えば、請負契約から生じた請負残代金債権は前記(ロ)の債権に属するものと解すべきであるから、そうであれば、この残代金債権はやはり人的債権として【7】における不当利得返還債権と等しい扱いがなされてよく、従って【9】の事案では「債務承継」の問題が生ずるにすぎないという前提の下でこの裁判例を受け止めるべきである。その結果、Aが負担していた人的債務を特に負担したなど特段の事情がない限り、Xは債務者として扱われることにはならない。(8)もっとも、【9】がXによる支払いとの引換給付を命じた原審判決に異を唱えていないのは、Y会社との間でXは固有の債務を負担していると捉えたからではないかとの批判が考えられなくはない。既に第二編における考察の結果、請負人の報酬債権には民法一九六条にいう費用償還債権としての性格が含まれ得るとも解釈してきたのであるが、しかし本件事案のような請負人による建物の建築行為を同条所定の費用支出行為と同視できようか、頗る疑問であって右の解釈をここに当てはめるわけにはいかないのである。(9)

(1)　田中・注釈民法(7)一七六頁に掲げられた学説のほか、舟橋諄一『物権法』三一二頁（有斐閣、昭三五）、広中俊雄『物権法』二五六頁（青林書院、第二版増補、一九八七）なども参照。

(2)　我妻・民法講義Ⅲ二八頁、柚木＝高木・担保（第三版）二〇頁が最も代表的である。

もっとも、留置権が成立する「物ニ関シテ生シタル債権」について、著者は従来の学説とは異なる解釈に立っている。その相違の一端として、本文に掲げた(ロ)の債権のうち、物の返還請求権と「同一の生活関係から生じた債権」については留置権を認めるべきではない、という点などがある（詳しくは第六編第三章第二節二で論じる）。しかし、以下では従来の学説が分類する(イ)および(ロ)の債権を対象に論述することとし、私見に従うことで結論上の修正を伴うときは、その限りで注記することとしたい。

(3)　なぜ費用償還債権の性質はこのように把握できるのかについては、第二編第三章第一節一(1)も参照のこと。

(4)　租税滞納処分により不動産が公売された場合に関してではあるが、公売不動産の占有者（＝借主）が、賃借中に支出した有益費の償還債権のため、この不動産につき留置権を主張したという事案において、「被控訴人

（新所有者を指す。著者注）ハ民法第六百八條第二項第百九十六條第二項ニ基キ前記賃貸借ノ終了ノ時ニ於テ其ノ選擇ニ從ヒ控訴人（借主を指す。著者注）ニ對シ其ノ支出費用若クハ現存増加額ノ償還ヲ爲スノ義務アルモノ」と判示した裁判例（東京控判昭和一四年七月二九日新聞四四八四号一〇頁）があり、不動産の新所有者を費用償還債務者と解している点で注目される。

(5)　著者は第二編第一章において民法一九六条と同法二九五条の系譜的考察を試み、これを踏まえて、民法典が、費用償還債権という攻撃的な権利と、（これを確実にするため）防御的な権利である留置権とを占有者に許与し、従ってこれらの権利をセットの関係として捉えた立場にある、との解釈を明らかにしてきた（第二編第三章第一節一参照）。とはいえ、かような解釈は、費用償還債権が認められるところでは常に占有者に留置権の行使が許される、との主旨まで含むものではないこと言うまでもない。民法二九五条一項の適用段階では占有者に費用償還債権を担保する留置権が与えられたところで、この留置権が別な理由から、すなわち同条二項の適用解釈などを根拠に認められない余地があることは当然だからである（右の一九六条に基づく費用償還債権を占有者が不動産の差押後に取得したとしても、占有者は常に留置権行使が否定される旨の本文で述べた見解は、前述してきた第二編における解釈と何ら抵触するものではない）。

(6)　前記(イ)の債権に見られる特色を本文の中で示すに際しては、この債権の典型的なものである費用償還債権を対象としてきたが、右の典型的な債権として学説は、この償還債権のほかに、物の瑕疵から生じた損害賠償債権（民六六一条参照）をも掲げているので（学説としては、差し当たり高木・担保一八頁、槇・担保三七頁など参照）、この賠償債権の視点からも前述した特色を確認しておこう。

ところで、右の損害賠償債権も損害を惹起した物との間に密接な関係が存在すること、多言を要しないであろう。例えば、受寄者は、寄託物から損害を被った場合には、その回復を求める寄託者に対して留置権を主張できるわけであるが、この場合の賠償義務を負うべき主体は物自体であると言うことができ、従って当該物には賠償債務が付着していると観念し得るから、この物の回復者は加害主体に代わって賠償しなければ当該物を回復し得ない。これを被害者の側から眺めると、加害行為によって受けた損害の代償措置として、この者には（留置権の行使という形で）物を支配下に止めておく占有権原が認められた、と解し得るのである（以上の理解については史的経緯も含めて、第三編序章〔とりわけ注（5）参照〕において明らかにしてきてある）。要するに、前述の賠償債権と損害を惹起した物との間にはこうした重大な特色を認識し得るのであり、かような特色より、損害を惹起した不動産が競売に処せられた場合には、費用償還債権におけると等しく右の損害賠償債権についても、「固有債務」の問題のみが対象となるとともに、その際には債務者説に従うことをもって妥当と解すべきである。

（7）もっとも、私見によれば、前記(ロ)の債権すべてにおいて留置権が認められるわけではなかった（この点については前出注（2）を参照）。従って、本文に述べた解釈は私見との関連では若干の修正が必要となる。すなわち、私見では、前記(ロ)の債権のうち、物の返還請求権と「同一の生活関係から生じた債権」については留置権の成立を認めないので、結局、前記(イ)の債権以外で留置権の成立が認められる債権に関して、すなわち前記(ロ)の債権のうち一部を除外したものに関して「債務承継」の問題が生ずる、と解することになる。

（8）本件では請負残代金が控除されて最低売却価額が定められていたものかが判決文からは窺うことができない。もしもこの控除がなされていた事案であったならば、買受人Xを債務者として扱い、従って原審判決のようにXによる支払いとの引換給付を命じたところで、Xにとって過払いによるリスク負担という不都合は生じないことになる。しかし、本来、請負残代金に対する控除の有無に拘わらず、Y会社に留置権の行使を許した【9】の判断は不承継説の視点から一まず当否が論じられるべきである。その際、本件は右の控除により最低売却価額が定められていた事案であったならば、Y会社はXが控除相当額を不当に利得しており、従ってXは固有の利得返還債務を負担していると主張することが許されようかと言うと、この主張は一般的には認められないであろう。けだし、Xは「法律上ノ原因ナクシテ」競売不動産の所有権を取得したとは言い難いため、このXに一般不当利得の法理を認める法律構成には無理があると考えられるからである。反対に、もしも本件において前述した控除がなされていなかったときは、事実上、XがAの債務を弁済することは「過払い回避」の要請に反する結果となろうが、この点については次節二において私見を述べる。

(9) 第二編における考察では、建物建築の請負人が、注文者以外の者に対して、報酬債権を被担保債権とする建物留置権を行使できようかという問題を意図的に対象外としてきた(第二編序章注(14)参照)。従って、そこでの考察より私見として唱えてきた、請負人の報酬債権には民法一九六条にいう費用償還債権としての性格が含まれ得る旨の解釈は、【9】の事案における、建物建築を請け負ったY会社の残代金債権については妥当しないこと言うまでもない。なお、建物の建築行為が同条所定の費用支出行為とは区別して扱われるべきであることにつき、第一編第四章第三節一(2)(二)を参照。

第三節　残された検討課題

一　序

著者は、序章において、「債権者保護」「買受け保護」「過払い回避」という三つの要請に照らした観点から、これまでの学説には批判的な立場を採ってきた。これとの関連で言えば、著者が買受人による「債務負担」の問題に関して既に明らかにしてきた解釈論は、果たして右の要請を踏まえた適切な解釈となっていようか、との疑問に答えなければなるまい。また、右の解釈論を唱える過程では、民事執行法の下における裁判例を一まず対象外として扱ってきたため、翻って、この裁判例との関連性も問われるものと思われる。これらを残された検討課題として以下に言及しよう。

二　三つの要請との関係

(1)　前記(イ)の債権の場合

まず、「債権者保護」の要請についてである。前記(イ)の債権の性質に照らし、その債務者は回復者自身であると解したならば、回復者の地位が不動産の旧所有者から買受人へと移転し、これに伴って債務者が変更する扱いを認めたところで、右の債権を有する留置権者がこの扱いに対して不満を抱くことは、もとより許されないと言うべきである。けだし、前節一で述べたように、右の債権と当該物との関係に着目すると、この債権は物自体に付着しているものであり、回復者の立場にある者が債務を履行しなければならない性質の債権だからである（費用償還債権について言えば、こう解するのが回復者―占有者間に関する民法一九六条の趣旨に適合する、と言えよう）。これより、債務者説は右の要請に背理すると解すべきではあるまい。

また、「買受け保護」の要請に対しても同様であり、前述した債権の性質に照らしたならば、債務者説はこの要請に反するものではないと言うべきである。すなわち、差押前に発生した前記(イ)の債権について、その債権額が控除されて最低売却価額が定まっているときは、「買受け保護」の要請に応え得ること言うまでもない。もっとも、実際には右の控除が常に可能であるとは限らないが、たとい控除されなかったとしても、買受人は前述した債権に限っては自らが固有の債務者として扱われるべきであるから、買受代金のほかに、右の債権額につき買受人自身の一般財産がその引当て財産として扱われたところで、買受人としては自己の債務負担について覚悟せざるを得ない、と言うべきである。(1)

最後に、「過払い回避」の要請についてはどうか。占有者の債権が差押前に発生しているときは、その債権額は控除されて最低売却価額が決定される可能性は少なくなく、従ってかかる控除がなされたときは右の要請に反しないこと言うまでもない。だが、右の控除は常に可能であるとは限らないから、買受人としては、(i)執行裁判所が留置権の存在を考慮せず、従って不適法な最低売却価額の決定であったことを理由とする、売却許可決定に対する執行抗告（民執七四条一項、二項、七一条六号参照）[2]により、前述した競売手続のやり直しを図ることが考えられ、これにより「過払い回避」の要請に応えることが全く不可能ではない。[3]しかし、右の執行抗告は現実的でない要素を含んでいるため、時として被担保債権額が控除されなくなる場合を防止できず、従って買受人は、（固有の債務を負担していると解する限り）過払いを事実上しなければならない危険から完全には逃れられない。その際、買受人が前記(イ)の債権の存在について不知であったならば、買受人は予想外の不利益を被ることになるだけでなく、被担保債権が多額であるときは買受人の不利益は計り知れないと言えなくもない。しかし、買受人は、競落不動産につき留置権を行使されることで、この不動産を完全に使用・収益できない事態に陥ることとなるから、買受人にとっては、競落不動産について権利の瑕疵が存在したと類似した状態を看取することができるのであって、こうした状態に鑑みたならば、買受人には、買受代金の減額請求や買受け拒否の可能性が許されてよいのではないだろうか。その法的根拠としては、(ii)売却許可決定の確定後には、民法五六八条、五六六条に定められた担保責任を追及し得る、[4]と解するのが最も実情に即した解釈だと思われる。

以上の結果、前記(イ)の債権については、買受人が固有の債務を負担するという結論を承認したところで、前述した三つの要請との関係で不合理性を唱えるべき必要性を見出せない、と言えよう。

(2)　前記(ロ)の債権の場合

この債権の典型例としては、例えば「同一の法律関係」から生じた債権として、契約から生じた運送料金債権、修理代金債権、売買代金債権などが挙げられてきた。[5] これらの諸債権は占有者が契約の相手方に対して有する人的債権である。そこで、不動産競売の場合における「債務承継」の問題に関して、仮に買受人による人的債務の承継を認め（すなわち承継説に従い）、従って不動産競売により債務者が変更したと解するならば、留置権者にとって債務の弁済に対する期待は危ぶまれるなどの不安を招来することとなろうから、「債権者保護」の要請に十分に応えられそうにない。この点、債務者の変更を伴わない不承継説に従えば、右の要請は憂慮されるべき基盤を失うこと言うまでもないであろう。また、留置権者との間で発生していた人的債務を買受人が承継することになれば、「買受け保護」の要請との関係でも問題がある。けだし、買受人は、競落によって人的債務を承継することになるならば、最終的には自己の一般財産がこの債務の引当て財産として扱われるため、不動産の競落には相当の覚悟が必要となろうからである（このことは、最低売却価額から右の債務額が控除され得るとしても、この控除が完全に期待できない限り基本的に異なるものではない）。また、もしも買受人に人的債務の承継を認めると、最低売却価額の決定後に発生した被担保債権額であっても同じく承継されるとの結論を承認せざるを得ず、そうだとすれば、かかる結論は妥当とは言え得ないこと明瞭であろう。この点、債務者の変更を伴わず、従って買受人の一般財産は引当てとなる余地がない不承継説に従えば、右の二つの要請に応えられること当然である。

すると、「過払い回避」の要請との関係についてはどうか。承継説であれ不承継説であれ、留置権の被担保債権額が控除されて最低売却価額が定められた場合には、もとより過払いの恐れは生じない。[6] 問題は、何らかの事情でこの控除がなされなかった場合である。けだし、民事執行法の下では、既に述べてきたように（第一章第一節㈠）、旧法におけるよりも適正な不動産の評価が図られているものの、繰り返し述べてきたように、事実上の過払いというリスクに対する買受人の不安は完全には払拭され得ないからである。ところで、右の控除がなされなかった場合には、不承継説によれば、買受人は債務負担を強いられない（つまり直接に債務の履行を求められない）から、この限りで同説は承継説よりも買受人に有利な解釈と一おう言えそうである。しかし、より本質的に言えば、不動産の差押前に既に発生している、留置権によって担保されるべき「物ニ関シテ生シタル債権」でさえ、その債権額を完全に控除して最低売却価額を決定することができない、という実情が注目されなければならない。つまり、買受人の不安を完全に拭えないという不都合は、不動産の評価方法に関する民事執行法の限界に起因して生ずるものと言い得ること、また買受人が被るかもしれない前述した事実上のリスクは、留置権について引受主義を民事執行法が採用したことの結果にほかならないのである。かような法制度の下で生ずる本質的な結果のために、不承継説に従うことで買受人が右のリスクを負担することとなっても、それは現行法の下では止むを得ないものと言うべきであろう。これに対処するため、買受人としては、前記(1)で指摘してきた(i)の手段に頼ることが許されてよいこと言うまでもない[7]。のみならず、買受人にとって留置権の存在は競落不動産の使用・収益が妨げられることを意味するから、売却許可決定が確定した後の買受人には前述した(ii)の方途も認められてよいであろう[8]。何れにせよ、不承継説を是と解する結果、買受人としては、基本的には、右に示したような方策に頼ることで甘受するほかはないように思われる[9]。

三　民事執行法の施行前における裁判例の位置づけ

これまで著者が唱えてきた見解との関連で、民事執行法の施行前に現れた裁判例のうち、買受人による「債務負担」の問題に対する判断が示された【1】〜【3】をどう評価すべきか、について以下に触れておこう。

まず、【2】を取り上げると、この裁判例は、契約関係を前提に発生した前記(ロ)の債権が留置権の被担保債権であった、という事案において不負担説の立場を明らかにしていた。もっとも、留置権者の有する右の債権が不動産の差押前に発生していたものか、という点については必ずしもそこでの判決文から窺知できないが、前記(ロ)の債権を対象とする限り、右の【2】が債務負担を認めなかった結論は、「債務承継」の問題を前提に不承継説によって導かれたものであり、かつ、民事執行法の下における最低売却価額の決定事情との相違に左右されていない、と解する限りで正当性を認めることができると思われる。

一方、費用償還債権が留置権の被担保債権であったという【1】では、買受人の債務負担こそ認められてはいるものの、そこでの判決文を子細に眺めると、既に序章において指摘してきたように、債務の「承継」という文言またはこれに類似した用語がをそこから看取することができなかった。これより、右の裁判例をもって「債務承継」の問題を扱ったものと捉えるべきではなく、むしろ「固有債務」の問題としての視角から事案の解決を図ったもの、と捉えるべきである。従って、【1】が認めた、買受人に対して直接に有する留置権者の費用償還債権は、(判決文の中では必ずしも明示されていないが)民法一九六条の適用解釈により導かれたものと言わねばならない。つまり、右の裁判例は買受人に対する直接(固有)の費用償還債権を留置権者に認めたもの、と解するのが【1】に対する正当な捉え方であり、この裁判例は前記(イ)の債権に関して著者が唱えてきた解釈を裏付けるものと解したい。[10] そうであれば、右の裁判例は最低売却価額の決定事情に関する相違とは無関係であったと言うべきである。

以上に反し、【3】は等しく民法一九六条で定められた費用償還債権に関する事案でありながら、しかし不負担説に立っていた。そこでは、留置権者に対して右の償還債権が認められながら、買受人は占有者の支出した費用を含む最低売却価額の範囲内で競落した、という事情を（同説を採るための）根拠としているが、前記(イ)の債権を被担保債権とする限り、本件は「固有債務」の問題として扱われるべきであった。そうだとすれば、債務者説の立場から買受人の債務負担が認められるべきであり、右の裁判例には賛成し難いと言わねばなるまい。

（1）　前記(イ)の債権を巡って生ずる、買受人による「債務負担」の問題としては、「固有債務」の問題のみを対象に債務者説を唱える著者の立場によれば、右の債権における価額は最低売却価額の決定に際して控除される必要がないのではないか、との疑問が生じなくはない。しかし、例えば費用償還債権に関して前節一に示した具体例で言えば、一〇〇万円に二〇万円の負担（すなわち償還債務）が付着している場合には、当該目的物の実質的な価値は八〇万円であるから、引受主義の下では、買受人は八〇万円を支払って二〇万円の償還債務を負担するのが、債権者（＝占有者）と債務者（＝買受人）との間における便宜かつ簡易な精算方法であると言うべきであるから、右の控除がなされたとしても何ら不合理ではないであろう（前記(ロ)の債権に関する場合とは控除の意義が異なる。後出注（6）参照）。

なお、付言するに、差押後に前記(イ)（および(ロ)）の債権が発生した場合であっても、これが最低売却価額の決定前に発生しているときは、（右の債権を被担保債権とする留置権の行使は許されないものの）最低売却価額の決定に際し、その債権額を控除することは不可能ではない。しかし、差押前に占有者が前述の債権を取得した場合に限り、この占有者は買受人に対して留置権を行使できるにすぎないと解する著者の立場によれば、差押前に生じている債権額に限り控除の対象として扱われることになる。

また、民法一九六条二項にいう有益費償還債権も、差押前に発生している債権額に限って控除の対象となることに変わりはないが、最低売却価額は、差押後における特定の時点（＝特定時。例えば、評価額どおりに最低売却価額が決定されたときは、評価時がこの特定時となる）を基準に当該不動産の現況をもって算定されるはずであるから、右の償還債権の存否に関する増価額の現存については特定時をもって判断することになる（有益費償還債権の発生時とこの債権額〔＝償還額〕の算定時とが異なって扱われたところで差し支えない、と解する。）

（2）　旧法下での事案に関する裁判例ではあるが、占有者が前記(ロ)の債権である売買残代金債権のため留置権を主張していたにも拘わらず、この債権の価額を減じないで最低競売価額が決定されたという場合に、大阪高決昭和四六年九月二三日判時六五〇号八〇頁は競売許可決定の取消を認めている。また、競売物件である建物について多額の管理費が未納となっており、実際にはこれが買受人の負担に帰することとなるにも拘わらず、右費用が最低売却価額の決定に考慮されなかったという場合に、売却許可決定を取消した東京高決昭和五八年一〇月一八日判時一〇九一号九七頁（民事執行法の施行下における事案）も参照。

（3）　買受人は、売却前に上申書を提出することで、最低売却価額の変更や執行裁判所の審尋を事実上の面で促すという方途に頼ることも考えられなくはないが、実際上、かかる方途による効果は期待できない場合が少なくないであろう。

（4）　竹下・序章注（9）注解民事(2)二五四頁、大橋・序章注（19）二九四頁、深沢利一『民事執行の実務(上)』一九三頁（新日本法規出版、四訂版、平九）。但し、清水・再構成三〇四頁注（13）は反対。

（5）　代表的な学説として、我妻・民法講義Ⅲ三一頁、柚木＝高木・担保〔第三版〕二〇頁などがある。

（6）　前記(ロ)の債権を巡って生ずる、買受人による「債務負担」の問題について不承継説に従うときは、留置権の被担保債権額の控除は「過払い回避」の要請に応える意義を有している、と言えよう（前記(イ)の債権に関する場合とは異なると解する。前出注（1）参照）。

（7）　前出注（2）に掲げた大阪高決昭和四六年九月二三日判時六五〇号八〇頁を参照。

（8）　この点に関する学説としては前出注（4）を参照。

（9）　実務的には、物件明細書の備考欄に引渡命令の可能性に関する記載方法の工夫が必要となろう反面（この記載方法としては、東京地裁民事執行実務研究会・第一章第一節注（1）三二一頁以下、特に三二四頁以下を参照）、民事執行保全処分研究会編『執行妨害対策の実務新版』三七二、三七六頁〔高木新二郎監修〕（金融財政事情研究会、平九）は、物件明細書の作成段階における執行裁判所の判断が、引渡命令の発令段階における執行裁判所の判断を拘束するものと考えられていないことに鑑み、買受け希望者に対して競売不動産に関する占有関係の確認や、場合によっては差押債権者への問い合わせなど、独自の調査の必要性を説いている。

（10）　薬師寺・序章注（10）「判批」六九九、七〇〇頁は【1】の結論自体には賛成する（この裁判例に対する批判については第一章第一節注（4）を参照）。その論拠は、「物の占有者が、占有物に有益費を支出したるときは、所有者は之に因りて利得した譯であるから、占有者に對し利得償還の義務があるとしなければならぬ。然るに、物の所有者が、この償還義務を履行することなくして物を第三者に讓渡したる場合に、債務者は其の債務を免るゝの理由はない。しかし物の讓受人も占有者から其の物を回復するためには、占有者に對し有益費を償還する義務があるから（民一九六條二項）、本件に於て訴外近藤近太（【1】におけるAを指す。著者注）の所有家屋に有益費を支出し同人に對し之が償還請求權を有する被告等は、右家屋を競落に因りて取得し、之を被告等の占有から回復せんとする原告に對しても右有益費の償還を請求し得るのである。」というものである。右の引用文が意味するところは、本文で述べた右裁判例に対する評価と共通した主旨にあると解される。

終　章

買受人による「債務負担」の問題について、これまでに著者が主張してきた解釈の特色を纏めると次のようになる。すなわち、不動産の差押後に占有者が「物ニ関シテ生シタル債権」を取得したところで、これを担保するための留置権は成立し得ないこと、また買受人による「債務負担」の問題については、差押前に発生した「物ニ関シテ生シタル債権」の性質に応じて異なって解釈されることを要し、例えば費用償還債権のような前記(イ)の債権の場合であれば、「固有債務」の問題として捉えたうえで債務者説を唱え、また一般不当利得返還債権のような前記(ロ)の債権にあっては、「債務承継」の問題のみを対象に不承継説に従うのが妥当である、という点である。[(1)]けだし、かような解釈を展開するに至った背景には、これまでの学説は、買受人による「債務負担」の問題について混乱した議論に陥っているのではないか、とりわけ留置権の成立が認められる債権の性質に着目した考察が十分とは言い得ず、また民法二九五条二項の適用解釈との整合性に関する配慮に欠けていたのではないか、その結果、裁判例の捉え方が不十分であったと言えないかなど、これまで展開された解釈論には疑問視すべき点が多いと思われたからである。

ところで、本編における最終的な目的は、序章で明示してきたように、買受人が果たして留置権を主張される「第三者」に含まれようか、ということであった。右に纏めてきた著者による解釈との関係でこの目的について最後に言及するならば、買受人は、(差押前に発生した前記(ロ)の債権について)人的債務を承継しないと解する限りで、留置権の対抗を受ける「第三者」として扱われるべきであるということになる。[(2)]

(1)　もっとも、差押後に占有者が「物ニ関シテ生シタル債権」を取得した場合であっても、買受人が出現する前の段階において、占有者と不動産所有者との間で不動産につき引渡関係が生ずる場合も起こり得る。この場合においてまで、占有者は、民法二九五条二項の類推適用により、所有者に対する留置権の行使が許されなくなる、と解すべき必然性はない（但し、占有者が所有者に対して留置権を行使できるのは、占有者の有する右の「債権」が前記(イ)の債権である場合のほか、前記(ロ)の債権の一部である場合に限られるべきであると解するのであるが、こう解することの詳細は第六編第三章第二節二で述べる）。つまり、著者は、差押後に占有者が「物ニ関シテ生シタル債権」を取得した場合には、不動産所有者との間では占有者に留置権を行使できる余地があるものの、しかし後に出現した買受人に対しては留置権の行使が許されないと解する立場にある。この立場によれば、民執五九条四項を、差押前に占有者が右の「債権」を有しており、これを担保する留置権が既に発生していたという場合に適用される規定である、と限定解釈することとなる（買受人が出現する前の段階で、占有者に認められた右の所有者に対する留置権の行使が買受人に対しては許されない、という前述の解釈は実体法上の観点から導かれるにすぎない）。

(2)　もっとも、著者は、前記(ロ)の債権において留置権の成立を承認する従来の学説とは異なる立場にあり、前記(ロ)の債権にあっては、その一部について留置権の成立を認めないため（前章第二節注(2)および注(7)を参照）、本文に述べた結論は私見に従うならば一定の修正が必要である。すなわち、差押前に発生した右の債権のうち留置権の成立が許されるものに限って、買受人による「債務負担」の問題について不承継説を採ることになり、その限りで買受人は留置権の対抗を受ける「第三者」として扱われることになる。

また、著者は、第一編において、右の「第三者」の範囲は特定の場合に限定されるべきである旨の解釈論を唱え、かような限定における特色の一つとして、占有者の債権が物の返還（引渡）債権よりも前に発生していること（すなわち、占有者が有する債権を被担保債権とする留置権が既に成立していること）を要する、と論じてきた(序章注(22)参照)。本文に述べた結論はもとより、前述した私見にあっても、不動産の占有者が前記(ロ)の債権(私見によれば一部が除外された前記(ロ)の債権)を差押前に取得していた場合に限り、買受人は留置権の対抗を受ける「第三者」に該当し得る旨の解釈が前提となっており、右の場合は前述した特色を備えたものであること多言を要しまい。けだし、買受人は、競落代金の支払時に不動産の所有者となり、占有者に対してこの不動産の引渡債権を取得することになるからである(右の時点までに発生した前記(ロ)の債権であっても、この債権が差押後に発生しているときは、民法二九五条二項の類推適用により留置権の行使は認められないと解するから、その限りで買受人は「第三者」に対する該当性が問われなくなるにすぎない)。これより、留置権を対抗できる領域に関して著者が第一編において唱えてきた解釈は、買受人に対して留置権を対抗し得る場合にもそのまま妥当することとなる。

第五編　民法二九五条二項の適用による第三者の制限

序　章

一　留置権は公平の観念に立脚して設けられた制度であること言うまでもなく、物の占有が「不法行為ニ因リテ始マリタル場合」に、民法二九五条二項が債権者に対して留置権の行使を許していないのも、まさに右の観念に基づいていると一般に解されてきた。その理由について学説の多くは、留置権が「法律上ノ恩典」であり、従って債権者が「此恩典ニ浴スル」ためには、占有が「適法ニシテ法律ノ保護ニ値スヘキモノ」であることを要するとか、(1)「不正ノ目的ニ利用セラルル弊害」を防止する目的から、(2)または、かような「場合」の債権者は「保護」されるに値しないから、(3)などと説明してきている。また、占有が「不法行為ニ因リテ始マリタル場合」の適例としては、債権者が、殊さら留置権を取得しようとして債務者の物を強取または窃取したり、欺罔または強迫を用いて占有を開始したとか、(4)強取等の手段により他人の物の占有を開始した者が後に「其物ニ関シテ生シタル債権」を取得した、(5)などの場合（＝適例型）が早くから挙げられてきたことも周知のとおりである。もっとも、一部の学説には、右の条項は、例えば死体の運送人が運送料債権のために死体を留置するなど、広く公序良俗に反する場合に留置権の成立を認めない趣旨にあると説くものが存するのみならず[6]、民法二九五条二項そのものの立法趣旨を公平性の観点から捉えながら、しかし物の留置が公序良俗に反しないことは公平性の維持以上に価値があるとも解して、同項の趣旨を（間接的に）公序良俗の観点からも論じようとし、結局、右の公序良俗に反しないという趣旨を、同項の適用による留置権の不成立とは一おう切り離された別個の成立要件として扱っている学説さえ見受けられる[7]。

ところで、民法二九五条二項は、「不法行為」によって占有が「始マリタル場合」に限り留置権の成立を否定しているため、これ以外の場合における留置権の成立いかんという解釈上の問題は、現行民法典の制定当初から内在していたと言うことができ、実際、この問題に関連した裁判例は公刊されたものに限定したところでかなりの数に及んでいる。この裁判例の状況を垣間見ると、例えば無権原で占有を開始した占有者が、この占有中に「物ニ関シテ生シタル債権」を取得したという場合（＝無権原型）に[8]、公刊の裁判例には、結論において留置権の成立を認めたものもあれば[9]、反対に認めなかったものも散見される[10]。もっとも、これらの裁判例は、無権原占有という事実の存在自体から直ちに留置権の不成立という結論を導いているわけではなく、そこでは、かかる事実に対する占有者の（悪意等の）主観的事情とか、悪質な行為の介在などと関連づけているものが多いのであるが[11]、しかし無権原型の場合にも民法二九五条二項を根拠に留置権が排除される可能性を、右の裁判例は明確に示していると言うことができる。つまり、裁判実務は、前述した適例型における占有開始行為ほどに不法行為性が顕著でない場合にも同項の適用を認めてきているのであるが、右の条項に関するこうした拡張適用の可能性は次の場合に一そう明白である。すなわち、建物借主が賃借権の消滅後に当該建物に費用を支出してその償還債権を取得したなど、有効に占有が開始された後に占有者が占有権原を喪失したという場合（＝権原喪失型）に、前述した、「不法行為」によって占有が「始マリタル場合」という文言との関係で、債権者である借主のために留置権が成立しようかが裁判上しばしば争われてきており、例えば建物の賃貸借（または売買）が借主（または買主）の債務不履行により解除された後に、借主（または買主）が自己に占有すべき権原のないことを知りながら当該建物に有益費等の費用を支出した、などの場合に裁判実務は民法二九五条二項を拡張適用して留置権の成立を認めていない。[12] このような裁判実務の特色として注意しなければならないことは、適例型のほかにも同項の適用が広く認められているということ、しかも占有者が有益費の償還債権を有する場合でありながら、占有者に留置権を認めないための法的根拠を、民法一九六条二項但書の適用解釈によらないで、専ら同法二九五条二項の拡張適用という方法に求めていること、である。従って、適例型とは区別され得る場合においても、同項の適用を広く承認することで（すなわち「不法行為ニ因リテ始マリタル場合」という文言を拡張解釈することで）、留置権が排除される可能性を少なからず認めるのが裁判実務の状況であると一おう言うことができようが、その一方で裁判実務は、権原喪失型の場合において留置権を排除する際に、徹頭徹尾、民法二九五条二項を根拠に留置権を否定してきたわけではなく、裁判例の中には、同法一九六条二項但書に従って期限を許与することで留置権を排除したものも存在する。[13] だから、公刊裁判例を見る限りでは、期限許与の請求がなされていないのに期限を許与して留置権を排除したものは見受けられないこと、反対に、右の請求がされているのに民法二九五条二項を根拠に留置権を排除したものも見られないことから、裁判実務としては、留置権を排除する結論に至る場合には、期限許与の請求がなされていればこれに応ずることで、また民法二九五条二項の適用可能性が争われた限りでは同項を拡張適用することで対処しているにすぎない。[14]

一方、かような裁判実務の状況に対し、学説は前述した「不法行為ニ因リテ始マリタル場合」をどう解してきたであろうか。古い学説には、右の文言の意味を非常に狭く解して、「故意」による不法行為をもって占有を開始した場合と捉えるものが見受けられたが[15]、従来における学説の趨勢としては、右の「不法行為」を民法七〇九条所定の不法行為概念と同義に解する立場が前提であったと思われる[16]。しかし、民法二九五条二項の拡張適用が許されようかという視角からこうした学説を眺めると、一つの特色ある見解が早くから登場していたことが分かる。それは、前述した「不法行為」の意味をあくまで右の不法行為概念に堅持させることで、民法二九五条二項の拡張適用に対して一定の制約を認める見解であり、占有開始が「不法行為」によらない場合、（たとい占有者が費用を支出した時点で不法行為性が認められようと）民法一九六条二項但書が適用されない限り留置権は否定されるものではない、と主張したのであった[17]。後に、右の見解は発展的に継承され、有力な反対説を形成することとなる。すなわち、反対説は、権原喪失型の場合に一まず留置権の成立を認めながら、しかし民法一九六条二項但書の適用に服するものとして捉える結果、期限が許与された場合に限ってこの権利の成立を否定しようとするもの（＝一九六条説）であり[18]、その後、同説を支持する学説が少なからず現れることとなった[19]。一九六条説の先鋒的論者は次のように主張する[20]。すなわち、①わが国の民法典は、民法一九六条二項但書における場合にフランスの裁判例が留置権を否認しており、ドイツ民法（二七三条二項但書）が故意による不法行為の場合にのみ留置権を排除した沿革に基づいていること、従って民法二九五条二項を根拠に、悪意占有者（および善意・有過失の占有者）の留置権を否定したならば、それは一九六条との間に矛盾を生ずることとなって制度の総合的観察を怠り、また②（不法行為者、悪意占有者、善意・有過失者といった）占有瑕疵に段階を設けてこそ債権者・債務者間の保護の調整が期せられる[21]、と。もっとも、等しく一九六条説に与する学説の中には、この先鋒的論者の主張とは異なり、前述した「不法行為ニ因リテ始マリタル場合」の意味するところを、（侵奪、強迫、詐欺などによって占有取得した場合はもとより）悪意によって占有を開始した者が後に費用償還債権を取得した場合と解するものがある。(22) また、民法二九五条二項は占有の開始時を問題にしているのに対し、同法一九六条二項は有益費の支出時を基準としている規定であるため、このように異なる時点に関する右の二ヶ条が問題になるときは、相互の矛盾は起こらないと言えようから、かかる二規定の直接適用が必ずしも自明であるとは言い難い場合、例えば有益費償還債権を有する占有者が占有の無権原につき善意・無過失であったり、悪意で占有を開始した者が後に必要費償還債権を取得したなどの場合に、右の先鋒的論者も、かかる占有者に留置権の主張を許さない余地があり得ることを認め、その際における法的根拠を民法二九五条二項の適用に求めようとするならば、(23) この論者が説くところは、専ら、有益費償還債権を有する悪意占有者の留置権に関してのみ重要な意義を有していることになろう。

ところで、一九六条説の出現にも拘わらず、学説の趨勢は、占有が「不法行為」によって「始マリタル場合」に限らず、民法二九五条二項を根拠に広く留置権が成立しない場合を承認しようとするものであった。(24) ただ、一九六条説は、有益費償還債権を有する悪意占有者に対しては、民法一九六条二項但書に従って期限が付与されることで留置権は排除され得ると解するから、同説の出現は、同法二九五条二項と右にいう一九六条二項但書との関係をどう調整すべきか、という問題を暗黙のうちに提起していた。けだし、この但書が右の二九五条二項と等しく留置権の排除を定めた趣旨にあると解するならば、各規定の適用関係いかんが矛盾なく説明されることを要するからである。そこで、一九六条説に与しない学説の多くは、右の二規定を留置権の排除に関する規定と解する前提に立ちながらも、しかし権原喪失型の場合における留置権の存否を専ら右にいう二九五条二項の拡張適用いかんに委ねる解釈論（＝二九五条説）を展開したが、これとは反対に、各規定の独自性を認めようとする立場、すなわち前述した一九六条二項但書は有益費償還債権の履行期を定めた規定にすぎない、と解する少数説[25]（＝独自性説）をも登場させることとなった。もっとも、多数説を一括して二九五条説と総称したところで、この拡張適用をどの場合に許すべきかに関して解釈状況は百花繚乱である。すなわち、専ら占有形態に着目して占有の違法性または不法性を説いたり、[26]占有者の悪意とか過失の有無といった主観的事情や占有行為の不信性に着目する見解もあるほか、[27]右の占有形態と主観的事情の双方を考慮した解釈を試みる見解も見られるなど[28]解釈状況は多様である。一方、前述した独自性説にあっても、民法二九五条二項の拡張適用によって留置権が排除され得るとするための判断に着目したならば、同説は二つの立場に大別することが可能である。その一つは、この拡張適用を占有者の主観的事情いかんと結び付け、無権原占有につき占有者が悪意または有過失のときは留置権を否定しよう、とするもの（＝主観基準説）である。[29]もう一つは、民法二九五条二項の拡張適用について、公平性の観点から、当該占有を巡るその他の諸事情をも具体的に比較考量して決しようとし、その結果、例えば善意・有過失占有の場合でも留置権を否定して構わない場合もあれば、また悪意占有の場合でも留置権を肯定してよい場合もあり得ると解する立場（＝比較考量説[30]）である。同説は、「当事者双方の事情」に着目して留置権の存否を決しようとし、[31]また同項をもって留置権が否定される代表的な場合を定めた規定にすぎないと解するなど、[32]これまでの学説には見られない新たな視角からの解釈論が唱えられている、[33]と言うことができる。

二　ところで、以上に纏めてきた学説の状況に対しては次のような疑問を抱かざるを得ない。それは、一言で示せば、まず(a)民法二九五条二項と同法一九六条二項但書に関して起草委員はどう解していたものか、また(b)右の二ヶ条の適用を巡って争いが存する、有益費償還債権を有する悪意占有者の場合はともかく、本来、民法二九五条二項の拡張適用は無権原型および権原喪失型の場合のみに限定されてよいであろうか、そして(c)留置権の不成立に関する民法二九五条二項の立法趣旨は公平の観点のみから十分に把握することができようか、という疑問である。以下に各々を詳述しよう。

まず、右の(a)についてである。一九六条説が挙げる根拠の一つに、民法二九五条二項の沿革との関連に照らされた、同法一九六条二項但書との整合性という点があった（前記①）。もっとも、民法典の起草委員はこれら二ヶ条の関係をどう解していたであろうかに関し、同説には必ずしも十分な言及がなされていない。これらこの点、起草委員の見解を探究した学説がこれまで見られなかったわけではない。とはいえ、これらは必ずしもも一致した理解にはないようである。ある学説（＝A説）によれば[34]、(イ)右の二ヶ条の起草趣旨について説明に当たった委員（穂積陳重）には、権原喪失型の場合に留置権の成立いかんを民法二九五条二項の適用に求めることは念頭とされてなく、彼は、むしろ不正によって始まった占有が後に有権原となった場合を問題にし、この場合における留置権を排除する意図にあったこと[35]、従って(ロ)同項にいう「不法行為」の意味は、必ずしも民法七〇九条の不法行為概念と同一な（またはパラレルな）ものとして自覚的に置かれたわけではないこと、また(ハ)善意・悪意を問わず占有者に費用償還債権に基づく留置権を認めていた従前の立場が改められ、民法一九六条二項但書は、有益費を支出した悪意占有者の留置権を、裁判所による期限許与を媒介として排除する目的で制定されたものであること、などと捉えられている[36]。これに反し、学説の中には[37]、いわゆる旧民法典の財産編一九七条（これは費用償還債権に基づく留置権に関する）と現行民法一九六条二項但書との関係、それから旧民法債権担保編九二条（これは留置権の成立に関する一般的規定である）より現行の民法二九五条までの立法史とを分析し、結局、(i)現行民法一九六条二項但書は右の一九七条を成立史的に受け継ぐものではない（従って同条のような留置権の成立いかんに関する規定ではない）と解するのみならず、有益費償還債務の履行期に関する規定として回復者に意味があるにすぎないこと、そして(ii)裁判所による期限許与の規定は民法整理案に至って初めて付け加えられたものであるが、これがどんな根拠に基づくものか、また留置権の存否に関する一般的規定の適用により、悪意占有者の留置権を否定する根拠は何であったのか、などについての理解を整理会の段階では必ずしも明快に把握し得ない、と解しているもの（＝B説）も存在する。[38] このようにA説とB説との間には理解を異にするところが見受けられるため、[39] 一体、起草委員の考えはどうであったのかに関して改めて検討する必要性がある、と思われる。この必要性は、前述した二九五条説と独自性説（主観基準説、比較考量説）との対立にも影響を与えること言うまでもない。もとより、ここでの対立は右の二ヶ条をどう調整するかに関するものであったからである。

次に、前記(b)の疑問についてである。既に無権原型と権原喪失型に関する公刊裁判例について触れてきており、これとの比較で言えば、学説は専ら後者の類型を対象に解釈論を展開しているとも指摘してきたのであるが、[40] 実のところ、民法二九五条二項の拡張適用が争われた裁判例は、公刊されたものに限定したにせよ、必ずしも右の二類型に関するものに限られるわけではないことに注意する必要がある。例えば、「物ニ関シテ生シタル債権」を有する占有者が債務者から弁済を提供されながら、その受領を拒絶して占有物につき留置権を主張したとか、[41] 執行妨害、債権回収などの目的から短期賃貸借が濫用されて借主が買受人に対して留置権を主張したなど、[42] 占有者側に不誠実な行為が認められる場合（＝不誠実型）もあれば、競売開始決定により不動産が差押えられた後に占有者が右の「債権」を取得し、買受人の引渡請求を拒絶して当該不動産を留置するなど[43]、占有者の占有継続と引渡債権者の本権との間に排他的関係が認められる場合(＝対抗関係型)、などにおいても同項の適用可能性が争われた裁判例を看取できるのである。すると、前述した条項の拡張適用が許されるべき場合に関する解釈上の問題は、これらの類型をも広く視野に入れたうえで論じられなければなるまい。かような観点から従来の学説を眺めると、一九六条説は、有益費償還債権を有する悪意占有者に対しては、民法一九六条二項但書の適用による解決を唱えるにすぎないから、例えば占有者側に見られる不誠実な行為をどう評価して留置権の存否を決するものか、また、その際に留置権を占有者に認めないと解するならばその法的根拠いかん、などに関して解釈姿勢は明らかでないと思われる。このことは二九五条説に対しても基本的に妥当しよう。例えば、前述した受領拒絶という事実が存するならば、この事実から直ちに占有形態は違法(または不法)となるわけではなく、また悪意等の主観的事情は無権原占有であるという事実に関してのものであるところ、不誠実な行為とか執行妨害等の目的が存在するという事実は、右の事情とは必ずしも直結するものではないと考えられるからである(同様のことは主観基準説についても当てはまる)。この点、「当事者双方の事情」を勘案する比較考量説にあっては、受領拒絶とか執行妨害等に関する前述した事実を、留置権の存否を決するためのファクターとして考慮することが可能となるかもしれない。しかし、同説も対抗関係型については十分に説得的であるとは言い難い。けだし、前述した排他的関係をどう処理するかという他の法制度に係わる事柄は、「当事者双方の事情」とは無関係に扱われるべきものと考えられるからである。このように見てくると、民法二九五条二項の拡張適用が許される場合を総合的かつ整合的な視点からの解決を目指すならば、これまで主張されてきた学説による解釈には疑問を払拭できない、と思われるのである。

最後に、前記(c)の疑問に関してである。既に、対抗関係型に属する場合として、占有者が差押後に取得した「物ニ関シテ生シタル債権」のために買受人に対して不動産の留置を主張した、という場合を例示してきた。ここでの特色としては、買受人との関係でも占有者には留置権の行使が許されて占有継続が認められると、買受人は留置権つきの所有権を取得したことになるという関係が存することである。これとの比較で言えば、不動産が二重に譲渡され、対抗要件を備えた譲受人の一方が当該不動産を占有する他方の譲受人に対して引渡しを請求したところ、この占有者は譲受け後に前述の「債権」を取得しており、これが弁済されるまで右の不動産につき留置権を主張した、という場合にも等しく右の関係を看取することができる。けだし、対抗要件を具備しない譲受人に留置権の行使を認めたならば、所有権を取得した譲受人はやはり占有者による占有継続を甘受しなければならないからである。ところが、裁判実務は右の留置権を譲受人に認めてきていないのであるが[44]、その法的根拠を必ずしも民法二九五条二項の適用解釈に求めているわけではない。また、これまでの学説も、右にいう二重譲渡の場合に、実質的には留置権の不存在という結論を不動産物権変動の対抗要件主義との関連で正当化するとともに[45]、法形式的には（同条一項に定められた）物と債権との牽連関係という解釈問題の中で導いてきたのが通常である[46]。しかし、裁判実務は、前述した競売に関する場合にあっては、これを同条二項の適用解釈の問題として扱ってきており、このような裁判実務の立場に対して学説には全く異論が見られない。そうだとすると、右の競売に関する場合と類似した特色が見受けられる、前述した二重譲渡の場合には、民法二九五条二項の適用が一切問題にならないと解してよいものか疑問なしとしないであろう。もっとも、この場合に同項の適用可能性が考えられてよいと解するときは、翻って、右にいう二九五条二項の立法趣旨との関連性が問題視されなければなるまい。けだし、対抗要件を具備した譲受人は何ら負担のない所有権を取得できてよいかどうかは、占有者に留置権を認める結論が公平性に照らして妥当であろうかという視点からではなくて、むしろ他の法制度との関連において決定されるべき性質のものであると考えられ、そうであれば、前述した条項の立法趣旨を公平の観念と捉えて論ずることでは収束しきれないのではないか、と思量されるからである。要するに、二重譲渡などのような場合に、留置権の存否は民法二九五条二項の適用解釈とは全く無関係に論じられてよいものか、仮にこの適用解釈との関連性を肯定するときは、同項の立法趣旨が改めて問われなければならなくなるのではないか、といった疑問を抱かざるを得ないのである。

三　以上に詳述してきた(a)〜(c)の疑問点を前提に、本編は、民法二九五条二項の拡張適用がいかなる基準の下で許されるべきか、また同項の立法趣旨をどう捉えるのが妥当であろうか、という問題の解明を目的とする。その際、本編は次の叙述に従って問題の解決に迫りたい。まず最初に、前記(a)の疑問を解消するため、民法一九六条二項但書と同法二九五条二項との関係に関して起草委員はどう解していたか、につき独自の視点からの検討を試みる（第一章）。ここでは、前述したA説とB説が捉えてきた起草委員の見解は何れも適切とは言い難いところを具体的に明らかにする。また、一九六条説が、その論拠として、（とりわけドイツ民法二七三条二項との関連性に着目した）民法二九五条二項の沿革、および、占有瑕疵に応じた債権者の段階的な保護を摘示していたため、これに対しても批判的な考察を行うつもりである。加えて、この考察との比較において、前述した二九五条説および独自性説の正当性いかんについても言及したい。次に、前記(b)の疑問を検証するため、民法二九五条二項の適用可能性が争われた公刊裁判例の事案を対象に、無権原型と権原喪失型について最初に類型化を試みたうえで各類型の分析を行い、続いて不誠実型と対抗関係型を整理した後に、同様にして類型ごとの分析を試みる（第二章）。もっとも、同項の適用いかんが争われた公刊裁判例には、契約の当事者間で（この適用いかんを巡って）留置権の存否が争われた事案のものもあれば、占有者が直接の契約関係にない者を相手に留置権を主張し、この主張の可否が争われた事案に関するものも存在する。(47)もとより、民法二九五条二項を根拠とする留置権の排除を探究せんとする本編の前述した目的に照らしたならば、考察の対象とすべき裁判例は右の何れか一方に限定されることにはならないと言えなくもないが、本編はあえて後者に関する裁判例に限定することで問題の解明に迫りたい。その理由は、契約関係にない者との間で留置権の存否が争われるときは、双方の利害関係における対立状況が極めて顕著になると思われることにある。すなわち、右にいう二九五条二項の立法趣旨として考えられてきた公平性は極めて曖昧であるところ、契約当事者の間では留置権の存否を判定するうえで錯綜した事情を看取し得るため、そこでは公平性の観点から法的に十分に評価されてよい顕著な利害対立を析出することは困難である、と予想される。例えば、売買契約の解除後に買主が目的物につき費用を支出したという場合に、買主の目的物返還義務と買主の既払い代金返還義務とは一般に同時履行の関係にあることが認められ、従って買主の占有は違法なものとして扱われないのであるが、かかる事情の下で買主が支出した費用の償還債権を被担保債権として留置権を行使した場合に、この行使が許されようかについて民法二九五条二項の適用可能性を論ずることは、右にいう同時履行の関係が民法五三三条の適用によるものか、それとも留置権制度を根拠に正当化されるものかの判断に大いに影響されるため、右の場合における買主に留置権の行使を認めることが果たして公平であろうか、という疑問を解消するうえで判断を鈍らせることになりかねない。これに反し、例えば対抗関係型に属する不動産競売の場合であれば、差押不動産の占有者と買受人の間で留置権の存否が争われると、買受人に留置権という負担のない所有権を認めるべきかという視点で捉えることができるなど、留置権を主張する占有者とこの権利を主張された引渡請求権者との間における具体的な対立状況は明瞭となってくる、と思われるからである（対抗関係型以外の類型にあっても、当該類型において、契約関係にない者に対してまで占有者に留置権を認めることが公平性に適うであろうか、という視点から一般的に判断することが可能になると予測できる）。なお、公刊裁判例の類型化に際しては、民法二九五条二項の適用が争われていない事案であったにせよ、前述したように対抗関係型の場合には、不動産競売に関する前述の事例と等しい特色を看取できるケースがほかにも存在することより、かかるケースをも併せて対象とした考察を行うこととしたい。続いて、以上の考察と分析とを踏まえたうえで、留置権を一般的に排除するための規定として右の二九五条二項はどう捉えられるべきかを検討することが、前記(c)の疑問に対する考察である（第三章）。ところで、ドイツ民法典の下では、必ずしも公平性とは直結しない配慮から留置権の排除に関する解釈が見られること、またスイス民法八九六条二項は公序に反する留置権の成立を認めておらず、これらは前述した立法趣旨を考察するうえで極めて有益であると考えられるため、かかる解釈および立法を参考にすることで、民法二九五条二項の適用解釈に関して前述してきた本編の目的に迫りたい。そして、終章においては、著者が唱える解釈論を総括するとともに、この解釈論は契約関係にある当事者間で留置権が排除されることとどう関連するものか、について触れることで本編を閉じることとする。[48]

（1）　横田秀雄『物権法』五六四頁（清水書店、改版増補、明四二）。

(2)　中島・釋義物権篇下六〇五頁。

(3)　川名兼四郎『物権法要論』一八六頁（金刺芳流堂、大六）、富井・原論第二巻三一六頁、遊佐・民法概論二三八頁、山下・擔保二三頁、薬師寺・留置権論七四頁、小池・擔保四〇頁、宗宮信次＝池田浩一『物権法論』二一六頁（有斐閣、新版、昭四四）、槇・担保三九頁、柚木＝高木・担保〔第三版〕二七頁など参照。

(4)　前注の文献は大方がこの例を挙げている。このほか、とりわけ司法法制調査部・議事速記録2三三八頁における穂積陳重の発言を参照。

(5)　梅・要義物権編三〇四頁、富井・原論第二巻三一六頁など参照。

(6)　石田・擔保下巻六六二頁、勝本・擔保上巻一〇三頁、田中・注釈民法(8)三三頁など。

(7)　薬師寺・留置権論九二頁。

(8)　この類型としては終始無権原である場合が典型的であるが、（例えば賃借権の無断譲受人が貸主の承諾を得る前に賃借物につき費用を支出したなど）無権原で占有を開始した者が、「物ニ関シテ生シタル債権」を取得した後に有権原となった場合も含まれる。けだし、占有者は無権原で占有を開始したこと、そしてこの占有の下で右の「債権」を取得したことに変わりがないからである。

(9)　東京控判大正一一年一〇月二日新聞二〇八四号一六頁、東京高判昭和五六年九月三〇日東高時報三二巻九号二三四頁など参照。

(10)　朝鮮高院判昭和一七年四月二八日評論三一巻民法二九八頁、福岡高決昭和二九年五月二五日高民七巻五号四一九頁など参照。

(11)　一般に無権原占有という事実から直ちに民法七〇九条所定の不法行為が成立するものではない。裁判実務もこの占有を不法行為とは区別して扱ってきている（大連判大正七年五月一八日民録二四輯九七六頁、大判昭和一三年四月一六日判決全集五輯九号九頁〔後出【26】〕など参照）。もっとも、留置権の存否に係る裁判例には、占有者が無権原につき悪意であったとか過失により知らなかった、などの主観的な事情と関連づけて不法占有に言及するものが少なくないが（具体的な裁判例としては最判昭和四一年三月三日民集二〇巻三号三八六頁、最判昭和四六年七月一六日民集二五巻五号七四九頁のほか、大判大正一〇年一二月二三日民録二七輯二一七五頁〔後出【4】〕、最判昭和四九年九月二〇日金法七三四号二七頁〔後出【9】〕など参照）、この不法占有という言葉は必ずしも一義的でないことにつき椿寿夫・叢書民法㉕二一二頁を参照。

(12)　代表的な裁判例として、前掲大判大正一〇年一二月二三日、最判昭和四二年一月二〇日判時四八一号一〇七頁、前掲最判昭和四六年七月一六日（以上、賃貸借のケース）、前掲最判昭和四一年三月三日（売買のケース）、などがある。

(13)　函館地判昭和二七年四月一六日下民三巻四号五一六頁（土地賃貸借契約の解除前に借主が当該土地に有益費を支出した事案）、東京高判昭和三五年三月一四日下民一一巻三号五二一頁（家屋の買主が支出した有益費の償還を受けるまで売買契約の解除後に当該家屋を留置中に、さらに有益費を支出した事案）、など参照。

(14)　例えば、前出注(12)に掲げた裁判例の事案では期限許与の請求がなされていないのに対し、前注に掲げた裁判例は何れも引渡しを求める原告がこの請求をしている事案に関するものであった。

(15)　岡松・民法理由中巻三二〇頁参照。

(16)　差し当たり横田・前出注(1)五六五頁、川名・前出注(3)一八六頁、三潴・増訂擔保四〇頁、薬師寺・留置権論七三頁、千種達夫『民法教室物権編』二三二頁（井上書房、昭三五）など参照。また、三枝信義「判批」金商二九七号一五頁（昭四七）も、「本件を伴なう占有にあっては本件の喪失によって不法占有となり、占有の継続が少なくとも過失の存在を推定することになり、かくて不法行為による占有である」と解しているほか、近時の学説としては道垣内・担保二二頁を参照。

(17)　中島・釋義物権篇下六〇五、六〇六頁参照。

(18) 近藤英吉『改訂物権法論』二一六頁(弘文堂書房、昭一二)、柚木馨『担保物権法』二三頁(有斐閣、昭三三)、高木多喜男「判批」評論九四号九六頁(一九六六)参照。

(19) 四宮和夫「判批」法協九〇巻六号九四一、九四二頁(一九七三)、藤原弘道「判批」民商七六巻五号七一八頁以下(昭五二)、鈴木・講義三訂版二九二頁、高崎尚志『判例民事法昭和四一年度』一三五頁(有斐閣、一九八九)など参照。

(20) 柚木＝高木・担保〔第三版〕二七頁以下。なお、四宮・前注九四一、九四二頁、藤原・前注七一八頁以下も参照。

(21) この一九六条説に対しては、(イ)沿革は解釈の補助手段とはなり得ても、一九六条説を正当化するための決定的基準とはなり得ない(高木多喜男「占有権原の喪失と民法二九五条二項の類推適用」LS三六号七五頁参照)、(ロ)占有取得が過失による不法行為の場合と悪意占有の場合とでは、前者の方が占有瑕疵の程度は大きく、また正権原を持たない占有者に関する民法一九六条二項但書を、同法六〇八条二項但書など、本権を有する占有者に関する規定と同じように留置権排除に直結させることには疑問がある(山崎寛「判批」法時四〇巻五号一二二、一二三頁(昭四三))、(ハ)民法一九六条一項本文の解釈上、必要費の場合にあっては悪意占有者にも留置権を与える結論となるが、かかる結論が必ずしも常に公平に合するかは疑わしい(明石三郎「判批」民商六六巻五合九一六頁(昭四七)、小川保弘『物権法研究』一五七頁(法律文化社、一九八五))、などの批判または不合理性が指摘されている。

(22) 三藤・判例コンメンタール③四九頁。

(23) 高木・前出注(21)七五頁はこう解している。

(24) 末弘嚴太郎『判例民法大正十年度』六四六頁(大一二)が嚆矢である。このほか、薬師寺・留置権論七四頁、石田・擔保下巻六六二頁、小池・擔保四〇頁、山下・擔保二四頁なども、民法二九五条二項の拡張適用に積極的な初期の学説である。また、勝本・擔保上巻一〇三頁が、「我民法の解釋としても第二九五條第二項をなるべく擴張解釋して、留置權の本來の使命を保護する必要がある」、と述べているのは象徴的である。

(25) 山崎・前出注(21)一二三頁が先駆的業績である。

(26) 民法二九五条二項により留置権が排除される場合を、「違法ニ占有ヲ爲セルコト」と解する末弘・前出注(24)六四六頁が代表的である。このほか、広く、一般に不法性を備えた場合と解する曽田・民法講義3一七頁や、近時では、清水・留置権一三一頁以下、同・再構成二六七頁が違法性の観点からの説明を試みている。

(27) 悪意または重過失の場合（勝本・擔保上巻一〇二頁）、特に不信行為がある場合（我妻・民法講義Ⅲ三六頁。なお、「悪意の占有が背信的性格をもつか否か」を判断基準とする高島平蔵『物的担保法論Ⅰ』一一四頁（成文堂、昭五二）もこれに近いと思われる）、「信義則上、占有者を責むべきでない特段の事由があるとき」は留置権の行使を許す見解（川井・担保二九一頁）、など参照。

(28) 「違法であるか」とともに「占有を保持するにつき法律上の正当な事由が存するか」を基準に、民法二九五条二項の適用いかんを決しようとする田中整爾「判批」民商三七巻一号一二五、一二六頁（昭三三）を参照。

(29) 小川・前出注(21)一五一、一五五頁以下参照。

(30) 荒川重勝「判批」立命一〇四号四二一頁（一九七二）および米倉明「判批」法協九五巻二号四三五頁（一九七八）が代表的である。すなわち、比較考量説は、一九六条説に対しては、悪意の程度が酷い場合には期限許与の申立てを待つことなく留置権を否定して構わないと批判し、また二九五条説に対しても、善意・無過失の占有者であれ留置権を認めない方が妥当な場合もあろうと批判して、結局、「民法二九五条二項は、公平という観点から、留置権を与えるのに適当でない場合にはこれを否定する趣旨を表現したものであって、占有者の占有態様が不法・不正に該当しなくとも、当事者双方の事情を考量して留置権を与えることが適当でないと判断される場合には、留置権を否定することを妨げるものではない。」（米倉・前掲判批四三五頁）、と説く。また、東條敬『最高裁判所判例解説民事篇昭和五一年度』二五四、二五五頁（法曹会、昭五四（但し、前述した裁判例が、占有者の悪意や過失の存在のみから留置権の成立を常に否定しよう、との一般的立言を示すものではなく、悪意性や過失の有無は重要な判断要素であることを認めながら、裁判例では他の諸事情をも具体的に衡量して留置権が否定されている、と解して裁判実務との調整が図られている））、星野・概論II一九二頁、椿寿夫「詐欺による取消と同時履行の抗弁権・留置権」『民法学3』一〇頁（奥田昌道ほか編、有斐閣双書、昭五一）などからも類似した理解が窺える。

(31)　米倉・前注四三五頁。

(32)　前注参照。

(33)　但し、比較考量説に対しては、留置権成否の基準が不明確であるなどの批判がある（伊藤昌司「判批」法時四六巻九号一二八頁（昭四九）参照）。

(34)　詳細は荒川・前出注(30)四一七、四一八頁参照。

(35)　四宮・前出注(19)九四〇、九四一頁は、起草委員が民法二九五条二項の適用により留置権を否定しようとした場合を、本文に纏めた(イ)の評価とは異なり、初めから無権原であった占有者が費用の支出時に悪意であった場合と解している（A説との違いは、A説のいう「不正によって始まった占有」と、四宮説の説く「初めから無権限であった占有」とが同意義であるかに関する理解のほかに、A説は、起草委員が右の条項を根拠に留置権を排除しようとした場合を、四宮説がいう「占有者が費用の支出時に悪意であった場合」に限定していない、などがある）。四宮説はこのように限定解釈した後で、その論拠として、議事速記録第一二巻八四丁における穂積陳重の発言と、『民法修正案理由書』における修正案二九五条の第二（すなわち、同書二五二頁（廣中・理由書三一二頁）における、「既成法典ハ占有ノ原因ヲ表面ヨリ観察シテ正當ノ原因ニ基クコトヲ要スト規定セリ然レトモ單ニ正當ノ原因ニ因リテ占有スト云フトキハ其始メ不正ノ原因タルモ後ニ至リテ正當ト爲ルトキハ留置權ハ存立スル如ク解セシムルニ足ルヘシ之レ本案ノ避ケントスル疑點ニシテ占有カ詐欺ノ如キ不正ノ原因ニ由リテ始マリタルトキハ其後ニ至リ正當ノ名義ヲ得ルモ法律ハ之ニ因リテ留置權ヲ生セシムヘキニアラス故ニ本案ハ此主意ヲ明了ナラシムル爲メ本條第二項ニ於テ既成法典ノ正當ノ原因ナル字句ヲ裏面ヨリ解シテ占有カ不法行爲ニ因リテ始マリタルトキハ留置權ヲ生セシメサルコトヲ明カニセリ」、という箇所を指しているると思われる）を挙げているのであるが、四宮説が摘示している右の論拠はA説が自説の裏付けとして引用しているところでもある。

このようにA説と四宮説とは、穂積の発言をどう捉えるかを巡って評価が異なっているのであるが、少なくとも占有者の悪意といった主観的要件は、右の発言から看取することは難しいと言わねばならない。また、起草委員は、占有の開始「後」に悪意となった占有者が費用を支出したという場合を、前述した二項の予定するところとして考えていなかったとさえ思われるのであるが、この点については第一章第一節一で詳述する。

(36)　A説によれば、穂積が民法一九六条二項但書を根拠に悪意占有者の留置権を否定する限り、彼は一九六条説と共通した考えにあったこと、また同法二九五条二項にいう「不法行為」の意味を故意による場合に限定する解釈に基づいていたとは言い難いことになる。

(37)　小川・前出注(21)一五一、一五三頁参照（なお、梅謙次郎も、悪意占有者が有益費を支出した場合には、期限許与を媒介として留置権を排除する目的にあった旨が窺えると記している）。

(38)　B説は、民法二九五条二項が留置権の成否そのものに関する規定であるのに対し、同法一九六条二項但書は有益費償還債務の履行期に関する規定であり、また留置権の成否はあくまで右にいう二九五条の適用のみの問題と解するにすぎないため、この説によっても前述した「不法行為」の意味に関する起草委員の立場は明示的でない。

(39)　A説とB説の具体的な相違を整理すると、①民法二九五条二項にいう「不法行為」と同法七〇九条の不法行為概念との関係を、A説はパラレルなものと自覚的に捉えられてはいなかったと解するのに対し、B説はこの関係に関する起草委員の立場が必ずしも明白でないと解していること（主に本文に示した(ロ)と(ii)から窺える対立）、それから②A説が民法一九六条二項但書を留置権の成否と関連づけているのに反し、B説はこの但書が留置権の成否を定めたものではないと解していること（主として本文における(ハ)と(i)との対比から窺える対立）、などがある。

(40)　川井・担保二九〇、二九一頁、槇・担保四〇頁、高木・担保二六頁などは近時の典型である。

(41)　東京地判昭和三三年八月二九日下民九巻八号一七〇一頁（後出【⑧】）は留置権の成立を認めたのに対し、最判昭和四九年九月二〇日金法七三四号二七頁（後出【9】）は反対である。

(42)　公刊裁判例は多数に及んでいるが（後出【10】〜【21】）、何れも民法二九五条二項を根拠に留置権を否定する。なお、濫用的短期賃貸借の場合に関しては、この賃貸借が無効であり、従って借主はもちろん転借人の利用権も否認される関係にあるため、右の場合は無権原で占有が開始された無権原型に含めて扱うことが考えられなくもないが、そこでの占有者は執行妨害等の目的で占有継続を目論むものでおり、単に「物ニ関シテ生シタル債権」の満足を図って留置権を主張するわけではないため、一おう無権原型とは区別して論ずることが許されよう。

(43)　民法二九五条二項の拡張適用が争われた公刊裁判例としては、福岡高決昭和三〇年一一月五日高民八巻八号五七九頁が留置権の成立を認めたが、福岡高決昭和四八年四月二五日判時七二六号六〇頁、最判昭和四八年一〇月五日判時七三五号六〇頁、京都地判昭和六一年一〇月二七日判時一二二八号一〇七頁はこの権利を否定している。なお、占有の開始当初、占有者が不動産につき占有権原を有していた場合であれば、これは権原喪失型に属するものであると言えなくはない。しかし、この場合に占有継続が認められると買受人は物的負担のある不動産を取得することとなる。これは差押えの効力が無力化することを意味し、ひいては民事執行手続にとって不安定を来す要因を認めることとなるため、不動産の換価手続による所有権の移転という特殊な事実が存在していることは、かかる事実の不存在である、単なる権原喪失型とは区別されなければなるまい。

(44)　朝鮮高判大正一四年六月二六日評論一四巻民法七二六頁（第一編第一章第三節に掲げた【27】〔後出【27】〕）、最判昭和四三年一一月二一日民集二二巻一二号二七六五頁（同節に掲げた【28】〔後出【28】〕）、大阪高決平成七年一〇月九日判時一五六〇号九八頁（後出【30】）参照。

(45)　鈴木重信『最高裁判所判例解説民事篇昭和四三年度（下）』一三一九頁（法曹会、昭四七）、鈴木禄弥「留置権の内容とその効力」『担保法大系第2巻』八二四、八二五頁〔加藤一郎=林良平編集代表〕（金融財政、昭六〇）など参照。

(46)　牽連関係の有無に関する解釈上の違いが存するにせよ、一般に従来の学術書等は牽連性の要件に関して論じてきたこと、あえて文献を引用するまでもあるまい。

(47)　ここでの事案はさらに二つに分けられる。一つは、占有者が被担保債権として主張する債権の債務者でない者（いわゆる第三者）が当該物の引渡しを求めたケースであり、もう一つは、費用償還債権を被担保債権として占有者が契約当事者でない者を相手に留置権を主張したケースである。最初のケースは本書における考察の対象として終始念頭に置かれているものであり（序章二参照）、もう一つのケースは、費用償還債権のような、いわゆる物的牽連の場合に関する債権については、当該物の回復を求める者がたとい占有者と直接の契約関係になかったにせよ、この債権の性質より自ら債務者としての立場にあると考えられる場合であり（詳しくは第一編第四章第二節二および第二編第三章第二節一を参照）、本書においてこれまで第三者に対する留置権の主張との関係で意識的に論じられてきたものである（物的牽連の場合としては右の費用償還債権のほかに物が惹起した損害の賠償債権も存するが、この賠償債権を被担保債権とする留置権が契約当事者にない者を相手に主張された、という事案に関する裁判例は見当たらない）。従って、本編において契約関係にない者と称するときは、これら二つのケースにおける物の引渡請求権者を指している。

(48)　著者が第一編において行ってきた序的考察との関連で本編が担っている役割を明らかにしておこう。すなわち、占有者が被担保債権として主張した債権の債務者でない者との間で留置権の存否が争われた、という事案（＝非間接強制型）に関する公刊裁判例を対象に、右の債権と物の引渡債権との発生の前後関係に着目すると、いわゆる法的牽連の場合において占有者の債権が引渡債権よりも後に発生している、という事案（＝時後型）に関する公刊裁判例としては、東京地判昭和三四年四月一七日下民一〇巻四号七七四頁と東京地判昭和三四年一一月四日判時二〇九号一五頁とを挙げることができ、その何れにおいても占有者に留置権が認められていた。しかし、右の事案では占有者（借主）と家屋の譲渡人（貸主）との間には同時明渡しの特約が存在したという特殊事情を看取できるとともに、かかる事情の存在が判決の結論に与えた影響は大きかったと想定できるため、第一編では、右のような特殊事情が認められない限り、時後型の場合における占有者には一般に留置権は認められるべきでない、とのガイドラインを提示してきた（とりわけ第一編第一章第五節二(2)(b)、同編第四章第一節一参照）。一方、これら二つ以外の裁判例では、民法二九五条二項の適用との関連で留置権の存否を決するものが多いため（第一編第一章第五節注(14)を参照）、非間接強制型の事案で法的牽連の場合における債権を被担保債権として主張された留置権の存否は、同項の適用可能性に大いに影響を受けることになると予測でき、従って時後型における法的牽連の場合に関しては留置権の成立いかんの問題を直ちに解決することはできないと考えられたため、その最終的な考察は留保せざるを得なかった。本編は、契約関係にない者を相手に留置権が主張されている場合に関する公刊裁判例を対象に、これまで留保してきた右の場合のみならず物的牽連の場合をも併せて考察することで（前注参照）、広く民法二九五条二項の拡張適用が許される場合を明確化し、ひいては第三者を相手とする留置権の行使が同項の適用解釈との関連で許されなくなる場合を明示せん、とする狙いにある。

第一章　民法一九六条二項但書と同法二九五条二項の関係

第一節　二ヶ条の関係に関する起草委員の理解

一　民法二九五条二項の起草趣旨

民法一九六条二項但書と同法二九五条二項はどのような意図に基づいて制定されたものであろうか。序章**二**に示した旧民法九二条によれば、留置権の成立には、「既ニ正当ノ原因ニ因リテ」債務者の動産等を占有する場合であることが要件とされていたのであるが、同条は、法典調査会に提出された草案では、(現行民法二九五条二項のように)「占有カ不法行為ニ因リテ始マリタル場合」と修正されることとなった。前述したA説は、穂積陳重が説示した二つの修正意図、すなわち①不正に始まった占有が後に有権原となった場合に留置権を否定しようとした意図と、それから②占有取得の正当性に関する証明責任の転換を図ろうとした意図に着目し、とりわけ右の①における意図との関係から、彼が序章**二**で(イ)として纏めた理解(すなわち、穂積は「不正によって始まった占有が後に有権原となった場合」を問題にしていた、という理解)にあったと捉えたもののようである。(1)　かようなA説の捉え方は、起草委員を補助した委員による資料(または注釈書)との関連で言えば、決して根拠に乏しいとは言い切れないのであるが、(2)それにも拘わらず右の捉え方に賛同することは難しいように思われる。その理由を、『法典調査会民法議事速記録』に記された穂積の発言を手掛かりに探ってみよう。

もとより、この『議事速記録』において前記①の意図を顕わした穂積の発言としては、「留置権ヲ有スルト云フノハ始メハ留置権デアツテモ其當時既ニ抵當ニ爲ツテ居ルト云フ場合ニ正當ニ占有スルト書キマスルト留置権ガアルヤウデアリマス本案ハ斯ノ如キ場合ハ留置権ハナイノデアリマス後ニ和解其他ノ事ニ因リマシテ不正ニ因ツテ始マツタモノガ其當時抵當ニ爲ツテ居ツタナラバ留置権ガ無イト云フコトヲ示スノ必要カラシテ不法ノ行爲ト云フヤウニ直ホシマシタ」[3]、という箇所を挙げることができる。しかし、ここに言う、「始メハ留置権デアツテモ其當時既ニ抵當ニ爲ツテ居ルト云フ場合」とか、「不正ニ因ツテ始マツタモノガ其當時抵當ニ爲ツテ居ツタ」という場合は、A説の主張するような（すなわち前記(イ)として掲げた理解のような）、「不正によって始まった占有が後に有権原となった場合」を意味するものではない。なるほど、「不正ニ因ツテ始マツタモノ」という箇所のみに着目したならば、A説が意味づけている、「不正によって始まった占有」というニュアンスを窺知し得ないわけではないが、これに続く「後に有権原となった」という意味は、穂積が述べている、「其當時既ニ抵當ニ爲ツテ居ル」とか、「其當時抵當ニ爲ツテ居ツタ」といった発言から汲み取ることは無理であり、むしろこの発言は、既に「抵當」に入っている占有物を留置することは許されないという意味合いにすぎない、と解すべきである。すなわち、例えば抵当権が設定されている物について占有を開始した債権者は、当該物の引渡しを求められた場合に留置権を主張し得るであろうかと言うと、前述した旧民法九二条の下ではこの主張は許される結論になってしまうが、しかし穂積は、かかる結論を妥当でないと解して、修正案のように「占有カ不法行為ニ因リテ始マリタル場合」と改めたと捉えるのである。こう捉えるのが文言に示された表現に最も忠実であると考えるからである。もっとも、なぜ右の主張を債権者に許す結論は妥当とは言い難いのかに関し、穂積は何ら言明していないのであるが、憶測するに、占有者が有する債権について既に十分な担保が設定されており、これによって当該債権の実現が十分に可能である限り、右の占有者に対して改めて留置権の主張を許すことは公平な結論とは言い難い、との判断が潜んでいるように思われる。(4)

二　民法二九五条二項にいう「不法行為」の意味

次に、A説が捉えている、序章二における(ロ)の理解、すなわち右の「不法行為」と民法七〇九条の不法行為概念との同一性に関する自覚の欠如、という理解も誤解に基づいていると言わねばならない。もっとも、この点に関する穂積の理解を民法二九五条の趣旨説明から十分に窺うことはできないのであるが、(5)しかし右の「不法行為」の意味に関しては他の起草委員（梅謙次郎と富井政章）の理解に注目する必要がある。まず、梅は、民法二九五条二項に関する注釈の中で、「過失ニ因リテ占有ヲ始ムルモ亦不法行爲ニ因リテ占有ヲ始ムルナリ」(6)、と述べて同法七〇九条を引用している一方で、民法一九六条の注釈の中では、占有者は、「悪意又ハ過失ニ因リテ占有ヲ始メタル者ヲ除ク外本條(右の一九六条を指す。著者注)ニ定メタル費用ノ償還ヲ受クルマテ其物ノ占有ヲ繼續スルコトヲ得ヘシ是レ第二百九十五條ニ規定セル所ナリ是ニ於テカ本條第二項但書ノ規定ノ必要益々顯ハルルナリ蓋シ悪意ニテ有益費ヲ加ヘタル占有者ハ必スシモ悪意又ハ過失ニ因リテ占有ヲ始メタル者ニ非ス故ニ第二百九十五條第二項ニ該當セサル者アリ唯此者ハ本條第二項但書ノ規定ニ依リ裁判所ニ於テ期限ヲ許與シタルトキハ第二百九十五條第一項但書ニ該當スヘキヲ以テ有益費ニ付テハ留置權ヲ有セサルナリ」(7)とも述べている点に照らすと、結局、彼は、悪意占有者に対しては留置権を認めないと解していただけでなく、この占有者が有益費を支出したという場合を民法二九五条二項の適用外と捉えていたことが明白である。同様のことは富井についても妥当する。彼もまた、「悪意ノ占有者ハ必スシモ不法行爲者ニ非ス」と言い、続けて民法一九六条二項但書に基づき「裁判所カ回復者ノ請求ニ因リテ之ニ償還期限ヲ許與シタルトキハ有益費ニ付キ留置權ヲ行フコトヲ得サルニ至ルモノトス」[8]、とも述べている点に着目したならば、民法二九五条二項にいう、占有が「不法行為ニ因リテ始マリタル場合」には悪意による占有開始の場合が含まれず、むしろこの場合は同法一九六条二項但書の問題として把握していた、と解するのが富井の理解に対する解釈として最も素直である。従って、穂積以外の起草委員としては、A説がいう前記(ロ)の理解にはなかったと言うほかはないのである。なお、富井が、「悪意ノ占有者ニ對シテハ回復者ハ上記ノ償還ヲ爲スニ付キ裁判所ニ相當期間ノ猶豫ヲ請求スルコトヲ得是他ナシ有益費ハ必スシモ同一樣ニ回復者ヲ利スルモノニ非ス又右ニ示ス限度ニ於テモ尚巨額ニ達シ回復者ニ於テ即時ニ之ヲ償還スル準備ナキコトアリ而モ直ニ其物ヲ賣却スルコトヲ欲セサル場合少シトセス殊ニ悪意ノ占有者ハ回復權ノ行使ヲ妨クル目的ヲ以テ特ニ過額ノ費用ヲ投スルコトナキヲ保セス是即チ回復者ニ上記ノ特典ヲ與ヘ以テ此弊害ヲ防止セントスル所以ナリ果シテ然ラハ本條ニ所謂惡意ノ占有者トハ有益費ヲ支出セル當時ニ惡意ナリシ者ヲ謂フコト勿論ナリトス」[9]と述べているところは、彼の理解が、善意で占有を開始した占有者が後に悪意で有益費を支出したときに回復者の側で期限の許与を請求したならば、裁判実務としては、「回復者ヲ利スルモノ」かどうか、「償還スル準備」の有無いかん、回復者に「賣却スルコトヲ欲セサル」事情がありはしないか、「回復權ノ行使ヲ妨クル目的」の有無いかんなどを勘案することになり、その結果、理論的には、期限が許与されず、従って留置権の行使が占有者に許される可能性があることを示唆している、と考えられることに注意しなければならない。

三　民法一九六条二項但書の存在意義

以上に反し、序章二で(ハ)として示したA説の理解は是認されてよいように思われる。すなわち、穂積も、他の起草委員におけると同様に（前記二参照）、悪意占有者に対してはそもそも留置権を認めない立場にあった、ということである。けだし、彼は、（民法一九六条二項のような規定がないと）「悪意ノ占有者ハ自分ガ是ハ人ニ帰スベキモノデアルト云フコトヲ知リナガラ種々ノ有益費ヲ加ヘル而シテ其回復ノ権利ヲ持テ居リマスル者ノ回復ヲ甚ダ六ケ敷クスルト云フコトハ如何ニモ不穏當ノコトデアリマス[10]」と述べているだけでなく、有益費を支出した占有者に対して（この者の善意・悪意を問わず）留置権を付与していた民法整理案一九八条を削除した趣旨として、彼は、「悪意ノ占有者ハ留置権ヲ有セズト云フコトニナル[11]」とも述べているからである。その際、右の削除に関連して穂積は、「留置権ノ方ニ規則ガアリマスノデソレガ立派ニ當リマスカラ此處ハ省キマシタ[12]」とさえ述べている。つまり、右の一九八条を削除すると、「留置権ノ方」の「規則」から、悪意占有者のためにも留置権は成立し得る結果となるが、これは「留置権ノ精神」に悖るとの認識から、彼は、現行民法一九六条二項但書のような規定を設け、この但書を根拠に「悪意ノ占有者ハ留置権ヲ有セズト云フコトニナル」と明言したものである[13]。ここで注意しなければならないのは、「留置権ノ方」の「規則」によれば、悪意で占有取得された場合にも留置権は成立し得ることになる、という点である。これは、有益費償還債権を有する占有者が悪意であったという場合が、民法二九五条二項にいう、「占有カ不法行為ニ因リテ始マリタル場合」の中に想定されていない、ということを意味している。だから、穂積は、民法二九五条二項の規定をもっては、かような悪意占有者の留置権が排除されることにはならない、と解していたにほかならない。このことは、彼が、「留置権ヲ有シマスル場合ハ何時デモ正當ノ場合ト認メマシタトキ丈ケニ限ツテアリマス」と述べた直後に、前述した「悪意ノ占有者ハ留置権ヲ有セズト云フコトニナル」と言及していることからも明らかであろう。けだし、有益費を支出した悪意占有者に対して留置権を認めることは、右にいう「正當ノ場合」に該当しないことを意味している、と考えられるからである。[14]

以上に述べてきたことを纏めると、起草委員三名は、右にいう「不法行為」の意味を、(「故意又ハ過失」を要件とする)民法七〇九条の不法行為概念と同義に解していたと言うべきであるから、これに抵触するA説の主張(すなわち前記(ロ)における理解)には賛同することができない。しかし、だからと言って、これらの関係が必ずしも十分に把握し難いほどに不明確であるとも思われないため、B説の認識(すなわち序章二における(ii)の理解)も適切とは言い難いであろう。すなわち、(故意または過失により占有を開始した者のみならず)悪意占有者に対しても、一般に留置権の行使を認めることには否定的であったと解される。[15][16]ただ、悪意占有そのものが必ずしも前述した「不法行為」に該当するわけではないため、右の留置権を排除することは民法二九五条二項が適用される射程内に含められてはいなかった。そこで、起草委員としては、故意または過失による占有開始の場合を同項の適用に委ねる一方で、悪意占有者の留置権に関しては、民法一九六条二項但書を制定することで処理せざるを得なかったこと、その際、無権原につき善意で占有を開始した者が後に悪意に転化して有益費を支出した、という場合における悪意占有者の留置権いかんは民法二九五条二項の適用外の問題であるため、結局、同法一九六条二項但書の適用に従うこととなる。このように把握できる限り、起草委員の立場に対する捉え方に躊躇しているB説の危惧は必ずしも考慮するに値しないと考えられる。

（1）　荒川・序章注(30)四一五頁以下参照。

（2）　序章注(35)における『修正案理由書』二五二頁（廣中・理由書三一二頁）からの引用が意味するところ

は、A説の理解を裏付けるものとして捉えるのが素直な解釈であろう（但し、四宮説は異なることにつき同注参照）。また、松波仁一郎＝仁保龜松＝仁井田益太郎『帝國民法正解物権編下巻』八九三、八九四頁（発行所、発行年ともに不明）も、「他人ノ物ノ占有ニシテ苟モ不法行爲ニ基ク以上ハ後日本人ノ同意ヲ得テ之ニ代ハリテ占有ヲ繼續スルニ非サル限ハ假令占有者ノ意思ノミカ本人ノ爲メニ占有スル意思ニ變更スルモ此占有ニ因リテ留置權ヲ成立セシメ加害者ヲ保護シテ被害者タル本人ニ意外ノ不利益ヲ被ムラシムヘカラサルハ勿論ノ事タルニ因リ新民法ハ此趣旨ヲ明確ナラシムル爲メ特ニ本條第二項ニ於テ占有ノ始起カ不法行爲ニ存スルトキハ留置權ヲ成立セシメサル旨ヲ明カニセリ」と述べて、「不法行為」によって開始した占有が後に権原に基づくこととなった場合にも留置権を排除する意図を示しており、等しくA説を根拠づける資料として一おう挙げ得るかもしれない。

しかし、右の『修正案理由書』に記された内容が、必ずしも起草委員（とりわけ梅謙次郎）の起草趣旨を的確に反映しているものではない、ということに十分に注意する必要がある（この点につき、広中俊雄「日本民法典編纂史とその資料」民法研究一巻一七〇頁注(20)〔一九九六〕参照）。そうであれば、前記『帝國民法正解物権編下巻』に記された起草趣旨と、それから実際に抱かれていた起草委員の理解とを果たして同一視してよいものか、については一そう慎重な姿勢が求められよう。

(3)　司法法制調査部・議事速記録2三二八頁。

(4)　かような憶測が全く根拠を欠いているわけではないことは、例えば抵当権の目的物につき占有者が留置権を主張することは許されないとの価値判断が、等しくドイツの裁判実務によっても承認されてきた事情が存するからである。かかる事情については第三章第二節においていささか詳しく言及する（ドイツ裁判例としては同節注(11)に掲げたものを参照のこと）。

(5)　穂積も、以下に述べる梅謙次郎および富井政章の解釈と同様に、民法二九五条二項にいう「不法行為」の意味を、同法七〇九条所定の不法行為概念よりも広義に解していた、との推測が成り立ち得ないわけではない。けだし、穂積が修正案につき示した起草理由（すなわち、前記一で述べたように、既に「抵當」に入っている物の留置を占有者に許すことは公平でない、と捉えてきた彼の修正意図）に照らしたならば、単に民法七〇九条所定の不法行為に基づく占有開始の場合に限らず、広く占有者に留置権を認めることが不公平となる占有開始の場合にも、等しく留置権を否定しようと解していたと捉えることができるからである。

(6) 梅・要義物権編三〇四頁。

(7) 梅・要義物権編七五頁。

(8) 富井・原論第二巻七三八頁。

(9) 富井・原論第二巻七三七、七三八頁。

(10) 司法法制調査部・整理會議事速記録一八八頁。

(11) 司法法制調査部・整理會議事速記録一八九頁。

(12) 司法法制調査部・整理會議事速記録一八九頁。

(13) この点、B説の認識は全く反対である。すなわち、同説は、穂積が、「留置権ノ方」の「規則」により悪意占有者の留置権は否定される、と解していた余地を認めている（小川・序章注(21)一五三頁参照）。それは、占有者に留置権を認めていた整理案一九八条が削除されたことで右の「規則」により留置権は成立しなくなる、と結論づけていることに拠るものと思われるが、かような結論は頗る疑問であり論者の誤解に基づいていると言うほかはない。けだし、右の削除に関する穂積の意図は、同条が削除されたところで、占有者に留置権を認めることが「留置権ノ方」の「規則」から導き得るという点にあったからである。

(14) 司法法制調査部・整理會速記録一八九頁。

(15) 起草委員三名の校閲による注釈書の中には、有益費を支出した悪意占有者は、善意占有者に比して不利益な地位に立たされても止むを得ないとされ、この悪意占有者は期限の許与により「費用ノ償還ヲ受クルニ先チ占有物ヲ返還セサルヘカラサルコト、爲ル」のであって、このことは「第二百九十五條但書ノ規定ヨリ出ツル結果ナリ」（松波仁一郎＝仁保龜松＝仁井田益太郎『帝國民法正解物権編上巻』三四一、三四二頁（出版社、発行年ともに不明））との記述が見られるなどに照らしても、起草委員三名はかような悪意占有者による留置権の行使を一般に認めない意図にあった、と考えられる。

(16)　起草委員の意図をこのように解するならば、有益費を支出した悪意占有者の留置権を、なぜ明示的かつ直接的に否定する規定を設けないで、民法一九六条二項但書にいう、有益費償還債権について期限が許与されない限り留置権の成立も起こり得る旨の文言が用いられたのだろうか、との疑問が生起してこよう。実際、旧民法財産編一九七条二項は「悪意ノ占有者ハ保存ノミノ費用ニ付キ留置権ヲ有ス」と規定して、悪意占有者が必要費償還債権を有する場合にのみ留置権を与えているにすぎなかった。これが、法典調査会の段階では、必要費はもとより有益費についても、その償還債権につき善意・悪意の区別なく留置権は認められる旨の提案がなされている。その理由を穂積は次のように述べている。すなわち、「元トノ権利ニ付テ區別ヲ爲サズシテ之ヲ擔保致シマスル権利即チ留置權丈ケニ區別ヲスルト云フノハ何ウモ前後権衡ヲ得ナイヤウニ思ヒマシタ夫故ニ惡意ノ占有者デモ善意ノ占有者デモ苟モ償還ヲ受ケル權利ガアルナラバ之ヲ擔保スル權利モ共ニ持テ居ルト云フ主義カラシテ此保存改良其他ノ費用ノ償還ヲ受ケヌ間ハ共ニ其費用ニ付テハ留置權ヲ有スルモノト致シマシタノデゴザイマス」（司法法制調査部・議事速記録1六七八頁）、と。ところが、かような提案に対しては全く疑義が出なかったようであり、これが後に現行民法一九六条二項但書の文言に変更され、有益費償還債権について期限を許与する必要がないときに限り、悪意占有者に対して留置権を行使し得る可能性が与えられることとなった。これに至る経緯は必ずしも明らかでないが、憶測するに、例えば有益費償還債権を有する事務管理者の場合であれば、悪意占有者にほかならない。この管理者には留置権の行使が許されて当然であろうから、旧民法典のように必要費償還債権の場合に限定されるべきではない、という理由が一おうは考えられる。もっとも、富井が述べているように（本文二を参照）、有益費を支出した悪意占有者に対して無条件に留置権を認めることは、回復者との間で種々の「弊害」をもたらす恐れがあり、かような「弊害ヲ防止セントスル所以」から、右の但書をもって回復者に「特典」が与えられたもののようであるから、そうであれば、こうした考慮の結果、右の悪意占有者には制限的に留置権が認められることになったとも考えられる。

第二節　学説に対する若干の検討

序章で指摘してきた学説の実質的な検討は第三章第一節二に譲ることとし、ここでは前節との関連で学説を簡単に検討しておこう。まず、一九六条説についてであるが、有益費償還債権を有する悪意占有者につき、民法二九五条二項を拡張適用することでこの占有者の留置権を専ら排除してきた裁判実務に反対する同説は、民法一九六条二項但書の適用をもって右の留置権を否定しよう、と解していた起草委員の見解に一おう適合していると言うことができる。もっとも、一九六条説の説くような、民法二九五条二項がドイツ民法典の立場を沿革とするとの視点に立ったところで、同項にいう「不法行為」の意味は、（ドイツ民法典におけるように）「故意による不法行為」と限定して解釈されるべきかについては、起草委員がこの意味を民法七〇九条所定の不法行為概念と同義に解していたことに鑑みると、同説がわが国の立法史に忠実な解釈と言えようか俄に賛成し難いと言わねばならない。この点、右の但書の適用により留置権が排除される余地を残している二九五条説は、この余地を認める限りで起草委員の意図を受け継いでいると言えようが、その反面、同説は民法二九五条二項の拡張適用を積極的に認めるあまり、同項と前述した但書との関係につき未だ曖昧な要素が払拭し切れていないと言うことができ、従って二九五条説には、この関係が明確化されなければならないという課題が依然として残されているように思われる。以上に反し、前述した独自性説は、序章一において示してきたように、民法一九六条二項但書が留置権の排除を直接に定めている規定として捉えず、むしろこの但書を有益費償還債権の履行期に関する規定にすぎないと解しているのであるが、かような解釈は起草委員の意図するところではなかった。このことに照らせば、独自性説の説得力は乏しくなると考えられなくもないが、かかる意図との齟齬という一事をもって直ちに同説の不当性を断言するのは早計であり、むしろ同説が唱える右の解釈の正当性いかんは、それ自体が改めて問われなければならない検討課題であるように思われる。

第二章　留置権の成否に関する裁判例の分析

第一節　序　説

本章では、民法二九五条二項の適用が争われた公刊裁判例を対象に、無権原型および権原喪失型に関するものを整理かつ分析することから出発し、同項の適用可能性と留置権の成否に関して各類型ごとに示された裁判実務の状況を析出することで、留置権の排除と密接に関連すると考えられる具体的な事情を類型ごとに抽出するとともに、裁判実務の背後に存する価値判断をできる限り明らかにする（次節）。また、公刊裁判例には、右の二類型のほかにも民法二九五条二項の適用いかんが争われたものが存するのみならず、（同項の適用可能性が言及されてはいないにせよ）右の各類型と類似した事情の下で留置権の存否が争われたものも散見されるため、これらの裁判例についても事案に即した類型化を行い、これを踏まえて各類型における裁判実務の状況を明確化する。加えて、右の条項の適用に関する判断または留置権の存否に影響を与えたと考えられる具体的な事情を探ることで、当該類型において重視されなければならない価値判断を可能な限りで明示したい（第三節）。なお、裁判例は判決年月日の順に並べることとし、またマル数字は当該裁判例において留置権の成立が認められた旨を示している。

第二節　無権原型および権原喪失型の裁判例

一　無権原型

占有開始の当初から無権原であった占有者が、この無権原という状況の下で「物ニ関シテ生シタル債権」を取得した、という無権原型において留置権の存否を扱った公刊裁判例のうち、本章が対象とするものはすべて民法二九五条二項を根拠に留置権の成立を認めていない。(1) それは、無断転貸であったことを理由に、または、地上権者の承諾を得て土地を耕作占有したために占有が「不法行為」に当たると解しているものである（【1】【2】）。なお、物の隠匿行為に協力した占有者に対して留置権を認めなかったもの（【3】）もある。この【3】は民法二九五条二項を明確に法的根拠として結論づけているわけではないが、既に序章一で述べてきたように、同項の立法趣旨が公平の観念に基づいていると一般に解されてきたところ、等しく無権原型に属する事案であった右の【3】は、「衡平の観念に基礎を置く留置権制度の趣旨」に照らして留置権の不成立という結論を導いているため、この【3】も【1】および【2】と同列に考察の対象とすることとしたい。

【1】　東京控判大正一〇年三月二三日新聞一八九〇号二二頁（建物明渡並ニ損害賠償請求控訴事件）

〔事実〕　BはAから本件家屋を賃借したが、XがAより本件家屋を買い受けてその所有権を取得した大正七年九月一四日当時は、本件家屋をYが占有していた。XがYに対して同家屋の明渡しを請求したところ、Yは本件家屋につき転借権を有すること、仮に転借権が不存在であるとしても、大正八年一〇月一六日、CがAより賃借中に必要費および有益費を支出し、Yがその償還債権を譲り受けてAおよびXに対してその旨の通知がなされたと主張して、この債権の弁済を受けるまで本件家屋について留置権の存在を主張した（本件は後出【4】における被告を異にした事件である）。

〔判旨〕　本判決はYの転借につきAおよびYの「承諾」がなく、従ってYの占有は「不法ノモノ」であると述べたうえで次のように判示した。すなわち、「Yノ本件家屋ノ占有ガ其ノ始メヨリ不法ナルコトハ前記ノ説明ニヨリテ明カナリ、而シテ他人ノ物ノ占有者ガ其物ニヨリテ生ジタル債權ヲ有スルトキアリト雖モ其ノ占有ガ不法行爲ニ因リテ始マリタル場合ニハ其ノ占有者ハ其ノ物ニ付キ留置權ヲ有セザルコト民法第二百九十五條第二項ニ從ヒテ明カナリ、然ラバCノ占有ガ正當ニシテ且ツ同人ガ其ノ占有物タル本件家屋ニ付キ必要費及有益費ヲ支出シ之レガ返還ヲ受クベキ債權ヲ有シYガ其ノ債權ノ讓渡ヲ受ケタレバトテ本件家屋ノ不法占有者タルYハ本件家屋ニ付キ留置權ヲ有セザルモノト爲サヾル可カラズ」

【2】　東京高判昭和三二年六月二九日下民八巻六号一二一一頁（土地明渡請求控訴事件）

〔事実〕　本件第一土地はX_1の所有に属し、本件第二土地はもとAの所有であったが相続によりX_2らが所有している。B会社は、昭和二〇年六月一五日、X_1との間で第一土地につき地上権設定契約を、次いで同年八月二三日にはAとの間で第二土地につき地上権設定契約を締結したが、第一土地に関しては昭和二四年三月三一日に、また第二土地については同年五月二八日に関係当事者間において合意解除がなされた。Xらは、右の第一土地および第二土地を耕作して占有しているYに対して明渡しを求めたところ、Yは、右の合意解除が無効であるとともに本件二つの土地につき転借権または賃借権を有すること、仮に転借権等を有しないとしても、昭和二〇年以降、右の土地に改良費を支出したため、その償還があるまで同地に対して留置権を有することなどを主張した。

〔判旨〕　本判決は、前記合意解除を有効とし、またYが主張した賃借権の存在については、「本件のように工作物の所有を目的とする地上権にあっては、これを耕作の目的のため賃貸することは地上権者のなし得ないところであるというべく、従って仮に右賃貸の事実があるとしても、これがためYの本件土地の開墾耕作を正当化する訳にはいかず、地上権設定者に対する関係においては依然として無断耕作である」等を述べて否認するとともに、留置権の存否に関しては次のように判示した。すなわち、「Yが本件土地を開墾し肥培管理をなすについて多少の出捐をなしたことは事実であろうが、果して原判決添附計算書どおりの費用を支出したかどうかについてはこれを認めるに足る確証がないので、この点において既に留置権の主張は失当であるばかりでなく、前段認定の事実関係によれば、Yは、本件土地を耕作するにつきXらに対抗しうるべき権原を有しなかったことが明らかであって、Yの本件土地の耕作はXらの所有権を侵害する不法行為たることを免れない。従ってB会社が本件土地について地上権を有していた間でも、Yが、これを耕作のため占有することは、少なくともXらに対する関係においては不法行為に因って始まったものというべく、右占有につき同会社の明示または黙示の承諾を得ていたからといって、Xらに対する関係においても不法行為によって始まったものでないということはできない。従ってこの点からいってもYの留置権の主張はこれを採用するに限りでない。」

【3】　東京高判昭和五六年九月三〇日東高時報三二巻九号二三四頁（自動車引渡請求控訴事件）

〔事実〕　A会社は自らおよびB（＝A会社の代表者Cの妻）の名義で、XおよびD会社等から合計一五台の本件ダンプカーを所有権留保の特約つきで割賦購入し、昭和五二年一二月まではその月賦金を右の販売会社に支払っていたが、昭和五三年一月からは支払いの目処が立たなくなった。一方、A会社は、昭和五二年七月当初から、Eより本件ダンプカー購入の頭金や運転資金に当てるため数回の融資を受け、昭和五三年一月当時は二〇〇万円の債務を負担していたが、その弁済のため振り出した約束手形を不渡りとせざるを得ない状況となった。そこで、Cとしては、このまま放置すると右借金のかたにEに本件ダンプカーを持ち去られる恐れがあり、また本件ダンプカーの割賦売買契約によれば、割賦金の支払いを一回でも怠ったなどのときは、これを売主に引き渡さなければならないものと定められており、Xら販売会社によって本件ダンプカーを引き揚げられることが必至であると思われたので、これをEや右の販売会社の眼から隠すことを企図し、第一回の不渡手形を出した直後の昭和五三年一月一七日に、下請として仕事をしたことのあるF会社の現場責任者Gに右の事情を話し、本件ダンプカーの中には割賦金の支払中のものがあるとも告げて、同人を介してF会社の代表者Y_1に対し、本件ダンプカーの保管を依頼し、Gの了解の下にF会社の駐車場等にこれを運び込んだ。Y_1は、F会社の代表者としてダンプカーを所有権留保特約付で割賦購入した経験があり、割賦売買契約の内容について十分知識を有しており、本件ダンプカーが新車の状態であって一五台にも上ることや、A会社ないしCの資力、経済状態に鑑みると割賦金の支払いが未了であること、また同年一月二〇日までにはA会社が不渡手形を出したことを知っていた。Y_1は、Cの保管依頼を引き受けて本件ダンプカーの隠匿工作に協力することとし、保管料を定めた保管依頼書および右保管を第三者に依頼する権限を付与する委任状を作成させた。そして、本件ダンプカーを分散して、七台のダンプカーにつき、取引上、F会社と緊密な関係にあるY_2会社に、A会社の窮状および趣旨を説明して保管を依頼し、残りのダンプカーについては、取引のある修理業者や下請業者に分散してその保管を依頼した。同年一月末頃、CとY_2会社の代表者Y_3の協議に基づき、Y_2会社は本件ダンプカーのうち一四台のボディ等に書かれたA会社の表示を抹消するなどを行った。Y_1は、同年四月一一日、Xを含む販売会社四社宛に、保管料の支払いと引換えにXら所有の本件ダンプカーを引渡しに応ずる旨を伝えた。Xは、同年八月二二日仮処分の執行により、自ら販売したダンプカーの引渡しを受けて本訴請求に及んだところ、Yらは抗弁として留置権の存在を主張した。

〔判旨〕「右に認定した一連の事実関係を総合すると、Yらはいずれも、Xに対する関係においては、A会社ないしBに所有権留保特約付の割賦売買契約により本件自動車を売り渡した自動車販売会社（X）から、右契約の約定に従い所有権に基づく引渡請求を受ければ、これに対しては自己の占有権原を対抗しえないことになるであろうこと及び右引渡請求のなされることが必至の事態であったことを知り、かつ、右引渡請求権の行使を妨げることになることを十分認識し、そのような結果を生ずることを目的として、あえて右保管委託を受けてそれぞれの占有を開始し、Cの本件自動車の所在をくらます行為に加担したものと認めるべきであり、このような場合、Yらにおいて、右保管委託を受けて保管を継続したことにより保管料債権が生ずるからといって、該債権に基づき各占有自動車についてXに対し留置権を主張することは、衡平の観念に基礎を置く留置権制度の趣旨に照らし、許されないものと解するのが相当である。」

二　権原喪失型

序章一でも述べたように、民法二九五条二項の類推適用が専ら論じられるのはこの類型に関してであり、公刊裁判例はすべてが同項を根拠に留置権の存在を否定している。(2) これらの中には、無権原占有に対する占有者の悪意性のみを述べたに止まるもの（【4】【5】）(3)、悪意のほか過失の有無にまで言及したもの（【6】）、費用償還債権を取得した占有者が訴訟で敗訴し占有の開始時に遡って占有権原を失ったとされた場合に、この占有者には無権原占有に帰する可能性を疑わなかったことにつき過失があったと判示したもの（【7】）、などが存する。なお、公刊裁判例の中には、占有者が権原を有する間に「物ニ関シテ生シタル債権」を取得し、無権原となって留置権を主張したという場合に関するものがあり、そこでは留置権が認められているのであるが、(4) 訴訟の中で右の条項に関する適用可能性が争われたとはいえ、有権原の間に占有者が右の「債権」を取得していた、という事案である限り留置権は正当に成立し得ること当然であるから、(5) かような事案を扱った裁判例はここでの考察対象とされる必要がないこと多言を要しまい。

【4】　大判大正一〇年一二月二三日民録二七輯二一七五頁（家屋明渡竝損害賠償請求ノ件）

〔事実〕　YがAから本件建物を賃借したが、その際、一ケ月たりとも賃料の支払いを遅滞したときは、Aは通知催告なしで直ちに契約を解除して明渡しを請求できる旨が約定された。Yは契約成立後に全く賃料を支払わなかったので、大正六年五月七日、Aは契約解除の意思表示をしたが、Yは本件建物を明け渡さないまま大正六年一二月下旬に修繕し、これに金九五円の有益費を支出した。大正七年九月一四日、XはAから本件建物を買い受け、Yに対してその明渡し等を求めたところ、Yは右の有益費が償還されるまで本件建物につき留置権を主張した。原審（東京控判大正九年七月五日評論九巻民法八三七頁）は「同日（右の五月七日を指す。著者注）以後Xハ不法ニ右建物ヲ占有スルコトトナルヲ以テXカ其後ニ屬スル同年一二月下旬ニ於テ本件建物ニ關シ有益費ノ債權ヲ有シタリト雖モ民法第二九五條第二項ニ依リXハ右建物ヲ留置スヘキ權利ナキモノト謂ハサル可ラス」と判示して、Yが主張した留置権を認めなかった。

〔判旨〕「按スルニ民法第二百九十五條第二項ニ所謂占有カ不法行爲ニ因リテ始マリタル場合トハ不法行爲ニ因リテ他人ノ物ノ占有ヲ取得シタル場合即占有ヲ取得シタル行爲自體カ不法行爲ナル場合ヲ指稱スルモノナレハ不法行爲ニ因リテ他人ノ物ノ占有ヲ取得シタルニ非サル場合ニハ占有者ノ善意ナルト惡意ナルトヲ問ハス同條項ヲ適用スヘキ限ニ在ラサルカ如シト雖モ法カ不法行爲ニ因リテ始マリタル占有ノ場合ニ占有者ニ留置權ヲ與ヘサル所以ノモノハ如此占有者ハ其占有ノ不法ナルカ爲メ之ヲ保護スルニ値セスト爲スニ外ナラスシテ占有カ不法行爲ニ因リテ始マリタルニ非サル場合ト雖モ占有スヘキ權利ナキコトヲ知リナカラ他人ノ物ヲ占有スル者ニ在テハ其占有ハ同シク不法ナルヲ以テ類推解釋上斯ル占有者モ民法第二百九十五條ニ依リ留置權ヲ有セサルモノト爲ササル可ラス是故ニ他人ノ物ヲ賃借シタル者ハ賃貸借ノ解除セラレタル後ニ賃借物ノ爲メ費シタル金額ノ償還請求權ヲ擔保スルカ爲メニ賃借物ヲ留置スルコトヲ得ス何トナレハ賃借人ハ賃貸借ノ解除セラレタル以上ハ賃借物ヲ占有スヘキ權利ナク又其權利ナキコトヲ知リタルモノト推定スヘキハ當然ナレハナリ」

【5】　大判昭和六年五月三〇日新聞三二九三号一二頁（家屋明渡請求事件）

〔事実〕　Yは大正一一年二月に本件建物をAに売却し、昭和三年七月、Xは同建物をAより買い受けたが、この間、Yは六年以上に亘ってその占有を継続し本件建物に費用を支出した。Xの建物明渡請求に対し、Yは右費用の償還があるまで本件建物につき留置権を主張した。

〔判旨〕「然レトモ占有カ不法行爲ニ因リテ始マリタルニ非サル場合ト雖占有スヘキ權利ナキコトヲ知リナカラ他人ノ物ヲ占有スル者ニ在テハ其ノ占有ハ同シク不法ナルヲ以テ民法第二百九十五條第二項ヲ類推適用シテ斯ル占有者モ亦同條第一項ノ留置權ヲ有セサルモノト爲スヘキコトハ夙ニ當院ノ判例トスル所ナリ」、と判示して【4】を引用するとともに原審の判断を正当とした。

【6】　東京高判昭和三〇年三月一一日高民八巻二号一五五頁（請求異議事件）

〔事実〕　昭和二五年九月八日、Y・A間で、AはY所有に係る不動産のうち占有する部分を昭和二六年一二月末日までにYに明け渡す旨、および、Y・B間で、Y所有に係る家屋を昭和二六年五月末日までにYに明け渡す旨の調停が成立し、XはAおよびBから各占有を承継した（第一審事実によれば、右不動産の一部の占有権原をCは昭和二六年五月初めにAから譲り受け、さらにXが昭和二六年一二月一〇日これをCから譲り受けたこと、またXは昭和二六年五月初めには残余不動産の占有権原を直接Cより譲り受け、同月初め、Bより右家屋の占有権原を譲り受けたこととされている）。昭和二七年五月一五日、YがXを前記不動産および家屋の承継人として調停調書に基づき明渡しの強制執行に及んだところ、Xは請求異議を提起して右不動産および家屋につき占有権原の存在等を主張するとともに、右家屋に必要費・有益費を支出したこと、従ってその償還があるまで同家屋につき留置権の存在を主張した。原審は、右占有権原の不存在を認定し、少なくとも不法占有につきXに過失を肯定し得ると判示して留置権を認めなかった。

〔判旨〕「民法第二九五条第二項でいう『占有が不法行為に因りて始まりたる場合』とは、占有取得行為自体が占有の侵奪とか、詐欺、強迫とかによる場合にかぎらず、留置権によって担保せられる債権の債務者に対抗し得る占有の権原がなく、しかも、これを知り又は過失により知らずして占有を始めた場合をも包含するものと解するのが相当である。蓋し後の場合も前の場合と同様、占有者に留置権を認めて、その者の債権を特別に保護しなければならないなんらの理由がないからである。」と判示して原審の判断を正当とした。

【7】　最判昭和五一年六月一七日民集三〇巻六号六一六頁（所有権移転登記抹消等請求事件）

〔事実〕　Xは自創法に基づきその所有であった本件土地を国に買収され、昭和二六年七月一日、Aはその売渡しを受けて、昭和三四年一一月一九日、右土地をY_1に売却した。ところが、右の買収計画には違法があったため、昭和二三年七月、Xはこの買収計画の取消を求めて抗告訴訟を提起し、上告審において昭和四〇年一一月五日に買収計画取消の判決がなされて確定した。Xは、昭和三五年一〇月二五日、買収・売渡処分の無効を主張して、所有権に基づく本件土地の明渡し等を求めたのが本件訴訟である。その原審において、Y_1は、昭和三六、七年頃、本件土地につき地盛りを行うなどの工事費用を支出したことよりAに対して有益費償還債権を有する、と主張して本件土地のうち占有土地につき留置権を行使した（なお、本件土地の一部をY_1から転得したY_2は、Aの義務不履行により同人に対し塡補賠償債権を有すると主張して、その占有する土地につき留置権を行使した）(6)。原判決（大阪高判昭和五〇年七月二九日判時八一一号五八頁）は、民法二九五条二項が、占有権原なき不法占有であって、占有者がそのことを知り、または、知り得べかりし時点において占有物につき発生した債権についても留置権を認めない趣旨にある、と解してY_1の留置権を認めなかった。

〔判旨〕「国が自作農創設特別措置法に基づき、農地として買収したうえ売り渡した土地を、被売渡人から買い受けその引渡を受けた者が、土地の被買収者から右買収・売渡処分の無効を主張され所有権に基づく土地返還訴訟を提起されたのち、右土地につき有益費を支出したとしても、その後右買収・売渡処分が買収計画取消判決の確定により当初に遡って無効とされ、かつ、買主が有益費を支出した当時右買収・売渡処分の無効に帰するかもしれないことを疑わなかったことに過失がある場合には、買主は、民法二九五条二項の類推適用により、右有益費償還請求権に基づき土地の留置権を主張することはできないと解するのが相当である。」と一般論を述べたうえで、Y_1に右の過失を認めた原審の判断は正当であると判示してY_1が主張した留置権の行使を否定した。

三　裁判例の検討

(1)　序

民法二九五条二項の適用可能性に関する以上の裁判例を一瞥すると、無権原型であれ権原喪失型であれ、すべての裁判例において占有者の留置権が否定されていることが分かる。すると、留置権の成立に消極的な裁判実務の背後にはどのような価値判断が存するのであろうか。この疑問に答えるためには、各々の類型における特色に着目して留置権の存否が検討されなければならないであろう。例えば、占有者の有過失という主観的事情を重視している【7】では、占有者が無権原の不知につき占有開始の当初から過失があったわけではなく、将来、占有が無権原に帰することの可能性に関して占有者に過失ありと認定されたのであった。だから、【7】の背後には、かような過失が存在するときも留置権は否定されるのが公平である、との価値判断を窺うことができるのであるが、留置権の否定という【7】の結論に対しては、比較考量説の立場から賛同する学説もあれば、(7) 反対に一九六条説に与する立場から異を唱える学説も存するなど、(8) この【7】に対する評価は必ずしも定まっていない状況にある。このような学説状況を前に裁判例の当否を論ずるためには、その前提として無権原型と権原喪失型の場合に留置権を排除すべき事情が存するものかどうか、という根本的な考察が必要となるように思われる。

(2)　留置権を否定した裁判例の検討

まず、無権原型についてである。この類型は最初から無権原で占有が開始されたという場合であるから、適例型と類似した事情にあると言うことができる。ただ、無権原型における占有者には、適例型における占有者と同視できるほどに重大な悪質性は認められないため、その限りで、これらの二類型は相違していると一おう言うことができる。実際、【2】が、占有者による土地の耕作について土地所有者の「所有権を侵害する不法行為」に当たる旨を判示しており、また【3】における事案でも、占有者には、所有者によるダンプカーの引揚げを妨げる目的で企図された隠匿行為に協力していた事実があり、かような協力行為は、それ自体、民法七〇九条所定の不法行為性を認定するに十分であると解されるのであるが、しかし無権原型における占有者が無権原につき全く善意・無過失であった場合も理論上は考えられなくはなく、この場合の占有者は帰責性に欠けるものであると言わざるを得ないから、結局、右に述べた(重度の悪質性が認められる)適例型の場合における占有者と、(一般に帰責性はないと考えられる)善意・無過失の占有者とを両極として据えたうえで、その間に留置権を認めなかった無権原型に属する事案が点在している、と位置づけることができる。

例えば、留置権を認めなかった【1】は、占有者によって主張された転借権が所有者の「承諾」に基づいていなかったため、この占有者による物の占有を「不法ナモノ」と判示しているが、無断転貸という事実のみをもって、直ちに民法七〇九条所定の不法行為性が肯定されることにはなるまい（占有者が「故意又ハ過失」なくして占有を開始した、という場合が理論的に考えられなくもないからである)。とはいえ、無断転貸による転借人の占有は転借人自身の主観的事情いかんによって合法であるかどうかが定まるわけではないから、一般的には「承諾」を得ていなかった右の占有は正当視されるべきものではあるまい。けだし、無権原型における占有者が転借権の存在に加えて留置権をも主張している【1】の場合では、そこで占有者に留置権を認めることは、それ自体、占有者による占有継続という目論みを助けることになりかねないと一般に思量されるからである（右の占有者の背後には占有継続を企む悪質さが潜んでいるように思われる）。要するに、【1】〜【3】に限って言えば、無権原型においては、占有者による占有開始の時点で、民法七〇九条所定の不法行為性が認定される場合は少なくないであろうが、仮にこの不法行為性を認めることが困難な場合であったにせよ、裁判実務は単なる無権原占有という事実の存在のみをもって直ちに占有者の留置権を否定しておらず、そのためには少なくとも何らかの非難可能性（または悪質性）の存在を占有者に要求しているように思われる。

すると、権原喪失型の場合についてはどうであろうか。この類型に関する公刊の裁判例は例外なく留置権を占有者に認めていないため、かような結論を正当化する価値判断は何なのか、である。なるほど、右の類型における占有者は、無権原型（ひいては適例型）におけるとは同列に不法性を論ずるわけにはいかないため、むしろ原則として占有者には留置権が認められるという解釈に傾斜するように思えなくもない。しかし、かくまで裁判実務が留置権の成立に拒否的であるのは何故なのか（その背後には実務に携わるうえで危惧された事情が存するのではないか）、という疑問こそが解明されなければなるまい。かような視点から多くの裁判例を忖度すると、留置権の否定という結論は理論上の考察から導かれたものというよりは、むしろ明渡請求に対して占有者が債権を主張し、これに基づく留置権を行使して妨害行為に出る、という実際上の弊害を背景にしていると考えられるのである。とりわけ、このことは瑣末な債権を主張して占有者が留置権を行使する場合には相当に深刻であることが予想されるほか、(9) 実際、前述した権原喪失型に関する裁判例では、留置権を主張する占有者は債権確保を第一に考えて留置権を主張しているのではなく、留置権を主張することで願わくば占有を継続したい、と目論む者であると言うことができる（【4】の事案では、賃貸借・売買の解除後に借主・買主が費用を支出しており、(10) また【5】および【6】は、占有者が引渡義務を負担していたにも拘わらず目的物に費用を支出したという事案であったこと、さらに【7】の事案では、国による買収処分の直後に行政訴訟を提起するなど、所有者が第三者に占有取得されないよう終始努力してきた事情が窺えることから、占有者の費用支出が事務管理行為に該当しない限り、留置権を行使することで占有継続を許す結論は所有者にとって酷であると考えられる）。そこで、裁判実務としては、具体的な事案の解決に際し、占有者に占有継続を認めることで生ずる不適切な事態を憂慮して、結局、前述した目論みを抱く占有者の主観的事情に着目し、この占有者を悪意とか有過失の状態で債権を取得したものと捉えることで、かかる占有者に留置権を認めないとする結論に至っていると解し得るのである。従って、権原喪失型の場合は占有開始の当初は有権原であったため、そこでの占有者の占有は、全体的には、無権原型に関する【1】の事案ほどに不法性が強くはないとはいえ、この【1】において占有者に見られた悪質性に匹敵する程度の非難可能性を右の権原喪失型における占有者からも看取し得る、ということがこの類型を扱った裁判例の判断を支えているように思われる。

（1）　東京高判昭和三五年六月二〇日判例総覧民事編二〇輯一二五頁（事件名不明）は、旧所有者が（不動産執行における）買受人と買戻契約を締結する前に当該不動産に費用を支出したという事案において、占有の無権原につき旧所有者の悪意または有過失を認定して民法二九五条二項を類推適用したが、これ以上の事実関係は不明確なため、（本編が考察対象とする）契約関係にない者の間で争われた場合に関するものか、また仮にこれを肯定できるにせよ、無権原型に属するものとして扱い得るものか、むしろ後述する権原喪失型または競売取得型に関する事案であったと言えないものか、などについてどう判断すべきかが困難である。

このほかにも、事案が未掲載であったり不明確であるため類型化が難しい裁判例が存する。すなわち、大阪地判昭和二九年八月六日ジュリ六九号六五頁では事案部分が未登載であり、家屋明渡等事件における留置権の存否に関し、「YはXに対抗し得る権原なくして本件家屋を占有しているものであるから、たとえ本件家屋に対し修繕費その他の有益費改良費を出費しても民法第二九五条第二項の規定の趣旨により、留置権を取得するものでない」と判示しているにすぎず、また大阪高判昭和三八年五月二七日判例総覧民事編二四輯七九頁も、「民法第二百九十五条第二項にいう『占有が不法行為に因りて始まりたる場合』とは、占有を取得する行為自体が不法行為を構成する場合をいうものであることは勿論であるが、右の場合だけに限らず、占有すべき正当の権限のないことを知り又過失によりこれを知らないで他人の物の占有を始めた場合をも包含するものと解するのが相当である。その理由は前の場合も後の場合も他人の物を違法に占有する点においては同じであるから、後の場合を前の場合と別異に取扱い、その占有者に留置権を認めてこれに特別の保護を与えなければならない理由がないからである。（論旨引用の大正一〇年一二月二三日の大審院判決は右見解と必ずしも抵触するものではない。）」と述べるに止まっている。

（2）　例えば、賃貸借の終了前に費用償還債権を取得していた借主には留置権が認められること言うまでもなく、従ってこの留置権を行使中に再び費用を支出した場合にも留置権が発生することも当然である（千種・序章注（16）二三三頁参照）。右の占有者は有権原の下で「物ニ関シテ生シタル債権」を取得しているから、権原喪失型の場合における占有者とは明確に区別して扱われなければならない。

（3）　【4】および【5】の二判決が悪意についてのみ言及しているにすぎないとはいえ、これらは占有者の悪意性を認定することで足りた事案であったから、必ずしも有過失を不問とすべく解した裁判例であるとは言い得ない。

（4）　大阪区判明治四一年六月一一日新聞五一一号八頁（第一編第一章第二節に掲げた【1】）は、家屋の借主Yが、賃借権を放棄した後に家屋を買い受けたXに対し、賃借中に貸主の承認を得て家屋に修繕改良を施したことを理由に家屋につき留置権を行使したという事案において、「尚従参加人はYは不法の占據者に付民法二百九十五條二項により留置權なき旨主張するも同項は占據の始めに於て不法行爲ある占有者に適用すべき規定にしてYが賃貸借契約に基き占據を始め引續き占據する本訴の如き場合に適用すべき法意にあらざるを以て該主張も亦採用し難」いと判示し、また千葉地判昭和三八年六月一七日下民一四巻六号一一四八頁も、等しく占有者が有権原中に有益費を支出していた事案において、民法二九五条二項の適否に触れることなく占有者に留置権を認めている。

なお、占有者が占有権原を有する間に「物ニ関シテ生シタル債権」を取得したため、この占有者に留置権の行使が許され、占有者がこの留置権に基づいて物を占有している間に新たに右の「債権」を取得したという場合には、かかる「債権」を担保するため、一般に、右の占有者のため、さらに留置権が許されてよいと解することに異論があるまい(前出注(2)参照)。この結論を認めた裁判例として東京高判昭和三五年三月一四日下民一一巻三号五二一頁がある。

(5)　末弘・序章注(24)六四六頁参照。
(6)　この留置権の存否については次節注(10)を参照。
(7)　東條・序章注(30)二五四、二五五頁、米倉・序章注(30)四三六頁など。
(8)　伊藤・序章注(33)一〇〇頁、高木多喜男「判批」ジュリ臨増六四二号六二頁(昭五二)、藤原・序章注(19)七二一、七二二頁など。
(9)　仙台地判昭和三〇年八月一〇日下民六巻八号一六一一頁は、裁判上の和解により賃貸借が終了したと認定し、賃借人が修繕費償還債権を理由に主張した留置権を認めなかったが、そこでの判決理由として、「なお一般に家屋の占有者が家屋の所有者の負担すべき家屋の必要修繕費を支出した場合においても、その修繕が従前の家屋の重要部分を根本的に変革し、そのため増加した現存利益が修繕の家屋の現在一般の取引価格を遙かに上廻るに至った等の事情が存しない限り、修繕費の未償還を理由に家屋そのものを留置することができないものといわなければならない。(民法二百四十四条の制限解釈第二百四十二条)けだし、今若しそうでないと解するときは、家屋の占有者は硝子一枚を入れ替え、釘一本を打ち付けただけでその費用の未償還を口実に克く大層高楼を留置使用することができ、建物賃貸取引を阻害し、信義則に背戻し、延いて留置権制度の根本義にも背戻するからである。」、と述べているところは大いに注目されなければなるまい。

(10)　例えば賃貸借契約が解除されている限り、一般に借主は無権原占有と化したことにつき悪意であるか、少なくとも過失があるものとして扱われたところで仕方がないであろう（千種・序章注(16)二三二頁参照）。

第三節　その他の類型の裁判例

一　序

ここでは序章二で指摘してきた不誠実型と対抗関係型に関する公刊裁判例を整理し、各類型ごとに分析を試みることが課題である。もっとも、かような裁判例の事案をより子細に眺めると、便宜上、各々の類型はさらに次のように細分化することが可能である。まず、不誠実型は、(イ)「物ニ関シテ生シタル債権」を有する占有者が債務者から弁済を提供され、これを拒絶しておきながら後に占有物につき留置権を主張したという場合（＝受領拒絶型）と、それから(ロ)執行妨害、債権回収などの目的から短期賃貸借が濫用され、そこでの借主が買受人に対して留置権を主張したという場合（＝執行妨害型）とに分ることができ、また対抗関係型についても、(イ)競売開始決定により不動産が差押えられた後に占有者が「物ニ関シテ生シタル債権」を取得し、買受人の引渡請求を拒絶して当該不動産を留置するという場合（＝競売取得型）と、それから(ロ)例えば不動産の二重譲渡において物権変動を対抗できない譲受人など、引渡債権者に対して占有権原を対抗できない占有者が、右の「債権」を主張して占有不動産の留置を主張したという場合（＝二重譲渡型）、という二つの類型に

区分して考察するのが有益である。(1)

二　不誠実型

(1)　受領拒絶型

公刊された裁判例にはこの類型に属するものが二つ現れており、結論として占有者に留置権を認めたものもあれば(【⑧】)、反対にこれを否定したものも存在する(【9】)。もっとも、これらは何れも、「物ニ関シテ生シタル債権」を有する占有者が弁済行為の受領を拒絶したという事実を、必ずしも民法二九五条二項の適用解釈と結び付けて留置権の存否を論じているわけではない。(2) けだし、【⑧】であれば、この事実は同条一項の適用に関連する事柄として扱われているにすぎないと解されるのみならず、【9】にあっても、右の事実の存在が占有者の占有形態を無権原の状態と同視する形で機能している、と言い得るからである。

【⑧】　東京地判昭和三三年八月二九日下民九巻八号一七〇一頁（家屋明渡請求控訴事件）

〔事実〕　YがAから賃借していた本件家屋はAからBへと譲渡され、A・B・Y間の契約によりBは賃貸人の地位を承継した。CがYの立退きを条件に本件家屋を買い受けてもよい旨の意向を表明したので、BはYと折衝の末、Yは六万円の立退料の支払いを受けると同時に本件を明け渡す旨を約した。Cはこの事実を聞知したうえで本件家屋を買い受けて妻名義で所有権移転登記を了したが、Yは辞柄を設けて明渡しを肯んじなかった。後に、この家屋をCから買い受けてその所有権を取得したXがYに対して明渡しを請求したところ、Yは右立退料の支払いを受けるまで本件建物につき留置権があるなどの抗弁を主張した。

〔判旨〕　本判決はBが前記移転登記を了した直前にB・Y間の賃貸借契約は合意解除されたと判断したうえで、Yの留置権の主張につき次のように判示した。すなわち、「BとY間に成立した本件賃貸借契約の合意解除に際し、Yが本件家屋を明渡すと同時に、BがYに対し立退料として金六〇、〇〇〇円の支払を約したこと、Yが未だ金員の支払を受けていないことは、当事者間に争ない。従ってYは、Xより右金員の支払を受けるまで本件家屋の明渡を拒絶することができるものといわなければならない。Xは、右BがYに対し右立退料全額を現実に提供したのにYはその受領を拒絶したから、留置権の行使は失当である旨主張するけれども、民法第二九五条に明定するとおり、債権者は占有にかかる物に関して生じた債権の弁済を受けるまでその物を留置して引渡を拒絶することができるものというべきである。それであるから、仮にX主張のとおりYが受領遅滞にあったとしても、それだけではYが立退料の弁済を受けたものとはいい得ないから、主張自体理由がない。」

【9】　最判昭和四九年九月二〇日金法七三四号二七頁（自動車引渡請求、同参加事件）

〔事実〕　Y_1は、当時、本件自動車の所有者であったY_2より、本件自動車修理代金の弁済を提供されながら、その受領を拒絶し留置権の行使を主張して引渡しを拒み、後にこれを第三者に保管させている。X（＝Y_2から本件自動車の所有権を譲り受けた者?）が右自動車の引渡しを請求した。

〔判旨〕「債権者が適法な弁済の提供をうけながらその受領を拒絶して留置権を行使することは、留置権制度の目的を逸脱し、公平の原則に反するものとして、許されないと解するのが相当である。(中略)右事実によれば、Y_1は、本件自動車修理代金の受領を拒絶したのちにおいては右被担保債権について本件自動車を留置することができず、其占有は権原に基づかないものであるといわなければならない。したがって、Y_1が占有権原のないことを知り又は過失により知らずして本件自動車を不法に占有することとなったのちにその保管のために必要費を支出したとしても、民法二九五条二項の類推適用によって、右必要費償還請求権に基づいて本件自動車につきさらに留置権を行使することができない場合がありうる」として最高裁昭和四一年三月三日判決と同昭和四六年七月一六日判決の事実を確定することなくY_1に留置権の行使を認めた原判決を破棄して原審に差戻した。

を引用し[3]、右弁済提供および受領拒絶がされた際の事情、Y_1の占有権原に関する故意・過失の有無、などについて

(2)　執行妨害型

濫用的短期賃貸借の借主（または転借人）が留置権の存在を主張したため、この当否を扱った裁判例が昭和六〇年代以降に数多く現れており、そのすべてが借主に留置権を認めていない（もっとも、【10】【11】【14】【15】【18】では民法二九五条二項についての引用がない）。これらの裁判例が留置権を否定した理由に関しては、(a)貸借は無効であり占有者は買受人に賃借権を対抗し得ないから留置権も認められないと説くもの（【10】【15】【17】。【11】【14】【18】も同旨か[4]）、(b)買受人との関係で借主は無権原占有であり、その主観的事情（悪意等）を摘示して同項を類推適用したもの（【12】【13】【16】【19】【20】）、(c)執行妨害等を目的とする貸借は「正当な行為」とは認められないと判示して右の条項を準用したもの（【21】）、など一様でない（なお、以下の裁判例は賃借人またはこの者からの転借人が留置権を主張したケースであり、事件名の次に掲げた〔　〕内は借主が留置権の被担保債権として主張した債権を指す）。

【10】　東京高決昭和六一年四月一八日金法一一五〇号四一頁（不動産引渡命令に対する執行抗告事件〔敷金返還請求権[5]〕）

〔判旨〕「抗告人は敷金返還請求権との同時履行の抗弁権及び留置権を主張するが、これらの権利はいずれも抗告人の右賃借権を前提として生ずるものであるところ、抗告人が本件引渡命令の手続において右譲受賃借権を有す

ることを主張することが許されないことは前段説示のとおりであるから、これらの主張はいずれもその前提を欠き理由がない。」

【11】　東京高決昭和六二年二月一〇日金法一一八四号四七頁（不動産引渡命令に対する執行抗告申立事件〈造作買取請求権、保証金返還請求権〉）

〔判旨〕「抗告人は本件建物の造作買取代金の支払及び保証金の返還を受けるまで引渡に応ずる義務はないと主張するが、右のとおり申立外山内、同宮下、抗告人の占有権原が短期賃借権を濫用した無効なものであり、適法な占有と認められないから、これを前提とする留置権の主張は失当である。」

【12】　東京高決昭和六二年一〇月五日判タ六六〇号二三一頁（引渡命令に対する執行抗告申立事件〈建築費用の支払債権〉）

〔判旨〕「抗告人は、昭和六一年五月二四日本件建物に隣接して建築した車庫の建築費の支払を受けるまで本件建物を留置する旨主張するけれども、本件建物につき昭和六一年一月一七日競売開始決定による差押登記を経由しており、前記車庫の建築はその後のことであるところ、記録によれば、抗告人は本件建物の占有が競落人に対抗できないことを知りながらこれが占有を継続していたものと認められるので、民法二九五条二項の類推適用により右車庫の建築費用につき留置権を主張することはできないものと解するのが相当である」と判示して最判昭和四八年一〇月五日（前編第一章第二節に掲げた【11】）を引用している。

【13】　東京地判昭和六三年八月二九日判時一三〇八号一二八頁（建物明渡請求事件〈必要費償還請求権〉）

〔判旨〕「建物が火災にあって損傷した場合に、正当な賃借人（法律上保護の対象となる短期賃借人を含む。）がこれを補修したときには、その建物の保存に必要な範囲で、必要費の償還を賃貸人に請求することができ、またその後建物が競落されたときは、買い受け人にもその償還を求めて留置権を行使することができるものと解すべきである。しかし、もともと留置権の制度は、正当な権利者の請求権の実現を確保するために、目的物全体の引渡しを拒むという強力な権利を認めるものであるが、占有が不法行為によって始まった場合はもとより、占有する権利のないことを知っている場合や、過失によって知らない場合には、自分の側に占有があることを特に有利に使うことを認めるのは当事者間の衡平の見地からみて問題があるので、民法二九五条二項の解釈上留置権の主張をすることは認められていないものである。

しかして、短期賃借権の保護という法律制度を乱用するものとして、抵当権者や買い受け人に対する関係で建物の占有権原を認められない者は、抵当権者や買い受け人との関係では、建物の不法占有者に当たるのであって、そのような者が、たとえ建物の保存のための必要費を支出したとしても、その請求権を確保するために、その建物の占有が自分の側にあることを特に有利に利用することを認めることが相当とは言えないことは、通常の不法占有者の場合と異なるところはない。したがって、建物について乱用的な短期賃借権の設定を受けた者及び乱用的なものであることを知り、または過失によって知らないでその占有を承継した者は、たとえその建物の補修のため必要があって費用を支出したものであったとしても、その費用の償還を受けるために、抵当権者や買い受け人に対して、留置権を行使することはできないものと解するのが相当である。」

【14】　東京高決平成元年三月三日判時一三一五号六四頁（不動産引渡命令に対する執行抗告事件（工事費用の支払請求権））

〔判旨〕「以上のとおり、本件建物のいわゆる短期賃貸借が無効のものであるとともに、転借権は右建物の所有者に対抗できないものであり、留置権に関する抗告人の主張も失当であるから、抗告人が本件建物に対する占有権原を主張して相手方に対抗し得るとする根拠はない。」

【15】　大阪高決平成元年三月六日判タ七〇九号二六五頁（不動産引渡命令に対する執行抗告申立事件〔有益費償還請求権〕）

〔判旨〕「これらの事情に照して考えると、本件建物に対する高島の短期賃借権は、当初から用益を目的としたものではなく、適正な競売の執行を妨げるために取得したものと認める外はないから、民法第三九五条により保護されるべき短期賃借権には当らないものというべきである。

そして、抗告人は、高島との間の転貸借契約に基づき、同人の賃借権を基礎として本件建物を占有するものであるから、高島が同条の保護を受け得ない以上、抗告人も同条により保護されるべき者には当らないものとする外はなく、又、抗告人が同条の保護を受け得ないとすれば、たとえ本件建物につき有益費等を支出したとしても、これについての留置権を主張して本件建物の引渡命令を阻止することはできないものというべきである。」

【16】　大阪高決平成元年三月一〇日判タ七〇九号二六五頁（不動産引渡命令に対する執行抗告申立事件〔有益費償還請求権〕）

〔判旨〕「抗告人は、右の改装工事をした時点では、自己の占有が競落人に対抗できないことになることを知っていたもの、もしくは少なくともこれを知り得たものと推認することができるから、民法二九五条二項の類推適用により右改装工事の費用につき留置権を主張することはできないものと解するのが相当である。」

【17】　山口地下関支決平成元年一二月二七日判時一三四七号一〇九頁（不動産引渡命令申立事件〔有益費償還請求権〕）

〔判旨〕「相手方らは、入居後本件不動産に内部改装等を施したことをもって、その費用等につき留置権をも主張しているが、上記認定のとおり、相手方らの本件不動産の占有は、短期賃貸借保護の制度を濫用するものとして抵当権者や買受人に対する関係で占有権限を認められないのであるから、これらの者との関係では不法占有にあたるのであって、その間に有益費等を支出したとしても民法二九五条二項により、留置権の生ずる余地はない。」

【18】　東京高決平成二年一〇月二六日金法一二八二号二〇頁〔不動産引渡命令に対する執行抗告事件（敷金返還請求権）〕

〔判旨〕「本件賃貸借は、売却許可決定を受けた買受人による執行を妨害する目的で仮装されたものであり、もとより抗告人主張の留置権は成り立ち得ないから、抗告人は、差押えの効力発生前から権原により占有している者でないと認められる不動産の占有者（民事執行法八三条一項）に該当するというべきである。」

【19】　仙台高決平成三年一二月二日判時一四〇八号八五頁〔特別抗告に伴う強制執行停止決定申立事件（費用償還請求権）〕

〔判旨〕「一件記録を精査して、申立人が本件特別抗告において主張するところを検討してみるも、申立人は、本件賃貸借が工藤朝巳の仮差押に遅れ、競売手続による本件建物の売却によって申立人の本件賃貸借が失効し、本件建物を明け渡さなければならなくなるのを見越しあるいは予測し得る状況にあったにもかかわらず、敢えて必要費や有益費を支出したものと認められ、申立人の本件賃貸借及び占有によるこれら費用の支出は執行妨害に外ならず、これにつき民法二九五条二項を類推適用して、申立人は留置権を取得し得ず、買受人に対し対抗するに由ないと認定判断したことに誤りはなく、したがって、本件引渡命令の執行を停止すべき理由も必要もないものと思料するので、強制執行停止はしないこととする。」

【20】　名古屋地命令平成五年三月一七日判タ八四二号二〇七頁〔不動産引渡命令申立事件（工事費用支払請求権）〕

〔判旨〕「相手方らの本件不動産の占有は、抵当権者や申立人に対する関係では占有権限あるものとは認められないから、これらの者との関係では不法占有にあたる。」とし、続いて、「相手方ソニアは、日比の経済状態が悪く、本件建物が競売に付される可能性を十分認識していたことが認められる。加えて、（中略）、本件不動産につき、平成三年一二月一七日近藤年子の仮差押えの登記が経由されていたことを考慮すれば、相手方ソニアは、本件建物の占有が競落人に対抗できないことを知り、又はこれを知ることができたというべきであり、本件建物の占有権限がないことにつき少なくとも過失があると認められる。」とも述べたうえで、「したがって、相手方ソニアが多額の内装工事費を支出していたとしても、これらの支出は、占有権限がないことにつき過失のある相手方ソニアが、競落人の出現を予想しながら、敢えて、行ったものというべきであるから、民法二九五条二項を類推適用し、相手方ソニアは留置権を主張することはできないと解すべきである。」と判示した。

【21】　東京地判平成五年一一月一五日金法一三九五号六一頁〔建物明渡等請求事件（差押登記前に支出された有益費の償還請求権）〕

〔判旨〕「これらの事実を総合すれば、被告昭和建設は、本件各不動産について、占有者を創出して第三者に対する任意の売却及び競売による強制的な換価を困難な状況にしたうえで、原告と交渉し同状況を材料にこれを安価に購入することを目的として、被告土肥に本件建物を賃貸し、被告渡辺にこれを転貸させ、被告土肥及び被告渡辺も右目的を了解のうえ賃借、転借したものと推認することができるところ、このような目的による賃貸借はおよそ正当な行為とは認めがたいから、被告土肥が本件建物について有益費に該当する費用を支出したとしても、民法二九五条二項の準用により、同費用の償還請求権について本件建物に対する留置権を取得し得ないものと解すべきである。」

三　対抗関係型(6)

(1)　競売取得型

著者は、前編において、(7) 競売取得型の場合における留置権の成否を論ずるに際しては「債務負担」の問題(すなわち、買受人が占有者との間で「物ニ関シテ生シタル債権」の債務を負担しているか)と、それから「債務承継」の問題(競売不動産の旧所有者が占有者に対して負担していた人的債務を買受人は承継するか)とが区別して論じられるべきであり、その結果、右の「債権」を競売開始決定による不動産の差押後に占有者が取得したところで、これを担保する留置権は成立しないと解すべきである旨の解釈論を提示してきた。その際に考察の対象とした公刊裁判例のうち、民法二九五条二項の適用可能性に言及しているものは以下の【㉒】～【25】であり、(8) これらの裁判例をどう評価すべきかについても既に立場を明らかにしてきてある。すなわち、競売開始決定により不動産が差押えられた後に占有者が「物ニ関シテ生シタル債権」を取得したという場合には、占有者は常に留置権を行使し得ないと解すべきであるとの立場から、独り留置権の行使を認めていた【㉒】の結論を一般論として承認するのは妥当とは言い難く、むしろ占有者による費用支出行為が差押えの前後を通して行われた、という特殊事情が存在した事案であったことが重視されなければならないこと、また占有権原を買受人に対抗し得ないことに関し、占有者の悪意または有過失の存在を理由に、民法二九五条二項を類推適用して占有者に留置権を認めなかった【23】および【24】の解釈も、(そこでの結論自体は妥当であると解し得たにせよ) 理論構成または根拠づけについては賛同し難い旨を唱えてきた。(9)

なお、税金滞納処分に基づく公売の結果、不動産を取得した買受人が当該不動産の明渡しを請求したという場合にも、公売不動産の旧所有者からこれを賃借していた者に留置権の行使を認めなかった裁判例がある(【26】)。これは厳密に言えば競売取得型に属する事案ではないのであるが、しかし買受人と占有者の置かれた立場が酷似しているため、便宜上、この事案を右の類型に含めて扱うことにする。

【㉒】福岡高決昭和三〇年一一月五日（前編第一章第一節に掲げた【6】）

【23】福岡高決昭和四八年四月二五日（前編第一章第一節に掲げた【10】）

【24】最判昭和四八年一〇月五日（前編第一章第一節に掲げた【11】）

【25】京都地判昭和六一年一〇月二七日（前編第一章第一節に掲げた【7】）

【26】大判昭和一三年四月一六日判決全集五輯九号九頁（家屋明渡請求事件）

〔事実〕　昭和九年九月一日、Yは本件家屋を前所有者Aより期間を一ケ年と定めて賃借して湯屋営業を営み、期間満了後も同一期間をもって賃貸借は更新されてきたが、昭和一一年四月二八日、Aに対する県税滞納処分として本件家屋は差押えられ、同年五月一日、その旨の登記がされた後、公売の結果、Xがその所有権を取得してその旨の登記も了した。原審は、本件賃貸借が昭和一一年八月三一日限りで終了したと認定し、Yには、昭和一一年九月一日以降、右家屋を占有すべき「正當の權限」がないから、その後に支出した費用の償還債権を担保するため本件建物を留置することは、「法ノ許容セサル所ナリ」と判示した。

〔判旨〕　「占有カ不法行爲ヲ構成スル場合ヲ除キ他人ノ物ノ占有者カ其物ニ附シテ生シタル債權ヲ有スルトキハ其辨濟ヲ受クル迄其物ヲ留置スル權利ヲ有スルコトハ民法第二百九十五條第一二項ノ規定ニヨリ明ナル所ナリY ノ本件家屋ノ占有カ正當ナル權限ナキモノナレハトテ直ニ之レヲ目シテ其占有カ不法行爲ヲ構成スルモノト爲スヲ得ス不法行爲ニハ故意又ハ過失ヲ必要トスYハ本件占有カ正當ノ權限ナキモノナルコトヲ了知シタルヤ又ハ之レヲ了知セサルニ付キ過失アリタルヤ否ヤニ付テハ原審ノ説示スル所一モ見ル可キモノナシ左レハ原審ハ前記民法第二百九十五條第二項ヲ無視シテ裁判ヲ爲シタル不法アルモノニシテ原判決ハ全部破毀ヲ免レス」

(2)　二重譲渡型

不動産の二重譲渡において物権変動を対抗できない譲受人が、譲渡人に対して取得した債権のため当該不動産につき留置権を主張したという場合に、これまでの裁判例には、右の債権が「物ニ関シテ生シタル債権」に該当しないという理由で留置権の成立を否定したものが散見される。この二重譲渡型に見られる特色としては、占有者が留置権の被担保債権として主張する債権とこの占有者に向けられた物の引渡債権とが同時に発生しているという点にあり、かかる特色が存する場合には裁判実務は結論において留置権を認めてきていない。(10) もっとも、【27】〜【29】は右に示した理由を掲げて留置権の不成立という結論を根拠づけているにすぎないのに対し、【30】にあっては、前述した理由の摘示に止まらず、進んで対抗要件主義との関係にまで言及して結論を導いているところが注目されなければならない。なお、【31】および【32】は厳密には二重譲渡がなされたという場合に関するものではないが、占有者の債権と引渡債権の関係が右の四判決と類似していると言い得ることから、便宜上、ここでの考察対象に含めて扱う。また、右の類似点については後記四(2)(ii)で明らかにすることにする。

【27】　朝鮮高判大正一四年六月二六日（第一編第一章第三節に掲げた【27】）

【28】　最判昭和四三年一一月二一日（第一編第一章第三節に掲げた【28】）

【29】　東京高決昭和六一年一一月六日判タ六四四号一三五頁（不動産引渡命令に対する執行抗告事件）

〔事実〕　X（＝抗告人）は昭和五七年二月一九日にA会社から本件物件を買い受け、同日に手付金二〇〇万円を、また同月二七日に中間金二〇〇万円を支払った。一方、A会社は、これより先に、昭和五六年一二月二五日付で売買を原因としてBに対し本件物件につき所有権移転登記を経由しており、Bが本件物件について設定した抵当権の実行により本件競売手続が行われた。Xに対する本件物件の引渡命令に対し、Xは、A会社において右登記の抹消手続ができなかった場合には、売買契約はA会社の責に帰すべき履行不能により当然に解除され、従ってA会社に対して損害賠償債権を取得したと主張して本件物件につき留置権を有する、などを理由に執行抗告をした。

〔判旨〕「（略）、右事実関係のもとにおいては、Xは本件物件の所有権を担保権実行としての競売手続において本件物件を買い受けた相手方に対抗しえないものであって、相手方に対する関係においてはXの損害賠償請求権と本件物件との間には所論留置権発生の要件である一定の牽連はないものというべきである」

【30】大阪高決平成七年一〇月九日判時一五六〇号九八頁（不動産引渡命令に対する執行抗告事件）

〔事実〕X（＝抗告人）は本件不動産を目的として設定された抵当権の設定登記がなされた後にA（＝当時の所有者）から同不動産を買い受け、その手付金を支払ったところ、右の抵当権が実行され、Y（＝相手方）は本件競売手続において適法に本件不動産の所有権を取得してその登記を経た。本件不動産の引渡命令に対し、Xは手付金返還請求権等を根拠とする留置権の存在を主張して執行抗告した。

〔判旨〕「本件不動産について、Yの所有権移転登記の完了により、YとAとの間の売買契約は、履行不能となり、その結果、X主張の手付金返還請求権が生じるという関係にある。してみると、X主張の手付金返還請求権はその物自体を目的とする債権がその態様を変じたものというべきであって、このような債権はその物に関して生じた債権とはいえないというべきである（最判昭和四三年一一月二一日民集二二巻一二号二七六五頁）。なんとなれば、本件においても、もしX主張の手付金返還請求権につき本件不動産に対する留置権が有効に成立するとすれば、Yは、既に対抗要件を具備し、Xに敗れる関係にないにもかかわらず、本件不動産の引渡を受けて名実ともにこれを確保するためには、XがAに支払ったという手付金の三六〇万円を実際に出捐しなければならず、Yとしては、本件不動産を競売手続において入手しても、実質的にXとの競争に一部破れたのと同様の結果となり、対抗要件主義の原則にもとる不合理なことになるばかりか、Yに不測の損害を与え、裁判所による不動産競売手続の信頼を損ねる結果となるといわざるをえないからである。」と判示して、Xによる、手付金返還請求権を根拠とする留置権の行使を認めなかった。

【31】　最判昭和三四年九月三日（第一編第一章第三節に掲げた【16】）

【32】　最判昭和六二年七月一〇日金法一一八〇号三六頁（第一編第一章第三節に掲げた【17】）

四　裁判例の検討

(1)　不　誠　実　型

(i)　受領拒絶型

もとより、【9】の事案における占有者Y_1は、車の修繕債権とその保管費の償還債権とを有していたところ、【9】は、Y_1には、当初、前者の債権である修繕債権のために留置権が存在していたことから出発し、後にこの債権につきY_1が受領拒絶をしたとの事実を認定して、「公平の原則」を引用することでこの留置権の存続を認めなかった（つまり、右の留置権に基づく占有権原は喪失することとなった）。しかし、右の修繕債権は無権原で占有中に占有者によって取得されたものではなかったから、Y_1の受領拒絶による留置権の排除という右の結論は、本編における考察の対象として必ずしも重視されるべき必然性はないと言えなくもない。しかし、右の【9】によって示された、受領拒絶という事実の存在が留置権の存続を阻む要因となり得る旨の価値判断は、占有者に（留置権という形で）占有権原を付与すべきでないとの意味を含んでいる限りで、大いに注目されてよいように思われる。進んで、【9】はもう一つの債権である保管費償還債権のために主張された留置権をも否定しており、こうした結論を導く論理の筋道は次のようになっている。すなわち、Y_1の受領拒絶という事実によって最初の留置権が消滅し、これに伴って占有権原が喪失した後にY_1は前記の償還債権を無権原の下で取得した（この限りで、右の【9】は権原喪失型に関する裁判例として位置づけ得る）。そこで、【9】はY_1の主観的事情に言及し、この事情が存在するときは民法二九五条二項を類推適用し得ると判示したものである。だから、【9】における判断のうち、権原喪失型に属する部分の限りでは、受領拒絶という事実の存在は二つ目の留置権を否定するための根拠として必ずしも機能していないのであるが、しかし留置権が否定されたという結論の観点から眺めると、一つ目の留置権を否定している【9】の判断は、もはや占有者には占有継続を許すべきでないとの価値判断に裏付けられているものであって、右の受領拒絶という事実はそこでの結論を導くに当たりかなりの程度で重要性を有している、と言うことができる。

ところで、こうした価値判断に重要性を認め得るならば、この判断は民法二九五条二項の適用解釈との間で関連性がないものと解してよいであろうか、について改めて考察が必要となるように思われる。そうだとすると、受領拒絶という事実が存在するときは、なぜ留置権を否定するのが妥当なのであろうか、すなわち右の価値判断を正当化し得る根拠はどこに求めることができようか、である。この点、【9】は、留置権の行使を認めると「留置権制度の目的を逸脱し、公平の原則に反する」と判示しているに止まっているため、これが具体的にどういうことを意味しているのかであるが、憶測するに、留置権は「物ニ関シテ生シタル債権」を担保するために機能する制度であるから、この「債権」を有する占有者が受領拒絶にあるときは、もはや公平性の観点から留置権を機能させるべき基盤は失われたということを指している、と言うべきではなかろうか。換言すれば、受領拒絶の状態にある右の占有者に対して現実の弁済がなされるまで引き続いて留置権の行使を許すと、それは、この占有者にとって頗る都合がよい結論である反面、右の占有者に不誠実な行動を許す結果となり、従って公平性の観点から是認できるものではないとの主旨にあると考えられるのである。すると、受領を拒絶した占有者に留置権の行使を認めた【⑧】はどう評価されるべきであろうか。もとより、【⑧】の事案では、占有者Yが有する債権は立退料支払債権であり、この債権はYがBとの約定に基づき、家屋の明渡義務を負担すると同時にBに対して取得したものである。だから、右の【⑧】は、本来、権原喪失型に関する裁判例とは一おう区別されなければならない事情にある。その上、この【⑧】は、留置権が（現実に）弁済を受けるまで物の引渡しを拒絶できる権利である旨を説いて、受領遅滞という事情の存在が直ちに留置権の存否に影響を与えるものではないと解したものである。なるほど、民法二九五条二項は、直接的には、「不法行為」による占有の開始という場合に留置権の成立を否定しており、受領遅滞のまま占有が継続されているにすぎない本件事案が直ちにこの場合に当たる、と解することは困難である。従って、弁済を受けるまで債権者は当該物の引渡しを拒絶できる、と定めている一項のレベルで【⑧】は留置権の存否を判断し、結局、前述したように、未だ立退料が支払われていない本件について留置権の存在を肯定することとなったと推測できるのであるが、しかし右のYがBから提供された立退料の受領を拒み続けたならば、これに伴って家屋の占有を継続できるという結論はYの不誠実な行動を許すことになりはしまいか、頗る疑問である。Yにつき受領拒絶となった事情が曖昧であるため必ずしも断定することはできないが、一般論として、受領を拒絶した占有者に対して留置権の行使を認める結論は公平でないように思われる。

(ii)　執行妨害型

次に、この類型に関する裁判例が留置権を認めていない点についてはどうか。短期賃貸借が濫用された右の類型では、占有者に留置権の行使を認めないのが下級審裁判例の趨勢であるが、そこでの根拠づけは区々として分かれていた（前記二(2)に纏めた(a)〜(c)を参照）。従って、留置権を否定する理論構成には違いが存すると思われるため、かかる裁判例の趨勢をもって、直ちに、執行妨害型の場合には占有者の留置権は常に否定されると解すべきではあるまい。すなわち、前記(a)を根拠とする裁判例の理論構成によれば、短期賃貸借の濫用という事実が、占有者（＝借主側）はその占有権原を常に買受人に対抗できないはずであるから、これに伴って占有者による留置権の主張も常に否認されるという結論になりそうである。これに対し、前記(b)の根拠を支える理論構成の下では、占有者に悪意等の主観的事情が認められなかった場合（例えば占有者が善意無過失の場合）には、理論上、民法二九五条二項を（拡張）適用できないことが予測できるなど、この場合の占有者に留置権の行使が許される可能性は残されているように思われる。こうした可能性は前記(c)を根拠とする理論構成にあっても同様に認められるであろう。すなわち、【21】の事案における占有者には、執行妨害等の目的を了解して賃借、転借したという帰責性が認められたため、ここでの理論構成は右の帰責性を重視して（右の二九五条二項を法的根拠とすることで）留置権を否定していると言うことができる。そうであれば、こうした帰責性が占有者に認められない場合には、（他の理論構成によらない限り）占有者に留置権の行使を許す余地が残されていると解し得るのである。

ところで、濫用された賃貸借は無効であるため、執行妨害型の場合における占有者は占有当初から無権原のものとして扱われる。従って、既に指摘してきたように、右の類型はこの限りで無権原型との間に類似性を看取できるのであるが、民法二九五条二項の拡張適用を占有者の主観的事情に結び付けている裁判例（前記(b)として掲げたもの）の理論構成は、占有者に留置権の行使が許される可能性を含んでいると考えられたのに対して、無権原型に関する裁判例（前記(a)を根拠とするもの）からはかような可能性を窺うことができない点において、両者の間には違いが見られなくはない。一方、【21】では、「被告昭和建設は、本件各不動産について、占有者を創出して第三者に対する任意の売却及び競売による強制的な換価を困難な状況にした」など、借主側の悪質性を裏付ける事実が認定されており、この悪質性を重視した右の【21】は、物の隠匿行為に協力したという悪質性に着目して占有者の留置権を否定した【3】との間に理論構成上の類似性が存する、と考えられる。このように執行妨害型に関する裁判例には、占有者の留置権を否定するための理論構成が(無権原型に関する裁判例におけると同様に)幾つか散見されるのであるが、公平の原則に基づく留置権制度の趣旨との関連で言えば、裁判実務には、執行妨害などの目的に関する主観的事情または悪質的事情が認められる限り、占有者が留置権に藉口して占有継続できる余地を認めるべきでない、との公平観が背後にあるのではなかろうか。加えて、右の理論構成の中には、前述したように、執行妨害型の場合における占有者の留置権を常に認めない、と解し得なくはないものさえ存在した。このことにも目を向けたならば、右の類型における留置権の排除が(実際上の弊害を回避せんとの観点から)等しくこの権利の不存在を正当視してきた権原喪失型における以上に、執行妨害型の場合は実際上の弊害が顕著であると言い得る。

(2)　対抗関係型

(i)　競売取得型

この類型は権原喪失型に類似した状況が看取できる旨を既に指摘してきたが、厳密に言うと、これらの類型は次の点において事情を異にしている。それは、競売取得型における占有者は、買受人が所有権を取得する以前に「物ニ関シテ生シタル債権」を取得したと主張するものであるため、必ずしもこの「債権」の取得時では占有者は占有権原を喪失していたとは言い得ない点にある。この違いは極めて重要であると考えられるのであって、この類型における留置権の成立いかんに関しては次のように解すべきであろう。すなわち、不動産競売の開始決定がなされ、差押後に占有者が「物ニ関シテ生シタル債権」を取得したという場合に、この占有者に対して留置権行使の可能性を認めることは差押えの効力との関係で承認し難い、と言わねばならない。その理由については既に明らかにしてきたとおり[11]、もしもこの可能性を認めたならば、差押えの効力、ひいては不動産競売自体を無力化させてしまう(例えば、差押後に差押不動産につき売買契約が締結され、後にこの契約は解除されたが、この間に買主は当該不動産に費用を支出していたという場合に、この買主に留置権が認められるべきではあるまい)、と考えたからである[12]。従って、差押後に占有者が「物ニ関シテ生シタル債権」を取得したという場合には、この「債権」について留置権は常に成立しない（つまり、右の場合における買受人は留置権という負担のない所有権を取得すると解釈することとなる）。競売取得型に属する【㉒】～【25】の裁判例は、かかる解釈と基を一とするものと考えられる(または、特段の事情が存在する限りで右の裁判例は是認され得るにすぎない、と解すべきであろう[13])。

なお、いわゆる公売に関する事案であったため、前編では対象外とせざるを得なかった【26】について触れておこう。この事案における占有者Yは、買受人Xが当該不動産の所有権を取得した後に費用を支出していたから、権原喪失型に属する事案として扱うことが一おう可能である。ところで、【24】も、買受人が所有権を取得した後に占有者が債権を取得したという事案であったから、これも一おう権原喪失型に関する裁判例として位置づけることができなくはなく、従って（この類型におけるすべての裁判例と等しく）留置権を占有者に認めていない。これに反し、右の【26】は、民法二九五条二項の適用に際し、占有者に主観的事情の存否（【26】の用語で言えば、無権原に関する占有者の「了知」「過失」の有無）が明確でない、との趣旨を説いて借家人である占有者に対して留置権を行使し得る余地を認めたが、これらは決して矛盾した立場にあると解すべきではなく、権原喪失型に関して述べてきた実際上の弊害が存在することを前提としたならば、右の【26】は占有者の留置権行使を（【24】以上に）積極的に肯定する立場にあるとは考え難い。進んで、仮に【26】と【24】とが共通の解釈に基づいていると解したにせよ、【26】は競売取得型に関して既に述べてきた解釈との関係から疑問視すべき余地を含んでいる、と言い得る（前述したように、【24】自体は留置権を否定した限りで右の解釈と整合していると考える）。けだし、公売による所有権移転という事実の存在は、不動産執行による所有権移転という特殊事情と同レベルで重要視されるべきだからである。なるほど、占有者にとっては、公売手続が開始したという事実でさえ認識することは現実には難しいと予想される。だから、留置権行使の可能性を残している【26】の背後には、公売手続の開始後に当該不動産に費用を支出した善意・無過失の借主は、後に占有権原を不意打ち的に失うことになろうから、本来、支出した費用の償還を図るための保護が与えられてよいとの配慮が存するかもしれない。しかし、かような配慮の必要性は何も公売に関する場合に限られず、不動産執行の場合にも等しく妥当するはずである（費用を支出した占有者も、買受人の所有権取得により不意打ち的に差押前の占有権原を対抗できなくなる限りで事情は異なるものではない、と考えられるからである）。だから、この占有者に対しても留置権の行使を許すならば格別、そう解することに反対である著者の立場によれば、右の借主に対しても等しく留置権の行使は常に否定される、と解さざるを得ない。権原喪失型とは異なり、公売による不動産の差押えという特殊事情が存する【26】の結論は、差押えの効力、ひいては（裁判所が関与しない所有権移転であるにせよ）不動産公売そのものを無力化させることとなって妥当でない、と考えるからである（かような理解が【26】を競売取得型に関する裁判例と同列に置いた所以ともなっている）。

(ii)　二重譲渡型

もとより、【27】～【30】の事案において占有者が被担保債権として主張する債権は、当該占有者が引渡義務を負ったことが原因で（この義務と同時に）発生している。このような債権を被担保債権とする留置権を占有者に認めることは頗る疑問である、と言わねばならない。けだし、民法上の留置権制度は、当該物について引渡義務を負っている占有者が、この義務の履行を拒絶することで、自己の債権について間接的に弁済を促すためのものであるが、前述した債権のために占有者に留置権を認めることは、占有者が一たび占有継続できなくなったことで右の債権を取得したという法的評価を受けたにも拘わらず、留置権を行使することで依然として占有継続が許されるという相反した結果を承認することとなり、これでは債権担保という前述の制度趣旨を逸脱すると言えようからである(もっとも、例えば民法一九六条所定の費用償還債権についても回復者の引渡請求権と同時に発生するという場合は起こり得るが、この債権は費用の支出という行為に由来して発生するものであり、占有者が引渡義務を負ったことが原因で生ずることとなった前述の債権とは大いに異なる)。換言すれば、右の事案は当該物の所有権が第三者へと移転したというケースであったから、もしも占有者が物の引渡しを求めた第三者に対して留置権を主張できると仮定したならば、旧所有者としては、引渡義務と発生が同時である前述の債権を被担保債権とした留置権が成立しないようにするためには、当該物の譲渡行為を断念しなければならなかったことになる。だから、右の留置権は所有者による譲渡行為そのものを妨げるべく成立していると言え、そうであれば、この成立は所有者による譲渡の自由を奪うことになって許されるべきではない、と考えられる。

その上、【27】～【30】の事案における占有者に留置権を認めるべきでない理由は右に述べたことだけに止まらない。すなわち、この事案は、もしも占有者が留置権を行使することで占有継続が認められたならば、不動産物権変動における対抗要件主義の建て前と抵触する弊害が認められるという場合であり、かかる建て前を貫徹する必要性に鑑みたならば、占有者の債権がいわゆる物的牽連の場合に関するものか、それとも法的牽連の場合におけるものかに拘わらず、この占有者には留置権は認められるべきではないと解するのが妥当である。法的牽連の場合に関する事案（すなわち被担保債権が手付金返還請求権であった事案）であった【30】は、正に前述の建て前との関連で留置権を認めなかったものと言うことができる。すなわち、これまでの裁判実務は、二重譲渡型の場合における留置権の成否を専ら民法二九五条一項の適用解釈の問題として捉え、当該占有者の有する債権が「物ニ関シテ生シタル債権」に当たらないと判断することで、留置権の不存在という同一の結論を採ってきたのであるが（【27】〜【29】を参照）、必ずしも右の問題として扱ってはいない【30】は理論構成について大いに注目されるべきである。もっとも、下級審裁判例の中には、不動産を占有する第一譲受人が（物的牽連の場合に属する）民法一九六条の費用償還債権を取得していたという事案において、前述の【30】とは異なり、この譲受人に留置権を認めたものが存在するだけでなく、(14) 右の下級審裁判例を支持する学説すら見受けられるので、(15) この下級審裁判例をどう評価すべきかという点が問題となる。この点について予め結論を述べるならば、果たして前述の下級審裁判例が採っている結論を是認できようか大いに疑問であると言わねばならない。不動産の第一譲受人をA、第二譲受人をB、そしてAはBが対抗要件を具備する前にこの不動産に費用を支出していた、として論じよう。なるほど、AはBが対抗要件を備えた時点で確定的に所有権を失い、これに伴って引渡義務を負担したものとして一般に扱われるから、無権原占有者—回復者間の費用償還に関する民法一九六条の適用はその限りで認められてよい、と考えられる。しかし、民法一七七条の視点から眺めると、Bは、対抗要件を具備することで、全く負担のない所有権を取得したものとして扱われなければならないはずであるが、Aに留置権が認められると、このBは留置権という占有権原の付着した所有権の取得を強いられることとなる。このように民法典の大原則に反してまでAに留置権を認めて占有継続を許す結論は、果たして妥当であると言えようか頗る疑問である。本来であれば、民法一九六条および二九五条一項の適用により占有者に認められるはずであった留置権が、民法典の支柱をなす大原則の下ではその成立は背後に退けられる、と解するべきではなかろうか（A・B間においては右にいう一九六条と二九五条一項の適用自体が否定されるのではなく、ただ、Aの費用償還債権を担保する留置権は——本来であれば成立が認められてよいにも拘わらず——民法一七七条の存在からその成立が許されなくなる、と解すべきである）。

ところで、例えば不動産賃貸借が期間満了または解除により消滅して借主が占有権原を失い、後に現れた不動産の譲受人に対して引渡義務を負担することとなったところ、この借主は無権原の下で費用を支出し、従ってこの償還があるまで不動産につき留置権を行使したという場合は、右に述べてきた【27】～【30】の場合とは事情が異なることに注意しなければならない。けだし、占有者の債権と譲受人の引渡債権とが同時に発生していないばかりか、右の借主と譲受人とは対抗関係になく、従って前述した一七七条との調整を図る必要性は存しないからである（だからこそ、右の借主に関する場合を権原喪失型の場合として扱ってきたのである）。これとは異なり、不動産の借主が賃借権を対抗できない譲受人との間で、民法一九六条を根拠に（賃借中に支出した）費用の償還債権を主張して不動産につき留置権を行使した、という場合における借主の留置権行使が正当化されるべきではないことは、前述した対抗要件主義との関係に照らしたならば等しく是認されてよいであろう。すると、この場合を推し進め、例えば借地人が（費用償還債権ではなくて）当該土地の譲受人に対抗できない借地権自体を被担保債権としてこの土地につき留置権を主張した、というケースではこの留置権の行使は許されようか。右の借地権という権利は譲受人の土地引渡債権と同時に発生したものではないため、二重譲渡型として区分された【27】～【30】の場合とは同列に論じ得ない事情が存するのであるが、しかし右のケースにおいて留置権を借地人に認めることは、本来ならば譲受人には対抗し得なかったはずの借地権が、（留置権の行使により占有継続されることで）恰も対抗力のある権利として扱われることを意味しようからやはり許されるべきではなく、このような判断が可能である限りにおいては【30】について前述してきたところと共通している、と言い得る。右に述べたケースを扱った大判大正一一年八月二一日（第一編第一章第三節に掲げた【19】）は、当該土地と借地権との牽連関係を否定するなどの理由により借地人に留置権の行使を認めなかったが、（そこでの理由づけの当否はともかく）かかる結論自体は正に支持されてよいのであって、そうだとすると、これらとの対比においても、前述したAには留置権による占有継続を許すべきではないと考えられる。

なお、【31】および【32】の事案でも、ここでの占有者の債権は、当該占有者が第三者に対して引渡義務を負担したことで（この義務と同時に）発生しているため、【27】～【30】に関して述べてきたように、右の占有者に留置権の主張を許すことは留置権制度の趣旨を逸脱すると考えられるばかりか、旧所有者の自由な譲渡行為を妨げることにもなるという特色を看取でき、従って二重譲渡型の事案としてこれらの裁判例に準じた扱いをすることができると思われる。なるほど、【31】および【32】の事案における占有者と引渡債権者は厳密には二重譲渡における対抗関係にあるわけではない（すなわち、占有者は【31】では譲渡担保の設定者、【32】では売主であり、また引渡債権者は【31】では担保権者からの譲受人、【32】では転買主である）。その限りでは、右の事案は、二重譲渡の場合として扱ってきた【27】～【30】におけるとは異なっていると言うべきであるが、しかし【31】および【32】の事案においても、占有者のところで生じた債権とこの者を相手とした第三者の引渡債権とは同時に発生している、という事実が存在したことを軽視すべきであるまい。すなわち、留置権は法定の担保物権であるから被担保債権との附従性は厳格に要求され、留置権は被担保債権の発生に伴って成立する。だから、例えば不動産の二重譲渡において第二譲受人Bが、対抗要件を具備したことで、当該不動産を占有する第一譲受人Aに対して引渡債権を取得したならば、この取得と同時にAのところでも譲渡人の債務不履行を原因とする損害賠償債権が発生し、その結果として、ここにAの留置権行使の可否という問題が生じ得る。しかし、この問題は、実は、Aに留置権を認めて占有権原を付与するか、それともBが取得した所有権に基づく占有を優先させるか、というA・B間における排他的な占有権原の帰属に関する問題にほかならず、その際、Aに（留置権を認めて）占有継続を許すことは、【27】～【30】に関連して述べてきたように、不動産物権変動における対抗要件主義との関係で禁止されざるを得ない。このことを見方を代えて言えば、AがBに対して引渡義務を負うことで生じた債権のために留置権の成立が認められたならば、やはり【27】～【30】に関連して述べてきたように、債権担保という留置権の制度趣旨に反するばかりか、譲渡人に認められる譲渡の自由は制約を受けることになって妥当でないと考えられる。この点、【31】および【32】も、当該物の譲受人と占有者との間で留置権の存否が争われたという事案を対象としており、しかも占有者が譲渡人を相手に取得した債権は、この者が譲受人に対して引渡義務を負うことで発生したものであったから、前述したAの損害賠償債権と等しい性質を備えていると言うことができる。そうであれば、右の事案における債権を被担保債権とする留置権の成立は、その制度趣旨に反し、また譲渡人の譲渡行為を制約する形で機能することに変わりはない。結局、【31】および【32】の事案にあっても前述した【27】～【30】におけると同様の事情を看取することができるため、右の事案を【27】～【30】に代表される二重譲渡型の場合に準じて扱うことが可能となり、従ってそこでの占有者も留置権を行使することは許されないと考えるのである。(16)

このように二重譲渡型における留置権の取扱いを、民法一七七条との関連性に着目して論ずるべきであると解するならば、右の類型は競売取得型の場合について示してきた理論構成、すなわち差押えの効力を重視して留置権の負担がない不動産所有権の取得を買受人に認め、占有者が差押後に「物ニ関シテ生シタル債権」を取得したにせよ、買受人に対して留置権を主張し得ないという理論構成と類似の原則に基づいていることを認識し得るであろう。(17) けだし、右の買受人に対してまで占有者に占有継続を許すことは、恰も二重譲渡においで対抗要件を有しない譲受人に占有継続を認めない、と解する法的構成と共通した関係にあるからである。もっとも、二重譲渡型に関する裁判例では民法二九五条二項の適用解釈が問題視されていない。しかし、競売取得型との間に前述した類似性を看取し得る限り、これらの類型は等しく同項の適用可能性が論じられなければならない、と考える。

(1)　ここで競売取得型に関する裁判例として考察対象とされるものは、第一編第一章第四節一に競売取得型として掲げられた裁判例のすべてではなく(つまり時前型の場合に関するものに限られる)、また二重譲渡型の場合に関する裁判例の中には、同節一に列挙された裁判例のうち同時型の場合に関するものも含まれている（この点については前編序章注(22)を参照)。

なお、以下に掲げる裁判例の事案の中には、占有者の債権がいわゆる法的牽連の場合における債権に当たると考えられるものが存在する（例えば【⑧】【10】～【12】【18】【29】【30】の諸判例)。かような債権に基づく物の引渡拒絶は、民法二九五条の適用問題として扱うことで構わないものか、むしろ同法五三三条の適用いかんによって解決されるべき問題ではないか、という疑問が生起されるかもしれない。こうした疑問は、もとより留置権と同時履行の抗弁権との関係をどう捉えるべきか、という問題に関連して生ずるものと言うことができ、仮に右の五五三条に従って解決を図るときは、留置権の成立いかんを論ずるに際し、前述した裁判例を考察の対象内に含めて扱うことは必ずしも適切ではない、とも言えそうである。しかし、著者は、たとい占有者の有する債権が法的牽連の場合における債権に該当するにせよ、第三者との間で、この債権が弁済されるまで占有者に許されてよい物の引渡拒絶権原は、やはり留置権として構成すべきであると考えるため（この点については次編で詳しく論ずる）、ここでは、前述した裁判例におけると同様に右の権原を留置権と捉え、従ってこれらの裁判例を考察対象に含めて扱うこととする。

(2)　これまでの学説には、受領拒絶型に属する裁判例の当否を、民法二九五条一項但書の適用解釈という問題の中で取り上げて論じているものが少なからず見受けられる。これより、右の類型における留置権の存否を、同条二項の適用解釈の中に含めて扱っている本編の立場を貫くためには、これらの学説が示している解釈姿勢の正当性いかんについて、まず最初に検討しておく必要性があるかもしれない。しかし、受領拒絶型における占有者には、(同項を引用して解決を図っている裁判例が少なくない)執行妨害型におけるそれと同様に不誠実な事情が存することから、本編では、一まず右にいう二九五条二項の適用いかんという視点から受領拒絶型における留置権の存否を論ずることとし、(学説上で見られた)前記但書の適用いかんの問題として論ずる解釈姿勢の当否に関しては、便宜上、本書の「結び」において著者の立場を明らかにする際に言及することとしたい。

(3)　最高裁昭和四一年三月三日判決（民集二〇巻三号三八六頁）と同昭和四六年七月一六日判決（民集二五巻五号七四九頁）は、何れも、契約関係にあった当事者の間で留置権の存否が争われた権原喪失型の場合に関するものである。すなわち、四一年判決は、残代金の不払いを理由に売買が解除された後に買主が売買家屋に必要費等を支出したという事案において、買主が右費用を「占有すべき権原のないことを知りながら不法にこれを占有中に支出したもの」と判示して、民法二九五条二項の類推適用により留置権の存在を否定した。また、四六年判決も、賃料延滞を理由に解除された建物借主が解除のほぼ一ケ月前から改良工事に着手させて有益費を支出したという事案において、借主が解除後は占有すべき権原のないことを知りながら不法に右建物を占有していた旨を認め、右の四一年判決を引用して同項の類推適用による留置権の主張を認めなかったものである。

(4)　これらの裁判例は必ずしも理由が自明でないが、本文に示した内容を意味していると解し得る。

(5)　もとより、敷金返還債権が「物ニ関シテ生シタル債権」に該当するかに関して学説の間に争いがあるが、最高裁判所は、周知のとおり、借主の返還義務は貸主の敷金返還債務に対して先履行の関係にあり、従って敷金返還請求権のために留置権を行使し得ないと解してきている(最判昭和四九年九月二日民集二八巻六号一一五二頁参照)。【10】と後出【18】は、ともに、占有者が敷金返還請求権を被担保債権とする留置権を主張したという事案であったため、右の最高裁判決に従うことで等しく留置権の不成立という結論を導き得たはずであるが、これら二判決は何れも敷金返還請求権自体の発生を明示的に認定していない。

(6)　山形区判昭和一〇年六月三日新聞三八六五号一一頁は一おう競売取得型に関する裁判例と言えようが、占有者と旧所有者との関係が不明確であるため、この裁判例は除外して考察せざるを得ない。但し、そこでは留置権が否定されているため、著者が前編で提示してきた解釈論(これについては本文のすぐ後で概略を述べる)に影響を与えるものではないと推測できる。ちなみに、右の判決は、Xが建物敷地を一体として競落し、これを占有するY_1およびY_2に対して明渡請求をしたところ、Y_1は、旧所有者がXに対して民法二四八条による賞金請求権を有しており、これを譲り受けてその旨の通知がXになされたと主張して、賞金の弁済があるまで右建物につき留置権を行使したという事案において、「按スルニ右賞金請求權ノ成否ハ姑ク措キ假令之アリテY主張ノ如クYニ於テ該請求權ノ讓渡ヲ受ケ且本件建物カ留置權ノ目的物タリ得ルモノトスルモYカ本件別紙第一目録記載ノ建物ヲ何等ノ權原ナク占據スル限リ其ノ占有ノ當初不法ニアラサリシト雖モ猶民法第二百九十五條第一項所定ノ留置權ヲ主張シ得サルモノト解スヘキヲ以テYノ抗辯ハ爾餘ノ點ニ付キ判斷ヲ要セス」、と判示した（Y_2との関係では、前述した判決はこのY_2に明渡義務が存する旨を摘示しているにすぎない）。

（7）　以下の記述については前編第二章第二節、第三節および第三章第一節を参照。

（8）　競売取得型の場合で留置権の存否が争われながら、しかし民法二九五条二項の適用に触れていない公刊裁判例の分析については、前編第三章第二節を参照。

（9）　前編第三章第一節三参照。

（10）　後出する【28】の事案を二重譲渡のケースと捉えることに疑問を示す学説も見受けられるが（伊藤高義「判批」民商六一巻三号四七一頁〔昭四四〕参照）、典型的な二重譲渡の場合にも、一般に、占有者が有する債権につき留置権の存否が問題になり得ると考えられるだけでなく、本文に述べたように、二重譲渡型の場合における特色として、占有者の債権とこの占有者に向けられた引渡債権とが同時に発生しているという点が挙げられるところ、【28】の事案においても右の特色を看取することができるため、ここでは、二重譲渡のケースとして認定した原審判決の判断を前提としている【28】を右の類型に含めて扱っておきたい。

ところで、二重譲渡型の場合には前述した特色が存するとはいえ、この類型は、物の占有が輾転と移転して占有の転得者が所有者を相手に留置権を主張したという、いわゆるY→A→X型における同時型（各々の類型については第一編第一章第一節二を参照）の場合と大きく異なることに注意しなければならない。けだし、後者の対抗関係型において留置権を占有者に認めたところで、不動産物権変動の対抗要件主義に抵触する事態を招くものとは考えられないからである。だから、Y→A→X型かつ同時型に関する公刊裁判例には、（民法二九五条二項の適用が言及されているわけではないとはいえ）占有者の債権が「物ニ関シテ生シタル債権」に該当することを前提に留置権を認めたものもあれば（①東京高判昭和二九年一一月一五日東高時報五巻一一号二八〇頁〔第一編第一章第二節に掲げた【12】〕）、反対に該当しないとの判断から留置権を否定したものもあるが（②東京高判昭和四九年七月一九日高民二七巻三号二九三頁〔同章第三節に掲げた【36】〕、③最判昭和五一年六月一七日民集三〇巻六号六一六頁。これは【7】であるが、ここでは同節に掲げた【37】の〔事実〕と〔判旨〕に関係している）、各々の結論は一般に支持されてよい正当性を備えていること既に明らかにしてきたとおりである（第一編第四章第二節二および第二編第三章第二節一を参照）。それは、右の「債権」が法的牽連の場合におけるものか、それとも物的牽連の場合におけるものかによって留置権の存否は区別されなければならないということにあった。これを具体的に言うと、右の①判決における事案では、家屋の転借人Xが原賃借人Aに対して民法六〇八条所定の費用償還債権を有していたが、この債権は転貸借契約という法的牽連の場合におけるものであって、XはAから物の引渡しを請求されて、当該費用の償還と物の引渡しとの同時履行をこのAに対して主張するならば格別、家屋の所有者である原賃貸人Yに対してまで物の引渡拒絶を主張できると解すべきではない。しかし、前述したX・Y間に占有者―所有者の回復関係が発生すると、この発生と同時に、Xは物的牽連の場合における債権（民法一九六条所定の費用償還債権）をYとの間で取得し得ることが認められてよく、この限りでXは同債権を主張してYを相手に右とは別個の留置権を主張し得る、と解すべきである（ちなみに、例えば不動産の二重譲渡において引渡義務を負担した第一譲受人が当該不動産に費用を支出していた、という場合にも同時型のケースは起こり得るのであるが、右の場合は第一編第一章第三節二において類型化してきたA→X・A→Y型に属しているという点において、Y→A→X型である①判決とは決定的に異なった扱いを受けることになる。すなわち、著者は、A→X・A→Y型における同時型の場合では、第一譲受人が第二譲受人に対して費用償還債権を行使できるとされたにせよ、不動産対抗要件主義との関係などから、当該不動産を占有する第一譲受人には留置権が常に認められないと解するのに対し〔この詳細は後記四(2)(ii)において【27】～【30】の分析を通して明らかにする〕、①判決のようなY→A→X型の場合には事情が異なり、たとい当該事案が同時型に属するものであったにせよ、右の場合は、A→X・A→Y型における同時型のような、対抗要件主義との抵触に配慮しなければならない事情にはないと言うべきであるから、前述したように、XはYに対して費用償還債権を有する限りでYの引渡請求を拒むことが許されることになる)。①判決がXに留置権を認めた結論はこのような解釈を前提にして初めて正当化されるべしと考えるのであるが、右に反し、②と③の二判決では、①判決とは違った債権債務関係にあることが銘記されなければならない。すなわち、②と③の判決は、ともに、所有者の引渡債権と占有者の債権（②判決では不法行為による損害賠償債権と支払代金に関する不当利得返還債権、③判決では債務不履行による損害賠償債権）とが同時に発生している事案であったが、占有者が有する右の債権は法的牽連の場合におけるものにほかならず、単に契約の相手方（右の二判決における事案では占有者に対して目的物を転売した売主）との間でのみ行使が許されるにすぎないため、所有者に対する留置権の主張が右の各事案において否定されたところで、これは、前述した物的または法的な牽連の区別に応じた解釈に従えば当然の結論にほかならない。その上、占有者が有する前述の債権は、この占有者が当該物に関して引渡義務を負担したために発生することとなったものである。なるほど、占有者が一方で債権を有しながら他方で引渡義務を負っているという事実のみに着目したならば、右の占有者について当該物の引渡拒絶が許されようかを問題視できそうであるが、しかし引渡義務が生ずることで発生することとなった右のような債権を、この引渡義務を拒絶するという形で留置権によって担保せんとすることは、本来、債権担保という留置権の制度趣旨を逸脱すると言うべきである（ちなみに、この理は、占有者の有する債権が②および③判決におけるような法的牽連の場合に関するものである以上、Y→A→X型の同時型に限らず、A→X・A→Y型の同時型〔【27】～【30】〕およびX→A→Y型の同時型〔【31】【32】〕においても妥当することに変わりがない。それ故、右の理については、既に第一編第一章第五節二において、X→A→Y型に関する【31】(同章第三節に掲げた【16】)を検討した中で簡単に触れてきたところであるが、後記四(2)(ii)において【27】～【32】を分析する際にもう少し立ち入って論ずることにする)。

なお、名古屋高判昭和四六年一一月二日判時六五四号六三頁(第一編第一章第三節に掲げた【33】)の事案も、自動車の所有権留保売主Yが買主Aの代金不払いを理由に売買契約を解除したことで、Yの引渡債権と転得者Xの債権とが同時に発生したという場合であったから、②判決の事案と極めて近似していると思えなくはないにも拘わらず、同判決とは異なり右の四六年判決はXに留置権を認めている。そこで、両判決の違いについて付言すると、右の四六年判決において主張された留置権の被担保債権は修理代金債権であったという事実が、結論を分かつこととなった決定的な要因となっていると言わねばならない。すなわち、XがAとの契約によって請負代金債権を取得したが、この債権は本来的にはX・A間の修理契約という法的牽連の場合における債権であって、この債権を根拠にXがYを相手に留置権を行使し得ると解するわけにはいかない。しかし、X・Y間に占有者―所有者の回復関係が発生したことで、Xの自動車修理行為は、Yとの間で、民法一九六条所定の費用償還関係という形で独自に評価されてよい性質を備えていたのであり、同判決では、この関係が前提となっていたことで(つまりX・Y間には物的牽連の場合における債権債務の関係が発生したことで)Xの留置権は認められることとなったと解すべきである(詳しくは第一編第四章第三節および第二編第三章第一節を参照)。

(11)　詳細は前編第三章第一節一および二に譲る。

(12)　買受人に対する占有者の有益費償還債権そのものを認めながら、占有者の主観的事情の存在を認めて留置権を否定した【23】が、「このように解しないと競落人は、第三者のみならず債務者からも自己に対抗し得ない占有中の有益費等返還請求権をもって、たやすく占有取得を妨害され、不動産引渡命令の機能は大半喪われる結果となり、ひいては不動産競売自体を無力化せしめるものともなりかねない。」と注目すべき判断を示している。

(13) 【㉒】〜【25】の理解に関する詳細につき前編第二章第一節二および第二節一を参照。

(14) 東京高判昭和三三年一二月一五日判時一七七号二二頁参照。

(15) 清水・留置権一一四頁。論者は民法二九五条二項の拡張適用を占有が違法であると評価された場合に認める見解にあり（序章注(26)を参照）、自己の占有権原を第三者に対抗できない結果として無権原となった占有は、返還債務の不履行としての違法な占有には当たらないというのが理由のようであるが（同・一三二頁参照）、このような演繹的な説明は説得力に乏しいと思われる。

(16) 公刊裁判例には現れていないが、例えば【31】および【32】における事案のように不動産の所有権が甲→乙→丙と移転し、丙が当該不動産を占有している甲に対してその引渡しを請求したところ、右の事案における とは異なって甲は占有中にこの不動産に費用を支出していたため、その償還がなされるまで当該不動産につき留置権の存在を主張したという場合（これは、第一編第一章第二節における分類との比較で言えば、X→A→Y型における同時型の場合ということになる）を想定したならば、この場合も、民法一九六条を根拠とする甲の費用償還債権と丙の引渡債権とは同時に発生している、と言い得る。しかし、右の場合には【31】および【32】に関して本文で述べてきたことが妥当せず、むしろ甲の留置権は認められ得ると解すべきである。けだし、甲が主張する債権は、その性質上、丙に対して直接に行使できると解すべき物的牽連の場合における債権であるから（第一編第四章第二節二参照）、第三者に対して留置権を主張したという【31】および【32】の事案とは区別されてよく、また甲の債権は乙による譲渡行為が直接の原因で発生したわけではないから（この債権は甲の費用支出行為に由来する）、当該債権を被担保債権として留置権の成立を認めたところで、この留置権は乙の譲渡行為を妨げるべく機能しているとは言い得ず、従って留置権制度の趣旨を逸脱することにはならないと考えるからである（前述の甲に留置権による占有継続を認めたところで、不動産物権変動における対抗要件主義に反することにもならないと言うべきである）。

なお、占有者の債権とこの者に対する引渡債権とが同時に発生している、という場合を対象とした公刊裁判例は【27】〜【32】のほかにも存する。それは前出注⑽に掲げた①〜③判決であるが、これらは、占有者と物の譲受人との間で留置権の存否が争われたという事案ではないため、右の諸判決を二重譲渡型の場合に関する裁判例として扱うことはできない（これらの判決に対する評価については同注を参照）。

ちなみに、権原喪失型の場合にも、占有者に留置権の行使を許し、従ってこの占有者は第三者からの回復請求を拒絶し得ると解するならば、やはり第三者に対する占有権原を対抗できる立場が右の占有者に対して認められた結果となろう。しかし、そこでは、占有者の有する「物ニ関シテ生シタル債権」と引渡債権とが、同時に発生している事情が存在しないから、前述した対抗要件主義との関係に配慮するという問題は起こらない。

(17)　競売取得型を二重譲渡型とともに対抗関係型に含めた理由は、本文に述べたように、競売取得型における留置権の成立いかんを二重譲渡型に近似させて解決を図るべきである、と解したからにほかならない。

第四節　まとめ

以上では、まず最初に、民法二九五条二項の拡張適用が争われた公刊裁判例を中心に、その事案の特色に着目して無権原型と権原喪失型とに類型化しつつ分析を試みてきた。続いて、留置権の成立いかんを扱った公刊裁判例を対象に、右の二類型について看取できる各特色を共通して備えている、と評価できる事案を扱った公刊裁判例に対してまで視野を広げ、必ずしも明示的に同項の拡張適用いかんが争われたわけではないにせよ、かかる裁判例を対象に、不誠実型（受領拒絶型、執行妨害型）と対抗関係型（競売取得型、二重譲渡型）

といった類型化を行い、かつ、各々の類型に対する分析を試みてきた。これを纏めると次のようになる。まず、無権原型について言えば、占有者には、民法七〇九条所定の不法行為性が認められる場合が少なくなく、またそうでないにしても、裁判実務は、悪質性が占有者の側に存する場合に留置権を排除しており、これには、公平観に照らして妥当であるとの価値判断が窺えたことである。しかし、当該事案において同条所定の不法行為性を認定し得る限り、民法二九五条二項の拡張適用があえて論じられなければならない必要性は脆弱化しようから、この拡張適用に関しては、むしろ無権原型にあっては、不法行為こそ構成するまでに至らないが、しかし留置権の存否に影響を与えていたと考えられる（占有者側の）悪質性が重要になろう。一方、(a)不誠実型のうち、権原喪失型に関して裁判実務は留置権の成立に対して極めて消極的であったが、これに対しては、その背後に実際上の弊害に対する配慮が存在すると考えられたのであって、だからこそ、この弊害という事情を裏付けるものとして占有者の主観的事情が言及されているのではないか、と解してきた。こうした事情はとりわけ執行妨害型の場合に顕著であり、そこでは、占有者の悪質性から（権原喪失型に関する以上に）実際上の弊害を容易に認識できるため、占有者の主観的事情が認定され易いこと、従って多くの裁判例はこの主観的事情を要件に民法二九五条二項の拡張適用を許してきた、と考えられる（もっとも、この執行妨害型にあっても、常に留置権が否定されるかのような理論構成もあれば、反対に肯定され得る可能性を残す理論構成も採られていたことにも留意する必要があろう）。また、(b)受領拒絶型においては、「物ニ関シテ生シタル債権」を有する占有者に、債務者の弁済行為を拒絶するという不誠実な行為が存在していたことは、公平性の観点から決せられる留置権の存否にとって重大な要素となっている、と指摘されなければならない。進んで、(c)対抗関係型に関しては、裁判実務は留置権による占有継続を認めていない状況にあり、著者は、（差押えの効力を含む）不動産物権変動の対抗要件主義との関係に着目することで、そこでの結論を理論的に根拠づけてきた。もっとも、二重譲渡型に関する裁判例は、留置権の排除という結論の法的根拠を、民法二九五条二項の適用に求めてきていないのであるが、この類型には競売取得型と共通した事情が存することに鑑みたならば、等しく同項の適用可能性が認められてよいのではないかとも指摘してきたところであった。

ところで、このように公刊裁判例を対象に、そこでの事案に特徴づけられる事実関係に着目した分析と考察によると、（裁判実務は必ずしも自覚的であるとは思えないが）常に留置権が排除されてよいと解される場合もあれば、必ずしもそうではなく、特定の事実が存在することを条件として留置権が認められなくなる場合も存在し、またそこでの理由も決して一義的ではないように思われる。すなわち、占有開始行為または占有状態につき、占有者に民法七〇九条所定の不法行為性そのものが認定され易い場合もあれば、そうでないにしても、（実際上の弊害を来すような悪意性の証として）占有者側の主観的事情に言及することで、または、受領拒絶といった不誠実な事実が占有者に認められることで占有者の留置権が排除されたと解し得る場合もあるほか、さらには他の法制度との調整とか、「物ニ関シテ生シタル債権」の種類に配慮した理論構成を採ることで、留置権の存否が判断されなければ妥当な結論に至らない場合も見受けられた。すると、各種の類型における妥当な結論を統一的かつ整合的に把握できるための解釈とはどうあるべきか。すなわち、民法二九五条二項はどのような解釈の下で拡張適用がなされることを要するか（つまり、留置権の成立という観点から言うと、同項はどう位置づけられなければならない規定なのか）、といった疑問に逢着しよう。既に序章三で指摘してきたように、かかる疑問の解消こそ本編が担ってきた目的であったのであり、いよいよ次章においてこの目的に迫ることにしよう。

第三章　民法二九五条二項の適用による留置権の排除

第一節　民法二九五条二項の拡張適用に関する理論構成

一　序

裁判実務は、無権原型と権原喪失型の場合を中核としながら、進んで不誠実型の場合においても（多くの裁判例の中で）等しく民法二九五条二項を適用することで留置権を排除してきた。また、競売取得型の場合に留置権が排除されてよい結論についても、著者は既に正当化されるべき解釈を明らかにしてきてある。これとの比較で言えば二重譲渡型においても同様の解釈が妥当すると考えられたのであるが、裁判実務としては、かかる類型の場合に留置権が排除される法的根拠を必ずしも同項の適用と結び付けている、と受けとめることはできそうになかった。とはいえ、留置権の排除いかんを一般的に論ずるうえで類似した状況が認められるときは、民法二九五条二項の適用解釈との関連性が大いに認識されてよいように思われる。そうでないと、適用条項の間に法的整合性が欠けることとなって適切でないと考えられるからである。もとより、民法二九五条は留置権の成立に関して設けられた一般的な条項であり、その一項では、公平性の観点から、この占有者に対して留置権の主張を許す場合（すなわち、占有者が弁済期の到来した「物ニ関シテ生シタル債権」を有する場合）が定められているのに反し、その二項は、（多くの学説が唱える立場を前提とすれば）等しく右の観点から、占有が「不法行為ニ因リテ始マリタル場合」に留置権の成立を認めない規定である、と捉えることができる。そうだとすると、これらの規定は公平性という共通した観念の基に留置権の成立いかんのバランスを図っている、と言うことができる。なるほど、右の二項は「不法行為ニ因リテ始マリタル場合」と定めているにすぎないため、留置権が不成立とされる場合は限定的であるかのように読み取れなくはない。しかし、裁判実務はもとより、学説も多くが同項の拡張適用を許してきたことからも首肯し得るように、留置権が排除される場合はかなり広く解釈されてきている。そうであれば、民法二九五条の一項と二項はともに一般的な観点から留置権の存否を調整するように機能している、と解し得るように思われる（すなわち、一項は留置権の成立を、二項は留置権の不成立を一般的に定めた規定である、として捉えるべきである）。このように解するならば、具体的な事案において留置権を排除すべき事情が存する場合に、これを一般的に正当化するための法的根拠としては、できる限り前述した二項の適用に結び付けて論ずる解釈こそ望ましいと言うべきではなかろうか。右の一項と二項の関係をかように解したならば、（同項の拡張適用という形で）留置権の排除を一般的に根拠づける法律構成として最も適切な解釈とは何か、という問題が次に考察されなければならない。

二　学説の検討

右の問題に関する考察に立ち入る前に、これまでに述べてきたこととの関連で、一九六条説、二九五条説、独自性説の各説を検討しておこう(1)。まず、一九六条説についてである。既に序章**一**で指摘してきたように、同説は、有益費償還債権を有する悪意占有者の留置権については、民法一九六条二項但書を適用することで解決しようとする。そこで、起草委員は留置権の排除と結び付けて右の但書を制定したという事情に鑑みたならば（第一章第二節参照）、一九六条説が説くように、有益費償還債権を有する悪意占有者に一まず留置権を与える前提に立ったうえで、期限の許与によってのみ留置権を排除する理論構成こそ起草委員の見解に忠実な解釈である、と言うべきかもしれない。一方、こうした解釈に対しては、前記一で述べたように、留置権の排除を一般的に正当化する法的根拠について、できる限り民法二九五条二項の適用と結び付けた解釈に努めるべきであるとの認識に立つならば、前述した悪意占有者の留置権を特に例外的に扱わなければならない理由は見出し難い、とも言えそうである。但し、その際には、民法一九六条二項但書が留置権の排除に関する規定として制定された事実（すなわちこの但書が存在するということ）を、同法二九五条二項との関連でどう位置づけるべきか、という問題が克服されることを要するであろうが、ここでは何れの解釈に従うべきかに関する考察は暫く措き、より実際上の観点から同説を眺めてみよう。

ところで、右の説に従って留置権を排除するためには、その前提条件として、本来、物の引渡しを求める者から有益費償還債権につき期限の許与が請求されていなければならないはずである。このことは、弁論主義の建て前から当然の帰結であるから、現実に引渡訴訟において原告が期限許与の請求をしていない場合には、たとい当該事案において留置権を排除するのが妥当であったにせよ、当該事案において留置権の行使を認めないという結論を一九六条説の立場から導き出すことは困難であろう（同説によれば、右の場合に前述した悪意占有者の留置権を排除したくても排除できないことになりはしまいか）。そうであれば、有益費償還債権を有する悪意占有者の場合にも、留置権を排除するための法的根拠として民法二九五条二項が適用される可能性は認められてよいと考えられる。実際、前章で纏めてきた、民法二九五条二項を根拠に留置権を認めなかった裁判例の事案では、期限の許与が請求されてはいなかったという事実があり、それにも拘わらず、裁判実務が同項を根拠に留置権を排除している背景には、公平性に基づいた妥当な結論を実現しようとする意図が潜んでいるように思えてならないのである。要するに、民法一九六条二項但書の存在を重視した一九六条説には、（この但書の立法趣旨に配慮した限りで大いに評価され得るにせよ）物の引渡しを巡る実情と公平な結論の実現を軽視しすぎた嫌いがある、と言えよう。(2) なお、同説は、必要費償還債権を有する悪意占有者とか、有益費償還債権を有する（善意）有過失の占有者の場合を対象とするものではないため、かかる占有者の留置権を排除しようとする場合に、その法的根拠を民法二九五条二項の拡張適用に求めるならば、二九五条説との間にほとんど違いは認められなくなると考えられる。そうであれば、本来、同説そのものに前述した困難さが認められる限り、もはや一九六条説の妥当性は疑われてよいと言うことができる。(3)

次に、二九五条説についてである。裁判実務が留置権を排除する際に考慮してきた事情には種々のものが存在したこと、前章第四節で指摘してきたとおりである。これを簡潔に纏めると次のようになる。すなわち、無権原型に見受けられた、民法七〇九条所定の不法行為性が認定され易い場合を除けば、(a)専ら権原喪失型および執行妨害型に代表される裁判例の中で説かれてきた、無権原占有者の悪質性を仄めかす（悪意、有過失などの）主観的事情の存在、(b)殊さら受領拒絶型の場合に重視されるべき、占有者側の不誠実な行為という事実の存在、(c)対抗関係型の場合に考慮された、不動産物権変動の対抗要件主義と抵触する関係、などである。そこで、まず、右の(a)に関しては、既に、占有者が占有継続を目論むという実際上の弊害を回避する狙いが裁判実務を支配しているのではないか、と指摘してきたのであった。かかる弊害の回避を重視しなければならない必要性は大いに認められるにせよ、民法一九六条二項但書が存在する限り、この存在を無視した取扱いは必ずしも望ましいものとは言えないであろうから、右の但書を適用することで留置権が排除される可能性を一おう残しながらも、しかし民法二九五条二項の拡張適用を一定の場合に許す二九五条説は、かなりの程度で傾聴に値すると言えなくはない。もっとも、既に序章一で明らかにしてきたように、同説の中には、占有者の主観的事情を基準に民法二九五条二項が拡張適用される場合を劃するものもあれば、占有形態に着目して限定づけるものも存するなど、細部においては見解が区々として分かれていた。しかし、前記(b)の事情が存するときにも留置権は排除されるのが妥当であるとの価値判断を尊重したところで、「物ニ関シテ生シタル債権」を有する占有者の側に存在する受領拒絶という不誠実な事実は、占有者の主観的事情という前述した(a)の事情とは直接的に関係しない事柄のはずである（けだし、本来、かかる主観的事情は無権原占有に対する不知とか懈怠を内容としているのに反し、受領拒絶という事実は――占有者に債権債務に関して影響を与えることが起こり得るにせよ――必ずしも無権原占有という事実の知・不知などと関連するものではない、と考えられるからである）。そうであれば、前述した主観的事情を基準とする（一部の）二九五条説は、受領拒絶型の場合に、民法二九五条二項を根拠に留置権の排除という結論を導こうとするうえで十分に機能し得るか疑問である（前記(c)の事情が存するところでは、たとい占有者が善意・無過失であろうと、民法二九五条二項を根拠に留置権による占有継続を認めるべきではないと解する著者の立場によれば、なおさら右の二九五条説はこれら二類型における解決としては無力であると言うことになる）。加えて、占有者が前述した「債権」について受領拒絶したことから、直ちに当該占有は違法または不法な状態へと転化すると言い得るかについても疑わしいように思われる。なるほど、対抗関係型の場合における占有者は、占有権原を対抗できない限り、その占有は違法（または不適法）であると言い得るかもしれないが、本来、債務者による弁済行為の拒絶という事実は、違法（または不適法）な占有状態の判断に要する事実とは区別されてよい性質のものだからである。すると、占有状態を重視する二九五条説もやはり受領拒絶型における解決としては不満が残るのであって、結局、統一的かつ整合的な解釈であるためには未だ不十分さを克服し得ていない、と言えよう。

このように見てくると、できる限り民法二九五条二項の適用に結び付けるという基本姿勢の下で、前記(a)～(c)の事情が存するときは、その各々の事情に応じて留置権の排除いかんを論ずることが可能である解釈が求められている、と言わねばならない。かかる視点に立ったならば、「占有が『不法行為』によって始まった場合に留置権を否定するとは、代表的事例を掲げたにすぎない」[(4)]、と解して民法二九五条二項の拡張適用を総合的かつ柔軟に考える比較考量説こそ、右の解釈に最も相応しい見解と言うべきであろう（等しく独自性説として扱いながら、しかし比較考量説とは区別してきた主観基準説は、前述した二九五条説におけると同様の不都合性、すなわち前記(a)～(c)の諸事情から留置権が排除され得る結論を占有者の主観的事情のみに着眼することには限界がある、という不都合性を等しく含んでいると考えられるため賛同し難い）。この比較考量説に従ったうえで、占有者の主観的事情、不誠実性（または悪質性）などを要素として総合的に判断することが可能になり、従って具体的な事案において妥当な留置権の存否を決することができると解される[(5)]。だから、例えば占有者が無権原につき悪意とか有過失であったとの一事から留置権が排除されることにはならないが、ただ右の各要素が認められるときは留置権を排除させる方向へと作用するのが一般的であろう。また、比較考量説は、その論理的帰結として、たとい占有者が善意・無過失であったにせよ場合によっては留置権が否定され得るとも説いていること、序章一で指摘してきたとおりであり、かかる場合の典型としては、前記(c)の事情が存する対抗関係型の場合を挙げ得ると思われる。けだし、例えば対抗要件を備えない譲受人とか差押不動産の占有者に対しては、その主観的事情のいかんを問わず（つまり、たとい右の譲受人等が善意・無過失であったにせよ）一般に留置権を認めるべきではないと考えられたからである。このように、民法二九五条二項の適用に関する正当な解釈姿勢を比較考量説に求めるならば、同項との関係で民法一九六条二項但書の存在をどう捉えるべきか、という問題についても妥当な解釈が可能になると思われる。すなわち、同説の代表的論者は、「当事者双方の事情」を考慮し、留置権を与えることが適当でないと判断されるときは留置権の否定を妨げるものではない旨を説いている。(6) 一方、起草委員（富井）は、右の但書を適用するに際しては、「回復者ヲ利スルモノ」かどうか、「償還スル準備」の有無いかん、回復者に「賣却スルコトヲ欲セサル」事情がありはしないか、「回復権ノ行使ヲ妨クル目的」の有無いかん、などが勘案されるとの認識に基づいていたのであった（第一章第一節二を参照）。この認識は、それ自体、「当事者双方の事情」を考慮して留置権の存否が定まることを意味していようから、民法二九五条二項にいう、占有が「不法行為ニ因リテ始マリタル場合」を典型例としつつ、右にいう「当事者双方の事情」を勘案することで留置権の存否が決せられる、という（比較考量説の）解釈姿勢を同法一九六条二項但書そのものが採っている、と解することができる。こうして、前述した二ヶ条は共通した解釈基盤に立っていると統一的に把握することが可能になるのである。もっとも、比較考量説は（主観基準説とともに）右の但書を留置権の排除とは切り離し、単に履行期を定めた規定にすぎないと解するのであるが、前述したように把握するならば必ずしもこう解釈する必要性はないと言うべきであり、起草委員が意図していたとおりに前述した二ヶ条を留置権の排除に関する規定として捉えることが認められてよい、と解される。

ところで、このように比較考量説の解釈姿勢を基本的に正当視したにせよ、同説には全く疑問の余地がないものかと言うと、実はそうとは限らない。けだし、この説は、「当事者双方の事情」を考慮して民法二九五条二項を（拡張）適用すべしと解するのであるが、前記(c)の事情が存するために留置権が排除されなければならない実質的な根拠は、右の「事情」とは乖離した、民法典の大原則との抵触を避けるという点に基づくものであり、この点からまさに留置権による占有継続が禁じられることになると解さなければならなかったからである。なるほど、民法二九五条二項の立法趣旨が公平性そのものに基づいているならば、「当事者双方の事情」を判断要素として留置権の存否が決せられることで終始してよいであろう。しかし、留置権の排除に関する一般的な規定として捉えるべき民法二九五条二項の適用に際し、(前述したとおり比較考量説の適切さを認めるにせよ) 右の大原則との関係から留置権が排除されなければならないことは、前述した「当事者双方の事情」、ひいては公平性の実現とはいささか無関係な性質のものであることを否定し得ず、そうであれば、右に述べたように同説の解釈には限界があると言わねばなるまい。このような限界が比較考量説に認められるとすれば、これまで民法二九五条二項の立法趣旨が専ら公平性という観点から捉えられてきたことについて、果たしてこう捉えることが立法趣旨として適切かつ十分であったと言えようか、という疑問が生じてこよう。この疑問に答えるためには、右の条項がどのような性質(または特質)を備えた規定として受け止められるべきか、についてまで遡って考察しなければなるまい。そこで、この考察を行うことが本編における最後の課題である。この点、ドイツ民法典の下では、解釈上、留置権の排除は必ずしも公平性の観点に止まらず、これとは異なる視点からも留置権の行使が許されていない状況にある。また、スイス民法八九六条二項は留置権が排除される三つの場合を定めており、その一つに物の留置が公序 (öffentliche Ordnung) に反する場合がある。かような留置権の排除がいかなる根拠に基づいており、どのような場合に許されないものとして解釈されているかを探ることは、前述した留置権の成立いかんを論ずるうえで大いに参考になると思われることから、次節でこれらを分析したうえで右の課題に応えることとしよう。

（1）　民法二九五条二項の拡張適用を積極的に肯定する学説および裁判例の趨勢に照らせば、もはや、これ以外の学説を検討する必要はあるまい。かつての学説には、同項の「不法行為」を「故意による不法行為」の意味に限定解釈し、従ってその拡張適用に消極的な姿勢が窺えるものも存在したが、右の条項を留置権の排除に関する一般的な規定として捉える著者の立場からしても、これを正当化することはできないと言わねばならない。

（2）　このほか、一九六条説の理論的な不合理性については序章注(21)を参照。

（3）　一九六条説に対する他の疑問点を以下に纏めておこう。まず第一に、民法一九六条二項但書の適用による留置権の存否の取扱いを特別視する、という点に関してである。なるほど、この但書は留置権の存否と結び付けられた規定ではあったが、しかしこのことを少なからず重視し、従って悪意占有者が有益費を支出したという場合をも、(留置権の存否を一般的に定めた)同法二九五条二項の適用問題から切り離して論ずるならば、それは、同項の適用によって解決される「不法行為ニ因リテ始マリタル場合」の処理との間で、かえって均衡を失する結果を招くと考えられる。けだし、期限が許与されることで有益費償還債権の行使が許されなくなり、これに伴って留置権の成立も否定される（民法一九六条二項但書および同法二九五条一項の適用による）取扱いと、それから「物ニ関シテ生シタル債権」の行使自体は許されなる反面、この「物」を留置する資格が与えられなくなる（同法二九五条二項の適用による）解決方法とでは、債権者の法的地位に違いをもたらすと考えられるところ、故意とか過失の判断が判別し難いほどに曖昧であるならば（高崎・序章注(19)一三四頁も、「悪意の占有者であった、ということは、裁判所があとから評価したものであって、実際には、占有者が、契約解除の無効を、真に争う場合などのように、占有すべき権利ありと信じて占有している間に費用を支出したという場合がありうる」と述べて、占有者の悪意性に関する判断の現実的な困難さを示唆している）、この債権者の保護は不当に影響を受けることになりはしないか、と思量されるからである。例えば、占有開始「後」に占有物に有益費を支出した善意占有者が、後に回復者への引渡しを回避したいとの意図から、その償還債権を理由に留置権を行使することは許されてよいであろうか。これを公平の原則に照らして考察したならば、(単なる悪意占有者の場合でさえ前述した但書を根拠に留置権が否定されることとのバランスから）一般的に右の占有者には留置権を認めるべきではない、と考えられる。その際、かかる結論を導くための法的根拠を、(権利濫用の禁止といった一般法理の適用に求めない限り）民法一九六条二項但書の（類推）適用と同法二九五条一項但書の適用に服するか、または、同法二九五条二項の拡張適用を許す解釈が考えられるであろう。しかし、前者の解釈に従うならば、占有者は有益費償還債権を直ちに行使し得なくなるのに反し、後者の解釈ではそうならない(占有者は留置権を行使できないだけである)。だから、これらのうち、何れの解釈の下で解決を図るかにより、占有者の法的立場は左右されることが予想されるのであって、もしも前者の解釈に従うならば、占有が「不法行為ニ因リテ始マリタル場合」という文言との関係で、解決方法に不均衡が生じ得ることを認めなければなるまい。そうだとすれば、かような解釈は妥当であるとは言い難いように思われる。

第二に、占有開始後に悪意占有者が有益費償還債権でない債権を取得した、という場合の取扱いに関して新たな疑問が生じ得ることである。もとより、留置権が担保する「物ニ関シテ生シタル債権」の一つには、従来、「物から受けた損害の賠償請求権」が挙げられ、この「賠償請求権」の具体例として、学説には寄託物の性質または瑕疵より生じた損害賠償債権が挙げられてきた（例えば我妻・民法講義Ⅲ三〇、三一頁、明石・新版注釈民法⒃三四二頁など参照)、しかし、例えば寄託契約の無効を占有取得後に知った受寄者（=悪意占有者）は、その後に右の損害賠償債権を取得したところで、この債権を理由に受寄物につき留置権を主張し得る、と一般に解すべきではあるまい。けだし、占有の無権原につき悪意である占有者が、あえて占有を継続し続けたために損害を被ることとなったわけであるから、かような場合にまで右の損害賠償債権のために留置権を認めてこの占有者を保護する必要はない、と考えられるからである。こうして右の悪意占有者には留置権が認められるべきではないと解するならば、その法的根拠いかんである。その際、一九六条説がこの根拠を民法二九五条二項に求めるならば、悪意占有者の留置権を否定するための根拠条文は、有益費償還債権の場合とこれ以外の債権の場合とで異なってしまう、といった不都合が考えられよう。そこで、前述した法的根拠を同法一九六条二項但書に求めたならばどうかと言うと、右に示した不都合は一応回避し得るかもしれないが、かような解釈は民法一九六条二項の適用を広く認めすぎることになる。これでは、留置権の不成立を定めた、一般的な規定としての同法二九五条二項の存在意義を減殺させようから、この解釈もやはり妥当であるとは言い得ないように思われる。

最後に、一九六条説は、必要費償還債権に対しては、善意・悪意の区別なく留置権の成立を認める前提に立っているが、この債権を有する占有者に留置権の行使を許すことが公平とは言い難い場合に、留置権の不存在という結論を導こうとするならば、民法二九五条二項、または、より一般的な法理の適用に頼らざるを得まい。そうであれば、占有瑕疵に応じた段階的な保護を図ろうとする同説の主張は必ずしも十分な形で徹底し得なくなろう。一九六条説が悪意占有者の有益費償還債権に対してのみ留置権による保護を制限するため、右の必要費償還債権を有する占有者が善意・有過失でありながら、しかしこの占有者に留置権を許与することが適切でないなどの事情の下で、解釈によりこの権利の不存在を導こうとするならば、右に述べたことは等しく妥当することになると考えられる（高木・序章注(21)七五頁も、「一九六条説は、悪意占有者の有益費についてのみ留置権を制限する故に、善意有過失や有益費（必要費の誤りか。著者注）について、留置権を否定するためには、二九五条説に立たざるを得ない。」と述べている）。民法一九六条二項但書（および同法二九五条一項但書）の適用による取扱いと、同法二九五条二項の適用のみに服した場合の処理とでは、前述したように占有者の保護について相違が見られる点に鑑みても、有益費償還債権を有する悪意占有者の留置権のみを特別に扱う一九六条説は、やはり不徹底であるとの謗りを免れまい。

（4）　米倉・序章注(30)四三五頁。

（5）　学説には、引渡しにつき先履行義務を負担している占有者が故意に引渡しを遅らせ、自己の有する反対債権の履行期を到来させたという場合にも、この（不誠実または悪質な）占有者に留置権の行使を認めないものが存するが（田中・序章注(28)一二六頁参照）、かかる結論も本文に述べた解釈に基づいて正当化されるべきである。

（6）　米倉・序章注(30)四三五頁参照。

第二節　ドイツおよびスイスにおける留置権の排除

一　ドイツ民法典の場合

ある者が、反対債権の債務者である事情を考慮しないで、この反対債権と関連する自己の債権を実現しようとすることは信義則に反するとの観点から、ドイツ民法二七三条一項はこの法理の具体化として一般的留置権を定めているが、[1]その一方で、この留置権は次の場合に排除されると一般に解釈されている。すなわち、法律上の特別規定による場合、[2]契約で排除されている場合、[3]一般に債務者が履行すべき債務の目的(または性質)とその拒絶とが相反する場合、[4]そして最後に信義則の観点から排除される場合であるが、[5]このうち、最後の場合における留置権の排除は、留置権制度が信義則に基づくものである限り自明である、とさえ言い得る。かような一般的留置権に対し、ドイツ民法典は、目的物の返還義務者が当該目的物につき弁済期到来の費用償還債権を有する場合、または、目的物より生じた弁済期到来の損害賠償債権を有する場合にも、等しく留置権が発生することを法定しているのであるが（同条二項）、かかる債権を有する者が「故意による不法行為」

で右の目的物を取得したときは留置権を行使し得ない、とも規定している（同項但書）[6]。加えて、占有者が費用償還債権を有する場合に関しては、さらに特別規定が存するものの（例えば一〇〇〇条一文参照）[7]、しかしこの場合における占有者の留置権とて、「故意による不法行為」で占有が取得された場合には留置権の行使は許されていない（例えば同条二文）。しかも、この留置権が信義則の観点または契約上の定め（五五六条二項参照）によって排除され得ることも、一般的留置権の場合におけると同様である[8]。要するに、ドイツ民法典の下では留置権が給付拒絶権として構成されているところに特色があるとはいえ[9]、前述したように、この権利の行使は基本的に信義則の法理によって支配されているため、例えば支出された費用が比較的に些少であるにも拘わらず、これが償還されるまで占有者が留置権を主張する場合とか[10]、占有者が有する債権が既に別な担保（例えば抵当権）によって十分に保全されている場合[11]、などにおいては右の留置権を認めなかった裁判例すら散見されるのである。このほか、留置権の行使は権利濫用を構成する場合にも同様に許されることにはならない[12]。

ところで、ドイツ裁判例の中には[13]、農地の占有移転につき官庁の承認を得なかったという法令違反が当事者双方に認められた場合に、土地の返還義務者に対し、土地に支出した費用の償還との関係で留置権の行使を認めたものがあり、（留置権は権利濫用となる場合に排除され得ることを認めながらも）かかる裁判例を正当視する見解がある[14]。この見解は、土地の譲渡人が前述した一〇〇〇条二文を引用したときは、占有者（＝譲受人）は、詐欺の抗弁と、（不法原因給付に関する）八一七条二文によって示された一般的な法観念、すなわち法令違反または良俗違反の行為により法秩序に反した者は、その回復請求に関しても法政策的に保護が受けられるべきでない[15]、と抗弁することで留置権の主張を認めようと解するのであるが、ここでは、法秩序の違反という視点から、留置権の排除いかんが論じられていることに注意しなければならない。一方、右の見解に対しては、留置権の行使を許すと不動産取引法の趣旨が損なわれるとの観点から疑問視する学説が少なくなく、[16]むしろ右の承認に関する法令違反の場合には譲受人に留置権を認めるべきでない、と結論づけている。[17]かような結論の当否はともかく、この学説においても具体的な法の趣旨に着目して留置権の排除が論じられているため、その限りでは前述した見解における違いがないと言ってよく、従って留置権の排除が信義則という一般法理との関連から直接に導かれているとは言い難いように思われる（少なくとも右の譲受人に対する留置権の存否が前述した第二文の規定と密接に関連づけて論じられているとは思えない）。このように、ドイツ民法典の下では信義則とは必ずしも直結しない視座からも留置権は排除され得るのであって、このことを示している前述の解釈状況は大いに注目されてよい。

二　スイス民法典の場合

一方、スイス民法典（ZGB）の下では、弁済期が到来し、性質上、債務者の意思で占有する物（但し、動産および有価証券に限られる）に関連した債権を有する者は、その弁済を受けるまで当該物を留置できる（八九五条一項）。もっとも、占有物の性質上、その処分が許されない場合には、この物に対して留置権を行使することはできないのであるが（八九六条一項参照）、それは留置権を有する債権者には留置物の処分権原が与えられているからである（八九八条、八九一条一項参照）。従って、かかる処分許容性の存在は原則として留置権の成立要件となっていることに特色が見られる。もっとも、債権者が契約で処分できない物の留置を許した場合は例外であるが、しかしこの場合は対人的な抗弁である契約上の留置権を発生させるにすぎない。また、一定の物を対象とした留置を排斥している公法上の諸規定によっても留置権の発生は阻止されること、それから契約上の留置権の行使は信義則によって制限（二条参照）を受けることのほか、良俗違反となる場合（スイス債務法一九条、二〇条参照）にもこの行使は許されない[18]。

ところで、スイス民法典はさらに次に掲げる三つの場合にも債権者に留置権の行使を認めていない。すなわち、(a)物の留置が債権者の義務負担に適合しない場合、(b)物の引渡前または引渡時に債務者が債権者に与えた指示（Vorschrift）に反する場合、(c)公序違反、すなわち物の留置が強行規定に反する場合、である（八九六条二項参照）。このうち、(a)の場合とは、要するに債権者が物の留置を放棄したとか、この留置は契約上の義務と相反することが債権者・債務者間の契約から明らかである、などの事情が存する場合を言う。かような場合は前記(b)の場合に含めて扱うことが考えられなくはないが、しかし(b)の場合は債務者による指示があくまで物の引渡前または引渡時に債権者に対してなされることを必要とする、という点で前記(a)の場合とは区別されている（つまり、債権者による契約上の義務負担は事後的にも生じ得る）。だから、占有の移転後に右の指示が与えられたときは考慮される範囲外のことである。前述した義務負担と指示は同時になされる必要はないが、しかし明示的であるか諸般の事情から黙示的であることを要する、と解されている[19]。従って、かような意図的な明示や諸事情の存在を証明し得ない限り、例えば借用物を請負人として修理した者とか、物を試しに購入したもののこれを注文しないままに保持している者が、自己の一般的な返還義務を顧みないでこれらの物を留置することはできない。結局のところ、障害なく返還義務を債権者が負担した旨の約定が明示的であればあるほど、また債務者の指示が明白であればあるほど、前述した八九六条二項による留置権の排除はこれらから影響を受けることになる。要するに、前記(a)と(b)の場合はともに信義則の法理に支配されているため、この法理との関連で特定の限界事例が解決されることとなる。けだし、諸般の事情から留置を認めないことは必ずしも矛盾した結果を招くことにはならないからである（右の法理を定めた前記二条の適用による調整は妥当な解決を導こうとするものにほかならない[20]）。

以上に反し、前記(c)の場合は物の留置が強行規定に反することを意味しているのであるが、この強行規定は留置権を直接的または間接的に排除するものであることを要し、また私法上のものであろうと公法上のものであろうと構わない[21]。例えば、一九二三年の船舶登録法五三条（Das BG über das Schiffsregister v. 28. 9. 1923）によれば、登記簿に登録された船舶についてはいかなる留置権も主張することができないとされ、また航空機登録法五一条（Das BG über das Luftfahrzeugbuch v. 7. 10. 1959）でも登録済みの航空機等について同様の取扱いがなされるほか、航空法八〇条ないし八七条（Das BG über die Luftfahrt v. 21. 12. 1948）は、特殊な航空機については一定の場合に担保の設定を認めていない、などである[22]。また、公法上、譲渡が禁止されている物または一般に処分が許されない物についても通常は留置の目的とすることができない。但し、ある目的物が法で担保設定禁止と明示されているときは、（通常は留置できる可能性に欠けるにせよ）これが本当に留置し得ない場合であるかどうかは、具体的事案において法の精神（ratio legis）に照らして決定されなければならない、と解されている[23]。

（1）この一般的留置権の特色については第一編第三章第一節一を参照。

（2）留置権を排除しているドイツ民法上の規定としては、代理人の委任状返還に関する一七五条二文、使用（または用益）賃借人が賃貸人に対して債権を有する場合に関する五五六条二項、五八〇条、五八一条二項などが典型例である。ちなみに、居間が返還されるべき場合に右の五五六条二項を類推適用した裁判例がある（LG

Braunschweig DR 1941 2568, 2569)。

(3) 留置権は特約または(例えば先給付義務の合意が存するなど)黙示の約定により排除され得る(vgl. Selb, Staudingers Komm., 13. Bearb., § 273 Rz. 27)。但し、個別事例において留置権の排除に関する遅滞的主張は信義則違反となり得る(vgl. RGZ 146, 57, 59; BGHZ 48, 264, 268ff.)。

(4) 例えば、受任者が負担した決済または書類を費用償還請求と関連づけ得ない。けだし、費用償還を算定すること自体が決算と結び付いているからである。このように、債務者の負担した債務には留置権の排除が前提となっているかどうかの判断は、本来、法秩序が債権者の主たる債権にいかなる意味を認めているかに係っている(vgl. Keller, MünchKomm., § 273 Rz. 53)。なお、裁判例には、組合が脱退組合員に対して部屋を返還すべき債務を負っていたという場合に(七三二条参照)、組合の返還義務につき認められる先給付の性質は特約によって排除されていないことを理由に、組合に対して留置権の行使を認めなかったものがある(vgl. OLG Karlsruhe NJW 1961, 2017)。

(5) ある債権を根拠に留置権の行使が許されない場合には、損害賠償債権がこの債権に取って代わるときも同様に留置権の行使は排除される(vgl. Selb, Staudingers Komm., § 273 Rz. 29)。

(6) その立法趣旨は、「故意による不法行為」で目的物を取得した場合には、本来、債務者は先給付義務を負っているか、または反対債権を独立して行使しなければならないのが通常であり、また過失に基づく不法行為場合にも留置権を排除するならば、これは一種の刑罰のように思われて頗る酷であり不公平となろう反面、「故意による不法行為」は必ずしも不公平ではないという点にあった(vgl. B. Mugdan, Die gesamten Materialien zum bürgerlichen Gesetzbuch für das deutsche Reich, Bd. 2, Recht der Schuldverhältnisse, Neudruck der Ausgabe Berlin 1899, 1979, Scientia Verlag Aalen, S. 24.)。

ちなみに、ドイツ民法二七三条二項および後述する同法一〇〇〇条第二文は、右に述べた(第一草案以来の)

立法趣旨を承継しているのであるが（vgl. Medicus, MünchKomm., Bd. 6, § 1000 Rz. 4）、留置権を排除している右の二ヶ条の適用を広く承認し、従って不法行為によって物を占有した者には、信義則の観点から、一般にこの占有物につき前述した二七三条一項の留置権を認めるべきではない、と主張する見解がある（vgl. Keller, MünchKomm § 273 Rz. 95. 但し、多数説はこれらの規定の特則性を根拠に拡張適用を認めない。Vgl. Alff, BGB-RGRK, § 273 Rz. 45; R. Keller, Das Zurückbehaltungsrecht nach § 273 BGB, JuS 1982, S. 667 Anm. 58; ders, MünchKomm., § 273 Rz. 95; Medicus, MünchKomm., Bd. 6, § 1000 Rz. 5）。もっとも、右の見解は、前述した二ヶ条が定める債権以外にまでその適用を認めようと解するものであって、「故意による不法行為」の場合のほかにも留置権の排除を認めよう、と解しているわけではない。

なお、民法二七三条一項の一般的留置権は、同条二項の反対解釈から、「故意による不法行為」から生じた債権に対しても行使が許される（vgl. RGZ 72, 61, 66f.; RG HRR 32, 508f.; Keller, MünchKomm, § 273 Rz. 83）。

（7）　特別規定の詳細については第一編第三章第一節**二**を参照。

（8）　Vgl. H. Pikart, Die Rechtsprechung des Bundesgerichtshofs zum Zurückbehaltungsrecht, WM 1963, S. 657; Gursky, Staudingers Komm., 13. Bearb., § 1000 Rz. 10ff. 契約上の定めによる留置権の排除は、占有権原を根拠づける、第三者との契約的結合を前提とする場合にも妥当すると解して、例えば所有権留保の目的物であることにつき悪意で修理を委託された者は、所有者に対して留置権を主張し得ない旨の結論を認める見解も存する。この論者は、例えば土地の留置がその客観的な管理に反するなど、具体的に公共的要請から留置権が排除される場合があり得る旨も指摘している（以上につき、Pikart, BGB-RGRK, § 1000 Rz. 15f. 参照）。

（9）　給付拒絶権としての実体につき第一編第三章第一節**一**を参照。

（10） Vgl. RG JW 28 2437, 2438; BGH JR 52 472, 473.

（11） 連邦裁判所の裁判例としてはBGHZ 7, 123, 127が代表的である。すなわち、同判決は、請求権が既に他の方法で十分に保全されている限り、留置権は信義則に従って主張され得ない旨を判示して、信託財産に属する不動産につき抵当権を有する消費貸主の留置権を認めなかった（十分な担保が存する場合に等しく留置権の行使を認めなかった連邦裁判所の判決としては、BGH WH 1959, 1069, 1070もある。このほか、RGZ 61 128, 133, RGZ 85 133, 138, RGZ 137 324, 354、なども参照のこと）。けだし、留置権は担保の供与によって行使が妨げられるからである（二七三条三項参照）。

（12） Vgl. RGZ 152 71, 74f.

（13） Vgl. RG JW 1925 2232f.

（14） Vgl. Pikart, BGB-RGRK, § 1000 Rz. 13.

（15） Vgl. Lieb, MünchKomm., § 817 Rz. 9. さらに、Lorenz, Staudingers Komm., § 814 Rz. 4も参照。

（16） Vgl. Endemann, JW 1925 S. 2233.

（17） 学説としては、L. Marcuse, JW 1923, 277f. のほか、Gursky, Staudingers Komm., § 1000 Rz. 10を参照。また、裁判例としては、RGZ 110, 356, 365f. を参照。

（18） 以上につき、Oftinger-Bär, Das Fahrnispfand, § 896 Rz. 7f. を参照。

（19） Vgl. Oftinger-Bär, Das Fahrnispfand, § 896 Rz. 13.

（20） Vgl. Oftinger-Bär, Das Fahrnispfand, § 896 Rz. 17ff.

（21） Vgl. Oftinger-Bär, Das Fahrnispfand, § 896 Rz. 30; Leemann, Berner Kommentar, § 896 Rz. 25.

（22） Vgl. Oftinger-Bär, Das Fahrnispfand, § 896 Rz. 31f.; Leemann, Berner Kommentar, § 896 Rz. 27.

（23） Vgl. Oftinger-Bär, Das Fahrnispfand, § 896 Rz. 33. なお、差押禁止財産の留置は可能かについては争

いがある（vgl. Leemann, Berner Kommentar, § 896 Rz. 28)。

第三節　公平性に基づかない留置権の排除

一　序

以上に示してきたドイツおよびスイスにおける解釈または立法の状況は、わが国の留置権制度を論ずるうえで非常に示唆に富むものと思われる。けだし、留置権の排除いかんに関する右の状況は、わが国における留置権の一般的な排除と比較したとき、わが国で留置権の排除として論じられてきた、これまでの解釈論には不十分な側面があることを浮き彫りにすると思われるだけでなく、今後の望ましい解釈を目指すうえでその指針を提供している、と考えられるからである。これを以下に敷衍しよう。わが国の民法二九五条二項は、既に示してきたように、同項を基礎づける公平性に照らして適用されるのが一般的であった。これに対し、とりわけスイス民法典は公序違反による留置権の排除を明文で規定し、またドイツ民法典の下でも、留置権の行使が必ずしも信義則違反に直結しているとは思われない場合でさえ、解釈上、留置権は排除され得ることが示唆されていた。のみならず、ドイツでは留置権が排除される右の場合として、またスイスでは公序違反とされる場合として具体的に引用される事例の中には、いわゆる法秩序に違反する場合が含まれているという点も相当に重要である。けだし、ドイツ民法典の下では、単に「故意による不法行為」が原因で占有が開始した場合に止まらず、進んで法政策的な視点から留置権の行使が許されない場合も認められており、またスイス民法典の下では、より顕著に、強行法規違反となる場合には留置権は許されない、とする明文の規定を根拠に留置権が排除されてきたからである。

この点、留置権の排除を定めたわが国の民法二九五条二項は、右に述べたように、その適用解釈を留置権の制度趣旨である公平性に結び付けてきたのが大方の学説による立場であり、また裁判実務も（前章に掲げた裁判例を対象とする限り）同項の趣旨を公平性という一元的な観点から捉えてきている。もっとも、これまでの学説の中には、右の趣旨を公序良俗違反として捉える見解が存在しなかったわけではないが[1]、かかる学説は圧倒的に少数説に止まっている状況にあった。しかし、前章における裁判例の状況を前提にしたとき、留置権の排除を正当化する根拠としては、公平性という観点のほかに、これとは明確に区別された側面が存すると言うべきではないだろうか。すなわち、公平性の観点から留置権の成否を論ずるときは、解釈姿勢として債権者と債務者の利益を衡量して決する姿勢に傾斜しがちであり、実際、これまでの学説はかかる姿勢を基本としてきたと言い得る。なるほど、前章で纏めた類型に則して言えば、無権原型および権原喪失型の二類型はもとより、不誠実型においても、「物ニ関シテ生シタル債権」を有する占有者の事情と、それから物の引渡しを求める者の事情とが調整されて留置権の存否が決せられてきたはずであり、そこでの具体的な裁判例は必ずしも不当とは思われないものが圧倒的であったと言えよう。しかし、とりわけ対抗関係型の場合にあっては、そこでの留置権が否定されるべき実質的な理由を、占有者に留置権の行使を認める結論が民法典の大原則をなす法秩序に抵触するという点に求めることができた。そうであれば、わが国においても、単に公平性の観点から留置権の成否を論ずるに止まらず、（これとは異なる視点から）公序違反を理由とする留置権の排除を認めるべきではないだろうか。

もっとも、その法的根拠を民法二九五条二項の（拡張）適用に求めることには疑問なしとしない。けだし、既に述べてきたように、右の（拡張）適用に関しては比較考量説が最も適切であると解したにせよ、同項の立法趣旨をどう捉えるべきか（すなわち公平性の観点からのみ右の条項を捉えることで十分と言えようか）に関して、同説を含むこれまでの学説はいささか一面的に終始していたと解され、従って妥当でないように思われるからである。右の立法趣旨を端的に示すならば、これには、公平性と公序性という二つの側面が存在することを端的に認めるべきであると解するのであるが、民法二九五条二項の文言を素直に読むとき、同項は公平性の観念に結び付いていることを認めざるを得まい。そうであるならば、公序違反による留置権の不存在という結論は、右の条項とは区別された別個の法的根拠を必要とするように思われる。

二　留置権の一般的な排除に関する法律構成

第一節二で述べてきたように、留置権の存否が争われたわが国の裁判例を総合的かつ整合的に理論構成するためには、比較考量説が最も適切な解釈論を展開できるということであった。とはいえ、これらの裁判例のすべてにおいて留置権の排除を決するうえで、同説には問題がないわけではない点も指摘してきてある。それは、とりわけ対抗関係型の場合にあっては、繰り返し指摘してきたように、留置権の成立を認めることが民法典の大原則に抵触するという事情に基づいていたところ、右の説はこの類型における留置権の存否について必ずしも有効に機能することが期待できない、と考えられる点にあった。すなわち、比較考量説は、前述したように、「当事者双方の事情」を考量して公平性に則した結論を導こうとする狙いにあり、民法二九五条二項はその典型的な場合を示していると解するとともに、同項を根拠に広く留置権の排除を論じようとするのであるが、しかし法秩序との調整は必ずしも公平性の観念と直結するものとは認め難く、従って前述した大原則との調整を図るという要請から留置権の排除を根拠づけようとする解釈を、必然的に同説から導くことは困難であると言わねばなるまい（右の条項があくまで公平性に立脚した趣旨にあると解するならば、この趣旨とは区別されるべき右の排除をどう法的に根拠づけるべきかに関して、右の説は十分な説得力を有しないように思われる）。換言すれば、ドイツやスイスにおける解釈論や立法の状況とは異なり、わが国の裁判実務および学説は留置権の排除を、公平性を基準とする判断に求めてきたのであって、そこには（法秩序との調整という）他の視点から留置権が排除される可能性への認識が欠如していたように思われる。かような認識を等しく欠如している比較考量説は、民法二九五条二項をもって留置権が認められない典型的な一つの場合を明示したにすぎない、と捉える限りにおいては妥当であると言い得るものの、しかし留置権の成立いかんを公平性の基準のみに終始しており、法秩序に違反する場合を右にいう二九五条二項の趣旨との関係で配慮する認識にはなかった、と言わざるを得まい。だから、一般的に留置権の成立を否定すべき場合を総合的かつ整合的にどう理論構成すべきかについて、同説には大きな限界が内包されていると言うべきであろう。すると、この説を克服する解釈が次に問われなければならない。

ところで、わが国の民法典にはスイス民法八九六条二項のような規定が存しない。これより、類似の結論を導くためにはドイツにおける解釈論の姿勢が参考にされてよく、その上で一般に留置権を認めることが法秩序に違反する場合にはこの権利は排除されるべきであるとして扱われなければならない。その際、この場合に該当する具体的な事例としては前章に掲げてきた対抗関係型の場合が適例であり、かような類型において留置権が排除された結論は右の解釈の一環として位置づけられるべきであろう。もっとも、その法的根拠づけを何に求めるかについては幾つかの解釈が考えられなくはない。例えば、信義則を定めた民法一条二項とか、公序良俗違反に関する同法九〇条の適用などがまず最初に挙げられようが、何れの規定も、「法定」の担保物権として構成されているわが国の留置権制度の適用範囲を決する際には、必ずしも説得的でないこと多言を要しまい。また、民法二九五条二項を拡張適用するという解釈方法は、この規定の立法趣旨と、そこでの文言が公平性の観点から定められているという理解に鑑みると、法秩序の違反という場合にまで同項の（拡張）適用を許すことには抵抗感が大きいであろう。とはいえ、同条は、（公平性という）留置権制度の趣旨から、その一項でこの権利の成立を一般的に定める一方で、前述したように、その二項においては留置権の排除（不成立）を一般的に規定したものと捉え、留置権の行使が許されるべきではない場合の法的根拠づけとしては、可能な限り同項の適用解釈に委ねるべきであるという前述した著者の立場によれば、右の二項はあくまで留置権が排除される一つの場合を明らかにしたにすぎず、これ以外の（排除されるべき）場合に対してはその拡張適用による余地を広く認めるべきである、と解したい。立法論としては、民法二九五条二項に、第二文として、「公ノ秩序ニ反スル場合亦同シ」という文言を追加すべきであると考えるが、差し当たり解釈論の領域でも、右の文言を補って同項の拡張適用を論ずるのが著者の立場に最も適合している、と言えよう。従って、同項の拡張適用に関しては比較考量説をもって基調とすべしと言うことになるが、それは、現行における（第一文のみが存するに止まっている）民法二九五条二項の適用解釈に限定された限りで妥当することであり、さらに進んで（右の第二文を補充した形で）同項を根拠に法秩序違反（すなわち公序違反）による留置権の排除を解釈論として承認すべきである。かような解釈を前提とするならば、民法二九五条二項の立法趣旨は公平性と公序性という二つの側面を有することになる。(2)

（1）　序章注(6)参照。

（2）　公平性を緩やかに捉えるならば、公序性はその一部を構成するものとして、これを公平性に含めて扱うことも解釈論として不可能ではない。そのときは、民法二九五条二項の立法趣旨について必ずしも二面性を強調する必要はないとも言い得る。しかし、たとい端的に公平性のみを右の趣旨として把握したとしても、その一事例として公序違反による留置権の排除を明確に認識しておかねばならない。

終　章

本編は、民法二九五条二項の適用解釈に関し、今日の多くの学説が提唱する理論構成に幾つかの疑問点を抱いたことから出発し、(かかる疑問点を解消して)留置権が適切に排除されるべき場合を総合的かつ整合的に把握するためには、同項の適用解釈の基本姿勢がどうあるべきかという問題設定の下で、まず同項と民法一九六条二項但書との関係に関する起草委員の見解を探った。次いで、公刊裁判例に現れた事案を類型的に分析し、そこから折出できた知見との比較において前述した学説の諸見解を考察したこと、その際には、ドイツ民法典とスイス民法典の下における立法および解釈の状況をも参考にすることで、問題の解決に最も相応しいと考える解釈論の提示を試みてきた。その特色を纏めると次の諸点を挙げることができる。すなわち、起草委員の意図に忠実に右の二ヶ条を留置権の排除に関する規定として捉えるとともに、各々の条項を適用するに際しては比較考量説が最も妥当な解釈姿勢を示している、と解してきたことが最初に挙げられてよい。その際には、「当事者双方の事情」を勘案して留置権の排除いかんを決する同説には不十分さが認められ、かかる不十分さを克服する必要があることから、当該占有の取得または継続につき民法七〇九条所定の不法行為性が認められる場合は格別、そうでない場合では、無権原占有に対する占有者の(知・不知、過失の有無といった)主観的事情の存在が、また占有者側の不誠実性や悪質性とこれを裏付ける実際上の弊害などは、民法二九五条二項を拡張解釈するうえで重要なファクターとして考慮されてよいこと[1]、しかし他方で、対抗関係型においては一般に留置権は否定されなければならないこと、などの具体的な判断基準を提示してきたところでもあった。続いて、同項の拡張適用を広く認めて留置権の排除を導いている裁判実務と、それから大方の学説の状況に照らしたならば、民法二九五条二項はこの排除に関する一般的な規定として位置づけられなければならないこと、しかし同項は一般に公平性の観点に専ら基礎づけられてきたため、これには限界がある旨を指摘し、右の条項に代表される立法趣旨を単に公平性の観点に止めることなく、進んで公序性をも含めて解釈すべき必要性を唱えてきたことも、本編における重要な特色として挙げることができる。

ところで、著者は、公刊裁判例に現れた事案を（類型的に）重視することで、留置権の成立いかん（より端的に言えば、この権利が排除される可能性）について論じてきたが、右の事案としては、序章三で限定してきたように、（同項の適用可能性が直接に争われなかったにせよ）占有者と直接の契約関係にない者との間で留置権の成立可能性が争われたものに着目して考察する、という手法を用いて論じてきた。これより、翻って考えれば、かかる手法とは反対に、直接の契約関係にある当事者の間にあっては、著者が唱えてきた前述の解釈論はそのままの形で妥当すると解してよいものか、それとも民法二九五条二項を適用するうえでは取扱いが異なるべきか、といった問題が新たに発生するものと予想される。もとより、かような問題に関する検討は本編が目的とする考察の対象外であると言わねばならないが、著者が提唱した解釈論との関連で右の問題についていささか付言しておくと、契約で結ばれている者の間には特に考慮すべき事情が存在するため、右の解釈論をそのままの形で当てはめるわけにはいかないことである。例えば、占有者の有する債権がいわゆる法的牽連の場合におけるものであれば、この占有者が物の引渡請求を拒絶できる可能性は、むしろ民法五三三条の適用解釈に関する問題として論じられるべきであることが喚起されてよい(2)。また、右の債権が物的牽連の場合に関するものであれ法的牽連に関するものであれ、契約当事者の間で留置権の存否が問題である限り、民法二九五条二項が拡張適用される場合として考察してきた対抗関係型の場合は起こり得る余地がない、などの相違も指摘されなければならない。しかし、かように考慮されるべき事情が存することのほかは、著者が主張してきた解釈論は契約当事者の間における留置権の存否についても妥当するところが少なくない、と推測できる。(3)

(1)　かかる考慮に従うならば、これまでの裁判例の中には具体的な判断の不十分さが指摘されてよいものがある。例えば、【3】および東京地判昭和五六年七月八日判時一〇二九号九四頁（この二判決については第一編第四章第三節注(24)も参照）は、そこでのX_2～X_4（=ダンプカーを保管する占有者）が、Yによるダンプカーの引揚げを回避しようとするX_1の企図を認識していたという事案に関するものであり、【3】は「衡平の観念に基礎をおく留置権制度の趣旨に照らし」と判示し、また右の五六年判決も、X_1とX_2～X_4との間の保管委託契約を無効とすることで、保管料債権を被担保債権とするX_2～X_4の留置権主張を認めなかった（そこでの判決理由には民法二九五条二項の適用についての言及がない）。しかし、右注の中でも明らかにしてきたように、これらの判決の結論自体はもとより妥当であると言い得るものの、これを裏付ける法的根拠については補足が必要であるか的確性に欠けているように思われる。けだし、X_1の企図につき悪意であったX_2～X_4の占有開始行為は、同法七〇九条所定の不法行為性を満たすほどに悪質であったと言えようから、より端的に、民法二九五条二項の適用解釈にその法的根拠を求めるのが妥当であったと考えられ、また仮に右の不法行為性が充足しないと判断されたにせよ、X_2～X_4の悪質性を蔽壅してこれらの者に留置権の行使を認めることは、所有権に基づくYの引渡請求を困難にする事実上の弊害をもたらすことになって、比較考量説の下でも右の行使は否定されるべきであると思量されるからである。

(2)　この詳細は次編の中で明らかにする。

（3）　契約当事者の間で民法二九五条二項の適用可能性が争われた公刊裁判例を対象に、著者が提言してきた解釈論を（各類型ごとに）確認しておこう。

(1)　無権原型

この類型に関する裁判例としては、(イ)無権代理人を介して締結した馬匹の売買契約が解消され、その返還前に買主が馬匹の保管として必要費を支出したという場合に、買主が無権代理であった事実を熟知していた点を重視して民法二九五条二項を適用したもの（東京控判明治四四年五月六日新聞七三八号一九頁）、(ロ)相手方を錯誤に陥れて不動産を買い受けた買主が、支払った公租公課の返還があるまで不動産につき留置権を主張したという場合に、この留置権を認めなかったもの（東京控判大正一一年一〇月二日新聞二〇八四号一六頁）、(ハ)売買契約の無効が訴訟で確定されたため、買主が占有の開始当初から無権原占有となった場合に、支払代金の返還債権を被担保債権として買主が主張した留置権を肯定したもの（朝鮮高院判昭和一七年四月二八日評論三一巻民法二九六頁）、(ニ)費用償還債権に基づく留置権を有していた賃借人が賃借家屋を無断転貸し、この債権のほか留置権をも転借人に譲渡したという場合に、転借人の占有が民法二九五条二項の「不法行為」に当たらない旨を判示したもの（福岡高決昭和二九年五月二五日高民七巻五号四一九頁）、(ホ)無断で他人の土地を不法占拠して宅地造成し、後に有効な賃貸借契約が締結されたが、これが無断転貸等の禁止特約に反して解除されたという場合に、賃貸借の成立による不法性の治癒を認めて造成費用に関して留置権を肯定したもの（福岡地小倉支判昭和四七年三月二日判タ二七七号二二九頁）、などを挙げることができる。

前述した(イ)および(ロ)判決は、本文で対象とした無権原型に関する【1】および【2】と類似した事情にある、と言うことができる。けだし、無権代理人であることを「熟知」して取引したり、相手方を錯誤に陥れた占有者には民法七〇九条所定の不法行為性が認定されてよい、と考えられるからである。だから、問題は留置権の成立を認めた(ハ)および(ニ)判決の正当性いかん、である。まず、(ハ)判決についてである。この事案における買主の債権は売買契約の無効を理由とする代金の返還債権であり、これは法的牽連の場合における債権にほかならないから、民法二九五条二項の適用を問題にした同判決は誤解に基づいていると言うべきであり、買主に認められた物の引渡拒絶権は同時履行の抗弁権であったと解する限りで、この判決の結論は支持されてよいと考える（なぜ右の拒絶権を同時履行の抗弁権と捉える必要があるのかについては次編において明らかにする）。次に、(ニ)判決に関してであるが、この判決はその根底において頗る疑問であると言わねばならない。なるほど、一般的には留置権によって担保される債権が物の占有とともに譲渡されたところで、債権者にとっては殊さら不都合はないと考えられ（法曹会決議四三五号昭和一〇年七月一二日法曹会雑誌一三巻九号八八頁〔昭一〇〕も留置権の移転を認める。このほか、勝本・擔保上巻九五頁も参照）、このことは借家人が費用償還債権のために留置権を有している場合にも等しく妥当する、と一おう言うことができる（すなわち、家主は借家人に費用を償還しない限り留置権の行使により目的物の占有を回復し得ないから、右の償還債権とともに留置権が譲渡された場合にも、家主は費用を償還しない限り等しく回復を求め得ない、と解されたところで右の家主にとって何ら酷なことではないかもしれない）。しかし、民法二九八条二項によれば、借主は債務者（＝家主）の承諾がないと留置物を第三者に賃貸することができないから、ここでの事案におけるように、（費用償還債権とともに留置権が譲渡され）家主に無断で第三者による留置物の使用が許されることになるならば、それは同項の趣旨が貫徹し得なくなるだけでなく、その適用を回避することにさえなりかねない（借主が留置権と費用償還債権とを譲渡してその通知さえすれば、譲受人を介して返還拒絶が許されることになってしまう）。また、右の判決は、譲受人が留置権を行使することで占有の継続は賃借権の無断譲渡になる旨を認めているから、無断譲渡を理由とする家主の解除を制限してまで、譲受人に対して留置権の行使を認めても構わないと解したことになるが（家主が解除するためには費用を償還して留置権を消滅させなければならないからである）、かようなまでに譲受人を優先的に保護することは適切でなく、従って特段の事情がない限り、ここでの転借人には留置権は認められるべきではなかったと考えられる。次に、留置権を認めた㈭判決も正当であるとは言い難い。なるほど、不法行為によって開始した占有が後に適法占有へと転化し、この占有中に占有者が造成費用を支出したという場合であったならば格別（山下・擔保二四頁はこの場合に留置権の成立を暗示している）、そうではなくて、不法行為による占有の下で右の費用を支出した、という（右の判決が対象としている）場合は大いに事情が異なると言うべきである。けだし、後者の場合にまで占有者に留置権の行使を認めることは、いわゆる適例型の場合でさえ後に適法占有に転化すると、この転化した時点から等しく留置権は成立するものとして扱われることを意味しようが、これでは民法二九五条二項が留置権を排除した趣旨は貫徹し得なくなる、と解されるからである（仁保龜松『法典質疑問答第2編物権法全』二四七頁〔信山社、平六復刻版〕も右の場合に留置権を認めない）。

(2)　権原喪失型

この類型に属する公刊裁判例には、㈠【4】【5】と等しく無権原占有につき占有者の悪意を認定して、民法二九五条二項を根拠に留置権の成立を否定したものもあれば（最判昭和四一年三月三日民集二〇巻三号三八六頁〔残代金の不払いを理由に売買が解除された後に買主が売買物に必要費等を支出した事案〕、東京地判昭和四一年一二月二四日下民一七巻一一・一二号一三一九頁〔腐朽等の理由から定着寮が廃止された後も居住し続ける居住者が、使用料も未払いのまま当該室に補修費を支出した事案〕、最判昭和四六年七月一六日民集二五巻五号七四九頁〔賃料延滞を理由に解除された借主が解除のほぼ一ケ月前から改造工事に着手させて有益費を支出した事案〕）、㈡このような占有者の主観的事情には触れることなく、単に無権原占有の下で占有者が不法に債権を取得した旨を説いて留置権を認めなかったものもあり（東京地判昭和三五年一〇月四日判例総覧民事編二〇輯一二四頁（会社員が退職後も社宅の使用を継続して必要費または有益費を支出した事案）、最判昭和四二年一月二〇日判時四八一号一〇七頁（賃貸借の終了後に借主が借家を修繕した事案））、何れの判決も占有者の留置権を否定しているのであるが、各類型における占有者には悪質さを窺知できるものが少なくなく、従って実際上の弊害が重視されているると解し得る（例えば、前記(イ)における各判決とか、(ロ)における昭和三五年判決の事案では、占有者は占有継続を目論むもののように受け取れる）。

(3)　不誠実型

この類型に関しては、受領拒絶型の場合に留置権を否定した金沢地判昭和二五年五月一一日下民一巻五号七二四頁（第一編第一章第二節に掲げた【9】）がある。同判決は、明渡しの調停が成立したことで借家人の占有権原は消滅し、従ってこの借家人が無権原で占有中に修繕費を支出したことのほか、借家人につき（悪意または有過失という）主観的事情の存在をも認定して民法二九五条二項を根拠に留置権を認めかなかったから、かような限りでは、右の判決は権原喪失型に関するものとして扱うことが考えられなくはない。しかし、右の判決は、「債権者が受領遅滞に在る場合は留置権を行使し得ない」、とも述べて留置権を否定している点が大いに注目されなければならない。けだし、占有者が受領拒絶したときはこの占有者に留置権を認める結論は公平でない、との価値判断を看取し得ると思われるからである。

以上を総括すれば、前記(1)〜(3)の各類型について留置権の排除いかんは、比較考量説の立場から「当事者双方の事情」を勘案して決せられてよく、その際、右の排除を認めるファクターとしては、占有者の主観的事情、悪質性または不誠実性の状況とか、実際上の弊害状況などが重視されてよいであろう。

第六編　物の引渡拒絶制度の法的構成

序　章

一　留置権と同時履行の抗弁権の競合関係

(1)　わが国の民法典は、公平の原則に基づく制度として特定の要件が具備されることを条件に、物の引渡拒絶権を二つ設けている。一つは留置権であり、他人の物の占有者は「物ニ関シテ生シタル債権」のためにその物を「留置」し得る（民二九五条一項）。もう一つは五三三条が定める同時履行の抗弁権であり、例えば売主は買主が負担する代金債務との同時履行を主張して売買物の引渡しを拒絶し得る。もっとも、民法上、留置権は物に対する独立の物権として位置づけられているので、留置権を単に物の引渡拒絶権と捉えることで済まされようか疑問なしとしない。しかし、今日の学説が留置権を抗弁的に法律構成していること言うまでもなく、[1]また物を「留置」する前提として物の引渡拒絶がなされるのであるから、留置権を物の引渡拒絶権と捉えることは強ち許されないことではあるまい。また、前記五三三条は物の引渡拒絶の場合に限らず広く履行拒絶権を定めてはいるが、契約当事者の一方が同時履行の抗弁権を主張して物の引渡しを拒絶するとき

は、民法二九五条一項の適用がある場合と同様に当事者の下で物の留置が生じ得ること、これまた否定し得ないであろう。(2)

(2)　ところで、物の占有者にその引渡拒絶を認めてよいと解される場合に、そこでの拒絶権は偏に留置権であるとして扱われるべきか、それとも同時履行の抗弁権にほかならないと解するのが妥当なのか。もしも両者の発生要件が形式的にともに具備されているならば、右の占有者はその何れかを選択的に行使することが許されようか。かかる問題は、留置権と同時履行の抗弁権との関係をどう把握すべきか、という議論の中で早くから論じられてきた。右の問題を具体例で示すと、売主は買主が代金を支払うまで売買物の引渡しを拒絶し得ることが民法五三三条の適用より明らかであるとはいえ、売主は留置権を主張して売買物の引渡しを拒絶することが一切許されないものか。すなわち、留置権と同時履行の抗弁権との競合関係いかんである。類似の問題は、既に履行された売買契約が無効であったり取消された場合にも生じ得るのであり、この場合、売主・買主の双方に生じた返還義務は同時履行の関係にあると一般に解されているものの、これを根拠づける拒絶権は留置権であると解すべきか、それとも同時履行の抗弁権として法律構成するのが妥当か、また両者の何れであってもよいと考えるべきか、である。

この点、従来の通説は前記二つの拒絶権の競合関係を肯定する見解（＝競合論）に立っていること、周知のとおりである。売買を例に採れば、「物ニ関シテ生シタル債権」の範囲を最も広義に捉え、売買代金債権のためにも売主は留置権を行使し得ると解する学説が早くから存在しただけでなく、(3)従来の通説は留置権が成立し得る右の「債権」を、(イ)物自体から生じた債権、または、(ロ)物の返還請求権と同一の法律関係または同一の生活関係にある債権でなければならないと捉えてきたから、この通説によっても、売買代金債権を右にいう「同一の法律関係」から生じた債権であると解することに吝かでなく、実際、売主が留置権を引用して売買物の引渡しを拒絶し得ると一般に解されてきた。(4) 一方、売主が売買代金債権のために売買物の引渡しを拒絶するという右の場合は、民法五三三条が適用される典型例であること否めないから、売主は同時履行の抗弁権を主張して物の引渡債務を拒絶し得るだけでなく、売買物につき留置権をも主張し得ることになり、かくして前記の競合論が唱えられることとなったのである。(5) そして、民法典の領域に限っただけでも民法五三三条が随所に準用され（五四六条、五五三条、五七一条、六三四条二項、六九二条など）、しかも今日の学説が右にいう五三三条の類推適用を多くの場合に承認している状況に鑑みるならば、(6) 前述した競合論が単に売買の場合に限らずかなりの範囲で具現することは想像するに難くないであろう。

二　通説に対する批判的考察

(1)　ところで、そもそも「物ニ関シテ生シタル債権」を前記(イ)および(ロ)と捉える通説は、この「債権」の文言から乖離するに至っていると思われる。けだし、民法二九五条一項の文言を素直に読解したならば、留置権が成立し得る債権は、占有される「物」との間で密接な牽連関係にあることを要すると解さなければならないところ、前記(ロ)の債権にあっては、直接的には二つの債権間、すなわち物の引渡債権（または返還請求権）と占有者が有する債権との間に特別な関連性が存することを通説は要請しているからである。そして、このように従来の通説が唱えてきた競合論は、「物ニ関シテ生シタル債権」の拡張解釈を背景に展開されてきたからこそ、前例に挙げた、売主が有する代金債権を右の「債権」から排除し得なくなっているのである。

　このように通説は、物の引渡債権と関連する債権も「物ニ関シテ生シタル債権」に含まれると拡張解釈して留置権の成立を広く認めようとするのであるが、そもそも無数に存在し得る債権の中から特に物の引渡債権のみを取り出し、この引渡債権との関連で留置権の成立を云々する解釈は甚だ根拠に乏しいと言わねばならない。それは何故か。そもそも物の引渡債権の目的は、債務者（＝物の占有者）による「当該物の引渡行為」という「特定行為」にほかならない。だから、占有者が物の引渡債務と関連する反対債権を有している場合、すなわち占有者が前記(ロ)の債権を有する場合に通説が成立を認める留置権にあっては、占有者が「当該物」の引渡行為をしなければならない、という限りでのみ「物」が関与しているにすぎない。しかし、右の引渡行為以外の「特定行為」を目的とする債権の債務者が、債権者に対して反対債権を有しており、かつ、これらの債権間に密接な関係が存するならば、論理的には、（前述の占有者が物の引渡しを拒絶し得る場合と同様に）右の債務者にも債務の履行を拒絶し得る権利が認められて然るべきことになろう。だから、債権が「特定行為」を目的とする限り、物の引渡債権とそれから引渡行為以外の行為を目的とする債権とを区別し、前者の債権のためにのみ拒絶権を認める解釈は甚だ根拠に欠ける、と言わねばなるまい。

(2)　また、留置権制度が物の引渡拒絶の場合を広くカバーするかのように、この制度の拡張した運用を展開する通説に従ったとしても、留置権と同時履行の抗弁権との関係に関連して疑問がないわけではない。これを具体例で示そう。

例えば、Aの所有する不動産がA→B→Cと輾転譲渡されて、A・B・Cの合意で登記名義がCに移されたが、A・B間の売買契約の無効が判明したためBがAに対して支払代金の返還を請求したところ、AはCから登記名義の返還があるまで支払債務につき履行拒絶を主張したという場合（＝〔事例1〕）に、Aの拒絶権を留置権と法律構成するならばそれは困難な解釈だと言い得る。けだし、民法上、この権利が「物」を留置する権利とされている以上、Aは留置権を主張してBの代金請求を拒絶し得るとは言い難いからである。そこで、右の事例におけるBの代金返還債権は売買契約の無効という事由から生じた債権であることに着目し、従ってAに認められる拒絶権は同時履行の抗弁権であると解したらどうであろうか。この解釈によれば次の疑問に逢着せざるを得ない。すなわち、右の抗弁権は双務契約の性質に基づいているのであって、契約当事者以外の者には主張され得ないのではないか、という疑問である。もっとも、通説は(7)、相対立する債務が一個の双務契約から生じたものである限り、反対給付の債務者が第三者であろうと差し支えないと解している。とはいえ、そこで一般に想定されているのは、双務契約上の債権・債務が、相続、債権譲渡、債務引受け、債権転付などの原因によって同一性を失わない限りで第三者に移転したという場合に関してであって、一般にかような原因が存在するわけではない〔事例1〕においてまで右の場合と同様に扱い、Aは双務契約の直接の相手方でないCの登記抹消義務との同時履行を主張し得る、と捉えることは困難である。つまり、前述した事例におけるAの登記請求権とBの代金返還債権は、ともにA・B間の契約から生じたものとは容易に言い得ないだけでなく、B・C間の契約に基づいて発生したわけでもないから、Aの拒絶権を同時履行の抗弁権と法律構成することには疑問が残る。

とはいえ、やはり右のAには拒絶権が認められてよいであろう。A・B間の売買契約の無効から生ずるリスクをAのみが負担する結論は妥当とは言い得ないからである。実際、下級審判決には〔事例1〕において民法五三三条の類推適用を肯定したものがあり(8)、その背後には同様の価値判断が潜んでいると思量され得る(9)(10)。そうだとすると、たとい通説が前述したように民法二九五条一項を拡張解釈したとしても、〔事例1〕のような場合に対しては解決が困難だと言わねばなるまい。

すると、右のような困難な事態が生起する原因は何処に由来するのか。ひょっとして、この原因は現行民法典に最初から内在していたのではないか[11]。ここに、わが国の留置権制度と同時履行の抗弁権制度とがどのような経緯を辿って現行民法典に取り入れられたのか、そもそも両者はいかなる状況を前提とする制度なのか、などについて追究する必要があるように思われる。

(3)　さらに、前述した通説に対しては次のような批判も考えられよう。すなわち、(i)売買代金債権のために売買物について留置権の成立を認めたならば、買主に対し代金支払いの先履行を強要する結果となりかねない。しかし、かかる結論は、右の代金支払いと物の引渡債務とを交換的に行わしめるため、同時履行の抗弁権という制度を設けた民法典の趣旨に反すると言えなくもない[12]。のみならず、(ii)両者はそれぞれ異なった法的効果をもたらすことを否定し得ないから[13]、論理的には、両者の関係がそもそも明確な形で把握されていなければなるまい。加えて、(iii)物の引渡拒絶が問題となる場合にこれらの競合関係が肯定され得るとしても、両者を選択的に行使できると解する必要はなく、その何れか一方を認めれば足りると解することも十分可能なはずである、などである。

だから、これまで前述の競合論に対しては幾つかの反対説が学説によって主張されてきた。もっとも、その主張は百家争鳴を呈しており、これを分類することは甚だ困難である。何れの拒絶制度をより広く適用するか、という観点からあえてその分類を試みると次の三説に大別できよう。すなわち、(イ)民法五三三条の適用を比較的広く承認して両者の峻別を唱える立場（＝民法五三三条適用説[14]）と、(ロ)同法二九五条以下の諸規定を原則的に捉える結果、右にいう五三三条の適用を制限的に扱う立場（＝民法二九五条適用説）とが一応対立している観があり[15]、また別な要素も考慮して、(ハ)ある学説は、留置権が同時履行の抗弁権とは別の論理に基づいており、無条件に競合論を肯定するのは妥当でないと解して非競合論に与する余地を認めたり、また他の学説によれば、債権の効力を所有権移転だけでなく債権の実現にも結び付けて民法五三三条の適用を貫こうと解するのである（便宜上、これらを折衷説と呼ぶ）[16]。とはいえ、右の諸説の中にあっても、論者の唱える根拠または法律構成が区々として定まっているわけではない。すなわち、民法五三三条適用説について言えば、契約関係から生じた債務間の法的処理をあくまでも契約法理に委ねようとする点で一応共通性が見られるものの、どこまで右の法理を貫くかにより論者の間には差異が見られるなど、同時履行の抗弁権として法律構成される範囲には広狭が存するようである。また、民法二九五条適用説は右にいう五三三条の適用をあくまでも双務契約による対価的な債権間に限定し、これ以外の債権については留置権をもって解決しようとする点に特色があるものの、各々の論者の間にはニュアンスを異にするところが見られなくもない。なお、折衷説は民法二九五条または同法五三三条と民法上の財産法体系との整合性を図ろうとする反面、その各々のどちらにウエイトを置いた整合性を貫くかにより差異が存する[17]。

(4)　もっとも、このように競合論と非競合論との対立が存在するとはいうものの、とりわけ契約関係にある者の間で物の引渡拒絶が問題になる場合には、そこでの拒絶権を留置権に限定すべきか、それとも同時履行の抗弁権として捉えるのが妥当かを厳格に論ずることは必ずしも深刻な事柄ではないかもしれない。けだし、右の場合に拒絶権を何れかに特定したところで、前述したように留置権の法的構成が抗弁的に解釈されてきている今日にあっては、効果の面で、この権利と同時履行の抗弁権との間に重大な差異は生じないのではないかと思量されるからである。しかし、だからと言って、両者の関係は理念的に軽視されるべきでないこと多言を要しないであろう。そこで、契約の当事者間で物の引渡拒絶が問題になる場合にも、前記(イ)〜(ハ)

の諸説が非競合論を展開しようとするならば、この場合に留置権と同時履行の抗弁権とを分かつ原理は何なのかについて明確な姿勢が求められよう。さもないと、競合論を否定する積極的な根拠を失うことになりかねないからである。

その際、例えば民法二九五条適用説の一論者が説くように[18]、同条と民法五三三条は一般法と特別法の関係にあると言うだけでは右の姿勢としては不十分である。けだし、両条をなぜ一般法と特別法の関係として捉えなければならないのか、その原理が正に問われて然るべきだからである。また、民法五三三条適用説について言えば、同説の特徴は、例えばAの所有物がA→B→Cと輾転譲渡されて、AがBに対する売買代金債権のためにCの引渡請求を拒絶するという場合（＝〔事例2〕）など[19]、契約当事者の一方が債務者以外の者（いわゆる第三者）に対して物の引渡しを拒絶し得るとされる場合に顕著となる。すなわち、留置権は第三者に対しても効力（＝対抗力）を有すると一般に解されている反面、双務契約の性質より認められる同時履行の抗弁権は、そこでの債務間に存する牽連性の故に、この契約の当事者間でのみ機能するのが本来であると解するならば、たとい双務契約から生じた債権間に一定の関連性が認められたにせよ、物の占有者が第三者に対して引渡拒絶を主張する場合には民法五三三条の適用は難しいと言わねばなるまい。だから、前例のAが第三者Cに対して主張し得る拒絶権は留置権である、と法律構成する見解がこれまで一般的であった[20]。すると、契約法理を優先させ、物の引渡拒絶権を広く同時履行の抗弁権として説明しようとする民法五三三条適用説は、双務契約の当事者間で物の引渡拒絶が問題となる場合に限っては十分傾聴に値すると言えようが、その反面、〔事例2〕のような場合に前記五三三条の適用が容易に認められそうにないならば、同説はこれをどう理論的に根拠づけるかの局面に立たされることになろう。

(5)　このように、留置権と同時履行の抗弁権との関係に関し学説は複雑多岐に分かれているのであるが、これを翻って考えると、学説の対立状況が生じたそもそもの根源は一体どこに存するのか。また、右二つの拒絶権は最初から整合的に位置づけられる制度として現行民法典に取り入れられたと解してよいものか。かような疑問を解消するためには、両制度がわが国の現行民法典に設けられた経緯はどうであったのか。そして、もしも右の制度間に矛盾が存するならば、この矛盾をもたらした根源を的確に把握したうえでなければ、留置権と同時履行の抗弁権との異同または関係、ひいては両者の競合関係いかんを明確に決し得ないのではないだろうか。

三　本編の目的

以上に述べたことからすると、旧民法典から現行民法典に至るまで物の引渡拒絶権についてどう扱われてきたのか、具体的には、留置権と同時履行の抗弁権に関する立法上の系譜を辿ることによって、両者の関係が規定上どう捉えられてきたのかについて眺めてみる必要があるように思われる。そして、現行民法典において両者の関係を捉えるうえで生ずることになった困難な諸事情を十分に把握することが肝要である。換言すれば、この諸事情に対する十分な認識を前提とすることで初めて、わが国における物の引渡拒絶制度をどう法的に構成するのが妥当なのか、という問題の解決に迫ることが期待できよう。そこで、本編は民法二九五条一項の系譜を辿り、どのような経緯を経てわが国の留置権制度が「物ニ関シテ生シタル債権」のために成立し得ると規定されたのか、また反対に、同法五三三条はどういう過程を経て設けられ、その適用範囲はどのように解されていたものかなどを概観し、わが国の現行民法典の下で留置権と同時履行の抗弁権の関係を困難にする原因となった諸事情を明らかにする。そして、かかる原因を前提としながら、わが国において物の引渡拒絶権をどう整合的に解釈するのが最も適切かについて検討を試みるものである。[21]

（1）　この点に関しては、第一編序章三を参照。

（2）　本編では物の引渡拒絶を根拠づける権原を広く「物の引渡拒絶権」と呼ぶ。同時履行の抗弁権によっても物の引渡拒絶という事態は起こり得るから、右の「拒絶権」にはもとより同時履行の抗弁権も含まれることになる。

（3）　現行民法典の起草委員は、売買代金債権のために売買物につき売主は留置権を有すると解していた（梅・要義物権編三〇五頁、富井・原論第二巻三一七頁参照）。

（4）　売買代金債権のために売主に留置権を認める学説として、田中・注釈民法(8)二四頁、我妻・民法講義Ⅲ三一頁、柚木＝高木・担保〔第三版〕二〇頁、川井・担保二八六頁、松坂・民法提要二三二頁、高木・担保一七頁など参照。

（5）　競合論を唱える学説として、田中・注釈民法(8)一一頁、我妻・民法講義Ⅲ三二頁、柚木＝高木・担保〔第三版〕一三頁、川井・担保二八四頁参照。また、高木・担保一六頁は、物権的請求権と契約に基づく物の引渡請求権との競合を前提とする限り、留置権と同時履行の抗弁権との競合関係を肯定せざるを得ないとする。

（6）　広中俊雄『民事法の諸問題』一〇二頁（創文社、一九九四）、沢井・注釈民法(13)二四〇、二四三頁、星野・概論Ⅳ四二、四六頁、品川孝次『契約法上巻』一八〇、一九〇頁（青林書院、一九八六）など参照。

なお、右の諸学説によって民法五三三条の類推適用が承認されている場合を例示すると、例えば継続的供給契約において毎期につき先給付義務を負担する売主が、前期分の代金未払いを理由に買主に対して今期分の供給を拒絶し得るとか、有償寄託における受寄者は寄託者の報酬支払義務が履行されるまで受寄物返還義務を拒絶し得るなどのほかに（もっとも、受寄者の受寄物返還義務は受寄物保管義務と結合し、全一体として受寄者の債務を構成するとの理由で、この債務と報酬支払義務との間に対価関係を承認する見解もある。柚木馨・叢書民法(2)一二七、一二八頁、我妻・民法講義V_3七二一頁など参照)、借地法四条、一〇条（借地借家一三条、一四条）により建物買取請求権が行使された場合における代金支払義務と建物引渡義務（および敷地明渡義務）との間、借家法五条（借地借家三三条）の造作買取請求権が行使された場合の代金支払義務と造作買取義務との間、法律行為の無効または取消による返還義務の間などがある（但し、詐欺または強迫による取消の場合には、返還義務の間に同時履行の関係を否定する異論もある。星野・概論Ⅳ四六頁参照。なお、右の場合における学説状況の詳細については、加藤雅信『財産法の体系と不当利得法の構造』四四六頁以下〔有斐閣、昭六一〕を参照)。

(7) 差し当たり柚木・前注一一七、一一八頁、沢井・注釈民法(13)二四一、二四二頁参照。

(8) 岡山地津山支部判昭和五一年九月二一日下民二七巻九―一二号五八九頁である。この事案は、Aらが共有していた本件土地がBを経てY_1へと譲渡され、その登記がY_1の妻らの名義に移された後にY_2がY_1より右土地を買い受けてXに転売し、さらにCがこれを買い受けてY_1・Y_2・X・Cの承諾の下でCへの中間省略登記がなされたところ、本件土地が既に保安林の指定を受けていたので、XがY_2との売買契約を解除してY_2に対し支払代金の返還請求をするとともに、（Y_2がY_1に支払った売買代金はY_2がXより受領した金員を当てたものであったという事実から）Y_2がY_1に対して支払った売買代金相当額の支払いを求めたというものであった。右の判決は、Y_1・Y_2間の売買契約は要素に錯誤があり無効であるとしたうえで、Y_2に無効を主張する意思がない場合には原則として第三者が無効を主張することはできないが、本件では「Y_2が返還請求権を放棄したものとは見られないこと（中略）から、Xによるこの点の主張は許される」と解し、続いて、「売買契約が、要素に錯誤があり無効である場合においても売主買主の各返還義務につき特別の事情のないかぎり民法五三三条を類推適用すべきものと解するのが相当」と述べて、Y_1がY_2より受領した売買代金の返還義務とCの登記抹消義務とは「同時履行の関係にたつ」と判示している。

(9)　必ずしも〔事例1〕の場合に匹敵する裁判例ではないが、次の裁判例はこの事例におけるAに拒絶権が付与され得るかどうかを判断するうえで参考になろう。すなわち、東京高判昭和四六年一二月二五日判タ二七五号三一三頁は、Yがその所有する土地建物につき、Aとの間で消費貸借のために代物弁済予約および抵当権設定契約を締結したものの、結局、代物弁済の予約完結により右建物は換価処分されてXが建物を取得し、Yに対して所有権移転登記手続を求めたのに対し、YはAからの精算金不払いを理由にXの登記請求を拒絶したという事案において、当該代物弁済の予約が担保権と同視し得る事実を摘示し、かつ、処分精算型の事案であると判断して、建物の引渡しを前提としたXの登記請求に対するYの同時履行の抗弁権を認めている。右の判決はいわゆる仮登記担保法の施行前の事件に関してであるが、同法三条二項が精算金の支払債務と所有権の移転登記および引渡債務との関係につき民法五三三条を準用していることに照らせば、今日においても同条の適用により同様の結論になり得る。そこで、代物弁済による予約完結の意思表示がされて仮登記担保法二条一項の通知と期間が経過し、仮登記担保設定者は所有権を失って売買契約類似の効果が生ずるならば、〔事例1〕におけるAが同時履行の抗弁権を主張してBの請求を拒絶し得る余地は認められよう。

もっとも、等しく担保権の設定に関する事案でありながら、担保権設定者が有する精算金の支払請求権と、担保権者からの譲受人が有する明渡請求権との間の同時履行関係を否定した裁判例も存する。すなわち、東京地判昭和五五年九月一日判タ四四〇号一一四頁は、X所有地の賃借人Yが同地上に建てた建物をAのために譲渡担保に供して登記名義もAに移転したところ、XがAより右建物を買い受け、登記名義も取得してYに対し建物の明渡しを求めた（Xはこの建物が譲渡担保に供されたものであるとの事実を知らなかった）という事案において、「譲渡担保権者から譲渡担保の目的物を譲り受けた者が、右担保権者が担保権設定者に対して負う清算義務を承継する場合があるかどうかの問題はさておき、少なくとも、右譲受人が譲渡担保であることを知らなかったときは、譲受人において清算義務を承継しあるいは担保権設定者から同時履行の抗弁権をもって対抗されることはないと解すべきである。」と判示している。しかし、この判決は、前記東京地裁昭和四六年判決との関係および仮登記担保法三条二項との関係で疑問なしとしない。

(10)　債務者以外の第三者に対する同時履行の抗弁権の主張を認めた裁判例は前出注(8)に掲げたほかにも見受けられる。それは東京高判昭和四四年一二月二六日判時五八一号四一頁である。この事案を簡略化して示すと、Yは自己が競落した建物をXおよびAに売却して代金を六〇〇万円と定め、即日、Xが内金四四〇万円を支払う代わりにこれと引換えにYは所有権移転登記手続をする、残代金一六〇万円はAが毎月分割で支払う（この支払いが遅滞したときは期限の利益を失う）、右残代金の支払いについてXは何ら責任を負わない旨の合意がなされた。しかし、Aは第一回の割賦金支払期日を徒過した。Xは代金四四〇万円を支払って、Yに対して建物の所有権移転登記請求をしたので、YはAに対する残代金債権のために同時履行の抗弁権を主張したところ、前記判決は、「一般に、双務契約において、互いに対価関係に立つ各債務の履行期に先後がある場合、先履行義務者は原則として履行拒絶権能をもたないのであるが、先履行義務者がその債務を履行しない間に、相手方の債務が弁済期に達した場合には、先履行義務の履行があって始めて相手方の債務の履行が可能となる等特段の事情がない限り、相手方の請求に対して、先履行義務者も同時履行の抗弁権を主張し得るものと解するのが相当である。」と判示し、続いて、「YのXに対する本件建物の所有権移転登記義務とAのYに対する一六〇万円の代金支払義務とは、本件売買契約において互いに対価関係にある」と解して、Yの右主張を認容した。

もっとも、本文でも述べたように通説は、双務契約から生じた債務の同一性があるときは、双務契約の相手方以外の者に対しても同時履行の抗弁権を主張し得ると言う。だから、例えばX・Y間で売買契約が締結されてAが買主Xの債務につき免責的債務引受けをした場合でも、Aの債務につき弁済期が到来しているならばY

は同時履行の抗弁権を主張し得ることになる。これとの比較で言えば、例えば前例でのX・A・Yが売買契約の当事者で買主の一人Xは当初から全く代金債務を負担せず、またAの代金債務に対しても全く責任を負わないとの合意を得ていた場合でも、Aの弁済期が到来しているならば同様にYは同時履行の抗弁権を主張し得ると解する余地があろう。そうだとすると、X・A・Yが一つの売買契約の当事者であり、買主の一人Xが負担した代金債務の履行を完了している場合でも（そしてXがAの債務に対し全く責任を負わない旨の合意が存する場合であっても）、Aの債務につき弁済期が到来している限り、Aの債務とYの債務とは同時履行の関係にある旨を判示した前記判決は、双務契約から生じた債権以外の債権に対してまで同時履行の抗弁権を認めたものと解することはできないであろう。

(11)　これをやや敷衍すると、「物ニ関シテ生シタル債権」のために成立するわが国の留置権制度は、フランス民法典を母法とし、これが旧民法典を経て現行民法典へと受け継がれたのであるが、特に旧民法典との比較で言えば、その債権担保編九二条一項は留置権の成立に関し、「留置権ハ財産編及ヒ財産取得編ニ於テ特別ニ之ヲ規定シタル場合ノ外債権者カ既ニ正当ノ原因ニ因リテ其債務者ノ動産又ハ不動産ヲ占有シ且其債権カ其物ノ譲渡ニ因リ或ハ其物ノ保存ノ費用ニ因リ或ハ其物ヨリ生シタル損害賠償ニ因リテ其物ニ関シ又ハ其占有ニ牽連シテ生シタルトキハ其占有シタル物ニ付キ債権者ニ属ス」と一般的に規定し、現行民法二九五条一項のように単に「物ニ関シテ生シタル債権」と簡略された表現に収束してはいなかった。すると、同条項の制定に至るまでの間でなぜ「物ニ関シテ生シタル債権」に限り留置権を認めることになったのか、という疑問に逢着しよう。これを翻って考えるならば、留置権が抽象的に右の「債権」に限定された結果、「物」のみを留置する権利として構成されたことが、同時履行の抗弁権との峻別を一そう困難にさせる原因となっているのではないかと推測できる。

また、財産取得編四七条三項は、買主が代金弁済につき「合意上ノ期間ヲ得サリシトキ」、売主は弁済を受けるまで「売渡物」を「留置」し得ると定めていたから、同項と現行民法五三三条とを比較すると、両者の間には規定上のみならず文言上も相違が存することは明瞭である。ところが、既に述べたように現行民法典では留置権は「物ニ関シテ生シタル債権」のために成立すると抽象的に規定されたが、その反面、民法五三三条が前記四七条三項とは異なった形で同時履行の抗弁権を定めたことは、留置権に関する前記規定の内容が旧民法典から現行民法典の制定に至るまでの間で実質的に変容することとなったのではないか、と憶測し得なくもない。つまり、同時履行の抗弁権を定める右の五三三条が前記四七条とは異なって制定されたという事実は、現行民法典における留置権制度に何らかの影響を与えることとなったと言い得るかもしれない。その際、同時履行の抗弁権が契約の当事者間でのみ主張し得ることを前提とするならば、右の影響は重大事であり、これを明確に認識しつつ解釈論を展開しないと前述の抗弁権と留置権との関係を明快に論ずることが不可能になりはしまいか。

(12)　薄根正男『借地・借家法（借家篇）』三三四頁（青林書院、増補、昭三五）参照。

(13)　留置権と同時履行の抗弁権との差異としては、(イ)前者は物権として物の直接的な支配という内容を有するのに対して、後者は双務契約の効力として相手方の請求に対する抗弁という内容を有する。それ故、留置権は何人に対してもこれを行使し得るのに対して、同時履行の抗弁権は契約の相手方に対してのみ行使し得るにすぎないこと、(ロ)留置権によって拒絶し得る給付は物の引渡しに限られるが、右の抗弁権によって拒絶し得る給付にはこのような制限がないこと、(ハ)留置権者の債権はその発生原因のいかんに関係ないが、同時履行の抗弁権によって保護される債権は原則として同一の双務契約から生じたものに限られること、(ニ)留置権は占有者の債権担保を目的としているのに対して、同時履行の抗弁権は当事者の一方のみが先履行を強要されることを回避する目的にあること、従って、(ホ)留置権には代わり担保による消滅が認められているのに対して、同時履行の抗弁権についてはかような消滅原因は認められないことなどが挙げられている（柚木＝高木・担保〔第三版〕

一三頁参照)。

(14)　(a)　民法五三三条適用説を纏めておこう。鈴木・講義三訂版二九七、二九八頁によれば、契約上の権利義務は理論的には契約によって律せられ、そこでの物の引渡請求権は契約に基づくから物権的請求権と考えるべきではないと解する結果、これに対抗する引渡拒絶権は、留置権ではなくて契約法の領域に属する同時履行の抗弁権であると解する。そして、留置権は当事者間に契約関係のない場合(例えば飛び込んできたボールによりガラスを割られた者が損害賠償の支払いがあるまでボールの返還を拒否する場合)とか、当初は契約当事者間の問題であったのが後に契約関係のない者の間に移行した場合(例えば時計の修繕依頼者が時計を「第三者」に譲渡し「第三者」が時計屋に時計の返還を求めた場合)であると解するから、同説は民法五三三条の適用範囲を非常に広く解釈する見解だと言い得る。また、同「留置権の内容とその効力」加藤一郎=林良平編『担保法大系第2巻』八二二頁(金融財政事情研究会、昭六〇)では、「第一次買主Bが売主Aに対して有しているのは、ナマの所有権にもとづく引渡請求権ではなく、実は売買契約にもとづく目的物引渡請求権にすぎず、しかも、Bが代金未払いである以上、Bのこの引渡請求権は、代金と引換えにのみ実現されうるという限定付のものにすぎない。そして、Bからの転買人Cもまた、Aに対する関係では、かかる限定の付された引渡請求権のみを有するという意味での不動産所有権をBから承継したにすぎず、したがって、Cの引渡請求に対しても、Aは同時履行の抗弁権を行使し得る、と解する法的構成がそれである。私も、あえて態度を明らかにせよというのであれば、この見解にくみしたいと考える。」と述べている。

(b)　清水・再構成二六頁以下は、フランスで一九一四年に公表されたカッサンの論稿(R. Cassin, *De l'exception tirée de l'inexécution dans les rapports synallagmatiques*, thèse)を丹念に紹介し、これに

基本的に同調して非競合論を展開する。すなわち、カッサンは、物と債権との間に客観的・物的な牽連関係が存する場合に留置権を認め、この権利を契約関係から独立している権利と捉えるのに対して、双務契約に基礎を置いた、債務間の相互に主観的・法的牽連が存する場合には契約不履行の抗弁が機能する、と解して両者の峻別を唱えた（カッサンの説は第二章第二節二で検討する）。

その基本姿勢に賛同する清水説は以下のように述べる。すなわち、法的牽連の場合は双務契約に基礎を置いているから、各債務が当事者の意思において対価的意義を有する場合（一方の出捐が他方の出捐と価値的に同一である場合）がこれに当たるほか、双務契約の解除、無効または取消などによる原状回復の場合、それから必ずしも厳格に対価的な牽連関係にない場合（例えば遅滞に陥った先履行義務者の遅延損害賠償債務や、不完全履行における追完給付債務などの場合）、さらには片務契約にあっても、当該契約を機縁として生じた債務（寄託、保管、使用貸借等において目的物保存のために支出された費用の償還債務など）にすぎない場合も同様に物的牽連の場合として論ずべきではないとし、ただ、かかる場合の拒絶権を同時履行の抗弁権と呼ぶことは、この抗弁権が双務契約の存在を要件とする民法五三三条の規定との関係で適切でないから、右の拒絶権を「契約上の履行拒絶権」として構成する。他方、物的牽連の関係にある債権とは、契約関係の存在しないところで生じた費用償還請求権および物より生じた損害の賠償請求権を指すから、例えば賃貸借契約において賃借人に認められる費用償還請求権（六〇八条）や、債務不履行に基づく損害賠償請求権、売主の担保責任として買主が有する賠償請求権などは、契約の存在を機縁とするので法的牽連の場合に含められると解しながら、いわゆる給付不当利得以外の不当利得、特に所有関係の場で機能する不当利得の場合（添附法の指示する賞金請求権）においては物的牽連を観念し得る、と言う。その結果、各債務が当事者の意思において対価的意義を有し、一方の出捐と価値的に同一である、いわゆる狭義の同時履行関係を法的牽連の中核として位置づけるとともに、前述したように双務契約の解除や無効または取消された場合の原状回復の関係、さらには必ずしも厳格な意味での対価的な牽連関係にない場合をも法的牽連の場合に含めて理解する。そして、この場合は「合意にもとづく契約上の債務を担保するという意味において契約関係から独立した性格をもちえない」との理由から、そこでの引渡拒絶権は留置権ではないと構成する。その際、清水説は、フランスにおけるような契約不履行の抗弁（*l'exception non adimpleti contractus*）を観念せず、民法五三三条を根拠とし、または、契約上の履行拒絶権を観念した解決を展開するのである。要するに、清水説の結論は、民法五三三条の適用領域を法的牽連の場合の中に包摂する一方、同法二九五条以下の留置権は物的牽連の場合として再構成し得ると言うにあるから、前記(a)に掲げた鈴木説との共通性を見い出すことができよう。

なお、田中清「留置権の適用領域に関する立法史的考察」秋田創刊号一〇三頁以下（一九八一）も清水説に近いと思われる。

(15)　民法二九五条適用説としては次の学説がある。

(a)　神戸寅次郎「同時履行論（二）」法協三九巻九号一五二一頁（大一〇）には、同時履行の抗弁権は「双務契約の存在及ひ其契約より生する二個の債務の存在を絶對に必要と爲すものなるか故に二個の債務の給付か相互に對価關係を爲す場合にあらされは發生することなし」とされるのに対して、留置権は「双務契約より生する二個の債務の履行に關しては假令ひ其契約か特定物を以て其物體と爲す場合と雖とも（中略）、、、、、發生することなし」（同・一五二八頁）という記述がある（但し、留置権は一個の債務を担保する目的からその効果を異時履行と解している）。その具体例としては、甲が乙から机の修繕を依頼されて負担した修繕債務は修繕料債務と対価関係に立ち、附従的債務である物の返還債務とはこの関係に立たないから、甲は同時履行の抗弁権ではなくて留置権を主張し得るとする。

(b)　川村泰啓『商品交換法の体系上』二二六頁（勁草書房、一九六七）は、留置権が例えばコーモリの修繕代金の支払いがあるまでこのコーモリの引渡しを拒絶できる権利であるとし、「同時履行の抗弁権や履行拒絶権のように双務関係を構成している対価的債務の履行を牽連させるものではなくて、『契約』関係に限っていえば、もっぱら契約関係の清算上の附随義務の履行を他方の対価的債務の履行に牽連させる制度である。」と言う。従って、「留置権は言葉の固有な意味での履行上の牽連関係の貫徹保障装置としては働く余地がない」とする（同『商品交換法の体系I』二三八頁（勁草書房、増補、一九八二））。

また、「契約上の義務であっても、それが全く対価関係に立たない場合には、同時履行の抗弁権を発生せしめない」から、賃借人の費用償還請求権に基づく賃借物の引渡拒絶権は留置権である、と解している白羽祐三「留置権・同時履行の抗弁権と不当利得」谷口知平教授還暦記念『不当利得・事務管理の研究(1)』（有斐閣、昭四五）一〇五頁も参照のこと。

(c)　三藤・判例コンメンタール③六、七頁では、「両者は、いわば一般法と特別法との関係にある、と解すべきである。わが民法においては、留置権の客体が物に限られている点で、一般法としての資格に欠けているが、この点をしばらくおき、公平の原則の現れともいうべき『牽連性』という点で両者を対比すればつぎのことがいえよう。すなわち、留置権における債権と物との牽連性については、債権が物の引渡請求権と同一の法律関係または同一の生活関係から生じたときに牽連性があると解釈されており、したがって、この『同一の法律関係』が契約である場合には、その牽連性は、同時履行の抗弁権における両債務の牽連性とほとんど同じといってよいのであるが、ただ、後者においては、加えて両債務の対価的牽連が要求されていると解すべきであり、したがってまた、そこでの『公平』ということの意味も、留置権の場合に比してより限定的である、と解すべきである」。そして、両制度の関係をかように解する結果、両制度の競合または交錯を認める通説とは異なり、「売買契約における売主にはもちろんのこと、売買契約が無効または取り消された場合の買主についても、その対価的牽連のゆえに同時履行の抗弁権がまず適用され、その限りにおいて留置権の適用は排除されるべきである」、と言う。また、厳密な意味で、双務契約から生じた対価関係にある両債務の対立とは言えない場合（例えば有償寄託における保管物返還義務と保管料支払義務など）については、「そこでは対価的牽連が認められない以上、受寄者については、留置権が適用され、寄託者については法規の欠缺の場合として債権的留置権を認めるべきであろう。ただ、この場合には、正面から法規の欠缺を認めることに躊躇を感じるならば、受託者・寄託者いずれも互いに履行拒絶権能をもつという点に着眼し、同時履行の抗弁権の関係と名付けてもよい。しかし、その場合には、この同時履行の抗弁権は、対価的牽連を要件とする狭義の同時履行の抗弁権とはあくまで区別されるべきであり、その法律関係の処理にあたっては、むしろ、留置権の規定、なかんずく消滅請求の規定などが類推適用される、と解すべきである。」と言う。

なお、沢井・注釈民法⒀二三七頁は、「通説は、同時履行抗弁権を拡張することによって、実際の不都合を是正しようとしているが、その結果、対価的債権関係と非対価的債権関係を同一視することによる新たな不都合を生じている。いかなる名称をつけるかは別として、対価的債権関係における同時履行抗弁権とは別種の、引換給付抗弁権を認めざるをえないのが、わが国の現状だといって過言ではない」と述べており、前述の三藤説と共通した視点にあると思われる。

(16)　折衷説としては次の学説がある。

(a)　白羽・前注九七頁以下参照。白羽説をやや詳しく紹介すると、同説は、「近代的な契約法の体系・機能に即していえば、同時履行の抗弁権は、単なる履行拒絶権にとどまるものではなく、有償双務契約（その典型としての売買契約）の貫徹・実現を積極的に保障する主要なカナメである。それは、双務契約の論理の中から考案され、その中にのみその固有な存在価値をもつものである。これに反して、特定の債権担保として規定されている留置権は、双務契約の論理とは別の論理である。」とし、「同時履行の抗弁権の規定をおいているわが民法の下で、双務契約の典型である売買について無条件に競合論を肯定することは妥当でない。」（同一〇一頁）と解して、売買契約の場合に非競合論を主張する。

しかし他方で、白羽説は、建物買取請求権、造作買取請求権、有償寄託および請負における報酬請求権、敷金返還請求権に関しては競合論を展開する。すなわち、建物買取請求権が行使されると売買契約と同一の効果が生ずるが、この種の借地法上の売買契約は「建物の維持と保護を目的とするところのいわゆる『社会法』的な契約関係」であって、「買取請求権（売買契約）の実現を容易ならしめることが、とりもなおさず借地法の目的に合致する。」と解し、かような「社会法」的側面を配慮して競合論を支持している（同一〇二頁）。そして、造作買取請求権についても借家法の趣旨より競合論に与する（同一〇四頁）。また、有償寄託における報酬請求権については、「理論上は双務契約の論理、したがって同時履行の抗弁権の問題であるが、その適用がメタモルフォーゼをなした結果、報酬支払義務と対価物にあらざる受寄物の返還義務との間に同時履行の関係を認めざるをえない」、との理由で政策的な考慮から競合論を主張し、請負契約における報酬支払義務や敷金返還義務の場合も同様であると解する（同一〇四、一〇五頁）。

(b)　三宅正男『契約法（総論）』五五頁以下（青林書院、一九七八）は、「所有権は『債権の効力を介して』（中略）移転するのであり、現実には売主としての引渡債務のみが外的行為の義務としてあるのだが、物が特定する場合にはその義務が同時に所有権移転を反映する、ということである。したがって、売主は売買の目的物が特定した場合でも、特定以前と全く同様に、買主の債権者または特定承継人に対する関係においても、——代金債務は無論買主が負うのであるが——代金との引換給付の義務以上に義務を負うものではない」との理由から、「買主が転売した場合には、売主に対する引渡債権は転買主に移転し、買主の通知または売主の承諾により転買主は売主に対抗（中略）することができ（四六七条一項）、売主に対し直接の引渡請求をなしうるが、売主は代金支払との同時履行を抗弁として主張できる」、とする。右に示した解釈は所有権移転に関して三宅説が唱えるシェーマを背景に構成されている。そして、後記〔事例2〕のような物の引渡しを伴わない輾転譲渡の場合には、BからCへと移転するものは所者権ではなくて所有権移転請求権であると構成したうえで、CはAが主張する同時履行の抗弁権に晒されると解しているようである（これより、三宅説には前出注(14)の(a)に示した鈴木説に通ずる特色が窺える）。

(17)　民法五三三条適用説、民法二九五条適用説、折衷説については第三章第一節二で詳しく検討する。

(18)　前出注(15)に掲げた三藤説を参照。

(19)　Aには一般に引渡拒絶権が認められてよいことに異論はあるまい。なお、不動産が輾転譲渡された場合では、鈴木禄彌「最近担保法判例雑考(8)」判タ五一一号三二頁以下（一九八四）は、転買主が（転売主が代金不払いであることにつき）悪意または有過失の場合には原売主は当該不動産の引渡しを拒絶し得ると解しており、かかる見解を支持する者が少なくない（堀龍兒「民法判例レビュー」判タ五二二号九四頁（一九八四）、甲斐道太郎「判批」民商九一巻二号二五四頁以下（昭五九）、清水・再構成二五四頁以下など参照）。右の見解は私見との比較で第三章第一節注(5)および(6)において検討する。

(20)　伊東乾＝山下正彦「判批」法研四七巻二号二三九頁（昭四九）、平田浩「判批」民商六九巻六号一〇七三頁（昭四九）、伊藤英樹「判批」愛学一七巻一・二合併号三四三頁（昭四九）、小倉顕『最高裁判所判例解説民事篇昭和四七年度』三五四頁（法曹会、昭四九）、相原東孝「判批」ジュリ八一五号六五頁（一九八四）、遠藤賢治『最高裁判所判例解説民事篇昭和五八年度』九四頁（法曹会、昭六三）、拙稿「判批」帝京一五巻一・二合併号一九四頁（昭六〇）など参照。

また、裁判例としては、最判昭和四七年一一月一六日民集二六巻九号一六一九頁、最判昭和五八年三月三一日民集三七巻二号一五二頁など参照。

（21）　著者は、これまで、物的牽連の場合には留置権が成立し得るにすぎないと解する一方で、法的牽連の場合における物の引渡拒絶権を一律に同時履行の抗弁権にほかならないと断定すべきではなく、その中には留置権と法律構成するのが適切である場合も存する旨の前提に立って種々の解釈論を唱えてきた。すなわち、第一編では、法的牽連の場合における債権を被担保債権とした留置権に限り、（さらに特定の類型に限定してのことではあるが）占有者が第三者に対して対抗できる可能性を説き、また第二編と第三編では、物的牽連の場合における債権については、占有者が留置権を第三者に対抗するという場合は生じないことを検証し、続いて第四編では、不動産執行における買受人（競落人）を相手とした留置権の主張は、買受人が（債務を負担していない）第三者の立場にある場合も認められれば、そうではなくて、買受人との間で直接の債務者となっている場合も存する旨を明らかにし、さらに前編においては、物的牽連の場合であれ法的牽連の場合であれ、占有者が留置権を契約の相手方ではない者に対して主張できない、と解されるときの法的根拠として民法二九五条二項の適用いかんを論じてきたのは、すべて、著者が物的牽連と法的牽連という概念の有用性を承認したうえで、第三者に対する留置権の主張いかんを明らかにせんとしたからにほかならず、ただ、債務者に対してであれ第三者に対してであれ、前述した形で占有者に留置権の主張を許す限り、そこでは留置権と同時履行の抗弁権とが何れも観念し得る結果となっていたのである。そうだとすると、法的牽連の場合における留置権と同時履行の抗弁権との競合関係を認めるべきか、仮にこれを否定するならば両者はどう峻別されるべきなのか、などについて問われることになろう。本編はこれに対する私見を明らかにする意図にある。

第一章　物の引渡拒絶権に関する系譜的考察

第一節　ボアソナード草案の検討

一　序

現行民法二九五条以下に定められたわが国の留置権制度は、フランスにおけるそれを基調として制定されたいわゆるボアソナード草案にまで遡り、これを基にそれ以降、幾つかの修正案が諮られてきた。ところが、当初、右の制度に対してボアソナードが抱いていた意図は、現行民法典の制定過程に伴って生じた特殊事情により、少なからず影響を受けることとなったように思われる。これを検証するため、本節では、まずボアソナード草案を掲げたうえで、この草案について注目すべき主要な点を検討しておきたい。

二　ボアソナード草案の構成

(1)　ボアソナード草案は一方で各編の中に個別的に留置し得る場合を定めていたが、他方で留置権に関する一般的な規定として一〇九六条をも備えていた。同条は次のとおりである（傍線は著者）。

Art. 1096…Indépendamment des cas où le droit de rétention est reconnu au créancier par des dispositions spêciales des Livres IIe et IIIe du prêsent Code, le même droit appartient à tout créancier, sur la chose mobilière ou immobilière de son débiteur, lorsqu'il la possède déjà en vertu d'une cause légitime, et lorsque sa créance est connexe à cette possession ou née à l'occasion de ladite chose, par l'effet soit de la cession qu'il en a faite, soit de dépenses faites pour sa conservation, soit de dommages par elle causés, lorsque le propriétaire en est responsable.

Celui qui a géré les affaires d'autrui, sans mandat ne jouit du droit de rétention, à l'égard des choses dont il a pris la gestion, que pour les dépenses nécessaires et pour celles de conservation.

同条一項に関する特色として、まず最初に同草案の構成に着目したい。けだし、これまで公にされてきた右の草案一〇九六条一項の訳出が必ずしも一致していないため、同条項の構成を巡って食い違いが生じ得ると予測し得るからである。以下にその訳出を掲げよう。

(2)　ボアソナード氏起稿『再閲修正民法草案註釋第四編』（以下、同書に示された草案を「再閲民法草案」と引用する）一五九六条は[1]次のように規定していた（傍線は著者）。

一五九六条…留置権カ此法律第二編及ヒ第三編ノ特別条例ヲ以テ債権者ノ為メニ認メラレタル場合ノ外亦債権者カ既ニ正当ノ原由ニ依リ其債務者ノ動産物又ハ不動産物ヲ占有シ且債権カ此占有ニ連繫シ又ハ債権カ債権者ヨリ為シタル其物ノ譲渡ニ因リ或ハ其物ノ保存ノ費用ノ為メニ為シタル費用ニ因リ或ハ所有者カ其物ニ生シセシメタル損害ノ責ニ任ス可キトキハ此損害ニ因リ其物ニ関シテ生シタルトキハ其債務者ノ動産物又ハ不動産物ニ付キ総テノ債権者ニ属ス

委任ヲ受ケスシテ他人ノ事務ヲ管理シタル者ハ必要ノ費用及ヒ保持ノ費用ノ為メニ非サレハ其管理シタル物ニ付キ留置権ヲ享有セス

ところが、同条一項は必ずしもボアソナード草案を的確に訳出していたわけではない旨を指摘する学説がある。[2] そして、前記の草案一項については二つの異なった訳が見受けられるので、これを以下に第一訳・

第二訳として掲げ（傍線は著者）、ボアソナード草案の構成を示すには何れの訳出が最も適切か、という点を最初に明らかにしておきたい。

第一訳…この法典の第二編および第三編の特別規定によって留置権が債権者に認められている場合のほかに、債権者が正当な原因によりその債務者の動産または不動産を占有しており且つ債権が債務者の行ったこの物の譲渡に因りこの占有に牽連し又はこの物の保存のためになされたる費用に因り若しくは所有者が責を負うところのこの物によって惹き起こされた損害に因りこの物に関して債権が生じているときは、その債務者の動産または不動産に対する留置権が総べての債権者に帰属する。(3)

第二訳…本法典の第二編および第三編の特別規定によって債権者に留置権が認められる場合の外、この権利は債権者が正当の原因により債務者の動産または不動産を占有しており、かつ、その債権がその物につきなされた譲渡により、或いはその物の保存のためになされた費用により、或いはその物の惹起した損害で所有者が責任を負う場合により、その債権が占有に牽連しまたはこの物に関して生じたときは、すべての債権者に属する。(4)

右の再閲民法草案、第一訳、第二訳の三者間において、（訳語に関する相違を除外したうえで）留置権が認められる債権がどう訳出されているかの観点から比較を試みると、右の三者は必ずしも同一の構成を採っていないことが分かる。すなわち、前記ボアソナード草案に付した┄┄線部は――線部のみを修飾するのか、それとも〰〰線部をも含めて両方に掛かるのか（┄┄線部が――線部のみを修飾するように構成しているのが再閲民法草案であるのに対して、第二訳によれば┄┄線部は――線部と〰〰線部の両方に掛かり得る）、また┄┄線部の一部は〰〰線部を、それから残部は――線部を修飾するのか（第一訳はこの構成を採っている）、の違いが三つの訳の間に存在するのである。

この点、ボアソナード草案一〇九六条一項の構成は、〰〰線部と――線部とを併置したうえで、……線部は後ろからこれを修飾している。第一訳を唱える論者は訳出の根拠をボアソナードによる注釈書の叙述に求め、彼が留置権の成立し得る債権として「物に関して生じた債権」と「占有に牽連した債権」とを列挙しながら、その具体例として最初に売買代金債権を挙げていることから、ボアソナードは「物の譲渡」による債権を「占有に牽連した債権」と理解していたと解釈しているが、(5) かような解釈に従うには決め手に欠けるように思われる。けだし、ボアソナードは確かに右の代金債権のような合意に基づく債権のために留置権が成立すると解していたものの、合意上の債権が果たして「物に関する」ものか、それとも「占有に牽連する」ものか、換言すれば、「物に関して生じた債権」と「占有に牽連する債権」という債権はいかなる基準で区分されるのかに関する説明が、そこに厳密な形で示されていないからである。(6) このことは、「物ノ譲渡ニ因リ」「費用ニ因リ」「損害ニ因リ」のすべてを、「物ニ関シテ生シタル」に掛けている再閲民法草案についても同様に妥当すると思われる。すなわち、ボアソナードの理解、ひいては彼による前記草案が「譲渡」「費用」「損害」による債権を、「物ニ関シテ生シタル債権」の具体化されたものであると断定するには決め手に欠けよう。(7) その意味では、債権が物の「譲渡」に基づいている場合は、「占有に牽連（または連繫）」している場合に掛かるのか、それとも「物に関して」生じている場合に掛かるのかを特定していない第二訳は無難な訳出と言ってよい。

もっとも、前記三つの訳出の適否は、その前提として、「物に関して生じた債権」と「占有に牽連する債権」とが、どういう内容により区分されているのかが少なからず明確にされたうえで、（時には解釈による補充を加えつつ）決せられるべき事柄であろうが、右二つの「債権」の具体的な意味に関しては次の**三**で取り上げることにし、ここでは一まず第二訳に従っておきたい。ちなみに、次節**一**および**二**で示すように、その後の立法案では、前記ボアソナード草案が（若干の字句の訂正や語順の違いなどを度外視すると）基本的に承継されており、そこでの諸案はすべて第二訳の構成を採っている。このことは第二訳の無難さを裏付けるものとして注目されてよいであろう。

三　「占有ニ牽連シテ生シタル債権」の内容

(1)　次に注目すべき二つ目としては、ボアソナード草案一〇九六条に示された「占有ニ牽連シテ生シタル債権」という債権が、具体的にいかなる債権を指しているのか、という点である。けだし、右の「債権」は、現行民法典では全く姿を消している事実に鑑みると、この「債権」の具体的な内容を明らかにしておく必要があると思われるからである。

(2)　ボアソナードが著した注釈書[8]の中には右の点を明らかにした叙述は見受けられない。しかし、彼が来日した当時のフランス学説には、留置権は単に物の所持 (détention) という事実、および、この物に牽連した債権という事実によって存在する旨が有力に主張されていたこと[9]、そして物の占有が留置権の本質であると解されていたことを併せて考えると[10]、ボアソナード草案はかようなフランス学説に少なからず影響を受けて制定されたのではないか、との予測が可能である。

また、ボアソナードによる講義（『自然法の講義』）を聴講した司法省法学校正則科の第一期生である宮城浩藏、木下哲三郎、井上操などは、後に旧民法典債権担保編に関する体系書を著しており、この体系書、とりわけ宮城浩藏が著述した体系書の中には、「債權ハ本主ヨリ義務ノ皆濟ヲ受クル迄占有スルニヨリテ擔保セラル〻所ノ者即チ占有ハ其保存費用請求ノ權利ノ確實ヲ保スル所ノ者ナレハ實ニ債權ト占有トハ相牽連シテ乖離スル「ナシ、是ヲ以テ事務管理者カ會テ本主ニ金錢ヲ貸附ケ置キタリトテ其債權ハ留置權ヲ以テ擔保セラレサルナリ何トナレハ其債權ハ管理シタル物ニ關シテ生シタルニ非ス又其占有ニ相牽連シタル所ナク全ク無關係ノ債權ナレハナリ」[11]、との記述が見られる。この記述に現れた宮城の理解は、そもそもボアソナードの理解に負うところが甚大であろう。そうだとすると、留置権の成立要件として、占有者の債権が「占有ニ牽連シテ生シタル債権」であることを要すると定めたボアソナード草案の狙いは、前例において事務管理者が貸金債権のために管理物を留置する場合はもちろん、この債権のために請負人、受寄者、（書籍などの）借主等が材料、受寄物、書籍などについて留置権を主張したとしても、かかる主張を排斥せんとする点にあったと言えそうである。[12] これを裏返して言えば、右の「債権」とは、事務管理とか契約（請負、寄託、貸借など）を原因としてある者が占有を取得した場合における、この原因に基づいて発生した債権（保存費用債権、報酬債権など）を指していることになる。

四　「物ニ関シテ生シタル債権」と「占有ニ牽連シテ生シタル債権」の関係

(1)　続いて、前記ボアソナード草案では、留置権が認められる債権は「物ニ関シテ生シタル債権」または「占有ニ牽連シテ生シタル債権」である、と定められて選択的な形式が採られているのに対し、同条について彼の注釈書では、「物ニ関シテ生シタル債権」で、かつ、「占有ニ牽連シテ生シタル債権」であると重畳的に扱われている点にも注目する必要があろう。[13]

もっとも、この点に関しても彼は注釈書の中で全く言及していないため、右の違いはどこに由来するものかが必ずしも明らかではない。しかし、「占有ニ牽連シテ生シタル債権」が前記三(2)で示した債権を意味していると解し得るならば、ボアソナードがその注釈書の中で留置権の成立する債権を示すために、前記二つの「債権」を重畳的に扱っている事実が存するとしても、この事実を重要視する必要はないと思われる。こう解する根拠を前記三(2)に掲げた事務管理者の債権を引き合いに出して以下に示そう。すなわち、事務管理者が本人に対して有する貸金債権のために管理物を留置し得ないのは、この債権が金銭消費貸借によって発生していたからである。つまり、事務管理者は管理物の占有をこの貸借関係によって取得したわけではないから、結局のところ、右の債権は「占有ニ牽連シテ生シタル債権」とは言い得ない。しかし、その反面、事務管理者の前記債権は管理物の留置をもって担保されるべき債権でもない(すなわち貸金債権は管理物に関して生じた債権ではない)から、そうだとすると、留置権をもって担保される債権を、「物ニ関シテ生シタル債権」で、しかも「占者ニ牽連シテ生シタル債権」と重畳的に表現しようと、それから反対に、これらを選択的に規定しようと結論において異ならないはずである。これより、右二つの「債権」の関係をどう取扱おうと、それは必ずしも重大な事柄ではないと言い得るのである。

(2)　ところで、前記二つの「債権」の関係は後の立法案においても必ずしも一様に扱われず、次節一で紹介するように、ボアソナード草案一〇九六条の修正案である民法草案債権擔保編一〇九六条、民法擔保編再調査案一〇九六条では、ボアソナードの注釈書におけると同様に、留置権を「物ニ関シテ生シタル債権」、および「占有ニ牽連シテ生シタル債権」のために認める立場が採られているのに対して、同節二に掲げる旧民法典の債権担保編九二条では、前述したボアソナード草案一〇九六条におけると等しく、留置権は「物ニ関シテ生シタル債権」のみならず「占有ニ牽連シテ生シタル債権」のためにも成立し得る、と選択的に規定されている。その上、次節三でも指摘するように、民法第一議案二九五条以降の立法案では、留置権が認められる債権は単に「物ニ関シテ生シタル債権」と簡略化かつ抽象化されることになり、「占有ニ牽連シテ生シタル債権」という文言は「物ニ関シテ生シタル債権」の中に包摂されてしまった。[14] とはいえ、現行民法二九五条一項にいう「物ニ関シテ生シタル債権」を解釈する際に、「物ニ関シテ生シタル債権」と「占有ニ牽連シテ生シタル債権」との関係をとやかく言う必要はあるまい。けだし、ボアソナード草案につき両者の関係をどう捉えようと結論において差異はなく、また後述するように、民法第一議案二九五条以降の立法案が前記草案を基本的に承継しており、右に掲げた二つの「債権」の取扱いについて立場を異にしないと考えられるからである。[15]

五　「物ニ関シテ生シタル債権」の内容

(1)　最後に注目すべき点として、「物ニ関シテ生シタル債権」という債権は具体的にいかなる債権を指しているか、がある。

ボアソナードによる注釈書は、既に述べたように右の債権が「物ニ関シテ」生じ、かつ、物の「占有ニ牽連シテ」生じた債権であることを要すると述べたうえで、その具体的な債権として、契約上の債権（例えば売買、和解、負担付き贈与、負担付き無名契約などより生ずる債権）[16]、債権者が債務者のためにした立替えより生ずる不当利得返還債権（使用貸借、寄託、委任、賃貸借、組合、夫婦財産契約、所有権移転契約などが解除された場合の費用償還債権など）、債務者の物から生じた損害の賠償債権（使用貸借、寄託、委任、賃貸借、組合において目的物の瑕疵より損害が生じた場合の賠償債権）などを挙げている。[17] しかし、右の「物ニ関シテ生シタル債権」

の内容が具体的にどのような基準に従って劃されるのかに関し、彼の注釈書が必ずしも十分な説明を示しているとは思われない。この点、ボアソナード草案の制定当時におけるフランスの学説が、留置権の成立に必要な右の「債権」をどう解釈していたかに着目することは、ボアソナードの理解を探るうえで大いに参考になろう。けだし、既に指摘してきたように、彼の草案一〇九六条一項はフランス留置権制度を母法として制定されたからである。

(2)　(i)　そもそもボアソナード草案にいう留置権制度は、フランスでのそれを基調として制定されたとはいえ、草案一〇九六条一項の創設自体はボアソナードによる独創的産物であった。つまり、フランス民法典は留置権に関して個別の規定が存するにすぎず、同条項のような包括的（原則的）な規定を有さなかったため、[18]留置権が認められる場合とは明示的（個別的）に規定されている場合に限られるか、[19]それとも留置権は右の明示的（個別的）な場合のほかにも認められ得るのかに関して学説上の対立があった。[20]しかし、ボアソナードが来日する頃には、留置権の成立は必ずしも明示的（個別的）に定められた場合に限られないと解することで、右の対立は一おう決着がついていたと言ってよく、[21]ボアソナードはフランスにおけるかような状況を背景に前述の草案一〇九六条一項を創設したことが窺えるのである。

(ii)　このように留置権は明示的（個別的）に定められた場合に限られないならば、翻って留置権の成立範囲いかんという問題が生じよう。この点につき、ボアソナードが来日した頃のフランスにおける学説状況はどうだったであろうか。

例えば、グラッソンは一八六二年に上梓された論文の中で次のように述べている。すなわち、留置権が法規または当事者の合意によらない限り物と債権との間に牽連関係が必要である、[22]と。このように法規または合意が存するときは必ずしも右の牽連関係がなくても留置権は認められ得るならば、彼は物と債権との間に牽連関係が存するほかにも留置権が成立し得る可能性を認めていたことになる。また、オウブリー＝ローも、占有が合意または少なくとも準契約（quasi-contrat）に関連しており、かつ、占有物に牽連する債務がこの合意または準契約に関して生じていることが権利者には必要であると解しており、[23]かような解釈に鑑みても留置権は物と債権との牽連に限らず、より広い範囲で成立し得るニュアンスが窺えるのである。加えて、ドゥモロンブに至っては、留置権が認められるための要件として、端的に、物と結合した二つの債務の相互性と、それから相互の債務が由来する共通の原因および同一のcauseの存在を挙げている。[24]

だから、当時のフランスでは、留置権が「合意」「準契約」「原因またはcause」などに基づいて認められ得る余地が、既に学説によって有力に主張されていたと言って妨げあるまい。[25]そうだとすると、ボアソナードも「物ニ関シテ生シタル債権」の範囲を広く解し、「合意」「準契約」「原因またはcause」などに基づいた留置権の成立を認める立場にあった、と推測し得なくはない。

(iii)　また、ボアソナードが留置権の認められる債権として具体的に列挙している前記の債権のうち、とりわけ売買代金債権のために留置権が認められ得ると解していたこと、しかもこの債権について留置権を認める旨の規定（ボアソナード草案一一八四条三項）[26]が特別に設けられていた、ということに留意しなければなるまい。けだし、右の代金債権については、双務契約の通則規定として、わが国の現行民法五三三条が同時履行の抗弁権を定めていることから、この抗弁権との関係をどう解していたであろうかという疑問が生ずるところ、ボアソナードは、双務契約に基づいて同時履行の原理が働く場合を留置権の典型的な一事例と捉えていたのであるから、そうだとすると、彼は右二つの拒絶権を厳密に峻別していたとは思われないだけでなく、[27]

そもそも双務契約の性質に由来する独立の制度を、同時履行の抗弁権という形で明白に認識していたとも思えないからである。(28)

右に述べたことを前提としたならば次のように解し得るのではないか。すなわち、現行民法典は双務契約から生じた債権債務の関係において同時履行の抗弁権を認めているのであるから、売買代金債権のために売主が有する物の引渡拒絶権は当然ながら右の抗弁権を意味しているはずである。ところが、ボアソナードがこの拒絶権を留置権と捉えていたならば、留置権が認められる債権の範囲はかなり広範囲に及ぶことになり、物の引渡拒絶権を彼は留置権のみをもって法律構成しようと解していたのではないか、ということである。

(1)　司法法制調査部・債権擔保編議事筆記五〇頁に掲げられた一〇九六条も本文で以下に記す再閲民法草案一五九六条と全く同様である。

(2)　清水・再構成一二五、一二六頁参照。

(3)　田中・序章注(14)一〇七頁。

(4)　清水・再構成一二四、一二五頁。

(5)　田中・序章注(14)一〇八、一〇九頁。

(6)　清水・再構成一二七、一二八頁注(2)も同旨。

(7)　第一訳を採る田中・序章注(14)一〇九、一一一頁は、ボアソナードが「『物の占有に牽連し』とは『債権者の行ったこの物の譲渡に因』るもの」であると理解していたにも拘らず、再閲民法草案は彼の理解から乖離することになった旨を述べている。ボアソナードが右の理解に立っていたとの解釈は本文にも述べたように賛同し難いところではあるが、再閲民法草案での取扱いは少なからず彼の理解から離れていたように思われる。

(8)　本文にいう「注釈書」とは、BOISSONADE, *commentaire*, t. 4および、ボアソナード氏起稿・再閲第四編を指している。なお、以下の本文で「注釈書」と言うときは同様にこれらを指す。

(9) AUBRY et RAU, *Cours de droit civil français*, t. III, 4e éd., §256 bis., p. 114. そして、後記**五**で述べるように、当時のフランスでは、物の留置が許される場合を個別に定めた諸規定のほかにも留置権は認められ得る、と解する学説が大勢を占めていた。これに与するAUBRY et RAU, *Cours de droit civil français*, t. III, 4e éd., p. 115は、留置権の広い成立を正当化するため、この権利の成立には、「所持が合意または少なくとも準契約に関連しており、かつ、所持物に牽連する債務が右の合意または準契約に関して生じたことが権利者に必要である、とすることで足りる」と説いており、L. GUILLOUARD, *Traités du Nantissement et du droit de rétention*, 2e éd., Paris, 1896, p. 356, n° 53は、物の所持と合意または準契約とが関連する右の場合を、債権と物の占有との間に牽連性が存する場合であると記している。

(10) V. E-D. GLASSON, *Du droit de rétention*, 1862, Strasbourg, p. 53. さらに、E-D. CABRYE, *Du droit de rétention*, 1860, Paris, p. 118も参照。

(11) 宮城浩藏『民法正義債權擔保編第壹巻』四七五頁（新法註釋會出版、発行年不明）。類似の記述は木下哲三郎講述『民法債權擔保編講義［巻之三］』一六頁（講法會出版、発行年不明）、井上操『民法詳解債權擔保之部上巻』五〇八頁（岡島寶文舘、明二五）などにも見られる。

(12) 木下・前注一六頁、井上・前注五〇八頁および奥田義人講述『民法債權擔保篇（物上擔保之部）』五頁（発行所、発行年ともに不明）は、債権が占有に牽連しないことを理由に本文に掲げた請負人、受寄者、借主に留置権を認めていない。

(13) 清水・再構成一二五頁以下もこの点を指摘している。

(14) 田中・序章注(14)一一九頁および清水・再構成一三六頁も旧民法典と現行民法典との比較において同様の指摘をしている。

(15)　清水・再構成一二六頁は本文に示した二つの「債権」の関係が転々した事実を重大視しているが疑問である。

(16)　売買代金債権のためにボアソナード草案一一八四条三項は売主に留置権を認めており、ボアソナードは一〇九六条によって留置権が認められる典型的な場合である旨を述べている（v. BOISSONADE, *commentaire*, t. 4, p. 203)。なお、右の一一八四条については後出注(26)を参照。

(17)　BOISSONADE, *commentaire*, pp. t. 4, 202-203; G. BOISSONADE, *Code civil de l'empire du japon accompagné d'un exposé des motifs*, t. 4, Tokyo, 1891, p. 119.;ボアソナード氏起稿・再閲第四編三六八頁、田中・序章注(14)一〇八頁、清水・再構成一二五頁を参照。

(18)　ボアソナードが留置権に関する個別規定と包括規定とを設けた理由としては、フランス民法典の解釈として留置権に関する種々の論争が生じたため、包括規定を設けることによってこれを回避しようとした意図のほかに、包括規定は国民による権利義務の理解に必要であること、留置権は占有を失うと消滅するから権利者に留置権の存在を個別に知らしめる必要があること、個別に認められた留置権はすべてが同一の内容であるとは限らないから、一般的な留置権について規定を設ける必要があることなどが挙げられている。詳しくは、v. BOISSONADE, *commentaire*, t. 4, pp. 200-202、ボアソナード氏起稿・再閲第四編三六三―三六七頁、清水・再構成一一五、一一六頁を参照。

(19)　留置権は法定された場合に限られる旨を主張するE.-D. CABRYE, *op. cit.*, p. 204は、その結果として生ずる不都合に対しては先取特権に関する規定の類推をもって対処しようとする。

(20)　この対立に関しては、田中清「履行拒絶権論(二)」名法八〇号二七二頁以下（一九七九）、清水・再構成一二一頁以下に詳しい紹介がある。

(21)　一八六九年に出版されたAUBRY et RAU, *Cours de droit civil français*, t. III, 4e éd., p. 115 notes 3 et

4には、対立した見解に従って当時の学説が具体的に列挙されており、これを見る限りにおいても、留置権は必ずしも明示的（個別的）に規定された場合に限定されない、との見解を唱えた学説が圧倒的に多数を占めていたことが分かる。

(22)　E-D. Glasson, *op. cit.*, pp. 51 et s.

(23)　V. Aubry et Rau, *Cours de droit civil français*, t. III, 4e éd., p. 115.

(24)　Demolombe, *Cours de Code Napoléon IX*, 3e éd., p. 601.

(25)　ちなみに、フランスにおける当時の裁判実務は、留置権が認められる債権は「物ニ関シテ生シタル債権」であればよい、との立場が一おう前提となっていたようである（当時の裁判例を紹介しているP. Pinot, *Essai d'une théorie du droit de rétention au point de vue législatif*, thèse, Paris, 1908, pp. 167-170および清水・再構成五四頁以下を参照）。例えば、受任者は報酬債権が履行されるまで委任事務の遂行により受領した証書を留置し得るとの結論を根拠づけるために、裁判実務は留置権に関する個別規定を類推することで右の「債権」に該当する旨の解釈を導いていた（Civ. rej, 17 janvier 1866, D., 66. 1. 76; Cpr. Civ. cass., 29 novembre 1871, D., 71. 1. 209; Dijon, 27 janvire 1887, D., 87. 2. 166; Toulouse, 16 novembre 1887, D., 88. 2. 161など参照）。しかし、厳密には、右の報酬債権が「物ニ関シテ生シタル債権」に該当すると解するのは困難である。けだし、報酬債権は委任事務の遂行に基づいて発生しているのであって、受任者が返還しなければならない証書に関連して生じた債権とは言い難いからである（v.G. Baudry-Lacantinerie, *Traité théorique et pratique de droit civil XXII*, Paris, 1899, p. 371.）。そうだとすると、裁判実務は単に物と債権とが関連する場合に止まらず、実はこれ以外の債権についてまでも留置権を認めていたと解し得るのであって（清水・再構成五四、五五頁も同旨。また、契約が無効である場合に当事者の返還義務は同時になされるべき旨を承認した裁判例——v. Civ. cass., 13 mai 1833, S. 1833. 1. 668; Civ. rej., 2 juin 1886, S. 90. 1. 379, D. 86. 1.

460——に鑑みても、裁判実務は実質的には物と債権とが関連する場合のほかにも広く留置権を認めていたと解し得る)、ボアソナード草案一〇九六条はかような裁判実務の状況をも踏まえて、留置権の成立を定めていたのではないか。こうした推論は、彼の草案が公表される前後を通してフランスの破毀院 (Civ. 10 août 1870 S. 1870. 1. 398; Req. 26 avril 1900, S. 1901. 1. 193, D. 1901. 1. 455——同判決は清水・再構成五五頁に簡単に紹介されている——; Civ. 25 janv. 1904. D. 1904. 1. 601など) が、厳密には必ずしも「物ニ関シテ生シタル債権」とは言い得ない債権について留置権を承認していた、という事実に照らしても首肯できよう。すなわち、ボアソナードが草案一〇九六条を制定した当時のフランスにおける裁判実務の状況に注目したとき、留置権が付与される債権は物と債権とが関連する場合に限られないと解する素地が、既に裁判実務の中に形成されていたように思われるのである。

(26) ボアソナード草案一一八四条は「売主ノ義務」のうち「引渡ノ義務」の箇所で次のように規定していた (同条の訳はボアソナード氏起稿・再閲第三編に記されたものをそのまま転写する)。

一一八四条…賣主ハ其合意ヲ以テ定メタル時期及ヒ場所ニ於テ賣渡シタル物ヲ現状ノ儘ニテ引渡スノ義務ヲ負擔ス但賣主其物ノ保存上ニ懈怠アリタル場合ニ於テハ買主ニ對シ賠償ヲ負擔スヘシ

又引渡ノ時期及ヒ場所ノ〻ニ關シ約定アラサル𪜈ハ第八百五十三條第六項及ヒ第七項ヲ適用ス

然レ𪜈賣主ハ其代價ノ辨濟ヲ受クルマテ賣渡シタル物ノ占有ヲ保持スル〻ヲ得但買主代價辨濟ニ就キ期限ヲ約權セシ𪜈ハ此例ニ在ラス

又賣主買主ノ爲メ代價辨濟ノ期限ヲ許諾セシ𪜈ト雖買主賣買ノ後破産シ又ハ無資力トナリ或ハ又賣買前ヨリノ無資力ヲ隱蔽シタル𪜈ハ賣主ハ賣渡シタル物ノ引渡ヲ延引スル〻ヲ得

そして、本文にも述べたように同条三項は留置権を規定したものと説明されている (ボアソナード氏起稿・再閲第三編五二六頁参照)。

(27)　清水・再構成一二七、一二八頁注(2)も、ボアソナードが留置権と同時履行の抗弁権とを厳密に峻別していたとは言い得ない旨を述べている。

(28)　フランス民法典は双務契約を礎とする同時履行の原理に基づいた制度に関し明文規定を有していない。また、ボアソナード草案が制定された当時のフランスの裁判実務も、この制度を確固たるものとして意識していたとは言い難く、そこでは、双務契約に基づく同時履行の原理が広く留置権制度によってカバーされていたと言ってよい（この点に関するフランスの裁判例については、清水・再構成五四頁およびR. Cassin, *op. cit.*, p. 156も参照）。そして、ボアソナードが物の引渡拒絶権として留置権のみを規定し、かつ、売買代金債権のために留置権を個別的に定めた背景には、右に述べた裁判実務の状況が基礎となっていると推測し得る。

第二節　その後の立法案の状況

一　法律取調委員会による立法案

(1)　法律取調委員会（明治二一年七月三〇日開会）で諮問された民法草案債権擔保編一〇九六条は、前述したボアソナード草案の修正案であり次のような体裁を採っていた。

一〇九六条…留置権ハ此法律第二編及ヒ第三編ニ於テ特別ニ之ヲ規定シタル場合ノ外亦債権者カ既ニ正当ノ原由ニ依リ其債務者ノ動産又ハ不動産ヲ占有シ及ヒ其債権カ其物ノ譲渡ニ因リ或ハ其物ノ保存ノ費用ニ因リ或ハ其物ヨリ生シタル損害賠償ニ因リ其物ニ関シ且其占有ニ連繫シテ生シタルトキハ其債権者ハ占有シタル動産又ハ不動産ニ付キ留置権ヲ有ス

委任ナクシテ他人ノ事務ヲ管理シタル者ハ必要ノ費用及ヒ保持ノ費用ノ為メニ非サレハ其管理シタル

物ニ付キ留置権ヲ享有セス

右委員会での議論によれば、例えば「物ノ譲渡ニ因リ」生じた債権とは売買契約より生じた売主の代金債権を言い、また物を「修復」したときは「物ニ関シテ」費用が生ずることになるとの趣旨が窺える。のみならず、右債権は「占有」との間にも「連繫」が必要であるとされているから[1]、ボアソナードが物の引渡拒絶権を広く留置権と捉えていたのではないかという前述（前節**五**(2)(iii)）の理解は、右の取調委員会のレベルでも基本的に妥当するように思われる。このことは、売買代金債権のために売主に留置権を認めていたボアソナード草案一一八四条三項に匹敵する規定（民法草案財産取得編六八四条）が[2]、右の法律取調委員会で諮問された草案の中に提案されていたとの事実からも首肯し得る。

(2)　法律取調委員会（明治二二年一一月二九日開会）で諮問された民法擔保編再調査案（以下、「再調査案」と引用する）一〇九六条は次のとおりである。

一〇九六条…留置権ハ本法財産編及ヒ取得編ニ於テ特別ニ之ヲ規定シタル場合ノ外債権者カ既ニ正当ノ原因ニ由リ其債務者カ其物ノ譲渡ニ由リ或ハ其物ノ保存ノ費用ニ由リ或ハ其物ヨリ生シタル損害賠償ニ由リ其物ニ関シ且其占有ニ連繫シテ生シタルトキハ其占有シタル物ニ付キ債権者ニ属ス

委任ナクシテ他人ノ事務ヲ管理シタル者ハ必要ノ費用及ヒ保持ノ費用ノ為メニ非サレハ其管理シタル物ニ付キ留置権ヲ享有セス

同条一項をこれまでの立法案と比較したとき、そこには（単なる字句の修正に留まる箇所を除外したとしても）相違が見られないわけではない。例えば、前記(1)に掲げた一〇九六条と比較してみると、同条に掲げられていた「其債務者ノ動産又ハ不動産ヲ占有シ」という文言がここでは欠落している。この点、右の委員会ではこの相違に関して全く議論がなされなかった。のみならず、そもそもここに掲げた条項に関してほとんど議論が見られなかったようである。(3) しかし、右に示した文言の欠落を重要視する必要はないであろう。けだし、次の二で掲げる旧民法典では右の文言がそのままの形で再現されているからである。なお、同時履行の抗弁権との関係についても特に変更はなかったと言ってよい。(4)

二　旧民法典

いわゆる旧民法典でも、その債権担保編(明治二三年四月二一日公布)九二条は留置権に関して一般的に規定していた。

九二条…留置権ハ財産編及ヒ財産取得編ニ於テ特別ニ之ヲ規定シタル場合ノ外債権者カ既ニ正当ノ原因ニ由リテ其債務者ノ動産又ハ不動産ヲ占有シ且其債権カ其物ノ譲渡ニ由リ或ハ其物ノ保存ノ費用ニ由リ或ハ其物ヨリ生シタル損害賠償ニ由リテ其物ニ関シ又ハ其占有ニ牽連シテ生シタルトキハ其占有シタル物ニ付キ債権者ニ属ス

委任ナクシテ他人ノ事務ヲ管理シタル者ハ必要ノ費用及ヒ保持ノ費用ノ為メニ非サレハ其管理シタル物ニ付キ留置権ヲ有セス

同条に関しては、前節四で取り上げたように、留置権が成立し得る債権として、「物ニ関シテ生シタル債権」と「占有ニ牽連シテ生シタル債権」とが選択的に規定されている、という文言上の差異のほかには同条は若干の字句の修正が見られるにすぎない。そして、右の差異は重大視される必要がないこと前節四で述べたとおりだとすると、同条は基本的に再調査案一〇九六条と変わりないと言ってよい。(5) また、売買代金債権のために留置権が認められ得るかという点についても、前記**一**で述べたことから容易に推測し得るように、旧民法典にはこれを肯定するための個別規定（財産取得編四七条三項）が設けられていた。(6)

三　民法第一議案

(1)　ところが、民法第一議案二九五条（明治二七年一〇月九日配付）では、前節**四**(2)でも触れたようにそれまでの形式とはかなり異なった体裁が採られることになった。この事実からすると同条の制定に関する民法主査会での議論は極めて重要であると思われるが、残念ながらそこでの議論を窺い知る資料は見当たらない。

二九五条…他人ノ物ヲ占有シ且其物ニ関シテ生シタル債権ヲ有スル者ハ其債権ノ弁済ヲ受クルマテ其物ヲ留置スルコトヲ得但其債権カ弁済期ニ在ラサルトキハ此限ニ在ラス

前項ノ規定ハ占有カ不法行為ニ因リテ始マリタル場合ニ之ヲ適用セス

本条を旧民法典までの立法案と比較して両者の間に存する特に顕著な差異を列挙すると、(イ)旧民法典に掲げられていた「債権者カ既ニ正当ノ原因ニ由リテ」という文言は、これまで繰り返し挿入されてきたにも拘らず右の二九五条では欠如していること、同様に、(ロ)旧民法典にいう「債権者ノ動産又ハ不動産」という字句も欠落し、前記二九五条では単に「他人ノ物」という表現に代わっていること、(ハ)旧民法典まで留置権が認められる債権が具体的に列挙されていたのに対して、前記二九五条では単に「他人ノ物ヲ占有シ且其物ニ関シテ生シタル債権」と抽象化されていること、などである。そして、同条以後はこの体裁が維持されていくことからすると、翻って、一体このような変更が加えられた理由はどこに存したのか、特に「他人ノ物ヲ占有シ且其物ニ関シテ生シタル債権」と表された債権は、これまで捉えられてきた債権と基本的に異なるものかなどの疑問が生じ得る。これらの諸点については、次の**四**において起草過程の中で示された説明や起草委員の著による体系書などを参考に検討を試みることにする。

(2)　なお、第一議案五三一条は現行民法五三三条と全く同様の規定となっており、「留置」という文言自体がこの五三一条から欠落していることに鑑みても今までとは大いに一線を劃している。すなわち、現行民法典におけると同様に、双務契約の性質に由来する履行拒絶権として同時履行の抗弁権に関する規定が設けられたのであって、売買代金債権のために認められる物の引渡拒絶が、留置権行使の典型的な一事例と捉えられてきたこれまでの留置権制度は、この第一議案の出現により大きく変容が迫られることになったと言って妨げあるまい。けだし、売買代金債権のために許される物の引渡拒絶が右の抗弁権によるものとして扱われるならば、その限りで留置権の認められる範囲は狭くなることが予想されるからである。そして、前述した民法第一議案の形態は、次の法典調査会での議論を経て現行民法典に至るまで全く同様に受け継がれることになる。

四　法典調査会での議論

(1)　法典調査会（明治二七年一〇月一六日開会）で検討された二九五条（以下、「草案二九五条」と略する）は、前述したように同時履行の抗弁権を定めた五三一条とともに第一議案と全く同様の規定であった。そして、前記**三**でも指摘したように、旧民法典までの留置権制度と第一議案以降のそれとは形式上は一線を劃していると言い得るので、そうだとするとその原因はどこに求められるのか、である。すなわち、留置権が認められる債権は、単に「他人ノ物ヲ占有シ且其物ニ関シテ生シタル債権」と抽象化・簡略化されたが、その理由はどこに見出され得るのか、また右の債権はこれまで捉えられてきた債権と基本的に異なるのであろうか、などの疑問が生じてくるのである。

右の疑問について、起草過程における起草委員の説明やこの委員によって著された体系書の中から彼らの抱いていた意図を探ると、次のことが明らかになる。すなわち、起草委員は草案二九五条が旧民法九二条の字句に修正を加えたにも拘らず、その主義においては「酷ドウ違ウコトハナイ」と述べている。(7) また、留置権が認められる債権を、「他人ノ物ヲ占有シ且其物ニ関シテ生シタル債権」と抽象化かつ簡略化したことについて、起草委員は次のように述べている。すなわち、旧民法九二条によれば、留置権は「譲渡」とか「保存」の費用や「損害賠償」などに関する債権に限って認められるかのようであるが、それ以外の債権（例えば「改良」とか「事務管理」による債権など）を、前記債権と区別する必要はない旨を起草委員は述べたうえで、「可成非常ナ理由ガナケレバ苟モ権利ヲ認メタ以上ハ同様ニ其恩恵ヲ与ヘタ方ガ宜シイト云フ主義カラシテ改良ト事務管理ノ場合ハ皆此中ニ含ムヤウニ債權ト斯ウ簡單ニ書キ流シタノデアリマス(8)」、と説明している。

以上の理解を前提に現行民法二九五条が制定されたのであるが、そこでは、草案二九五条に示された「他人ノ物ヲ占有シ且其物ニ関シテ生シタル債権」という文言はさらに簡素化され、結局、現行民法典は留置権が成立し得る債権を単に「其物ニ関シテ生シタル債権」と表現するだけで落ち着くこととなった。

(2)　ところで、民法第一議案の制定以降、双務契約の性質に由来する履行拒絶権として、同時履行の抗弁権に関する一般的な規定（第一議案五三一条、現行民法五三三条）が挿入されることとなった。しかも、この規定は、ボアソナード草案以降の留置権制度がフランスにおけるそれを基調としてきたこととは異なり、主としてドイツ民法典の第一草案三六二条、同三六四条および第二草案二七一条一項に倣ったものであった。(9) そして、これらの草案は双務契約から生じた債務に関する履行拒絶の抗弁を定めていたのである。

もっとも、右のドイツ民法草案は双務契約の性質および構造に関して明文を設けていないため、学説および実務は個々の規定からこれに関する解釈を導かなければならなかった。(10) 例えば、三六二条では、法規および契約による取決めの場合を除けば、双務契約は引換えで、すなわち交換的に同時履行されなければならない旨の原則が表わされている。そして、この原則は双務契約の本質と一致するのみならず、(反対給付の準備とか提供といった不確定な要件に代わり、義務負担と権利とが引換給付の関係に置かれることによって)契約当事者の双方の利益と信頼に対しても合目的的に奉仕する。(11) だから、同条は双務契約から生じた契約当事者の請求権が反対給付に対する給付に向けられていると理解されるのである。(12) また、双務契約から生じた債務の引換給付を定めていた前述の三六四条に関しても、右契約における当事者の一方が先給付を負担していない限り、双務契約の性質に従い、相関的な (wechselseitig) 給付が要求されているとの意味でのみ給付拒絶は正当化される。(13)

(3)　ところで、わが国の現行民法五三三条は前述したようにドイツ民法草案に倣い、双務契約から生じた債務間の交換的・相関的な履行関係を前提とするのであるが、ここにいう双務契約をどう捉えるかにより同条の適用領域には広狭が生じ得ることになる。例えば、現行民法典を起草した一人である富井政章は、双務契約とは「契約ニ依ツテ双方ガ義務ヲ負フト云フ場合」であると解し、双務契約であるかの判断は、「事實ニ依テ極メナケレバナラヌコトデアツテ一般ニ極メルコトハ出來得ナイト思フ」と解しながらも、例えば負担付き贈与のような契約にあっては「概シテ然ウ云フ場合ハ双務契約ト云フ方ガ宜カラウ」と述べているなど、(14) 民法五三三条にいう「双務契約」に対する理解は広いようである。また、梅謙次郎は、双務契約を「其成立ニ因リテ直チニ當事者雙方ニ債務ヲ負擔セシムルモノヲ謂フ」と定義づけ、例えば売買、賃貸借、組合等のほかに使用貸借もこれに含めている。(15) これより推論すれば、彼も同条の適用がある双務契約を広く解していたと考えられる。とはいえ、民法五三三条の規定が双務契約から生じた債務間の特殊な履行関係を基盤としている、ということを否定し得ない。だから、その後の学説はかかる基盤の存在を前提に同条の直接適用を論じてきたのである。(16)

（1）司法法制調査部・債権擔保編議事筆記五二頁の南部委員、栗塚報告委員などの発言を参照。
（2）民法草案財産取得編六八四条は次のように定めていた。
六八四条…売主ハ売リタル物ヲ其合意セラレタル時期及ヒ場所ニ於テ其現存ノ形状ニテ引渡スノ責ニ任ス但保存ニ付キ懈怠アル場合ニ於テ買主ニ対スル賠償ヲ妨ケス
引渡ノ時期及ヒ場所ニ付キ合意アラサルトキハ第三百五十三条第六項及ヒ第七項ヲ適用ス
然レトモ若シ買主カ代価ノ弁済ニ付キ合意上ノ期間ヲ得サリシトキハ売主ハ其弁済ヲ受クルマテ物ノ占有ヲ留置スル事ヲ得
売主ハ代価ノ弁済ノ為メ期間ヲ許与シタルトキト雖モ若シ買主カ売買ノ後破産シ若クハ無資力トナリ又ハ売買ノ前ニ係ル其無資力ヲ隠秘シタルトキハ尚ホ引渡ヲ遅延スル事ヲ得
（3）司法法制調査部・擔保編再調査案議事筆記四八頁参照。
（4）財産取得編の再調査案六八四条は前出注(2)に紹介した民法草案財産取得編六八四条の字句を修正して存置されていた。
六八四条…売主ハ売渡物ヲ其約束シタル時期及ヒ場所ニ於テ現存ノ形状ニテ引渡スノ責ニ任ス但其保存ニ付キ懈怠アルトキハ買主ニ対シテ賠償ヲ負担ス

引渡ノ時期及ヒ場所ニ付キ約束セサリシトキハ第三百五十三条第六項及ヒ第七項ノ規定ニ従フ

然レトモ買主カ代金弁済ニ付キ契約上ノ期間ヲ得サリシトキハ売主ハ其弁済ヲ受クルマテ売渡物ヲ留置スル事ヲ得

売主ハ代金弁済ノ為メ期間ヲ許与シタルトキト雖モ買主カ売買後ニ破産シ若クハ無資力トナリ又ハ売買ノ前ニ係ル無資力ヲ隠蔽シタルトキハ尚ホ引渡ヲ遅延スル事ヲ得

(5) もっとも、留置権を定めた個別の規定に関し、旧民法典はフランス民法典との間に多くの特徴を示していたようである。その詳細は清水・再構成一二〇、一二一頁を参照。

(6) 財産取得編四七条は前出注(4)に紹介した財産取得編再調査案六八四条とほとんど同じである。四七条…売主ハ売渡物ヲ其合意シタル時期及ヒ場所ニ於テ現存ノ形状ニテ引渡ス責ニ任ス但其保存ニ付キ懈怠アルトキハ買主ニ対シテ賠償ヲ負担ス

引渡ノ時期及ヒ場所ニ付キ合意ヲ為ササリシトキハ財産編第三百三十三条第六項及ヒ第七項ノ規定ニ従フ

然レトモ買主カ代金弁済ニ付キ合意上ノ期間ヲ得サリシトキハ売主ハ其弁済ヲ受クルマテ売渡物ヲ留置スルコトヲ得

売主ハ代金弁済ノ為メ期間ヲ許与シタルトキト雖モ買主カ売買後ニ破産シ若クハ無資力ト為リ又ハ売買前ニ係ル無資力ヲ隠蔽シタルトキハ尚ホ引渡ヲ遅延スルコトヲ得

(7) 司法法制調査部・議事速記録2三二八頁。

(8) 司法法制調査部・議事速記録2三二九頁参照。

(9) 梅・要義債権編四一二頁は、民法五三三条が「獨逸法其他ノ例」に倣った規定であると言い、また富井政章は、草案五三一条（現行民法五三三条）に関する起草説明の中で、同条のような規定があるのは「澳太利民

法瑞西債務法モンテネグロ財産法獨逸民法草案竝ニ印度契約法抔」であると述べながらも（司法法制調査部・議事速記録3七六二頁参照）、同「雙務契約ニ於ケル同時履行ノ抗辯權ト留置權トノ關係」法曹記事一六巻一一号二一頁（明四〇）は、「我カ民法ニ於テハ第五百三十三條ノ規定ヲ獨法ニ採リタル」と記している。

なお、第一草案三六二条、同三六四条および第二草案二七一条一項は次のように規定していた。

三六二条…双務契約は、法または契約で別に明示されていない限り、契約締結者によって相互に同時（引換）履行されなければならない。

三六四条…一つの双務契約から生じた自己の負担する給付を、反対給付を受領する（empfangen）前に請求された者は、先給付義務を負担していない限り、自己に帰すべき給付が引き起こされるまで請求された給付を拒絶できる。

二七一条一項…双務契約につき各当事者は、先給付義務を負担しない限り、反対給付の実現まで自己が負う給付を拒絶し得る。数人に対して給付をなすべきときは、反対給付のすべてが実現されるまで各人に帰属する部分の給付を拒絶し得る。二三〇条二項の適用はない。

(10) Vgl. B. Mugdan, Die gesamten Materialien zum bürgerlichen Gesetzbuch für das deutsche Reich, Bd. 2, 1979, Neudruck der Ausgabe Berlin 1899, Scientia Verlag Aalen, S. 110.

(11) Vgl. B. Mugdan, a.a.O. S. 110f.

(12) Vgl. B. Mugdan, a.a.O. S. 632.

(13) Vgl. B. Mugdan, a.a.O. S. 111.

(14) 司法法制調査部・議事速記録3七六三頁。

(15) 梅・要義債權編四一一頁参照。

(16) 岡松・民法理由下巻三七五頁、石坂音四郎「契約不履行ノ抗辯ヲ論ス」新報二五巻七号一頁、八号二九頁

（ともに大四）、村上恭一「同時履行ノ抗辯」新報三〇巻一〇・一一号四一頁以下（大九）、神戸・序章注(15)一五二一頁以下、柚木馨「雙務契約に於ける履行に關する牽連性」国民経済雑誌六〇巻二号二二六頁以下（大一一）など参照。要するに、民法五三三条も、いわゆる不完全双務契約から生じた債務の相互間には適用がない（沢井・注釈民法(13)二四〇頁参照）。ただ、梅・要義債權編四一四頁も、同条は「極メテ公平ナルモノニシテ雙務契約以外ノ場合ニ於テモ往往同一ノ規定ニ従フヲ至當トスルコトアリ是レ第五百四十六條、第五百七十一條及ヒ第六百九十二條ニ於テ本條ノ規定ヲ準用スル所以ナリ」と述べており、今日の学説も、双務契約における、いわゆる本体的債務の相互間でない場合にも、公平性の観点から、同条の準用または類推適用による方法で当該債務の間に同時履行の関係を認めている（序章注(6)参照）。

第三節　まとめ

一　序

前節では、主として、ボアソナード草案から現行民法典までの留置権の成立に関する一般条項を概観してきた。この間の立法形態を留置権が認められる債権に関する条文上の表現に着目して分類すると、それは大きく三つに分けられよう。すなわち、(イ)旧民法典の債権担保編九二条に至るまでの体裁であり、そこでの特色は表現上も構成上も基本的にはボアソナード草案に近く、留置権が認められる債権を列挙するなどかなり具体化された形態を採っていたという特色が存する。次に、(ロ)民法第一議案二九五条および草案二九五条で採用されている形態であり、そこでは「他人ノ物ヲ占有シ且其物ニ関シテ生シタル債権」と簡略化された表現になっている。最後に、(ハ)現行民法二九五条のように「其物ニ関シテ生シタル債権」と最も抽象化された表現が用いられている形態である。

ところで、右の(イ)〜(ハ)間を比較したとき、既に指摘してきたように、旧民法典までと民法第一議案以降との間、すなわち(イ)と(ロ)以降との間には甚だしい法形式上の違いが見受けられた。それは、留置権が成立する債権に関して旧民法典まで具体的に定められていた規定上の体裁が後に一変したということであり、そこには右の債権についての簡略化が目指された意図が窺える。この簡略化は現行民法典の起草に至るとさらに拍車がかかり、できるだけ原則論を明示するに止めるという起草方針がここにも活きていることが分かる。すなわち、現行民法典は前記(ロ)における立法案、とりわけ草案二九五条の字句につき修正を施したにすぎなかったにも拘わらず、現行民法二九五条一項は留置権が認められる債権を端的に「物ニ関シテ生シタル債権」と表現したからである。その結果、旧民法典の段階まで明確に掲げられていた、「占有ニ牽連シテ生シタル債権」に基づく留置権を示す文言は同条項から欠落することになった。

しかし、前節**四**(1)で述べたように、現行民法典の起草委員は旧民法典との同一性を説き、また旧民法典で留置権が認められる債権を広く「物ニ関シテ生シタル債権」と表現したと説明していることからすると、――旧民法典が「物ニ関シテ生シタル債権」および（または）「占有ニ牽連シテ生シタル債権」のために留置権を認めていたが――現行民法典に至っては、その二九五条一項にいう「物ニ関シテ生シタル債権」の中には「占有ニ牽連シテ生シタル債権」が含まれている、と解して妨げあるまい。(1)ところが、同条項が、「占有ニ牽連シテ生シタル債権」のためにも留置権が成立し得る旨を明示しなかったという事実は、この権利によって担保される債権とはいかなる債権か、という解釈問題を設定するうえで一つの特色を決定づけることとなった。それは、右のように簡略化が進んだ結果、わが国では留置権が認められる債権は悉く「物ニ関シテ生シタル債権」の解釈によって定まる、ということである。

二　フランス法およびドイツ法の影響

(1)　ところで、右の「物ニ関シテ生シタル債権」に関する解釈は留置権が成立し得る領域を劃することに直結する。そして、フランス留置権制度に端を発しているわが国の留置権制度は、当初はかなり広い領域で機能することが予定されていたと言ってよい。その顕著な例を挙げると、例えば売主が代金債権のために売買物の引渡しを拒絶する権利は留置権の機能する一事例として位置づけられていた、などである。この点、右制度の制定に影響を与えたフランスでは、契約不履行の抗弁（*l'exception non adimpleti contractus*）なる概念との峻別に関して論争が生じ、[2] その結果、留置権の機能する領域を広く承認するか、それとも比較的制限した解釈を採るかなどを巡って学説による論争が展開することになった。かような論争がフランスで自由に展開できた背景には、フランス民法典には留置権に関する一般的な規定が存在しなかったという一事だけでなく、契約不履行の抗弁に関する規定すら欠落していたという特殊事情によるところが大きい。これに反して、わが国の現行民法五三三条は、前節**四**(2)で指摘してきたように、主としてドイツ民法典の第一草案三六二条および第二草案二七一条一項に倣って制定されたため、右の五三三条が規定する同時履行の抗弁権は、フランスにおいて解釈により存在が承認されている契約不履行の抗弁と必ずしも同列に論じ得ない。すなわち、後者は解釈によって比較的自由に範囲を劃し得るのに反して、わが国の民法五三三条にいう抗弁権は双務契約を基礎とし、かつ、二つの本体的な債務間で機能する拒絶権として構成されている。

かような両者の差異に着目したとき、フランスにおける前記の学説を裸の状態で参考にするわけにはいかないのである。つまり、物の引渡拒絶権について留置権と契約不履行の抗弁との関係を論ずるフランス学説を、わが国における留置権と同時履行の抗弁権との関係という問題にそのままの形で置き換えたならば、民法五三三条に関する従来の適用解釈との乖離が生じかねないことに注意しなければならない。

(2)　以上に述べてきたように、わが国の留置権制度は一貫してボアソナード草案に見る留置権制度を基本としてきた。ただ、そこでは、前述したように、双務契約に基づいて生じた債務相互の履行拒絶に関する一般的な規定についての認識が前提とされていなかった、と言えよう。だから、例えば売主が代金債権のために目的物の引渡しを拒絶する権利は、ボアソナード草案一〇九六条一項に端を発している留置権制度の下で根拠づけられてきたとはいえ、そもそも右の草案には双務契約に基づいた債務相互の履行拒絶に関する認識が欠如していたのである。一方、後に制定されたわが国の現行民法典は、ドイツ民法草案に倣い、双務契約の性質に基づいた履行拒絶権を五三三条に設けた。同条は非常に狭い範囲での適用を前提としていたので、従来の学説はその立法経緯に忠実な解釈を中核に据えたうえで展開してきたこと既に指摘してきたとおりである。このように、現行民法典の中には、フランス法的な留置権制度と、それからドイツ法的な同時履行の抗弁権制度とが導入された結果、法体系を異にした二つの物の引渡拒絶権が併置されることとなったのである。

三　問題の特殊性

以上に述べたように、わが国に設けられた物の引渡拒絶権に関する諸規定を系譜的に考察したとき、次のことが浮き彫りになろう。すなわち、わが国において留置権と同時履行の抗弁権との関係、ひいては物の引渡拒絶権が機能する領域を明確に位置づけようとするならば、一方で、わが国の留置権制度がフランスにおけるそれを母法とし、ボアソナード草案を経て現行民法典へと継受されたと言い得るものの、民法五三三条の出現により、フランス民法上の解釈論に無条件に追随するわけにはいかない事情が形成されたことである。また他方で、わが国の現行民法典がドイツ法的な同時履行の抗弁権制度を取り入れたとの一事をもって、直ちにドイツ法に倣った物の引渡拒絶権を法律構成してよいものかに対しては、留置権制度に関するドイツとわが国との比較法的考察を必要とし、両者の間に存する違いを十分に配慮して慎重に対処されなければならないことである。そうだとすると、わが国における物の引渡拒絶権を考察するに際し、ドイツ法およびフランス法の何れか一方に傾斜した解釈論を展開することは、わが国における物の引渡拒絶権の機能領域を論ずるうえで一面的な解釈に陥り易く、必ずしも適切な解釈姿勢とは言い得ないのではないかと思量される[3]。けだし、フランス型の留置権制度とドイツ型の同時履行の抗弁権制度との並存は、わが国における物の引渡拒絶権を論ずるうえで独自の観点からの考察を必要とする事態を招いた、と解さなければならないからである。

もっとも、わが国の現行民法典が右の各制度を導入したために、わが国において両者の関係を論ずることが困難を来すことになった要因は、より具体的な形で探求されなければなるまい。そこで、次章では、ドイツおよびフランスにおける、物の引渡拒絶に関する制度または解釈学の対峙的な状況を、ある二つの対局的な解釈姿勢の分析を通して眺める。そして、これとの比較によって右の要因を具体的に明らかにすることとし、併せてわが国における物の引渡拒絶権が今後いかなる方向の下で論じられるべきか、について検討を試みることとしたい。

（1）「占有ニ牽連シテ生シタル債権」が債権と物の占有との牽連関係を定めたものと捉えるならば、従来、学説が留置権の成立につき右の牽連関係を要しない（富井・原論第二巻三一八頁、我妻・民法講義Ⅲ三五頁、松坂・民法提要二三三頁など参照）、と解してきたこととの間に食い違いがありはしまいか（すなわち、「占有ニ牽連シテ生シタル債権」のために留置権が成立し得る旨を明示していた、ボアソナード草案以来の留置権制度との間で齟齬が認められはしまいか）。すなわち、元来、「占有ニ牽連シテ生シタル債権」に該当しないために留置権が成立し得ない場合とは、例えば事務管理者が本人に対して有する貸金債権のために管理物を留置するなどの場合を指している、と考えられた（第一節三(2)参照）。ところが、右の学説は債権者が債務者の下で修繕した物を後に何らかの事情で占有するようになった、という場合を例示して前記の牽連関係を不要と解しているのであるから、そうだとすると、これら二つの場合は根本的に区別されて扱われなければなるまい。いささか補足すると、「占有ニ牽連シテ生シタル債権」とは、事務管理とか契約（請負、寄託、貸借など）というような同一の法律関係を原因としてある者が物の占有を取得したという場合における、この原因に基づいて発生した債権を指しているのであって、前例における貸金債権は右の「債権」に該当するものではないこと多言を要しないであろう。これに反して、前述の学説が例示している修繕債権の場合では、（債権者が物の占有を修繕後に再取得したとはいえ）修繕債権と最初の占有取得は同一の修繕契約に起因して発生している関係にあるから、この債権はもとより「占有ニ牽連シテ生シタル債権」に該当する債権だと言うことができる（つまり、右の学説は、最初の占有原因より生じた債権のために、後に改めて占有した物に対してまで留置権の成立を認めて占有と債権との牽連関係を不要と解しているにすぎず、一度限りの占有において、その原因とは無関係に発生した債権に対してまで留置権の成立を認めようとの趣旨にあるわけではない）。そうだとすると、前例として挙げた二つの場合（貸金債権と修繕債権に関する二例の場合）は区別して論じられることを要し、右の「債権」は前記学説が解しているような債権と物の占有との牽連関係を意味してはいない、と言うべきである（清水・再構成一四六頁以下は、「占有ニ牽連シテ生シタル債権」の意味を前述した学説の説く牽連関係と同義に扱っているが、右に述べたことから適切な理解に基づいているとは言い難い）。

（2）　この論争に関しては清水・再構成一二頁以下に詳しい紹介がある。

（3）　篠塚昭次＝川井健編『講義物権法・担保物権法』一八一頁〔清水元〕（青林書院新社、一九八二）は、「『牽連性』概念の再構成のためには安易なドイツ法の規定および理論の転用ではなく、むしろ引渡拒絶権の構成を採るフランス法の構成の中にその解決の基礎を見出すべきであろう。」と述べている。しかし、牽連性に関する判断は、留置権と同時履行の抗弁権との関係を明らかにしたうえで論じられなければならない要素が多分に含まれているところ、現行民法五三三条が本文にも述べたようにドイツ法を継受したことより右の関係は交錯し、この影響を受けて牽連性の判断にはわが国独自の特殊性が備わることになったのである。このことを踏まえたならば、「フランス法の構成の中にその解決の基礎を見出すべきであろう」とは言い得ないように思われる。

また、学説には、現行民法二九五条にいう「物ニ関シテ生シタル債権」を明らかにするとの目的から、旧民法典に具体的に列挙された債権や個別規定などを参照し、これらを基礎に右の「債権」の具体化を試みる見解が見られる（例えば、篠原弘志「留置権の成立要件」高梨公之ほか『民法の基礎知識⑵』八二頁以下〔有斐閣、一九六五〕、田中・序章注(14)一〇三頁以下など参照)。前述したように、現行民法典の起草委員が旧民法典における留置権制度との同一性を認識していた以上、これを背景に旧民法典に解決の糸口を求めようとした学説の姿勢は、少なからず評価されてよい。しかし、旧民法典に設けられた諸規定のみを根拠に「物ニ関シテ生シタル債権」の明確化を試みようとするならば、それは民法五三三条の適用範囲との関係でやはり一面的な解釈だと言えよう。

第二章　ドイツ的解釈論とフランス的解釈論の比較

第一節　ドイツ的解釈論

一　序

前章で述べたように、わが国における物の引渡拒絶制度の置かれた状況が、フランスおよびドイツにおけるそれとは異なっており、留置権と同時履行の抗弁権との関係、ひいては両者の機能領域を論ずるうえで、右の何れかに傾斜した解釈方法が必ずしも適切とは言い難いならば、翻ってわが国の民法二九五条と同法五三三条の適用はどう調整されるべきなのか、である。

ところが、わが国では、前述した物の引渡拒絶制度について、これまでドイツ的またはフランス的な解決に視座した解釈論が展開されたことがある。すなわち、前記二つの拒絶権が民法典に併置されたことにより、物の引渡拒絶に関して法の欠缺が存するかの如き前提に立って各拒絶権の関係を論ずる学説、やや具体的に言えば、契約を基盤として発生した債権のために物の引渡拒絶が許容されてよい場合を（意識的に、または無意識的に）法の欠缺の如く捉え、ドイツ的またはフランス的な解決に引き付けて、この欠缺を右にいう二九五条一項の適用に服して解決すべきか、それとも前述した五三三条の適用による解決を図るべきか、という形でどちらか一方の適用に取り込んで解決を図る学説が存するので、これを以下に検討してみたい。

二　ドイツ法的な学説

(1)　まず最初に、現行法上、留置権が認められている「物ニ関シテ生シタル債権」についてはできる限り広義に解釈し、例えば物の引渡拒絶が問題になるときの拒絶権はすべて留置権であると構成する見解についてである。右の解釈はわが国の留置権制度をドイツ民法典に定められた留置権制度に近づけたものと言うことができ、実際、現行民法典の起草委員の一人であった富井政章が後に論稿を著して唱えた見解である。[1]この見解を一瞥すると、彼は、ドイツ民法典における留置権制度が物と債権との牽連でなくて債権相互の牽連を必要とする履行拒絶権であり、フランスにおけるような有体物に対する権利ではないこと、つまり債権的効力を有するにすぎない権利である旨を指摘するとともに、かような留置権制度が最もこの権利の趣旨に適合することを理由に、「物ニ関シテ生シタル債権」を最広義に解釈すべきであると主張した(従って、売買代金債権も「物ニ関シテ生シタル債権」であるとする)。こう解さないと、例えば双務契約の債権者である売主・運送人などが物権としての留置権を有しないのに対して、物に費用を支出した単なる占有者はこの権利を有するという奇妙な結論を招くからである、と言う。その結果、富井は、留置権が同時履行の抗弁権に酷似することを認めながら、両者の関係について次のように述べている。すなわち、留置権と同時履行の抗弁権とは画然と分立する制度ではなく、契約当事者の一方が有体物の引渡しを拒むときは留置権の問題であるのに対して、双務契約の一方当事者が権利を行使するときはこの種の契約に関する法理に基づいて解決をなすべきであり、右の当事者は同時履行の抗弁権を主張し得るにほかならない[2]、と。

このように、わが国の留置権制度をドイツにおけるそれに近づけて構成しようとする右の解釈は、その後、多くの学説によって基本的に受け継がれてきたと言ってよい。すなわち、序章一(2)で示したように、従来の通説は民法二九五条一項にいう「物ニ関シテ生シタル債権」を、(イ)物自体から生じた債権と、(ロ)物の返還請求権と同一の法律関係または同一の生活関係から生じた債権とに区分して論じてきたが、かかる区分の中にもドイツ留置権制度への接近または傾斜という側面を垣間みることができるのである。[3] けだし、序章二(1)でも指摘したように、右の(ロ)に示された債権とは、物の返還請求権という債権と占有者の反対債権との関連が問われているからである。

(2)　しかし、このように留置権の機能する領域が拡張された結果、同時履行の抗弁権との競合関係が承認されることになった。つまり、通説は、一方で民法五三三条の直接適用に関する従来の解釈をそのまま維持する前提に立ちながら、他方で、この解釈によっては解決を図れない物の引渡拒絶の場合を民法二九五条一項の適用に係らしめ、その具体的な解釈手法として同条項にいう「物ニ関シテ生シタル債権」の拡張解釈を用い、これによって調整を図ろうとする。その必然的な帰結として右の拡張解釈は前記「債権」を曖昧にする結果を招いたのである。

三　批判的考察

(1)　しかし、わが国の留置権制度をドイツにおけるそれに倣って構成する右の解釈には疑問なしとしない。けだし、ドイツとわが国との法制度を比較したとき、両者間に見られる次のような差異は無視されるべきではないと考えるからである。すなわち、ドイツにおける同時履行の抗弁権も、わが国におけると同様に双務契約の効力として認められ、右の契約より生じた二つの債務は相互に対立していることを要し（相互性の要件）、本来、契約の相手方に対してのみ右の抗弁権は行使され得るにすぎない。そして、留置権制度においてさえも右の要件が厳格に貫徹されているドイツ民法典の下では、物の引渡拒絶が認められて然るべき場合においては、前述した要件に抵触しないよう立法的な措置が施されている。例えば第三者が占有する動産を譲渡するときは、その引渡請求権の譲渡という形式を通して実現され得る（九三一条）。つまり、動産所有権の移転は物権的合意と引渡しとによってなされるのが原則であるが、第三者の占有する動産については、現実の引渡しに代えて、目的物の引渡請求権の譲渡を通して実現されるので、この請求権に付着している抗弁は当然に譲受人に対しても接続され得る（九八六条二項参照）。だから、ここでは留置権の対抗力という概念を用いた解決がなされてはいない。(4)

また、不動産の譲渡に関して言えば、本来、その所有権の移転は物権的合意と登記簿への登録によって成立する。これを不動産売買の例で示すと、原則として売主の引渡義務と買主の代金支払義務とは同時履行の関係に立つとはいえ、(5)一たび買主のために登記簿への登録手続が完了したならば、もはや不動産の処分権原は買主へと移転し得る。だから、売主は買主から代金支払いがなされるまで不動産の引渡しを拒絶し得るものの、買主から不動産を譲り受けた者が登記名義を得て（つまり所有権を取得して）右の請求をしたならば、売主はこれに応じなければならない。このように不動産の売主と買主からの譲受人との関係は、登記簿を媒介とする公示の原則に則って解決されるから、そもそも留置権の対抗力という概念を用いて処理される余地はないのである。(6)

(2)　加えて、わが国における従来の通説は、前記(イ)および(ロ)の債権のために留置権の成立を肯定してきたが、債権相互の間に一定の牽連関係を要求するドイツ留置権制度の下でも、右の債権が履行されるまで債権者には等しく留置権の主張が承認され得ると考えられる。とはいえ、そこでは、留置権と同時履行の抗弁権との競合関係が認められているわけではなく、この限りでわが国の学説が承認してきた競合論とは大いに立場を異にしている。これを以下にいささか敷衍しよう。

(i)　わが国の民法五三三条の制定に影響を与えたドイツ民法草案は、双務契約から生じた債務間の交換的・相関的な履行関係を前提とする諸規定を有していた（前章第二節四(2)参照）。現行ドイツ民法三二〇条はこの諸規定を受けて制定されたが、(7) 今日、債務間に存する前述の特殊な履行関係は履行上の牽連関係（funktionalles Synallagma）と呼ばれ、同条に関しては公平の原則をより厳密に貫く形で解釈論が展開されている。すなわち、前述の三二〇条は双務契約から生じた二つの本体的給付義務（Hauptleistungspflicht）の相互間で適用され、右の義務と付随義務との間には同条の適用はないと一般に解釈されている。(8) そして、ここにいう双務契約とはいわゆる完全双務契約を指しており、双務契約の概念は一方の給付が反対給付のために生じているという事情に着目されているのであって、当事者の双方が給付義務を負担しているという事実のみに向けられているわけではないのである。(9)

すると、この三二〇条が定める同時履行の抗弁権を、右のように限られた領域でのみ承認しなければならない根拠は何処に存するのか。それは双務契約から生じた右の債務間には一定の双務的な結合関係が存するからである。(10) すなわち、この結合関係は、双務契約から生じた右の債務のうちの一方が履行されるまで他方の債務の履行は拒絶され得る、との延期的な解決を図ることによって信義則を具体化した。(11) ところが、双務契約における義務負担は、本来、それ自体を目的とするものではなくて約定された給付のために根拠づけられている。つまり、給付の実現に向かった義務負担が展開されるから、各当事者の義務負担の目的は単に相手方の負担的拘束にあるだけではなく、この義務負担の実現でもあると解されている。(12)「履行上の牽連関係は双務的な給付義務の実現において関連性を含む[13]」と表現される所以である。そうだとすると、ドイツ民法三二〇条に定められた同時履行の抗弁権が依拠している公平性は、前述した双務契約の目的に照らしたならば、前述した結合関係にある二つの債務を実現（達成）する方向へと作用することになる。このことは右の抗弁権が代わり担保の供与によっても消滅しない（三二〇条一項三文を参照）、つまり債務者双方は自己の債務の実現を脆弱化させることはできない、との解決が図られている点にも裏付けられている。

(ii)　ところが、ドイツ民法典が定める留置権制度は等しく公平性に基づいていることに異論がないものの、この制度は双務契約の目的に支配された二つの本体的な給付義務ではない義務のために機能する。けだし、そこでの公平性の原理は双務契約の目的に則した形で作用する前述の公平性とは本質的に異なっているからである。このことは、本体的ではあっても双務契約に基づいた相互関係にない給付義務とか付随義務（Nebenleistungspflicht）については、一般的留置権に関する諸規定（二七三条および二七四条）の対象となるにすぎない、[14]との指摘からも汲み取ることができる。このように、留置権が認められる債権と反対債権との間には、双務契約から生じた相互的・本体的な債務関係とは異なり、債権の実現に向けた拘束は必ずしも強くない。だから、留置権を主張された者が代わり担保の供与によって容易にこの権利を消滅させ得ることは（二七三条三項参照）、右の者が負担している、本来の債務を履行する責任が猶予され得る事実を物語っているのである。その結果、ドイツにおける留置権と同時履行の抗弁権との機能領域は明確に峻別することが可能になり、そこでは両者の関係について競合論が唱えられてはいない。[15]

右に述べたことは契約が無効または取消された場合にも基本的に異なるものではないが、これには若干の補足が必要であろう。すなわち、無効または取消された場合における契約当事者の不当利得返還義務に関し、その双務的関連を前提とする差額説（Saldotheorie）に従った裁判例によれば、例えば売主が契約の無効を理由に買主に対して売買物の返還を求めるなど異種給付間の場合にも同説は妥当し、ただ売主は自己の給付との引換えで買主に対して売買物の返還を請求する旨の申立てをしなければならない、とされる[16]。また、今日、学説上で有力に唱えられている事実的双務関係説、すなわち双務契約に基づいて事実上交換された両給付の返還に関しても、双務的牽連関係を中心とした法的効果を認めようとする立場は、当事者間の返還義務が双務的に牽連することを認めて同時履行の抗弁権制度を準用しようとする[17]。だから、右の何れの説に従おうと、無効または取消を原因とする物の引渡しと反対給付に対しては同時履行の関係に従った解決を図るのが一般的であり、その限りで留置権制度による解決を排除しているのが大方の見解であると言ってよい[18]。

右に加えて、契約解除の場合に生ずる原状回復義務に関しても、ドイツ民法典は三二〇条ないし三二二条を準用している事実が注目されなければならない（三二七条、三四八条、四六七条参照）。

四　小　括

このようにドイツにおいて非競合論が定着することになった一端は、何れの拒絶権制度も債務法上に位置づけられ、同時履行の抗弁権と同様に留置権にも相互性の要件が厳格に要請されて、両者とも相対効を有する権利として法律構成されたことに求められよう。だから、そもそも留置権を物権と位置づけ、右の要件を要請していないわが国の留置権制度の下で、民法二九五条一項にいう「物ニ関シテ生シタル債権」の解釈をドイツ的に組み替えようと試みても、これには自ずと限界を伴うこと否めない。その一例を挙げると、物の引渡債務以外の債務のためであっても第三者に対する履行拒絶が認められてよい〔事例１〕などの場合であり、この場合においてはもはや留置権制度が及び得ないと言えよう。このようにドイツとの間に大きな隔りが存する諸事情に鑑みたとき、わが国の民法二九五条一項が定めている「物ニ関シテ生シタル債権」の解釈に関しては、ドイツ留置権制度を無批判のままに承認し、債権相互の間に牽連関係が認められる場合に対して常に留置権の成立を観念するわけにはいかないこと、多言を要しないであろう。

（1）富井・第一章第二節注（9）一八頁、同「留置權ノ本質」法協二五巻一号一八頁以下（明四〇）。また、同・原論第二巻三〇九頁も参照。

（2）ちなみに、ドイツ民法二七三条は留置権を物の引渡拒絶の場合に限定していない。そして、同時履行の抗弁権を規定する三二〇条は、その要件のみならず効果の面でも留置権に関する二七三条の特則と解されている。だから、同条の権利は、同時履行の抗弁権（または個別に規定されている他の留置権）との関係で一般的留置権と称されているが、何れも信義則に反する特別な請求権の主張を拒絶する限りで共通性を有している。これより、両者は同族関係にあると説明されている（vgl. Otto, Staudingers Komm., § 320 Rz. 44.）。なお、第一編第三章第一節注（24）～（26）も参照のこと。

（3）本文に掲げた(イ)および(ロ)の債権のために留置権の成立を認める通説は、ドイツ民法二七三条（または同条の解釈）をわが民法二九五条一項にいう「物ニ関シテ生シタル債権」の解釈に巧みに取り入れたもの、と言ってよい。すなわち、ドイツ民法二七三条二項は(イ)の債権のために目的物の返還義務者に引渡拒絶権を認め、また同条一項では、債権者が自己の債権と「同一の法律関係」にある債権のために履行拒絶できる旨が定められている。このため、(ロ)の債権のために物の引渡拒絶が許されるかという問題は、ドイツ民法典の下では、右の「同一の法律関係」にある債権の解釈の中で具体的に論じられることになる。わが国の通説は、(ロ)の中で、「同一の法律関係から生じた債権」と称して留置権の成立を承認するが、これはドイツ民法二七三条一項が履行拒絶権を許与して保護を図った債権の概念を借用したもの、と言い得る。若干疑問に残るのは、わが国の通説が、同じく(ロ)の中で、「同一の法律関係から生じた債権」とは区別された、「同一の生活関係から生じた債権」なる概念を用いて留置権の成立を承認している点である。そして、通説は、この「債権」の典型例として傘の取違いによる返還債権を引用してきたので（我妻・民法講義Ⅲ三一頁、三二頁など参照）、右の「債権」はいかなる経緯で留置権が認められる債権として引用されることになったのか（ドイツ民法二七三条一項との関連性は存するものか）であるが、通説が引用する右の例は、その根源をL. Enneccerus- Lehmann, Lehrbuch des Bürgerlichen Rechts, Bd. 2, 11, Bearb., 1930, Marburg, S. 90, Anm. 4に求めることができる。すなわち、この学説は、ドイツ民法二七三条一項にいうところの「同一の法律関係」にある債権に、内部的に関連し合った生活関係（Lebensverhaltnis）にある債権も含めて理解し、この関係にある債権の一つとして物の取違いによる返還債権を初めて例示した。結局、この例をわが国の通説は(ロ)の債権の中に据えたと推察でき、民法二九五条一項にいう「物ニ関シテ生シタル債権」の解釈に巧みに取り入れた、と判断できるのである。

（4）　詳細は第一編第三章第二節Ⅰ(ロ)を参照。

（5）　Vgl. Soergel- Huber, B.G.B. S. 489 u. 495, Rzn. 67 u. 82.

（6）　不動産の買主が登記名義を取得する前に第三者に不動産を転売することがあり、その際における転売の有効性は買主の処分授権の有無によって基礎づけられている、と言う（詳しくは、清水千尋「授権（Ermächtigung）に関する基礎的考察(一)」立正一二巻三・四号八六頁（一九七九）参照）。しかし、転売が有効とされたところで、転買主は転売主に対してのみ不動産の引渡請求権を有するにすぎないであろうから、不動産に関する原売主の引渡拒絶という問題は起こらないように思われる。

（7）　ドイツ民法三二〇条は次のように規定する。

三二〇条…双務契約により義務を負担する者は、反対給付が実行されるまで自己の負担する給付を拒絶できる。但し、この者が先給付の義務を負担するときはこの限りでない。給付が複数の者に対してなされるべきときは、反対給付の全部が実行されるまで各人に帰すべき部分の給付を拒絶し得る。第二七三条三項の規定は準用されない。

一方から一部給付がなされたときは、拒絶が諸事情、特に残部が比較的僅少であることより信義則に反するであろう限り、反対給付を拒絶し得ない。

(8) Vgl. Soergel- Wiedemann, B.G.B. S. 1130., Rzn. 12f. 但し、ドイツ民法三二〇条の適用につき本体的給付義務と付随義務とを区別しない見解もある（vgl. Emmerich, MünchKomm. S. 907, Rz. 20)。

(9) Soergel- Wiedemann, MünchKomm., S. 1116ff., Rzn. 3ff.

(10) この結合関係は、双務契約から生じた債務間の有機的な牽連関係により（vgl. A. Blomeyer, Studien zur Bedingungslehre, 1. Teil, Überbedingte Verpflichtungsgeschäfte, 1938, Berlin und Leipzig, S. 114.）また、この債務間の目的的関連づけ（vgl. W. van den Daele, Probleme des gegenseitigen Vertrages, Untersuchungen zur Äquivalenz gegenseitiger Leistungspflichten, Hamburg, 1968, S. 15ff.; J. Gernhuber, Austausch und Kredit im rechtsgeschäftlichen Verbund-Zur Lehre von den Vertragsverbindungen, *In:* Festschrift für K. Larenz zum 70. Geburtstag, hrsg. von G. Paulus, U. Diederischen u. C.-W. Canaris, München, 1973, S. 455 u. 484ff.)、などと表現されている。

(11) Vgl. Enneccerus- Lehmann, Recht der Schuldverhältnisse, S. 141.

(12) Vgl. W. van den Daele, a.a.O., S. 26.

(13) W. van den Daele, a.a.O., S. 24.

(14) Vgl. Soergel- Wiedemann, B.G.B., S. 1130, Rz. 12.

(15) Vgl. F. Schlegelberger, Das Zurückbehaltungsrecht, Jena, 1904, S. 148; D. Kast, Die Einrede des

nichterfüllten Vertrages unter besonderer Berücksichtigung des Miet- und Dienstvertrages, Diss., Heidelberg, 1973, S. 41.

(16) Vgl. BGH WM 1963, 834; BGH WM 1972, 564; Otto, Staudingers Komm., § 320 Rz. 10. また、四宮和夫『事務管理・不当利得・不法行為上巻』一二六、一二七頁（青林書院新社、昭五六）も参照。但し、契約が取消された場合の返還義務に関しては民法二七三条の留置権のみを問題にする学説もある（vgl. Enneccerus-Lehmann, Recht der Schuldverhälthisse., S. 142)。

(17) Vgl. D. König. Ungerechtfertigte Bereicherung, *In:* Gutachten und Vorschläge zur Überarbeitung des Schuldrechts herausgegeben von Bundesminister der Justiz, Bd. II, 1981, Köln, S. 1531. 従って、ケーニッヒは立法提案として民法三二〇条の準用を主張している（vgl. Gesetzesvorschlag §1. 5(2))。なお、川村泰啓「返還されるべき利得の範囲（五）」評論六七号三八頁以下（昭三九）も参照。

(18) Vgl. H.J. Wieling, Synallagma bei Nichtigkeit und gesetzlichem Rücktrit, JuS 1973, S. 397.

もっとも、差額説であれ事実的双務関係説であれ、契約の無効または取消の場合における当事者間の清算関係はすべて引換的に処理されるわけではなく、例えば詐欺または強迫による取消の場合における詐欺者または強迫者からの返還請求に対しては、差額説を採るドイツの裁判例は被詐欺者または被強迫者が独立して返還請求し得ることを認め、事実的双務関係説にあっても債務間における双務的結合関係の排斥が唱えられている。その際、川村・前注四〇頁は、詐欺者または強迫者の側からの請求に対して被詐欺者または被強迫者は留置権の行使が可能であろう、と言う。

第二節　フランス的解釈論

一　カッサンの峻別論

(1)　ドイツ留置権制度に近づけた解釈とは全く反対に、留置権の成立範囲をかなり制限し、しかもこの権利と同時履行の抗弁権との競合関係を否定しようとする解釈も考えられよう。その一説をフランス学説の中に見出すことができる。すなわち、物と債権との間に客観的・物的な牽連関係が存する場合に、占有者が主張し得る物の引渡拒絶権のみを留置権として法律構成し、右の場合以外で認められる物の引渡拒絶権は契約不履行の抗弁である、と解して峻別論を唱えたカッサンの見解がそれである。(1)

カッサンは、留置権と契約不履行の抗弁とがそれぞれ別個の性質、要件、効果を備えていることを指摘し、このうち、留置権が機能するカテゴリーを二つに峻別して両者は混同されてはならない別個の制度である旨を強調した。両者が機能するカテゴリーとは、物と債権との間に客観的・物的牽連が存する場合であると構成する。つまり、留置権は契約関係から独立して認められる権利であり、物に対する行為または物の行為を含む一定の物的事実に基づいて生じた債権（費用償還債権、物が惹起した損害の賠償債権など）のために存在すると解する。これに対し、もう一つのカテゴリーは、双務関係に基礎を置いた、債権間の相互に主観的・法的牽連が存する場合であり、この場合は契約不履行の抗弁が機能するカテゴリーであるとする。要するに、相互の約定により負担されたり法による強要または債務者相互の自発的な強要があるなど、債権相互の発生原因に見られる共通性を根拠としてこの抗弁は認められる旨を力説した。(2)(3)

(2)　また、カッサンは留置権に認められる対抗力を物的牽連の場合における債権の性質に求めた。すなわち、この債権の債務者は常に物の所有者であると解し、この所有者は所有権を放棄するか物を譲渡しない限り当該債務から解放されないと説く。そこでの留置権の対抗力は一種の所有物返還請求権の延長として捉えられ、対抗し得る第三者とは真の第三者ではなくて実は物的牽連の場合における債権の債務者にほかならない。これに対し、法的牽連の場合における債権は右の債権と必然的に基盤を異にしており、相対的な効力を有する抗弁にすぎない(4)。かように解すると、先に挙げた物の譲受人に対しては売主または請負人は物の引渡しを拒絶し得なくなりはしまいか、との疑問が生ずるかもしれない。しかし、カッサンは、右の売主等が主張する拒絶権そのものを否定するわけではなく、この拒絶権を(フランス固有の観念である)契約不履行の抗弁と構成して売主等の保護を図ろうとする。けだし、例えば転買主が原売主に対して引渡請求をする場合、この請求は原売主と原買主との間に存する契約を前提としているので、転買主はこの前提を離れては独立の主張をなし得ない(つまり転買主は原買主に属する引渡請求権を通してのみ物の引渡しを主張し得る)、との認識にあるからである(5)。

二　カッサン説の検討

(1)　カッサンの唱えた峻別論がかなりの示唆に富むものであることは否定できない(6)。とはいえ、これを子細に検討したとき、彼の主張をそのままの形で受け入れることができない困難な事情が、物の引渡拒絶権制度を定めたわが国の現行民法典の根底に潜んでいるのである。つまり、カッサンが説くように留置権の成立範囲を物的牽連の場合に限定するならば、反射的に、わが民法典の下では、彼が契約不履行の抗弁をもって対処しようとした物の引渡拒絶に関する場合をどのような解釈上の手立てによって処理すべきか、という新たな問題が生起されることになろう。その際、民法五三三条の適用を拡張解釈することによってこれを回避しようと試みても、それは決して妥当な解釈とは言えまい。けだし、同条の立法経緯のみならず同条に対する従来の解釈論を無視しすぎることになりかねないからである。これを以下に詳しく述べよう。

(2)　本来、民法五三三条は双務契約から生じた二つの債務が相関的な履行関係にあることを前提としていた。それは同条がドイツ民法草案に倣ったからにほかならない。このため、わが国の学説は早くから同条の直接適用を右の関係が存する場合に限定して解釈してきたこと、既に前章第二節四(3)で述べたとおりである。そうだとすると、例えば双務契約に基づいて発生した債務ではない債務とか、または、仮にこの契約より生じた債務であっても相関的な履行関係にない債務などに関しては、本来、民法五三三条の適用はなく、従って同時履行の関係は認められないはずであるにも拘わらず、序章一(2)でも述べたように同条は多くの場合に準用され、またその類推適用により同時履行の関係が認められている。その一例を挙げると、注文者の報酬支払義務と請負人の目的物引渡義務とが同時履行の関係にあるとされ(六三三条本文)、また継続的供給契約により毎期につき先給付義務を負担している売主が、前期分の代金未払いを理由に買主に対して今期分の供給を拒絶できたり、有償寄託の受寄者は寄託者の報酬支払義務が履行されるまで受寄物返還義務を拒絶し得ること、などである。(7)

しかし、このように二つの債務の間に同時履行の関係が認められたところで、これらの債務の中には、相互に右の関係が認められるわけではない債務も存在する(前述した継続的供給契約を例に示せば、売主は前期分の代金の未払いを理由に今期分の供給を拒絶し得るのに反して、買主は売主から今期分の供給がないことを理由に前期分の代金の支払いを拒絶し得るわけではない)。(8)だから、公平性の観点から解釈によって同時履行の関係が認められるとは言っても、そこでの債務が反対債務との間で相互に右の関係にあるわけではないならば、それは、本来、民法五三三条の準用または類推適用を許すべき基盤には立っていないことになる。そして、公平性の観点から同時履行の関係を承認せざるを得ないという事情は、フランス型の留置権制度とドイツ型の同時履行の抗弁権制度とが必ずしも同一平面上で捉えることができないことを如実に物語っているのである。[9]

(1)　R. Cassin, *De l'exception tirée de l'inexècution dans les rapports synallagmatiques*, 1914, thèse. カッサンの主張を紹介する文献としては、清水・再構成二六頁以下、田中清「履行拒絶権論(3)」名法八一号二九五頁以下（一九七九）などがある。なお、後出注（6）参照。

(2)　カッサンの主張に従う学説としては、R. Rodiere, note D. 1966. 79; Mande-Djapou, *La notion et roite de droit de rétention*, Sem. jur. 1976. I. 2760などがある。

もっとも、カッサンの峻別論が今日のフランスで一般的に支持されているわけではない事実に注目する必要がある。すなわち、今日の有力説には法的牽連の場合にも留置権を認める見解が見受けられ、この見解によれば、法的牽連の場合における留置権と契約不履行の抗弁との競合関係が承認され得ることとなり、従って占有者は両者の成立要件が具備するときは有利な方を選択的に主張し得ると解されている (v. Mazeaud, t. III, 1er vol. n° 115, p. 124 et note 3)。

(3)　著者は、後述するように、客観的・物的牽連（以下、単に「物的牽連」と略する）と主観的・法的牽連（以下、単に「法的牽連」と略する）の概念は、わが国で物の引渡拒絶権を論ずるうえで非常に有益だと考えており、殊にボアソナード草案が制定された当時のフランスにおける裁判例や学説が、単に物的牽連の場合にのみ留置権を承認してきたわけではない事実を把握するためにも（前章第一節注（25）参照）、右の概念の有益性は承認されてよい。そして、ボアソナードが当時のフランスにおける裁判実務や有力説に示唆を受けて草案一〇九六条を制定した、という前章第一節五(2)で述べた推測に照らしたならば、彼の見解を前述した二つの概念に沿った形で説明することが考えられなくはない。しかし、同条にいう「物ニ関シテ生シタル債権」を物的牽連の場合における債権に、それから「占有ニ牽連シテ生シタル債権」を法的牽連の場合における債権に対応させて理解するならば（R. Cassin, op. cit., p. 446 note (4)はかかる理解にある）、それは適切な理解に立っているとは言い得まい。けだし、前章第一節三(2)で述べてきたように、ボアソナードが、「占有ニ牽連シテ生シタル債権」に該当しない債権として、例えば事務管理者が本人に対して有する貸金債権などを考えていたと解するならば、この債権はカッサンが法的牽連の場合における債権として観念している債権とは異なった債権を意味しているからである。もっとも、著者は、拙稿「留置権を対抗しうる第三者の範囲」私法五二号一三〇頁（一九九〇）〔本書巻末に〈付録一〉として収録〕の中で、ボアソナード草案一〇九六条にいう「物ニ関シテ生シタル債権」と「占有ニ牽連シテ生シタル債権」とが、それぞれ物的牽連と法的牽連の各場合における債権とに対応するかのような叙述を試みたことがある。かかる叙述は前述したことに照らせば適切とは言い難い。そこでの叙述の意図は、ボアソナード草案が制定された当時におけるフランスの裁判例や学説が、物的牽連の場合における債権についてのみ留置権を認めていたわけではない（前章第一節注（25）参照）、との評価を強調せんとした点にあったにすぎない。

（4）　清水・再構成三一頁参照。

（5）　詳細は清水・再構成三一、四八頁参照。

（6）　カッサンの主張に基本的に同調した解釈論を展開している学説がある（序章注（14）(b)を参照）。この学説の当否に関しては私見との関係で後述する（次章第一節注（4）〜（6）を参照）。

（7）　詳細は序章注（6）を参照。

（8）　広中・序章注（6）一三五頁を参照。もっとも、履行拒絶の抗弁が先給付義務者に認められた場合、その法律効果として、先給付義務と後給付義務とは同時履行の関係に移行するかどうかが問題視されてよいであろう。けだし、例えば、近時、ドイツ債務法の改正に向けて上梓された最終報告書（Abschlußbericht der Kommission zur Überarbeitung des Schuldrechts, hrsg. von Bundesminister der Justiz, 1992, Bundesanzeiger, S. 161）では、いわゆる不安の抗弁が行使された場合においても、後給付義務者の保護という観点から、右にいう関係への移行が否定されているなどの状況に鑑みると、同時履行の関係への移行が必然的帰結であるとは言い得ないように思われるからである。とはいえ、右の問題に対する検討をここで展開することは本編における考察目的を逸脱すると考えられるため、これ以上は立ち入らないこととする。

（9）　ちなみに、契約不履行の抗弁を完全双務契約から生じた債権に限定しようとする学説が、フランスにおいてすら存在することに留意すべきである。すなわち、キャタラ＝フランジュは留置権を物的牽連の場合に制限したカッサンの主張を批判し、法的牽連の場合にもこの権利が機能し得ると説く（CATALA-FRANJOU, *De la nature du droit de rétention*, Rev. Trim. dr. civ. 1967, pp. 1 et s. この論文を紹介する文献としては、清水元「不履行抗弁と留置権との区別について――フランス法を中心として――」早大法研論集一三号一〇九頁以下（一九七六）、同・再構成三八頁以下、伊藤昌司「留置権について――断片的覚え書き――」法時五二巻一号一四六、一四七頁（昭五五）などがある）。

彼女によれば、留置権は何らcauseとは関係なく成立し、また法的牽連の場合にもこのcauseと結び付かない債権が存する、と言う。例えば、売買などのような完全双務契約にあっては、物の引渡しと代金支払いとが相互にcauseの関係にあるのに対して、同じく完全双務契約であっても有償委任などのような「なす債務」を目的とする契約では、委任者は物の引渡しに対してではなくて受任者の活動に対して報酬の支払義務を負担する。つまり、双務的関連が存するのはサービスの提供と金銭債務との間においてであるから、もしも契約不履行の抗弁がcauseの欠落のサンクションだとすると、物の引渡債務と金銭債務との間にはかかる状況が見られない。

ここでの物の引渡債務は金銭債務とcause的な関係に立たない従たる債務にすぎないので、(両者の間には確かに牽連関係が存するものの)これらはcause的な相互依存の関係にはない。だから、そこでの物の引渡拒絶は契約不履行の抗弁と捉えるべきではなくて正しく留置権であるから、留置権の適用は双務的関係の中にも見出し得ると解するのである。このように、留置権による物の引渡拒絶は本質的な債務の拒絶として法律構成されず、この債務の拒絶は契約不履行の抗弁に服することになる(v. CATALA-FRANJOU, *op. cit.*, n°8, pp. 21-22. 彼女によれば、法的牽連の場合における留置権を債務者でない第三者に対しても主張し得る可能性が認められ得るだけでなく、フランスにおける今日の多数説も同様の可能性を承認する。詳細は第一編第二章第二節二を参照)。

もっとも、キャタラ=フランジュの見解に従い、契約不履行の抗弁が完全双務契約から生じた債務に対して機能するにすぎないと解するならば、事実上、この抗弁は売買など極めて限られた場合に限って適用され得ることになりかねず、そうだとすると、かような狭い解釈で果たして妥当だと言い得るかとの批判がなされるかもしれない(v.J. PILLEBOUT, *Recherches sur L'exception D'inexécution*, 1971, n°35, p. 28.)。しかし、繰り返し述べてきたように、わが国の民法五三三条が定める同時履行の抗弁権は、もともとフランスにおける契約不履行の抗弁と対置できるものではなく、本来、それは双務契約から生じた一定の牽連関係に立つ本体的債務の相互に認められる抗弁であったから、右の批判は同条の適用を論ずるうえでは適切ではない。むしろ、ドイツ民法典における同時履行の抗弁権の取扱いと同様に、前述した五三三条の直接適用は極めて限定された領域で許されるにすぎないと解釈する方が、わが国においては説得的であると言い得るのである。

第三節　まとめ

一　以上に述べたことを纏めておこう。ドイツにおける同時履行の抗弁権制度では相互性の要件が貫徹され、しかも留置権制度においてさえも右の要件が厳格に要請されている。しかし、そこでは、物の引渡拒絶が認められて然るべき場合に右の要件が具備するような立法的な措置が施されている。このため、わが国の留置権制度とドイツのそれとを比較したとき、両者の間にはかなりの隔たりが存在することを否定し得ない。これに加えて、わが国の民法五三三条がドイツ法的な同時履行の抗弁権制度に倣って規定され、かつ、解釈はドイツ民法三二〇条の立場を受け継いで展開されてきたから、わが国の留置権制度と同時履行の抗弁権制度との関係は、ドイツにおけるとは異なり相当に複雑な状況を呈していると言い得るのである。

一方、フランスにおける物の引渡拒絶権との比較で言えば、その民法典の下でも、「売主は買主が代金を支払わず、かつ、買主に支払いのための期限を認めなかったときは物の引渡義務を負わない」と規定されて(一六一二条)、売主の引渡拒絶権が法定されている。しかし、同条はわが国の民法五三三条のような形態、すなわち双務契約の効力として認められる履行拒絶権としての形態を採っているわけではない。それ故、フランスの学説は、売主に認められる売買物の引渡拒絶という前述した一六一二条の場合を、売主が留置権または契約不履行の抗弁を主張できる一事例として扱ってきた。そこでは、繰り返し述べてきたように、わが国の民法二九五条および同法五三三条のような一般的な根拠規定が欠如しているため、これより解釈上の困難を生ぜしめたのである。ところが、フランスにおけるとは異なり、わが国では、狭い領域での適用を前提とする民法五三三条が設けられたため、留置権制度と同時履行の抗弁権制度との関係について、フランスにおける留置権と契約不履行の抗弁との関係のように自由に解釈論を展開することができない、といった特殊事情が存する。

これに加えて、わが国の民法典がフランス型の留置権制度とドイツ型の同時履行の抗弁権制度を導入したために、ドイツおよびフランスとの間に大きな隔たりが生ずることになった背景には、次のような法体系上の相違が存することも見逃すべきではあるまい。すなわち、前章で明示してきたように、民法二九五条一項にいう「物ニ関シテ生シタル債権」とは、ボアソナード草案一〇九六条以来、売買契約上の売主の代金債権を典型例とする解釈を前提としていたのである。フランス民法典の下では所有権は「債権の効力によって(par l'effet des obligations)」取得され、かつ、移転すると定められており（七一一条）、わが国の民法一七六条はこの影響を受けて所有と契約との未分離を前提としている。だから、同条に関する通説的見解によれば、債権的な「意思表示ノミ」によって売買契約の目的物は直ちに「他人ノ物」となるのが原則であり、従って未だ売買物の引渡しを済ませていない売主は「他人ノ物ヲ占有スル者」と言えようから(1)、この売主に認められる引渡拒絶権は留置権にほかならないと解釈され易い。そうだとすると、留置権の適用範囲につき広範な解釈を展開したり、反対に民法五三三条の適用または準用を広く承認して解釈することは、わが国の民法典の根底に流れる財産法体系を一面的に捉えた過ちを犯しかねない。要するに、わが国の留置権制度はフランス法に、また同時履行の抗弁権制度はドイツ法に影響を受けて導入されたのであり、両制度は、その制定時点から、そもそも相入れない財産法体系に根ざしていたと言い得るのである(2)。

二　以上に述べてきたように、わが国において具体的に現れる物の引渡拒絶権が果たして留置権なのか、それとも同時履行の抗弁権として捉えるべきか、という問題がわが国の民法典の適用下で生起することになった最も重大な要因は、わが国における物の引渡拒絶権を巡る法制度の中に内在している特殊・生来的な諸事情に基づいている。そうだとすると、かかる問題の解明を図るためには、右に述べた要因、ひいてはこれに起因する諸事情をしっかりと認識して置かねばなるまい。換言すると、かかる認識を前提に問題を論じないと、二つの引渡拒絶権の関係を解明するに当たり、核心を捉えた解決から乖離した解釈に陥る恐れが生じ、ひいては留置権の成立要件を定めた「物ニ関シテ生シタル債権」の不明瞭さに拍車をかけることになりかねない。だから、前述した諸事情が介在することになったために、わが国において物の引渡拒絶権をどのように法律構成すべきかに関しては、わが国独自の観点から考察されなければならない必要性を認識せざるを得ないのである。その際、わが国の民法五三三条が双務契約から生じた二つの債務の相互に同時履行の関係を承認しているのは、(ドイツ民法三二〇条におけると同様に、右契約から生じた本体的債務が密接に結合しているという関係の存在から)そこでの公平性が右の債務を実現(達成)する方向へと機能する、という特色を忘れてはならない。けだし、かかる特色は、前述した五三三条がドイツ法に由来しており、従って同時履行の抗弁権と留置権とを分かつうえで無視できない要素となっている、と考えられるからである。また、わが国の留置権制度は所有と契約とが未分離である財産法体系を前提としている事実も留意されなければなるまい。けだし、ドイツ的な財産法体系を貫徹し得ていない、わが国における現行民法典の下では、ドイツ留置権制度とは異なる効力を留置権に承認することによって法体系の違いを補う必要性が存する、と思量されるからである。

（1）　フランス民法一一三八条一項は「物を引渡す債務は契約当事者の合意のみによって完了する。」と定め、同条二項本文が「その債務は引渡しが全くなされなくても、その物が引き渡されるべき時から直ちに債権者を所有権者とし、この者に危険を負担させる。」と規定する。そして、同条を中心に、贈与（九三八条）、売買（一五三八条）、交換（一七〇三条）などの契約について、何れも、物の引渡しを要せずに所有権が移転する旨が明示されている。

（2）　白羽・序章注（15）一〇〇頁は、留置権と同時履行の抗弁権という二つの「相矛盾した規定をもっていればこそ、それだけにわが民法財産法体系全体の観点から両者の地位と機能を正しく解明する必要があった」、と言う。これは本文に述べたことと共通する認識にあると思われ、高く評価されなければならない。

第三章　物の引渡拒絶制度の終焉

第一節　峻別学説の検討

一　系譜的考察より眺めた競合論の位置づけ

(1)　わが国において物の引渡拒絶が問題になる場合に、これを認めるための権利としては、一方で留置権が、他方で同時履行の抗弁権が挙げられ得る。ところが、既に指摘してきたように、系譜の異なるこれらの制度がわが国の現行民法典に内在するため、両制度の矛盾は物の引渡拒絶が問題になる場合に限っても至る箇所で不都合性を露呈し、これを何らかの形で解決する必要性に迫られた。だから、序章一(2)で述べたように、従来の通説が一方で民法二九五条一項にいう「物ニ関シテ生シタル債権」を拡張解釈しながら、他方で同法五三三条の類推適用をも広く承認する解釈を展開してきたのは、右の不都合性に対する反応として受け取ることができるのであるが、その結果として辿り着いた通説の競合論は、右の矛盾を認識しつつこれを克服しようとの意図に従って展開されたわけではなかったのである。

(2)　このように右の矛盾をもたらした根源は、前章第三節一で述べたように、わが国の現行民法典が異なる財産法体系を前提とする、相矛盾した留置権制度と同時履行の抗弁権制度との併置にあり、従来の通説は「このような体系的矛盾を矛盾として意識し両者の体系的な位置づけに努力することなく、安易に両者の矛盾をそのまま無批判的に肯定し単純な競合論を主張した」[1]からにほかならない（通説は一面的な解釈に終始していると非難されざるを得ない）。すなわち、右の矛盾した両制度を抱えている現行民法典においては、そこでの財産法体系を見渡した観点から前記二つの拒絶制度の機能を論ずる必要があったところ、通説はかかる体系的な矛盾を重大な事柄として意識することなく、また安易に両者の範囲を拡張解釈して両制度の機能する領域を曖昧なままに競合論を展開した、と解し得るのである。(2)

二　峻別論に立つ場合の留意点

(1)　従来の通説が承認してきた競合論に対する不当性の根源を右のように把握し得るならば、留置権と同時履行の抗弁権とは機能的に峻別されて然るべきであろう。のみならず、両者が同じく公平性の原理に基づいているとはいえ、民法五三三条が立脚する公平性は双務契約から生じた債務の実現（達成）に向けて作用するのに対し（前章第三節二参照）、留置権を基礎づける公平性はこれとは異なっているのである。すなわち、この権利は、被担保債権の債務者が代わり担保の供与により、本来の債務の履行責任が猶予されることを可能にする担保制度であり、前述した抗弁権が付着している債権ほどに債権自体の実現を狙って設けられた制度ではない。

(2)　(i)　このように両者の公平性が異なる形で機能し得るならば、これらは競合関係に立つと解すべきではあるまい。その際、物的牽連の場合における債権は留置権をもって担保されるべきことに異論はなかろうから、問題は、非競合論を前提としながら、しかし他方で、法的牽連の場合における債権を留置権制度と同時履行の抗弁権制度の何れによって保護する解決が可能か、という点に集約されるであろう。そして、この問題の解決を試みるためには、一方で、双務契約の効力として設けられた同時履行の抗弁権制度が、その前提とする財産法体系より、双務契約の相手方が主張する債権的請求に対してのみ行使され得る拒絶権として位置づけられるべきこと、また他方で、所有と契約との分離が必ずしも徹底されていないわが国の財産法体系の下では、占有者が留置権を非債務者（＝第三者）に対して主張した場合に、これを結果的に認めて調整を図らなければならない余地が存することを十分に認識しておく必要がある。殊に後者にあっては、この権利が物権的返還請求に対してだけでなく債権的返還請求に対しても主張され得ると解さざるを得ず、このうち、債権的返還請求に対する留置権の主張については、この権利に対抗力概念を承認することで（または、第三者に対する留置権の主張を意図的に認める形で）説明づける法律構成が、わが国における留置権制度と財産法体系との整合性を図るうえで排斥し得ないように思われる。[3] 法的牽連の場合における債権の債務者が物を譲渡することにより、占有者の引渡拒絶権は無に帰する結果を招来しかねないという点に鑑みても、第三者に対する留置権の対抗力という概念による補完的解釈が承認されてよいのではあるまいか。[4][5]

(ii)　また、右に述べたことからすると、従来、唱えられてきた非競合論にも不合理な側面が顕在化し、その何れにも与することはできそうにない。けだし、この非競合論が前述した矛盾を十分に踏まえたうえで、これを克服しようとの意図から解釈論を展開しているとは言い難いからである。これを具体的に示すと、民法五三三条適用説は、例えば〔事例２〕においてAがCに対して主張し得る物の引渡拒絶権を同時履行の抗弁権として法律構成するのであるが、かかる構成は双務契約より生じた債務間の密接な関連性に根拠づけられた民法五三三条の趣旨を逸脱している、と言い得るのではないか（同説は同条の適用を広く契約より生じた債務間にまで認める立場に傾斜し易いが、かような解釈は右にいう五三三条の立法趣旨に適合しているとは言えまい）。そして、前述した財産法体系を前提とするわが国の留置権制度の下では、既に述べたように第三者に対する留置権の主張を認めて解決を図る余地を否定し得ず、そうだとすると、前記の事例においても（次節二(3)で詳述するように）右の主張を承認した形で法律構成するのが必要にして簡便である、と言い得るのである。(6)

(iii)　加えて、わが国の裁判例の中には、法的牽連の場合における債権のために行使した引渡拒絶権を留置権と捉えたものが存する。すなわち、〔事例2〕に類した事案に関する裁判例は何れも占有者に留置権を肯定しており、(7)かような裁判例の状況に鑑みたとき、解釈論も可能な限りこれを配慮した形で展開されるべきではなかろうか。この点、民法二九五条適用説および折衷説は民法五三三条の適用を双務契約から生じた本体的債務の場合に限定しており、また右の裁判例の実態にも即していると言えようが、繰り返し述べてきたように、わが国においては留置権制度と同時履行の抗弁権制度とは基盤を異にする。だから、民法二九五条と同法五三三条とを一般法・特別法の関係として捉え、かつ、物の引渡拒絶が問題になる場合の解決を、その何れか一方の適用に単純に振り分けてしまうならば、(8)それは適切な認識に基づいた解釈とは言い得ないこと多言を要しないであろう。

(iv)　また、〔事例2〕におけるCの引渡債権がBから移転したと法律構成する折衷説中の一学説も、(9)やはり疑問を払拭し得ないように思われる。けだし、同学説によれば〔事例2〕におけるCの引渡債権はA・B間の売買契約から生じたものにほかならず、右の学説は代金支払債務者をあくまでも原買主と捉えるところ、Aの代金支払債権とCの引渡債権とは相互に同時履行の関係に立たないため（CはAが引渡債務を履行しない以上、Bに代わってその代金債務を履行しないとは言い得ないこと当然である）、民法五三三条が立脚する公平性の原理が及ぶ場合と言うべきではないからである。(10)

(v)　そして、わが国の財産法体系を前提としたとき、前述したように留置権は債権的返還請求に対しても主張し得ると解すべきであり、その限りで第三者に対する留置権の主張を認めた法律構成を取捨することは適切でなかった。これとの関係からすれば、Cの債権的請求に対するAの引渡拒絶権を留置権と法律構成する方が、この権利の前提とする財産法体系に則していると思われる(11)（なお、この引渡拒絶権については次節二(3)で具体的に言及する）。

（1）　白羽・序章注（15）一〇〇頁。

（2）　白羽・序章注（15）一〇〇頁参照。

（3）　例えば、最判昭和四七年一一月一六日民集二六巻九号一六一九頁は、売買残代金について代物弁済の予約がなされ、その履行と引換えに売買物を引渡す旨が約されたが、買主が代物弁済しなかったという場合に、売買物の所有権を買主より譲り受けた者を相手に売主がした留置権の主張を認めた。また、最判昭和三八年二月一九日裁判集民六四号四七三頁は、買主の残代金不払いにより売買契約が解除されたという場合に、支払代金の返還請求権のために買主は売主からの売買物の譲受人に対して留置権を主張し得る、とする。このような裁判例の存在は第三者に対する留置権の主張が承認され得ることを裏書しているものと解し得る。

（4）　それ故、著者は、カッサンの唱えた物的牽連と法的牽連という概念の有用性を承認しつつも、彼の主張にそのまま追随することには躊躇する態度を示してきた。すなわち、一方で、物的牽連の場合における債権のために許される拒絶権は留置権にほかならない旨の解釈については、カッサンの唱える見解を参考にしながら、他方で、彼とは反対に、法的牽連の場合における債権のために許される引渡拒絶権の中には、留置権として法律構成した方が妥当な場合も存するのではないかとの解釈を提言してきた（第一編第四章第三節二および前章第二節注（3）を参照）。具体例を挙げれば、買主や注文者からの物の譲受人（転買主など）に対して売主または請負人が（売買代金または報酬代金のために）主張し得る物の引渡拒絶権は、留置権にほかならないと解すべきではないか、などである。それは右の売主、請負人などが有する引渡拒絶権の第三者に対する主張を考慮したからである。すなわち、占有者が第三者（右の例における物の譲受人など）に対して引渡拒絶し得る権利を留置権と捉えるのが最も無難な解釈である、と解したからである（詳しくは次節二(3)で述べる）。

(5)　法的牽連の場合にも第三者に対する効力（＝対抗力）を留置権について承認する著者の立場に対しては、次のような批判（または疑問）が考えられなくはない。

(イ)　今日のフランス学説も一般に留置権の対抗力概念を承認しているが、かかる概念の存在を前提とするならば、とりわけ不動産の引渡拒絶に関し、その公示方法とも関連して取引の安全が留意されて然るべきではないかとの批判が一つに挙げられよう。殊に、フランスとわが国との間には不動産物権に関する公示制度に差異が見られ、フランスでは物権変動の原因である契約証書の原本もしくは抄本（または判決の原本もしくは謄本）等を、年代順に編綴する帳簿においてなされるとのことであるから（詳細は星野英一『民法論集第二巻』一〇九頁以下〔有斐閣、昭四五〕参照）、そうであれば、契約内容を外部的に認識することが可能になってこよう（それ故、清水・再構成一八〇頁は、フランス法の下では所有権と留置権との対抗関係が現れず、従って転得者は買主の承継人として現れる構成が適合的である、とする）。だから、フランスでは留置権に対抗力概念を承認する学説が一般的であるとはいえ、フランスにおけると同列に留置権に対抗力概念を認めて論ずることは許されようか、という疑問が摘示されるかもしれない。例えば、不動産の売主が買主の代金不払いを理由に買主からの転得者に対して不動産の引渡しを拒絶し得るかを論ずるとき、わが国の登記制度の下では、転得者には不動産につき引渡拒絶権が付着しているかの判断が必ずしも可能ではないから、売主のために引渡拒絶権を認めるならば、この結論は転得者の利害関係に大きな影響をもたらすことになろう。

しかし、フランスにおける登記制度の下では契約内容を外部的に認識し得るからと言って、契約から生じた債権が既に（弁済等により）消滅しているか、それとも（未だ存続しており）債権者はこの債権のために引渡拒絶権を有するか、についてまで外部的に認識可能となるわけではあるまい。そうであるならば、わが国における不動産公示制度との違いは、引渡拒絶権の有無に関する限りにおいては重要視する必要がないように思われる。

また、前述した売主の拒絶権を留置権と法律構成し、この権利に対抗力を認めて占有者は転得者の不動産引渡請求を拒絶し得ると解するときは、留置権の成立要件のみならず存続要件でもある物の「占有」という事実により、かなりの程度でこの権利に優越性を認める解釈となりかねない。

しかし、例えば不動産がA→B→Cと輾転譲渡された場合では、A・C間は対抗関係に立たないと一般に解されているから（舟橋諄一『物権法』二〇一頁（有斐閣、昭三五）、児玉敏・判例コメンタール②九九頁、吉原節夫・注釈民法(6)三三五、三三六頁など参照）、たとい右のCが登記名義を取得していたとしても、AがBに対する代金債権のためにCの引渡請求を拒絶し得るとの結論は、「占有が登記に優先する」ことを認めたものとはならないはずである。同様にして、例えばA所有の建物につき修理を請け負ったBが、Aから建物を譲り受けて登記手続を終了したCから建物の引渡しを請求されたという場合も、Bが請負代金債権のために右建物を留置し得るとする解釈は不動産取引の安全を害する結論にはなるまい。けだし、B・C間は対抗関係に立つと解すべきではなく、また留置権は占有を伴う権利である以上、第三者を害することにはならないと言うべきだからである（星野・概論II一九五頁参照）。

もっとも、Aの不動産がBとCとに二重に譲渡されたという場合などでは、右のように単純に解し得ないこと言うまでもない。すなわち、右のBがAの債務不履行を理由とする損害賠償請求権に基づきCに対して留置権を主張し得ると解するならば、「占有が登記に優先する」ことになろうから、不動産取引につき対抗要件主義を採るわが国の法制度の下では、右のBに留置権を認めるわけにはいかないが、前述した二重譲渡の場合には、そもそも「占有が登記に優先する」か否かを論ずるまでもなく留置権の成立は否定されざるを得ないのである。けだし、留置権は物の占有を本体とし、この占有が債権担保としての機能を発揮するのであって、そもそも占有者が物の占有を失わざるを得なくなったために取得した債権（右の損害賠償権）を担保する権利ではないからである。そして、右の場合における留置権の不成立という結論の法的根拠を、著者は民法二九五条二項の適用に求めるのである。以上の点に関する詳細は前編第二章第三節**四**(2)および同編第三章第三節**二**を参照。

(ロ)　また、別な批判としては、本文に述べたように法的牽連の場合に留置権の対抗力概念を承認するためには、少なくとも第三者が留置権の有無につき悪意（または有過失）であることを要するとしないと、不動産取引の安全を損ねることになりはしまいかという点であり、民法五三三条適用説の論者の中には、不動産が輾転譲渡された場合における転得者が善意・無過失であるときは、占有者（＝原売主）は買主の代金不払いを理由に不動産の引渡しを拒絶し得ない（そこでの拒絶権は同時履行の抗弁権であると法律構成するのであるが、この点は度外視する。なお、次注(6)(ロ)参照）、と解する学説がある。とりわけ不動産の輾転譲渡における原売主は、無条件で転買主の引渡請求を拒絶し得ると解すべきではなく、原売主が引渡しを拒絶し得るのは転買主が悪意の場合に限られると解し、その法的根拠を民法九四条二項の類推適用に求めている（清水・再構成二五四頁以下を参照）。また、必ずしも輾転売買の場合ではないが、清算金の支払いがないまま仮登記担保権者から第三者が目的不動産の所有権を取得したという場合に、担保権設定者（＝債務者）の引渡拒絶権を同時履行の抗弁権と法律構成し、しかも不動産取引の安全を考慮した結果、右の第三者が善意・無過失であるときは、担保権設定者は同条項の適用により引渡拒絶し得ない旨を承認する学説が少なくない（鈴木・序章注（19）三二―三四頁および同・序章注（14）「留置権の内容」八二二、八二三、八二八頁。そして堀・序章注（19）九四頁および甲斐・序章

注（19）二五四頁は右の鈴木説を支持する）。

しかし、右の九四条類推適用説によれば、占有者は引渡拒絶権が不動産に付着していない虚偽の外観を（消極的であれ）作出していた場合に、この外観を信頼して現れた善意・無過失の第三者に対して引渡拒絶を主張し得ない、との筋道を辿ることになりはしまいか。そうだとすると、そもそも右の拒絶権が付着している旨を公示する手段が現行の公示制度の下では施されていないのであるから、不動産が第三者に譲渡された場合に、第三者との関係で占有者の引渡拒絶権が制限される可能性を認める解釈は許されようか頗る疑問である（拙稿・序章注（20）一九五頁参照。なお、鈴木・序章注（14）「留置権の内容」八二三頁によれば、不動産取引では、多くの場合、かかる第三者には過失があると言い得るから、占有者の債権回収の確保と取引の安全との調和を図り得る旨を述べているが、だからと言って問題が解消することにはならず、その前提において疑問視せざるを得ないのである）。

また、不動産がA→B→Cと輾転譲渡されてAが引渡し前にこの不動産につき物的牽連の場合における債権を取得していたというときは、前述した学説にあっても、不動産取引の安全を唱えてCの主観的事情いかんでAの拒絶権の有無を論ずるわけではあるまい。そうだとすると、Aの債権が物的牽連の場合であれば、何故に同学説の考慮する不動産取引の安全が軽視されてよいことになるのか、その際、Cは第三者ではなくて直接の債務者にほかならないと言うだけでは、右の解釈を正当化する直接の根拠とはなり得ないように思われる（ちなみに、スイス留置権制度は善意の譲受人に対しても効力があると解されている。後出注(11)参照)。

（6）民法五三三条適用説に対しては以下の観点からも疑問である。

(イ)　契約上の地位が移転したなどの事実がなく、従って譲受人が代金債務を全く承継しているわけではない場合に、何故に譲受人の引渡債権は契約法理に服して解決されなければならないことを常とするのか。例えば、転買主は原買主から承継取得したわけであるが、だからと言って、このことから転買主は必然的に元の契約関係に拘束された規律に服せしめられるべきだ、とは言い得ないように思われる。もしも契約関係に拘束されるという右の結論を前提とするならば、転買主が原売主に対して引渡請求し得る権能は契約に基づく引渡請求権にほかならないであろうから、そうだとすると、原買主から転買主へと引渡請求権が譲渡されたと観念するのが最も素直な解釈だと言うことになろうが（もっとも、清水・再構成一七七頁は、「甲→乙→丙と順次売買がなされた場合、丙の甲に対する目的物引渡請求権は乙の甲に対する引渡債権の譲渡によっても、あるいは直接、甲に対する『所有権にもとづく』返還請求としてもありうる。」と言う）、かかる解釈は現行民法典の下ではかなり無理があるように思われる（なお、清水・再構成一七七頁以下、とりわけ一八一頁は、目的物が動産の場合と不動産の場合とを区別し、後者については「登記が引渡に優先する」を原則とし、登記を具備した不動産の転買主は原売主に対して所有権に基づく返還請求権を肯定する。そうだとすると、法的牽連の場合に目的物が不動産であれば、転買主の所有権に基づく返還請求権が元の契約関係を「媒介」として生じているとの理由から、何故に転買主は同時履行の抗弁権または「契約上の履行拒絶権」に晒されるのであろうか。その際、「登記が引渡に優先する」必要性が論じられたところで、転買主に対する原売主の引渡拒絶権が同時履行の抗弁権とか「契約上の履行拒絶権」でなければならない、とは言い得ないように思われる）。

(ロ)　例えば、〔事例2〕における目的物が不動産であった場合でも、AはBの代金支払いがあるまでCの引渡請求を拒絶し得ると解する余地がある。この場合におけるAの引渡拒絶権に対しても、民法五三三条を根拠に同時履行の抗弁権として法律構成したならばどうか。一般に不動産売買においては、特段の事情がない限り、売主の所有権移転登記義務と買主の代金支払義務とが同時履行の関係に立ち、売主が移転登記手続に協力すれば、不動産の引渡しがなされなくても買主は代金支払を拒絶し得ないと解されているから（大判大正七年八月一四日民録二四輯一六五〇頁、柚木馨・叢書民法⑵一二八頁参照）、そうであるならば、民法五三三条適用説はかかる解釈との調整をどう図るのかという新たな問題に逢着しよう。

（7）　最判昭和四七年一一月一六日民集二六巻九号一六一九頁、名古屋高判昭和四七年一二月一四日判時七〇三号四〇頁、最判昭和五八年三月三一日民集三七巻二号一五二頁など。

（8）　序章注(15)(c)に掲げた三藤説を参照。

（9）　序章注(16)(b)に掲げた三宅説を参照。

（10）　折衷説に数えたもう一つの学説である白羽説についても疑問なしとしない。すなわち、同説は、基本的に民法二九五条適用説に通ずる特徴を備えながら、特定の債権について社会法的、政策的観点から競合論を支持するが（序章注(16)(a)を参照）、留置権が担保する「物ニ関シテ生シタル債権」はすべて公平性の観点から保護されてよい債権であるから、さらに特定の債権について競合論を採らなければならない根拠に欠けるのではないか。もっとも、次節注(12)参照。

（11）　ちなみに、スイス民法八九五条は動産および有価証券の引渡拒絶権として留置権制度を規定し、これを物権かつ換価満足権（Befugnis zur Verwertung）として法律構成する一方で、スイス債務法八二条は、ドイツ民法三二〇条と同様に、双務契約上の債務の履行拒絶権制度として相対的効力を持つ同時履行の抗弁権を規定しており、わが国との間で類似性が存する。そして、前述した八九五条の適用に関しては、①留置物の所有者は当該物を譲渡し得る、②譲受人は留置権つきの所有権を取得する、③債権者は譲受人に対する物の引渡しを留置権の引用により拒絶し得る、④所有権移転の際に右の物に負担がないと思っていた善意の譲受人に対しても債権者による留置権の主張を妨げない、⑤その際、債権者は所有権移転の前後に譲受人に対して留置権の行使を表示していたかを問わない（vgl. K. Oftinger, Kommentar zum Schweizerischen Zivilgesetzbuch, Bd.

IV, 1952, Nr. 144, S. 388. なお、スイスにおける物の引渡拒絶権に関しては、椿寿夫『民法研究II』八頁以下（有斐閣、一九八三）も参照）、などと解されている。これらは解釈上の価値判断として大いに示唆を含んでいると思われる。

第二節　峻別論の展開

一　法的牽連の場合における引渡拒絶

(1)　前節で述べてきたことを纏めると、留置権制度と同時履行の抗弁権制度とは明確に峻別されて然るべきこと、そして法的牽連の場合にも前者の制度が機能し得ることである。すなわち、物的牽連の場合は留置権制度のみに服し、(1) また法的牽連の場合であっても双務契約から生じた本体的債権の相互間においては同時履行の抗弁権制度のみの支配下に置かれる。これに対して、右の債権以外に関する法的牽連の場合は、前者によって担保されると法律構成する方が無難な解釈だと考えられる場合もあれば、(2) 反対に後者の制度に服する場合も、さらにはその何れの制度に従うことも問題を含んでいる場合もあり得ることになる。すると、残された問題は、法的牽連の場合における二つの拒絶権制度の機能領域をどう分別して根拠づけるべきか、その峻別基準または原理は何に求めるのが適切か、である。

(2)　思うに、わが国における同時履行の抗弁権制度がドイツ法の影響を受けたという事実のみならず、この制度の趣旨に着目したとき、民法五三三条はいわゆる完全双務契約から生じた二つの本体的債務の相互間に直接適用されるべきだ、との結論を貫かねばなるまい。つまり、ドイツにおける右の抗弁権制度はこれまで前述した債務間で機能すると解釈されてきており、わが国でも前記五三三条の適用に際しては同様に解釈されて然るべきである。けだし、同時履行の抗弁権制度が公平の原則に基づいている趣旨に鑑みれば、これらの債務間に存する密接な関連は契約当事者の負担する債務を相互に実現する形で作用させることにあるからである（だからこそ、同条は「債務ノ履行ヲ提供スルマテ」と規定して相互の債務間に履行拒絶権を認めたのであって、同時履行の抗弁権の効果として引換給付判決がなされるのもその限りで首肯し得るのである）。

これに対し、留置権制度にあっては、この権利の効果として、同時履行の抗弁権の場合における判決方法と同様に引換給付判決がなされると解されているとはいえ、そこでの公平性の原理は同時履行の抗弁権の場合におけるとは別な形で機能する。すなわち、占有者の有する留置権は右の抗弁権に比して債権担保としての性質を強く備えており、このため、占有者が留置権を主張して引換給付を求め得るとはいえ、相手方も自己の債権と債務との同時履行を主張し得るものではない。だから、そこでの公平性に導かれた債権債務の同時履行は、占有者が有する債権のサイドから見た一方的な観点からの要請であり、同時履行の抗弁権とは異なって、相手方は代わり担保を供与して占有者に対する債務の履行責任を猶予することが許容されているのである（民法二九五条一項が「債権ノ弁済ヲ受クルマテ」と言い、同法二九六条も「債権ノ全部ノ弁済ヲ受クルマテ」と定めて、前記五三三条とは異なる表現で区別しているところは、公平性に関する留置権と同時履行の抗弁権との差異を端的に示している）。右に述べたことを〔事例2〕を用いて示すと、前述したように、そこでのAとCとが有する各々の債権は相互に同時履行の関係に立たないから、この限りでは民法五三三条の立脚する公平性の原理に服する解決は適切とは言い難く、留置権制度による解決を図る方が妥当であるとの結論に至るべきである。

二　具体的な峻別

(1)　以上に述べてきたことを踏まえて留置権と同時履行の抗弁権における各々の機能領域を分別すると、それは次のようになる。まず、物の引渡拒絶の対象となる種々の債権を、(i)物的牽連の場合における債権と、(ii)法的牽連の場合における債権とに大別した解釈を前提としたうえで、後者の債権にあっては、(イ)双務契約から生じた債権か、それとも(ロ)片務契約によるものか、また(イ)の債権であっても、それが双務契約の本体的債権に当たるものかという分類をもって示すと、前記(i)の債権は純粋に留置権のみによって担保される債権であり、また前記(ii)の債権であっても、(イ)の債権で、かつ、それが双務契約から生じた本体的債権(売主の代金支払債権など)であるならば、このために許される物の引渡拒絶権を同時履行の抗弁権として法律構成する結論に異論はあるまい。これに対し、その他の場合においては、わが国の留置権制度と同時履行の抗弁権制度とが異なる法体系に依拠していることより、その何れか一方に単純に振り分けて解決を図ることはもとより無理な事情にある。そうだとすれば、物の引渡拒絶を巡る関係当事者を対象に、一般原則である信義則の適用によって利害関係の調整を図ることが考えられなくもないが、あえて何れか一方の制度に服した形での解決を試みることとし、どちらの制度がより無難な法律構成となり得るかとの観点より考察するならば、片務契約を媒介として生じた前記(ロ)の債権(無償寄託、使用貸借等において目的物に支出された費用の償還債権など)のために、占有者が主張し得る物の引渡拒絶権は留置権として法律構成すべきである。けだし、第三者に対して物の引渡拒絶が主張される場合には、留置権的構成を採ることにより対抗力概念を認めて占有者の保護を図ることが可能になるとともに、(3) 債権者が相互に同時履行の関係を主張し得るわけではない点で留置権の立脚する公平観念に則する、と考えられるからである。同様の理由により、双務契約から生じた債権でありながら本体的な債権とは言い切れないもの（双務契約上の附随義務を目的とする債権、民法六〇八条の費用償還債権など）のために認められるべき物の引渡拒絶権も、結局、留置権としての法律構成に従った取扱いをすべきである。(4)

(2)　右に反し、双務契約から生じた本体的な債権に該当しないにも拘わらず、二つの債務間に同時履行の関係が、特別の規定により認められていたり（民法五四六条、五七一条、六三三条本文、借地借家法一〇条四項（建物保護法二条）、三一条三項（借家法一条三項）、農地法一八条三項、仮登記担保法三条二項など参照）、(5)または、有償寄託における受寄物返還義務と報酬支払義務との関係など(6)解釈によって承認される場合がないわけではない。このような場合は厳密には民法五三三条の定める同時履行の関係として把握すべきではなく、単に特別規定とか解釈によって相互に同時履行の関係が認められたにすぎないのであるが、(7)ただ、同条が二つの債務の相互間に同時履行の関係を要請する趣旨は右のような場合にも妥当することから、その限りで留置権的な法律構成が排斥されることになる。(8)

また、双務契約の無効または取消を原因として当事者間に生ずる返還債権は、厳密には双務契約に基づく債権とは言い難く、かといって片務契約から生じた債権にも属さないとすると、前述した分類の何れにも該当しないこととなり、これより返還義務の拒絶を正当化するための法的根拠が問題になろう。(9)つまり、わが国における現行民法典の下ではこの拒絶を正当化する直接の規定が欠如しており、右の問題に対する解決は解釈に委ねられていると言えようが、双務契約の清算または巻返しとして前述した返還義務の間には一般的に相互に同時履行の関係が認められてよい。(10)そうだとすると、民法五三三条の公平観念に照らした解決の方が適切だと言い得るのであるが、ただ、これらが本体的な返還債務の関係にないときは純粋に同条の適用を認めるわけにはいかないこと言うまでもないから、結局、民法五三三条の類推適用を認めるのが最も無難な解釈であると思われる。(11)(12)

(3)　ところで、右の引渡拒絶権の法的根拠を民法五三三条に求めたとしても、この拒絶権は物の譲受人など第三者に対しては主張し得ない（このことは、例えば〔事例2〕においても同様であり、AはCに対して同条を根拠に物の引渡しを拒絶し得ないことになる）。このように、第三者との関係で物の引渡拒絶権を法的にどう根拠づけるかは残された重大な問題である。前記(1)において双務契約から生じた本体的債権のために認めた物の引渡拒絶権はもちろん、右の(2)における債権のために認めてきた物の引渡拒絶権も、ともにその法的根拠を民法五三三条に求めながら、その反面、右にいう、第三者との関係で起こる物の引渡拒絶はどう取扱われるべきかの調整は、本来、わが国における留置権制度と同時履行の抗弁権制度とが異なる財産法体系に根ざしていることに起因して具現する問題である。そうであるならば、そこでの占有者は物の引渡拒絶を主張し得るかについては、占有者、債務者、第三者の各々の諸事情を考慮したうえで、信義則の適用によって解決を図ることが相当に説得的であると言えようが、これでは一般法理の適用をかなり広範囲に承認する結果になって躊躇を感じざるを得ない。やはり右の第三者を相手に物の引渡拒絶を主張するという場合も、二つの債権間には相互による同時履行の関係が欠落しているという点を重視して、第三者との関係では、(13)（あくまでも物の引渡拒絶に関する限り）留置権の主張という法律構成を借用する形で調整を図ることとし、例外的に留置権の主張を認めると債務者、第三者との関係で著しく正当性を欠くときは、信義則の法理により留置権の行使は制約を受け得ると解するのが最も妥当な解釈であると考える。(14)

また、例えば〔事例1〕においても、そこでのAの登記請求権とBの代金返還債権との間には相互性の要件が具備しておらず、従って民法五三三条が類推適用される基盤は喪失している。しかも、Aの請求権とBの債権とは相互に同時履行の関係に立っていないことからすると、そこでの引渡拒絶は留置権の立脚する公平の原理に馴染む側面が窺える。とはいえ、AはBに対する代金返還債務の履行を拒絶しており、「物」の引渡拒絶を主張するものではないから、民法二九五条の解釈としては無理があると言わざるを得ず、同条を類推適用し得る枠外に存する事例であるというほかはない。従って、右のAに代金返還債務につき履行拒絶の権原を承認しようとするのであれば、その法的根拠を前述した五三三条と二九五条の何れにも求めることはできない、と言うべきである。そして、そもそも右の事例における履行拒絶の可否という問題も、わが国の留置権制度と同時履行の抗弁権制度とが系譜を異にしたため、現行民法典が孕むこととなった矛盾に端を発していると考えられるため、この履行拒絶に関する権原についてまであえて何れかの制度に服せしめる解決は元来無理がある、と言わねばなるまい。そうだとすると、このような場合は信義則を定めた一般規定に頼らざるを得ず、A・B・C間に存する諸事情と利害関係とを勘案してAの拒絶の可否を判断するほかはないように思われる。[15][16]

（1）　この場合の留置権は物権的返還請求に対して主張される。

（2）　この場合に認められる留置権の主張は債権的返還請求に対してなされる。

（3）　但し、第三者に対する留置権の対抗が許される範囲は限定的に解釈されなければならない。この範囲については第一編第四章第三節**二**を参照。

（4）　学説には、本文における物の引渡拒絶権について、「履行拒絶権」なる概念を用いて論ずる見解が見受けられる（序章注(14)(b)の清水説。なお、序章注(15)(c)の三藤説および沢井説も参照）。しかし、かかる概念は「解釈論として一つの難点といわなければならない」（三宅・序章注（16）五三頁）だけでなく、その法的根拠、要件、範囲は頗る曖昧である。もっとも、右の三藤説は法律関係の処理に関して留置権の規定を類推適用するので（序章注（15）(c)参照）、少なくとも本文に述べた留置権的構成に関する限り、結論において同説は著者の立場と大差あるまい。

（5）　民法六三四条二項および同法六九二条も民法五三三条を準用しているが、そこでは物の引渡拒絶が問題になり得ないであろう。

（6）　大判明治三六年一〇月三一日民録九輯一二〇四頁、我妻・民法講義V_3七二〇頁参照。

（7）　広中・序章注（6）一〇四頁も同旨を説く。そして、同・一〇四、一〇五頁は、「双務契約だからといってつねに民法五三三条の定めるような同時履行の関係が成立しうるというわけではなく、むしろ、五三三条それ自体は通常の（一時的契約たる）売買およびそれと同類型と目すべき契約においてのみ適用をみるものであり（これは同条が通常の売買に着目してつくられた規定であることをものがたる）、他のもろもろの双務契約において認められる同時履行の関係は、六三三条本文のような特別の規定がないかぎり、厳密にいえば解釈によって——せいぜい五三三条の準用ないし類推適用として——構成されるものなのである。」と解しているが、これは極めて正鵠を射た主張であると言えよう。

（8）　本来、請負人の報酬債権と注文者の引渡債権とは相互に同時履行の関係に立つものとして扱われるから（広中・新版注釈民法⒃一三三頁参照）、本文で述べた、対立する二つの債権が相互に同時履行の関係にあるところでは民法五三三条の適用に根拠を求めるべきであるという解釈によれば、右の請負人が報酬の支払いと当該物の引渡しとの同時履行を注文者に対して主張できるのは、この請負人が同時履行の抗弁権を有するからであって留置権を有するからではないと言うことになる。

（9）　双務契約が無効または取消されて当事者間が相互に返還債務を負担した場合に、これらの債務が対価的なバランスを保っている場合と、そうでない場合とがあり得ることは言うまでもないが、以下での叙述は原則としてその何れの場合にも妥当するであろう。

(10)　無効または取消の場合における効果としての相互の返還関係については明文規定が欠如しているが、裁判例には未成年者の行為が取消された場合(最判昭和二八年六月一六日民集七巻六号六二九頁)、および、第三者の詐欺による取消の場合(最判昭和四七年九月七日民集二六巻七号一三二七頁)に当事者の原状回復義務につき同時履行の関係を肯定したものがある。学説上の多数説は、解除によって生じた原状回復関係のみならず、取消または無効の場合における相互の給付返還関係についても一般に同時履行の関係を承認している(詳しくは奥田昌道ほか編『民法学3』〔椿寿夫〕四頁以下(有斐閣、昭五一)参照)。もっとも、詐欺または強迫を原因とする取消の場合に、民法二九五条二項の趣旨を類推して詐欺者または強迫者に同時履行の抗弁権を認めない学説(星野英一「批判」法協九一巻三号五三七頁(一九七四))と、このような制約を設けない見解(鈴木弘『最高裁判所判例解説民事篇昭和四七年度』六七六頁(法曹会、昭四九)、加藤・序章注(6)四四九頁)とが対立している。

(11)　谷口知平「判批」民商二六巻五号三三九頁(昭四九)、「同時履行の抗弁権のみが働く」と説いている三藤・判例コンメンタール③七頁を参照。また、清水・再構成一五八頁は「契約上の履行拒絶権」と称しているが、そこでの趣旨は共通の認識に基づいていると考えられる。

(12)　等しく物の引渡拒絶の場合であっても、本文に掲げた種々の債権とは同列に論じ得ないものが存する。その主要な場合を挙げると、①借地法四条二項、一〇条(借地借家一三条、一四条)の建物買取請求権のためにする敷地の引渡拒絶、②借家法五条(借地借家三三条)の造作買取請求権のためにする建物の引渡拒絶、③敷金返還債権のためにする賃借物の返還拒絶などである。けだし、わが国では建物と土地とが法律上は別個の不動産として扱われるので、前記①では建物買取請求権のために建物とは別個の土地につき引渡拒絶が問題となり、また前記②でも右の①におけると類似して、造作買取請求権のために造作とは別の物である建物の引渡拒絶が問題となり、さらに前記③においては、敷金の授受は賃貸借契約に附随しているとはいえ、この契約とは法的に区別された敷金授受契約に基づいており、従って当該敷金の返還義務は賃貸借契約より直接に発生しているわけではないからである。かかる諸債権については、例えば賃借人に建物買取請求権や造作買取請求権が認められた趣旨を貫徹するためには、土地や建物の引渡拒絶の可否について多少とも社会法的側面からの配慮が介入するなど、本文に掲げた諸債権とは別個の諸事情が内在している。それ故、本編における著者の主張は直接には右に掲げた諸債権には妥当しない。もっとも、前述した②の引渡拒絶に関しては本書所収の〈付録二〉を参照。

(13)　本文(1)および(2)で述べてきたように、二つの対立した債務の相互に同時履行の関係が存するときは民法五三三条のみの適用に服すると解してきたため、例えば請負人Xが注文者Aから委託されて物を修繕したという法的牽連の場合に、このXが報酬の支払いと当該物の引渡しとの同時履行をAに対して主張できるのは同条に基づくからである、ということであった（前出注（8）を参照）。一方、著者は、既に第一編において、請負人Xには、物的牽連の場合における債権を被担保債権とする留置権の行使と、それから法的牽連の場合における債権（すなわち報酬債権）を被担保債権とする留置権の行使とが許され、フランス学説における解釈を参考に、右のXは何れか一方の留置権を選択的に主張し得る旨の解釈を説いてきたため（同編第四章第三節一(3)参照）、前述した五三三条の適用に関する見解と対比したとき、右の解釈は、法的牽連の場合には、占有者に留置権と同時履行の抗弁権との競合関係を認めることになりはしまいかなど、右の場合に占有者に認められる物の引渡拒絶権を峻別論の立場から法律構成しようとするうえで矛盾を犯している、と受け取られるかもしれない。もっとも、X・A間では法的牽連の場合における物の引渡債務のすべてが右にいう五三三条の適用に服するわけではなく、同条は、本文(1)および(2)において述べてきたように、双務契約から生じた本体的債務など同時履行の関係にある債務の間に限って適用があり、従って必ずしもこの関係にない債務の間にあっては、民法二九五条の適用による解決が残されていると解するため、その限りにおいては留置権と同時履行の抗弁権とが明白に峻別されているのであって、かかる解釈に対しては法律構成上の矛盾を指摘されることはないであろうと予想される。従って、ここで法律構成に関して整合性を問われる恐れがあるとすれば、それは、法的牽連の場合において同時履行の関係にある債権の一方を有しているXは、Aとの関係で、前述した抗弁権のみを主張し得ると解しておきながら、本文(3)における主張として、Yとの関係ではなぜ留置権のみの行使が許されるに止まるのかという点に関してであろう。そこで、この点について以下に著者の本意を補足しておきたい。

まず、右のXが修繕して占有している物を所有者AがYに譲渡したため、YがXを相手に当該物の引渡しを請求したという場合（第一編第一章第三節二に掲げたA→X・A→Y型における時前型の場合（同時履行の関係にある債務間という条件つきではあるが）民法五三三条の適用に服するのに対して、X・A間ではXに認められる引渡拒絶権は同法二九五条の問題として扱われる。つまり、法的牽連の場合における債権については、X・A間と、それからX・Y間とでXに認められる引渡拒絶権は使い分けられており、著者は、Aが引渡請求をした場合には、Xが報酬の支払いとの同時履行を主張できると解するための法的根拠を右にいう五三三条の適用に求めるのに対して、Yが引渡請求をしてきた場合では一転してXには報酬債権を被担保債権とする留置権の行使のみが許される、と解することになる。こうした解釈はいささか奇異に感じられるかもしれないが、実は、右に示した解釈こそ前述した二ケ条が異なる財産法体系に由来していることの反映なのである。すなわち、X・A間で同時履行の関係にある債務の間には民法五三三条が適用される要請に応える必要があること、その一方で、X・Y間においては、本来、XがAとの間で有していた債権とYの引渡債権とは相互に右の関係になく、従って対立した債権の達成に向けられた公平性の実現という要請は不問となるため、ここでの引渡拒絶権については留置権制度をもって対処せんと解するのである（つまり、報酬債権の債務者でないYを相手にXの引渡拒絶権を認めるときは留置権の対抗力概念を借用した法律構成となる)。その上で、著者は、XがYに対して主張し得る留置権としては二種類があると考え、それは物的牽連の場合における、費用償還債権を被担保債権とした留置権(これは直接の債務者に対して主張されていると考えるため、留置権を第三者に対抗すると法律構成される場合でない。第一編第四章第二節二を参照)と、それから法的牽連の場合における、報酬債権を被担保債権とした留置権(この留置権は右に述べた対抗力概念によって法律構成される場合にほかならない)である、と解するわけである(第一編で選択的に行使を許してきた留置権はこうした競合関係にある留置権を指している。もっとも、XがYを相手に主張できる二種類の留置権は被担保債権の範囲、留置できる物の範囲などが異なり得る。第一編第四章第三節一(3)を参照)。なお、A→X・A→Y型における時前型の場合を例に摘示してきた解釈は、例えばYより所有物を賃借した借主AがXに当該物の修繕を委託した、という場合にもそのまま妥当するわけではない。けだし、X・A間という法的牽連の場合にあっては同時履行の関係にある債務間について民法五三三条が適用されることに変わりはないのに対し、当該物の引渡請求権をYが有する場合(第一編第一章第三節三におけるY→A→X型における時前型の場合)には、Xは物的牽連の場合における債権を有する限りで右のYを相手に留置権のみを主張し得るにすぎない、と解するからである(第二編第三章第二節二参照)。

(14)　具体例としては、買主の債務不履行を理由に不動産売買を解除した売主が、買主からの転得者による明渡請求に対し、解除に基づく原状回復の現物返還不能による価格返還請求権を主張して留置権を行使した、最判昭和六二年七月一〇日金法一一八〇号三六頁の事案などが考えられよう。なお、同判決とは異なり、その原審判決(仙台高判昭和五九年八月三一日金商七〇四号八頁)は留置権を認めたが、この判決は妥当でないことにつき拙稿・序章注(20)二二八、二二九頁を参照。

(15)　著者はかつて、本文(3)で対象とする拒絶権に関し、「履行拒絶権」なる概念を用いて論じたことがある(拙稿・序章注（20）二二九頁以下、特に二三一頁参照）。その法的根拠は信義則を背景としたものではあるが、右の「拒絶権」の法的根拠、要件、範囲は漠然としていることを否めないので、本文に示したように、留置権的構成を前提に信義則による制約を課して調整を図る場合と、端的に信義則の法理を用いて解決する場合とに区分した立場に改めたい。

(16)　本文に述べた解釈を、従来の通説が説く解釈との比較で一言しておこう。すなわち、通説は、序章一(2)で示した(イ)および(ロ)の債権のために留置権の成立を認めるが、このうち、(イ)の債権は物的牽連の場合における債権に対応しているので、これにつき留置権を認める限りでは、著者が唱える解釈は通説との間で相違することにはなるまい。なお、占有者は、右の債権を担保するため、留置権を物の譲受人など（直接の）契約関係にない者に対して主張し得るか。これは、本文(3)で論じてきた問題とパラレルの関係に立つ重要問題ではあるが、この問題に関して著者は既に考察を試みてきている（第一編第四章第二節、第二編第三章第一節、第三編終章を参照）。

問題は前記(ロ)の債権についてであり、このうち、「同一の法律関係から生じた債権」として通説が認める留置権の成立は、法的牽連の場合における留置権の成否と概ね対応するものと考えられるが、ただ本編では、同時履行の抗弁権制度との峻別を説いて、本文(2)で留置権の成立が認められない場合を承認してきたので、これとの関係では通説との間で大いに差異が現われ得る。

また、従来の通説は、右にいう(ロ)の債権として、物の返還請求権と「同一の生活関係から生じた債権」も挙げ、その具体例として傘の取違いによる返還債権を引用してきたが、これはドイツ民法二七三条一項に関する学説に由来すること、既に述べてきたとおりである（第二章第一節注（3）参照）。そこで、例えばAとBとが傘を取り違えたという場合に、その一方が有する傘の返還債権のために他方の傘の引渡しを拒絶することは認められてよいが、この場合の拒絶権は、本文に述べた制度趣旨からすれば、留置権と法律構成されるものではなく、その法的根拠は民法五三三条の類推適用に求められるべきである。けだし、右の返還債権は契約より生じた債権ではなく、また必ずしも二つの返還債権間に対価関係が認められるわけではないとはいえ、この場合の返還債権は一般的には相互に同時履行の関係に立っていると解されてよく、従って同条の公平観念に照らした解決に馴染む、と考えられるからである。

しかし、等しく傘の取違いの場合であっても、例えばA・B・Cの三者が傘を取り違えたという場合は別である。この場合も各人は無条件に返還請求に応じなければならないと考えるべきではないが、かといって、そこでの拒絶を正当化するための根拠を、留置権制度または同時履行の抗弁権制度の何れかに服せしめる解決は、これらの制度の趣旨、系譜等に鑑みたとき無理であると言うほかはない。そうだとすると、やはり信義則を定めた一般規定により、A・B・C間に存する諸事情を斟酌して拒絶の可否を決すべき事例であると考える。従って、著者の立場によれば、「同一の生活関係から生じた債権」のために留置権が成立する可能性は認められないこととなり、この点でも本文に示した解釈は通説とは異なる特色を持つ。

終章

一　フランス留置権制度に倣って制定されたボアソナード草案は、留置権に関する一般的な規定として一〇九六条を設けただけでなく数々の個別規定をも備えていた。その中には、売買における買主の代金支払債務のために売主が物の引渡しを拒絶し得る権原までも留置権として捉えられていたことに顕著に現れていたように、ボアソナード草案は物の引渡拒絶権のほとんどを留置権として位置づけ、わが国の現行民法五三三条に定められているような、双務契約から生じた二つの相互的・本体的な債務間に認められる同時履行の抗弁権制度を明確な形で認識してはいなかった。かような事情は、旧民法典の制定まで継続されただけでなく、現行民法典が制定された後も、その起草委員は依然として売主による右の引渡拒絶権を留置権と解していた様子が窺えるのである。

また、現行民法五三三条はごく限られた領域で発生している債権債務関係につき同時履行の抗弁権を明記したが、これにはドイツ民法草案に影響を受けて制定されたという経緯があった。そして、ドイツでは、今日、右の抗弁権は双務契約から生じた二つの本体的な債務の相互間に認められると解釈されており、それ以外の債権間に関しては、物の引渡拒絶に限定されない履行拒絶権としての留置権制度が対処できるよう法的措置が施されている。わが国においても、右の五三三条は双務契約において生じた二つの本体的債務間を中心に直接適用が認められてきたとはいうものの、学説はこれに留まらず、双務契約から生じた債務とは言えない債務の間においても同時履行の関係を認めてよいとの認識から、民法五三三条の拡張適用を承認してきたのである。その一方で、民法二九五条一項は留置権の成立する債権を「物ニ関シテ生シタル債権」と抽象的に規定したため、この範囲を巡って多くの議論が展開され、これまで通説とされてきた見解によれば右の「債権」はかなり広範囲に解釈されている。このように民法五三三条と同法二九五条一項とが拡張して解釈適用されたため、各々の拒絶権を主張できる領域の競合関係は一般に承認されることになった。

しかし、かような競合関係を承認する通説は妥当とは言い得ないこと既に述べてきたとおりである。けだし、民法二九五条一項はフランス法に、そして同法五三三条はドイツ法に由来しており、各々の矛盾する法制度が財産法体系とも大いに関連し合って内在することになったわが国の特殊事情を、通説は十分に認識した形で展開されたわけではなかったからである。だから、わが国の留置権制度と同時履行の抗弁権制度との関係を、フランスまたはドイツにおける法制度と法解釈の何れかに傾斜した形で論ずるならばそれは一面的であって適切ではなく、むしろ立法経緯を尊重したうえで、わが国独自の観点から両制度の機能する領域を整合的に結び付ける解釈が要請されていると言い得るのである。

二　このような認識の下で著者は、留置権と同時履行の抗弁権の非競合論に立ちながら、各々の機能する領域の明確化を試みてきた。そして、両者が何れも公平性の原理に基づく制度であることを認識しつつも、各々を支配するこの原理は異なった形で具現することに着眼した。すなわち、民法五三三条は双務契約より生じた本体的債務が相互に実現されることを目指す前提にあるのに対して、留置権は必ずしもそうではないという点が重視されなければならない。こうした着眼点を基本に据えたうえで著者は両制度の機能領域を次のように分類してきた。すなわち、物の引渡拒絶権が機能する領域を物的牽連の場合と法的牽連の場合に分類したうえで、とりわけ後者の場合に属する種々の債権は本体的か付随的か、また双務契約から生じた債権か、それとも片務契約によるものかといった観点から区分けし、前述した二つの制度がそれぞれ依拠している公平性の差異に注目することで、これらの引渡拒絶権に関する機能領域を明確化してきた。その際、特別の規定により、または、解釈によって契約から生じた二つの債権について相互に同時履行の関係が認められている場合のほか、双務契約の無効とか取消に基づく返還関係の場合など法の欠缺とも言い得る場合も存するので、これらに対しては、一方で民法五三三条の適用（または類推適用）という形での解決を必要とする余地を認めながら、他方で留置権制度と同時履行の抗弁権制度の何れによっても解決が困難である場合を指摘し、この場合に関しては信義則の法理による解決が最善であると認識しつつも、結論においては原則として留置権的構成を借用して、例外的に信義則の法理による制約を認めるなどの解釈論を提唱してきた（なお、信義則の法理のみに従った解決の場合もあり得る）。

三　もっとも、右に述べた解釈論を前提としたとき次のような新たな疑問が提起され得るであろう。すなわち、裁判上、同時履行の抗弁権が主張かつ認容されると、その効果として引換給付判決がなされることに異論はなく、また留置権の主張に関しても裁判実務および学説上の多数説は、この権利が被告によって裁判上で行使されて認容されたときは、原告の敗訴となるのではなくて引換給付判決をもって足りると解してきたこと周知のとおりであるが(1)、留置権と同時履行の抗弁権とが等しく根拠とする公平性の原理は、機能面において同一ではないとの前提に立つならば、裁判上の効果の点でも両者は同様に扱われることを意味するものか。むしろ、右の引換給付判決と同様に一部認容判決でありながら、先履行給付を認める条件つき給付判決の方が留置権が立脚する公平性の原理をより的確に反映する判決方法と言えないものか。(2) また、法的牽連の場合における債権を被担保債権とする留置権の主張が必ずしも排斥されることにはならないとしても、そこでの執行方法は物的牽連の場合における債権を根拠とした留置権と同列に扱われてよいものか、殊に破産の場合には同時履行の抗弁権に類する扱いが考慮されてよいことになりはしまいか、(3) などである。これらの疑問に対する考察は本編における目的の枠外のことであるため、ここでは指摘するだけに留めておきたい。

(1)　反対説として、被告の条件つき勝訴を認める勝本・擔保上巻九一頁、原告敗訴の判決を支持する石田・擔保下巻六六七頁、柚木=高木・担保〔第三版〕三三頁などがある。

(2)　斎藤秀夫編著『注解民事訴訟法(3)総則III』七六頁（第一法規、昭四八）は、抵当権設定者が債務の完済を理由に抵当権設定登記の抹消請求をしたという場合に、一定額の未済分があると認められる限りでは、残額債務の弁済を条件とする給付判決をなすべしと解しながら、留置権の抗弁を認容するときは被担保債権の弁済との引換給付判決説を支持する（さらに、同「留置権の抗弁について」小池隆一博士還暦記念論文集『比較法と私法の諸問題』三二〇頁〔慶応通信、昭三四〕も参照）。そして、右の条件つき給付判決は、それ自体が訴訟法上の観点からも多くの問題を含んでいることでもあるから（この判決については、差し当たり新堂幸司「条件付給付判決とその効果」民訴一〇号一頁以下〔一九六三〕参照）、さらに進展した考察が必要となること言うまでもない。

(3)　物的牽連の場合に認められる留置権と動産保存の先取特権との関係、法的牽連の場合に主張が許される留置権と質権との関係は曖昧にならないか、また各々の留置権の性質は一律に扱われ得るであろうか（例えば不可分性の有無など）、といった点も問題視されてよい。

結　び

一　序

本書は、占有者が民法上の留置権を被担保債権の債務者でない者（＝第三者）に対して主張し得る領域の確定、という目的に応えるべき考察から出発した。その結果として導き得た右の領域に関する自説は、単に留置権制度を定めた条文の解釈に止まらず、進んで物の占有者が留置権を行使して間接強制を促す債権の債務者は誰なのか、すなわち債務者を確定するという考察をも必要とするに至った。また、右の自説によれば、留置権制度に関わる他の解釈上の諸問題について、従来の理論との間で相違するところが少なくないと判明したため、かかる諸問題を逐次に考察対象とすることで、しかもその際には常に第三者に対する留置権の主張という場面を前提とすることで、留置権制度の輪郭およびその法律構成として著者が妥当であると考える解釈論を追究し、かつ、自らの立場を明示するよう努めてきた。かかる一連の考察を以下にもう少し立ち入った形で素描することで本書の足跡を確認してみよう。

まず最初に、第一編では、留置権を第三者に対抗することができる領域について、フランス学説が形成してきた概念の一つである、いわゆる法的牽連の場合における債権を対象に、ある特定の範囲（すなわち、第一編で示した分類で表すとX→A→Y型およびA→X・A→Y型における時前型の場合）に限って留置権の対抗が許されるにすぎない、と解する限定的な立場を明らかにした。ところが、これより、もう一つの概念である、物的牽連の場合における債権にあっては、占有者から留置権の主張を受ける相手方は、本来、(右の債権につき債務を負担していない)第三者という立場に立つものではないと解して構わないであろうか、について検証すべき必要性に迫られることとなった。そこで、第二編と第三編では、いわゆる物的牽連の場合における債権の性質に着目することで右の疑問を克服すべく考察を試み、結局、物的牽連の場合では、右の債権を被担保債権とする留置権は第三者を相手に主張されるといった事態が起こらない、との自説を確認することとなったのである。また、従来、留置権を対抗できる第三者の例として、民事執行法上の買受人(旧法下では競落人)を挙げる学説が多かったが、前述したように、留置権を第三者に対して主張し得る領域は限定して解釈されるべきであり、従って物的牽連の場合における債権のために留置権を第三者に主張することが認められる場合を、右にいう領域に含めて理解すべきではないと解するならば、不動産民事執行において引受主義が採られている法制度の下で、「物ニ関シテ生シタル債権」を有している不動産の占有者と、それから不動産の執行により所有権を取得した買受人との間においても、前述の自説は等しく妥当するものとして扱い得るであろうか(すなわち、物的牽連と法的牽連という二つの場合に応じた留置権の主張または対抗を考慮する必要はないものか)、という疑問に逢着することとなった。この疑問に答えるべく考察したのが第四編である。一方、第一編で展開した考察から明らかとなった、留置権を対抗できる領域の確定に関する解釈論は、これに伴った形で、第三者に対して留置権の主張が許されない場面をも明確化することになる。その結果、第三者との間で占有者には留置権が認められるべきではないとの結論が適切である場面において、一体、かような結論を導くための法的根拠は何に求められるべきであろうか、という問題も新たに引き起こされることとなった。その際、これまでは、「物ニ関シテ生シタル債権」という文言の解釈を通して右の結論を導く、という解釈姿勢が少なからず見受けられたのであるが、著者はかような姿勢に対して大いに疑問を抱き、むしろ前述した場合における留置権の否定という結論は、民法二九五条二項の適用解釈という問題の中で導かれるべき場合が少なくないのではないか、という立場を明らかにするための検討を第五編において試みたのであった。そこでは、物の占有者と第三者との間における、占有者による留置権の主張いかんという問題と、それからこの法的な根拠づけという問題を対象とする考察を展開してきたのであるが、かかる考察の結果として唱えることとなった解釈はもとより、第一編から第四編において提唱してきた解釈との関連で留置権と同時履行の抗弁権との関係を眺めたならば、これらの関係はどう解されることになろうか、という問題を扱ったのが第六編である。そして、以上の一連の考察を端的に言い表すならば、終始、占有者と第三者との間における留置権の存在いかん、という一視角を通して民法上の留置権に関する成立と対抗の体系化を試みたのが本書である、と纏めることができよう。

ところで、かような一連の考察において展開された私見は、占有者が被担保債権として主張する債権の債務者を相手に留置権を行使するという場合における、留置権の成立要件に関する解釈上の問題に対しても与える影響は少なくないと思われる。すなわち、留置権の成立要件として民法二九五条一項は、(1)「他人ノ物」の占有であること、(2)占有者の債権が「物ニ関シテ生シタル債権」であること（＝牽連性）、(3)占有者が有する右の「債権」は弁済期が到来していること、という三つの要件を明示している。本書は、前述したように第三者に対する留置権の主張というケースを常に念頭に置きつつ解釈論を構築しようとする意図に基づいてきたから、本来であれば、前述の場合における、留置権の成立要件に関する解釈上の問題は取捨されてよいかもしれないが、しかし他面において、本書が明らかにしてきた種々の見解はこれらの要件をどう解釈すべきかに関連するところが少なくない。そうであれば、かかる要件について本書の立場に照らすとどう解釈することになろうか。以下にこの点に触れておくことで本書を締めくくることとしたい[1]。

二　「他人ノ物」に関する解釈との関係

民法二九五条一項にいう「他人ノ物」とは、留置権によって担保される債権の債務者が所有する物であることを要するかについては、例えば物の借主や預り主がこれを修理に出した場合に、当該物の回復を求める所有者との間で修理者には留置権の行使が許されようか、という事例(第一編での分類によればY→A→X型の請負ケース)を専ら念頭に置いたうえで、他人所有の目的物につき留置権の成立を認める見解（＝肯定説）が多かったが[2]、これとは反対に、債務者所有の物であることを留置権の成立要件とし、従って右の事例では留置権の成立を否定する見解（＝否定説）も古くから有力に主張されてきた[3]。その一方で、前述のような修理を請け負った者が借主や預り主を相手に修理代金の弁済があるまで修理物を留置できる限りでは、他人の所有物についても留置権の成立は認められてよいとしながらも、その被担保債権の債務を負担しない修理物の所有者に対しては請負人のために留置権は成立しない、と解して相対的な解決を図る見解（＝相対説）も決して少なくなかった[4]。さらに付け加えるならば、第三者の所有物について留置権が成立するためには、「その内在的な論理として、債権者と物の所有者との間に物上保証またはそれに類比される関係の存在することが必要である」、と解して右の諸説と若干ニュアンスを異にする学説（＝限定説）さえも見受けられるのである[5]。

ところで、前述した「他人ノ物」という文言は、本書が主張してきた見解との関連で言うならばどう解することになろうか。これに対しては、肯定説が前提としてきた前述の事例において、所有者は本当に占有者に対して債務を負担してはいないと解して構わないであろうか、ということがまず最初に言及されなければなるまい。本書は、物的牽連の場合における債権については、第二編と第三編において物の回復を求める所有者と債務者との関係について考察を試み、留置権が占有者に認められてよい場合における物の所有者は債務者にほかならないと解してきた。とりわけ第二編にあっては、前述の事例を主たる対象に、請負人と物の所有者との間における費用償還の債権債務関係を論じてきたのであって、そこで展開してきた解釈に従うならば右の肯定説が唱える見解はその前提自体が誤解に基づいていることとなり、同説は不必要な場合にまで留置権の行使を占有者に許すことになると言わねばならない。この点、否定説にあっても、同説が等しく前述の事例を前提に解釈論を展開していると解されるため、やはり同様の誤解に基づいていると考えられる。一方、法的牽連の場合についてであるが、占有者の債権と、この占有者に向けられた当該物の引渡債権とが相互に同時履行の関係にあるわけではないところでは、右の占有者に認められる物の引渡拒絶権は留置権として法律構成されるべきである、と解する本書の解釈論を裏返して言えば、例えば物の転借主Xが転貸主Aに対して民法六〇八条の費用償還債権を有しているという場合(いわゆるY→A→X型の場合)に、Xが右の償還債権を被担保債権としてAを相手に行使できる物の引渡拒絶権は、前編において明らかにしてきたように留置権にほかならず、従って前述したY→A→X型の場合では留置権の成立は債務者の所有物である必要はないと解することになる(もっとも、右の例において原貸主YはXに対して引渡請求できる立場にあり、このXに対して民法一九六条所定の費用償還をすべき債務者として扱われるときは、XがYを相手に行使できる留置権は債務者所有の物について成立していることとなるが、これは物的牽連の場合として前述してきたところである)。また、例えば物の借主Xが貸主Aに対して留置権によって担保されるべき、法的牽連の場合における債権を有していたところ、当該物の所有権はAから譲受人Yへと移転したという場合（いわゆるA→X・A→Y型の場合）で、しかもYがXに対して右の債権につき全く債務を負担していないと解されるときは、Xは、Aが賃借物の引渡しを求めてきたならば行使できた、前述の債権が被担保債権である留置権をYに対して対抗するという構成になり、ここでの留置権行使は、たといYという債務者以外の者（＝第三者）が所有する物を対象としているにせよ、債務者であるAの所有物について成立した留置権が第三者Yに対抗される場合として捉えなければならない。このように解するならば、本書の見解は前述した相対説の立場に通ずる特色を看取することができ、ただ、同説は右に述べたような各牽連の区分に応じた解釈を前提としているとは考え難いため、むしろ修正相対説として位置づけられてよいと考える。

もっとも、この相対説に対しては、留置権を物権として位置づけた民法典の趣旨に適合しない旨の批判が既になされている(6)。しかし、ドイツ民法典は留置権を債権的拒絶権として構成しており(7)、フランスでも留置権が物権であるか、それとも債権であるかがかつて大いに争われたなど(8)、債権者に許される給付拒絶権としての留置権は常に物権として構成されなければならない必然性が存するわけではない。その意味では、わが国の民法典があえて留置権を物権として位置づけたことは、ここでは大いに重視されなければならないと言えなくもないのであるが、しかし法典上の扱いが物権である、という事情からアプリオリに留置権の対世的効力を広く導こうとする解釈姿勢はそれ自体が反省されなければならない、と言うべきではなかろうか。留置権がどの範囲で第三者に対する効力を有するべきかという問題は、その物権性としての扱いを全く無視するわけにはいかないにしても、第三者との関係で実際にどこまで留置権の効力を承認すべきか、という目的意識の下で理論構成に努める方が具体的な問題の解決を図るうえでより生産的であろう。そうであれば、かかる理論構成を目指しつつ、留置権の第三者に対する効力は、その過不足が生じないよう配慮して確定される解釈こそが求められなければなるまい。ともあれ、留置権を有する占有者は、特定の領域に限り、この権利を第三者に対抗できるにすぎないと解してきた本書の立場からすれば、殊さら留置権の効力について物権性を強調して論ずる必要性は認められないと言えようが、これを百歩譲って、かかる必要性を少なからず承認したところで、留置権が物権として位置づけている民法典の立場を少しも蹂躙することにはならないと思われる。けだし、物的牽連の場合における債権を被担保債権とした留置権が成立する場合にあっては、民法一七七条など公序規定との関係で留置権の行使が退けられるときは格別、そうでない場合には、占有者は物の回復を求める者に対して常に留置権を主張し得ると解する限り、結果として広く対世的効力があると言って構わない実態を看取することが可能だからである。また、仮に留置権の物権性に拘ったところで、他の民法上の物権すべてが成立とともに直ちに無条件で対世的効力が付与されるわけではない、ということも忘れてはなるまい。要するに、留置権という担保権の効力に関する説明としては、極めて特殊な物権であると述べる程度に止めておくことで十分であると解されるのである。

なお、限定説は、前述したように、「物上保証またはそれに類比される関係」の存在を云々しているのであるが、その意味するところは必ずしも明瞭ではないように思われる。けだし、債権者（=占有者）と物の所有者（=第三者）との間に右の「関係」が存在しないところでは、占有者のために留置権の成立がなぜ認められなくなるのかという点が不明確であると考えられるからである。もっとも、例えば物的牽連の場合における債権を有する占有者との間で、当該物の所有者には「物上保証」としての関係ありと思量されなくもなく、右の限定説が主張するところも正にこの点にあると言うべきかもしれない。しかし、そうであれば、前述した「関係」の有無を正面から問題にするのではなく、ここまで説いてきたように、占有者が有する債権の性質に着目しうえで、物的牽連の場合に関して生じたものか、それとも法的牽連の場合に関するものか、との視座から第三者に対する留置権の効力いかんを論ずる方が、留置権の成立と対抗について体系的な構成を期待することができ、また限定説に対して右に述べた疑問も克服できるのではないか、と思われるのである。

三　いわゆる牽連性の要件との関係

次に、「物ニ関シテ生シタル債権」の解釈に移ろう。本書の序論でも言及してきたように、この文言の解釈は、わが国における民法上の留置権制度に内在する最大の難問であると言い得るのであるが、本書は、再三に亘って述べてきたように、右の「債権」を有する占有者と物の回復を求める第三者との関係に着目し、第一編から第六編において、占有者がこの第三者を相手に留置権の存在を主張したという場合の正当性いかんを考察対象としてきた。その結果として唱えることとなった見解に鑑みたとき、右の要件に関する解釈の困難さはかなり軽減されることが期待できるのではなかろうか。すなわち、留置権を対抗できる第三者の範囲（または対抗領域）は特定の場合に限定されるべきであるとし、例えば当該事案において占有者が留置権を第三者に対して行使し得るものかが争われた場合に、この事案が右にいう範囲（または領域）に含まれようかという、いわゆる留置権の対抗問題こそが考察対象として扱われるにすぎないと捉える限りにおいては、もはや「物ニ関シテ生シタル債権」の判断は、この対抗問題を論ずる場面では考慮される必要性のない事柄であると言うことになる。より端的に言えば、牽連性なる要件の判断を行うに際しては、まず第一に債権を有する占有者とその債務者との関係に着目し（但し、この債務者が引渡請求をしたということが前提となる）、右の債務者との間で当該占有者に留置権を認めることが公平であろうかを論ずる中で、具体的な事案における牽連性の要件が判断されることになるのであって、たとい占有者が第三者から物の回復請求を受けたという場合であったにせよ、右の要件に関する判断は別異に扱われることにはならないということである。例えば、受寄者が受寄物の譲受人を相手方として留置権を主張したものの、この譲受人が受寄者に対して債務を負担しない第三者であったとか、または、借主が貸主に対して有する債権を被担保債権として物の所有者に対して留置権を行使したなどの場合に、占有者（右の例では受寄者または借主）が物の回復を求める者（譲受人または所有者）に対して留置権を行使し得るであろうかについては、この占有者が債務者（寄託者または貸主）を相手方として留置権を主張したという場合を一まず想定し、その際に占有者の債権は「物ニ関シテ生シタル債権」に該当するものか、という問題が論じられることで十分だからである(9)（もっとも、民事執行法上の不動産買受人については、これを第三者に含めて扱うことで構わないものかについて特別の注意が必要であること、第四編で考察してきたとおりである）。

また、序論で明示してきたように、要件論としての「物ニ関シテ生シタル債権」の判断は曖昧模糊の状況にあると言うことができた。すなわち、ある事案において留置権の成立いかんの結論を導くための解釈的手法を、これまでの学説の大勢はいささか安易に物と債権との牽連関係いかんという問題の解決に求め、例えば留置権を否定すべき場合には、右にいう関係の存在を否定することで妥当な結論を根拠づけてきたと解されるのであるが、学説のかような解釈姿勢は却って牽連性なる要件の判断に対して過度の負担を強いるという結果を招き、結局、この判断を行う解釈上の領域は肥大化してしまっているという状況を認識することができる。かように混沌とした解釈状況を前にしたとき、これを可能な限り整序する必要性が説かれなければならないところ、本書が、その第五編において、留置権の不成立に関して一般的な要件を定めた民法二九五条二項の適用解釈を取り上げ、かつ、これまでの解釈論とは異なる見解を提言してきたことは、前述した牽連性の判断における解釈上の負担をかなりの程度で減殺させるはずである。例えば、不動産留置権の成立を許したならば不動産物権変動における対抗要件主義に反する結果を出来するため、結論として留置権は否定されるべきである事案（第五編における裁判例の分類で示せば二重譲渡型の場合）などにおいては、同項の適用解釈を法的根拠として留置権を否定せんとする本書の立場は、民法二九五条一項の適用を度外視することができる事例を類型的に顕わしたことになる。然るに、こうして第五編における分析と考察から導き得た結論は、牽連性の判断という解釈問題をスリム化するために大いに貢献できるのではないか、と思量されるのである。

さらに、本書では、フランスにおいて用いられている物的牽連と法的牽連という概念を借用して論じてきたところが少なくなかったが、かかる概念は、「物ニ関シテ生シタル債権」の解釈として、わが国の学説の中にほぼ定着して定式化されてきた二つの債権、すなわち(イ)物自体から生じた債権と、(ロ)物の返還債権と同一の法律関係または同一の生活関係から生じた債権とに概ね対応するものではあった。(10) しかし、右の(イ)の債権に対応した物的牽連の場合における債権についてはいわゆる留置権の対抗問題が起こり得ず、むしろ(ロ)の債権に対応した法的牽連の場合における債権を巡ってのみこの対抗問題が論じられ得るにすぎない、との立場を明らかにしてきたのであるが、その反面で、かような債権の弁済を間接的に促すために機能する、留置権という物の引渡拒絶権については、等しく物の引渡拒絶という事態を招く同時履行の抗弁権との関係いかん、という問題を生起させることについても序論で指摘してきたところである。これに答えるべく、第六編において、右の抗弁権と留置権との各々が主張される得る領域を峻別した本書の立場は、法的牽連の場合における占有者の債権について、(同時履行の抗弁権の主張いかんに影響を受けることのない)留置権それ自体の成立範囲を限定づけることとなったため、留置権として物の引渡拒絶権の行使が占有者に許される領域はかなり縮小されることが予測される。例えば、双務契約から生じた相互に対価的関係に立つ本体的債権の一方が物の引渡債権である場合、占有者の有する反対債権については同時履行の抗弁権の存否のみが問題となるため、留置権の成立に不可欠な物と債権との牽連関係を論ずる必要性は失われるからである。つまり、右の占有者に物の引渡拒絶権を認める結論が妥当である場合に、当該拒絶権は留置権ではないと解することができるからであり、ここでも牽連性なる要件の具備いかんという問題を不問に付すことが可能となる限りで、解釈上の負担は軽減されることになる。

四　占有者の債権に関する弁済期の到来という要件

民法二九五条一項但書にいう、留置権が成立するためには占有者の債権につき弁済期が到来していなければならない、という要件(=但書要件)に関して判断を示している公刊裁判例はあまり多くなく、(11) 従来の学説もこの要件についてさほど問題視して来なかったように思われる。しかし、右の但書要件は、同項本文の適用によれば成立することとなる留置権を例外的に否定する形で機能するものである。一方、その二項にいう、占有が「不法行為ニ因リテ始マリタル場合」に該当するときは、一項によって成立が認められた留置権は結局のところ否定されることとなるから、右の二項の適用をもって一項本文とのバランスを図ろうとする本書の立場に照らしたならば、前述した但書要件は右の二項との関係でどう位置づけられるべきか、とりわけ本書が第五編で考察してきた受領拒絶型の裁判例については、これを但書要件との関連でその当否を論じている学説が少なくないため、[12]かような類型における留置権の存否を、民法二九五条一項但書の適用解釈と結び付けて論ずるのが適切であると言えようか、それとも本書における立場のように、同条二項の適用解釈に委ねるべきかという疑問が考えられるため、かかる疑問との関係で一言されてよいように思われる。

ところで、右の但書にいう要件の起草理由について穂積陳重は次のように述べている。すなわち、「未ダ向フガ拂ウ拂ハヌト云フコトノ分ラヌ内カラシテ或ハ向フガ拂ハヌカモ知レヌカラト云フテ其物ヲ留メテ置カレルト云フ風ノコトハ卽チ此取引ノ自由取引ノ便利ト云フモノヲ害スルコトニ爲リマス其債權ガ已ニ辨濟期ニ在ツテ而シテ向フガ其債權ノ辨濟ヲ怠ツテ居ルト云フ場合ニハ本統ニ向フニ辨濟ヲ促シテ辨濟ヲ受ケル此辨濟ヲ受ケル擔保ノ爲メニ其物ヲ辨濟ヲ受ケルマデ押ヘテ置ク卽チ辨濟期ニ在ルト云フコトガ何ウシテモ此留置權ノ一ツノ要點デアルヤウニ考ヘマスルシ諸國ニ於テモ重モニ其主義ヲ取ツテ居ルヤウニ思ヒマス又其辨濟期デナイ時カラ留置權ガアルト云フコトハ何ウモ不都合デアラウト思ヒマスカラシテ殊更ニ『辨濟期ニ在サルトキハ此限ニ在ラス』ト云フコトヲ入レタノデアリマス」[13]、と。また、梅謙次郎も、「債權カ辨濟期ニ在ラサルトキハ債務者カ辨濟ヲ爲ササルハ固ヨリ其權内ニ在ルモノニシテ毫モ怠慢ノ罪ナシ故ニ債權者ニ於テ之ニ返還スヘキ物アラハ直チニ之ヲ返還スヘキハ固ヨリナリ然ラスンハ債務者ハ其義務ヲ怠ラサルニ債權者唯リ其義務ヲ怠ルコトヲ得ルニ至リ公平ヲ旨トスル留置權却テ不公平ヲ助クルノ結果ヲ生ス」[14]と言い、富井政章も、(同時履行の抗弁権と混同した理解にあるとはいえ)「例ヘハ賣買ノ場合ニ於テ代金ノ支拂ニ付キ期限ノ定アルトキハ賣主ハ留置權ヲ主張スルコトヲ得ス蓋此場合ニ於テ若留置權ヲ行フコトヲ得ルモノトセハ相手方ヲシテ契約上ノ權利ヲ失ハシメ辨濟ヲ促ス方法トシテ留置權ヲ認メタル趣意ニ反スル結果ト爲ルヘケレハナリ[15]」と述べているのであって、彼らは何れも穂積と共通した理解にあると解して妨げあるまい。けだし、これらの起草委員が考慮している主旨を示すと次のように表すことができるからである。すなわち、本来、留置権の成立には債務者が「債権ノ辨濟ヲ怠ツテ居ル場合」（穂積）でなければならないところ、当該債権の弁済期が未到来であれば債務者は弁済を「怠ツテ居ル」ことにはならず、従ってこの債務者には「毫モ怠慢ノ罪」（梅）がないと言い得ること、そして右の占有者に留置権の行使を認めたならば、この占有者だけが「其義務ヲ怠ル」（梅）こととなり、前述した債務者に対しては「契約上ノ權利」（富井）を失わしめることとなって公平でない、と。

このように但書要件の趣旨が、弁済期未到来の債権についてまで占有者に留置権の行使を許すことは物の引渡しを求める相手方にとって酷であり、従って公平でないという点に求められるのであれば、この要件を定めた但書は民法二九五条二項とともに共通した基盤にあることを少なからず認めざるを得ない。それは、この二項にあっても公平性の確保（または実現）という要請がそこでの立法趣旨の中に含まれていたからである[16]。しかし、同条一項の但書が留置権を否定しようとしたことの前提として、穂積によれば、債務者には「債權ノ辨濟ヲ怠ツテ居ル」かどうかの事情が、また梅の言葉で示せば、債務者には「怠慢ノ罪」と言ってよい事情の有無が考慮されていた。すなわち、右の但書が適用されることで留置権の存在いかんに影響を与えることとなる因子は、債務者の側に右の事情が存するかどうかということになる（債務者が「債權ノ辨濟ヲ怠ツテ居ル」場合には、民法二九五条一項本文どおりに、「債權ノ弁済ヲ受クルマテ」この「債權」を有する占有者には留置権が認められるのであるが、そうでない場合、つまり債権の弁済期が未到来の場合には同項但書はこの債権者に留置権を認めないと定めているにすぎない）。これに対し、民法二九五条二項にあっては置かれている状況が異なり、同項の下では、留置権が認められるかどうかの判断は、債権者が「不法行為」によって占有を開始したかどうか、という債権者側の事情いかんに係っているのであって、かような取扱い上の違いこそが右の但書と二項の適用関係を分かつための重要な要素であると解したい。こう解するならば、各々の拡張適用を論ずるに際してもかかる区分に従って論じられるべきであろう。すなわち、「物ニ関シテ生シタル債権」を有する占有者の側に債務者の弁済を受領しなかった不誠実な事情が認められ、従ってこの占有者に対しては、(その主観的事情をも勘案し)時として留置権の行使は許されなくなる受領拒絶型の場合にあっては、そこでの留置権の不存在という結論の法的根拠としては、これを主として民法二九五条二項の適用に求める立場こそが正当な解釈姿勢である、と言うべきである。けだし、債権者による弁済の受領拒絶という、留置権の存在いかんに少なからず影響を与える前述の事情は、(右の主観的事情とともに)占有者の側において認められるものだからである(債権を有する占有者が弁済の受領を拒絶したという事実をもって、恰も債権につき弁済期の未到来という効果を導くかのような、同条一項但書を法的根拠とする解釈には無理があろう)。その上、第五編において明らかにしてきたように、悪意占有者の有益費償還債権については裁判所が「相当ノ期限」を許与できる、と定めた民法一九六条二項但書（およびその準用規定）は占有者の留置権を否定する趣旨にあり、前述した二九五条一項但書はまさにこの趣旨を貫徹すべく機能していたのであるから(17)、同項但書の捉え方としては、やはり占有者の債権につき弁済期の到来いかん自体が直視されて設けられた規定である、と解するのが妥当であろう。

以上のように、本書が唱えてきた見解は、民法二九五条一項但書の位置づけ、さらにはその拡張適用の解釈姿勢についても少なからず語ることになるのである。

（1） 留置権の成立要件として教科書類は、本文に掲げた(1)～(3)という要件のほかに、占有が「不法行為」によって始まった場合でないこと（民法二九五条二項）、というもう一つの要件を加えて分説しているのが通常である。この最後の要件に関しては、これが本書の目的意識と大いに関連し合っているため、その第五編において直接の考察を展開してきた。ここでは、残りの三要件について、本書で明らかにしてきた自説との関連で言及しようとする意図にある。

（2） 肯定説は、物権としての対世的効力に着目したり間接に弁済を促す効果を貫徹させるため、または、債務者の所有物であることを要する旨が法文に明示されておらず（商五二一条参照）、また「物ニ関シテ生シタル債権」である以上は、その所有権の所在いかんを問わず留置権の成立を認めるのが公平に適する、などを根拠としている（富井・原論第二巻三一四頁、中島・釋義物権篇下六〇三頁、三潴・増訂擔保三四頁、遊佐・民法概論二三七頁、山下・擔保一七頁、小池・擔保三四頁、我妻・民法講義Ⅲ三五頁、田中・注釈民法(8)三二頁、川井・担保二八四頁、柚木=高木・担保〔第三版〕二七頁など）。また、星野・概論Ⅱ一九〇頁、内田・民法Ⅲ四五四頁も本文に例示した借主や預り主に留置権を認めて肯定説の立場を支持している。

なお、裁判例には、債務者以外の第三者の所有物に対しても留置権の主張を認めたものもあれば（名古屋高裁金沢支部判昭和三三年四月四日下民九巻四号五八五頁、大阪高判昭和四二年六月二七日判時五〇七号四一頁、名古屋高判昭和四六年一一月二日判時六五四号六三頁〔以上は、請負人の修理代金または報酬債権に基づく留置の場合に関する〕、最判昭和三八年二月一九日裁判集民六四号四七三頁〔買主の残代金債権に基づく留置の場合に関する〕など）、反対に、非所有者に対する留置権の主張を認めなかったものも存する（東京高判昭和四九年七月一九日高民二七巻三号二九三頁、最判昭和五一年六月一七日民集三〇巻六号六一六頁〔何れも占有者の債権と物の引渡債権とが同時に発生している場合に関する〕）。

（3） 梅・要義物権編三〇四頁、石田・擔保下巻六五六頁以下は、第三者の所有物につき留置権による競売を無条件に許すことは公平でないこと、肯定説によれば債権と物の占有との関連性が問われなければならないこと、民法二九八条および同法三〇一条が「債務者」と規定していること、などを理由とする。また、薬師寺・留置権論六〇頁も否定説に属する見解として捉えられているが、同書一三二頁は債権者が債務者の所有動産と信じたときは留置権につき即時取得の可能性を認め、石田・擔保下巻六六〇頁も民法三一九条を類推適用することで同法一九二条の準用を認めていることに注意する必要がある。

(4)　横田・物権法四二七頁、勝本・擔保上巻一〇六頁、道垣内・担保一六頁、高木・担保二五頁参照。

(5)　槇・担保三九頁。

(6)　小池・擔保三六頁参照。

(7)　詳しくは第一編第三章第一節一参照。

(8)　詳しくは第一編第二章第三節一参照。

(9)　債権を有する占有者と債務者の間における留置権の成立いかんという問題と、占有者と第三者との間における留置権の主張いかんという問題とを区別し、牽連性の判断は前者の問題の中で扱おうとする本書の立場は、その類似または共通した発想を道垣内・担保二六頁にも看取することができる。但し、道垣内説は、例えばAがBとCとに不動産を二重譲渡した場合（第五編で分類した二重譲渡型の場合）に、第一買主であるBがAに対して取得した損害賠償債権については、物と債権との牽連関係を認めて留置権の成立を認めつつも、AはBに対して引渡債権を有していないためCに対するBの留置権行使は許されないとするが、Aが右の引渡債権を有しない限り、（牽連性の判断を待つまでもなく）Bとの間でも留置権は不成立ということになりはしまいか。本書の立場では、Bが引渡債権を有しない限り、AとBとの間で留置権の成立いかんを論ずる基盤は失われていると考え、従ってA・C間でのみ物の引渡拒絶いかんという問題が現れる二重譲渡型の場合では、民法二九五条二項の適用解釈によってBの留置権を否定しようとするものである。このように本書の見解は道垣内説との間には相違が存しないわけではない。

(10) 但し、本文に示した(ロ)の債権を被担保債権とする留置権の成立と、それから法的牽連の場合における債権を根拠とした留置権の成立との間には重大な違いがある(前編第三章第二節注(16)参照)。

(11) 但書要件に関連した公刊裁判例としては、弁済期の定めがない債権については債権者が請求した時をもって弁済期の到来と判示したもの(大判明治三七年三月二五日民録一〇輯三三〇頁)、留置物の競売と債権の弁済期との関係を扱ったもの(大判昭和八年一二月二二日判決全集四輯一六頁)、抵当権が設定されている建物について借地法一〇条の買取請求権が行使されたため、民法五七七条を根拠に土地賃貸人が滌除の手続を終えるまで代金支払いを拒絶したところ、買取請求権者は代金の支払いがあるまで建物留置権を主張したという事案において民法二九五条一項但書の適用いかんを扱ったもの(仙台高判昭和三三年六月三〇日判時一五九号五四頁、東京高判昭和三四年一二月二二日高民一二巻一〇号五二六頁〔この原審判決は東京地判昭和三三年五月一四日下民九巻五号八二六頁〕、最判昭和三九年二月四日民集一八巻二号二三三頁の原審判決、水戸地判昭和五三年七月一四日判時九一四号一〇三頁など)、などがある。また、第五編第二章第三節に掲げた受領拒絶型に属する裁判例の中には、右の但書を類推適用したものもあるが(【9】参照)、この類型については後述する。

(12) 例えば、田中・注釈民法(8)三五頁は但書要件を根拠に受領拒絶型の場合における留置権の不存在を結論づけて、第五編終章注(2)に掲げた金沢地判昭和二五年五月一一日を引用している。また、結論は反対であるが、同編に掲げた【⑧】を引用しつつ留置権の行使を許している三藤・判例コンメンタール③四四頁のほか、清水・留置権一三六頁も参照。

なお、以上の学説とは異なり、薬師寺・叢書民法(19)二九頁は、但書要件とは区別した形で受領拒絶型の裁判例を扱っている。

(13) 司法法制調査部・議事速記録2三二八、三二九頁。

(14) 梅・要義物権編三〇六頁。
(15) 富井・原論第二巻三一九頁。
(16) 第五編第三章第一節一、第三節一参照。
(17) 第五編第一章第一節二参照。

〈付録一〉 留置権を対抗しうる第三者の範囲

一 問題の所在

民事留置権の効力に関しては、判例学説は、この権利が「物権」であって「他人の物」についても成立しうることを理由に、「債務者以外のすべての者」に対抗しうる効力（対抗力）を認めてきた。従って、例えば所有権留保売買の買主が売買の目的物を修理に出したが、買主の代金不払いを理由に売買契約が解除されて、売主である所有者が物の返還を求めたという場合に、右の理由から、請負人は、修理代金債権のために、債務者でない所有者に対して留置権を対抗できるとした判決がある。しかし、請負人による修理行為は、それ自体が物の共益費用としてその価値を保持することが多いであろうから、売主にとっても利益となりうる場合があり、そのときは売主自身も何らかの債務を負担していると解する方が妥当である。そうだとすると、売主が請負人に対して何らかの債務を負っていると解される限りでは、右の留置権は債務者に対して主張されたことになるのに対して、請負人が売主に対して全く債権を有しないときでも、請負人に留置権を認めるという結論は公平なのであろうかが問題になる。

また、留置権は「債務者以外のすべての者」に対抗できる権利であるといっても、そこにいう「すべての者」とは、文字どおりに、債務者のほか債務者以外の「あらゆる者」を意味するわけではない。けだし、学説上の通説は、周知のとおり、二九五条一項の「物ニ関シテ生シタル債権」の一つに「物自体から生じた債権」をあげ、具体的には寄託物の性質または瑕疵から生じた損害の賠償請求権（六六一条）を指摘している。そこで、例えばAの物をBが盗んでCに寄託したところ、この物の性質からCが損害を被った場合、Cは、Aから物の返還を求められても、Bより賠償がなされるまでこれを留置できるとすると、Aは、Bが行方不明であるときは、この者を捜し出して賠償させるか、あるいは、立替払いを余儀なくされる。しかし、AがBを捜し出すことが事実上不可能であるときは、Aが立替払いをしたために生じる経済的な損失を自らが負担することになるが、このような不利益をAに課してまでCに物の留置を認める結論は、公平性に基づく留置権制度の趣旨に照らして果して妥当とはいえないであろう。そうだとすると、以下では「債務者でない者」を「第三者」と呼ぶと、留置権を対抗できる「第三者」には一定の限界があることになろうから、そもそも留置権を対抗できる「第三者」とは一体いかなる者をいうのか、という問題も生じよう。

そこで、右の二つの問題について、占有者が「契約関係にない者」または「第三者」に対して留置権を主張した、という事件に関しわが国の判例が示している結論を整理し、さらに、わが国の民事留置権制度の基とされたフランス民法学と、同じく公平性に基づいた制度である西ドイツの留置権制度を参考にして、右の問題について一つの提言を試みたい。もっとも、いわゆる競落人に対して留置権を主張するという場合と、建物建築の請負人が報酬債権のために留置権を主張するという場合を、ここでの対象から除外する。けだし、判例および学説には、競落人は占有者の債権の債務者にほかならないとするものがあり、競落人を「第三者」であるとして扱ってよいかどうか甚だ不明確だからである。また、周知のとおり、建物建築の所有権の帰属自体には議論があり、例えば請負人に所有権が帰属すると解するときは、そもそも請負人が留置権を主張するという問題は生じない。このように建物建築の場合では、請負人に留置権を認めるのが公平であるかどうか、といった留置権の有無に関する問題を論ずる以前に、そもそも請負人が留置権を主張する事態の発生いかんに問題があるからである。

なお、前述した問題を解明する前提として、二九五条一項の「物ニ関シテ生シタル債権」を、以下では「物的」牽連関係にある債権（「必要費または有益費の償還請求権」と「物から生じた損害の賠償請求権」とを指す。以下では「費用償還請求権」「損害賠償請求権」と略する）と「法的」牽連関係にある債権（契約や準契約といった物の引渡請求権と共通する原因から生じた債権をいう。例えば請負契約から生じた報酬債権、事務管理者の賠償請求権など）とに区別する。それは何故か。「物ニ関シテ生シタル債権」のためにのみ留置権を認めている同条項の系譜を辿ってみると、基本的には、フランスの判例および解釈学に倣ってボアソナード草案一〇九六条が制定され、これが旧民法典債権担保編九二条を経て現行民法典へと受け継がれた。そして、右の草案だけでなく旧民法典でも、「物ニ関シテ生シタル債権」のみならず、「占有ニ牽連シテ生シタル債権」のためにも留置権が認められていた。しかし、現行民法典の起草者は、旧民法典の留置権制度との同一性を説いており、旧民法典で留置権が認められていた債権を広く「物ニ関シテ生シタル債権」と表現したと説明しているから、それまでの、いわば狭義の「物ニ関シテ生シタル債権」と、それから「占有ニ牽連シテ生シタル債権」とを併せて、二九五条一項はいわば広義の「物ニ関シテ生シタル債権」として規定したことになる。そして、今日のフランスでもこの二つの債権のために留置権が認められており、留置権が付与される債権のうち、狭義の「物ニ関シテ生シタル債権」は「物的」牽連関係にある債権、「占有ニ牽連シテ生シタル債権」は「法的」牽連関係にある債権と呼んで区別されている。[*1] もっとも、フランスでは、留置権に関する一般規定はなく、留置できる場合が個別に定められているにすぎないのみならず、わが国の五三三条のような履行拒絶権に関する規定もないために、学説は、一方で、個別規定の他に一般的に留置権が認められる場合を構築しようとし、また他方で、双務契約を中心とした契約不履行の抗弁という概念を認めて履行拒絶制度を考えてきた。しかし、わが国で占有者が「留置権を対抗できる第三者の範囲」について、筆者は、立法上だけでなく解釈上も区別されてきた前述の二つの債権によって結論が異なると考えているから、留置権が付与される債権をこのように区別して扱うことにする。

二　「物的」牽連関係にある債権の場合

元来、この債権のために何故に留置権が認められるのかというと、フランスでは、物に費用を支出した場合と物より損害を被った場合には、費用支出者または被害者に対して直接に債務を負担するものは物自体であるという思想がある。従って、例えば占有者が物に費用を支出したときは、この物の返還請求者は物が負担している債務を除去しなければ占有することはできないと解することになる。この点、「費用償還請求権」のために占有者が留置権を主張するという場合を扱ったわが国の判例は、いずれも必要費・有益費の区別なく留置権を認めている。これに対して、占有者が、「契約関係にない者」または「第三者」に対して、「損害賠償請求権」に基づき留置権を主張した、という事件を扱った判例は見当たらない。

まず「費用償還請求権」についてである。そもそも一九六条はフランスでの「費用の理論」を成文化したものであり、これを受けてボアソナード草案二〇八・二〇九条と旧民法典財産編一九六・一九七条は、「費用償還請求権」とこれを担保する留置権とをセットの関係として扱い、これらの権利を占有者に認めていた。

そして、現行民法典の起草者は、一九六条と旧民法典一九六条とが法形式上の違いはあっても両者の基本的な同一性を述べているから、占有者の「費用償還請求権」とこれを担保する留置権とはセットの関係にある、と解していたといえよう。さらに、占有者によって支出された費用がたとえ返還請求者の主観的な利益とは一致しない場合でも、起草者は、いわゆる「市場価値」という客観的な価値を基準にして、物の返還請求者に費用の償還債務を認める意図にあった。このように起草者が、占有者の保護をはかり、一方で占有者に「費用償還請求権」を、他方で留置権を付与しようとした意図に鑑みるならば、そして、占有者のなした行為が客観的な基準から費用の支出に該当する限り、「契約関係にない者」であっても占有者の行為によって利得したといいうるならば、右の者が物の返還を求めるときは、一九六条により費用償還債務を負担しうると解するのが妥当である。そうだとすると、占有者が「費用償還請求権」に基づき留置権を主張した場合に、返還請求者は常に占有者の債務者となっており、占有者は、たとえ「契約関係にない者」に対して「費用償還請求権」に基づいた留置権を主張する場合であっても、これを「第三者」に対抗するという場合は生じないことになる。

次に、「損害賠償請求権」に基づく留置権についてはどうか。この請求権として学説は、前述したように、六六一条の賠償請求権をあげている。従って、例えばAの所有物または動物を占有するBとの契約でこれを保管するCは、その物の性質または瑕疵より、あるいは、動物より損害を被った場合に、債務者でないAに対して留置権を主張できる場合があろうか。そもそも同条はドイツ民法典の第二草案六三四条に倣っており、これと同様の規定であるBGB六九四条が寄託者に課している賠償責任の法的性質は、契約締結上の過失責任であると解されている。ところで、BGB二七三条の一項は、債務者が、自己の債務と「同一の法律関係」

から生じた（弁済期到来の）請求権を債権者に対して有するときは、自己の負担する債務の履行を拒絶できるとして公平性に基づいた留置権制度を規定し、また二項は「損害賠償請求権」のために物の返還債務者に一項の留置権を認めている。このようにBGB二七三条の留置権は、物の引渡拒絶に止まらず、広く履行拒絶権として構成されている債権的な権利であり、債務者の債権と相手方の債権とが対立し合っていることが要求されているために、留置権には対抗力が認められていない点でわが国と大いに異なっている。そして、物の返還債務者がBGB二七三条二項の賠償請求権を有するかどうかは、賠償責任に関する他の諸規定によって定まり、前例で、Aが引渡しを求めた場合に、Cは、例えば不法行為の規定であるBGB八二三条以下の賠償請求権をAに対して有する限りで、留置権を主張できると解されている。従って、物の寄託であればBGB八二三条などの請求権を、また動物寄託であれば動物保有者の責任を定めたBGB八三三条などの請求権をCがAに対して有するときは、Cに留置権が認められうることになるが、反対にCがAに対して賠償請求権を全く有しないときは、Cに留置権を認めるのは公平でないとしていることになる。

わが国の現行民法典の起草者も、六六一条の賠償請求権は受寄者が寄託者に対して主張できるにすぎず、他の者との関係では一般の賠償責任が問題になると説明しているから、前例では、具体的には、例えば七〇九条のほかに七一八条などの賠償請求権が問題になろう。そこで、Cは、Aに対して賠償請求権を有するときは、この請求権のために留置権を主張できてよいことに異論はないと思われるのに対して、寄託物から損害が生じた場合に、Cは、Aに対して七〇九条以下の賠償請求権を取得できないときは、寄託物につき留置できないとされると不都合であろうか。例えば、Bは、Aから借りている物を一時的にCに保管してもらうために荷造り梱包をしたが、この梱包が不完全であったためにCは損害を被ったという場合（あるいは、例えばAの所有する動物をBが盗んで占有中にこの動物は病気に罹り、Bはそれを Cに保管してもらったところ、Cの所有する動物に感染してCは損害を被ったという場合）に、Cは、Aに対して一般に損害の賠償を請求しえないであろうし、それだけでなく、留置権を主張できるとすることも妥当でない。従って、西ドイツにおけると同様に、物の占有者は、「損害賠償請求権」を有する限りで、その債務者に対して留置権を主張できるにすぎないと考える。そうだとすると、「損害賠償請求権」に基づく留置権についても、占有者は留置権を「第三者」に対抗するという場合は生じない。

三　「法的」牽連関係にある債権の場合

「法的」牽連関係にある債権に基づいて占有者が「契約関係にない者」に対して留置権を主張したという場合に、占有者の債権と返還請求権との発生関係に着目すると、次の三つが考えられよう。すなわち、①例えば請負人の報酬債権が発生した後に注文者が物を他人に売却した場合などのように、返還請求権よりも占有者の債権が前に発生している場合、②例えば売買契約が合法に解除されたが、買主が返還前に物を有償寄託した場合などのように、返還請求権よりも占有者の債権が後に発生している場合、③例えば二重譲渡がなされて第一買主が支払代金につき不当利得返還請求権を取得した場合などのように、返還請求権と占有者の債権とが同時に発生している場合である。そして、そもそも②と③の場合に占有者の留置権は一般に否定されてよいと考えるので、まずその理由を述べる。そもそも判例は、周知のとおり、占有者の占有取得がその悪意または有過失に基づく場合にも、二九五条二項を類推して留置権の成立を否定しており、②の場合のように返還請求権の方が先に発生すると、一般に同条項の「不法行為」による占有取得に準じた扱いとなって留置権はすべて否定されている。このように二九五条二項の適用を広く認めてよいかどうかは一つの問題ではあるが、その点に触れることは考察対象からかけ離れるので、ここでは留置権を否定することで確定している判例に従い、②の場合については、「法的」牽連関係にある債権に基づく留置権は一般に否定されてよいと解しておく。

次に、③の場合も同様に「法的」牽連関係にある債権に基づく留置権は否定されてよい。けだし、例えばAが不動産をBとCとに二重に譲渡した場合に、Aの債務不履行によりBが取得した賠償請求権とCの明渡請求権とは同時に発生しているが、この場合にBがCの明渡請求を拒絶できないのは、Bの賠償請求権はAに対する所有権移転請求権が転じた債権であり、この賠償請求権のためにBに留置権が認められると、原債権であるBの所有権移転請求権があたかも満足を受けた結果となるからである。しかし、例えばAの動産がA↓B↓Cと順次売買され、A・B間の契約が解除されて返還義務を負担したCがBに対して取得した支払代金の不当利得返還請求権などのように、必ずしも原債権と同一性がない債権のためであっても広く③の場合には一般に留置権が否定されてよいのは、そもそも留置権制度自体に求められる。すなわち、この制度は、占有者が一定の債権を有する場合には、たとえ右の者が物の引渡しをしなければならなくなったとしても引渡しを拒絶できるという制度であるから、③の場合のように、そもそも占有者が物の占有を失わざるを得なくなったために取得した債権については、留置権の制度趣旨からして、占有者に留置権が付与されることにはならないからである（判例も③の場合に留置権を否定している）。

最後に①の場合はどうか。そもそも債権が生じた契約の種類に着目すると、判例には売買、譲渡担保、仮登記担保、賃貸借、請負というケースがある。また、そもそも留置権を「契約関係にない者」に対して主張するという場合として次の三つが考えられる。すなわち、(a)例えば物につき転貸借がなされたように物の占有が順次移転した場合、(b)例えば物が順次売買されたように所有権が順次移転した場合、(c)例えば賃貸人が物を売却したように、一方に物の占有が、他方に所有権が移転した場合である。このように「契約の種類」という観点と、それから「所有権と占有の移転状況」という観点とに着目すると、①の場合に属する判例の状況について次の二点が明らかになる。一つは、請負ケースにおいて、請負人が「契約関係にない者」に対して報酬債権のために留置権を主張した場合では、そのすべてについて請負人に留置権が認められ、あるいは、認められうることを前提としている。これには、例えば請負人が所有権留保売主に対して留置権を主張したというような(a)の場合と、例えば請負人が注文者からの譲渡人に対して留置権を主張したというような(c)の場合とがある。もう一つは、請負ケース以外では、例えば原売主が売買代金債権のために転買主に対して留置権を主張したなどのような(b)の場合と、例えば売主が契約を解除した場合に、買主が支払代金の返還を受けるまで物の譲渡人に対して留置権を主張したなどのような(c)の場合に留置権が認められている。そして、留置権を肯定した根拠についてはすべてが明確ではないが、多くは、留置権が「他人ノ物」にも成立し「物権」であるから「債権者でない者」に対しても主張できる、と判示されている。

そもそも請負ケースにおける請負人は、判例とは反対に、返還請求者に対して、「費用償還請求権」を有する限りにおいて留置権が認められることで十分であり、そうではないときは請負人に留置権を認める必要はないと考える。けだし、請負人が有する報酬債権は、契約を通して注文者を信頼したために生じた債権であるから、契約の相手方である注文者から満足を受けうるにすぎず、また判例は、前述したように、報酬債権のために「第三者」に対する留置権を請負人に認めているが、それは、請負人による行為がもともと物の返還請求者に客観的な利益をもたらしていたからであって、本来は「費用償還請求権」のための留置権を認めるべきはずのものであった、と解するからである。そして同様の理由から、判例には現われていないが、単に請負ケースに限らず、例えば有償寄託、有償委任、事務管理などのケースでも、一般に(a)の場合の占有者は、「契約関係にない者」または「本人でない者」に対して、「費用償還請求権」あるいは「損害賠償請求権」を有する限りで、留置権が認められることで十分であって、そうではないときは、受寄者、受任者、管理者などが、「法的」牽連関係にある債権を有するとしても、その債権のために「第三者」に対して留置権を主張できないと考える。

次に、①の場合の(b)および(c)では占有者が留置権を「第三者」に対抗できてよい。けだし、もしも留置権の対抗を否定すると、例えば契約の相手方が留置権を消滅させるために物を譲渡することによって、占有者の債権は全く不確実になってしまうからである。従って、留置権に対抗力を認めるフランスでも、同様の理由から留置権の対抗が許される場合として説明されている[*2]。もっとも、かように解するときは、①の場合に留置権を否定した判例も見られることからその吟味が必要となろうが、かかる判決では、留置権を「第三者」に対抗するという問題が生ずる以前の段階で、留置権の成立そのものが否定される場合であったと考える。けだし、例えば賃借人が賃借権に基づいて留置権を主張した場合に判例はその牽連性を否定するが、賃借権について留置権を認めるとこの債権そのものが満足を受けるから、債権担保として機能する留置権制度にそもそも適さないからである。

四　総　括

留置権を「第三者」に対抗できる範囲については、「物的」牽連関係にある債権と「法的」牽連関係にある債権とに区別し、「物的」牽連関係にある債権に基づく留置権については、この権利を対抗するという場合が生じないのに対して、「法的」牽連関係にある債権に基づく留置権のうち、①の(a)および②と③の場合には、占有者は、「物的」牽連関係にある債権を有しない限り、「契約関係にない者」に対して留置権を主張しえない、そして①の(b)と(c)の場合にのみ占有者は「第三者」に対して留置権を対抗できる。従って、「留置権を対抗しうる第三者」とは、占有者が契約の相手方に対して既に留置権を主張しうる関係があり、契約の相手方から留置権の付着した権利の承継人であると解することで十分である。[*3][*4]

＊1　第六編第二章第二節注(3)参照。

＊2　正しくは「引渡拒絶権」と記すべきであった。第一編第四章第三節二および同節注(26)を参照。

＊3　前注参照。

＊4　「契約の相手方から留置権の付着した権利の承継人」という表現は適切でなく、正しくは、「当該物の引渡しを求めたところでこれは拒絶される可能性がある本権を取得した者」、と言うべきであった。第一編第四章第三節二参照。

〈付録二〉 造作買取請求権と建物についての留置権の成否

一 問題の所在

他人の物の占有者がこの「物ニ関シテ生シタル債権」を有するときは、占有者は債権の弁済があるまで当該物を留置することができる（民二九五条一項）。ここにいう「物ニ関シテ生シタル債権」という文言は必ずしも明瞭でないため、その意味については早くから大いに論じられてきたところであるが、今日では、その具体的な場合の判断に当たっては、留置権制度の存在理由である公平の原則と、この権利を物権としたわが民法の態度とを標準として行うべきである、と認識されている(1)。

ところで、借家法五条（借地借家三三条）は、建物借主が貸主の同意を得て建物に「畳、建具其ノ他ノ造作」を付加したり貸主から造作を買い受けたという場合に、貸主が不等価交換の上に立って利益を貪る弊害を禁止し、ひいては借主による投下資本の回収という趣旨から(2)、貸主に対する借主の造作買取請求権を認めている。この買取請求権が行使されると、貸主と借主との間には当該造作につき売買契約が成立したと同様の効果が発生し（大判昭和七年九月三〇日民集一一巻一八号一八五九頁など）、従って借主は時価による造作代金の支払請求権を取得することになるのであるが、反対に貸主としては、買取請求によって造作の所有権が移転するのに伴い、借主に対して造作の引渡請求権を主張できることにもなる（大判昭和一三年三月一日民集一七巻四号三一八頁など参照)。右の支払請求権とこの造作引渡請求権とはいわゆる同時履行の関係にあるとされ、借主は同時履行の抗弁権のみならず留置権をも主張できると一般に解されてきた。(3)従って、留置権について言えば、建物借主が有する造作買取請求権は民法二九五条一項にいう「物ニ関シテ生シタル債権」に該当し、この借主は造作代金の支払いがあるまで造作自体を留置できる、ということになる。

一方、借主は造作代金の支払いがあるまで建物全体を留置できようかについては、後述するように、これまでの裁判実務が否定説の立場を採ってきたのに対して学説の多くはこれに反対である。そこで、本稿では、まず裁判例の状況を示したうえで、次に学説の主張するところを纏め、最後に裁判例と学説の分析を踏まえることで右の問題についてどのように解するのが適切であろうか、について考察することにする。

二　裁判例の状況

建物借主が造作代金の支払いを受けるまで建物全体の留置を主張したという事案に関する裁判例について、判例集に現れたものを対象に類型化を試みると、それは次の三つに分類することができる。すなわち、①貸主・借主間の賃貸借契約が合法に解消され、借主が造作買取請求をしたため代金の支払いがあるまで建物全体を留置したという場合(大判昭和八年一二月一三日新聞三六六五号九頁、最判昭和二九年七月二二日民集八巻七号一四二五頁など)、②貸主からの建物譲受人(または建物買受人)が建物の明渡請求をし、借主が右の買取請求をして代金の支払いがあるまで建物全体を留置したという場合(前掲大判昭和七年九月三〇日、福岡高決昭和三〇年一一月五日高民八巻八号五七九頁など)、③賃借権の無断譲渡または無断転貸を理由に賃貸借契約が解除されたので、借主が造作買取請求をして代金の支払いがあるまで建物全体を留置したという場合(大判昭和六年一月一七日民集一〇巻一号六頁、最判昭和二九年一月一四日民集八巻一号一六頁など。なお、建物譲受人が賃借権の無断転貸を理由に賃貸借契約を解除したのに対して、借主が造作代金の支払いがあるまで建物全体を留置した、という事案に関する最判昭和三二年一月二四日裁判集二五号七一頁もある）であり、下級審裁判例の中には、右の①に関する事案において造作代金のために建物全体の留置を認めたもの（岐阜地大垣支判昭和二八年三月五日下民四巻三号三三五頁）も存しなかったわけではないが、圧倒的多数の裁判例は①〜③の何れの場合であれ、造作買取請求権は造作に関して生じた債権であって建物に関して生じた債権ではない、との理由を摘示して借主による建物全体の留置を否定している（差し当たり右の①〜②に関して掲げてきた裁判例を参照）。

このような、造作買取請求権を根拠に賃借建物を留置することはできない、という解釈は大審院時代から受け入れられてきたところであり、最高裁判所はこの解釈を踏襲したため、多数の下級審判決もこれに追随して、もはや裁判実務の立場としては確立した解釈となっているとさえ言うことができる。

三　学説の状況

前述したように、学説はそのほとんどが裁判実務の解釈に反対してきたのであるが、小数説ながら、前述した裁判実務の立場に賛同する学説が存しなかったわけではなく、また裁判実務や学説上の多数説とは異なる見解も主張されている。以下では、かような学説状況を纏めるとともに若干の検討を試みよう。

(1)　学説の中には、前述したように、裁判実務と同様に建物全体の留置を否定するものを看取することができるが、その理由は裁判例に摘示された前述の理由とは異なっている。すなわち、右の学説は次のように言う。占有者に留置権が認められるときは、その被担保債権につき債務者は先履行義務を負うことになるため、売買において、代金債権のために目的物につき売主に留置権を認めると、買主に対して代金債務の先履行を強要することになり、これは、代金の支払いと物の引渡しとを交換的に行わせるべく同時履行の抗弁権を認めた民法典の趣旨に反するため、売主には留置権が認められるべきではない。だから、造作買取請求権が行使された場合にも、「借家人が造作代金のために、その造作を留置することができないとすれば、まして、造作代金のため建物について留置権を取得しえないことはもちろんである。」(4)と。

しかし、一般に学説は、留置権を、等しく公平の原則に基づく同時履行の抗弁権に近接させて理解してきている。(5)例えば、留置権と同時履行の抗弁権との競合を承認してきただけでなく、さらに留置権が認められるときは、同時履行の抗弁権と同様に、引換給付判決をなすのが公平であると解釈していることからすると、右の見解は、かような傾向に反する結果を出来させることになって望ましい解釈とは言えない、との批判が考えられる。

(2) そこで、留置権を抗弁権的に構成したうえで、一方で、基本的には前述した裁判実務の解釈と同様に、造作代金債権は建物に関して生じた債権ではなく造作に関して生じた債権であると解しながら、しかし他方で、造作を留置するために必要な最小限度においてのみ建物の一部を留置できる、と解する学説がある。この学説は、従物は主物の処分に従うという原則(民八七条)によると、建物に関する債権のために、建物とともにその従物である畳・建具を留置することはできても、これとは反対に、造作という建物の従物に関する債権のためにその主物である建物を留置し得ないはずであると主張し、結局、「従物に関して債権を有する者が、その債権の履行を受けないことを理由として、主物を留置することは、却って不公平であり、留置権制度の本旨に反する」と言う。とはいえ、「造作の中には、建物の従物でなくして、建物に附属してこれと一体をなしているものもある。」とし、その例として賃借建物に設けられた風呂場を挙げたうえで、「それは建物の一部とはいえ、他の部分と有形的に識別しうる存在であり、これを建物から収去しうる程度の独立性を有しているのだから、この部分に関する代金のためには、建物全体を留置することは従物たる造作の場合と同様に、不公平である」、とも解する。その結果、右の学説は、造作代金債権のために建物につき留置権は生じ得ないということと、造作代金債権のために造作を留置でき、この留置に必要な最小限度において建物を留置し得るか否かということとは別問題であると解して、「造作と密接な関係にある建物の部分は、造作留置のために必要な最小限度においてこれを留置しうる」、という解釈論を展開する。(6)

ところで、右の学説は、「建物の従物でなくして、建物に附属してこれと一体をなしているもの」の例として、前述したように附設された「風呂場」を挙げている。なるほど、その附設代金のため、借主は観念的には「必要な最小限度」において建物の一部を留置できると言えなくはないのであるが、しかし実際上は建物全体を留置することとなる場合が少なくないであろう。そうだとすると、従物のために主物を留置することは公平でない、という前述した学説の主張は必ずしも説得的であるとは思われない。

(3) また、学説の中には、造作代金のための建物留置を、特に有益費償還のための建物留置との比較から考察する見解がある。すなわち、この見解は、造作の種類を、容易に分離してその価値が変じない非同体的構成部分とそうでない同体的構成部分とに峻別し、前者のような造作については、借主は建物からこれを収去して造作のみを留置できるにすぎないとしても、借主には社会経済上の面で大きな不利益を来すことにはならないのに対して、後者のような造作については、社会経済的な考慮よりしても、また有益費償還請求権(民六〇八条二項)との権衡よりしても、建物全体の留置を認めるべきであると解する。ただ、価値の小さい造作についても常に建物全体を留置できるとすることは時として公平性を欠くことになり、また有益費について定められた期限許与の制度（民六〇八条二項但書）との権衡をも勘案して、結局、非同体的構成部分としての造作については民法六〇八条二項但書を類推適用しようとする。[7]

しかし、造作について、同体的構成部分と非同体的構成部分とに常に区別が可能であるか疑わしいだけでなく、非同体的構成部分としての造作を取り外しても社会経済上の損失が少ない、とは一概に言えまい。また、同体的構成部分としての造作を必要費または有益費から区別して買取請求権の対象とする必要があろうか、という疑問も払拭し得ないように思われる。[8]

(4)　以上の諸学説は小数説に止まり、学説上の多数説は造作代金のために建物全体の留置を借主に積極的に認めようとする。その主要な根拠としては、①造作を附加することによって建物全体の価値は増加するから、その意味では造作は借主が家屋に対して投じた有益費と同様であるところ、借主が有益費の償還があるまで建物全体を留置できることについては異論がないであろうから（有益費の償還がなされるまで借主は留置権に基づき従前の賃借家屋に居住できる、と判示している大判昭和一〇年五月一三日民集一四巻一〇号八七六頁を参照のこと）、そうだとすると、これとの均衡から造作代金のために建物全体を留置できてよい、[9] ②造作は建物と一体となってその効用を全うし、従って建物から分離されるとその価値が減ずるものであるから、裁判実務のように借主は建物から造作を分離して造作のみを留置し得るにすぎないと解することは、それ自体、借家法五条（借地借家三三条）が造作買取請求権を認めた趣旨に反することになる、[10] ③裁判実務は、建物の買取りが請求された場合に、建物留置の反射的効果として借主が敷地を留置し得ることを認めているが、造作は建物の価値を増加させたという点では、造作と建物との緊密関係の度合いは建物とその敷地との結び付きよりも一層強いと言えようから、建物代金のための敷地の留置以上に造作代金のための建物留置が認められてよい、[11] などを挙げることができる。

四　理論の展開

前述したように、裁判実務は造作代金のための建物留置を否定しているのに対して、学説上の多数説はそうではなかった。以下では、これらの分析を踏まえて造作買取請求権を根拠とする建物全体の留置、という問題について考察を試みることにしよう。

(1)　裁判例の検討

(イ)　裁判実務が借主による建物全体の留置を否定している根拠として前記**二**で示してきた点、すなわち造作買取請求権は当該建物に関して生じた債権ではないという点は形式的な根拠にすぎないと考えられる。それは次の理由からである。

もとより、借家法五条（借地借家三三条）にいう「造作」とは、建物に附加された（建物から分離または収去可能な）借主の所有に属する物件であり、かつ、建物の使用に客観的な便益を与えるものを言うと解されてきた（前掲岐阜地大垣支判昭和二八年三月五日、最判昭和二九年三月一一日民集八巻三号六七二頁など参照）。なるほど、民法上の留置権とは、「物ニ関シテ生シタル債権」を有する占有者が当該「物」を留置できる権利であるから、造作と建物とが別個の物として扱われるときは、裁判例が述べているように、造作代金のために建物までも留置できることにはならないと言えそうである。しかし、裁判実務は、法律上、別個の物として扱われているにも拘わらず、こうした別個の物についてまでも留置できる場合を既に認めてきている。それは借地法一〇条（借地借家一四条）により建物の買取請求が行使されたという場合に関してであり、借地人は、建物代金の支払いがあるまで当該建物を留置できることはもとより、その反射的効果として、裁判実務は（後記(2)の(ハ)で述べるように一定の場合に限ってではあるとはいえ）物の敷地までも留置できることを承認してきている（大判昭和一四年八月二四日民集一八巻一三号八七七頁、最判昭和五二年一二月八日金法八五〇号三八頁など参照）。[12] もちろん、建物とその敷地との間には造作と建物の間には見られないほどに物理的に密接な関係があり、建物はその敷地とは独立して存在し得ないのが通常であろう。しかも、敷地利用は建物の従物としての観があるのに対して、造作は一般に建物の従物として位置づけられる関係があるから、建物という主物のために敷地を留置するのではなくて、従物である造作のために主物である建物を留置することになるなどの相違も認めざるを得ない。しかし、裁判実務が、造作代金債権のために建物全体を留置し得ないという前述した解釈の根拠を、造作と建物とは別個の物であって、造作代金債権は建物に関して生じた債権ではないという点に求めるならば、建物買取請求権も敷地に関して生じた債権ではないと言わざるを得ないから、この買取請求権を行使した借地人が留置できる物は建物自体に限られ、従って敷地をも留置することは許されないはずである。[13] だから、敷地の留置までも認めることが妥当であると解するならば、借主は造作買取請求権を被担保債権として建物全体を留置することができないと解する理由を、造作と建物とは別個の物であるという点に求めたところで、かかる理由は単に形式的な論拠にすぎないと捉えることができるのである。

(ロ) すると、裁判実務の解釈を支持すべく、建物全体の留置を否定するための実質的な根拠を見出し得るであろうか。以下に考えられる実質的な根拠を掲げて考察してみよう。

(a) まず、裁判実務は、建物の留置を否定することの実質的な根拠として、造作の価値が僅少であるときにまで建物全体の留置を認めることは公平でない、と解しているのかもしれない（必要費の償還に関する仙台地判昭和三〇年八月一〇日下民六巻八号一六一一頁参照）。しかし、本来、造作は建物に附加されてその効用を増しているものであるから、建物と概念的に区別して扱われることが適切であるとは思われない。[14]その上、元来、留置権の成立に関しては、被担保債権と留置物との間に対価性が要件とされているわけではないのである。

(b) 次に、造作代金が僅少であるときは借主の支払いは容易なはずであるから、むしろ前述した裁判例には、借主が貸主の不十分な支払能力に乗じ、造作の買取請求をすることで建物を留置せんとしているのであれば、この借主に建物留置を認めることは公平を失する不合理な結論である、といった判断が背後に潜んでいるのかもしれない。しかし、借家法五条（借地借家三三条）にいう「造作」とは、附加されたことによって建物の客観的価値が増加しているものを言い、その限りでは、造作買取請求権を認めた同条は、借主が、家屋に有益費を投じた場合に、当該費用の償還を請求できることを認めた民法六〇八条二項と変わりはないと言えようから、もしも右の不合理な結論を宥恕するのであれば、解釈論としては同項但書の類推適用を認めて建物留置を借主に認める解釈も十分に可能なはずである。

(c) 前記(イ)でも触れたように、裁判実務は、借地法一〇条（借地借家一四条）に基づいて建物の買取が請求されたという場合に、建物留置の反射的効果として敷地の留置を認めている。そこで、もしも造作代金のために建物全体の留置を認めると、ひいては敷地の留置までをも認め得ることになりかねず、これは妥当な結論ではないといった考慮が働いているため、造作を建物から切り放して処理するのが妥当であると解しているのかもしれない。しかし、貸主は、造作代金の不払いを理由に反射的効果として敷地までをも留置されて困るときは、「相当ノ担保ヲ供シテ」留置権の消滅を請求できるのであるから（民三〇一条）、右の場合に貸主の保護をあえて心配する必要性は認められまい。

(d) また、裁判実務は借主が同時履行の抗弁権を主張して造作代金の支払いがあるまで建物の返還を拒絶することも許さないため（大判昭和一〇年三月二八日新聞三八三〇号一八頁、前掲最判昭和二九年七月二二日など参照）[15]、これとの比較で言えば、留置権による解決を同時履行の抗弁権によってなされた解決と異なる結果になってはならない、と考えているのかもしれない。しかし、両者は等しく公平性の原則に基づいているとはいえ、各々の主張できる要件は必ずしも一致しているわけではないから、留置権と同時履行の抗弁権との競合関係を認めてきた裁判実務の解釈を前提とすれば[16]、同時履行の抗弁権を主張できないときは必ず留置権も否定されなければならない、ということにはならないはずである[17]。

(ハ) 以上の考察からすると、裁判実務の見解を裏付けるための実質的な根拠は見当たらないようである。とまれ、留置権制度が前述したように公平の原則に依拠している以上、借家法五条（借地借家三三条）の趣旨をも踏まえたうえで、造作代金のために建物全体の留置を認めるのが公平であるかどうか、という観点からここでの問題は解決されなければならない。この点、学説上の多数説は、専ら実質的な観点から、借主による建物全体の留置を認めるのが公平であることの内容を明らかにすることで、前述した裁判実務の解釈に反対してきたと言うことができるので次にこれを検討しよう。

(2) 多数説の検討

前記三の(4)で述べてきたように、学説上の多数説は、造作代金のための建物留置を肯定する主要な根拠として、①有益費の償還請求がなされた場合との比較、②造作の買取請求を認めている借家法五条の趣旨、③

建物代金のための敷地の留置との関係などを考慮しているので、以下では各々の根拠について考察する。

(イ) 有益費償還請求との比較

一般に、民法六〇八条二項の「有益費」とは、賃貸借契約の目的から客観的に判断して目的物の価値が増加する費用であると解され[18]、また「造作」は、借家法五条（借地借家三三条）によれば、借主が貸主の同意を得て附加したり貸主から買い受けたものであり、従って建物から分離（収去）が可能である点において必要費または有益費とは異なる、として両者は一応劃して理解されてきた。[19]しかし、「判例は、具体的事例においては、常に截然と有益費と造作とに区分して取り扱っているとはいえないようである」という評価があり[20]、実際、裁判例の中には、例えば出入口の改造などについて造作と認定したもの（前掲最判昭和二九年七月二二日参照）もあれば、有益費と判断しているもの（大判昭和九年六月三〇日民集一三巻一六号一二四七頁参照）も存在する。このことからすると、有益費の償還請求がなされた場合の効果と、それから造作の買取請求権が行使された場合の効果とが全く異なるような解決は果たして適切であろうか、という問題はむしろ有益費の償還債権を認めた趣旨と造作の買取請求権を認めた趣旨との関係いかんによることになろう。この点、両者の趣旨は、借主による投下資本の回収という点で共通していると解されている限り[21]、有益費の償還と造作の買取について異なった取扱いをすることは適切でないと言えそうである。

(ロ) 借家法五条（借地借家三三条）の趣旨による検討

同条の趣旨を根拠に造作代金のために建物全体の留置を認めようとする学説は、要するに、造作によって建物の客観的な価値が増加しており、これを建物から分離して扱うことは望ましくないという考慮から、同条の趣旨を単に借主による投下資本の回収といった借主側の利益のみに止まらず、進んで、建物の客観的な価値を維持するという観点をも同条の趣旨に加えて理解している、と言うことができる。

しかし、借主による投下資本の回収といった借主側の利益を図る趣旨それ自体に着目したとき、建物全体の留置を認める必要性は少なからず承認できると思われる。すなわち、前述したように、造作買取請求権が行使されると、造作につき売買契約が成立したと同様の効果が生ずるとはいえ、貸主と借主との間には、売主と買主との間に成立する通常の売買契約と全く同視できるわけではない。けだし、通常の売買契約では、売主と買主は売買契約を締結するにつき対等な立場にあると考えられるのに対して、例えば借家法五条（借地借家三三条）前段の場合であれば、そこでの貸主は借主が造作を附加することに同意した者であるにすぎず、造作を積極的に買い取りたい意欲を有していたわけではないと考えられるからである。[22]つまり、貸主は借主の造作買取請求に応じなければならないとしても、当初から造作を買い取りたい旨の効果意思を有していたわけではない、という点において通常の売買における売主とは異なった事情にあると考えられるから、必ずしも造作が引き渡されなくても殊さら不都合や不満を感じるわけではない。だから、積極的に貸主の買取義務を強いるように働きかけないと、折角、借家法五条が借主に造作買取請求権を認めてこの借主による投下資本の回収を図ろうと施したところで、その実効性は極めて脆弱化することになろう。そこで、投下資本の回収という趣旨を実効性のあるものにするためには、あえて建物全体の留置まで認めることで造作代金の回収を図ろうとする必要性が生ずる、と考えられるのである。

(ハ)　建物代金のための敷地の留置との関係

前述したように、裁判実務は、借地法一〇条（借地借家一四条）により建物買取請求が行使されたという場合に、建物留置の反射的効果として敷地の留置までも認めたものが存するのであるが、その一方で、右にいう敷地の留置を否定した裁判例も見受けられるのであって、終始、裁判実務は右の反射的効果を認めて敷地の留置まで許してきたわけではない。すなわち、裁判例は、そこで現れた事案と結論との関係をみると、①建物の買取請求の相手方が敷地の所有者であるときは、借主が建物留置の反射的効果として敷地の留置までも認めているのに対して（前掲大判昭和一四年八月二四日など）、②右の相手方と敷地所有者とが一致していないときは、裁判例は借主による敷地の留置を否定しているのである（山形地判昭和四〇年八月三一日判時四二五号三五頁など）。

学説上の多数説は、建物代金のために敷地の留置までも認めた裁判例を引用し、これとの比較から、造作代金のために建物全体の留置を承認すべきであると主張するのであるが、右に示した裁判例の状況を踏まえたならば、厳密には、造作買取請求の相手方が建物所有者である、右の①に匹敵する場合に限り建物全体の留置は肯定されるべしと主張することになる。もっとも、裁判例によって建物全体の留置が否定されている場合（すなわち前記二で分類した①～③の場合）における、造作買取請求の相手方は建物所有者であると解し得るから、[23] 結局、造作買取りの場合における買取請求の相手方が建物所有者のときと、それから建物買取りの場合における買取請求の相手方が敷地所有者であるときとを比較すると、裁判実務は前者のときには建物という別個の物について留置を認めていないのに対して、後者のときは反対に敷地という別個の物について留置を許してきた結果となる。こうした裁判実務の態度は首尾一貫していると言えそうにない。

(3) 総　括

留置権は、事実上、家屋の明渡しを請求された借主より、抗弁として主張されることが少なくないことからすると、とりわけ不動産の賃貸借においては、その終了に際し、借主が何らかの請求権を根拠に留置権を濫りに主張して不動産を占有し続けるといった恐れがあることを否定し得ない[24]。しかし、こうした主張は権利濫用禁止の法理で回避し得るのであるから、造作買取代金のために建物全体の留置を全く否定するのは適切な解釈とは思われない。そうだとすると、裁判実務が造作代金債権のための建物留置を否定している結論の実質的な根拠は、前述したことから理解できるように見出し難いと考えられるのに対して、右の留置を肯定する学説上の多数説は、そこでの実質的な配慮に鑑みたならば説得的であると言うことができ、従って妥当であると考える[25]。

（1） 我妻栄『新訂担保物権法（民法講義Ⅲ）』二八、二九頁（岩波書店、昭四三）参照。
（2） 渡辺洋三『民法と特別法Ⅰ土地・建物の法律制度(上)』三二七〜三二九頁（東京大学出版会、昭三五）参照。
（3） 後藤清「借家法五条の造作買取請求権」『総合判例研究叢書民法(11)』一九四頁（有斐閣、昭三三）、星野英一『借地・借家法』六三三頁（有斐閣、昭四四）など参照。
（4） 薄根正男『借地・借家（借家篇）』三三四頁（青林書院、増補、昭二九）。類似の見解として、岡村玄治「判批」新法四八巻八号一四三、一四四頁（昭一三）参照。
（5） この傾向を指摘している沢井裕『注釈民法(13)』二七七頁（有斐閣、昭四一）、柚木馨＝高木多喜男『担保物権法』一五頁（有斐閣、第三版、昭五七）などを参照。
（6） 薬師寺志光「留置権」谷口知平＝加藤一郎編『民法演習Ⅱ（物権）』一三八〜一四〇頁（有斐閣、昭三三）。
（7） 柚木＝高木・前出注(5)二三、二四頁。
（8） 田中整爾『注釈民法(8)』二九頁（有斐閣、昭四〇）参照。

(9) 我妻栄『判例民事法昭和六年度』一一、一二頁（有斐閣、昭三〇復刊）。
(10) 林千衛『判例民事法昭和一三年度』七九頁（有斐閣、昭二九復刊）。広瀬武文『借地借家法』二五〇頁（日本評論新社、昭二五）、我妻・前出注(1)三〇頁など。
(11) 広瀬・前注二五〇頁、渡辺洋三『注釈民法⒂』五三一頁（有斐閣、昭四一）。
(12) ちなみに、裁判例の中には、建物買取請求をした借主は同時履行の抗弁権によりその敷地の引渡しを拒絶することができる、と判示しているものもある（大判昭和七年一月二六日民集一一巻三号一六九頁など）。
(13) 我妻栄『判例民事法昭和七年度』五〇六頁（有斐閣、昭三〇復刊）。
(14) この点については我妻栄『民法研究XI補巻⑴』二一、二六頁（有斐閣、昭五四）を参照。
(15) その根拠としては、造作代金の支払いと建物引渡しとは対価関係にないという点が挙げられている。
(16) 留置権と同時履行の抗弁権との競合関係いかんについては後出注(25)を参照。
(17) 以上のほかに、裁判例は、借主の投下資本の回収という借家法五条（借地借家三三条）の趣旨からすると、造作代金の回収を設ける方策だけで十分であるという認識から、造作のみの留置を認めることで足りると解しているのかもしれないが、このことについては本文の後記⑵㈺で考察する。
(18) 渡辺・前出注(11)一九三頁。
(19) 星野・前出注(3)六二六頁参照。
(20) 我妻栄編著『担保物権法』二一頁（三藤邦彦）（日本評論社、昭四三）。
(21) 詳しくは、我妻栄『判例民事法大正一五年・昭和元年度』二七〜三〇頁（有斐閣、昭二九復刊）参照。
(22) 道垣内弘人『担保物権法』二五頁（三省堂、一九九〇）も、「債務者＝賃貸人は、造作を積極的に購入したいわけではなく、法により購入を強制されているのである」、と言う。
(23) 星野・前出注(3)六三一頁参照。

(24) 実際、ドイツ民法五五六条二項が土地の借主による留置権の主張を否定しているのは、かような配慮が存するからである。但し、契約上の請求権に基づいた留置権に限られるなど、同条項の適用は制限的に解釈されている。

(25) もっとも、造作代金が支払われるまで借主には建物全体の留置が認められると解するにせよ、ここでの建物留置を正当化するための法的権原は留置権として構成されるべきか、それとも同時履行の抗弁権と解すべきであろうかについては、本来、これらの権原がどのような関係にあり、従って各々の適用範囲はどう解されるべきかという本質的な事柄と大きく関連して頗る厄介な問題である。私は両者の権原について競合関係を認めない立場にあり(但し、前記**三**(1)でも触れたように、学説はこの関係を認める立場が一般的である。内田貴『民法III』四五三頁（東京大学出版会、一九九六）など参照。また、裁判例としては東京高判昭和二四年七月一四日高民二巻二号一二四頁を参照）、同時履行の抗弁権を主張することで物の引渡拒絶が認められる場合とは、双務契約から生じた本体的な二つの債権が相互に同時履行の関係にある場合（または、必ずしも右の契約に基づく本体的な債権には当たらないにせよ、規定上または解釈上、対立した二つの債権が相互に右にいう同時履行の関係に立つものとして扱われる場合）に限られるべきであると考えるため、こうした考えを前提とするならば、借主の造作買取請求権と貸主の造作引渡請求権の発生は売買契約の成立に準じた効果であり（前記**一**参照）、従って各々の請求権は相互に同時履行の関係に立つ本体的な債権であると考えられる限り、貸主の引渡請求に対して借主は前述した抗弁権のみを主張することで造作の引渡しを拒絶できる（つまり造作の留置が可能となる）と解するのに対し、これとは異なり、貸主が有する建物引渡請求権と借主の造作買取請求権とは相互に同時履行の関係に立つ本体的な債権として捉えることができないため、借主に認められる建物全体の引渡拒絶（その結果として建物全体の留置）は留置権を権原として法律構成することになる。

民法拾遺　平井一雄 著
1　総則・担保　一八〇〇〇円
2　債権・親族相続・民事特別法　一四〇〇〇円

親族法準コンメンタール　婚姻Ⅰ　沼正也著　三〇〇〇〇円

危険負担の研究　半田吉信 著　一二五〇〇円

谷口知平先生追悼論文集　林良平・甲斐道太郎 編
Ⅰ　家族法　一三五九二円
Ⅱ　契約法　一九二二八円
Ⅲ　財産法・補遺　二五二四三円

民法学と比較法学の諸相　山畠正男・藪重夫・五十嵐清先生古稀記念
Ⅰ　一二〇〇〇円
Ⅱ　一二八〇〇円
Ⅲ　一四五〇〇円

日本立法資料全集別巻一八七
佛国民法覆義（二秩一巻）
ムールロン著　岩野・木下共譯　五二〇〇〇円

日本立法資料全集本巻
日本民法典資料集成（全一五巻）第一巻近刊（以下続刊）

現代企業・金融法の課題　平出慶道先生 高窪利一先生 古稀記念論文集
（上）一五〇〇〇円（下）一五〇〇〇円

民法研究　第2号　広中俊雄 責任編集
三〇〇〇円

民事紛争の解決と手続　佐々木吉男先生追悼論集
二二〇〇〇円

信山社

〈著者紹介〉

関　武志（せき　たけし）

1955年　長野県に生まれる
1979年　上智大学法学部卒業
1984年　上智大学大学院法学研究科博士課程単位取得退学
現在　新潟大学法学部教授

〔主要著書・論文〕
『西ドイツ債務法改正鑑定意見の研究』（共著，日本評論社，1988）
『ドイツ債務法改正委員会草案の研究』（共著，法政大学出版局，1996）
『契約法下巻』（共著，青林書院，1998）
『物権法・担保物権法』（共著，青林書院，2000）
「リース業者と自賠法３条の責任(上)(下)」判例評論395，396号（1992）
「リース業者と自賠法３条の責任―補論―」『人身賠償・補償研究第３巻』（判例タイムズ社，1995）

留置権の研究

2001年(平成13年) ２月28日　第１版第１刷発行

著者　関　武志
発行者　今井　貴
発行所　信山社出版株式会社
〒113　東京都文京区本郷6-2-9-102
電話 03（3818）1019
FAX 03（3818）0344

Printed in Japan

 印刷・製本／勝美印刷・大三製本

ISBN4-7972-1892-4 C3332
1892-012-050-010
NDC分数324.201

事項索引

*( )内は省略されている場合がある。また，アルファベットで始まる事項は末尾に「その他」として掲げる。

こ

さ

す

せ

そ

た

に

の

は

へ

ほ

ま

判例索引

＊日本の裁判例に限る。なお，ローマ数字と【　】内の数字は判例通番のある編と判例番号を示す。

明治

大判明36・10・31民録9-1204……682
大判明37・3・25民録10-330……709
大阪区判明41・6・11新聞511-8(Ⅰ【1】)……67,514
東京控判明44・5・6新聞738-19……582

大正

東京区判大2・6・27評論2民329(Ⅰ【50】)……60,104
東京控判大7・3・16新聞1395-24……222
大連判大7・5・18民録24-976……480
大判大7・8・14民録24-1650……675
大判大7・10・29新聞1498-21(Ⅰ【38】)(Ⅳ【4】)……29,63,103,413
大阪区判大8・12・10新聞1658-16……185
東京控判大9・7・5評論9民837……507
大判大9・10・16民録26-1530(Ⅰ【18】)……82,445
東京控判大10・3・23新聞1890-22(Ⅴ【1】)……502
大判大10・12・23民録27-2175(Ⅴ【4】)……481,506
大判大11・8・21民集1-10-498(Ⅰ【19】)……27,82,445,539
東京控判大11・10・2新聞2084-16……480,582
朝鮮高判大14・6・26評論14民726(Ⅰ【27】)(Ⅴ【27】)……44,89,487,527

昭和

東京地判昭2・2・5評論16民642……59
東京地判昭3・12・7評論18民877……59
大判昭6・1・17民集10-1-6……724
大判昭6・5・30新聞3293-12(Ⅴ【5】)……507
大判昭7・1・26民集11-3-169……737
大判昭7・9・30民集11-18-1859……723,724
東京地判昭8・2・16新報342-24(Ⅰ【39】)……103,185
大判昭8・12・13新聞3665-9……724
大判昭8・12・21全集4-16……709

東京地判昭9・6・12評論24民848……185
大判昭9・6・30民集13-16-1247(Ⅰ【55】)……104,733
大判昭9・10・23裁判例(8)民249(Ⅰ【2】)……28,61,67
大判昭10・3・28新聞3830-18……732
大判昭10・5・13民集14-10-876(Ⅰ【3】)……61,68,119,728
山形区判昭10・6・3新聞3865-11……543
大阪地判昭10・6・29新聞3888-5……406
大判昭12・4・28裁判例(11)民112(Ⅰ【4】)……28,47,68
函館地判昭12・6・30新聞4160-4(Ⅰ【5】)……69
東京高判昭12・8・2評論26民833……70
大判昭13・2・14全集5-5-31(Ⅰ【6】)……28,69
大判昭13・3・1民集17-4-318……101,723
大判昭13・3・12全集5-7-3(Ⅰ【7】)……70
大判昭13・4・16全集5-9-9(Ⅴ【26】)……480,526
大判昭13・4・19民集17-9-758(Ⅰ【40】)(Ⅳ【1】)……63,103,406,411
東京地判昭13・4・19評論27民652(Ⅳ【2】)……63,411
大判昭13・12・17新聞4377-14……119
大判昭14・4・28民集18-7-484(Ⅰ【8】)……60,61,71
東京控判昭14・7・29新聞4484-10(Ⅰ【41】)……63,103,451
大判昭14・8・24民集18-13-877……59,730,735
大判昭16・4・30法学10-1097(Ⅰ【42】)(Ⅳ【5】)……63,103,413
朝鮮高判昭17・4・28評論31民298……118,480,582
東京高判昭24・7・14高民2-2-124……118,738
金沢地判昭25・5・11下民1-5-724(Ⅰ【9】)……60,72,585,709
大阪地判昭26・3・27判タ14-69……101
函館地判昭27・4・16下民3-4-516……222,481
甲府地判昭27・11・28下民3-11-1682……59
岐阜地大垣支判昭28・3・5下民4-3-335……725,729
最判昭28・6・16民集7-6-629……683
最判昭29・1・14民集8-1-16……725
最判昭29・3・11民集8-3-672……729
福岡高決昭29・5・25高民7-5-419……480,582
最判昭29・7・22民集8-7-1425……724,732,733
大阪地判昭29・8・6ジュリ69-65……513
大阪高判昭29・8・7高民7-8-592……62

東京高判昭29・11・15東高時報5-11-280(Ⅰ【12】)……62,74,248,545
東京高判昭30・3・11高民8-2-155(Ⅴ【6】)……508
仙台地判昭30・8・10下民6-8-1611……515,731
福岡高決昭30・11・5高民8-8-579(Ⅰ【43】)(Ⅳ【6】)(Ⅴ【22】)
……49,63,103,406,414,486,526,724
最判昭31・8・30裁判集民23-31(Ⅰ【20】)……83
東京地判昭31・9・14下民7-9-2516……61
最判昭32・1・24裁判集民25-71……60,725
東京高判昭32・6・29下民8-6-1211(Ⅴ【2】)……503
東京地判昭32・7・12下民8-7-1250……185
名古屋高金沢支判昭33・4・4下民9-4-585(Ⅰ【31】)……92,247,707
東京地判昭33・5・14下民9-5-826……709
東京地判昭33・6・13ジュリ163判例カード339……185
仙台高判昭33・6・30判時159-54……709
東京地判昭33・8・29下民9-8-1701(Ⅰ【21】)(Ⅴ【8】)……83,486,517
甲府地判昭33・10・28下民9-10-2160……59
東京高判昭33・12・15判時177-22(Ⅰ【10】)……72,548
東京地判昭34・4・17下民10-4-774(Ⅰ【29】)……90,488
最判昭34・9・3民集13-11-1357(Ⅰ【16】)(Ⅴ【31】)……26,44,80,529
東京地判昭34・11・4判時209-15(Ⅰ【30】)……91,488
東京高判昭34・12・22高民12-10-526……59,709
東京高判昭35・3・14下民11-3-521……481,515
東京高判昭35・6・20判例総覧民事編20-125……513
東京地判昭35・10・4判例総覧民事編20-124……585
東京地判昭35・12・21下民11-12-2717(Ⅰ【22】)……84,249
東京地判昭36・3・31下民12-3-703……101
最判昭38・2・19裁判集民64-473(Ⅰ【26】)……26,88,669,707
大阪高判昭38・5・27判例総覧民事編24-79……514
千葉地判昭38・6・17下民14-6-1148(Ⅰ【11】)……61,73,515
最判昭39・2・4民集18-2-233……709
大阪高決昭39・7・10下民15-7-1741(Ⅰ【23】)……85,249
東京高判昭39・9・26判時396-44……62
最判昭40・7・15民集19-5-1275(Ⅰ【24】)……86,247
山形地判昭40・8・31判時425-35(Ⅰ【51】)……104,735
最判昭40・9・24民集19-6-1668……205

大阪地判昭41・2・15判時457-49……93
最判昭41・3・3民集20-3-386……481,518,542,584
広島高岡山支判昭41・3・28下民17-3・4-174……118
東京地判昭41・12・24下民17-11・12-1319……584
最判昭42・1・20判時481-107……481,585
大阪高判昭42・6・27判時507-41（Ⅰ【32】）……93,248,707
最判昭43・11・21民集22-12-2765（Ⅰ【28】）（Ⅴ【28】）…26,27,45,89,445,487,527,528
最判昭44・11・6判時579-52（Ⅰ【56】）……104
東京高判昭44・12・26判時581-41……599
最判昭45・7・16民集24-7-909……222,251
仙台高判昭45・8・18判時611-40……76
最判昭46・2・19民集25-1-135……60
最判昭46・7・16民集25-5-749……481,518,542,584
大阪高決昭46・9・23判時650-80……460,461
名古屋高判昭46・11・2判時654-63（Ⅰ【33】）……46,94,249,547,707
新潟地長岡支判昭46-11-15判時681-72（Ⅰ【52】）……104
東京高判昭46・12・25判タ275-313……598
福岡地小倉支判昭47・3・2判タ277-229……59,221,582
最判昭47・3・30判時665-51……119
最判昭47・9・7民集26-7-1327……683
福岡高判昭47・10・18判タ288-214（Ⅰ【44】【53】）……103,421
最判昭47・11・16民集26-9-1619（Ⅰ【13】）……26,76,609,669,675
名古屋高判昭47・12・14判時703-40（Ⅰ【14】）……77,675
福岡高決昭48・4・25判時726-60（Ⅳ【10】）（Ⅴ【23】）……406,425,486,526
最判昭48・10・5判時735-60（Ⅳ【11】）（Ⅴ【24】）……406,426,486,520,526
東京地判昭49・5・16判時757-88……119
東京高判昭49・7・19高民27-3-293（Ⅰ【36】）……96,545,707
最判昭49・9・2民集28-6-1152……185,543
最判昭49・9・20金法734-27（Ⅴ【9】）……481,486,518
東京高判昭50・7・17判タ333-194……222
大阪高判昭50・7・29判時811-58……97,509
最判昭51・6・17民集30-6-616（Ⅰ【37】）（Ⅴ【7】）……45,97,406,438,509,545,707
東京地判昭51・7・27判時853-66……118
岡山地津山支判昭51・9・21下民27-9～12-589……118,597
最判昭52・12・8金法850-38……730

水戸地判昭53・7・14判時914-103……709
大阪地判昭55・7・17判タ424-147……221
東京地判昭55・9・1判タ440-114……117,598
東京高決昭56・4・28判時1004-62(Ⅰ【45】【54】)(Ⅳ【3】)……29,103,412
東京地判昭56・7・8判時1029-94……226,581
東京高判昭56・9・30判時1022-60……225
東京高判昭56・9・30東高時報32-9-234(Ⅴ【3】)……480,504
東京高決昭56・12・24判時1034-87(Ⅰ【35】)……95
最判昭57・9・7民集36-8-1572……388
東京高決昭57・11・18判時1067-49(Ⅰ【46】)……63,103,421
最判昭58・3・31民集37-2-152(Ⅰ【15】)……78,609,675
最判昭58・4・1民商89-4-541……388
東京高決昭58・10・18判時1091-97……460
仙台高判昭59・8・31判タ539-346……81
仙台高判昭59・8・31金商704-8……686
仙台高決昭59・9・4判タ542-220(Ⅰ【34】)……95
東京高決昭61・4・18金法1150-41(Ⅴ【10】)……519
大阪地判昭61・4・22判タ629-156(Ⅳ【8】)……406,417
京都地判昭61・10・27判時1228-107(Ⅳ【7】【12】)(Ⅴ【25】)……415,427,486,526
東京高決昭61・11・6判タ644-135(Ⅰ【48】)(Ⅴ【29】)……104,527
東京高決昭62・2・10金法1184-47(Ⅴ【11】)……520
最判昭62・7・10金法1180-36(Ⅰ【17】)(Ⅴ【32】)……81,529,686
東京高決昭62・10・5判タ660-231(Ⅴ【12】)……520
東京地判昭63・8・29判時1308-128(Ⅴ【13】)……422,520

平成

東京高決平1・3・3判時1315-64(Ⅴ【14】)……521
大阪高決平1・3・6判タ709-265(Ⅴ【15】)……522
大阪高決平1・3・10判タ709-265(Ⅴ【16】)……522
山口地下関支決平1・12・27判時1347-109(Ⅴ【17】)……522
東京高決平2・10・26金法1282-20(Ⅴ【18】)……523
最判平3・7・16民集45-6-1101(Ⅰ【25】)……87
仙台高決平3・12・2判時1408-85(Ⅴ【19】)……523
東京地裁執行処分平4・8・13判タ794-253……65
東京地裁執行処分平4・9・3判タ796-233……65,421

名古屋地命令平5・3・17判タ842-207(Ⅴ【20】)……523
東京地判平5・7・28金法1389-38……65
東京地判平5・11・15金法1395-61(Ⅴ【21】)……524
仙台高判平6・2・28判時1552-62……104,418,423
東京地判平6・9・16金法1437-53……65
大阪高決平7・10・9判時1560-98(Ⅰ【49】)(Ⅴ【30】)……27,104,421,487,528
東京高決平9・3・14判時1604-72……65
最判平9・7・3民集51-6-2500(Ⅰ【47】)(Ⅳ【9】)……104,418